Soziale Bindungen und gesellschaftliche Strukturen im späten Mittelalter

(14.–16. Jahrhundert)

Herausgegeben von
Eva Schlotheuber und Hubertus Seibert

Vandenhoeck & Ruprecht

Gefördert vom Sonderforschungsbereich 496 „Symbolische Kommunikation und gesell-schaftliche Wertesysteme vom Mittelalter bis zur Französischen Revolution" an der Westfä-lischen Wilhelms-Universität Münster.

Die Abbildung auf dem Einband des Buches zeigt den Fürsten Heiliger Wenzel inmitten seiner Armee. Pariser Fragment der Dalimil-Chronik. Nationalbibliothek der Tschechischen Republik, Prag, Sign. XII. E. 17 (Foto: Národní knihovna, Praha).

Bibliografische Information der Deutschen Nationalbibliothek

Die Deutsche Nationalbibliothek verzeichnet diese Publikation in der Deutschen Nationalbibliografie; detaillierte bibliografische Daten sind im Internet über <http://dnb.ddb.de> abrufbar.

Bibliographic information published by the Deutsche Nationalbibliothek

The Deutsche Nationalbibliothek lists this publication in the Deutsche Nationalbibliografie; detailed bibliographic data available online: <http://dnb.ddb.de>.

ISBN 978-3-525-37304-0

Für Form und Inhalt trägt der/die jeweilige Verfasser/in die Verantwortung.

Redaktion: Collegium Carolinum München

Satz: Helena Zimmermann, München

Layout des Einbands: SchwabScantechnik, Göttingen (www.schwabscantechnik.de)

Druck und Einband: Verlagsdruckerei Michael Laßleben, Kallmünz
(www.oberpfalzverlag-lassleben.de)

Gedruckt auf säurefreiem, alterungsbeständigem und chlorfrei gebleichtem Papier.

INHALT

Vorwort VII

Eva Schlotheuber/Hubertus Seibert: Einleitung 1

I. Standortbestimmung der deutsch-tschechischen Forschung

František Šmahel: Neu entdeckte Geschichtsschreibung. Deutsche Mediävistik in den böhmischen Ländern 1848–1918 7

Jiří Kuthan: Kunstgeschichte Böhmens, Kunstgeschichte Mitteleuropas. Anmerkungen zum Thema Geschichte der Kunstgeschichte 29

II. Soziale Bindungen und religiöser Kultus

Lukas Wolfinger: Fürst und Ablass. Zu Heilsvermittlung und Heilsfürsorge als Faktoren herrschaftlicher Bindung im Spätmittelalter 41

Martin Bauch: Einbinden – belohnen – stärken. Über echte und vermeintliche Reliquienschenkungen Kaiser Karls IV. 79

Eva Doležalová: Herrscher und Kirche. Machtpolitische und soziale
Bindungen im luxemburgischen Böhmen 113

Patrick Fiska: Zum Verhältnis Landesfürst – Klöster – Adel unter Herzog Rudolf IV. von Österreich (1358–1365) 125

III. Ämterverfassung und Lehnsbindungen

Dana Dvořáčková-Malá: Zur sozialen Struktur und höfischen Kultur
des böhmischen Herrscherhofes bis 1306 165

Zdeněk Žalud: Königliche Lehnsträger am Hofe Johanns des Blinden
und Karls IV. Ein Beitrag zur sozialen Stellung der böhmischen
Herren von Landstein und der Herren von Kolditz im 14. Jahrhundert 177

Julia Eulenstein: Fehde, Frevel, Sühne, Landesherrschaft? Überlegungen zur Bedeutung adliger und erzbischöflicher Fehdeführung für die Intensivierung von Landesherrschaft im Erzstift Trier unter Erzbischof Balduin von Luxemburg 207

IV. Soziale Bindungen in der Herrschaftsrepräsentation

Robert Šimůnek: Adelige Repräsentation durch Nachahmung. Der landesherrliche Hof als Vorbild 231

Johannes Abdullahi: Johann der Blinde und seine „rheinischen Hansel". Geld und Hof im zeitgenössischen Diskurs 261

Romana Petráková: Herrschaftliche Repräsentation und sakrale Architektur in Breslau während der Regierungen Johanns von Luxemburg und Karls IV. 281

Helge Kuppe: Kirchenumbau und Königserhebung. Die Bautätigkeit des Mainzer Erzbischofs Johann II. von Nassau (1397–1419) im Zusammenhang mit seiner Machtpolitik 303

Uwe Tresp: Zusammenfassung 335

Ortsregister (mit Konkordanz) 343

Personenregister 349

Bildnachweis 357

Mitarbeiterinnen und Mitarbeiter des Bandes 359

VORWORT

„Soziale Bindungen und gesellschaftliche Strukturen im späten Mittelalter. 14.–16. Jahrhundert" (Sociální vztahy a společenské struktury v pozdním středověku. 14.–16. století) lautete das Thema der nunmehr dritten interdisziplinären deutsch-tschechischen Austauschtagung, die rund vierzig Wissenschaftlerinnen und Wissenschaftler aus Deutschland, Tschechien, Polen und Österreich vom 14. bis 16. September 2011 nach Schloss Mickeln bei Düsseldorf führte.

Die Konferenz führte die inzwischen etablierte Reihe gemeinsamer Tagungen von jüngeren deutschen und tschechischen Wissenschaftlerinnen und Wissenschaftlern fort, die 2007 in München mit „Böhmen und das Deutsche Reich. Ideen- und Kulturtransfer im Vergleich. 13.–16. Jahrhundert" begann und 2009 in Prag mit „Ecclesia als Kommunikationsraum in Mitteleuropa" ihre Fortsetzung fand.

Diese Tagungen sind Teil einer langfristig angelegten engen Kooperation deutscher und tschechischer Historiker und Kunsthistoriker der Karls-Universität Prag, des Historischen Instituts der Tschechischen Akademie der Wissenschaften, der Ludwig-Maximilians-Universität München und der Heinrich-Heine-Universität Düsseldorf.

Die nächste, vierte deutsch-tschechische Austauschtagung ist dem Thema „Wege des Lernens: Erziehung und Bildung in Mitteleuropa vom 13.–16. Jahrhundert" gewidmet und wird vom 10.–14. September 2013 in Schloss Neuhaus/Jindřichův Hradec stattfinden.

Die Vorträge der Tagung auf Schloss Mickeln bilden den Grundstock für die vielfach erheblich erweiterten Beiträge dieses Bandes, den ein weiterer Aufsatz komplettiert. František Šmahel (Prag) „Neu entdeckte Geschichtsschreibung: Deutsche Mediävistik in den böhmischen Ländern 1848–1918" stellt die wichtigsten Vertreter der deutschen Mittelalterforschung in den böhmischen Ländern bis 1918 vor und ordnet sie in den zeitgenössischen Fachdiskurs ein.

Die zeitnahe Veröffentlichung der Ergebnisse dieser anregenden und erkenntnisreichen Tagung in gedruckter Form erfüllt uns mit Freude und Dankbarkeit. Ein besonderer Dank gebührt allen, die zum Gelingen dieses Gemeinschaftswerkes mit Rat und Tat beigetragen haben. Zunächst danken wir den Autorinnen und Autoren für die gute Zusammenarbeit und für ihre instruktiven Beiträge. Die Unterstützung von Dr. Uwe Tresp (Potsdam) und Michaela Sandeck (Düsseldorf) bei der Organisation und Konzeption der Tagung war für uns unverzichtbar.

Für die Aufnahme des Bandes in die „Veröffentlichungen des Collegium Carolinum" danken wir dem ersten Vorsitzenden, Prof. Dr. Martin Schulze Wessel, und dem Vorstand. Die ausgezeichnete Zusammenarbeit mit PD Dr. Volker Zimmermann, der das Buch redaktionell betreute, und seiner Frau, PhDr. Helena Zimmermann, die die Druckformatvorlage erstellte und die tschechischen Beiträge übersetzte, hat den erfolgreichen Abschluss des Bandes entscheidend gefördert. Das Register fertigten die studentischen Hilfskräfte Julian Krause, Nadine Hoffmann und Jennifer Pranckaitis (alle Düsseldorf) an.

Doch erst die großzügige Förderung verschiedener Institutionen ermöglichte die Tagung und die Publikation. Namhafte Zuschüsse zur Durchführung der Konferenz gewährten der Deutsch-Tschechische Zukunftsfonds in Prag (Česko-německý fond budoucnosti) und das International Office der Heinrich-Heine-Universität Düsseldorf. Die Übersetzung der tschechischen Beiträge wurde aus Mitteln des Sonderforschungsbereichs 496 „Symbolische Kommunikation und gesellschaftliche Wertesysteme vom Mittelalter bis zur Französischen Revolution" (Münster) finanziert, der auch einen namhaften Druckkostenzuschuss gewährte. Für dessen Vermittlung und für vielfältige kompetente Unterstützung sei – last, but not least – Frau Dr. Maria Hillebrandt herzlich gedankt!

Düsseldorf/München, im Juli 2013   Die Herausgeber

Eva Schlotheuer/Hubertus Seibert

EINLEITUNG

Den sozialen Bindungen kam in der Vormoderne eine große Bedeutung für die Ausformung gesellschaftlicher Strukturen zu.[1] Insbesondere im europäischen Mittelalter wirkten Personen-, Gruppen- und Verwandtschaftsbeziehungen verschiedenster Art unmittelbar auf den Zusammenhalt bzw. die Funktionalität sozialer Gemeinschaften und die Dynamik ihrer Entwicklung ein. Die wissenschaftliche Erforschung sozialer Bindungen als Nukleus gesellschaftlicher Strukturen des Mittelalters ist daher seit jeher von einer großen methodischen Bandbreite gekennzeichnet und öffnet sich in besonderem Maße für aktuelle interdisziplinäre Forschungsansätze und internationale Vergleiche. Zur gesellschaftlichen Ordnung trugen Familie[2] und Verwandtschaft[3] als grundlegende und anerkannte politische Prinzipien und Konzepte entscheidend bei. Königsnähe und gestaltender Einfluss eröffneten aber auch kirchliche und weltliche Ämter[4] und die im Einzelnen sehr unterschiedlich ausgeformten Lehnsbindungen.

[1] *Eickels*, Klaus van: Tradierte Konzepte in neuen Ordnungen. Personale Bindungen im 12. und 13. Jahrhundert. In: *Schneidmüller*, Bernd/ *Weinfurter*, Stefan (Hg.): Ordnungskonfigurationen im hohen Mittelalter. Ostfildern 2006, 93–125.

[2] *Spieß*, Karl-Heinz (Hg.): Die Familie in der Gesellschaft des Mittelalters. Ostfildern 2009; *Oexle*, Otto Gerhard: I gruppi sociali del medioaevo e le origini della sociologia contemporanea. In: *Gazzini*, Marina (Hg.): Studi confraternali: orientamenti, problemi, testimonianze. Florenz 2009, 3–18; *Mitterauer*, Michael: Historisch-anthropologische Familienforschung. Fragestellung und Zugangsweisen. Köln, Wien 1990.

[3] Methodisch anregend ist der interdisziplinär ausgerichtete Band von *Guichard*, Martine u. a. (Hg.): Freundschaft und Verwandtschaft. Zur Unterscheidung und Verflechtung zweier Beziehungssysteme. Konstanz 2007; ferner *Teuscher*, Simon: Verwandtschaft in der Vormoderne. Zur politischen Karriere eines Beziehungskonzepts. In: *Harding*, Elisabeth/ *Hecht*, Michael (Hg.): Die Ahnenprobe in der Vormoderne. Selektion – Initiation – Repräsentation. Münster 2011, 85–106; *Krieger*, Gerhard (Hg.): Verwandtschaft, Freundschaft, Bruderschaft. Soziale Lebens- und Kommunikationsformen im Mittelalter. Berlin 2009.

[4] *Pánek*, Jaroslav: Hofämter – Landesämter – Staatsämter zwischen Ständen und Monarchie an der Schwelle zur Neuzeit. Die böhmischen und österreichischen Länder im Vergleich. In: *Bahlke*, Joachim/ *Bömmelburg*, Hans-Jürgen (Hg.): Ständefreiheit und Staatsgestaltung in Ostmitteleuopa. Leipzig 1995, 39–50; *Duwe*, Georg: Erzkämmerer, Kammerherren und ihre Schlüssel. Osnabrück 1990; *Latzke*, Irmgard: Hofamt, Erzamt und Erbamt im mittelalterlichen deutschen Reich. Frankfurt 1970.

Die in diesem Band veröffentlichten Tagungsakten sind das Ergebnis der 3. Interdisziplinären Austauschtagung, die am 14. und 15. September 2011 im Tagungshaus der Heinrich-Heine-Universität Düsseldorf auf Schloss Mickeln stattfand. Die Veranstalter, das Institut für mittelalterliche Geschichte an der HHU Düsseldorf und die Projektgruppe A 10 des Sonderforschungsbereiches 496 an der Westfälischen Wilhelms-Universität Münster, setzten damit zusammen mit ihren tschechischen Kooperationspartnern, dem Historischen Institut der Tschechischen Akademie der Wissenschaften und dem Institut für christliche Kunstgeschichte an der Katholischen theologischen Fakultät der Karlsuniversität Prag, nach den Treffen 2007 in München[5] und 2009 in Prag[6] die fruchtbare Reihe von Tagungen fort, bei denen Historiker und Kunsthistoriker vorwiegend aus Deutschland und Tschechien aktuelle Forschungsarbeiten und methodische Zugänge im Rahmen eines übergreifenden Themas vorstellen und gemeinsam diskutieren. Das Thema „Soziale Bindungen und gesellschaftliche Strukturen im späten Mittelalter (14.–16. Jahrhundert)" hatte sich im Zuge eines vorbereitenden Treffens im November 2010 im Gästehaus der Universität Münster in Rothenberge als besonders lohnenswert herausgeschält.

Für die Untersuchung sozialer Bindungsformen, Lehnsbeziehungen[7] oder der Ämterverfassung bietet sich der vergleichende Zugriff auf die Verhältnisse in Österreich, in Böhmen und im Deutschen Reich in besonderer Weise an, weil alle drei Herrschaftsbereiche im Hoch- und Spätmittelalter eng miteinander verflochten waren, aber dennoch eigene prägende Traditionen und Entwicklungen aufwiesen.

Das im 10. Jahrhundert stetig gewachsene enge politische Bündnis der Přemysliden zum ottonischen Königtum, das auf Tribut und Gefolgschaft gegründet war, wandelte sich nach der ersten Jahrtausendwende trotz wiederholter Versuche der römisch-deutschen Könige nicht in eine dauerhafte

---

5   *Schlotheuber*, Eva/*Seibert*, Hubertus (Hg.): Böhmen und das Deutsche Reich. Ideen- und Kulturtransfer im Vergleich (13.–16. Jahrhundert). München 2009.

6   *Doležalová*, Eva/*Šimůnek*, Robert (Hg.): Ecclesia als Kommunikationsraum in Mitteleuropa (13.–16. Jahrhundert). München 2011.

7   Angesichts der Fülle der in jüngster Zeit erschienenen Literatur, die massiv Kritik an einem einheitlichen Lehnswesen im römisch-deutschen Reich des Mittelalters übt, sei hier nur auf einige grundlegende neuere Darstellungen verwiesen, die zahlreiche weiterführende Hinweise bieten: *Spieß*, Karl-Heinz (Hg.): Ausbildung und Verbreitung des Lehnswesens im Reich und in Italien im 12. und 13. Jahrhundert. Ostfildern 2013; *Patzold*, Steffen: Das Lehnswesen. München 2012; *Bagge*, Sverre/*Gelting*, Michel H./*Lindkvist*, Thomas (Hg.): Feudalism. New Landscapes of Debate. Turnhout 2011; *Dendorfer*, Jürgen/*Deutinger*, Roman (Hg.): Das Lehnswesen im Hochmittelalter: Forschungskonstrukte – Quellenbefunde – Deutungsrelevanz. Ostfildern 2010; *Kasten*, Brigitte: Das Lehnswesen – Fakt oder Fiktion? In: *Pohl*, Walter/*Wieser*, Veronika (Hg.): Der frühmittelalterliche Staat – europäische Perspektiven. Wien 2009, 331–353; *Nieus*, Jean-François (Hg.): Le vassal, le fief et l'écrit. Pratiques d'écritures et enjeux documentaires dans le champ de la féodalité (XIᵉ–XVᵉ S.). Louvain-la-Neuve 2007.

lehnsrechtliche Unterordnung Böhmens.[8] Der Verzicht auf das Lehnsrecht als rechtlich bindende Klammer und potentielle Grundlage im Verhältnis Böhmens zum Reich zeitigte auch Folgen für die weitere innerböhmische Entwicklung. Lehnswesen und Lehnsvergabe spielten als Option der Beziehungsstiftung in Böhmen vor dem 14. Jahrhundert offensichtlich keine erkennbare Rolle. Die Lehnsbindung, die sich im westlichen Europa zum dominierenden Instrument der Beziehungen und des ,In Bezug-Setzens' zwischen Herrscher und Adel entwickelt hatte, fand erst unter der Regierung der Luxemburger Eingang in die Länder der Böhmischen Krone und begann sich im böhmischen Adel nur sehr zögerlich und mit funktionaler Differenzierung durchzusetzen.

In welchem Verhältnis standen diese neuen Formen der hierarchisierenden Beziehungsstiftung zu den Landesämtern in Böhmen, die traditionell die großen Adelsfamilien innehatten? Möglicherweise empfanden die böhmischen Adeligen den Akt des Handgangs als eine Rangminderung, da die Auftragung von Allod an den König oftmals das Ergebnis von Konflikten gewesen zu sein scheint, oder sie fürchteten die königliche Lehnsvergabe an auswärtige Getreue als eine Konkurrenz, denn die böhmischen Chronisten rügten im 14. Jahrhundert scharf die Vergabe königlicher Güter an landfremde Adelige.

Wenn die Lehnsbindung den Königen aus dem Hause Luxemburg einen größeren Handlungsspielraum bot, den böhmischen und den außerböhmischen Adel in die eigenen politischen Ziele einzubinden, stellt sich die Frage nach ihrer konkreten Umsetzung in der herrschaftlichen Praxis, also der Aktualisierung der Lehnsbeziehungen insbesondere bei Kriegszügen oder Fehden. Welche Bedeutung kam dem Herrscherhof als soziales System und kulturelles Vorbild zu? Welchen Stellenwert besaß der sakrale Raum als Ort der Manifestation und Artikulation sozialer Beziehungen? Und wie lassen sich diese sozialen Beziehungen durch einen interdisziplinären Forschungsansatz in den Repräsentationsformen, in Nachahmung und Adaption greifen? Für das Spätmittelalter wird hier zudem die Rolle des Geldes mit der Bezahlung von Diensten interessant, aber auch die Geldleihe als Möglichkeit der Einflussnahme und Herrschernähe, die letztlich eine größere politische Bedeutung der städtischen Führungsschichten nach sich zog. Die Kirche spielte in diesem Geflecht von gegenseitigen sozialen, geistlichen, ökonomischen und monetären Verpflichtungen insgesamt eine zentrale Rolle auch für die Verbindung der Adelsfamilien untereinander. So hatten die zahllosen Kir-

---

8 Peter Moraw zufolge erbrachte dieses Bündnis – vielleicht um 950, sicher 1004 – als zweite Stufe nach dem Tribut das Lehnsverhältnis: *Moraw*, Peter: Böhmen und das Reich im Mittelalter. In: *Willoweit*, Dietmar/*Lemberg*, Hans (Hg.): Ostmitteleuropa. Historische Beziehungen und politische Herrschaftslegitimation. München 2006, 171–208, insbes. 192 f. Vgl. auch *Malý*, Karel: Der böhmische Staat – ein Teil des Reiches? In: *ebenda*, 163–170.

chen- und Klosterstiftungen Karls IV. vermutlich auch den Zweck, einer Gruppe Getreuer Aufstiegsmöglichkeiten in Königsnähe zu bieten und damit die beiderseitigen Beziehungen zu stabilisieren. Das Wissen um die Möglichkeiten und Grenzen der verschiedenen Bindungsformen lässt nicht nur den konkreten Handlungsspielraum der Akteure erkennen, sondern macht auch deren Niederschlag in der Kunst und Kultur augenfällig und nachvollziehbar.

Der wissenschaftliche Austausch bringt nicht zuletzt durch den Vergleich der unterschiedlichen methodischen Ansätze und Forschungstraditionen für diese Fragen einen erheblichen Erkenntnisgewinn. Die komplizierte Entwicklung der deutschen und der tschechischen Geschichts- und Kunstgeschichtsforschung im 19. und 20. Jahrhundert hat aber nicht nur unterschiedliche Sichtweisen auf die eigene und die gemeinsame Geschichte, sondern auch ein unterschiedliches Erkenntnisinteresse hervorgebracht. Die ideologischen Verwerfungen und staatlichen Umbrüche wirkten sich dabei nicht selten polarisierend auf die Arbeit der tschechischen und deutschen Forscherinnen und Forscher aus, die sich infolgedessen mit wandelnden nationalen Maßstäben der Bewertung und Kritik auseinanderzusetzen hatten. Eine Positionsbestimmung und Einordnung des eigenen methodischen Zugriffs in die Forschungstraditionen erschien deshalb für den vorliegenden Band unverzichtbar. Daher werden die Tagungsakten mit zwei Beiträgen von František Šmahel[9] und Jiří Kuthan[10] eröffnet, die sich in dem mit „Standortbestimmung der Deutsch-Tschechischen Forschung" überschriebenen ersten Abschnitt (I) kritisch mit den deutschen und tschechischen Forschungstraditionen auseinandersetzen.

*

Der vorliegende Band gliedert sich in drei komplementäre Themenblöcke. In einem ersten systematischen Zugriff (II) wird das wechselseitige Verhältnis von sozialen Bindungen und religiösem Kultus behandelt. Im Zentrum steht die Frage, ob und inwieweit spezielle Heilsmedien wie Ablässe und Reliquien sowie Praktiken wie die Vergabe kirchlicher Pfründen neue politisch-soziale Beziehungen zwischen Herrscher und Beherrschten stifteten, bereits vorhandene Bindungen intensivierten und verstetigten. Der sich anschließende Komplex (III) „Ämterverfassung und Lehnsbindungen" nimmt weitere spezifische Ausformungen sozial-rechtlicher Bindungen in den Blick: die an den herrscherlichen Hof gebundenen Amtsträger, Kleriker und Juristen und die lehnsrechtliche Beziehung zwischen Herr und Gefolgsmann. Der Fokus liegt vor allem auf den vielfältigen Möglichkeiten, die rechtliche Bindungen und

---

9   *Šmahel*, František: Neu entdeckte Geschichtsschreibung. Deutsche Mediävistik in den böhmischen Ländern 1848–1918. In diesem Band, 7–28.
10 *Kuthan*, Jiří: Kunstgeschichte Böhmens, Kunstgeschichte Mitteleuropas. Anmerkungen zum Thema Geschichte der Kunstgeschichte. In diesem Band, 29–39.

Rechtsmittel wie Fehdeführung und Frevelsühnen Königtum und Fürsten für das immer wieder neu notwendige Aushandeln des machtpolitischen Beziehungsgefüges bzw. für die Ausweitung und Intensivierung der eigenen Herrschaft boten.

Die Beiträge der letzten Sektion (IV) „Soziale Bindungen in der Herrschaftsrepräsentation" rücken den königlich-adligen Hof und die spezifischen Formen und Wirkungsweisen herrscherlicher Repräsentation ins Zentrum. Neben der zeitgenössischen Deutung des Hofs der ersten luxemburgischen Könige und der hohen Kosten der königlichen Hofhaltung für repräsentative Zwecke wird die adlige „imitatio" königlicher Vor- und Leitbilder wie des böhmischen Herrscherhofs und der herrscherlichen Repräsentation akzentuiert. Sie manifestierte sich nicht nur in der Übernahme der königlichen Ämterstruktur und des Siegels, sondern auch in der bewussten Nachahmung grundlegender Elemente der repräsentativen Architektur. Eine exemplarische Untersuchung der engen Wechselwirkung zwischen Herrschaftsrepräsentation und Sakralarchitektur vermag Aufschluss über herrscherliche Strategien der Einflussnahme und die Intentionen zu liefern, die Fürsten und Adel bei ihren umfangreichen sakralen Um- und Ausbaumaßnahmen leiteten. Im Zusammenspiel aller genannten Faktoren entwickelte sich letztlich das gesellschaftliche und kulturelle Leben der Zeit, das im Spätmittelalter unter der Herrschaft der Luxemburger insbesondere durch die vielfältigen Beziehungen zwischen Böhmen und dem Reich geprägt war und strukturiert wurde.

František Šmahel

NEU ENTDECKTE GESCHICHTSSCHREIBUNG
Deutsche Mediävistik in den böhmischen Ländern 1848–1918

Erben wir wirklich die ganze Vergangenheit?[1] In den Zeiten des Umbruchs verlieren die Besiegten scheinbar den Anspruch auf ihre Geschichte. So war es auch nach dem Jahre 1945, als mit den böhmischen und mährischen Deutschen auch ihre Geschichtsschreibung verschwand. Als ich vor zehn Jahren ein Seminar über die deutsche Mediävistik in den böhmischen Ländern initiierte, hatte ich im Sinn, mit Hilfe ausgewählter Sonden Fragen zu stellen und Antworten zu suchen.[2] Inzwischen hat die Forschung Fortschritte gemacht und eine Reihe weißer Stellen ausgefüllt.[3] Trotzdem nehme ich mich des Themas, zu dem ich um meine Meinung gebeten worden bin, mit Scham an, weil es aus der wissenschaftlichen Beschäftigung mit der Mediävistik in die allgemeine, teilweise noch lebendige Geschichte übergreift.

---

[1] Ich paraphrasiere hier die bemerkenswerte Einführung zur Publikation *Graus*, František: Naše živá a mrtvá minulost [Unsere lebendige und tote Vergangenheit]. Prag 1968, 7–25.

[2] *Šmahel*, František: Německá medievistika v českých zemích. Hledání otázek a nalézání odpovědí [Deutsche Mediävistik in den böhmischen Ländern. Suche nach Fragen und Finden von Antworten]. In: *Soukup*, Pavel/*Šmahel*, František (Hg.): Německá medievistika v českých zemích do roku 1945 [Deutsche Mediävistik in den böhmischen Ländern bis zum Jahre 1945]. Prag 2004, 7–20.

[3] Ein Durchbruch für die Aufarbeitung des schwierigen Erbes der deutschen Geschichtsschreibung in den böhmischen Ländern war die Publikation *Kutnar*, František: Přehledné dějiny českého a slovenského dějepisectví [Übersicht der Geschichte der böhmischen und slowakischen Geschichtsschreibung]. 2 Bde. Praha 1973–1977. Mit der ihm eigenen Akribie behandelte der Autor die bedeutenden und auch die weniger bekannten Gestalten der deutschen Geschichtsschreibung bis zum Ende des Zweiten Weltkrieges. Auf dieses Werk, das auch in der Neu-Ausgabe aus dem Jahre 1997 zugänglich ist, werde ich im weiteren nicht mehr verweisen, denn man kann sich darin leicht nach dem Namenregister orientieren. Weitere Literatur führt Nodl an: *Nodl*, Martin: Německá medievalistika v českých zemích a studium sociálních a hospodářských dějin [Deutsche Mediävistik in den böhmischen Ländern und das Studium der Sozial- und Wirtschaftsgeschichte]. In: *Soukup/Šmahel* (Hg.): Německá medievistika, 21 f. Neuestens mit innovativem Blick *Kolář*, Pavel: Geschichtswissenschaft in Zentraleuropa. Die Universitäten Prag, Wien und Berlin um 1900. I–II. Leipzig 2008.

Wer vor dem Jahre 1945 in Böhmen in Deutsch publizierte, musste deswegen noch nicht ein Deutscher gewesen sein. Das Deutsche war während
des ganzen 19. Jahrhunderts und teilweise noch später die Sprache, in der die
tschechische Wissenschaft in die Welt Eingang fand. Der anerkannte tschechische Geschichtsschreiber František Martin Pelcl (auch Franz Martin Pelzel, † 1801) publizierte seine Werke meistens in Deutsch, was auch für seine
zweibändige Monographie „Kaiser Karl IV." gilt. Auch Josef Dobrovský
(† 1829) veröffentlichte seine „Geschichte der böhmischen Sprache und Literatur" in Deutsch, und in der gleichen Sprache begann sozusagen selbstverständlich František Palacký (1798–1876) im Jahre 1836 seine berühmte
„Geschichte von Böhmen" zu veröffentlichen. Erst im stürmischen Jahr 1848
unternahm er die Veröffentlichung einer überarbeiteten tschechischen Ausgabe. Durch den abweichenden Titel „Dějiny národu českého v Čechách a
v Moravě" (Geschichte der tschechischen Nation in Böhmen und in Mähren)
deutete er an, dass es sich nicht um eine reine Übersetzung des bereits veröffentlichten Werkes handelte. Im Vorwort schrieb er, dass er alle seine vorangegangenen historischen Werke als vorläufige Studien oder als „bloße Vorbereitungen für das vorliegende Werk" hielt. Er machte damit aus der Not eine
Tugend, denn er selbst erwog vor Jahren den möglichen Untergang der eigenen Nation infolge des ungünstigen Schicksals.[4] Palacký publizierte weiterhin
sowohl tschechisch als auch deutsch, und zwar insbesondere in den Polemiken mit seinen Opponenten.

Die Unterschiede bezüglich Herkunft und Einstellung der deutschsprachigen Wissenschaftler sind freilich unübersehbar: Neben den einheimischen
Deutschen, die in Böhmen und Mähren viele Generationen lang ansässig
waren,[5] wirkten und lebten in Prag und in ganz Tschechien Deutsche aus verschiedenen deutschsprachigen Ländern, die nicht immer die Ansichten ihrer
Volksgenossen teilten. All das muss man im Auge behalten, wobei hier jedoch auf begrenztem Raum nur ein kurzer Überblick ausgewählter Fragen
geboten werden kann. Ich habe zwei Zugangswege gewählt: erstens das Wirken und der Forschungsbeitrag der führenden Persönlichkeiten an der Prager
Universität und an benachbarten Universitäten und zweitens die Unterschiede ihres Ansatzes und ihrer Ergebnisse, die ausgewählte Aspekte der älteren
böhmischen Geschichte betreffen.

---

4   *Kořalka,* Jiří: František Palacký (1798–1876). Životopis [František Palacký (1798–1876).
    Biographie]. Prag 1998, 256–257.
5   Den Ausdruck „Sudetendeutsche" vermeide ich im Text, denn er erscheint zum ersten
    Mal im Jahre 1903 und wurde erst nach dem Jahre 1918 geläufig.

*Professoren, Gymnasiallehrer und Heimatforscher: Der Beitrag
der Persönlichkeiten*

Constantin Höfler und seine Schule

Die Hochschullehre für Geschichte an der Prager Universität[6] hatte im
19. Jahrhundert lediglich eine Konkurrenz in Olmütz, und zwar während des
Bestehens der dortigen k. k. Franzensuniversität in den Jahren 1827–1860.
Aus Olmütz kam im Jahre 1832 Joseph Leonhard Knoll (1775–1841) dann
auch nach Prag, und zwar als Professor für die allgemeine und österreichische
Geschichte. In Prag wirkte er nur sechs Jahre, doch erreichte er es in der kurzen Zeit, die tschechischen Patrioten durch seine ablehnende Kritik des ersten Bandes von Palackýs „Geschichte von Böhmen" gegen sich aufzubringen.
Knoll bezichtigte auch Palacký in seinen Vorlesungen und in einer privaten
Eingabe an den Obersten Kanzler Graf A. F. Mitrowsky der Herabwürdigung
der historischen Rolle der deutschen Nation und warnte auch vor den politischen Folgen von Palackýs Überbetonung der Bedeutung der Slawen.[7]

Knolls Lehrstuhl war dann bis zur Ernennung seines Nachfolgers Karl Johann Vietz (1775–1872) im Jahre 1840 nur von einem Supplenten besetzt.
Vietz lehrte zuvor in Olmütz überwiegend die historischen Hilfswissenschaften, in Prag gewann er jedoch ein Renommee als ein versöhnlicher und be-
liebter Lehrer und als Autor eines damals einmaligen methodischen Hand-
buchs zum Studium der allgemeinen Geschichte.[8] Das Revolutionsjahr 1848
brachte eine Reihe von strukturellen Veränderungen an der Universität, von
denen die bedeutendste die Gleichberechtigung der beiden Nationalitäten in
allen Bereichen des öffentlichen Unterrichts war. Nicht minder umwälzend
war die Besetzung der Lehrstühle nach den Vorschlägen des Lehrkollegiums
und die Einführung der Institution der öffentlichen Dozenten. Eine bedeutendere Änderung brachte erst die Ernennung von zwei tschechischen
außerordentlichen Professoren in den Jahren 1850–1851. Während man Jan
Erazim Wocel mit dem Unterricht der böhmischen Archäologie und der
Kunstgeschichte beauftragte, wurde Wáclaw Wladiwoj Tomek für die öster-

---

6   Für die Zeit von der Wiederrichtung des Geschichtslehrstuhls im Jahre 1746 bis zur
    Trennung der Universität im Jahre 1882 vgl. besonders das Werk von *Kazbunda*, Karel:
    Stolice dějin na pražské universitě [Der Geschichtslehrstuhl an der Prager Universität].
    I–II. Prag 1965. Manchmal fast zu knapp erfasst den Geschichtsunterricht auch der
    Band *Kavka*, František/*Petráň*, Josef (Hg.): Dějiny Univerzity Karlovy III. 1802–1918
    [Geschichte der Karls-Universität III. 1802–1918]. Prag 1997, 157 f., 171–173 und 318 f.
    Hier ist auch eine Reihe von Biogrammen zu finden, auf die ich jedoch nicht einzeln
    verweisen werde.
7   *Kovářová*, Stanislava: Josef Leonard Knoll (1775–1841). In: *Barteček*, Ivo (Hg.): Histori-
    ografie Moravy a Slezska [Historiographie Mährens und Schlesiens]. Olmütz 2001,
    51–60.
8   Das Handbuch erschien im Jahre 1844 unter dem Titel: Das Studium der allgemeinen
    Geschichte nach dem gegenwärtigen Stande der historischen Wissenschaften.

reichische Geschichte ernannt, die damit aus dem Lehrstuhl der allgemeinen Geschichte ausgegliedert wurde. Dem anpassungsfähigen Katholiken Tomek gab man den Vorrang vor Palacký, der als Föderalist und Hussitismusverteidiger politisch nicht tragbar erschien.

Vietz, der an seinem Lehrstuhl mit Händen und Füßen beinahe bis zu seinem Tode festhielt, wurde zwar wegen seiner Emsigkeit geschätzt, schien jedoch nicht der geeignete Mann für die Stärkung des Katholizismus und des großdeutschen Gedankens gemäß den Intentionen des Premierministers Fürst Felix zu Schwarzenberg und des Ministers Leopold Graf von Thun und Hohenstein zu sein.[9] Zum ausersehenen Kandidaten für den neuen Geschichtslehrstuhl wurde Karl Adolf Constantin Höfler (1811–1897), Professor der Münchener Universität, Mitglied des konservativ katholischen Kreises um Joseph von Görres und Autor des geschätzten Werkes „Die deutschen Päpste" (1839). Im Unterschied zu seinen tschechischen Kollegen Wocel und Tomek wurde Höfler sofort zum ordentlichen Professor mit einem außerordentlich hohen Gehalt ernannt. Sein Vorteil als Ausländer war, dass er sich aus anderer Perspektive schon vorher während seines Wirkens als Archivar in Bamberg teilweise mit der böhmischen Geschichte des späten Mittelalters vertraut gemacht hatte.[10]

Höfler konnte in seinen Vorlesungen seine Hörer durch den kurzweiligen Vortrag des Lehrstoffs und auch durch witzige Glossen fesseln. Seine zahlreichen Schüler erinnerten sich an ihn als an einen Mann größerer Gestalt mit einem markanten, an Goethe erinnernden Kopf, stets elegant gekleidet, der das Hin-und-Hergehen auf dem Podest dem Katheder vorzog. Nicht nur weil er sich den Studenten beider Nationalitäten gegenüber zugänglich verhielt, schätzten auch seine tschechischen Hörer seine „Kollegien" genannten Kurse. Der zeitliche und thematische Bereich seiner Vorlesungen in der allgemeinen Geschichte umfasste, wie damals üblich, eine breite Zeitspanne vom Altertum über das Mittelalter bis zur Gegenwart. Sein Hauptinteresse galt jedoch dem Mittelalter und zwar in einem breiten europäischen Rahmen. Höfler hielt ebenfalls Kollegien propädeutischer Art und führte in den Unterricht praktische Übungen ein, die in der Lektüre und der Auslegung ausgewählter Quellen bestanden.

---

9   *Štaif,* Jiří: Historici, dějiny a společnost. Historiografie v českých zemích od Palackého a jeho předchůdců po Gollovu školu. 1700–1900 [Die Historiker, die Geschichte und die Gesellschaft. Die Historiographie in den böhmischen Ländern seit Palacký und seinen Vorgängern bis zu Golls Schule. 1700–1900]. Teil I. Prag 1997, zählt Vietz zu den Autoren der „unpolitischen Geschichte".

10 Zur Berufung Höflers nach Prag und zu seiner Universitätskarriere siehe insbesondere *Kazbunda:* Stolice dějin II, 62–70, 86–89, 117–125. Eine treffende Übersicht von Höflers Lehrtätigkeit bot *Zilynská,* Blanka: Karl Adolf Constantin Ritter von Höfler jako univerzitní učitel [Karl Adolf Constantin Ritter von Höfler als Universitätslehrer]. In: *Soukup/ Šmahel* (Hg.): Německá medievistika, 193–224.

Von Anfang an bemühte sich Höfler in Prag, die Ausrichtung verwandter Fächer intern zu koordinieren. Auch wenn er in dieser Hinsicht wenig Erfolg hatte, war er schließlich mit seinem Versuch der Errichtung eines Historischen Seminars erfolgreich. Gemeinsam mit dem Professor für die Altertumsgeschichte Otto Hirschfeld entwarf er im Jahre 1872 erstmals die Statuten, nach denen dann im Studienjahr 1873/1874 das Historische Seminar tatsächlich errichtet wurde. Mit erheblicher Verspätung im Vergleich zu den anderen zeitgenössischen Universitäten standen nun den Studenten unter anderem eine Studienbibliothek und eine Landkartensammlung zur Verfügung. Höfler hatte dem Seminar mehrere Hundert Bücher aus seiner Privatbibliothek geschenkt und konnte es aufgrund seines großen Engagements deshalb nur schwer verkraften, dass die tschechischen Studenten zunehmend das Interesse an der Thematik verloren.[11] Ohne Rücksicht auf seine ausgeprägten Stellungnahmen im Streit um die Auslegung der älteren böhmischen Geschichte bemühte sich Höfler um eine gerechte Bewertung der tschechischen Hörer bei den Prüfungen, woran sich einige von ihnen in ihrer Korrespondenz oder ihren Erinnerungen dankbar erinnerten.[12]

Das Bestreben, die Hochschule in eine deutsche und eine tschechische Universität zu trennen, begriff Konstantin Höfler nicht. Als es tatsächlich zur Teilung kam, hörte deshalb in seinen Augen die alte deutsche Universität auf zu existieren. Seine Pensionierung im Jahre 1882 nahm er dann mit Erleichterung an. Obwohl die meisten bekannten Historiker beider Nationalitäten seine Vorlesungen und Seminare absolviert hatten, hatte Höfler keine eigene Schule im engeren Sinne geschaffen. Von seinen Schülern stand ihm Adolf Bachmann am nächsten, auf den wir noch zurückkommen werden. Einen starken Einfluss auf die Gruppe seiner Schüler, die dann die Grundlagen der regionalen Geschichtsschreibung legten, übte im übrigen auch Höflers Kollege, Philosophieprofessor Wilhelm Volkmann, aus.[13]

Der Verein für die Geschichte der Deutschen in Böhmen und seine Mitteilungen

Während die tschechische Geschichtsschreibung gemeinsam mit anderen Wissenschaften seit dem Jahre 1829 in der Zeitschrift des Museums des Königreichs Böhmen ihre Publikationsmöglichkeiten hatte, fehlten für die Geschichte und die Heimatforschung der deutschen Bevölkerung in den böhmischen Ländern vergleichbare fachlich orientierte Zeitschriften vollständig. Die

---

11 Zur Gründung des Seminars ausführlich *Kazbunda*: Der Lehrstuhl II, 136–149.
12 Beispiele führt Zilynská an. Siehe *Zilynská*: K. A. C. von Höfler, 211–213.
13 Siehe dazu *Mikušek*, Eduard: Formování a životní angažovanost zakladatelské generace Spolku pro dějiny Němců v Čechách [Die Formierung und der lebenslange Einsatz der Gründungsgeneration des Vereins für die Geschichte der Deutschen in Böhmen]. In: *Soukup/Šmahel* (Hg.): Německá medievistika, 79–93, hier 81.

Situation wurde durch ein neues Vereinsgesetz erleichtert, das im Jahre 1862 unter anderem die Entstehung des „Vereins für die Geschichte der Deutschen in Böhmen" ermöglichte.[14] In seiner feierlichen Rede auf der Gründungsversammlung versuchte Constantin Höfler im Geiste seiner dynastischen großösterreichischen Konzeption, den Verein auf die Erschließung und Herausgabe mittelalterlicher Stadtchroniken zu orientieren. Diese konnten seiner Meinung nach das deutsche Bürgertum als den Träger des materiellen und geistigen Fortschritts in den böhmischen Ländern erweisen. In diesem Geiste begann der Verein unverzüglich „Mitteilungen" (weiter MVGDB) mit Studien und Informationen überwiegend historischen und heimatgeschichtlichen Inhalts herauszugeben.[15]

Trotz der deklarierten Überparteilichkeit verfolgten die liberalen Repräsentanten des Vereins nationale politische Ziele, für die sie auch mittels ihrer Reisetagungen, den sog. „Wanderversammlungen" warben.[16] Wenn einerseits Ludwig Schlesinger (1838–1899) die kulturelle Reife der Tschechen der Tatsache zuschrieb, dass es sich um auch tschechisch sprechende Deutsche handelte, verwahrte sich Julius Lippert (1839–1909) gegen die Meinung, dass die um die MVGDB gruppierten Autoren in ihrer antitschechischen Haltung ihrem Lehrer Höfler folgten. Lippert, dessen „Socialgeschichte Böhmens in vorhussitischer Zeit" (I–III, 1896–98) zu ihrer Zeit eine beträchtliche Aufmerksamkeit weckte, geriet wegen seiner toleranten Haltung in der Frage der tschechisch-deutschen Beziehungen in Widerspruch zu einem erheblichen Teil der damaligen deutschen Politiker.[17] Auf längere Sicht handelte es sich jedoch um eine nützliche Institutionalisierung der historischen Forschung, deren Ergebnisse zum Teil bis heute noch wertvoll sind. Neben einer Reihe

---

[14] Ausführlicher siehe *Neumüller*, Michael: Der Verein für Geschichte der Deutschen in Böhmen. Ein deutschliberaler Verein. Von der Gründung bis zur Jahrhundertwende. In: *Seibt*, Ferdinand (Hg.): Vereinswesen und Geschichtspflege in den böhmischen Ländern. München 1986, 179–208.

[15] Eine jüngere Entsprechung zu den MVGDB war die Zeitschrift des Deutschen Vereines für die Geschichte Mährens und Schlesiens, die im Jahre 1897 zu erscheinen begann. Zu deren Gründung und Profil siehe *Kalhous*, David: Osudy jednoho časopisu. Zeitschrift des Deutschen Vereines für die Geschichte Mährens und Schlesiens [Das Schicksal einer Zeitschrift. Zeitschrift des Deutschen Vereines für die Geschichte Mährens und Schlesiens]. In: *Soukup/Šmahel* (Hg.): Německá medievistika, 95–105.

[16] *Mikušek*, Eduard: „Wanderversammlungen" Spolku pro dějiny Němců v Čechách [„Wanderversammlungen" des Vereins für die Geschichte der Deutschen in Böhmen]. In: *Bobková*, Lenka/*Neudertová*, Michaela (Hg.): Cesty a cestování v životě společnosti [Reisen und Wandern im Leben der Gesellschaft]. Ústí nad Labem 1995, 407–412.

[17] Nach *Kořalka*: František Palacký, 478. Zu Lippert weiter *Seibt*, Ferdinand: In Memoriam Julius Lippert. In: *ders.*: Deutsche, Tschechen, Sudetendeutsche. München 2002, 413–418 und *Nodl*: Německá medievalistika, 56–59.

von Zeitschriftenstudien und regionalen Monographien gilt dies insbesondere für die Editionsreihe „Städte- und Urkundenbücher aus Böhmen".[18]

Die Mediävistik an der geteilten Universität

Von einer Reihe möglicher Lösungen der Prager Universitätsfrage genehmigte Kaiser Franz Joseph I. am 11. April 1881 die Empfehlung, dass in Prag eine
Universität mit deutscher und eine mit tschechischer Unterrichtssprache
existieren sollen und dass beide weiterhin den Namen Karl-Ferdinands-
Universität tragen sollen.[19] Da die Deutsche Universität es nach der wirkli-
chen Teilung im Jahre 1882 ablehnte, die altehrwürdigen Insignien herauszugeben, kam es in der Folgezeit zu langjährigen Spannungen und eskalieren-
den Streitigkeiten. Es wurde der Entscheidung der Professoren überlassen, an
welcher Universität sie weiter wirken würden.

Nach dem Prinzip, dass bei der Teilung der Seminare das Institut seinem
Vorstand zu folgen hatte, fiel das Historische Seminar der Deutschen Universität zu. Nach Höflers Pensionierung erhöhte sich noch mehr das Gewicht
Adolf Bachmanns, sonst auch des Landes- und Reichsabgeordneten für die
liberale Deutsche Fortschrittspartei. Bachmann vernachlässigte die fachliche
Publikationstätigkeit dabei aber nicht, was er sich als Wissenschaftler angesichts des an der Universität und außerhalb von ihr vorhandenen Wettbe-
werbs auch nicht leisten konnte.

Ein nicht minder anerkannter und produktiver Historiker war Bachmanns jüngerer Kollege Emil Werunsky (1850–1942), aus Mies gebürtig,
über den sein Lehrer Höfler ebenfalls seine schützende Hand hielt. Wie Höfler hatte auch Werunsky sein Studium in Göttingen bei Georg Waitz und in
Wien fortgesetzt, wo ihn Theodor Sickel an das Studium der Quellen im Vatikanischen Archiv herangeführt hatte. Nach seiner Habilitation in Prag im
Jahre 1877 wurde seine Karriere durch die Teilung der Universität beschleu-
nigt, als er einen Ruf als außerordentlicher (1882) und im Jahre 1892 als or-

---

18 Einige von ihnen führe ich mindestens mit ihrem Namen an: zu den Herausgebern der
MVGDB gehörten Wenzel Hiecke und Adalbert Horciczka, die Editionen der südböhmischen Quellen publizierten Matthias Pangerl, Valentin Schmidt, Alois Picha, Johann
Matthaeus Klimesch und Karl Köpl. Zur südböhmischen Gruppe siehe ausführlich *Šimunek*, Robert: Německá předválečná a česká poválečná věda. Konfrontace na regionál-
ní úrovni [Die deutsche Vorkriegs- und die tschechische Nachkriegswissenschaft. Konfrontation auf der regionalen Ebene]. In: *Soukup/Šmahel* (Hg.): Německá medievistika,
147–182.

19 Zu diesem bedeutenden Geschichtsakt vgl. insbesondere *Neumüller*, Michael: Die deutsche philosophische Fakultät in Prag um 1882 und die Geschichtsschreibung. In: *Seibt*,
Ferdinand (Hg.): Die Teilung der Prager Universität 1882 und die intellektuelle Desintegration in den böhmischen Ländern. München 1984; ferner *Kavka/Petráň* (Hg.): Geschichte der Karls-Universität III, 183–202 und neuerdings *Kolář*: Geschichtswissenschaft in Zentraleuropa.

dentlicher Professor der allgemeinen Geschichte und der Hilfswissenschaften an die deutsche Universität erhielt. Nach zwei Monographien über die italienische Politik Karls IV. und dessen erste Reise nach Rom veröffentlichte Werunsky in den Jahren 1880–1892 die „Geschichte Kaiser Karls IV. und seiner Zeit" in drei Bänden.[20] Obwohl Werunsky in seiner Schilderung von Karls Herrschaft nur bis ins Jahr 1368 gelangt war, zitieren seine Trilogie nicht zuletzt aufgrund ihres Quellenreichtums bis heute alle tschechischen und ausländischen Biographien dieses Luxemburgischen Kaisers.

Zu Beginn des neuen Jahrhunderts wurde recht überraschend Samuel Steinherz (1857–1942) zum außerordentlichen Professor für den Lehrstuhl der Hilfswissenschaften ernannt, der aus einer jüdischen Familie im Südburgenland stammte. Während seines Studiums in Wien beauftragte ihn Theodor Sickel mit der Bearbeitung der Nuntiaturberichte aus Deutschland für die Jahre 1560–1565. Steinherz befasste sich aber auch in fruchtbarer Weise mit der Herrschaft Karls IV. und mit der Vorbereitung einer Edition der Dokumente zur Geschichte des großen Abendländischen Schismas. Im Jahre 1908 wurde Steinherz zum ordentlichen Professor ernannt, seit dem Jahre 1915 dann auch für die österreichische Geschichte. Nach den Unruhen, die seine Wahl zum Rektor der Deutschen Universität im Herbst 1922 hervorgerufen hatte, verzichtete Steinherz nicht nur auf sein Amt, sondern auch auf sein „Deutschtum" und wurde Bürger der Tschechoslowakei. Diese traurige Episode der Angriffe von Seiten deutschnationaler Banden im Sommer und Herbst 1922 auf Steinherz sowie sein Tod in Theresienstadt, der im Jahre 1942 seine Laufbahn tragisch beendete, überschreitet jedoch bereits den zeitlichen Rahmen unseres Aufsatzes.[21] Der Vollständigkeit halber muss man noch erwähnen, dass vom Anfang des Ersten Weltkrieges an bis in die Mitte der zwanziger Jahre auf dem Lehrstuhl der mittelalterlichen Geschichte, mit dem auch der Unterricht der Hilfswissenschaften verknüpft war, der spätere Professor am Wiener Institut für österreichische Geschichtsforschung Hans Hirsch (1878–1940) gewirkt hat.[22]

Noch vor der Teilung der Universität im Jahre 1882 wurde im Jahre 1874 ein selbständiger Lehrstuhl für Kunstgeschichte errichtet. Von seinen ersten Inhabern hat Josef Neuwirth (1855–1934) die ausgeprägteste Spur hinterlassen, seit dem Jahre 1892 außerordentlicher und seit dem Jahre 1897 ordentlicher Professor, der allerdings bald an das Wiener Polytechnikum ging. Da sich diesem Gelehrten und dem ganzen Fach Kunstgeschichte der Beitrag von

---

[20] Die Trilogie ist in Innsbruck erschienen, im photomechanischen Nachdruck erneut noch in New York 1961, was ebenfalls ihre Bedeutung bezeugt.
[21] Neuestens siehe *Oberkofler,* Gerhard: Samuel Steinherz (1857–1942). Biographische Skizze über einen altösterreichischen Juden in Prag. Innsbruck u. a. 2007.
[22] *Zajic,* Andreas: Hans Hirsch (1878–1940). Historiker und Wissenschaftsorganisator zwischen Urkunden- und Volkstumsforschung. In: *Hruza,* Karel (Hg.): Österreichische Historiker 1900–1945. Wien u. a. 2008, 307–417.

Jiří Kuthan in diesem Band widmet, können wir unser Augenmerk mehr auf zwei weitere Fakultäten der Prager Deutschen Universität richten, wo die Geschichte des Mittelalters einen festen Bestandteil des Unterrichts bildete.

Von den Professoren der Juristischen Fakultät widmeten sich Adolf Zycha (1871–1941) und Otto Peterka (1876–1945) der mittelalterlichen Geschichte mehr als andere. Zycha erwarb sich noch vor dem Ruf an die Prager Juristische Fakultät, wo er von 1904 bis 1919 wirkte, Anerkennung durch seine Monographie „Das böhmische Bergrecht des Mittelalters auf Grundlage des Bergrechts von Iglau", die in zwei Bänden in Berlin im Jahre 1900 erschienen war. Ohne die in dieser Zeit übliche nationale Voreingenommenheit widerlegte Zycha unter anderem die Vorstellung von der Abhängigkeit des Iglauer Bergrechts von Meißener Vorbildern. Durch das Bemühen um wissenschaftlich belegte Erkenntnisse zeichnet sich auch sein weiteres Werk „Über den Ursprung der Städte in Böhmen und die Städtepolitik der Přemysliden" (1914) aus. Im Widerspruch zu den Thesen von Berthold Bretholz belegte Zycha, dass sich die deutsche Minderheit in Böhmen erst in der Zeit der mächtigen Kolonisierungswelle im 13. Jahrhundert niedergelassen hatte. Auch der gebürtige Prager Otto Peterka ging in seinen Arbeiten über das Burggrafentum, das böhmische Gewerberecht im 14. Jahrhundert oder die bürgerlichen Braugerechtigkeiten ohne apriorische nationale Gesichtspunkte vor. Peterkas Hauptwerk, „Rechtsgeschichte der böhmischen Länder", erschien erst in den zwanziger Jahren. Obwohl sich Peterka einen gewissen Abstand von seinen nationalsozialistisch gesinnten Kollegen bewahrte, widerfuhr gerade ihm unverdienterweise ein tragisches Schicksal im Prager Aufstand im Mai 1945.[23]

Ähnlich wie an der Juristischen Fakultät haben sich auch die Ordinarien an der Theologischen Fakultät der Deutschen Universität mehr oder weniger mit dem Mittelalter befasst. Nur einem von ihnen wird jedoch unsere Aufmerksamkeit gelten. August Naegle (1869–1932) kam aus München nach Prag mit der deutlich erkennbaren nationalen Absicht, die älteste Kirchengeschichte Böhmens als Ergebnis der missionarischen Bemühungen bayerischer Priester zu bearbeiten. Aus dieser Perspektive schilderte er den hl. Wenzel als einen fest mit der deutschen Kultur und dem Römischen Reich verbundenen Herrscher. Seine unvollendete „Kirchengeschichte Böhmens" (zwei Teile des ersten Bandes erschienen 1915 und 1918) litten unter anderem an seiner Unkenntnis der bereits zahlreich in tschechischer Sprache erschienenen Literatur.

In dieser Zeit, als die tschechischen Wissenschaftler die historische Rolle Hussens und der frühen tschechischen Reformation betonten und heraushoben, fühlte sich die katholische Geschichtsschreibung herausgefordert, die ihrerseits die Verderblichkeit der einheimischen Häresie betonte, die erst

---

[23] Einige weitere Angaben zu den beiden Rechtshistorikern führt Nodl an. Siehe *Nodl: Německá medievalistika*, 36–38.

nach der Niederlage der protestantischen Stände im Dreißigjährigen Krieg
ausgerottet werden konnte. Während Joseph Alexander Helfert (1820–1910)
in seiner polemischen Schrift „Hus und Hieronymus" (1853) die Deutung des
Hussitismus aus der Feder František Palackýs ablehnte, machte es sich der
Gymnasialprofessor und Kanoniker des Prager Metropolitankapitels Anton
Ludwig Frind (1823–1881) zur Aufgabe, die Kirchengeschichte Böhmens zu
bearbeiten. Den vierten Band seines Werkes, für den er die reichlichen Quellen des Prager Kapitels verwertete, vollendete er bis zu den Anfängen der Reformation im 16. Jahrhundert.[24]

Weitere Gelehrte aus der „Galerie der deutschen Mediävistik"

Die beiden zuletzt erwähnten Kirchenhistoriker eröffnen in unserer Darlegung die Gruppe der Historiker ohne Universitätslehrstühle oder ohne direkte Bindungen zum Verein für die Geschichte der Deutschen in Böhmen. Ohne Rücksicht darauf, woher sie ihren Lebensunterhalt bezogen, schufen sie
bereichernde Werke, die mal mehr und mal weniger Eingang ins breitere Bewusstsein gefunden haben. Wir werden nicht alle berücksichtigen können.
Der aus Brüx gebürtige Emil Franz Rössler (1815–1863) kann als Beispiel eines böhmischen Deutschen gelten, der nach einem kurzen Wirken als Supp-
lent des Lehrstuhls für österreichisches Bürgerrecht an der Prager Universität
im Jahre 1847 einen Ruf als Dozent der österreichischen Rechtsgeschichte
nach Wien bekam. Seine Haltung auf der Frankfurter Nationalversammlung,
wo er 1849 für das Erbkaisertum und damit für die Verwirklichung eines
deutschen Bundesstaates stimmte, bezahlte er im folgenden Jahr mit Exil und
einem ärmlichen Leben in Göttingen, Erlangen und Sigmaringen. Rössler
begriff im Geiste der deutschen rechtsgeschichtlichen Schule das Recht als
einen in sich geschlossenen Ausdruck des nationalen Geistes in seiner orga-
nischen Entwicklung. Es interessierte ihn vor allem die Rezeption der deutschen Rechtskultur in den böhmischen Städten, die er für Enklaven der
ursprünglichen germanischen persönlichen Freiheit hielt, die von einer „feu-
dalen Rechtlosigkeit" umgeben waren. Die Frage der nationalen Identifizierung stand bei ihm genauso wie bei F. Palacký im Vordergrund, bei jedem
allerdings unter gleichsam umgekehrten Vorzeichen. Rösslers Editionen der
Prager und Brünner Rechtsdenkmäler sind jedoch bis heute nicht ganz ersetzt worden.[25]

---

[24] Die Kirchengeschichte Böhmens im Allgemeinen und in ihrer besonderen Beziehung
auf die jetzige Leitmeritzer Diöcese in der Zeit vor dem erblichen Königthume. 4 Bände.
Prag 1864–1878. Vgl. *Lauchert,* Friedrich: Frind, Anton Ludwig. In: Allgemeine Deutsche Biographie (ADB). Bd. 49. Leipzig 1904, 148 f.

[25] *Rössler,* Emil Franz: Deutsche Rechtsdenkmäler aus Böhmen und Mähren I–II. Prag
1845–1852. Aus der tschechischen Literatur vgl. *Pátková,* Hana: „Ihr Landsmann Roessler". Emil Franz Rössler v kontextu české medievistiky [„Ihr Landsmann Roessler". Emil

Für Studenten aus Mähren lag Wien näher als Prag. Julius Feifalik (1833–1862), aus dem südmährischen Znaim gebürtig, hatte in Wien das Studium der klassischen Literatur, der Germanistik und insbesondere der Slawistik absolviert. Bei seinen Studienaufenthalten an den Universitäten in Berlin und Heidelberg hatte er sich mit der modernen komparatistischen Methode der Literaturgeschichte vertraut gemacht, die sich in Böhmen noch nicht als selbstständige Disziplin neben der Sprachforschung durchgesetzt hatte. Nicht nur seine Ausbildung, sondern auch sein außerordentliches Talent verwertete Feifalik bei seinem Studium der alttschechischen Literaturdenkmäler und ihrer Abhängigkeit von französischen und deutschen Vorbildern. Das war für die tschechischen Gesellschaftskreise ein außerordentlich empfindliches Thema. Feifalik brachte das in einer zeitlos zutreffenden Formulierung in seinem Brief an den mährischen Folkloristen František Sušil vom 10. August 1860 auf den Punkt:

Aus der übereinstimmenden geistigen Ausrichtung (der europäischen Literatur, versteht sich) ergibt sich, dass die Völker, die später kommen, sich auf jene stützen, die hier früher waren: der Deutsche ahmt im 12. und 13. Jahrhundert den Franzosen nach, der Tscheche im 13. und 14. Jahrhundert den Deutschen, im 14. und 15. Jahrhundert der Pole den Tschechen und der Russe im 15., 16. und 17. Jahrhundert den Polen und den Tschechen.

Diese Bemerkung bezog sich auf die Verteidiger der Echtheit der gefälschten alttschechischen Manuskripte,[26] die diese Zusammenhänge ablehnten. Es musste deshalb notwendigerweise zwischen dem vorzeitig verstorbenen Feifalik und seinen tschechischen Opponenten zu einer Polemik auf des Messers Schneide kommen.[27]

Der am häufigsten zitierte Mediävist aus unserer Gruppe bleibt bis heute Johann Loserth (1846–1936). Der aus der nordmährischen Stadt Fulnek gebürtige Loserth hatte wie Feifalik an der Wiener Universität den Ausbildungskurs des Instituts für österreichische Geschichtsforschung absolviert, wo Ottokar Lorenz größten Eindruck auf ihn gemacht hatte. Bereits durch seine frühen Arbeiten, insbesondere die Herausgabe der „Königsaaler Geschichtsquellen", hatte sich Loserth bereits wissenschaftliche Meriten erworben. Eine um so größere Enttäuschung war es für ihn, dass er sich statt in Prag als außerordentlicher und später ordentlicher Professor für allgemeine Geschichte an der peripheren Franz-Joseph-Universität in Czernowitz wie-

Franz Rössler im Kontext der tschechischen Mediävistik]. In: *Soukup/Šmahel* (Hg.): Německá medievistika, 183–191. Eine treffende Charakteristik von Rösslers rechtsgeschichtlicher Wahrnehmung der böhmischen Geschichte bot *Štaif*: Historici I., 87–89.

26 Vgl. dazu unten S. 19-21.
27 Das Werk dieses halbvergessenen Literaturhistorikers hat zuletzt Kolár gewürdigt: *Kolár,* Jaroslav: Julius Feifalik – kapitola z české literární historie [Julius Feifalik – ein Kapitel aus der böhmischen Literaturgeschichte]. In: *ders.:* Sondy. Marginálie k historickému myšlení o české literatuře [Sonden. Marginalien zum historischen Denken über die böhmische Literatur]. Brno 2007, 122–132, hier auch auf 127 f. das Zitat aus dem Brief an F. Sušil.

derfand. Auch seine wiederholten Versuche, einen Lehrstuhl an der Prager Universität zu erlangen, hatten keinen Erfolg, weshalb er im Jahre 1893 dankbar einen Ruf an die Universität Graz annahm. In den 70er und 80er Jahren des 19. Jahrhunderts, als er sich intensiv mit den böhmischen Chroniken und Quellen zur Geschichte der hussitischen Bewegung befasste, stand er in engem Kontakt zu den Gründern des Vereins für die Geschichte der Deutschen in Böhmen und schrieb oft Beiträge für die Mitteilungen. Ein außerordentliches Echo hatte, wie wir noch hören werden, sein Buch „Hus und Wiclif", das zur Vorbereitung seiner späteren Editionstätigkeit im Rahmen der Londoner Wyclif Society wurde. In den Jahren 1886 bis 1922 gab Loserth vierzehn Bände von Wiclifs Schriften heraus und hat sich damit in einem beträchtlichen Maße auch um eine bessere Kenntnis des Werkes dieses Oxforder Reformators verdient gemacht.[28]

Ein weiterer mährischer Deutscher, dem in unserer Darlegung ein verdienter Platz gebührt, war der aus Freiberg gebürtige Salomon Berthold Bretholz (1862–1936). Seinen ersten Vornamen begann er während seines Studiums an der Juristischen Fakultät der Universität Wien zu unterschlagen, als er zum evangelischen Glauben des Augsburgischen Bekenntnisses konvertierte. Obwohl er gut tschechisch sprach, akzeptierte er die Tschechen nicht vollständig und war stolz auf sein Deutschtum, auf die uralte, in seiner Auffassung kontinuierliche deutsche Besiedlung der böhmischen Länder.[29] Der archaische Titel eines Mährischen Landeshistoriographen, zu dem er im Jahre 1892 ernannt wurde, konnte ihm keinen anständigen Lebensunterhalt sichern. Seine Existenzgrundlage verbesserte sich erst seit Januar 1900, als er seinen Dienst im Mährischen Landesarchiv antrat, dessen Direktor er im Jahre 1906 wurde. Nach der Entstehung der selbständigen Tschechoslowakischen Republik im Jahre 1918 erschien Bretholz seine persönliche Situation so schwierig, dass er sich entschloss, nach Deutschland überzusiedeln. Die Aussichten auf den Erwerb einer Professur für osteuropäische Geschichte an der Philosophischen Fakultät der Friedrich-Wilhelms-Universität in Berlin hat wahrscheinlich seine jüdische Herkunft zunichte gemacht. Unannehmbar war Bretholz jedoch auch für die Deutsche Universität in Prag. Den letzten Schlag hat ihm das Erstarken des Nationalsozialismus versetzt. Nach dem Jahr 1933 „war sein Deutschland verschwunden", und, wie er sich in seinem Tagebuch ausdrückte, das Leben wurde für ihn zur Qual. Sein trauriges Schicksal verfloss mit vielen anderen Tragödien des 20. Jahrhunderts, aber seine Editionen der Chronik der Böhmen des Cosmas von Prag und der zwei

---

[28] Ein zutreffendes Porträt bot *Soukup, Pavel:* Johann Loserth (1846–1936). Ein „Gelehrter von Weltruf" in Czernowitz und Graz. In: *Hruza* (Hg.): Österreichische Historiker 1900–1945, 39–71.

[29] Siehe *Stoklásková, Zdeňka:* Bertold Bretholz und seine Anti-Kolonisationstheorie. In: Die böhmischen Länder in der deutschen Geschichtsschreibung seit dem Jahre 1848. Ústí nad Labem 1997, 29–39.

Bände der Mährischen Urkunden und Regesten bleiben eine lebendige Erinnerung im Erbe der einheimischen Geschichtsschreibung.[30]

Das Spannungsfeld zwischen Geschichtswissenschaft und Nationalismus: Der Mediävistenstreit in drei Akten

Der Kampf um die Fälschungen

Die selbsternannten Erwecker der Völker ohne einen Staat und eigene „uralte" kulturelle Tradition hatten in der Ära der Romantik die Wahl, sich entweder mit ihrer Vergangenheit und der Gegenwart abzufinden oder sich die ihrer Meinung nach fehlenden Denkmäler selbst zu schaffen. In Böhmen wählten zwei Literaten den zweiten Weg und nahmen sich der zweifelhaften Aufgabe an, das eigene Werk auf dem Altar der Muttersprache und der Heimat zu opfern. Der Initiator war Václav Hanka (1791–1861), der bereits im Jahre 1817 das alttschechische „Píseň pod Vyšehradem" (Wyssehrader Lied) zum Druck gebracht hatte. Dieses kleine Werk, das sich durch seine Schrift und seine Sprache als Werk des 13. Jahrhunderts ausgab, hatte sein Freund und Dichter Josef Linda (1789 oder 1792–1834) angeblich im Jahr zuvor entdeckt. Nachdem Lindas gekonnte Fälschung erfolgreich war und zunächst auch Kenner einschließlich Josef Dobrovský getäuscht hatte,[31] schien die Zeit für eine weitere Entdeckung gekommen. Im September 1817 fand Hanka in einem kleinen Kirchenkeller in Königinhof angeblich Fragmente epischer und lyrischer Gedichte im Gesamtumfang von 1261 Versen, ein ungeahnter Schatz, der die alttschechische Poesie bereicherte.

Noch bevor dieses sog. Königinhofer Manuskript stärker bekannt werden konnte, tauchten in Grünberg bei Nepomuk im November 1818 zwei weitere Pergament-Doppelblätter auf, die ihrer Schrift und Sprache zufolge ins 9. bis 10. Jahrhundert datierten. Das längere epische Fragment schilderte das Gericht der fabelhaften Fürstin Libussa, das kürzere Fragment zeichnete in einigen Versen ihren Richtspruch auf. Zuerst bürgerte sich für dieses mutmaßliche Sprachdenkmal der Name „Libušin soud" (Gericht der Libussa) ein,

---

30 *Dies.*: Schizofrenie des Schicksals. Der mährische Historiker Bertold Bretholz. In: Moravští Židé v rakousko-uherské monarchii (1750–1918) [Mährische Juden in der Österreichisch-Ungarischen Monarchie (1750–1918)]. Brno 2003, 319–332; *dies.*: Konvertitova kariéra. Bertold Bretholz a jeho snaha po uplatnění [Karriere des Konvertiten. Berthold Bretholz und sein Bemühen, sich durchzusetzen]. In: *Soukup/Šmahel* (Hg.): Německá medievistika, 273–287. Hier auch das Zitat aus seinem Tagebuch.

31 Josef Dobrovský druckte „Píseň" im Jahre 1818 in seiner Geschichte der böhmischen Sprache und älteren Literatur, sechs Jahre später bezeichnete er es allerdings als Fälschung. Definitiv gaben ihm die späteren paläographischen und chemischen Analysen Recht. Mehr dazu *Hanuš*, Josef (Hg.): Rukopisové Zelenohorský a Kralovodvorský. Památka z XIX. věku [Das Grünberger und das Königinhofer Manuskript. Ein Denkmal aus dem XIX. Jahrhundert]. Prag 1911, 55–57.

später begann man jedoch, die Fragmente nach ihrem angeblichen Fundort „Rukopis Zelenohorský" (Grünberger Manuskript) zu benennen.[32] Die Tschechen hatten nun endlich auch eine uralte Vergangenheit, auf die sie um so stolzer sein konnten, weil sie bereits unter der Fürstin Libussa ein geschriebenes Recht hatten. In diesem Zusammenhang bekamen auch die abschließenden Verse von „Libussas Gericht" eine ungewöhnliche Aktualität:

Eine Schande wäre es, in Deutschland das Recht zu suchen,
wenn es bei uns das heilige Gesetz ist
seitdem es unsere Väter
in diese fruchtbare Heimat gebracht haben.[33]

Da die führenden Persönlichkeiten der nationalen Wiedergeburt Josef Jungmann, P. J. Šafařík und František Palacký die Echtheit der gefälschten Manuskripte verteidigten, hatten die ab und an geäußerten Zweifel kaum Aussicht auf Erfolg. Die Aura der Unantastbarkeit störte im Oktober 1858 dann freilich eine Serie von fünf Artikeln, die unter dem gemeinsamen Titel „Manuskriptlügen und paläographische Wahrheiten" im Prager deutschen Tagblatt Tagesbote aus Böhmen publiziert wurden. Mit der Zustimmung Wiens hatte der Prager Polizeidirektor Anton Päuman paläographische und chemische Analysen von zwei Manuskriptfragmenten beim Bibliothekar Anton Zeidler bestellt. Die näheren Umstände dieser Unternehmung wurden zwar erst später bekannt, aber die zweifelhafte Intention dieser Kampagne war so offensichtlich, dass sich František Palacký erneut der Verteidigung des Königinhofer und des Grünberger Fragments annahm. Die Polemik nahm noch größere Ausmaße an, als sie mit dem Artikel von Max Büdinger in der neu gegründeten Historischen Zeitschrift[34] Aufnahme fand. Wenig später trat, wie erwähnt, der Wiener Literaturhistoriker Julius Feifalik mit ernsthaften Einwänden gegen die historische Authentizität der alttschechischen Denkmäler auf.[35] Beide Kritiker waren Deutsche, umso heftiger fiel die Entgegnung

---

[32] Zu den Umständen des Fundes siehe *ebenda*, 69–72. Die unübersichtliche Literatur zu den Fälschungen von Hankas Schule verzeichnete *Laiske, Miroslav*: Bibliografie RKZ [Bibliographie des Königinhofer und des Grünberger Manuskriptes]. In: *Otruba, Mojmír* (Hg.): Rukopisy královédvorský a zelenohorský [Das Königinhofer und das Grünberger Manuskript]. Praha 1969, 323–408. Die neuere Literatur siehe im Stichwort Rukopisy královédvorský a zelenohorský 1817 a 1818 [Das Königinhofer und das Grünberger Manuskript 1817 und 1818]. In: Lexikon české literatury 3/II [Lexikon der tschechischen Literatur 3/II]. Praha 2000, 1329–1338.

[33] „Libušin soud" [Libussas Gericht]. In: *Hanuš* (Hg.): Rukopisové, 102, Verse 109–112: „Nechvalno nám v Němciech iskati pravdu; / u nás pravda po zákonu svatu, / juže prinesechu otci naši / v sěže ---(žírné) vlasti."

[34] *Büdinger, Max*: Die Königinhofer Handschrift und ihre Schwestern. In: Historische Zeitschrift 1 (1859), 127–152. Ausführlich zur ganzen Affäre und ihren Zusammenhängen *Kořalka*: František Palacký, 383–388.

[35] *Feifalik, Julius*: Über die Königinhofer Handschrift. Wien 1860.

auf der tschechischen Seite aus.[36] Diejenigen, die es gewagt hatten, die wissenschaftliche Wahrheit über die Interessen der Nation zu stellen, wurden zu deren Verrätern. Im Kampf um die Echtheit der Manuskripte wurde in den letzten Jahrzehnten des 19. Jahrhunderts die Zivilcourage und die Fähigkeit der tschechischen Mediävistik auf die Probe gestellt, die frommen Lügen der nationalen Mystifizierung zu beenden.

Bevor die Wissenschaft über die Mystifikationen siegte, vermochten die Helden, die Taten und die Orte der gefälschten Dichtungen die national erweckte tschechische Kunst des ganzen 19. Jahrhunderts tief zu beeinflussen. Die majestätischen Felsen mit den Ruinen von Wyschehrad inspirierten nachhaltig Maler und Graphiker, in der Musik feierte Bedřich Smetana diesen Fabelort auf eine unvergessliche Weise mit der gleichnamigen symphonischen Dichtung. Die Heldin von Smetanas Oper Libussa wurde zur Inkarnation des tschechischen Volkes und des tschechischen Ruhmes.[37] Krieger, Dichter und andere Gestalten der Manuskripte lebten in einem zweiten Leben in den Malereien von Josef Mánes, in den Entwürfen von Mikuláš Aleš für das Nationaltheater und in den monumentalen Plastiken Václav Myslbeks wieder auf. Mit den Manuskriptfälschungen begann das tschechische 19. Jahrhundert und mit ihren künstlerischen Inspirationen endete es dann.

Altneuer Streit um Hus und Hussitentum

Mit ein wenig Übertreibung könnte man sagen, dass vor dem Jahr 1848 die wichtigsten hussitischen Anführer, selbst Johannes Hus oder der Krieger Johannes Žižka (Ziska), mehr Verehrer im Ausland als in Böhmen selbst hatten. Im protestantischen Deutschland stärkte die Sympathien zu den Hussiten der Dichter und Weltenbummler Nicolaus Lenau (1802–1850). Vielleicht eine noch größere Wirkung als sein Zyklus über Johannes Žižka hatte in dieser Hinsicht sein Werk die „Albigenser" (1842). In unserem Zusammenhang mag dazu eine Strophe genügen:

Den Albigensern folgten die Hussiten
und zahlten blutig heim, was jene litten.
Auf Hus und Žižka folgten Luther, Hutten,
die dreissig Jahre, die Cevennestreiter,
die Stürmer der Bastille und so weiter.[38]

36 Siehe unter anderem *Boček,* Josef: Die Königinhofer und Grünberger Handschriften als Gegenstand politischer Auseinandersetzungen in Böhmen (1858–1938). In: Němci v českých zemích. Zprávy Společnosti pro dějiny Němců v Čechách 1 (2001), 13–119.
37 Laut *Graus,* František: Lebendige Vergangenheit. Überlieferung im Mittelalter und in den Vorstellungen vom Mittelalter. Köln, Wien 1975, 101–106.
38 Ich zitiere nach *Kraus,* Arnošt: Husitství v literatuře, zejména německé III [Das Hussitentum in der Literatur, insbesondere der deutschen III]. Prag 1924, 120.

Zu den Verehrern der französischen Schriftstellerin George Sand und ihrer
Romane über die hussitischen Heerführer gehörten in Böhmen auch zwei
Dichter aus der Gruppe des sog. Jungen Deutschland, Moritz Hartmann
(1821–1872) und Alfred Meissner (1822–1885). Der erste war Jude, der andere Protestant, beide waren Liberale kosmopolitischer Prägung, die sich wenig
für die, durch den für sie inakzeptablen Panslawismus angesteckte tsche-
chischsprachige Kultur interessierten. Dies hinderte sie jedoch nicht daran,
die Hussiten und ihren Hauptmann Žižka zu besingen und die österreichische Zensur dadurch in einer Weise gegen sich aufzubringen, dass ihnen Ge-
fängnis und Verbannung drohten. Die Hussiten waren für sie einfach ein
Vorbild für die Menschheit, so könnte man die Botschaft einer Reihe ihrer
Werke lesen, die sich damit deutlich von der überwiegend vorsichtigen Einstellung der tschechischen Gesellschaft unterschied.

Gleichzeitig mit Meissner schuf František Palacký sein monumentales
Werk über das Hussitentum, der ebenfalls Protestant, jedoch ein aus Mähren
stammender Tscheche und trotz seiner Jugend bereits der offizielle Historio-
graph des Königreichs Böhmen war. Palacký begann seine „Geschichte von
Böhmen" in Deutsch bereits im Jahre 1836 zu veröffentlichen, die tschechische Übersetzung des ersten Bandes folgte, wie erwähnt, erst im Jahre 1848.
Die tschechische Ausgabe mit dem abgeänderten Titel „Dějiny národu českého v Čechách a v Moravě" (Geschichte der tschechischen Nation in Böhmen und Mähren) betrachtete er selbst als die Krönung seiner Bemühungen,
der eigenen Nation mit einem getreuen Bild ihrer Vergangenheit einen Dienst
zu erweisen. Der erste Band des dritten, den Hussitismus in den Jahren 1403–
1419 behandelnden Teiles erschien erst im Jahre 1845, sodass Meissner be-
rechtigterweise der Meinung sein konnte, dass er der erste war, der die Hussiten im neuen Licht geschildert hatte. Diesen Vorrang wollte Palacký ihm allerdings nicht überlassen, und noch nach Jahren betonte er, dass er der erste
Historiker gewesen sei, „der den Hussiten im Detail der Geschichte Gerechtigkeit widerfahren lassen konnte".[39]

Palacký musste nicht nur mit der Zensur, sondern auch mit der Missgunst
der deutschen Historiker und Journalisten kämpfen. Deshalb entschloss er
sich im Jahre 1848, seine Geschichte zuerst tschechisch zu schreiben, um in
einer Zeit, in der die Tschechen um die Anerkennung der nationalen Gleichberechtigung kämpften, keiner anderen Sprache den Vorrang zu geben. Er tat
dies gegen den Willen des Landesausschusses, der noch im März 1851 verlangte, dass es sich weiterhin um „ein originelles deutsches Werk handeln
soll". Die Änderungen, die bei der Übertragung ins Tschechische vorgenommen wurden, waren recht schwerwiegend. Wir können hier nicht in die Ein-

---

[39] *Palacký,* František: Die Geschichte des Hussitenthums und Prof. Constantin Höfler.
Kritische Studien. Prag 1868, 132.

zelheiten gehen,[40] es muss genügen hinzuzufügen, das nicht nur die Sprache des Werkes ein Streitpunkt war, sondern auch die überkonfessionelle Haltung des Autors. Palacký lehnte es nämlich programmatisch ab, die Streitigkeiten zwischen dem Katholizismus und dem Protestantismus auf der Ebene der Wahrheit oder der Täuschung, des Rechts oder des Unrechts zu würdigen. Seine Betrachtung schloss er mit dem berühmten Spruch: „Falls uns die Geschichte eine Lehrerin sein soll, dürfen wir uns nicht aus ihr eine Hure machen.“[41]

Während Palackýs Bände der Geschichte von Böhmen, die den Hussitismus und die folgende Zeit des Kalixtinerkönigs Georgs von Podiebrad schilderten, im Ausland mit Respekt aufgenommen wurden,[42] war in den offiziellen Prager Kreisen das Gegenteil der Fall. Mit Unterstützung der Regierungs- und Behördenstellen trat zunächst der Prager deutsche Historiker Joseph Alexander Helfert (1820–1910) polemisch gegen Palackýs Hussitismusauffassung[43] auf, und ihm folgte dann der Universitätsordinarius Constantin Höfler. Palacký, der sich um Höflers Ruf nach Prag verdient gemacht hatte, fühlte sich bereits durch dessen Vorwort zur Edition „Geschichtschreiber der husitischen Bewegung in Böhmen" aus dem Jahre 1856 düpiert. Höfler verkündete darin nämlich recht plump, dass er beabsichtige „den rhetorischen Kompilationen, wie sie in der letzten Zeit in literarischen oder religiösen Vereinen Mode geworden sind, dem Aufputzen einer historischen Puppe, welche man Hus zu nennen beliebt," ein Ende zu machen.[44] Seit dem Jahre 1862 publizierten auch Höflers Schüler Vorbehalte gegen Palacký und zwar in jeder Nummer der neu gegründeten Zeitschrift Mittheilungen des Vereins für Geschichte der Deutschen in Böhmen. Als Höfler selbst im Jahre 1864 eine recht tendenziöse Schrift über Magister Johannes Hus und den Auszug der deutschen Professoren und Studenten aus Prag veröffentlichte,[45] schwieg Palacký noch. Die Vollendung der dreibändigen Edition Höflers zwei Jahre später konnte er jedoch nicht mehr mit Schweigen übergehen, er sah sich gezwun-

---

40 Vgl. dazu *Kořalka,* Jiří: Palacký a Frankfurt 1840–1860. Husitské bádání a politická praxe [Palacký und Frankfurt 1840–1860. Hussitische Forschung und politische Praxis]. In: Husitský Tábor 6–7 (1983–1984), 239–360, hier besonders 312–331 und *ders.:* František Palacký, 348–361.

41 Diesen Spruch liest man nur in der tschechischen Ausgabe, siehe *Palacký,* František: Dějiny národu českého v Čechách a v Moravě. III/1: Od roku 1403 do 1420 [Geschichte der tschechischen Nation in Böhmen und Mähren. III/1: Seit dem Jahr 1403 bis 1420]. 3. Aufl. Prag 1877, 10.

42 Mehr dazu *Kořalka:* Palacký a Frankfurt, 324–331 und *ders.:* Palacký, Sybel a počátky Historické Zeitschrift [Palacký, Sybel und die Anfänge der Historischen Zeitschrift]. In: Husitský Tábor 9 (1987), 199–247.

43 *Helfert,* Joseph, Alexander: Hus und Hieronymus. Studie. Prag 1853.

44 *Höfler,* Constantin K. A.: Geschichtschreiber der husitischen Bewegung in Böhmen. Theil I. Wien 1856, VIII.

45 *Ders.:* Magister Johannes Hus und der Abzug der deutschen Studenten aus Prag 1409. Prag 1864.

gen, sein vorangegangenes Werk zu verteidigen. Seine mit deutlicher Kritik seines Gegners verbundene Verteidigung veröffentlichte er im Jahre 1868 unter dem Titel „Die Geschichte des Hussitenthums und Prof. Constantin Höfler".[46]

Die Polemik seitens der einheimischen deutschen Geschichtsschreibung beschränkte sich nicht nur auf die im Titel von Höflers Schrift angedeuteten Fragen. Die Tschechisierung der böhmischen Städte betrachtete zum Beispiel Julius Lippert als das Ergebnis eines räuberischen Krieges, im Zuge dessen sich die Hussiten des Besitzes der deutschen Stadtbürger bemächtigten.[47] Die Reduktion des Hussitismus auf die nationale Komponente betonte noch mehr Ludwig Schlesinger, demzufolge Hus der Anführer eines Ausrottungszuges gegen die einheimischen Deutschen war.[48] Den härtesten Schlag versetzte den tschechischen Apologeten Hussens und seiner Lehre jedoch Johann Loserth, dessen Buch „Hus und Wiclif. Zur Genesis der hussitischen Lehre" (1884) auf der einen Seite sofort begeisterte Zustimmung und auf der anderen harsche Kritik hervorrief. Mit Hilfe eines mechanischen Vergleichs der Texte beabsichtigte Loserth zu belegen, dass Hus ein bloßer Epigone des englischen Reformators Wyclif war, aus dessen Schrift „De ecclesia" er fast alles einschließlich der Kapitelanzahl übernommen habe. Diese wissenschaftlich scheinbar überzeugende Vorgehensweise wies jedoch erhebliche methodische Mängel auf, denn sie berücksichtigte weder die geläufige Praxis der mittelalterlichen Gelehrten noch die inhaltlichen Aussagen der verglichenen Passagen. Es dauerte dennoch ganze Jahrzehnte, bevor es gelang, Wyclifs Einfluss auf Hus ausgewogener zu beleuchten.[49]

Diese Ausführungen mögen als Beispiel der einheimischen Kämpfe um Hus und den Hussitismus genügen, die unter den Bedingungen eines Emanzipationsprozesses der tschechischen Nation notwendigerweise einen immanent aktuellen gesellschaftlichen Kontext aufwiesen.[50]

---

[46]　Zum breiteren Kontext *Kořalka:* František Palacký, 471–478.

[47]　*Lippert,* Julius: Die Čechisierung der böhmischen Städte im XV. Jahrhundert. In: MVGDB 5 (1868), 174–195.

[48]　*Schlesinger,* Ludwig: Geschichte Böhmens. Prag, Leipzig 1870, 417.

[49]　Zur Entstehung von Losserts Schrift *Soukup:* Johann Loserth, 54–57. Zum letzten Stand der Frage siehe *Herold,* Vilém: Hus a Wyclif. Srovnání dvou traktátů De ecclesia [Hus und Wyclif. Vergleich der beiden Traktate De ecclesia]. In: *Drda,* Miloš/*Holeček,* František J./*Vybíral,* Zdeněk (Hg.): Jan Hus na přelomu tisíciletí [Johannes Hus an der Jahrtausendwende]. Tábor 2001, 129–150. Hier auch die weitere Literatur.

[50]　Aus der zahlreichen Literatur zuletzt *Novotný,* Robert: Husitství v pojetí českoněmecké historiografie. Věda či politikum? [Der Hussitismus in der Auffassung der deutschböhmischen Historiographie. Eine Wissenschaft oder ein Politikum?]. In: *Soukup/Šmahel* (Hg.): Německá medievistika, 119–133.

Die Verlegenheit um den Vater des Vaterlandes

In der Zeit, als man den Ketzer Hus noch nicht hervorheben konnte, galt gerade Kaiser Karl IV. als die bedeutendste und größte Persönlichkeit der böhmischen Geschichte. Diese Würdigung, die Karl im Jahre 1780 in der Einleitung von F. M. Pelzels Monographie zuteil wurde,[51] hatte auch für František Palacký nicht ihre Gültigkeit verloren. „Bei dem Klange seines Namens erwärmt noch heutzutage jedes Böhmenherz und jeder Mund überläuft von Dank und Verehrung gegen die Taten eines Herrschers, der in der Volksüberlieferung der Repräsentant der höchsten Blüthe und Wohlfahrt seines Vaterlandes geworden ist."[52]

Trotz dieser Tatsache, zumindest scheint es so aufgrund der bisherigen Kenntnisse, hoben die national erweckten tschechischen Literaten den „Vater des Vaterlandes" nicht auf einen besonderen Sockel, was mehr oder weniger auch für die tschechischen Musiker und bildenden Künstler gilt. Karl IV. war allerdings in Prag, um das er sich so eindrucksvoll verdient gemacht hat, allgegenwärtig sowohl in der Monumentalarchitektur als auch in den eindrucksvollen Kirchen und Klosterbauten. Die Gestalt des Kaisers blickte seit Jahrhunderten auf die Prager vom Altstädter Brückenturm herab, sodass man offensichtlich kein Bedürfnis spürte, ihm noch andere Denkmäler zu bauen. Dies belegt auch die Vorgeschichte des einzigen Denkmals Karls aus dem ganzen langen 19. Jahrhundert, dessen Enthüllung im Jahre 1848 durch die Revolutionsunruhen übertönt wurde. Die Absicht, Karl ein Denkmal zu bauen, tauchte zwar bereits am Anfang der dreißiger Jahre auf, jedoch erst der nahende 500. Jahrestag der Gründung der Karls-Universität beschleunigte seine Errichtung auf dem Kreuzherrenplatz bei der Karlsbrücke.[53]

Das Zitat F. Palackýs haben wir vorzeitig beendet. Aber auch seine nachfolgenden Worte entbehren nicht einer tieferen Bedeutung:

Dagegen gilt er in der Reihe der deutschen Kaiser für einen der schwächsten und verrufensten. [...] Wenn, sage ich, wir Böhmen dies alles bedenken, [...] so können wir uns des Gedankens nicht erwehren, es sei nur der Neid über Böhmens damalige Größe und blühenden Wohlstand, im Gegensatz zu des Reiches Ohnmacht und innerer Erschlaffung, welcher jene verläumderischen Klagen gewisser deutschen Patrioten bis auf den heutigen Tag hervorruft.[54]

---

51 *Pelzel,* F. M.: Kaiser Karl der Vierte, König in Böhmen. Erster Theil. Prag 1870, Vorbericht.
52 *Palacky,* Franz: Geschichte von Böhmen II-2. Prag 1842, 403.
53 Das Denkmal errichtete Daniel Burgschmiedt nach dem Entwurf E. J. Hähnels. Mehr dazu *Vlček,* Pavel (Hg.): Umělecké památky Prahy. Staré Město, Josefov [Kunstdenkmäler Prags. Altstadt, Josefstadt]. Prag 1996, 544.
54 *Palacky:* Geschichte von Böhmen II-2, 403 und 405.

Gegen „Böhmens Vater" stand somit seit eh und je die Vorstellung „des Heiligen Römischen Reichs Erzstiefvater" oder des „Pfaffenkönigs", der um seines Vorteils willen die höheren Interessen des deutschen Staatsgebildes vernachlässigt hätte.[55]

Die deutschen Historiker, die in Böhmen zu Hause waren oder dort wirkten, haben mehrheitlich die Rolle Karls IV. zwar nicht allzu sehr hervorgehoben, jedoch auch nicht geringgeschätzt. Ungewöhnlich positiv bewertete erst Constantin Höfler Karls Bemühungen und insbesondere seine Kirchenpolitik im Reich, worin ihm sein Schüler Ludwig Schlesinger folgte.[56] Mehr die Tschechen als die einheimischen Deutschen gedachten rechtzeitig des fünfhundertsten Jahrestages von Karls Tod im Jahre 1878. Aus der Reihe der Gelegenheitsschriften und Editionen erwarb größere Berühmtheit nur das kleinere Buch des Universitätsprofessors Josef Kalouseks mit dem bezeichnenden Titel „Karel IV. Otec vlasti" (Karl IV. Vater des Vaterlandes).[57] Seine Ausstrahlung verdankte es einerseits wegen seiner apologetischen Tendenz, andererseits aber auch wegen einer Reihe aktualisierender Anspielungen. Eine besonders empfindliche Frage berührte Kalousek, als er Karls Liebe zur tschechischen Sprache und sein reines tschechisch-nationales Empfinden betonte.

Das Jubiläum gipfelte angesichts des Datums von Karls Tod an der Wende vom November zum Dezember 1878. Rasch aufeinander folgten nun die Erinnerungsartikel in der Tagespresse und die Vorträge in den verschiedenen gelehrten und patriotischen Vereinen. Während auf tschechischer Seite alle Historiker, Schriftsteller und öffentliche Persönlichkeiten es für ihre Pflicht hielten, zum Jubiläum beizutragen, war auf deutscher Seite die Anteilnahme relativ zurückhaltend. Auch wenn bei der festlichen Kranzniederlegung an Karls Denkmal am 29. November die einen auf den Schleifen den „Gründer der tschechischen Universität" und die anderen den „Gründer der ersten deutschen Universität" ehrten, ließen nur die tschechischen Studenten den großen Luxemburger stürmisch in der Öffentlichkeit hochleben, während ihre deutschen Kollegen die Schenken vorzogen.[58]

---

[55] Zur Gestalt Karls IV. in der einheimischen und der ausländischen Geschichtsschreibung *Petráň,* Josef: Obraz Karla jako hlavy státu v dějepisectví šesti století [Das Bild Karls als Staatsoberhaupt in der Geschichtsschreibung von sechs Jahrhunderten]. In: Karolus Quartus. Praha 1984, 77–104 und *Frey,* Beat: Pater Bohemiae – vitricus imperii. Böhmens Vater, Stiefvater des Reichs. Karl IV. in der Geschichtsschreibung. Bern u. a. 1978.

[56] *Höfler,* Constantin K. A.: Die Zeit der Luxemburgischen Kaiser. Wien 1867; *Schlesinger,* Ludwig: Geschichte Böhmens. Prag 1868.

[57] Prag 1878.

[58] Ausführlich hat die Feier im Jahre 1878 Soukup geschildert. Siehe *Soukup,* Pavel: Čech, nebo Němec? Spor o národní příslušnost Karla IV. [Tscheche, oder Deutscher? Der Streit um die nationale Zugehörigkeit Karls IV.]. In: Dějiny a současnost 27/1 (2005), 38–40.

Der bereits erwähnte Geschichtsschreiber und Vorsitzende des Vereins der deutschen Historiker in Böhmen, Ludwig Schlesinger, wollte die tschechisch orientierte Kampagne nicht unbeantwortet lassen, und bat deshalb bereits am 8. Dezember schriftlich seinen Kollegen Johann Loserth um eine gelehrte Abhandlung zum Thema der Muttersprache Karls IV. Loserth entsprach seiner Bitte und brachte im Aufsatz „Über die Nationalität Karls IV." nicht wenige Argumente, die auf der Basis der Quellen Kalouseks Argumentation in Frage stellten oder widerlegten. In der Hitze der Polemik irrte sich Loserth hie und da, was Kalousek die Gelegenheit bot, ihm mit gebührendem Nachdruck zu antworten.[59]

Der Kampf um die nationale Zugehörigkeit Karls IV. endete ohne Sieger. In der folgenden Zeit war es vor allem die deutsche Geschichtsschreibung, die die Persönlichkeit und Zeit Karls IV. wissenschaftlich würdigte.[60] Die Tschechen ließen sich ihren Vater im 19. Jahrhundert nicht nehmen, und das hat ihnen genügt. Es gab allerdings noch mehr neuralgische Punkte in der tschechischen und deutschen Geschichtsschreibung über das Mittelalter. Dazu gehörten unter anderem die Beziehung Böhmens zum Reich,[61] die sog. „deutsche Kolonisation"[62] und der Abzug der deutschen Professoren und Studenten aus Prag 1409.[63]

Abschließende Bemerkungen

Als Constantin Höfler auf der Gründungsversammlung des Vereins für die Geschichte der Deutschen in Böhmen im Jahre 1862 erklärte, dass das wissenschaftliche Studium auch den Deutschen eine Ausrüstung zur Durchsetzung ihrer Interessen biete, stürzte er damit die Historie in die Arme der national unduldsamen Politik.[64] Höflers Schüler Adolf Bachmann konkretisierte

---

[59] *Loserth*, Johann: Über die Nationalität Karls IV. In: MVGDB 17 (1879), 291–305. Josef Kalousek reagierte mit einem Artikel in Fortsetzungen in der Tagespresse. Siehe *Kalousek*, Josef: Über die Nationalität Karls IV. In: Politik, Nr. 93–94 vom 1.–4.4.1879.

[60] Mehr dazu *Petráň*: Obraz Karla jako hlavy státu, 92–94.

[61] Zuletzt dazu *Schneidmüller*, Bernd/*Weinfurter*, Stefan (Hg.): Heilig – Römisch – Deutsch. Das Reich im mittelalterlichen Europa. Dresden 2006.

[62] Orientierung zu diesen strittigen Fragen: *Žemlička*, Josef: Markomané, Němci a středověká kolonizace. K historiografii jednoho problému české medievistiky [Markomannen, Deutsche und die mittelalterliche Kolonisation. Zur Historiographie eines Problems der tschechischen Mediävistik]. In: Český časopis historický 97/2 (1999), 235–272; *Leśniewska*, Dorota: Středověká německá kolonizace a kolonizace na německém právu v Čechách z pohledu německých medievistů z českých zemí [Mittelalterliche deutsche Kolonisation und die Kolonisation nach deutschem Recht in Böhmen aus der Sicht der deutschen Mediävisten aus den böhmischen Ländern]. In: *Soukup/Šmahel* (Hg.): Německá medievistika, 107–118.

[63] Die Entwicklung dieser bis heute strittigen Frage untersuchte ausführlich *Nodl*, Martin: Dekret kutnohorský [Das Kuttenberger Dekret]. Prag 2010, Kap. I.

[64] Nach *Krzenck*: Adolf Bachmann, 243.

die Aufgabe der deutschsprachigen Geschichtswissenschaft dreißig Jahre später mit den Worten: „[dem] deutschen Volke Böhmens und der lesenden Welt eine wissenschaftliche Geschichte Böhmens, welche die Bedeutung der Deutschböhmen gebührend zur Geltung bringt, als Gegengewicht zu Palackýs Geschichtswerk in die Hand zu legen [...]".[65] Das ist im solchen Maße gelungen, dass ein Land seither zweierlei Geschichte hatte.

Die Mittelalterforschung beherrschte zwar im 19. Jahrhundert die ganze Geschichtsschreibung, doch kann man die Geschichtsforschung nicht nur nach den Vorzügen und Schwächen der Mediävistik beurteilen. Aus diesem Grund soll auch nicht bewertet werden, ob die deutsche Geschichtsschreibung aus wissenschaftlicher Sicht hinter der tschechischen zurückblieb oder umgekehrt.[66] Die tschechischen und deutschen Professoren an der Prager Universität vertieften ihre wissenschaftliche Ausbildung meist übereinstimmend in Göttingen oder in Berlin. Das höchstmögliche Prestige genoss jedoch verdienterweise das Wiener Institut für Österreichische Geschichtsforschung, das mehrere Generationen von Mediävisten aus den böhmischen Ländern absolvierten. Nicht immer war die unterschiedliche Sprache ein Hindernis für freundschaftliche Kontakte. In den Übersichten der Geschichtsforschung kommen in der Regel nur ausgeprägte Ansichten zum Wort. Oft genug begegnet man aber auch einer günstigen oder zumindest anerkennenden Bewertung der Historiker einer anderen Muttersprache.[67]

Der Zahn der Zeit ist unerbittlich. Wenigen Arbeiten wird es vergönnt sein, im kulturellen Gedächtnis präsent zu bleiben, meistens erfreuen sich nur Editionen einer langen Nützlichkeit. Tausendköpfige Mediävistenscharen weiden heute alle Quellen und Erkenntnisse ab. Durch die Wiederholung der Themen geht oft der Beitrag derjenigen verloren, die am Anfang der Entdeckung standen. Dagegen sind unsere Vorgänger machtlos. Man kann auch nichts mehr zurücknehmen, weder Verletzungen, noch Erniedrigungen. Nichts kann man auch mit nachträglichen Lorbeerkränzen und Entschuldigungen wiedergutmachen. Vielleicht ist es zumindest teilweise bereits gelungen, die Desintegration der historischen Forschung zu überwinden, die nach der Teilung der Prager Universität vor hundertdreißig Jahren ungehindert ihren Lauf nahm.

---

[65] *Bachmann, Adolf:* Die neuere deutsche Geschichtschreibung in Böhmen. In: Deutsche Zeitschrift für Geschichtswissenschaft 4 (1890), 128–146, hier 131.

[66] Das Zurückbleiben der deutschen Historiographie hinter der tschechischen gab Neumüller zu. Siehe *Neumüller:* Die deutsche philosophische Fakultät, 125 f. Nicht einverstanden mit seiner Meinung war *Nodl:* Německá medievistika, 60, Anm. 130. Neuestens aufgrund einer breitangelegten Komparation *Kolář:* Geschichtswissenschaft.

[67] Auf einige Äußerungen dieser Art hat Šmahel aufmerksam gemacht. Siehe *Šmahel:* Německá medievistika, 9–16.

Jiří Kuthan

KUNSTGESCHICHTE BÖHMENS, KUNSTGESCHICHTE MITTELEUROPAS
Anmerkungen zum Thema Geschichte der Kunstgeschichte

Die Kunstgeschichte betrat als Fach vor der Mitte des 19. Jahrhunderts den universitären Boden. Im Jahr 1825 entstand an der Universität in Königsberg in Ostpreußen ein Extraordinariat für Kunstgeschichte.[1] Es wird allgemein behauptet, im Jahr 1844 wäre es in Berlin zur Einrichtung des zweiten Universitätslehrstuhles für Kunstgeschichte auf dem europäischen Kontinent gekommen.[2] Im Allgemeinen wird angenommen, dass die Universität in Wien die dritte Hochschule war, an der die Kunstgeschichte durch die Berufung des im mährischen Olmütz geborenen Rudolf von Eitelberger (1817–1885) im Jahr 1852 Eingang fand.[3]

Aber tatsächlich wurde Kunstgeschichte zu dieser frühen Zeit auch an anderen Universitäten eingeführt, so etwa im schlesischen Breslau.[4] An der Prager Universität wurde 1850 Jan Erazim Wocel (1802–1871) mit Unterstützung Leo Thuns erster Professor für böhmische Archäologie und Kunstgeschichte (in den Rahmen des damals als Archäologie bezeichneten Fachs fiel auch die Erforschung der mittelalterlichen Baukunst). Wocel hinterließ ein großes, in den beiden Landessprachen Deutsch und Tschechisch publiziertes Werk.[5] In der Geschichte des Faches kommt der Prager Universität im gesamteuropäischen Vergleich eine ehrenvolle Stellung zu. Da sich aber das Fach in den ersten Jahrzehnten seiner Existenz an der Prager Universität, im Gegensatz zu Wien, nicht ohne Unterbrechung halten konnte, gerieten diese

---

1 *Kultermann,* Udo: Geschichte der Kunstgeschichte. Der Weg einer Wissenschaft. Frankfurt am Main u. a. 1981, 428.
2 *Ebenda,* 428.
3 *Ebenda,* 280–283, 428.
4 *Hartmann,* Idis B.: Aspekte des Umgangs mit dem kulturellen Erbe Schlesiens im 19. und 20. Jahrhundert. In: *Eimer,* Gerhard/*Gierlich,* Ernst (Hg.): Kunsthistoriker und Denkmalpfleger des Ostens. Der Beitrag zur Entwicklung des Faches im 19. und 20. Jahrhundert. Bonn 2007, 200.
5 *Sklenář,* Karel: Jan Erazim Wocel. Zakladatel české archeologie [Jan Erazim Wocel. Der Gründer der tschechischen Archäologie]. Praha 1981; *Benda,* Klement: Jan Erazim Wocel. In: *Chadraba,* Rudolf u. a. (Hg.): Kapitoly z českého dějepisu umění I. [Kapitel der tschechischen Kunstgeschichte I.]. Praha 1986, 87–105.

hoffnungsvollen Anfänge jenseits der tschechischen Grenzen schnell in Vergessenheit.[6]
Selbstverständlich war Wien als Metropole der großen Habsburgermonarchie auch ein Kulturzentrum ersten Ranges, und so konnte die Kunstgeschichte an der Prager Universität in der weiteren Entwicklung des Faches nicht mit der Universität Wien Schritt halten.

Rudolf von Eitelberger, der zu den Revolutionären des Jahres 1848 zählte, publizierte schon als etablierter Professor an der Wiener Universität gemeinsam mit Gustav Heider und T. Joseph Hieser das monumentale und reich mit Illustrationen ausgestattete Werk „Mittelalterliche Kunstdenkmale des österreichischen Kaiserstaates", das seiner apostolischen Majestät Kaiser Franz Josef I. „allerunterthänigst gewidmet" war.[7] Auch im Monumentalwerk „Die österreichisch-ungarische Monarchie in Wort und Bild", dessen Vorbereitung und Publikation unter dem Patronat des Kronprinzen Rudolf selbst erfolgte, nahm die Kunstgeschichte eine bedeutende Stellung ein.

Im Zentrum der Habsburgermonarchie, wo überdies an der neu erbauten Ringstraße und in ihrer unmittelbaren Umgebung die Monumentalbauwerke der Universität, der Akademie der bildenden Künste sowie des Kunsthistorischen und des Naturhistorischen Museums emporwuchsen, waren Prachtbände ein offenkundiges Zeichen für das steigende Prestige des Faches. Die „Tempel" der Kunst, Wissenschaft und Bildung können wir heute mit einer gewissen Stimmung von Nostalgie und Trauer als großartige Denkmale einer Ära wahrnehmen, in der sich die Errungenschaften des menschlichen Geistes scheinbar unerschütterlich eines großen Prestiges erfreuten.

Stefan Zweig schrieb in seinen letzten Lebensjahren (1939–1941) in seinem autobiographischen Werk „Die Welt von Gestern":

In kaum einer Stadt Europas war nun der Drang zum Kulturellen so leidenschaftlich wie in Wien. Gerade weil die Monarchie, weil Österreich seit Jahrhunderten weder politisch ambitioniert noch in seinen militärischen Aktionen besonders erfolgreich gewesen ist, hatte sich der heimatliche Stolz am stärksten dem Wunsche einer künstlerischen Vorherrschaft zugewandt [...] hier waren alle Ströme europäischer Kultur zusammengeflossen; am Hof, im Adel, im Volk war das Deutsche dem Slawischen, dem Ungarischen, dem Spanischen, dem Italienischen, dem Französischen, dem Flandrischen im Blute verbunden. [...] Es war lind, hier zu leben, in dieser Atmosphäre geistiger Konzilianz, und unbewußt wurde jeder Bürger dieser Stadt zum Übernationalen, zum Kosmopolitischen, zum Weltbürger erzogen.[8]

---

6   Einen Versuch, die deutsche Kunstgeschichtsforschung in Böhmen vorzustellen, wagte zuletzt: *Bartlová*, Milena: Německé dějiny umění středověku v Čechách do roku 1945 [Deutsche Kunstgeschichte des Mittelalters in Böhmen bis 1945]. In: *Soukup*, Pavel/ *Šmahel*, František (Hg.): Německá medievistika v českých zemích do roku 1945 [Deutsche Mediävistik in den böhmischen Ländern bis 1945]. Praha 2004, 67–78.

7   *Heider*, Gustav/*Eitelberger*, Rudolf von/*Hieser*, Joseph T.: Mittelalterliche Kunstdenkmale des Oesterreichischen Kaiserstaates, 2 Bde, Stuttgart 1856–1860.

8   *Zweig*, Stefan: Die Welt von Gestern. Erinnerungen eines Europäers. 32. Aufl. Frankfurt am Main 2000, 27 f.

Dieses Wiener 19. Jahrhundert war überzeugt, „auf dem geraden und unfehlbaren Weg zur ‚besten aller Welten' zu sein".[9] Wie Stefan Zweig schrieb, war es „vor allem jene Erzpest des Nationalismus, der die Blüte unserer europäischen Kultur vergiftet hat", sodass jene, die den 1. Weltkrieg, die Zwischenkriegszeit und die Jahre des 2. Weltkrieges erlebt hatten, „machtlose Zeugen [...] des unvorstellbaren Rückfalls der Menschheit in längst vergessen gemeinte Barbarei mit ihrem bewußten und programmatischen Dogma der Antihumanität" wurden.[10]

Unter den Städten der Habsburgermonarchie zählte Prag zu den bedeutenden Kulturzentren.[11] Davon zeugt zum einen die Prager Architektur, nicht weniger bemerkenswert aber war das kulturelle und literarische Leben in Prag, in dem sich deutsche, jüdische, tschechische und konservative österreichische Elemente durchdrangen. Die Prager Universität wurde 1882 in eine tschechische und eine deutsche geteilt, wobei sich das Fach Kunstgeschichte an beiden Universitäten etablieren konnte.[12] In Prag existierten so bis 1939 zwei Kunsthistorische Institute nebeneinander – das tschechische und das deutsche, dem wir hier vor allem Aufmerksamkeit schenken wollen.

In Prag wurde Anton Springer (1825–1891) geboren,[13] der zu den Gründerpersönlichkeiten der wissenschaftlichen Kunstgeschichte zählt. 1848 hat er an der Prager Universität Vorlesungen gehalten, musste aber wegen seiner politischen Anschauungen Prag verlassen. Er fasste zunächst in Bonn Fuß, dann wirkte er in Straßburg und schließlich in Leipzig. Springers „Handbuch der Kunstgeschichte" zählte zu seiner Zeit zu den Standardwerken des Faches.

Außerordentliche Verdienste um die Kenntnis der böhmischen Kunst des Mittelalters erwarb sich Bernhard Grueber (geb. 27. März 1807 in Donauwörth, gest. 12. Oktober 1882 in Schwabing).[14] 1844 hatte ihn die Gesellschaft patriotischer Kunstfreunde als Professor an die Prager Kunstakademie berufen, und Grueber gewann als Architekt in den Reihen des Hochadels bald sehr prominente Auftraggeber (Umbau des Schlosses Sichrow für den Fürsten Rohan, Adaption des Schlosses Worlik für die Sekundogenitur des

---

9   *Ebenda*, 17.

10 *Ebenda*, 11.

11 Ein Bild von Prag als bedeutendes Kulturzentrum zeichnet: *Michel*, Bernard: Prague. Belle époque. In tschechischer Übersetzung: Praha. Město evropské avantgardy 1895–1928. Praha 2010.

12 Vgl. dazu *Bartlová*: Německé dějiny umění středověku, 67–78.

13 Zur Person des Anton Heinrich Springer in der tschechischen Literatur: *Horová*, Anděla: Anton Heinrich Springer. In: *Chadraba u. a.* (Hg.): Kapitoly z českého dějepisu umění I, 123–137.

14 Zur Person des Bernhard Grueber: *Bartlová*: Německé dějiny umění středověku, 72 f.; *Vybíral*, Jindřich: Prager Architekten in München – Bayerische Architekten in Prag. In: *Petrasová*, Taťána/*Prahl*, Roman (Hg.): Mnichov – Praha. Výtvarné umění mezi tradicí a modernou. Praha 2012.

Schwarzenbergergeschlechts, Umbau des Schlosses Großskal für die Aerenthals usw.).

Das Ergebnis seiner dreißigjährigen Studien war das Werk „Die Kunst des Mittelalters in Böhmen", dessen vier Bände in den Jahren 1871–1879 in Wien erschienen sind.[15] Erstmals überhaupt wird hier eine Auslegung der mittelalterlichen Kunst in den böhmischen Ländern geboten. Natürlich geht schon aus der Orientierung des Autors hervor, dass er besonders den Architekturmonumenten Aufmerksamkeit schenkte, alles andere bleibt beiseite. Den Denkmalbestand der böhmischen mittelalterlichen Kunst, wie er ihn zum großen Teil aus eigener Anschauung kannte, periodisierte er in vier Epochen und zwar sowohl im Einklang mit der historischen, als auch mit der kunsthistorischen Entwicklung. Wie er selbst im ersten Teil des Werkes anführt, stützte er sich vor allem auf Arbeiten, die sowohl in den Mitteilungen der k. k. Zentralkommision als auch in der in tschechischer Sprache herausgegebenen Zeitschrift „Památky archaeologické" erschienen, in methodischer Hinsicht auch auf die Studien Franz Kuglers[16] und Wilhelm Lübkes. Gruebers Monumentalwerk ist naturgemäß ein Kind der Romantik, die eine Welle des Interesses für das Mittelalter mit sich brachte, und stellt eine großartige und unschätzbare Pionierleistung dar, denn man wird in dieser Zeit wohl für kein anderes Gebiet in Europa in so umfassender Form eine Präsentation seines architektonischen und künstlerischen Mittelaltererbes in Buchform finden.

Als die Bände erschienen, wurde Grueber jedoch von tschechischer Seite zur Zielscheibe der Kritik: „In den (dritten) Irrtum verfiel er aus angeborenen nationalen Vorurteilen, die es ihm nicht erlauben, unsere Denkmäler gleichsam als Frucht der heimischen Kunstfertigkeit zu beurteilen, sondern als Werke der Ausländer und vor allem des deutschen Geistes [...]", liest man in der 1856 im zweiten Jahrgang der tschechischen Zeitschrift „Památky archaeologické a místopisné" abgedruckten Rezension von Gruebers Studie „Charakteristik der Baudenkmale in Böhmen".[17] Diese Zeitschrift zählte zu den frühesten ihrer Art auf dem europäischen Kontinent und trug in bedeu-

---

[15] *Grueber,* Bernhard: Die Kunst des Mittelalters in Böhmen. 1. Teil: Der romanische Styl (beiläufig 1070–1230). Wien 1871; 2. Teil: Die Zeit des Übergangsstyles und der Frühgothik (1230–1310). Wien 1874; 3. Teil: Die Periode des luxemburgischen Hauses (1310–1437). Wien 1877; 4. Teil: Die Spät-Gothik (1437 bis circa 1600).

[16] Besonders offenkundig: Handbuch der Kunstgeschichte. Stuttgart 1842.

[17] Die Rezension der im Jahr 1856 in der Wiener Zeitschrift Mittheilungen der k. k. Centralcommission zur Erforschung der Baudenkmale abgedruckten Studie Gruebers „Charakteristik der Baudenkmale Böhmens nach den bedeutendsten Bauwerken" ist mit dem Kürzel „Z" unterzeichnet, sie wurde also offenbar von Karel V. Zap, dem Herausgeber der „Památky archeologické" verfaßt. Später äußerten sich zu Gruebers Werk *Baum,* Antonín: Jak se píše historie českého umění [Wie man die Geschichte der böhmischen Kunst schreibt]. In: Památky archaeologické IX (1874), 241–248, 366–382; *Kalousek,* Josef: O historii výtvarného umění v Čechách [Über die Geschichte der bildenden Kunst in Böhmen]. In: Osvěta VII/1 (1877), Nr. 5, 321–342. Vgl. *Vybíral:* Prager Architekten in München – Bayerische Architekten in Prag.

tendem Maße zur Kenntnis besonders des mittelalterlichen Denkmalbestandes der böhmischen Länder bei. Es ist allerdings offenkundig, dass Bernhard Grueber seine Kritiker durch die Breite und Tiefe seiner Erkenntnisse bei weitem übertraf.

In Prag wirkte auch Alfred Woltmann (geb. 1841 in Charlottenburg),[18] der aus dem Berliner Umfeld hervorging und mit Gustav Friedrich Waagen befreundet war, dem ersten Professor für Kunstgeschichte an der Universität Berlin. An der Prager Universität und auch an der Kunstakademie wirkte er seit dem Jahr 1874. Auch Woltmann beschäftigte sich mit der Problematik der mittelalterlichen Kunst in den böhmischen Ländern.[19] Wegen seiner ausgeprägten nationalen Ansichten geriet er jedoch mit den tschechischen, vaterländisch gesinnten Studenten in Konflikt, und nach deren Protesten verließ er im Jahr 1878 Prag[20] und ging nach Straßburg.

Nach der Teilung der Prager Universität in eine tschechische und deutsche wurde Josef Neuwirth (geb. 1885 in Neugarten, gest. 1934 in Wien) im Jahr 1894 außerordentlicher und im Jahr 1897 ordentlicher Professor für Kunstgeschichte an der deutschen Universität. Vorrangiger Gegenstand von Neuwirths Interesse war die mittelalterliche Architektur in den böhmischen Ländern, aber er hat auch bedeutende Studien zur Malerei publiziert.[21] Sein Buch über die Parler ist hervorragend und stellt bis heute einen bedeutenden Beitrag zu der Parlerforschung dar.[22] Neuwirths Arbeiten folgen dem kulturhistorischen Positivismus und sind fest im Studium der historischen Quellen verankert.

Nachdem Neuwirth Prag verlassen hatte, wirkte er in den Jahren 1899– 1926 an der Technischen Hochschule in Wien. Der nationalistische Unterton, der in mäßiger Form in seinen älteren Arbeiten zu Wort kommt,[23] erklingt dann deutlich in Neuwirths Buch „Geschichte der deutschen Kunst und des deutschen Kunstgewerbes in den Sudetenländern", das im Jahr 1926 in Augs-

---

18 Zu Alfred Woltmann: *Bartlová:* Německá medievistika v českých zemích, 67, 70–72.

19 *Woltmann,* Alfred: Deutsche Kunst in Prag. Leipzig 1877; *ders.:* Notizen zur Geschichte der Malerei in Böhmen. In: *Pangerl,* Matthias: Das Buch der Malerzeche in Prag. Wien 1878, 21–53.

20 *Benda,* Klement: In: *Chadraba u. a.* (Hg.): Kapitoly z českého dějepisu umění I, 103.

21 *Neuwirth,* Joseph: Geschichte der christlichen Kunst in Böhmen bis zum Aussterben der Přemysliden. Prag 1888; *ders.:* Geschichte der bildenden Kunst in Böhmen vom Tode Wenzels III. bis zu den Hussitenkriegen. Prag 1893; *ders.:* Mittelalterliche Wandgemälde und Tafelbilder der Burg Karlstein in Böhmen. Prag 1896; *ders.:* Der Bildercyklus des Luxemburger Stammbaumes aus Karlstein. Prag 1897.

22 *Ders.:* Peter Parler von Gmünd. Dombaumeister in Prag und seine Familie. Ein Beitrag zur deutsch-österreichischen Künstlergeschichte. Prag 1891.

23 Vgl. *ders.:* Geschichte der christlichen Kunst in Böhmen, 482: „[...] die größte Ausdehnung der Macht Böhmens unter Přemysl Ottokar II. und Wenzel II. bezeichnet auch die schönste Periode der kirchlichen Kunst in Böhmen, in welcher mehr als früher die über alle Gebiete sich erstreckende Abhängigkeit von dem Betriebe der kirchlichen Kunst in Deutschland nachweisbar zutage tritt [...]".

burg herausgegeben wurde.[24] Schon der Titel dieses Buches stellt eine bestimmte Aussage dar – die böhmischen Länder bzw. die Länder der böhmischen Krone werden völlig ahistorisch als „Sudetenländer" bezeichnet, und unter den „Sudeten" wird unter anderem auch Prag selbst abgehandelt. Über diesen Vorbehalt hinweg stellen Neuwirths Arbeiten eine große und ehrfurchtgebietende Forscherleistung dar.

Während der Zerfall der Habsburgermonarchie im Jahr 1918 für Österreich selbst und für Wien katastrophale Folgen mit sich brachte, erlebte Prag in der Zeit zwischen den beiden Weltkriegen eine Ära des großen Aufschwunges und der Prosperität.[25] Über alle Unzulänglichkeiten hinweg, die man an der Tschechoslowakischen Republik der Zwischenkriegszeit finden könnte, bleibt es eine Tatsache, dass sie in den späten dreißiger Jahren des vorigen Jahrhunderts der einzige demokratische Staat in Mitteleuropa war. Daher wurde in dieser Zeit auch Prag wenigstens zu einer vorübergehenden Zufluchtsstätte vieler Emigranten aus Deutschland und aus Österreich – unter anderem kann man hier an Thomas Mann (1875–1955) erinnern, der 1936 die tschechoslowakische Staatsbürgerschaft erhalten hat, sowie an den österreichischen Maler Oskar Kokoschka (1886–1980).

In der Zwischenkriegszeit wurde Prag von deutscher Seite durch das mit der Materie gut vertraute und essayistisch geschriebene Buch Oskar Schürers (1892–1949) gerühmt,[26] das in der Lesergemeinde große Beliebtheit erlangte und dann in mehreren Auflagen erschien.[27] Oskar Schürer wurde 1892 in Augsburg geboren und studierte an den Universitäten in München, Berlin und Marburg Kunstgeschichte und Philosophie. Nach einer Unterbrechung aufgrund seiner Einberufung zum Wehrdienst im Ersten Weltkrieg promovierte er 1920 in Marburg bei Richard Hamann. Seit 1929 lebte er eine Zeit lang in Prag, habilitierte sich 1932 in Halle bei Paul Frankl und wirkte in der Folge an der Universität München und an der Technischen Hochschule in Darmstadt. Außer dem Buch über Prag behandeln auch Schürers Monographien über die Pfalzkapelle in Eger und über die romanischen Doppelkapel-

---

24 *Ders.*: Geschichte der deutschen Kunst und des deutschen Kunstgewerbes in den Sudetenländern bis zum Ausgang des 19. Jahrhunderts. Augsburg 1926.

25 Ein gutes Bild Prags vom Ende des 19. bis in die späten 20er Jahre des 20. Jahrhunderts bietet: *Michel*: Prague. Belle époque. 2008; české vyd.: Praha. Město evropské avantgardy 1895–1928 [Prag. Eine Stadt der europäischen Avantgarde]. Praha 2010.

26 *Schürer*, Oskar: Prag. Kultur – Kunst – Geschichte. Wien und Leipzig 1930; zu Oskar Schürer: *Betthausen*, Peter u. a. (Hg.): Metzler Kunsthistoriker Lexikon. Zweihundert Porträts deutschsprachigen Autoren aus vier Jahrhunderten. Stuttgart, Weimar 1998, 375–378.

27 Im Vorwort zur vierten Auflage schreibt der Autor: „Ein kurzer Fronturlaub ermöglicht es mir, in die rasch nötig gewordene Neuauflage einige Änderungen einzutragen".

len die böhmischen Länder.[28] Eine Pionierleistung ist auch das Buch über die Kunst in der Zips, dessen Mitautor Erich Wiese war.[29]

Im Jahr 1934 wurde an der deutschen Universität in Prag Professor Karl Maria Swoboda (geb. 1889 in Prag, gest. 1977) zum Vorstand des Instituts für Kunstgeschichte berufen, der diese Position auch in der Zeit des Protektorats Böhmen und Mähren bekleidete. Für Swobodas Berufung nach Prag setzte sich nicht zuletzt der Professor für Kunstgeschichte an der Prager Universität, Antonín Matějček, ein, der zu jenen tschechischen Kunsthistorikern zählte, die an der Universität Wien studiert hatten. Er hat sogar anlässlich eines Besuchs bei dem Staatspräsidenten Tomáš Garrigue Masaryk im Schloss Lana am 20. Februar 1934 zu Gunsten der Anstellung von Swoboda interveniert.[30] Aber in der Krise vor der Unterzeichnung des für die tschechoslowakische Republik katastrophalen Münchener Vertrages im September 1938 zählte Swoboda zu jenen Professoren an der deutschen Universität in Prag, die der Hauptstadt den Rücken kehrten und sich in Dritte Reich begaben.[31] Gemeinsam mit anderen kehrte er dann zurück, nachdem die Tschechoslowakische Republik gezwungen worden war, die Grenzgebiete abzutreten, die seit jeher Bestandteil des böhmischen Staates waren.

Es dauerte nicht lange, bis im März 1939 das böhmische und mährische Restgebiet von den Truppen des Dritten Reichs besetzt und das Protektorat Böhmen und Mähren eingerichtet wurde. Eine Reihe hervorragender Professoren, Dozenten, Assistenten und Lektoren jüdischer Herkunft musste jetzt die Prager deutsche Universität, die ab 1. Oktober der Reichsverwaltung unterstellt wurde, verlassen. Das Schicksal zahlreicher Lehrkräfte der Philosophischen Fakultät der Prager deutschen Universität war tragisch. Die Ernennung Reinhard Heydrichs zum stellvertretenden Reichsprotektor hatte unmittelbare Folgen für die Prager deutsche Universität, deren Aufgaben er neu bestimmte. Unter ihnen befindet sich auch der Programmpunkt „Prag als älteste deutsche Universität und als Schlüsselpunkt der geistigen deutschen Ostfront".[32]

Untrennbarer Bestandteil der Machtexpansion des Dritten Reiches war eine aggressive ideologische Propaganda, von der sich auch die geisteswissenschaftliche Forschung missbrauchen ließ. Davon war naturgemäß auch das kunsthistorische Fach betroffen. Auch die kunstgeschichtlichen Publikationen legitimierten ideologisch die Unterwerfung einer Reihe mitteleuropäi-

28 *Schürer*, Oskar: Romanische Doppelkapellen. Eine Typengeschichtliche Untersuchung. Marburg a. d. Lahn 1929; *ders.*: Die Doppelkapelle der Kaiserpfalz Eger. Eine baugeschichtliche Untersuchung. Eger 1929.

29 *Schürer*, Oskar/*Wiese*, Erich: Deutsche Kunst in der Zips. Brünn u. a. 1938.

30 *Konrád*, Ota: Dějepisectví, germanistika a slavistika na Německé univerzitě v Praze (1918–1945) [Geschichtsschreibung, Germanistik und Slavistik an der Deutschen Universität in Prag (1918–1945)]. Praha 2011, 52.

31 *Ebenda*, 196.

32 *Ebenda*, 232.

scher Länder – unter Anderem kann man das an den Arbeiten des zu dieser
Zeit in Breslau tätigen Dagobert Frey ablesen,[33] dessen hohe Fachkenntnis
übrigens schon seine zuvor in Österreich herausgegebenen Publikationen
bezeugen. In den böhmischen Ländern brachte die Zeitschrift „Böhmen und
Mähren" die erwähnten Ziele zum Ausdruck, in der auch zahlreiche damalige
Lehrkräfte an der Prager deutschen Universität Beiträge veröffentlichten, darunter auch der Kunsthistoriker Erich Bachmann.[34]

Das Ordinariat des Instituts für Kunstgeschichte an der Prager deutschen
Universität hatte über die ganze Zeit des Protektorats hinweg K. M. Swoboda
inne. In seinen Arbeiten aus dieser Zeit klingt manches aus der Terminologie
und dem ideologischen Register des Nationalsozialismus an. Swoboda hat
zweifellos Kompromisse gemacht, aber in seinen persönlichen Standpunkten
war er gegenüber dem nationalsozialistischen Regime zurückhaltend.[35] Er
unterhielt auch in den Kriegsjahren ein gutes Verhältnis zu den tschechischen Kollegen. Diese Akzeptanz brachte dann die Veröffentlichung eines
Sammelbandes zu Ehren Swobodas 1959 zum Ausdruck, der von tschechischer Seite auch Beiträge Josef Cibulkas und Jaroslav Pěšinas enthielt.[36]

Die damalige nationalsozialistische Ideologie durchzieht das Buch Otto
Kletzels (im Jahr 1941 als Professor an die neu eingerichtete Reichsuniversität
in Posen berufen),[37] der sich intensiv den Parlerforschungen widmete,[38] ebenso wie die Studien Erich Bachmanns, der an dem von K. M. Swoboda geleite-
ten Institut für Kunstgeschichte der Prager deutschen Universität Fachassis-
tent war.

Demgegenüber kann man unter den deutschen Kunsthistorikern, die in
der Vorkriegszeit und während des Zweiten Weltkrieges in Böhmen lebten
und arbeiteten, Josef Opitz[39] einen Ehrenplatz zuweisen, dessen grundlegen-

---

[33] *Störtkuhl*, Beate: Paradigmen und Methoden der kunstgeschichtlichen „Ostforschung"
– der „Fall" Dagobert Frey. In: *Eimer/Gierlich* (Hg.): Kunsthistoriker und Denkmalpfleger des Ostens, 137–153.

[34] *Bachmann*, Erich: Karolinische Reichskunst. In: Böhmen und Mähren. Heft 11/12, No-
vember/Dezember 1943, 170–175.

[35] Swobodas Arbeiten aus dieser Zeit stellen einen wertvollen Beitrag zur Parlerforschung
dar: *Swoboda*, Karl M.: Klassische Züge in der Kunst des Prager Deutschen Dombau-
meisters Peter Parler. In: *ders./Bachmann*, Erich: Studien zu Peter Parler. Brünn, Leipzig
1939, 9–25; *ders.*: Peter Parler. Der Baukünstler und Bildhauer. Wien 1940.

[36] Festschrift Karl M. Swoboda zum 28. Januar 1959. Wien, Wiesbaden 1959.

[37] So wurde durch die Unterstützung des Reichsprotektors für Böhmen und Mähren
Kletzls Publikation *Kletzl*, Otto: Die deutsche Kunst in Böhmen und Mähren. Berlin
1941, herausgegeben.

[38] *Ders.*: Die Junker von Prag in Strassburg. Frankfurt am Main 1936; *ders.*: Plan-Frag-
mente aus der deutschen Dombauhütte von Prag in Stuttgart und Ulm. Stuttgart 1939;
ders.: Peter Parler. Der Dombaumeister von Prag. Leipzig 1940.

[39] Zu Person und Werk von Josef Opitz vgl. *Bartlová*, Milena: Život a dílo Josefa Opitze
[Leben und Werk von Josef Opitz]. In: *Neudertová*, Michaela/*Hrubý*, Petr: Gotické sochařství a malířství v severozápadních Čechách. Sborník z kolokvia u příležitosti 70. vý-

de Monographie sich mit der Bildhauerkunst in der Luxemburgerzeit beschäftigte.[40] In den Jahren 1935 und 1936 wurde das Buch in tschechischer
und deutscher Fassung publiziert, und es ist nicht im Geringsten von dem
damals mächtig anwachsenden Nationalismus berührt. Das Problem der
„Ethnizität der Kunst" wird hier gar nicht behandelt. In den Jahren des Protektorats „Böhmen und Mähren" hörte Opitz praktisch auf zu publizieren.
Seine Persönlichkeit legt ein unschätzbares Zeugnis davon ab, dass es auch in
der damaligen Situation möglich war, sich von der konjunkturalen Ideologie
zu distanzieren und einen elementaren menschlichen Anstand zu behalten.
Das besagte Buch Opitz' sticht durch eine genaue Betrachtung der behandel-
ten Kunstwerke hervor, zu seinen methodischen Grundlagen zählt die
Stilanalyse. Das Werk ist daher zu den Meilensteinen der Erforschung der
Kunst der Luxemburgerzeit zu rechnen, die einen dauerhaften Wert besitzen.

*

Im Jahr 1939 wurde in Prag die tschechische Karlsuniversität von der deutschen Besatzungsmacht geschlossen, im Jahr 1945 kam es dann zur Auflösung der deutschen Universität. Damit ist aber die mit Prag und den böhmischen Ländern verbundene deutsche Kunstgeschichtsforschung nicht unter-
gegangen.

Der Vorstand des Instituts für Kunstgeschichte an der Prager deutschen
Universität, Karl Maria Swoboda, wurde Professor an der Universität Wien.
Er hat 1969 das große Werk „Gotik in Böhmen" herausgegeben, an dem sich
seine einstigen Prager Assistenten Erich und Hilde Bachmann und Götz Fehr
beteiligten. Durch diesen Band wurde eine der Geschichte der böhmischen
Länder gewidmete Reihe begründet, an der sich später auch tschechische
Kunsthistoriker beteiligten (Jiří Mašín, Ludmila Kybalová). Schon dadurch
durchdrang dieses vom Münchener Prestel-Verlag realisierte Publikations-
projekt in außerordentlicher Weise die beinahe hermetisch abgeschlossene
Grenze zwischen dem „Westen" und dem sog. „Ostblock".

In der Nachkriegszeit publizierten die Mitarbeiter Swobodas am Prager
Institut für Kunstgeschichte weiter ihre Forschungsergebnisse. Darunter ist
vor allem die mustergültigen Monographie über den Baumeister Benedikt
Ried von Götz Fehr hervorzuheben.[41] Zu diesem Umkreis zählte auch Johanna von Herzogenberg, deren lebenslange Anstrengungen im Zeichen des

ročí výstavy Josefa Opitze [Gotische Bildhauerei und Malerei in Nordwestböhmen.
Sammelband zu einem Kolloquium anlässlich des 70. Jubiläums der Josef Opitz-Aus-
stellung]. Ústí nad Labem 1999, 9–24.

40 *Opitz*, Josef: Sochařství v Čechách za doby Lucemburků I. [Die böhmische Bildhauerei
der luxemburgischen Zeit I.]. Praha 1935; *ders.*: Die Plastik in Böhmen zur Zeit der Luxemburger. 1. Teil. Prag 1936.

41 *Fehr*, Götz: Benedikt Ried. Ein deutscher Baumeister zwischen Gotik und Renaissance
in Böhmen. München 1961.

böhmischen Landespatriotismus standen. Ich empfinde es als große Genug-
tuung, dass wir gemeinsam mit Univ. Prof. Dr. Jan Royt die Erteilung der
goldenen Ehrenmedaille der Karlsuniversität Prag an die Baronin von Herzogenberg als Zeichen der Anerkennung für ihr Lebenswerk initiieren konnten.
    An dieser Stelle kann man an Anton Legner (geb. 1928) erinnern, der in
Prag am erzbischöflichen Gymnasium studiert hatte. Später, von 1970 bis
1990, als er Direktor des Schnütgen-Museums in Köln war, organisierte er
eine Reihe großartiger Ausstellungen, namentlich sodann die Ausstellung
„Die Parler und der Schöne Stil 1350–1400. Europäische Kunst unter den
Luxemburgern". Die Achse des großen Projekts war die Kunst in Köln, der
größten und reichsten Stadt im Westen des Heiligen Römischen Reiches, und
in Prag, der Residenzstadt Kaiser Karls IV. und Wenzels IV. In ihrer Konzeption umfassten die Ausstellung und besonders die begleitenden wissenschaftlichen Publikationen einen großen Teil des europäischen Kontinents. 140
Fachleute aus vielen europäischen Ländern wurden zur Teilnahme eingela-
den, unter ihnen auch eine nicht kleine Zahl aus Ländern auf der östlichen
Seite des damaligen „Eisernen Vorhanges", besonders aus Prag. Das ganze
Projekt war zu seiner Zeit eine außergewöhnliche Demonstration und Apo-
theose der kulturellen Zusammengehörigkeit Europas und ihrer historischen
und kulturellen Identität. Das große organisatorische und wissenschaftliche
Werk Anton Legners durchdrang in seinen Folgen die verschiedensten Barrieren.

                                  *

Es ist offenkundig, wie nachteilig sich im 20. Jahrhundert die politischen
Verwerfungen und die totalitären Ideologien in das kunsthistorische Fach
eingeschrieben hatten, und wie ein so hochrangig „humanistisches" Fach
manchmal als politisches Werkzeug instrumentalisiert wurde. Zur fachlichen
Ehre der tschechischen Kunstgeschichte kann man vielleicht hinzurechnen,
dass hier in den Jahren nach 1948 bis auf Ausnahmen in den publizierten Arbeiten eine merkliche Zurückhaltung und eine Distanz zur Ideologie des
kommunistischen Regimes herrschten, was für einen nicht geringen Teil der
historischen Forschung nicht zutrifft.
    Die Ereignisse des Jahres 1989 mussten auch auf unser Fach einwirken.
Der Fall des Eisernen Vorhanges, der Integrationsprozess der neuen Mitglieds-
staaten der Europäischen Union, die technologischen Innovationen – all das
hat für die Kunstgeschichte neue Möglichkeiten eröffnet.
    Zu den traditionellen Zielen der Kunstgeschichte als Wissenschaftsdiszip-
lin gehörten stets die Erforschung der Umstände, unter denen Kunstwerke
entstanden sind, welche kulturellen, ideellen und sozialen Entwicklungen in
ihnen eingeschrieben sind, welche Parallelen zwischen den geistigen Strö-
mungen und dem Kunstschaffen bestehen. Auf diesem Weg lässt sich der
Bedeutungsgehalt und die ideelle Aussage von monumentalen Bauten und

Kunstwerken finden. Diese sind daher vielfach auch ein Zeugnis und eine nicht weniger kostbare und aussagekräftigere historische Quelle als das geschriebene Wort. Mit anderen Worten gesagt – auch aus Kunstwerken kann man Geschichte ablesen. Aber was über all dem steht, ist die Suche und Interpretation der inneren Qualität der Kunstwerke, jenes einzigartigen Phänomens der göttlichen Inspiration.

Die Suche nach den gegenseitigen Zusammenhängen und Verbindungen zwischen den Kunstwerken führt im Ganzen zur Erkenntnis, dass der Ideen- und Formentransfer, der sich so feststellen lässt, oft keine Grenzen kannte, und zwar nicht einmal geographische, von Grenzen der Volkszugehörigkeit ganz zu schweigen. Die Kunstgeschichte ist daher über die Maßen dazu berufen, ein Zeugnis von der kulturellen Einheit und Vielfalt Europas zu liefern. Deshalb kann man mit ihrer Hilfe auch die Eigenart einzelner Regionen erkennen und definieren. Sowohl diese gesamteuropäische „Integrität" als auch gleichzeitig die regionalen Differenzierungen formten eine europäische Symphonie. Gerade im Reichtum und in der Vielfalt dieser positiven Traditionen ruht die Grundlage des europäischen Kulturbewusstseins.

Die Geschichte Mitteleuropas im 20. Jahrhundert war sehr bewegt und stand im Zeichen großer politischer Erschütterungen, deren Begleiterscheinungen eine unendliche Welle von bösartigen Taten und hasserfüllten Ideologien war, deren Antihumanismus sich aus einem aggressiven Populismus nährte.

Viel mehr als in anderen Teilen Europas können wir hier unser großes Glück wahrnehmen, dass sich am Ende des vergangenen Milleniums Wandlungen vollzogen haben, die schließlich auch eine Bedeutung für solch ein Fach wie die Kunstgeschichte haben, das in keiner Weise dem Puls der gegenwärtigen Welt fern war und ist.

Als Stefan Zweig im Exil sein letztes Buch „Die Welt von Gestern" schrieb, erinnerte er sich an sein Ideal Wien vor dem Ersten Weltkrieg, von dem sich jedoch die Realität offenkundig in Vielem unterschied. Über alle Schatten unserer Zeit hinweg steht die heutige Situation Mitteleuropas diesem erträumten Ideal unendlich näher. Gerade die Kunstgeschichte kann durch ihre humanistische Grundausrichtung an der Formung der geistigen Atmosphäre unserer Zeit teilhaben, so wie sich daran in der Vergangenheit einige ihrer Vertreter beteiligten.[42] Man könnte sagen, dass es nicht nur die Aufgabe der Kunstgeschichte ist, Erkenntnisse anzuhäufen, sondern auch an der Formung der Welt von Morgen teilzunehmen.

---

[42] *Kultermann:* Geschichte der Kunstgeschichte, 410–412.

Lukas Wolfinger

FÜRST UND ABLASS
Zu Heilsvermittlung und Heilsfürsorge als Faktoren herrschaftlicher Bindung im Spätmittelalter
Das Beispiel der Habsburger

Im dritten Buch seiner „Chronica Austrie" geht der österreichische Geschichtsschreiber und Theologe Thomas Ebendorfer unter anderem auf Kaiser Karls IV. Tochter Katharina ein, die mit Herzog Rudolf IV. von Österreich (gest. 1365) verheiratet gewesen war. Nach dem Tod ihres Mannes habe
die Luxemburgerin, so erzählt der Chronist, einige Jahre in Perchtoldsdorf
verbracht. Dann berichtet Ebendorfer weiter:

> [...] que et personaliter sanctorum apostolorum limina visitare curavit, multas quoque reli-
> quias sanctorum atque indulgencias ad ecclesias in Wienna summo a pontifice impetratas
> attulit et tandem vitam suam laudabili fine conclusit et apud coniugem suum Wienne tu-
> mulata quiescit. [...][1]

Es ist nicht viel, was hier von der einstigen österreichischen Landesfürstin
erzählt wird: Sie hat Rom aufgesucht und den Wiener Kirchen von dort neben Reliquien eine Reihe päpstlicher Ablassprivilegien mitgebracht. Und wie
nach dieser frommen Vorgeschichte zu erwarten, beschloss die Luxemburgerin ihr Leben *laudabili fini* – mit einem Tod wie ihn gute Christen sterben –
und wurde dann neben ihrem verstorbenen Gemahl begraben. Die von Ebendorfer geschilderten Reliquien- und Ablasserwerbungen Katharinas lassen
sich, wenigstens bislang, nicht nachprüfen. Immerhin aber, und das spricht
für die Glaubwürdigkeit der Nachricht, existieren Quellen, die sich auf die
von Ebendorfer genannte Romfahrt beziehen dürften.[2] Doch gleichgültig, ob
der Bericht des Chronisten an dieser Stelle zutreffend ist oder nicht: Dass die-

---

1   Thomas Ebendorfer: Chronica Austrie. Hg. v. Alphons *Lhotsky*. Berlin, Zürich 1967,
    Lib. III, 290 f.
2   Siehe dazu *Jensovsky*, Fredericus (Hg.): Monumenta Vaticana res gestas Bohemicas
    illustrantia 3: Acta Urbani V. (1362–1370). Prag 1944, 638 (Nr. 1009). Papst Urban V.
    trug am 15.08.1368 dem Kapitel „basilice principis apostolorum de Urbe" auf: „[...]
    Cum dilecta in Christo filia nobilis mulier Catherina marchionissa Brandenburgensis,
    carissimi in Christo filii nostri Caroli, Romanorum imperatoris semper augusti, nata,
    causa devocionis accedat ad Urbem, discrecioni vestre precipiendo mandamus, quate-
    nus sacrum sudarium Domini semel duntaxat sibi et suis gentibus ostendatis [...]." Ka-
    tharina dürfte 1368 mit ihrem Vater, Karl IV., nach Italien bzw. Rom gezogen sein.

ser zur Charakterisierung der Luxemburgerin gerade ihre Reliquien- und Ab-
lassgaben erwähnt, verweist auf die große Bedeutung, die der Erwerbung und
Weitergabe von ‚Heilsmedien'[3] durch Fürsten/innen im Spätmittelalter zukam und eben auch in den Quellen ihren entsprechenden Niederschlag gefunden hat. In der jüngeren Mediävistik haben die Praktiken, Strategien und
Medien sakraler Herrschaft bzw. fürstlicher Heilsvermittlung und -fürsorge
verstärkt Aufmerksamkeit erfahren.[4] Gerade die Sammlung, Präsentation
und Weitergabe von Reliquien durch weltliche Fürsten des Spätmittelalters
wurde mittlerweile unter den verschiedensten Perspektiven und anhand zahlreicher Dynastien untersucht.[5] Deutlich weniger hat man sich bislang jedoch

---

[3] Dazu siehe insbesondere folgende Sammelbände: *Dauven-van Knippenberg*, Carla/
     Herberichs, Cornelia/*Kiening*, Christian (Hg.): Medialität des Heils im späten Mittelal-
     ter. Zürich 2009; *Hamm*, Berndt/*Leppin*, Volker/*Scheider-Ludorff*, Gury (Hg.): Media
     Salutis. Gnaden- und Heilsmedien in der abendländischen Religiosität des Mittelalters
     und der Frühen Neuzeit. Tübingen 2011, hier vor allem auch *Hamm*: Typen spätmittel-
     alterlicher Gnadenmedialität, 43–71.

[4] Da die umfangreiche Literatur zu diesem Themenbereich an dieser Stelle unmöglich
     angeführt werden kann, seien nur einige zentrale Beiträge genannt: *Erkens*, Franz-Rei-
     ner (Hg.): Die Sakralität von Herrschaft. Herrschaftslegitimierung im Wechsel der Zei-
     ten und Räume. Fünfzehn interdisziplinäre Beiträge zu einem weltweiten und epochen-
     übergreifenden Phänomen. Berlin 2002; *ders.*: Herrschersakralität im Mittelalter. Von
     den Anfängen bis zum Investiturstreit, Stuttgart 2006; *Rösener*, Werner/*Fey*, Carola
     (Hg.): Fürstenhof und Sakralkultur im Spätmittelalter. Göttingen 2008. Für weitere in
     diesem Zusammenhang wesentliche Beiträge siehe auch die nächste Anmerkung.

[5] Siehe dazu etwa *Mengel*, David Charles: Bones Stones an Brothels. Religion and Topo-
     graphy in Prague under Emperor Charles IV (1346–1378). Ungedruckte Dissertation,
     Notre Dame (Indiana) 2003; *Kühne*, Hartmut: Heiltumsweisungen. Reliquien – Ablaß –
     Herrschaft. Neufunde und Problemstellungen. In: Jahrbuch für Volkskunde, Neue Fol-
     ge 27 (2004), 42–62; *ders.*: Ostensio reliquiarum. Untersuchungen über Entstehung,
     Ausbreitung, Gestalt und Funktion der Heiltumsweisungen im römisch-deutschen
     Regnum. Berlin u. a. 2000; *Schlotheuber*, Eva: Der Ausbau Prags zur Residenzstadt und
     die Herrschaftskonzeption Karls IV. In: *Jarošová*, Markéta (Hg.): Prag und die großen
     Kulturzentren Europas in der Zeit der Luxemburger (1310–1437). Internationale Kon-
     ferenz aus Anlaß des 660. Jubiläums der Gründung der Karlsuniversität in Prag,
     31. März–5. April 2008. Toggia 2008, 601–622; *Bauch*, Martin: Der Kaiser und die
     Stadtpatrone. Karl IV. und die Schutzheiligen der Städte im Reich. In: *Ehrich*, Susan-
     ne/*Oberste*, Jörg (Hg.): Städtische Kulte im Mittelalter. Regensburg 2010, 169–180;
     Bauch, Martin: Öffentliche Frömmigkeit und Demut des Herrschers als Form politi-
     scher Kommunikation. Karl IV. und seine Italienaufenthalte als Beispiel. In: Quellen
     und Forschungen aus italienischen Archiven und Bibliotheken 87 (2007), 109-138;
     ders.: Einbinden, belohnen, stärken. Über echte und vermeintliche Reliquienschenkun-
     gen Karls IV. (im vorliegenden Band); *Schmid*, Wolfgang: Reliquienjagd am Oberrhein.
     Karl IV. erwirbt Heiltum für den Prager Dom. In: Zeitschrift für die Geschichte des
     Oberrheins 159 (2011), 131-209; *Fey*, Carola: König Ludwig I. von Ungarn und das
     Tischtuch vom Letzten Abendmahl. Reliquiengeschenke als Zeugnisse des höfischen
     Austauschs im religiösen Bereich. In: *Paravicini*, Werner/*Wettlaufer*, Jörg (Hg.): Vor-
     bild – Austausch – Konkurrenz. Höfe und Residenzen in der gegenseitigen Wahrneh-
     mung. Ostfildern 2010, 39-62; *dies.*: Beobachtungen zu Reliquienschätzen deutscher

für die Bedeutung von Ablässen für weltliche Herrschaft interessiert. Zwar hat sich die Mediävistik diesem Medium, nachdem mit dem umfassenden Werk von Nikolaus Paulus aus dem Jahr 1922 lange Zeit alles gesagt schien,[6] gerade in jüngerer Zeit verstärkt wieder zugewandt, vorrangig allerdings unter anderen Blickwinkeln: Gefragt wurde nach der sozialen, religiösen und ökonomischen Bedeutung, die dem Ablasswesen für einzelne geistliche Institutionen, Orden, Bistümer, Städte oder Länder[7] zukam, ebenso nach der kon-

Fürsten im Spätmittelalter. In: *Tacke,* Andreas (Hg.): „Ich armer sundiger Mensch". Heiligen- und Reliquienkult am Übergang zum konfessionellen Zeitalter. Göttingen 2006, 11–37; *Fajt,* Jiří (Hg.): Karl IV. Kaiser von Gottes Gnaden. Kunst und Repräsentation des Hauses Luxemburg (1347–1437). München 2006; *Otavský,* Karel: Reliquien im Besitz Kaisers Karls IV. Ihre Verehrung und ihre Fassungen/K relikviím vlastněným císařem Karlem IV., k jejich uctívání a jejich schránkám. In: *Fajt,* Jiří (Hg.): Court Chapels of the High and Late Middle Ages and Their Artistic Decoration. Proceedings from the International Symposium. Prague 2003, 129–141, 392–398; *ders.:* Der Prager Domschatz unter Karl IV. im Lichte der Quellen. Ein Sonderfall unter spätmittelalterlichen Kirchenschätzen. In: *Wendland,* Ulrike (Hg.): Das Heilige sichtbar machen. Domschätze in Vergangenheit, Gegenwart und Zukunft. Regensburg 2010, 181–236; *ders.:* Das Mosaik am Prager Dom und drei Reliquiare in Prag und Wien. Karls IV. Kunstaufträge aus seiner Spätzeit. In: *Fajt,* Jiří/*Hörsch,* Markus (Hg.): Künstlerische Wechselwirkungen in Mitteleuropa. Ostfildern 2006, 53–72; *Cordez,* Philippe: Wallfahrt und Medienwettbewerb. Serialität und Formenwandel der Heiltumsverzeichnisse mit Reliquienbildern im Heiligen Römischen Reich (1460–1520). In: *Tacke* (Hg.): „Ich armer sundiger mensch", 37–72; *Eisermann,* Falk: Die Heiltumsbücher des späten Mittelalters als Medien symbolischer und pragmatischer Kommunikation. In: *Suntrup,* Rudolf/*Veenstra,* Jan R./*Bollmann,* Anne (Hg.): The Mediation of Symbol in Late Medieval and Early Modern Times/Medien der Symbolik in Spätmittelalter und Früher Neuzeit. Frankfurt am Main 2005, 37–56; *Burkart,* Lucas: Das Blut der Märtyrer. Genese, Bedeutung und Funktion mittelalterlicher Schätze. Köln u. a. 2009, 66.

6 *Paulus,* Nikolaus: Geschichte des Ablasses im Mittelalter. Bd. 1–3 (Mit einer Einleitung und einer Bibliographie von Thomas Lentes). 2. Aufl. Darmstadt 2000.

7 Zu nennen sind hier insbesondere *Shaffern,* Robert W.: The Penitents' Treasury. Indulgences in Latin Christendom (1175–1375). Scranton 2007; *Swanson,* Robert N. (Hg.): Promissory notes on the treasury of merits. Indulgences in late medieval Europe. Leiden u. a. 2006; *Naß,* Klaus: Ablaßfälschungen im späten Mittelalter. Lothar III. und der Ablaß des Klosters Königslutter. In: Historisches Jahrbuch 111 (1991), 403–432; *Neuhausen,* Christiane: Das Ablaßwesen in der Stadt Köln vom 13. bis zum 16. Jahrhundert. Köln 1994; *Hödl,* Ludwig: Art. Ablaß. In: Lexikon des Mittelalters 1, München, Zürich 1980, 43–46; *Ehlers,* Axel: Die Ablasspraxis des Deutschen Ordens im Mittelalter. Marburg 2007; *Thalmann,* Söhnke: Ablaßüberlieferung und Ablaßpraxis im spätmittelalterlichen Bistum Hildesheim. Hannover 2010; *Tremp,* Ernst: Buchhaltung des Jenseits. Das Buss- und Ablasswesen in der Innerschweiz im späten Mittelalter. In: Der Geschichtsfreund. Mitteilungen des Historischen Vereins Zentralschweiz 143 (1990), 103–144; *Swanson,* Robert Norman: Indulgences in Late Medieval England. Passports to paradise? Cambridge u. a. 2007; *Burkart:* Das Blut der Märtyrer; *Eisermann,* Falk: Art. Ablaßverzeichnisse (dt.). In: Verfasserlexikon 11 (2004), 7–9. Etwas allgemeiner im Kontext mittelalterlicher Heilsmedialität und -ökonomie siehe auch *Angenendt,* Arnold/*Braucks,* Thomas/*Busch,* Rolf/*Lentes,* Thomas/*Lutterbach,* Hubertus: Gezählte Frömmigkeit. In:

kreten Ablasspraxis. Nicht zuletzt mediale Aspekte fanden hier stärker Beachtung, Ablässe wurden geradezu als ‚Medienereignis' behandelt.[8] Dies umso mehr, als Indulgenzen und die Werbung dafür im 15. Jahrhundert sehr schnell und erfolgreich Eingang in den Druck fanden und vielfach in enger Verschränkung von Text, Bild und Performanz zur Geltung gebracht wurden.[9] Die Bedeutung von Ablässen im Kontext weltlicher Herrschaft wurde bislang hingegen meist nur am Rande in den Blick genommen.[10] Zu einem guten Teil dürfte das daran liegen, dass Fürsten eben keine Indulgenzurkunden ausstellen konnten und die großen Ablasskampagnen von geistlichen Personen und Institutionen ausgingen oder geleitet wurden.[11] Etwas stärkere Beachtung fand das Thema vor allem in Arbeiten, die sich mit dem Reliquienwesen bei spätmittelalterlichen Herrschern befassten. Genannt seien hier etwa Hartmut Kühnes Arbeiten zu den Heiltumsweisungen.[12] Aus dem Blickwinkel der mediävistischen Schatzforschung hat Lucas Burkart in seiner 2009 erschienenen Habilitationsschrift eingehender das Thema Ablass be-

---

Frühmittelalterliche Studien 29 (1995), 1–71; *Hamm:* Typen spätmittelalterlicher Gnadenmedialität; *ders.:* Den Himmel kaufen. Heilskommerzielle Perspektiven des 14. bis 16. Jahrhunderts. In: Jahrbuch für Biblische Theologie 21 (2006), 239–275.

[8] So *Eisermann,* Falk: Der Ablass als Medienereignis. Kommunikationswandel durch Einblattdrucke im 15. Jahrhundert. In: *Hamm/Leppin/Scheider-Ludorff* (Hg.): Media Salutis, 121–144. Eisermann bezieht sich damit auf *Hamm,* Berndt: Die Reformation als Medienereignis. In: Jahrbuch für biblische Theologie 11 (1996), 137–166.

[9] Siehe dazu etwa *Eisermann:* Der Ablass als Medienereignis; *Boockmann,* Hartmut: Über Ablass-„Medien". In: Geschichte in Wissenschaft und Unterricht 34 (1983), 709–721; *Hamm,* Berndt: Die Reformation als Medienereignis. In: Jahrbuch für biblische Theologie 11 (1996), 137–166; *Hamm:* Typen spätmittelalterlicher Gnadenmedialität; *Kühne:* Heiltumsweisungen; *ders.:* Ostensio reliquiarum; *Cordez,* Philippe: Reliquien und ihre Bilder. Zur Ablassvermittlung und Bilderreproduktion im Spätmittelalter. In: *Marek,* Kristin (Hg.): Bild und Körper im Mittelalter. 2. Aufl. München 2006, 273–286; *Griese,* Sabine: Falsche Gulden, gefälschte Ablässe, unerwünschte Bischöfe. Einblattdrucke als publizistische Gattung im Spätmittelalter. In: Verhandlungen des Historischen Vereins für Oberpfalz und Regensburg 137 (1997), 49–67; *Swanson:* Indulgences in Late Medieval England.

[10] Weniger gilt dies vor allem für die Reaktionen der spätmittelalterlichen Landesfürsten auf die größeren kirchlichen Ablasskampagnen – ob sie diese nun förderten oder ablehnten, sie für sich und ihre herrschaftlichen Zwecke zu nutzen oder im Gegenteil zu verhindern verstanden. Vgl. dazu samt weiterer Literatur: *Volkmar,* Christoph: Reform statt Reformation. Die Kirchenpolitik Herzog Georgs von Sachsen (1488-1525). Tübingen 2008, 373–384.

[11] Auch *Fey,* Carola: Ablässe und Reliquien. Fürstliche Förderung des religiösen Lebens in Kirchen und Kapellen. In: *dies./Krieb,* Steffen (Hg.). Adel und Bauern in der Gesellschaft des Mittelalters. Internationales Kolloquium zum 65. Geburtstag von Werner Rösener. Korb 2012, 203–222, hier 205, konstatiert, dass man „die Perspektive zur Untersuchung des Ablasses bislang primär auf die ablassspendenden geistlichen Institutionen gelenkt" hat, während „die mächtige Gruppe fürstlicher Bittsteller als gestaltende Akteure des religiösen Lebens" nur geringe Beachtung fand.

[12] *Kühne:* Heiltumsweisungen; *ders.:* Ostensio reliquiarum.

handelt und dabei speziell anhand der Sainte-Chapelle und des Reichsschatzes wichtige Aspekte der Verbindung von Herrschaft und Ablass aufgezeigt.[13] Schließlich hat sich Carola Fey jüngst in einem wichtigen Beitrag über „Ablässe und Reliquien" der ‚fürstlichen Förderung des religiösen Lebens in Kirchen und Kapellen' gewidmet.[14] Die folgenden Überlegungen knüpfen an ihre Ergebnisse an. Konkret soll am Beispiel der spätmittelalterlichen Habsburger die Frage verfolgt werden, welche Rolle Ablässe als spezielle Form des Heilsmediums für herrschaftliche Bindungen spielten oder zumindest spielen konnten. Auf diese Weise soll zugleich auch versucht werden, die Bedeutung fürstlicher Heilsvermittlung und Heilsfürsorge genauer zu konturieren.

Ablass

Vergibt der Beichtvater dem Sünder nach erfolgter Beichte seine Schuld (*culpa*), so befreit er ihn damit gleichwohl nicht von den zeitlichen Buß- und Sündenstrafen (*pena*), die er sich durch seine Verfehlungen zugezogen hat. In einem Akt der Gnade kann die Kirche unter bestimmten Bedingungen und gegen gewisse Leistungen jedoch auch diese nachlassen bzw. tilgen, indem sie Heilskapital aus dem *thesaurus ecclesie* aufwendet. Der bereits alte Gedanke „des Straferlasses aufgrund der Umwandlung bzw. der Übertragung der Strafe"[15] wurde hier durch eine grundlegende Vorstellung ergänzt: Christus, Maria, die Märtyrer und anderen Heiligen verschafften bzw. verschaffen der Kirche durch ihre Heilstaten einen Schatz an Heilskapital, der unendlich größer ist, „als sie selbst – wenn überhaupt – zu ihrem eigenen Heil ‚verbrauchen' können oder konnten. Dieser Überschuß an Verdiensten geht unmittelbar in den ‚thesaurus ecclesie' ein und wird von der universalen Kirche in Rom verwaltet".[16] Wurde dem Einzelnen aus diesem Gnadenschatz eine bestimmte Menge an Heilskapital ausgeschüttet, brachte dies allerdings nicht unbedingt wirksamen Ablass ein, denn

individuals had to merit salvation; unlike sacraments, indulgences were effective ex opere operantis, according to the quality of the aquirer rather than automatically. [...] the amount of pena remitted depended on God`s judgement. The aspiring recipient had to have the right, devotional, intention. [...] The emphasis on intention asserts the integration of indulgences into the church's penitential regime: it is the church which, as an act of grace, allows the commutation of penance through indulgences; but it is commutation very firmly of satisfaction due to God. As a commutation of satisfaction, indulgences could only operate if

---

13 *Burkart:* Das Blut der Märtyrer.
14 *Fey:* Ablässe und Reliquien.
15 *Hödl:* Art. Ablaß, 44.
16 *Gladigow,* Burkard: Religionsökonomie. Zwischen Gütertausch und Gratifikation. In: *Faber,* Richard/*Lanwerd,* Susanne (Hg.): Aspekte der Religionswissenschaft. Würzburg 2009, 129–140, hier 137. Zur Vorstellung vom „Thesaurus ecclesie" siehe außerdem *Paulus:* Geschichte des Ablasses 1, 145–293 sowie 2, 141–158; *Burkart:* Das Blut der Märtyrer, 55-63.

the two preceding stages in the penitential process, the preconditions for imposition of penance, had already been met: contrition and confession, confirmed by absolution.[17]

So besagte es zumindest die kirchliche Lehre. Dass die ablasssuchenden Laien teilweise wohl ein ganz anderes Verständnis hatten, den Indulgenzen etwa eine magische Wirkung zuschrieben oder bereits die Zahlung einer Spende für hinreichend hielten,[18] um wirksamen Ablass zu erlangen, steht freilich auf einem anderen Blatt. Und auch sonst unterschied sich die Ablasspraxis vielfach von der Theorie: Dem Papst als Inhaber der Schlüsselgewalt stand es offen, Ablassmengen nach Gutdünken zu gewähren, allen anderen Ablassspendern war ein bestimmtes Höchstmaß vorgegeben. Bei einer bischöflichen Urkunde betrug es 40 Tage, waren Kardinäle die Aussteller, belief es sich auf 100 Tage. Die zahllosen Sammelindulgenzen des Spätmittelalters zeigen jedoch, dass das Ablassquantum der Urkunden nach der Zahl der Aussteller berechnet und alle Bedenken der Hochtheologie bzw. der Kanonistik „von der praktischen Wirklichkeit untergraben wurden".[19] Wie sehr das Ablasswesen von den Heilsbedürfnissen der Gläubigen geprägt war, zeigt sich auch dabei, dass im Laufe der Zeit die jenseitige Wirkung von Indulgenzen stärker betont wurde: Stand zuerst noch der Nachlass der zeitlichen Sündenstrafen im Vordergrund, so richtete sich das Hauptaugenmerk in der Folge auf die Wirkung der Indulgenzen im Jenseits, da ihnen die Fähigkeit zugeschrieben wurde, drohende Fegefeuerzeiten zu verkürzen. Und während es anfangs nur möglich war, zu Lebzeiten Indulgenz zu gewinnen, konnte man Verstorbenen gegen Ende des Mittelalters bereits nachträglich Ablassquanten zuwenden.[20] Wie anerkannt Ablässe als Heilsmedium – bei aller Kritik im Detail – waren, zeigt sich überdeutlich daran, dass auch gebildete Geistliche sie für sich zu

---

[17] *Swanson:* Indulgences in Late Medieval England, 226. Siehe in diesem Zusammenhang auch *Hamm:* Typen spätmittelalterlicher Gnadenmedialität.

[18] Zur magischen Interpretation von Indulgenzen vgl. *Eisermann:* Der Ablass als Medienereignis, 140: „Dass dem Confessionale in der populären Wahrnehmung geradezu magische Qualitäten zugeordnet wurden, zeigt bereits eine Beschwerde Papst Pius' II. aus dem Jahr 1462 über den in Kastilien gepflegten Brauch, den Verstorbenen Ablassbriefe in die Gräber mitzugeben: ‚literas indulgentiarum [...] in sepulturis defunctorum ponendo et similia que superstitionis sapient'." Dass Reue und Beichte in der Wahrnehmung der Laien einen andere Stellenwert hatten als in jener der Geistlichkeit, ist schon allein deshalb anzunehmen, weil die Ablässe vertreibenden Institutionen und Personen häufig weniger am Heil der Ablasssuchenden als an ihrem eigenen Gewinn interessiert waren. Zahllose Beispiele dafür bietet schon *Paulus:* Geschichte des Ablasses 3, 395–420. Ebenso siehe *Swanson:* Indulgences in Late Medieval England, passim.

[19] Vgl. *Seibold:* Sammelindulgenzen, 191. Ferner *Kühne:* Ostensio reliquiarum, 626-637. Dazu mag auch der bekannte Umstand beigetragen haben, dass es bis zum Ende des Spätmittelalters zu keiner theologischen Systematisierung der Ablasslehre kam. Vgl. *ebenda,* 633.

[20] Zu den Ablässen für die Verstorbenen siehe etwa *Paulus:* Geschichte des Ablasses 3, 316–343.

erwerben trachteten. Und gerade in dieser allgemeinen Akzeptanz gründete
die Kapitalisierbarkeit des kirchlichen Gnadenschatzes.

Welch bedeutenden ökonomischen Faktor das Ablasswesen darstellte, ist
gerade kürzlich von Robert N. Swanson wieder betont worden.[21] Ablassbriefe
vermochten „vergleichbar [...] Wertpapieren" Gelder freizusetzen,[22] ein Sachverhalt, der auch für die Belange weltlicher Herrschaft von erheblichem Interesse war. Vielfach ließen sich die spätmittelalterlichen Landesfürsten an den
finanziellen Erträgen großer Ablasskampagnen beteiligen und ihre verschiedensten Vorhaben mit Indulgenzen fördern: etwa den Bau von Kirchen
und Brücken; ebenso die Etablierung oder Stärkung bestimmter Märkte, den
Wiederaufbau zerstörter Dämme – wie im Fall Erzherzog Karls 1515 in den
Niederlanden[23] – oder die Befestigung von Städten;[24] in besonderem Maße
waren Kreuzzugspläne geeignet, um mit päpstlichen Ablässen Gelder einzu-
treiben – gleichgültig, ob es dann in der Folge tatsächlich zum angekündigten
Kriegszug kam oder nicht. Gerade Kaiser Maximilian hat diese Möglichkeit
mehrfach genutzt, auch noch im Dezember 1518, also kurz vor seinem Tod.[25]
Tatsächlich setzten die Landesfürsten im 15. und beginnenden 16. Jahrhundert Ablässe teilweise geradezu als ‚Sondersteuer' ein.[26] Konkurrierende Indulgenzen hingegen versuchten sie aus ihrem Herrschaftsbereich verständli-
cher Weise herauszuhalten und so den Abfluss finanzieller Mittel zu verhindern.[27] Bei entsprechend erfolgreicher Politik vermochten sie das Ablasswesen in ihre herrschaftliche Ökonomie zu integrieren, wozu sich drei Wege
anboten: Indulgenzprivilegien und -kampagnen konnten genutzt werden, um
Gelder zu lukrieren, oder aber die Ablässe selbst – im Sinn der Ablassquanten
– wurden als Kapital an andere ausgegeben. Schließlich vermochten auch die

---

21 *Swanson:* Indulgences in Late Medieval England.
22 So *Seibold:* Sammelindulgenzen, 3.
23 Der spätere Kaiser erhielt 1515 von Papst Leo X. das Privileg, zu diesem Zweck für drei
    Jahre einen vollkommenen Ablass verkünden zu lassen. Vgl. *Paulus:* Geschichte des Ab-
    lasses 3, 374.
24 So gewährte Sixtus IV. 1481 einen Festungsablass für Wien (siehe *Paulus:* Geschichte
    des Ablasses 3, 378). Ob derselbe auf das Betreiben der Habsburger zurückging, wäre
    freilich erst genauer zu untersuchen, erscheint aber nicht unwahrscheinlich.
25 Am 20.12.1518 wurde dem Habsburger für seine Erblande ein Kreuzzugsablass bewil-
    ligt, zu dessen Verkündigung es dann aber – wohl weil Maximilian kurz darauf starb –
    nicht mehr kam. Vgl. *Paulus:* Geschichte des Ablasses 3, 188.
26 Siehe dazu etwa: *Hashagen,* Justus: Landesherrliche Ablasspolitik vor der Reformation.
    In: Zeitschrift für Kirchengeschichte 45 (1926), 11–21; *Kirn,* Paul: Friedrich der Weise
    und die Kirche. Seine Kirchenpolitik vor und nach Luthers Hervortreten im Jahr 1517.
    Dargestellt nach den Akten im Thüringischen Staatsarchiv zu Weimar. München 1926,
    hier v. a. 120 f.; *Volkmar:* Reform statt Reformation, 373–384.
27 So erklärte beispielsweise Kaiser Maximilian am 30.03.1517, er könne den großen Ab-
    lass für St. Peter in seinen Erblanden nicht verkünden lassen „da zum Türkenkrieg viel
    Geld nötig sei". Siehe *Paulus:* Geschichte des Ablasses 3, 149.

Indulgenzbriefe als Gabe zu dienen. Ablässe und Ablassurkunden[28] ließen
sich von weltlichen Fürsten also zur Gratifikation einsetzen: Sie trugen zur
persönlichen Heilsversorgung der Empfänger bei; sie vermochten das Ansehen von Institutionen ebenso zu erhöhen wie die Anzahl von Kirchenbesu-
chern, Spenden, Stiftungen oder Schenkungen zu vermehren. Damit bedeuteten sie auch eine Stärkung in ökonomischer Hinsicht.[29]

Anreiz – Belohnung – Geschenk

Als Laien konnten weltliche Fürsten zwar selbst keine Ablässe vergeben,
gleichwohl war es ihnen auf mannigfache Weise möglich, sich selbst und anderen entsprechende Privilegien zu verschaffen: Häufig erfolgte die Gewährung von Ablässen ja schlicht und einfach gegen Bezahlung. Besonders gilt
das für Privilegien, die an der Kurie ausgefertigt wurden – in Form von
päpstlichen Urkunden oder kurialen Sammelindulgenzen. Weltliche Große
vermochten Indulgenzen also einerseits gegen Geld oder bestimmte Gegen-
leistungen zu erwerben. Andererseits reichte bei Geistlichen ihres weiteren
und engeren Umfeldes wohl nicht selten schon eine einfache Bitte, um sie zur
Ausfertigung der gewünschten Urkunden zu bewegen. Mehr noch: Über
geistliche Vertraute, etwa Kanzler und Sekretäre, die ein Bischofsamt beklei-
deten, konnte ein Fürst die Ausstellung bestimmter Indulgenzbriefe erwirken. Außerdem wussten herrschaftsnahe Kleriker vielfach wohl auch von
selbst, was im Sinne ihres Herrn war und wurden aktiv, ohne dass er Wünsche äußern musste. Exemplarisch sei hier auf Johann Ribi von Lenzburg verwiesen, den langjährigen Kanzler Rudolfs IV. und Albrechts III., der seit 1359
den Gurker, seit 1364 den Brixener Bischofsstuhl innehatte.[30] Nicht nur, dass
Johann als Leiter der herzoglichen Kanzlei zweifellos federführend daran beteiligt war, dass Rudolf an der Kurie die Erwerbung zahlreicher Ablassbriefe

---

[28] Diese Unterscheidung ist hier wichtig, da der Empfänger der Ablassurkunde ja vielfach
      nicht gleichbedeutend war mit dem Empfänger des Ablasses.
[29] Die ökonomische Bedeutung lehrt eindrücklich das Beispiel des Klosters Königslutter.
      Siehe dazu *Naß*: Ablaßfälschungen im späten Mittelalter.
[30] Wichtige Abhandlungen zu seiner Person bieten vor allem *Lackner*, Christian: Hof und
      Herrschaft. Rat, Kanzlei und Regierung der österreichischen Herzöge (1365–1406).
      Wien, München 2002, hier speziell 280–292; *Liebenau*, Theodor von: Bischof Johann
      von Gurk, Brixen und Chur und die Familie Schultheiss von Lenzburg. In: Argovia 8
      (1874), 141–317; *Pittioni*, Alois: Bischof Johann von Gurk und Brixen, ein österreichi-
      scher Kanzler und Kirchenfürst des 14. Jahrhunderts. Ungedruckte phil. Diss. Wien
      1927. Ebenso das entsprechende Kapitel bei *Obersteiner*, Jakob: Die Bischöfe von Gurk
      (1072–1822). Klagenfurt 1969; *Niederstätter*, Alois: Princeps Suevie et Alsacie. Herzog
      Rudolf IV. von Österreich und die habsburgischen Vorlande. In: *Niederhäuser*, Peter
      (Hg.): Die Habsburger zwischen Aare und Bodensee. Zürich 2010, 125–137, hier 125 f.

gelang, er vergab auch selbst mehrere Ablässe, mit denen er die habsburgischen Interessen förderte.[31]

Schon ein kurzer Blick auf die Suppliken, mit denen sich die Habsburger an die Kurie wandten, macht deutlich, in welchem Maße Indulgenzprivilegien zur Pflege sozialer Beziehungen genutzt wurden. Illustriert sei das wieder am Beispiel Rudolfs IV. und seiner Gemahlin Katharina: Päpstliche Ablassurkunden erwarb das Herzogspaar – wenigstens im Normalfall – für Gotteshäuser, zu denen es in einem besonderen Nahverhältnis stand, so wie das im Fall des Augustiner-Chorherren-Stiftes Klosterneuburg und der steirischen Wallfahrtskirche Maria Straßengel überdeutlich erkennbar ist.[32] Ganz ähnlich ver-

---

[31] So gewährte er all jenen Personen, welche die Kapelle des Frauenkonvents in Aarau besuchten, 40 Tage Indulgenz unter der Bedingung, dass sie je fünf Vaterunser und fünf Ave Maria für ihn selbst und für die Herzöge von Österreich beteten. Vgl. *Boner*, Georg (Hg.): Die Urkunden des Stadtarchivs Aarau. Aarau 1942, 46 f. (Nr. 98). Im bedeutenden Doppelkloster Engelberg förderte er das Gebet für die habsburgische Dynastie gleichfalls mit Ablass. Vgl. *Vogel*, Adalbert: Urkunden des Stiftes Engelberg. In: Der Geschichtsfreund 53 (1898), 103–242, Nr. 319 f., 187. Im Kontext eines Bündnisses zwischen den Bischöfen von Basel und den österreichischen Herzögen stellte Johann am 14.01.1361 in Basel einen Indulgenzbrief für das berühmte Dominikanerkloster der Stadt aus (gedruckt ist die Urkunde bei *Liebenau*: Bischof Johann, 301 f.), mit dem er die habsburgische Sache durchaus förderte; ganz ähnlich verhält es sich mit einer Sammelindulgenz für die Wiener Rathauskapelle, die er gemeinsam mit dem Patriarchen von Aquileia und dessen Vikar ausstellte. Das Original der Urkunde vom 14.11.1361 liegt im Wiener Stadt- und Landesarchiv, Hauptarchiv-Urkunden Nr. 592 und ist nun digital einsehbar unter URL: http://www.monasterium.net (am 13.07.2013) (in der Folge als MOM bezeichnet), Wiener Stadt- und Landesarchiv, Hauptarchiv-Urkunden, 14.11.1361. Zudem ist bei mehreren kurialen Sammelindulgenzen, die er in seiner Funktion als Gurker und Brixener Diözesan genehmigte, mit gutem Grund zu vermuten, dass er an ihrer Erwerbung beteiligt war und mit diesem Engagement im Sinne des Herzogs handelte: Zu nennen sind hier etwa zwei Sammelindulgenzen für Steyerberg vom 12.07.1363. Sie liegen heute im Kärntner Landesarchiv, AUR, Nr. C. 4527 und Nr. C. 4528. Dass Johann Ribi diese Urkunden nur wenige Wochen nach ihrer Ausfertigung in Avignon in Rapperswil bestätigte, spricht dafür, dass er bereits von Anfang an in ihre Erwerbung eingebunden bzw. diese von ihm angeregt worden war. Zu nennen ist auch die Bestätigung einer Sammelindulgenz für die Kirche in Kiens, die Johann am 31.05.1364 zu Brixen vornahm (vgl. *Liebenau*: Bischof Johann, Reg. Nr. 180); bezeichnenderweise hatte Herzog Rudolf kurz zuvor eine tägliche Messe zu Kiens gestiftet. Erwähnung verdient schließlich eine nicht genauer datierte kuriale Sammelindulgenz für den Gurker Dom von 1359. Genau in diesem Jahr wurde nämlich Johann Ribi Bischof von Gurk. Vgl. Hemma von Gurk. Katalog der Ausstellung auf Schloss Strassburg (14. Mai bis 26. Oktober 1988). Klagenfurt 1988, 469, Nr. 10.19. Ein Zusammenhang ist zwar nicht genauer nachzuweisen, aber sehr gut möglich.

[32] In einer Supplik vom 30.04.1360 hatte er vom Papst einen Ablass von einem Jahr und 40 Tagen für die Kirche Maria Straßengel erbeten und diesen auch erhalten. Ediert bei *Lenzenweger*, Josef (Hg.): Acta Pataviensia Austriaca. Vatikanische Akten zur Geschichte des Bistums Passau und der Herzöge von Österreich 2: Innocenz VI. (1352-1362), unter Mitarbeit von *Hold*, Hermann/*Mandlmayr*, Martin/*Marckhgott*, Gerhart. Wien 1992, 455–456 (Nr. 376). Am 30.04.1360 erhielt Rudolf IV. eine päpstliche Indulgenz

hält es sich mit Beichtbriefen als einer speziellen und sehr begehrten Form
des Indulgenzprivilegs, mit dem der Papst einzelnen Personen das Recht ein-
räumte, sich einen Beichtvater zu wählen, der sie in Lebensgefahr bzw. in der
Todesstunde nach reuiger Beichte von allen Sünden absolvieren konnte:[33] In
einer Supplik vom 21. Januar 1361 erbat die Herzogin außer mehreren Pfrün-
denexpektanzen für Kleriker, die ihr nahe standen, und einem Ablassprivileg
für die Marienkapelle in Krems noch Beichtbriefe für acht von ihr zu benen-
nende Personen, unter denen sich bezeichnender Weise Dietmut von Landenberg, ihre Hofmeisterin befand, ebenso der habsburgtreue Bischof Gottfried von Passau und der Abt des mit dem Herzogspaar eng verbundenen
Stiftes Melk.[34] Sogar noch deutlicher als an diesem Fall zeigt sich an einem
weiteren, wie sehr Beichtbriefe von den Fürsten dazu verwendet wurden, um
ihr direktes Umfeld, ihre wichtigsten Getreuen zu belohnen: Katharinas Gemahl erbat und erhielt am 17. Dezember 1357 derlei Privilegien für sich
selbst, seine Frau und zehn weitere Personen, unter denen sich die wichtigen
Adligen Friedrich von Wallsee, Otto von Maissau und Heinrich Raspe befanden; ebenso der bereits genannte Johann Ribi und seine Eltern, Konrad und
Anna Schultheiß von Lenzburg, sowie Anna von Brandis,[35] eine Nichte Abt
Eberhards von der Reichenau und Bischof Heinrichs III. von Konstanz, die
im Stift Säckingen lebte und dort 1355 beinahe Äbtissin geworden war.[36] Die

---

für die Agnes-, Bartholomäus-, Sebastians- und Hieronymus-Kapelle im Stift Klosterneuburg (vgl. *Lenzenweger*: Acta Pataviensia 2, 446, Nr. 368 und 454, Nr. 375); am
21.01.1361 erwirkte die Herzogin Katharina einen Ablass für die Marienkapelle in
Krems (vgl. *Lenzenweger*: Acta Pataviensia 2, 512, Nr. 446); zu vermuten wäre, dass Rudolf IV. auch für die Erwerbung jener Sammelindulgenz verantwortlich zeichnete, die
am 23.12.1360 für das von ihm gestiftete Karmeliterkloster in Wien ausgestellt wurde.
Das Original liegt im HHStA, AUR, sub dato; digital ist es einsehbar unter MOM,
HHStA, Karmeliter, sub dato.

[33] Zu Beichtbriefen siehe etwa *Paulus*: Geschichte des Ablasses 2, 95–104 sowie 3, 256–
276; *Sebott*, Reinhold: Art. Beichtbriefe. In: Lexikon des Mittelalters 1, 1812.

[34] Vgl. *Lenzenweger*: Acta Pataviensia 2, 512–514 (Nr. 446–449). Die auf den 25.01.1361
datierten Beichtbriefe für Propst Johann von Waldhausen und den Melker Mönch
Friedrich Atzenprukker (vgl. *ebenda*, 525 f., Nr. 459 f.) könnten ebenso zu diesen durch
die Herzogin erwirkten Privilegien zählen.

[35] Vgl. die entsprechenden Einträge in den päpstlichen Registern zum 17.12.1357. *Lenzenweger*: Acta Pataviensia 2, 250–252 (Nr. 166–169), sowie *Rieder*, Karl (Hg.): Monumenta Vaticana historiam episcopatus Constantiensis in Germania illustrantia. Römische
Quellen zur Konstanzer Bistumsgeschichte zur Zeit der Päpste in Avignon (1305–1378).
Innsbruck 1908, 425 (Nr. 1376–1378). Nochmals wurden Rudolf IV. dann im November 1361 13 Beichtbriefe gewährt; einer davon war für ihn selbst bestimmt (vgl. *Lenzenweger*: Acta Pataviensia 2, 549 f., Nr. 488) Kaiser Friedrich III. erwarb am 11.02.1452
gleich 100 Beichtbriefe, 1476 dann 30 (vgl. *Paulus*: Geschichte des Ablasses 3, 263). Dazu, dass Beichtbriefe allgemein speziell für Freunde und Verwandte erbeten wurden,
vgl. etwa *Swanson*: Indulgences in Late Medieval England, 30 f.

[36] Vgl. dazu das päpstliche Schreiben vom 11.06.1355, in dem die Verhältnisse genauer
beschrieben werden. Ediert bei *Rieder*: Monumenta Vaticana, 401 f. (Nr. 1297).

besagten Personen gehörten damals zur unmittelbaren Umgebung des Her-
zogspaares, waren bedeutende Mitglieder des Hofes oder Verwandte der
wichtigsten Getreuen: Heinrich Raspe etwa fungierte als Hofmeister Rudolfs,
Johann Ribi als sein Kanzler, und Friedrich von Wallsee hatte wohl schon
damals die Stellung des Kammermeisters inne.[37] Die Familie der Freiherren
von Brandis zählte zu den wichtigsten Verbündeten Rudolfs IV. im Südwesten des Reiches, und gerade Ende 1357 erhielt der Herzog vom Stift Säckingen Reliquien geschenkt.[38]

Ein ganz ähnliches Muster wie bei den Suppliken des Herzogs lässt sich
auch sonst erkennen – bei den Schreiben, mit denen herzogliche Gesandte
und Getreue an der Kurie vorstellig wurden. Auch hier bat man um Beichtbriefe für Verwandte, Freunde, Beichtväter oder Schreiber. Den Empfängern
von derlei Schriftstücken nachzuspüren, bedeutet also, äußerst wichtige Beziehungen der Fürsten und ihrer Vertrauten nachzuzeichnen.[39] Während
man für Reliquien bereits herausgearbeitet hat, in welchem Maße sich in ihrer Weitergabe soziale und politische Beziehungen spiegeln,[40] wurden Ablässe gerade für die Analyse weltlicher Herrschaft vielfach erst ansatzweise her-
angezogen.[41]

---

37 In einer Urkunde vom 20.05.1358 scheinen in der direkten Umgebung bzw. als Hofleute Rudolfs IV. auf: Otto von Meissau, Friedrich von Wallsee, Heinrich Raspe als Hofmeister, Heinrich der Brunner als Kammermeister des Herzogs, Wolfgang von Winden
als Hofmeister der Herzogin Katharina, Johann von Platzheim als Kanzler Herzog Rudolfs, Johann von Langenhart, Vogt zu Rapperswil. Vgl. die Edition der Urkunde bei
Clavadetscher, Otto P. (Hg.): Chartularium Sangallense 7 (1348–1361). St. Gallen 1993,
386–388 (Nr. 4544).

38 Siehe *Ogesser*, Joseph: Beschreibung der Metropolitankirche zu St. Stephan in Wien.
Wien 1779, Anhang 110.

39 Etwas zu relativieren wäre es deshalb, wenn Enno Bünz zu einem Beichtbrief, den Papst
Bonifaz IX. Markgraf Wilhelm „dem Einäugigen" von Meißen und seiner Frau verlieh,
erklärt, derlei Beichtbriefe mit Sterbeablass seien „reine Routineangelegenheiten [gewe-
sen], die von den Päpsten des Spätmittelalters für Geistliche wie für Laien in großer
Zahl ausgestellt worden sind". Siehe *Bünz*, Enno: Markgraf Wilhelm I. von Meißen und
die Kirche. In: Wilhelm der Einäugige. Markgraf von Meißen (1346–1407), Tagungsband. Dresden 2009, 57. Zwar ist diese Aussage hinsichtlich der Urkundenproduktion
der Kurie in jedem Fall zutreffend, doch für die Personen, die um derlei Privilegien an-
suchten, waren dieselben zumeist keineswegs etwas Alltägliches. Und gerade die große
Nachfrage nach denselben zeigt den besonderen Wert, der ihnen zugeschrieben wurde.

40 Für das frühere Mittelalter hat das nicht zuletzt Hedwig Röckelein gezeigt. Von ihren
zahlreichen Arbeiten sei an dieser Stelle nur genannt: *Röckelein*, Hedwig: Reliquien-
translationen nach Sachsen im 9. Jahrhundert. Über Kommunikation, Mobilität und
Öffentlichkeit im Frühmittelalter. Stuttgart 2002. Für das Spätmittelalter siehe oben
Anm. 5.

41 Das hat sich oftmals auch in den Editionswerken niedergeschlagen: So sind in den Editionen der päpstlichen Register häufiger nur jene Empfänger von Beichtbriefen verzeichnet, die zu dem jeweiligen geographischen ‚Interessensgebiet' dieser Werke zählen.
Die „Römischen Quellen zur Konstanzer Bistumsgeschichte" (*Rieder*: Monumenta Va-

Versucht man, den Einsatz von Indulgenzen durch Fürsten und ihre geistlichen Vertrauten genauer zu erfassen, stößt man allerdings häufig auf Probleme. So ist etwa der fürstliche Anteil an der Gewährung von Ablassprivilegien oft nicht einfach zu erkennen, und zwar allein schon deshalb, weil Im-
petratoren im Text der Schriftstücke vielfach unerwähnt blieben. Es ist ein
Vorteil päpstlicher Indulgenzurkunden, dass bei ihnen mit Hilfe der entsprechenden Supplikenregister öfters nachzuweisen oder zumindest wahrscheinlich zu machen ist, dass sie auf fürstliche Initiative hin ausgestellt wurden. Bei
vielen anderen Ablassbriefen besteht eine vergleichbare Möglichkeit leider
nicht. Und während kuriale Sammelindulgenzen den Namen des Bittstellers
noch relativ häufig nennen, so ist das bei einfachen bischöflichen Ablassurkunden vielfach selbst dann nicht der Fall, wenn ein maßgeblicher Anteil des
Fürsten durch sonstige Umstände erschlossen werden kann: Relativ leicht ist
das herzogliche Engagement noch bei einer Sammelindulgenz ersichtlich, die
der Salzburger Erzbischof und sieben seiner Suffragane im November 1288
für eine von Herzog Albrecht I. von Österreich neu errichtete Kapelle beim
Stift Klosterneuburg ausstellten.[42] Obwohl der Habsburger in der Urkunde
nicht als *impetrator* erwähnt wird, wird doch kaum der Kaplan der Kapelle
oder sonst jemand all die besagten Bischöfe zur Ausstellung des Privilegs veranlasst haben.[43] Allgemein lässt die wesentliche Rolle, die Klosterneuburg für
die Habsburger spielte, vermuten, dass die zahlreichen Ablassprivilegien, die
das Augustiner-Chorherrenstift seit Ende des 13. Jahrhunderts erhielt,[44] zu
einem nicht geringen Prozentsatz mit landesfürstlicher Hilfe erworben waren. Eindeutig nachweisbar ist das zum Beispiel im Fall eines Indulgenzbriefs,
den Innozenz VI. am 30. April 1360 für Klosterneuburg ausstellte.[45] Zwar
berichtet der Text der Urkunde auch hier nichts davon, dass der österreichische Herzog sie erbeten hatte, eine in den päpstlichen Registern überlieferte

---

ticana) etwa listen nur Personen aus dem schwäbisch-alemannischen Bereich auf; die
„Acta Pataviensia" (*Lenzenweger*: Acta Pataviensia 1–3) wiederum geben meist nur
Empfänger aus der Diözese Passau an. Dabei wäre es von höchstem Interesse, auch über
die habsburgischen Vertrauensleute außerhalb des eigentlichen österreichischen Machtbereichs etwas zu erfahren – etwa über mährische oder ungarische. Und in älteren Ur-
kunden- bzw. Quellenwerke haben Ablassbriefe, da sie der positivistischen Geschichtsschreibung uninteressant erschienen, so manches Mal gar keinen Eingang gefunden.

[42] Das Original der Urkunde vom 11.11.1288 liegt im Stiftsarchiv Klosterneuburg und ist
nunmehr digital einsehbar bei MOM, Stiftsarchiv – Klosterneuburg, Bestand: Urkunden Klosterneuburg, sub dato.

[43] Dies gilt umso mehr, als der Herzog und seine Gemahlin bereits kurz zuvor, am
21.03.1388, von bischöflicher Seite eine Bestätigung sowie Ablässe für eine Altar- und
Messstiftung der Herzogin in Klosterneuburg erwirkt hatten. Siehe dazu unten bei
Anm. 73.

[44] Vgl. dazu den Klosterneuburger Urkundenbestand bei MOM, Stiftsarchiv – Klosterneuburg, Bestand: Urkunden – Klosterneuburg.

[45] Siehe die Urkunde bei MOM, Klosterneuburg, Stiftsarchiv – Klosterneuburg, Bestand:
Urkunden – Klosterneuburg, 30.04.1360.

Supplik beweist aber genau dies.[46] Häufig bereitet die richtige Einordnung von Ablässen sogar noch mehr Probleme als in den eben genannten Fällen und macht eine genauere Kontextualisierung notwendig – so etwa bei einer Urkunde für die steirische Wallfahrtskirche Mariazell: Schon im Jahr 1342 hatte Herzog Albrecht II. hier einen Altar gestiftet.[47] Als das Gotteshaus im Juni 1357 von Papst Innozenz VI. zwei Jahre und 80 Tage Ablass erhielt, wurde am selben Tag ein weiterer Ablassbrief gleichen Umfangs ausgestellt und zwar für die von Rudolf IV., dem Sohn Albrechts, in Wien errichtete Allerheiligenkapelle.[48] Dieser Sachverhalt wird kaum als Zufall zu betrachten sein. Vielmehr ist das identische Ausstellungsdatum der genannten Urkunden als deutliches Indiz dafür anzusehen, dass beide auf Ersuchen ein und derselben Person bzw. Personengruppe hin ausgestellt wurden.[49] Ganz ähnlich verhält es sich bei einem Privileg vom 2. Juni 1399, mit dem Papst Bonifaz IX. der Wiener Stephanskirche größere Ablässe für alle Teilnehmer an der großen Prozession zur Fronleichnams-Oktav gewährte. Auf den ersten Blick könnte man vermuten, die Geistlichen der Kirche hätten die Urkunde erworben, die heute im Wiener Diözesanarchiv liegt.[50] Bei genauerem Hinsehen stellt sich die Sachlage jedoch etwas anders dar: Am selben Datum fertigte der Papst nämlich noch eine weitere Indulgenzurkunde für St. Stephan aus, in der ausdrücklich erwähnt wird, sie sei auf Bitten Herzog Wilhelms von Öster-

---

46 Die Supplik ist ediert bei *Lenzenweger*: Acta Pataviensia 2, 446–448 (Nr. 368).

47 Siehe dazu *Baum,* Wilhelm: Rudolf IV. der Stifter. Seine Welt und seine Zeit. Graz u. a. 1996, 188.

48 Nach *Lang,* Alois (Hg.): Acta Salzburgo-Aquilejensia. Quellen zur Geschichte der ehemaligen Kirchenprovinz Salzburg und Aquileia. 2. Bde. Graz 1903 und 1906, 414 (Nr. 570a) geht im päpstlichen Register der Mariazeller Urkunde das Privileg für die Allerheiligenkapelle unmittelbar voran; zur Datierung der Urkunde siehe *ebenda.* Die Urkunde für die Allerheiligenkapelle in der herzoglichen Burg ist bei *Lenzenweger:* Acta Pataviensia 2, 228 f. ediert.

49 Und noch bei einem weiteren Indulgenzbrief für Mariazell lässt sich ein Zusammenhang mit den österreichischen Herzögen vermuten: Vom 08.04.1358 datiert eine Urkunde Innozenz' VI., worin der vielbesuchten Kirche Indulgenz von einem Jahr und 40 Tagen gewährt wurde. Es ist zwar nicht eindeutig nachzuweisen, aber doch zumindest nicht unwahrscheinlich, dass auch dieser Mariazeller Ablassbrief auf eine Intervention der österreichischen Herzöge zurückging. Zu dieser Zeit befanden sich nämlich gerade Bischof Paul von Gurk, Graf Friedrich von Cilly sowie der Passauer Kanoniker Ulrich von Wien als Gesandte des österreichischen Herzogs an der Kurie (Graf Friedrich gleichzeitig auch als Gesandter des Königs von Ungarn); zwei Tage zuvor hatte der Papst Herzog Rudolf und seiner Frau verschiedene Privilegien erteilt, und am gleichen Tag wie der Ablass wurden mehrere päpstliche Urkunden für die Gesandten der österreichischen Herzöge ausgestellt. Siehe dazu *Lenzenweger:* Acta Pataviensia 2, 285–305. Bezeichnender Weise stiftete Rudolf IV. in der Folge noch eine tägliche Messe zu Mariazell. Vgl. *Huber,* Alfons: Geschichte des Herzogs Rudolf IV. von Österreich. Innsbruck 1865, 212 (Regest Nr. 563).

50 Digital einsehbar bei MOM, Diözesanarchiv Wien (in der Folge als DAW bezeichnet), 02.06.1399.

reich hin ausgestellt.[51] Beide Urkunden tragen die gleichen Kanzleivermerke, auf beiden ist festgehalten, sie seien „gratis de mandato domini nostri pape" ausgestellt worden.[52] Das legt nahe, dass der Habsburger beide Privilegien erwirkt hatte.

Die historischen und sozialen Zusammenhänge, in die Ablassbriefe eingebettet waren, sind heute also oft nicht mehr leicht zu erkennen.[53] Ihre Bedeutung erschließt sich so manches Mal erst dann, wenn man den weiteren Kontext ihrer Ausstellung genauer in den Blick nimmt – und dazu gehören neben Tag und Ort der Ausfertigung in gar nicht wenigen Fällen eben auch die Beziehungen der Aussteller und Empfänger zum Fürsten. Das zeigt sich auch an einem Beispiel aus dem Jahr 1452: Damals erhielt der einflussreiche Nürnberger Patrizier und Ratsangehörige Nikolaus Muffel, der damals in Rom weilte, von Papst Nikolaus V. an die 100 Beichtbriefe.[54] Nun mag es durchaus sein, dass der reiche und an Heilsmedien sehr interessierte Patrizier allein von sich aus oder im Namen anderer Nürnberger um diese Privilegien angesucht und dieselben bezahlt hatte.[55] Der Kontext der Privilegienausstellung deutet aber durchaus in eine andere Richtung: Nikolaus Muffel hatte damals im Namen Nürnbergs die Reichskleinodien zur Kaiserkrönung Friedrichs III. nach Rom gebracht. Er wurde von Papst und Kaiser mit großen Ehrungen

---

[51] Die Urkunde vom 02.06.1399 liegt heute im Wiener Stadt- und Landesarchiv (Hauptarchiv-Urkunden, Nr. 1429; digital einsehbar unter MOM, Wiener Stadt- und Landesarchiv, Hauptarchiv-Urkunden Nr. 1429, sub dato). Hinsichtlich der herzoglichen Petition heißt es darin: „[...] Dudum siquidem pro parte dilecti filii nobilis domini Wilhelmi ducis Austrie nobis exposito, quod in Collegiata ecclesia Omniumsanctorum alias dicti sancti Stephani Opidi sui Wyenne [...]."
[52] *Ebenda.*
[53] Beispiele dafür, wie schwierig die Zusammenhänge bisweilen zu erkennen sind, liefert unter anderem wieder die Wiener Stephanskirche: Am 28.01.1360 gewährte Bischof Ulrich von Seckau diesem Gotteshaus in einer Urkunde 40 Tage Indulgenz. Von einem Engagement des österreichischen Herzogs in dieser Angelegenheit steht in dem Privileg nichts zu lesen. Allerdings weilten Rudolf IV. und sein Hof gerade damals in Graz, also an jenem Ort, wo das Ablassprivileg ausgestellt wurde. Da die übrigen Indulgenzurkunden, die zur Zeit dieses Habsburgers für die Stephanskirche ausgefertigt wurde, fast alle auf die Initiative Rudolfs zurückgingen, liegt es mehr als nahe, für den Fall dieses Privilegs ganz Ähnliches zu vermuten. Digital einsehbar ist die Urkunde, die heute im Diözesanarchiv Wien liegt, bei MOM, DAW, 28.01.1360; in Auszügen bietet ihren Text *Ogesser*: Beschreibung, Anhang, 155.
[54] *Paulus*: Geschichte des Ablasses 3, 263.
[55] Zu Nikolaus Muffel, seiner Romfahrt sowie seinen Ablass- und Reliquiensammlungen siehe insbesondere *Burkart*: Das Blut der Märtyrer, 147–155; *Wiedmann*, Gerhard: Der Nürnberger Kaufmann Nikolaus Muffel in Rom (1452). In: *Babel*, Rainer/*Paravicini*, Werner (Hg.): Grand Tour. Adeliges Reisen und europäische Kultur vom 14. bis zum 18. Jahrhundert. Akten der internationalen Kolloquien in der Villa Vigoni 1999 und im Deutschen Historischen Institut Paris 2000. Ostfildern 2004, 105–114; *Fouquet*, Gerhard: Die Affäre Niklas Muffel. Die Hinrichtung eines Nürnberger Patriziers im Jahre 1469. In: Vierteljahrschrift für Sozial- und Wirtschaftsgeschichte 83 (1996), 459–500.

bedacht und erlangte von Friedrich III. Privilegienbestätigungen für die Reichsstadt. Gerade Ablassverleihungen spielten bei den Ereignissen in Rom insgesamt eine nicht unwesentliche Rolle: Nicht nur, dass der Habsburger damals gleichfalls Beichtbriefe für 100 Personen erwarb.[56] Papst Nikolaus V. spendete bereits bei Friedrichs Ankunft und Empfang in der Peterskirche so viel Ablass, wie in allen Kirchen Roms zu erlangen war. Dasselbe tat er dann einige Tage später noch einmal bei der Trauung sowie am Sonntag Letare bei der Krönung des Habsburgers.[57] Es würde doch sehr erstaunen, sollten all diese umfangreichen und durchaus ungewöhnlichen Ablassverleihungen ohne Zutun des Kaisers erfolgt sein. In jedem Fall aber verweisen sie noch auf einen weiteren Punkt: Die Ausstellung oder Publikation von Indulgenzbriefen war nicht selten Bestandteil wichtiger Ereignisse, und zwar auch im Kontext weltlicher Herrschaft – etwa bei Vertragsabschlüssen[58] oder dynastischen Feierlichkeiten[59]. Und umgekehrt bildeten die Ankunft und Publikation von Indulgenzen selbst wiederum den Anlass für Feierlichkeiten. Bereits daran erweist sich der oftmals enge Konnex von Ablass und Öffentlichkeit.

Aufmerksamkeit und Publikum

Der richtige Einsatz von Heilsmedien erlaubte es geistlichen wie weltlichen Machthabern, die vorhandenen Kommunikationsstrukturen in ihrem Sinne zu beeinflussen, und gerade Ablassbriefe besaßen in dieser Hinsicht eine erhebliche Leistungskraft, da sie äußerst flexibel einsetzbar waren. Das resultierte zum einen daraus, dass Indulgenz in ganz unterschiedlichen Fällen und für die mannigfaltigsten Zwecke gewährt werden konnte; zum anderen war es möglich und üblich, die Ablassbedingungen den individuellen Erfordernissen bzw. Vorstellungen der Privilegienempfänger anzupassen, soweit deren Wünsche nicht den Rahmen des Üblichen sprengten oder sie aber genügend zahlten. Mit Ablassbriefen konnten weltliche Fürsten demnach gezielt nicht nur Frömmigkeit bzw. Verehrung fördern, sondern auch Aufmerksamkeit generieren, lenken und bündeln, Öffentlichkeiten für ihre Zwecke herstellen oder vergrößern und damit ihre Selbstdarstellung vor Gott und der Welt fördern.[60] Und zahlreiche von ihnen haben von dieser Möglichkeit ausgiebig Gebrauch

---

56 Am 11.02.1452. Vgl. *Paulus*: Geschichte des Ablasses 3, 263.

57 Vgl. *Paulus*: Geschichte des Ablasses 3, 141.

58 So war es beispielsweise schwerlich ein Zufall, dass Bischof Johann von Gurk, der Kanzler Rudolfs IV. von Österreich, dem Basler Dominikanerkloster 1361 just in jenen Tagen einen Ablassbrief ausstellte, als sein Herr ein Bündnis mit dem Bischof von Basel schloss. Ediert ist die Urkunde bei *Liebenau*: Bischof Johann, 301 f.

59 Verwiesen sei hier etwa auf die Bewilligung vollkommener päpstlicher Ablässe zur Krönung und Verheiratung mehrerer Könige. Vgl. *Paulus*: Geschichte des Ablasses 3, 364.

60 Siehe dazu etwa *Kühne*: Heiltumsweisungen; *ders.*: Ostensio reliquiarum; *Fey*: Ablässe und Reliquien; *Burkart*: Das Blut der Märtyrer; *Mengel*: Bones Stones an Brothels.

gemacht. Wenn Stiftungen von ihnen mit entsprechenden Ablässen versorgt
wurden, ging es keineswegs nur darum, die wirtschaftliche Basis derselben zu
verbreitern, sondern in gleicher Weise um Publikum bzw. um die kommuni-
kative Einbindung weiterer Personenkreise. Ein herausragendes Beispiel dafür bietet das von Rudolf IV. an der Wiener Stephanskirche errichtete Allerheiligenkapitel, das von ihm und seinen Vertrauten mit wenigstens 13, teils
sehr hochwertigen Indulgenzprivilegien versorgt wurde.[61] Das Heilsangebot,
das der Herzog auf diese Weise in seinem Residenzstift bereitstellte, war umso größer, als sich die Wirkung der von ihm erworbenen Ablässe und Reliquien gleichsam multiplizierte. So heißt es in einer kurialen Sammelindulgenz
vom 10. Januar 1363 ausdrücklich, jeder der 23 geistlichen Aussteller spende
40 Tage Ablass für jede einzelne Reliquienpartikel, die man zu St. Stephan
besitze oder den Gläubigen zeige.[62] Mit dieser Bestimmung stellt die Urkunde
ein vergleichsweise frühes Beispiel ihrer Art dar, denn eine solche ausdrückliche Multiplikation von Reliquienschatz und Indulgenz taucht erst gegen Ende des 14. Jahrhunderts häufiger auf.[63] Führt man sich vor Augen, dass die
Stephanskirche allein schon von Rudolf IV. hunderte Reliquien erhielt,[64] so

---

[61] Siehe dazu in Kürze *Wolfinger*, Lukas: Die Herrschaftsinszenierung Rudolfs IV. von
Österreich (in Druckvorbereitung).

[62] Die Urkunde vom 10.01.1363 liegt im Diözesanarchiv Wien, MOM Bestand DAW, sub
dato: „singuli [...] Quadraginta dies indulgentiarum de singulis reliquiarum particulis
ostensis et habitis". Zum Text (in Auszügen) vgl. auch *Ogesser*: Beschreibung der Metropolitankirche, Anhang 160 f.

[63] Vgl. dazu *Paulus*: Geschichte des Ablasses 3, 364: „In Deutschland war es bei der Verleihung von Reliquienablässen Sitte, daß für jedes Reliquienstück (de qualibet particula)
ein eigener Ablass erteilt wurde. Derartige Ablässe kommen schon gegen Ende des
14. Jahrhunderts vor, und sie wiederholten sich öfters das ganze 15. Jahrhundert hin-
durch." Die Formulierung der Ablassurkunde wird noch bedeutsamer vor dem Hintergrund der Ergebnisse von Carola Fey, die konstatiert: „Eine kultische Verbindung von
Reliquien- und Ablassausstattungen scheint häufig in den fürstlichen Gestaltungsinte-
ressen intendiert, jedoch kein allgemein verbindliches Gestaltungsmerkmal gewesen zu
sein. Ein rechnerischer Bezug zwischen der Zahl und der Bedeutung von Reliquien und
der Höhe der Ablässe, wie er in den Heiltumsbüchern des frühen 16. Jahrhunderts aus
Wittenberg und Halle hervortritt, ist in den hier angeführten Quellen nicht zu belegen."
Siehe *Fey*: Ablässe und Reliquien, 222.

[64] Schon das älteste Reliquienverzeichnis von St. Stephan, das noch aus dem 14. Jahrhunderts stammt und nur jene Stücke verzeichnet, die der junge Habsburger gesammelt
und dem Gotteshaus geschenkt hatte, listet über 220 Reliquien bzw. Reliquiare auf.
Es ist ediert bei *Saliger*, Arthur (Hg.): Dom- und Diözesanmuseum Wien. Graz 1987,
XVI–XXI. Abgebildet ist es im Anhang bei *Schwarzmeier*, Elisabeth: Rekonstruktion des
Wiener Heiltumsschatzes von St. Stephan aus dem 14. Jahrhundert. Ungedruckte Dissertation Wien 1988. Eine Neuedition und genauere Analyse des Reliquienverzeichnis-
ses von Patrick Fiska erscheint in Kürze in den Mitteilungen des Instituts für Österreichische Geschichtsforschung. Zu Rudolfs IV. Reliquiensammlung siehe dann *ebenda*
sowie *Schwarzmeier*: Rekonstruktion; *Weissensteiner*, Johannes: Mehr wert als Edelge-
stein und köstlicher als pures Gold. Aus der Geschichte des Reliquienschatzes der
Domkirche St. Stephan. In: *Kassal-Mikula*, Renata/*Pohanka*, Reinhard (Hg.): 850 Jahre

wird ersichtlich, welch umfangreicher Heilsgewinn am habsburgischen Residenzstift lockte. Eine weitere bedeutende Förderung, vor allem mittels päpstlicher Ablassprivilegien, erhielt die Stephanskirche dann unter Herzog Wilhelm von Österreich (gest. 1406).[65] Sehr deutlich zeigt sich an diesem Beispiel auch der Erfolg der herzoglichen Indulgenz- und Reliquienerwerbungen: So wurde beispielsweise bereits Ende des 14. Jahrhunderts, weil die Fronleichnamsprozession solchen Andrang erlebte, noch eine weitere Prozession zur Oktav des Festtages eingeführt, für die Papst Bonifaz IX. im Juni 1399 den gleichen Ablass wie für den Fronleichnamstag selbst gewährte – vermutlich auf Bitten Herzog Wilhelms.[66] Und auch zu den Feierlichkeiten am Tag der heiligen Katharina strömten solche Menschenmengen in das Residenzstift, dass der genannte Habsburger vom Papst neben umfangreichen Ablässen für diesen Festtag noch das Recht erwirkte, die Zahl der Beichtiger an demselben

---

St. Stephan. Symbol und Mitte in Wien (1147–1997). Katalog zur 226. Sonderausstellung des Historischen Museums der Stadt Wien. Wien 1997, 24–27; *Winter*, Ernst Karl: Rudolph IV. von Österreich. Bd. 1. Wien 1934, 333–340. Dabei sind keineswegs alle Partikeln einzeln genannt. Bei zahlreichen Reliquiaren wird der Inhalt nämlich nur summarisch angegeben. Allein im Jahre 1361 übergab man Rudolf z. B. im Kloster Stainz neben dem „ganzen Leichnam des heiligen Herrn sand Maximian [...] wol zwayhundert Stuck oder mer bewertes und genantes Hailtumbs", um sie nach Wien in die Stephanskirche zu bringen. Zitiert nach *Ogesser*: Beschreibung, Anhang, 118 f.

65 Vgl. etwa das Privileg vom 02.06.1399, mit dem Papst Bonifaz IX. der Wiener Stephanskirche größere Ablässe für alle Teilnehmer an der großen Prozession zur Fronleichnams-Oktav gewährte (heute im DAW, digital einsehbar bei MOM, DAW, 02.06.1399), sowie einen zweiten päpstlichen Indulgenzbrief vom selben Datum für die Wiener Stephanskirche (heute im Wiener Stadt- und Landesarchiv, Hauptarchiv-Urkunden, Nr. 1429; digital einsehbar unter MOM, WStLA, Hauptarchiv-Urkunden, Nr. 1429, 02.06.1399); zudem siehe auch noch eine Ablassurkunde von 1403, die Wilhelm für die Stephanskirche erwarb. Vgl. Quellen zur Geschichte der Stadt Wien 1: Regesten aus in- und ausländischen Archiven mit Ausnahme des Archives der Stadt Wien. Bd. 4. Wien 1901, Nr. 3659, 39. Noch bei einer weiteren Ablassurkunde Bonifaz' IX. für die Stephanskirche läge nahe, dass sie auf Betreiben des österreichischen Herzogs hin ausgestellt wurde, da auf ihr die gleichen Kanzleivermerke auftauchen wie auf jenen Privilegien, die Wilhelm 1399 vom Papst erwarb (digital einsehbar ist die Urkunde bei MOM, DAW, 01.02.1395). Und ob ein päpstliches Indulgenzprivileg für den Frauenaltar in der Stephanskirche vom 23.03.1398 gleichfalls auf landesfürstliches Engagement zurückgehen könnte, wäre zu überprüfen (digital einsehbar ist die Urkunde bei MOM, DAW, 23.03.1398).

66 MOM, DAW, 02.06.1399. Auf der Urkunde ist vermerkt, sie sei *Gratis de mandato domini nostri pape* ausgestellt. Da diese Angabe auch auf dem zweiten Indulgenzbrief Bonifaz' IX. für die Wiener Stephanskirche auftaucht und die Kanzleivermerke auch sonst quasi dieselben sind wie auf jener Urkunde, die nachweislich auf die Bitten Herzog Wilhelms von Österreich hin ausgefertigt wurde, ist auch in diesem Fall ein Engagement des Landesfürsten anzunehmen.

sowie an den beiden vorausgehenden und nachfolgenden Tagen so vermehren zu dürfen, dass die große Nachfrage gedeckt werden konnte.[67]

Nicht nur große habsburgische Stiftungen wie das Wiener Allerheiligenkapitel, sondern auch die von ihnen errichteten Kapellen und Altäre wurden mit Ablässen ausgestattet.[68] Ebenso konnten die Privilegien dazu verwendet werden, um einzelne Gegenstände ins Rampenlicht zu rücken. Von mehreren habsburgischen Beispielen sei an dieser Stelle nur eines genannt:[69] Im Jahr 1403 erwarb Herzog Wilhelm von Österreich für eine von ihm gestiftete Hostien-Monstranz, die jährlich zu Fronleichnam dem zahlreich versammelten

---

[67] Die Urkunde vom 02.06.1399 liegt im Wiener Stadt- und Landesarchiv (digital einsehbar unter MOM, Wiener Stadt- und Landesarchiv, Hauptarchiv-Urkunden, Nr. 1429, 02.06.1399).

[68] Genannt seien hier nur folgende Beispiele: das Kloster Königsfelden (siehe *Homburger*, Otto/*Steiger*, Christoph von: Zwei illuminierte Avignoneser Ablassbriefe in Bern. In: Zeitschrift für Schweizerische Archäologie und Kunstgeschichte 17 (1957), 137 f.), die alte und neue Kapelle in der Wiener Hofburg (siehe *Hormayr*, Joseph Freiherr von: Wien. Seine Geschicke und seine Denkwürdigkeiten 5, Heft 1. Wien 1823, Urkundenanhang, Nr. CXXXVIII, XXV–XXVII, sowie *Lenzenweger*, Josef (Hg.): Acta Pataviensia Austriaca. Vatikanische Akten zur Geschichte des Bistums Passau und der Herzöge von Österreich (1342–1378) 1: Klemens VI. (1342–1352). Wien 1974, 538–540, Nr. 267–269 und *Lenzenweger*: Acta Pataviensia 2, 228 f., Nr. 136), die von Albrecht I. gestiftete Kapelle und der von seiner Gemahlin gestiftete Altar in Klosterneuburg (digital einsehbar bei MOM, Klosterneuburg, Stiftsarchiv Klosterneuburg, Bestand: Urkunden Klosterneuburg, 11.11.1288 und 21.03.1288), die Ludwigskapelle im Wiener Minoritenkloster (vgl. *Gross*, Lothar: Die Regesten der Herzoge von Österreich sowie Friedrichs des Schönen als deutschen Königs von 1314–1330. Innsbruck 1924, 230, Nr. 1883), der Altar und die Kapelle in der Burg Altkirch (vgl. *Metz*, Bernhard: Burgkapellen als Wallfahrtsorte nach elsässischen Beispielen. In: *Herbers*, Klaus/*Rückert*, Peter (Hg.): Pilgerheilige und ihre Memoria. Tübingen 2012, 91–108, hier speziell 93 f.).

[69] So war beispielsweise beim sogenannten Kolomanistein in der Wiener Stephanskirche, einer Berührungsreliquie, die der Bischof von Chur im Beisein Herzog Rudolfs IV. reponiert haben soll, eine Ablasstafel angebracht, die all jenen Personen größere Ablassmengen versprach, die den besagten Stein küssen oder ihr Haupt vor demselben beugen würden (der Text dieser Tafel ist gedruckt bei *Ogesser*: Beschreibung, Anhang 157–159); so erklärte zumindest die besagte Tafel, der Herzog von mehreren Bischöfen erwirkt. Für eine in Gold, Silber und Edelsteine gefasste Kreuzpartikel, die noch Rudolf IV. derselben Kirche geschenkt hatte, gewährte Papst Gregor XI. bereits 1372 einen Ablass von 3 Jahren und 40 Tagen für den Tag der Kreuzerfindung. Inwieweit dieses Indulgenzprivileg tatsächlich auf die Initiative des österreichischen Herzogshauses zurückging, ist nicht bekannt. Zumindest aber war es vom Residenzstift der Habsburger erworben und förderte die Wahrnehmung des wertvollen Stückes und der frommen Leistungen Rudolfs IV., zumal in dem Privileg die Schenkung dieses Fürsten eigens erwähnt wird. Vgl. *Starzer*, Albert: Regesten zur Geschichte der Pfarren Niederösterreichs. In: Blätter des Vereines für Landeskunde für Niederösterreich, Neue Folge 26 (1892), 382–401, hier 399.

Volk auf dem Hauptaltar der Wiener Stephanskirche präsentiert wurde, einen päpstlichen Ablass von zwei Jahren und zwei Quadragenen.[70]

Zum Vorteil von Ablassurkunden gehörte es, dass das Publikum mit ihrer Hilfe nicht nur gezielt an gewisse Orte und zu bestimmten Objekten, sondern auch in zeitlicher Hinsicht gelenkt werden konnte: durch die Spezifizierung der Ablasstage und die entsprechende Gestaltung der Ablassbedingungen.[71] Das war nicht nur für die Rezeption herrscherlicher Auftritte von erheblichem Wert, etwa Akte demonstrativer Frömmigkeit, wie sie in der Wiener Stephanskirche immer wieder stattfanden.[72] Sehr gut verdeutlicht das ein Beispiel aus dem Stift Klosterneuburg: Am 21. März 1288 bestätigten die Bischöfe Bernhard von Passau und Leopold von Seckau eine Altar- und Messstiftung, welche die österreichische Herzogin Elisabeth hier für sich, ihren Gemahl und ihre Erben getätigt hatte und mit der ein Jahrtag verbunden war, der für die genannten Mitglieder der Dynastie gefeiert werden sollte.[73] Zugleich mit der Bestätigung gewährten die beiden Bischöfe je 20 Tage Ablass für die Besucher der täglichen Gottesdienste am neugestifteten Altar, die täglich zu gewinnen waren (*diebus singulis*).[74] Mit der hier erkennbaren Verbindung von Totengedenken und Indulgenz ist eine ganz wesentliche Funktion des Mediums Ablass angesprochen. Beim Bemühen, mit demselben Publi-

---

70 Vgl. Quellen zur Geschichte der Stadt Wien 1/4, 39 (Nr. 3659). Aus anderen Herrschaftsbereichen ließen sich freilich ganz ähnliche Beispiele anführen. Zu einem ganz ähnlichen und beinahe zeitgleichen Fall aus Meißen siehe etwa *Bünz*: Markgraf Wilhelm I. von Meissen und die Kirche, 60.

71 Durch die Nennung bestimmter Ablasstage konnte eine größere Öffentlichkeit für wichtige Termine geschaffen werden. Die Gestaltungsmöglichkeiten, die sich in zeitlicher Hinsicht aus den Ablassbedingungen im engeren Sinn ergaben, illustriert etwa der Umstand, dass Ablass bisweilen ausdrücklich dafür verliehen wurde, dass man der Predigt bis zum Schluss beiwohnte. Vgl. *Ehlers*: Die Ablasspraxis, 128. Gerade auch solche Termine, die nicht so frequentiert waren, konnten durch Indulgenzen gefördert werden, weshalb im Laufe der Zeiten bisweilen mit größeren Akzentverschiebungen zu rechnen ist. So deutet sich im Wiener Heiltumsbuch von 1502 an, dass Ablassbriefe im habsburgischen Residenzstift damals bereits in etwas anderer Absicht eingesetzt wurden als etwa im 14. Jahrhundert: War es damals noch eher darum gegangen, die Stephanskirche an den wichtigsten Festtagen mit Besuchern zu füllen, so konzentrierte man sich im 15. und zu Beginn des 16. Jahrhunderts offenbar bereits stärker darauf, jene Tage zu fördern, die bislang noch weniger ausgelastet waren. Wenigstens werden im Wiener Heiltumsbuch von 1502 für ein Reihe von Festtagen, die im 14. Jahrhundert im Hinblick auf dem dabei zu erwerbenden Ablass noch eine eher untergeordnete Rolle gespielt hatten, besonders große Ablassmengen versprochen.

72 Siehe dazu etwa *Wolfinger*, Lukas: Die Stephanskirche zu Wien als Bühne und Medium fürstlicher Selbstdarstellung unter Herzog Rudolf IV. von Österreich (1358–1365). In: *Doležalová*, Eva/*Šimunek*, Robert (Hg.), Ecclesia als Kommunikationsraum in Mitteleuropa (13.–16. Jahrhundert). München 2011, 119–145.

73 Siehe das Original im Stiftsarchiv Klosterneuburg (digital einsehbar bei MOM, Klosterneuburg, Stiftsarchiv – Klosterneuburg, Bestand: Urkunden Klosterneuburg, 21.03.1288).

74 *Ebenda.*

kum bzw. Öffentlichkeit zu gewinnen, ging es den Fürsten nicht zuletzt darum, für ihre Memoria – und die der Dynastie – zu sorgen.

Memoria

Gefördert wurde das Gedenken an bzw. das Gebet für die Fürsten aus naheliegenden Gründen gerade an ihrem Begräbnisort.[75] So erwarb Königin Agnes von Ungarn am sechsten September 1329 für das Kloster Königsfelden, dieses Zentrum der habsburgischen Memoria im Südwesten des Reiches, eine kuriale Sammelindulgenz, in der es heißt, die 14 Aussteller verliehen den Ablass:

[...] Omnibus vere penitentibus et confessis, qui pro animabus domine Elizabeth quondam regine Romanorum et Lupoldi et Henrici liberorum suorum quondam ducum Austrie, quorum corpora in monasterio de Künigsvelt Constantiensis diocesis in Christo requiescunt humata, et qui pro salubri statu domine Agnetis filie dicte Elyzabeth quondam regine Ungarie dum vixerit et anima sua, cum ab luce migraverit, et animabus omnium fidelium defunctorum oracionem dominicam cum salutacione angelica pia mente dixerint, missam celebraverint aut celebrari fecerint, officium mortuorum, psalterium aut septem palmos penitenciales aut aliquas alias devotas oraciones dixerint aut dici fecerint vel elemosinam dederint vel exequiis anniversariorum suorum interfuerint seu pro animabus eorum vel alicuius eorum optulerint, quotienscunque quandocunque et ubicunque premissa vel aliquid premissorum devote fecerint, [...] singuli nostrum quadraginta dies indulgenciarum de iniunctis eis penitenciis misericorditer in domino relaxamus. [...][76]

Das „untypische Formular" dieses Indulgenzbriefs richtet sich also „ausschließlich nach dem Gebetsgedenken"[77] für die Habsburger. Bezeichnenderweise regelte Agnes nur wenige Wochen nach der Ausfertigung des Privilegs, am 29. September, in einer Urkunde für das Kloster Königsfelden detailliert die Abhaltung der Jahrzeiten für die Mitglieder ihrer Familie.[78] Noch interessanter wird die zitierte Sammelindulgenz dadurch, dass sich zu den Memorialfeiern für die Habsburger insbesondere auch die Vorsteher der verschiedensten geistlichen Institutionen aus der Umgebung einfanden.[79] Dieser Umstand

---

[75] So erwarb etwa die Gemahlin König Friedrichs des Schönen, Elisabeth, am 12.11.1327 ein päpstliches Indulgenzprivileg für die von ihr gegründete St. Ludwigskapelle bei den Minoriten in Wien. An den Festtagen des heiligen Patrons brachte es je 100 Tage Ablass ein, an der Oktav derselben 40. Vgl. *Gross:* Die Regesten der Herzoge von Österreich, 230 (Nr. 1883). Im Jahr darauf bestimmte sie diese Kapelle schriftlich zu ihrer Grabstätte. Siehe dazu die entsprechende Urkunde vom 23.04.1328 bei MOM, Wiener Minoritenkonvent, Urkunden Wien, sub dato.

[76] Zitiert nach *Homburger/Steiger:* Zwei illuminierte Avignoneser Ablassbriefe in Bern, 138.

[77] *Seibold:* Sammelindulgenzen, 222.

[78] Der Text ist gedruckt bei *Liebenau:* Hundert Urkunden, 46 f. (Nr. 29).

[79] Vgl. etwa die Notiz im Kalendar von Muri: „[...] Notandum quod anniversaria dominii Austrie in Küngesueld celebranda. ad que prelati solent convenire. Prima earundem quod Albertus Romanorum rex et dux Austrie occisus est. die Philippi et Jacobi videlicet Kalendis Maji [...]" (zitiert nach *Liebenau:* Hundert Urkunden, 51, Nr. 32), die wohl

macht ebenso wie der Text des Privilegs deutlich, dass mit den Ablässen gerade auch Geistliche zur Teilnahme an den Jahrtagfeiern und zum Gebet für die Dynastie angeregt, für ihr Engagement belohnt werden sollten. Ein noch eindrucksvolleres Bild als Königsfelden bietet die Wiener Stephanskirche, an der Rudolf IV. außer dem großen Allerheiligenkapitel auch eine habsburgische Familiengrablege einrichtete und umfangreiche Ablassquanten bereitstellte, die vielfach eben durch Gebete für die Dynastie zu erwerben waren.[80] Aber nicht nur an den Grabstätten oder großen Residenzstiften wurde die Fürbitte für die Habsburger mittels Indulgenzen gefördert. Häufiger nennen Ablassurkunden, die auf Bitte eines Fürsten bzw. einer Fürstin ausgestellt wurden, mehr oder weniger umfangreiche Gebete für dieselben als Bedingung für die Indulgenz-Gewinnung. Bereits die Nennung des fürstlichen Impetrators im Ablassbrief forderte implizit zum Gedenken an denselben auf,[81] doch viele Urkunden werden erheblich deutlicher: So verhieß eine kuriale Sammelindulgenz von 18 Ausstellern, die Johanna von Pfirt im Oktober 1347 für die Wiener Hofburgkapelle erwarb, für zahlreiche Festtage Ablass – nicht zuletzt jenen Personen, die „pro inclita domina Johanna ducissa Austrie, Styrie et Carinthie, istius indulgencie impetratrice suisque parentibus et amicis ac pro omnibus dicte capelle benefactoribus vivis et mortuis pie deum exoraverint".[82] Ganz ähnlich verhält es sich bei einer zweiten Sammelindulgenz, die die Herzogin im selben Jahr für die von ihr gestiftete Kapelle in der elsässischen Burg Altkirch erwarb.[83] (Bezeichnenderweise bat Johanna damals auch den Papst um Ablassprivilegien für die beiden genannten Kapellen, ein Ansuchen, dem die Zustimmung nicht versagt blieb, auch wenn nicht mehr als 100 Tage für verschiedene Festtage gewährt wurden.)[84] Während im Fall dieser Urkunden nur ganz allgemein das Gebet für die Herzogin, ihre Verwandten und Freunde genannt wird, zeigt eine ungewöhnliche kuriale Sam-

---

bereits im ersten Drittel des 14. Jahrhunderts geschrieben wurde (so zumindest *ebenda*). Und im „Necrologium Wettingense" ist zum Todestag Herzog Rudolfs II. (11.05.) eingetragen: „Ob. Ruodo[l]fus dux Austrie et Stirie, et debet celebrari in Küngsvelt." Siehe Necrologium Wettingense. Hg. von *Baumann*, Franz Ludwig. In: MGH, Necrologia 1. Berlin 1888, 588–598, hier 592.

80 Vgl. etwa folgende Urkunden: DAW, 25.01.1361 (MOM, sub dato); DAW, 10.01.1363 (MOM, sub dato); DAW, 08.10.1359 (MOM, sub dato; gedruckt bei *Ogesser*: Beschreibung, Anhang, 149–154).

81 Vgl. dazu auch *Thalmann*, Ablaßüberlieferung, 223: „Die auch sonst belegten namentlichen Angaben von Impetranten und/oder Petenten sowie die häufiger anzutreffenden bildlichen Darstellungen ihrer Personen sind durchaus als Stiftergedenken im Sinne der Memorialpraxis zu begreifen. Die Urkunden und ihre Texte boten eine attraktive Projektionsfläche, um Stiftungstätigkeit zu demonstrieren."

82 Zitiert nach *Hormayr*: Wien. Seine Geschicke und seine Denkwürdigkeiten 5, Nr. CXXXVIII, XXV–XXVII. Die Sammelindulgenz datiert vom 15.10.1347.

83 Siehe *Metz*: Burgkapellen als Wallfahrtsorte, 93 f.

84 Siehe die Edition von Johannas Supplik und den päpstlichen Schreiben bei *Lenzenweger*: Acta Pataviensia 1, 538–540 (Nr. 267–269).

melindulgenz vom 8. Oktober 1359,[85] wie weit die herrschaftliche Nutzung des Mediums gehen konnte: Vergleichsweise ausführlich berichtet die Urkunde, Herzog Rudolf IV. von Österreich habe ihre Ausstellung veranlasst. Mehr noch: Sie legt dar, der Habsburger sei ein gehorsamer Sohn des Papstes, der die Dinge des Glaubens bedenke und zur Ehre Gottes und zum Ruhm der Heiligen sowie zum Heil seiner *patria* mit glühender Hingabe (*ferventi affectu*) eine große Zahl von Reliquien gesammelt habe.[86] Vor allem aber sind in die Urkunde drei längere, vom herzoglichen Kanzler eigens verfertigte und an Gottvater, Gottsohn und den Heiligen Geist gerichtete *orationes* eingefügt.[87] Darin wird nicht nur um das Seelenheil sowie den irdischen Erfolg der habsburgischen Dynastie und der ganzen Herrschaft Österreich gebeten, sondern geradezu ein ,herrschaftstheologisches Porträt' Rudolfs IV. präsentiert.[88] Jeder, der die verheißenen Indulgenzen erlangen wollte, hatte zumindest auch diese Gebete *devote* zu sprechen.[89]

Obgleich die eben genannte Ablassurkunde des ambitionierten jungen Herzogs ein ungewöhnliches Beispiel ist, lassen sich an ihr doch allgemeinere Tendenzen festmachen: Ebenso wie bei jener zuvor erwähnten Sammelindulgenz, mit der Agnes von Ungarn zum Gebet für sich und ihre Dynastie anregte, fällt an ihr auf, dass sie sich nicht ausdrücklich auf eine bestimmte Institution oder einen konkreten Ort bezieht. Zwar waren die Privilegien wohl in erster Linie für die Verwendung im Kloster Königsfelden bzw. in der Wiener Stephanskirche gedacht, doch zumindest ihr Text lässt die Möglichkeit offen, mit entsprechenden Handlungen auch an ganz anderen Orten Ablass zu erlangen. Wie sehr Fürsten im Spätmittelalter versuchten, Heilsgewinn über ihre Person und Familie orts- und zeitunabhängig zu ermöglichen, zeigt der

---

85 DAW, 08.10.1359 (MOM, sub dato), gedruckt bei *Ogesser:* Beschreibung, Anhang, 149–154.

86 „[...] sancte sedis apostolice obedientis et devoti filii, qui divini doni instinctu que fidei sunt cogitans multa sacra sanctorum corpora et reliquias ad honorem dei, sanctorum suorum gloriam, devocionem fidelium et salutem dicte sue patrie ferventi collegit affectu [...]". Zitiert nach dem Original im DAW (MOM, 08.10.1359).

87 „[...] tres infrascriptas orationes pro honorabilem virum magistrum Johannem de platzheim cancellarium suum ad preces ipsius domini ducis editas [...]". Zitiert nach dem Original im DAW, 08.10.1359 (MOM, sub dato).

88 Vgl. dazu in Kürze *Wolfinger:* Die Herrschaftsinszenierung Rudolfs IV. Kurz erwähnt werden diese Gebete unter anderem bei *Seibold,* Sammelindulgenzen, 222 f. und *Fey:* Ablässe und Reliquien, 207. Beide beziehen sich jedoch nur auf ein Regest der Indulgenzurkunde in einer Regestensammlung zur Geschichte Wiens und nicht auf den Wortlaut des Schriftstücks selbst.

89 Die Bedeutung dieses Ablassbriefs bzw. der darin inserierten *orationes* wird dadurch weiter unterstrichen, dass diese noch in einem zweiten Indulgenzprivileg für die Wiener Stephanskirche als Ablassbedingung genannt sind und überdies im großen Stiftbrief des rudolfinischen Allerheiligenkapitels von 1365 als Teil des Stundengebets festgeschrieben wurden. Vgl. *Flieder,* Viktor: Stephansdom und Wiener Bistumsgründung. Eine diözesan- und rechtsgeschichtliche Untersuchung. Wien 1968, 259.

Blick auf andere spätmittelalterliche Höfe. So ist beispielsweise von der englischen Königin Isabella bekannt, dass sie 1308 ein päpstliches Privileg erhielt, demgemäß die Gläubigen jedes Mal 20 Tage Ablass gewinnen konnten, wenn sie für sie beteten.[90] Besonders reichhaltig wurden Fürbitten für die französischen Könige mit Indulgenz belohnt: Unter Innozenz IV. belief sich das mit ihnen zu gewinnende Ablassquantum zuerst noch auf zehn Tage, doch unter Klemens VI. betrug es bereits 100 Tage. Und nicht nur das Gebet für den König selbst, auch das für Mitglieder seiner Familie brachte in vielen Fällen Indulgenzen ein.[91] Die Fürbitten, zu denen die Gläubigen mittels Ablass angeregt wurden, dürfen dabei – das ist zu betonen – keineswegs als rein auf das Jenseits bezogene Handlungen missverstanden werden. Mit ihrer Hilfe sollte nicht nur das Seelenheil des Fürsten, seiner Dynastie, seiner Freunde und Getreuen erreicht werden, sondern ebenso das irdische Wohlergehen und der herrschaftliche Erfolg der betreffenden Personen – das zeigen schon die zuvor erwähnten rudolfinischen Ablassgebete.[92]

Diese machen außerdem noch auf etwas anderes aufmerksam: Ablassurkunden waren auch insofern dazu geeignet, das herrschaftsbezogene Gedenken im Diesseits zu fördern, als sie der jeweiligen Öffentlichkeit die Leistungen des Fürsten und seiner Familie vor Augen führten. Bereits die Nennung als Impetrator im Text der Privilegien erinnerte an das Engagement für die begünstigten Institutionen und das Heil der Gläubigen – ein Engagement, das mit beträchtlichem Aufwand und entsprechenden Kosten verbunden war.[93] Da Indulgenzbriefe die frommen Qualitäten und Leistungen der Fürsten auch sonst auf vielfache Weise erwähnten, vermochten sie in nicht zu unterschätzendem Maß als Medium fürstlicher Selbstdarstellung zu fungieren. Gerade kuriale Sammelablässe, deren Text von den Petenten vergleichsweise stark gestaltet werden konnte,[94] besaßen in dieser Hinsicht erhebliches Potential, doch auch päpstliche Privilegien boten einigen Spielraum: Insbesondere konnte an die Stiftung von Kirchen, Kapellen, Altären, Messen, Jahrtagen und Pretiosen erinnert werden, ebenso an die Sammlung, Schenkung

---

90 Siehe *Paulus*: Geschichte des Ablasses 2, 179. Ähnliche Privilegien, die Gebete für Lebende oder Tote mit 10 oder 20 Tagen Ablass belohnten, gewährten die Päpste wichtigeren Personen auch sonst mehrfach. Vgl. *ebenda.*

91 Meist mit Ablässen von 10, 20 oder 30 Tagen. Vgl. *Paulus*: Geschichte des Ablasses 2, 179.

92 Zu Ablässen für Gebete für die Lebenden, d. h. insbesondere für Gesundheit, politischen Erfolg, Sieg und Frieden, siehe etwa *Swanson*: Indulgences in Late Medieval England, 57, 228, 234 oder *Paulus*: Geschichte des Ablasses 2, 179 f.

93 *Thalmann*, Ablaßüberlieferung, 223: „Die Urkunden und ihre Texte boten eine attraktive Projektionsfläche, um Stiftungstätigkeit zu demonstrieren. Die Beschaffung eines kurialen Sammelablaßbriefes, ja sogar nur die Mitwirkung daran, wurde als besonderer Frömmigkeitsakt betrachtet, weil man wußte, welchen Aufwand die Beschaffung dieser Urkunden erforderte." Zum Aufwand, den die Beschaffung von Ablässen erforderte und der Wahrnehmung desselben siehe auch *ebenda*, 219-234.

94 Siehe dazu *Seibold*: Sammelindulgenzen.

und wertvolle Ausstattung von Reliquien. Eindrucksvolle Beispiele dafür stellen mehrere Indulgenzen dar, die Herzog Rudolf IV. für die Wiener Stephanskirche erwarb, doch andere sind nicht minder aufschlussreich: So wird in einer Ablassbulle für eine Hostienmonstranz zu St. Stephan nicht nur die materielle Beschaffenheit dieses Objekts erwähnt, sondern vor allem auch Herzog Wilhelm von Österreich als Stifter desselben und als Impetrator der Indulgenz hervorgehoben.[95] Und ein weiteres päpstliches Ablassprivileg gab Wilhelm die Gelegenheit, sowohl die besondere Stellung seiner Residenzstadt Wien zu betonen als auch an die Verdienste der österreichischen Herzöge um den Reliquienschatz des Residenzstifts und die Heilsversorgung der Gläubigen zu erinnern, heißt es dort doch:

Dudum siquidem pro parte dilecti filii Nobilis viri Wilhelmi ducis Austrie nobis exposito, quod in collegiata ecclesia Omniumsanctorum alias dicti sancti Stephani opidi sui Wyenne Pataviensis diocesis, quod notabilius ceteris opidis et terris suis existit, inextimabilis reliquiarum diversorum sanctorum multitudo per progenitores suos duces Austrie collocata et miro auri et argenti ac lapidum pretiosorum ornatu decorata existunt, quequidem reliquie cuiuslibet anni diebus populo ostenderentur, ad quas videndas innumerabilis populi annuatim conflueret multitudo.[96]

Da Indulgenzen weithin propagiert, vor den jeweiligen Ablasstagen angekündigt und an denselben verkündet, verlesen oder ausgehängt wurden,[97] ist davon auszugehen, dass die entsprechenden Aussagen zu den frommen Verdiensten der Fürsten einer breiteren Öffentlichkeit vermittelt wurden – wenigstens in Auszügen. Dies gilt umso mehr, als sich gerade die Ablassbedingungen der Urkunden vielfach auf die Stiftungen, Schenkungen und anderen Leistungen der Habsburger sowie auf das Gebet für sie bezogen. Die entsprechenden Textpassagen oder Sachverhalte mussten also in jedem Fall verkündet werden. Führt man sich vor Augen, dass in den Indulgenzprivilegien oft-

---

[95] Vgl. dazu den Text der Urkunde (DAW, Kopialbuch des Domkapitels von St. Stephan, fol. 125v.): „[...] Sane pro parte dilecti filii nobilis viri Wilhelmi ducis Austrie nobis exhibita petitio continebat, quod in ecclesia sancti Stephani alias Omnium sanctorum [...] singulis annis in festivitate corporis domini nostri Jesu Christi et per eiusdem festivitatis octavam temporibus, quibus divina officia in eadem ecclesia pro tempore decantantur, ipsius dominici corporis venerabile sacramentum in quodam vase perlucido monstrancia nuncupato, quam idem Wilhelm ad hoc ordinari et parari fecit, super maius altare dicte ecclesie poni et publice ostendi solet, ad cuiusquidem sacramenti ostensionem et divinorum officiorum huiusmodi celebrationem temporibus supradictis causa devocionis fidelium multitudo confluit copiosa. Nos igitur cupientes, ut tam venerabile sacramentum temporibus quibus [...] ostendi solet a christifidelibus congruis honoribus veneretur et ut christifideles ipsi eo libencius causa devocionis confluant ad eandem ecclesiam et ipsius sacramenti ostensionem [...].“

[96] Die auf den 02.06.1399 datierte Urkunde liegt heute im Wiener Stadt- und Landesarchiv (digital einsehbar bei MOM, Wiener Stadt- und Landesarchiv, Hauptarchiv – Urkunden, Nr. 1429).

[97] Vgl. etwa *Seibold*, Sammelindulgenzen, 55 und 113; *Paulus*: Geschichte des Ablasses 2, 206; *Eisermann*: Der Ablass als Medienereignis.

mals eine große Zahl von Ablasstagen bewilligt ist, wird erahnbar, wie sehr dieses Medium zur Repräsentation weltlicher Fürsten beigetragen und das historische Bewusstsein breiterer Schichten im Sinne der Dynastie geprägt haben kann.

Gemeinschaftsbildung

Das Streben nach Heilsgewinn war ein wesentliches Element mittelalterlicher Gemeinschaften, trug zu ihrer Etablierung wie Stabilisierung bei.[98] Dem Ablass als wichtigem Heilsmedium des Spätmittelalters kam in dieser Hinsicht bedeutender Stellenwert zu – gerade auch im Kontext weltlicher Herrschaft.[99] Das zeigt unter anderem deutlich die Rolle, die Indulgenzbriefe in der fürstlichen Memoria spielten. Schließlich geht man kaum fehl in der Annahme, dass die Bindung der Ablassempfänger an die Herrschaft durch die beschriebene Ablasspraxis gefördert wurde: Das Gedenken an und das Gebet für die Mitglieder der Dynastie wurde intensiviert. Im Gegenzug brachten der Fürst und seine Familie Segen für den Einzelnen und die Allgemeinheit. Man führe sich nur vor Augen, dass laut dem Wiener Heiligtumbuch von 1502 zu St. Stephan in Wien mit andächtigem Gebet für „all Fursten von Österreich" 2.920 Tage Indulgenz zu erwerben waren.[100] Das wurde zweifellos positiv aufgenommen, und gerade die Kombination beider Effekte, das heißt die Kombination von positiver Grundstimmung und intensiviertem Erinnern, dürfte zur Akzeptanz fürstlicher Herrschaft und zur Bindung an sie beigetragen ha-

---

98 Auf der einen Seite förderten oder bewirkten Heilsangebot und -streben die Ausbildung von Gemeinschaften, auf der anderen Seite aber war die Teilhabe am bzw. der Zugang zum Heil auch ein konstitutives Element bereits etablierter vormoderner Personenverbände oder Gemeinschaften. Vgl. *Flasche*, Rainer: Art. Heil. In: Handbuch religionswissenschaftlicher Grundbegriffe. Bd. 3. Stuttgart u. a. 1993, 66 f.: „[...] jede natürliche oder spezielle religiöse Gemeinschaft versteht sich schlechthin als Heilsgemeinschaft."
99 Erinnert sei beispielsweise daran, dass die Angehörigen der verschiedensten geistlichen Orden jeweils gewisses Heilskapital in Form von Ablässen erhielten (vgl. *Paulus*: Geschichte des Ablasses 3, 193–230), regelmäßig oder einmalig, je nach ‚Geschäftsmodell'. Im spätmittelalterlichen Bruderschaftswesen spielten Indulgenzen gleichfalls eine wichtige Rolle. Siehe in diesem Zusammenhang etwa *Casagrande*, Giovanna: Confraternities and Indulgences in Italy in the Later Middle Ages. In: *Swanson* (Hg.): Promissory notes, 37–63. Zur Bruderschaft bzw. den *familiares* des Deutschen Ordens *Ehlers*: Die Ablasspraxis, 77, 167-171; *Angenendt*: Gezählte Frömmigkeit, 50 f. Wie die Forschung bereits gezeigt hat, fungierten Ablässe vielfach geradezu als eine „form of social insurance". Siehe *Swanson*: Indulgences, 4.
100 Das Wiener Heiligthumbuch. Nach der Ausgabe vom Jahre 1502 samt den Nachträgen von 1514. Hg. v. k. k. *Österreichischen Museum für Kunst und Industrie*. Wien 1882, A III: „[...] Item wer vmb Stiffter vnd Stiffterin In sonderhait fur all Fursten von Österreich andechtigkleich bitt vnd andere guette wergkh vollbringt ii.M.viiii.C.xx.tag. [...]."

ben. Durch die Indulgenzbriefe[101] wurde also ein Band aus Leistung und Gedenken geknüpft, das den fürstlichen Impetrator mit den Urkundenempfän-
gern sowie der Gruppe all jener Personen verband, die durch die Privilegien
bestimmte Ablassquanten erwarben.[102] Besonders gilt das freilich für Fälle
wie die von Rudolf IV. erworbene Sammelindulgenz mit den inserierten Ablassgebeten, die der herzogliche Kanzler eigens verfasst hatte. Darin wird nicht
nur für das Heil des Fürsten und seiner Familie gebetet, sondern auch für die
Getreuen der Dynastie und das Wohlergehen der habsburgischen Länder.
Das Gebet für den Landesfürsten, dessen Leistungen und gute Absichten hier
eindrücklich geschildert werden, ist damit zugleich ein Gebet für die gesamte
Herrschaft Österreich und ihre (habsburgtreuen) Bewohner. Wer es verrich-
tete, wurde mit Ablässen belohnt, die der Fürst beschafft hatte. Das Potential,
das diese Ablassgebete für die Bindung an die habsburgische Herrschaft und
die Stärkung des Gemeinschaftsgefühls im Sinne derselben besaßen, ist unverkennbar. Dass Ablassgebete andernorts sogar noch expliziter für die Belange weltlicher Herrschaft eingesetzt wurden, illustrieren Beispiele aus England. Hier vergaben die Bischöfe – wie Swanson darlegt – Indulgenzen

[...] to those giving spiritual asistance in wars against the Scots and French, by joining processions or praying for divine aid for expeditionary forces against the enemy. [...] For the
Scottish campaign of 1333 Archbishop Mepham of Canterbury offered forty days of pardon
for joining processions to invoke divine aid for Edward III; recitation of the penitential
psalms gained twenty days; while an Our Father and Ave merited fifteen.[103]

Offenkundig kam es hier zu einer „integration of ideas of crusade and crusade pardons into what were really national ‚foreign policy objectives'".[104]

Nicht nur das Handeln – speziell das Gebet – für den Fürsten und seine
Familie, auch das gemeinsame Handeln mit ihm war vielfach mit Ablässen
verbunden. So dürften etwa bei den Preußenreisen, die Herzog Albrecht III.
und Leopold III. von Österreich – genauso wie zahlreiche andere spätmittelalterliche Fürsten – mit wichtigen Gefolgsleuten unternahmen, die dabei zu
erwerbenden Ablässe ein wichtiges Movens gewesen sein.[105] Aber nicht nur
bei so herausragenden Ereignissen wie diesen, schon beim Messbesuch in

---

[101] Nicht gemeint sind an dieser Stelle Ablassurkunden, die nur einzelnen, eigens genannten Personen Ablass gewähren, wie das zum Beispiel bei den päpstlichen Beichtbriefen
der Fall ist. In solchen Fällen sind ja die Urkundenempfänger mit den Ablassempfän-
gern identisch.

[102] Und in so manchem Fall waren auch noch der oder die Aussteller der Ablassurkunden
in stärkerem Maße eingebunden. Zu Beispielen dafür siehe im Folgenden.

[103] *Swanson:* Indulgences, 49 f.

[104] *Ebenda,* 49.

[105] Zur Preußenfahrt Herzog Albrechts III. siehe die Ehrenrede Peter Suchenwirts. Gedruckt bei *Primisser,* Alois: Peter Suchenwirt's Werke aus dem vierzehnten Jahrhunderte. Ein Beytrag zur Zeit- und Sittengeschichte. Wien 1827, 8–15. Zu Ablässen des Deutschen Ordens als Movens für die Preußenfahrten vgl. nun vor allem *Ehlers:* Die Ablasspraxis.

Gegenwart des Fürsten winkten besondere Indulgenzen. Eine ganze Reihe weltlicher Großer erhielt von den Päpsten nämlich Privilegien, die in ähnlicher Form ursprünglich dazu gedient hatten, päpstlichen Gesandten, Kreuzzugs- und anderen Predigern eine größere Öffentlichkeit zu verschaffen. Diesen Geistlichen war vom Papst gestattet worden, all jenen, die ihrer Predigt lauschten, gewisse Ablassquanten zu gewähren.[106] Bei weltlichen Großen wurde dieses Privileg dann entsprechend abgewandelt: Kleriker durften, sooft sie in Anwesenheit des Begünstigten predigten oder die Messe lasen, kraft päpstlicher Autorität allen Anwesenden eine gewisse Zahl von Ablasstagen spenden. So gestattete Papst Benedikt XI. der Gemahlin Herzog Rudolfs III. von Österreich, Blanca, je 40 Tage Indulgenz pro Predigt für sie und alle Anwesenden.[107] (Die Herzogin bekam zum gleichen Datum außerdem noch das Vorrecht, für sich und ihre *familia* auch an interdizierten Orten Gottesdienste abhalten zu lassen.)[108] Herzog Albrecht III. erhielt 1366 ein ähnliches Privileg – Bischöfe sollten den Messteilnehmern in Anwesenheit des Habsburgers jeweils 100 Tage gewähren können, Äbte 60, sonstige Geistliche 40.[109] Auch dem Schwiegervater Albrechts, Kaiser Karl IV., waren wenige Jahre zuvor ähnliche Gnaden zuteil geworden,[110] und zahlreiche Fürsten des Spätmittelalters erwarben vergleichbare Vorrechte, die dazu beitrugen, ihre Nähe attraktiver zu machen und ihre Öffentlichkeit zu vergrößern.[111] Manche Fürsten genossen schon früh recht umfangreiche solcher Privilegien – insbesondere die Mitglieder des französischen Königshauses.[112] Und nicht nur Päpste stell-

---

[106] Vgl. etwa *Paulus*: Geschichte des Ablasses 2, 177–179; *Ehlers*: Die Ablasspraxis, 40, 47, 50 und 78.

[107] Siehe die Urkunde vom 14.02.1304: Benedikt XI. Gedruckt bei *Fanta*, Adolf/*Kaltenbrunner*, Ferdinand/*Ottenthal*, Emil von (Hg.): Actenstücke zur Geschichte des Deutschen Reiches unter den Königen Rudolf I. und Albrecht I. Wien 1889, 540 f. (Nr. 591).

[108] Vgl. *Fanta/Kaltenbrunner/Ottenthal* (Hg.): Actenstücke, 540 (Nr. 590).

[109] Das Privileg Urbans V. vom 10.11.1366 ist ediert bei *Lenzenweger*, Josef (Hg.): Acta Pataviensia Austriaca. Vatikanische Akten zur Geschichte des Bistums Passau und der Herzöge von Österreich (1342–1378) 3: Urban V. (1362–1370), unter Mitwirkung von *Mandlmayr*, Martin/*Marckhgott*, Gerhart. Wien 1996, 411.

[110] Am 28.08.1364 gewährte Papst Urban V. Kaiser Karl IV. ein entsprechendes Privileg; gedruckt ist es bei *Jensovsky*: Monumenta Vaticana 3, 218 f. (Nr. 372).

[111] Vgl. *Paulus*: Geschichte des Ablasses 2, 178. Insbesondere durch Predigten der Hofkleriker und durch die verschiedensten Formen der Herrschaftsinszenierung im Rahmen der Messe war aus diesen Privilegien wohl auch politisches Kapital zu schlagen.

[112] Vgl. *Paulus*: Geschichte des Ablasses 2, 178: Bereits „in der zweiten Hälfte des 13. Jahrhunderts belief sich der in Gegenwart des Königs oder der Königin zu spendende Ablaß auf 100 Tage [...]. Klemens V. und Johann XXII. erhöhten den Ablaß auf ein Jahr, Klemens VI. auf ein Jahr und 40 Tage. Ähnliche Begünstigungen erhielten auch andere fürstliche und adelige Personen. So gestattete Urban IV., daß bei der Anwesenheit des Grafen von Champagne der Prediger 100 Tage spende. Dem Könige von Mallorka gewährte Bonifaz VIII. nur 40 Tage, während Johann XXII. dem Sohne des Königs von Frankreich 140 Tage bewilligte. Ein ganz außerordentliches Privilegium erhielt 1319 von Johann XXII. die Königin Sancia von Sizilien: Sooft sie einer Predigt beiwohnte,

ten entsprechende Urkunden aus. Das illustriert das Beispiel König Håkons von Norwegen, der im Jahr 1296 eine Sammelindulgenz erwarb, deren „Ablassbedingungen [...] einzig darin" bestanden, „gemeinsam mit dem Herrscher und seiner Frau der Messe zu lauschen und im Gebet für ihn und seine Kinder".[113] In diesem Fall waren also sowohl die Anwesenheit des Herrschers als auch das Gebet für ihn heilbringend.

In welcher Weise das gemeinsame Handeln mit dem Fürsten eine heilsbezogene Ebene besitzen konnte, zeigt eindrucksvoll noch ein zweites skandinavisches Beispiel: Im Jahr 1364 verlieh Papst Urban V. dem dänischen König Waldemar und seinen Dienern „für das Tragen der Agnus Dei", sieben Jahre und sieben Quadragenen Indulgenz,[114] ein nicht geringes Quantum, das um die Mitte des 14. Jahrhunderts etwa bei der Weisung der Reichsreliquien oder für die Teilnahme am Generalkapitel religiöser Orden verliehen wurde.[115] Wer bei dem feierlichen Akt zu dem erlesenen Kreis um den König gehörte, konnte neben symbolischem Kapital also auch umfangreichen Heilsgewinn erlangen.

Ablass als Bestandteil herrscherlicher Heilsfürsorge

Fürsten trugen nach spätmittelalterlichem Verständnis Verantwortung für das Heil derjenigen, die Gott ihrer Leitung anvertraut hatte[116] – eine Verantwortung, der sie in je unterschiedlicher Weise und Intensität gerecht zu werden strebten.[117] In besonderem Maße erstreckte sich ihre Heilsfürsorge freilich auf ihr engeres Umfeld: auf Verwandte, wichtige Verbündete und Getreue, speziell auf ihre *familia* bzw. die Mitglieder des Hofes. Welche Rolle dabei Ablässe spielten, haben bereits die bisherigen Beobachtungen deutlich gemacht: So wie andere Große erwarben oder erwirkten die Habsburger immer wieder Indulgenzprivilegien für Institutionen, die ihnen nahe standen oder zu denen sie eine Nahbeziehung aufbauen wollten. Wichtige Getreue belohnten sie mit päpstlichen Beichtbriefen als besonders begehrten Indulgenzprivilegien und anderen Formen des bevorzugten Zugangs zu Ablass-

---

konnte der Prediger den Anwesenden drei Jahre, an höheren Festen sogar fünf Jahre spenden." Und wenn Thomas Wolsey die Messe für König Henry VIII. von England und seine Gemahlin hielt, durfte er „plenary remission on all present" spenden. Siehe *Swanson*, Robert N.: Praying for Pardon. Devotional Indulgences in Late Medieval England. In: *ders.*: Promissory notes, 215–240, hier 235.

[113] *Seibold*: Sammelindulgenzen, 222.

[114] *Paulus*: Geschichte des Ablasses 2, 181 und *ders.*: Geschichte des Ablasses 3, 131.

[115] *Paulus*: Geschichte des Ablasses 3, 367.

[116] Siehe dazu etwa *Volkmar*: Reform statt Reformation, 345-405.

[117] Spätestens seit Albrecht II. wurde die Verantwortung des Fürsten für das Seelenheil seiner Untertanen auch in den Arengen der Urkunden formuliert, die die österreichischen Landesfürsten ausfertigten. Vgl. *Sauter*, Alexander: Fürstliche Herrschaftsrepräsentation. Die Habsburger im 14. Jahrhundert. Ostfildern 2003, 83 f.

und sonstigen Heilsmedien.[118] Besonderer Heilsgewinn war bei Hofe möglich: Indulgenzprivilegien versprachen regelmäßige Ablässe für den gemeinsamen Messbesuch mit den Fürsten, und die Kapellen wichtiger Herrschaftssitze waren mit Reliquien und umfangreichen Ablassbriefen ausgestattet.[119] Speziell die Attraktivität der Residenzstädte und -stifte wurde auf diese Weise gestärkt; im Fall der Habsburger vor allem die der Wiener Stephanskirche mit dem großen Allerheiligenkapitel, für das Rudolf IV. und seine Nachfolger einen beachtlichen Heiltumsschatz und zahlreiche wertvolle Ablassprivilegien zusammentrugen. Doch auch die anderen Wiener Gotteshäuser wurden – wie bereits der zu Beginn zitierte Bericht Thomas Ebendorfers über die frommen Gaben Katharinas zeigt – mit Heilsmedien bedacht.[120] Das Bemühen der österreichischen Herzöge, in Wien durch die massive Anhäufung von Heilsmedien umfangreichen Heilsgewinn zu ermöglichen, wurde dabei – so wie das auch an anderen Beispielen nachweisbar ist – ausdrücklich als Heilshandeln im Interesse der gesamten *patria/terra* bzw. des politischen Gemeinwesens verstanden.[121] Insbesondere kam es freilich den Bewohnern der Stadt und ihres Umlandes sowie den Mitgliedern des Hofes zugute. Der Hof erscheint unter diesem Blickwinkel geradezu als Stätte der Heilsversorgung – wobei nicht ausgeblendet werden soll, dass diese keineswegs nur mittels Reliquien und Ablass, sondern auf ganz vielfältige Weise funktionieren konnte. Man denke nur daran, wie sich Herzog Philipp der Gute von Burgund um

---

[118] So ist etwa zu vermuten, dass der Zutritt zu fürstlichen Privatkapellen, in denen teilweise bedeutende Reliquienschätze lagen und größere Ablässe zu gewinnen waren, keineswegs jedermann in gleicher Weise offen stand, sondern zumindest teilweise von der Gnade der Habsburger abhängig war. Hinsichtlich der in den habsburgischen Burgkapellen vorhandenen Ablässe und Reliquien vgl. den Bericht Johanns von Viktring über den großen Reliquienschatz, den Herzog Albrecht II. von Österreich 1337 von einer Wallfahrt nach Aachen und Köln nach Wien mitbrachte (Johann von Viktring, Liber certarum historiarum 2. Hg. v. Fedor *Schneider*. Hannover, Leipzig 1910, Lib. VI, Rec. D. A2, 205 f.), ebenso das päpstliche Ablassprivileg vom 24.06.1357 für die von Rudolf IV. neu gestiftete Allerheiligenkapelle in der Wiener Hofburg (ediert bei *Lenzenweger*: Acta Pataviensia 2, 228 f., Nr. 136) sowie die zuvor erwähnten Indulgenzen, die Johanna von Pfirt für die Burgkapellen in Wien und Altkirch erwarb (siehe oben Anm. 82-84). Für die nicht-habsburgischen fürstlichen Burgkapellen oder Residenzstifte siehe insbesondere *Fey*: Ablässe; *Kühne*: Ostensio reliquiarum.

[119] Siehe oben Anm. 68 und 82-84 sowie *Fey*: Ablässe und Reliquien.

[120] Siehe dazu ebenso Johann von Viktring: Liber certarum historiarum, Lib. VI, Rec. D. A2, 205 f.

[121] In einer seiner Reliquienschenkungsurkunden für die Wiener Stephanskirche erklärte Rudolf IV. ausdrücklich, er habe die darin genannten heiligen Gebeine aus den verschiedensten Teilen der Welt zusammengetragen zu seinem und seiner *patria* Heil und zur Verehrung der Gläubigen in Österreich: „[...] comportavimus de diversis et longinquis mundi partibus extra terram predictam Austrie situatis [...] ob salutem nostram et patrie ac devocionem nostrorum fidelium in hac terra Australi degencium". Zitiert nach *Ogesser*: Beschreibung, Anhang, 114. Zu vergleichbaren Fällen siehe etwa *Fey*: Beobachtungen zu Reliquienschätzen, hier speziell 19 f. und 36.

das Seelenheil seiner Hofleute kümmerte: Abgestuft nach Rang ließ er „für jeden seiner Leute, der starb, nach einem festen Tarif Seelenmessen lesen".[122] Und in die Gebete oder Messen, die Rudolf IV. und andere österreichische Herzöge für sich selbst und ihre Dynastie abhalten ließen, bezogen sie ihre ‚Getreuen', ‚Freunde' und ‚Wohltäter' immer wieder mit ein.[123] Gleich anderen Fürsten ihrer Zeit versuchten die Habsburger also auf verschiedenste Weise, den Heilsbedürfnissen ihres engeren und weiteren Umfeldes entgegenzukommen. Die Münze, mit der bei Hofe gezahlt wurde, bestand offenkundig nicht zuletzt in Heilskapital. Erwiesen Fürsten ihre *largitas* auf heilsökonomischem Gebiet, nahmen sie damit gleichzeitig die von ihnen geforderte Heilsverantwortung und -fürsorge für ihre Untergebenen wahr.

---

[122] *Huizinga*, Johann: Herbst des Mittelalters. Studien über Lebens- und Geistesformen des 14. und 15. Jahrhunderts in Frankreich und in den Niederlanden. Hg. v. Kurt *Köster*. 11. Aufl. Stuttgart 1975, 251. Und zwar: „für einen Baron 400 oder 500, für einen Ritter 300, für einen Edelmann 200 und 100 für einen ‚Varlet'." (*ebenda*).

[123] Eine Sammelindulgenz vom 25.01.1361, heute im Diözesanarchiv Wien, verheißt unter anderem all jenen Ablass, die „[...] pro magnifico principe domino Ruodolfo Illustri Duce Austrie Stirie et Karinthie necnon omnibus parentibus amicis et benefactoribus suis in purgatorio existentibus pie deum [...]" beteten (digital einsehbar unter MOM, DAW, 27.03.1362). In den Ablassgebeten, die der Kanzler Rudolfs IV. auf dessen Bitte hin verfasste, wird gleichfalls für alle Getreuen des Herzogs und seiner Familie sowie für das Gedeihen der habsburgischen Länder gebetet (vgl. die Sammelindulgenz vom 08.10.1359, DAW, MOM, sub dato; gedruckt bei *Ogesser*: Beschreibung, Anhang, 149-154). Auch bei jenen Seelämtern, die zu allen Quatembern am Fronleichnamsaltar der Wiener Stephankirche zu feiern waren, wurden die Getreuen der Habsburger in das Gebet eingeschlossen: „[...] Mann soll auch des phinztag in dem chotembern begen mit seel, vesper und vigili und des morgens an dem freytag mit ainem seelampt auff Gotz leichnam altar, der auff unserm grab stet und umb daz grab steckchen zwainzig cherzen und vier windliecht, durch hail willen allen gelaubigen seelen und sunderlich all unser und der herzogen aller von Osterreich getrewn seel willen. Und darumb sollen an dreu ampt mit nichte abgen dur der vorgenanten vesper und vigili und des sel ampts, die fur sich sollen gesungen werden an underlass [...]." Zitiert nach *Flieder*, Viktor: Stephansdom und Wiener Bistumsgründung. Eine diözesan- und rechtsgeschichtliche Untersuchung. Wien 1968, 263 f. Das Gebet auf einer Reliquienurkunde vom Fronleichnamstag 1360 schließt neben Rudolfs Frau Katharina und seinen „geswistreiten" auch all seine Länder in die Fürbitte mit ein (Urkunde vom 4.06.1360; digital bei MOM, DAW, sub dato; gedruckt bei *Ogesser*: Beschreibung, Anhang, 113–116). Vergleichbares, nur auf einen kleineren Personenkreis bezogen, bietet auch ein Stiftungsrevers für Rudolf IV. vom 24.04.1364 (Urkundenbuch des Landes ob der Enns. Hg. v. *Verwaltungs-Ausschuss des Museums Francisco-Carolinum zu Linz 8*. Wien 1883, 177). Als Rudolf am 8.06.1362 von den Karmelitern in die Gebetsverbrüderung des Ordens aufgenommen wurde, versprach man ihm unter anderem auch 100 Messen zu lesen „[...] pro parentibus progenitoribus omnibusque caris amicis vestris deffunctis et pro omnibus illis pro quibus vestrum in Christo devotum exposcat desiderium [...]" (Haus-, Hof- und Staatsarchiv Wien, AUR, sub dato). Mittelbar betraf es auch Rudolfs Untergebene, wenn er bei den zahlreichen Lebendmessen, die er für sich lesen ließ, um glückliches Gelingen für all seine politischen Unternehmungen bat.

Da Ablässe nur mit einer bestimmten inneren Einstellung und gegen gewisse fromme Handlungen bzw. Leistungen zu erlangen waren, konnte mit ihnen gezielt der allgemeine Glaubenseifer angestachelt, konnten die Heilschancen der Gläubigen erhöht werden – ein Ziel, das in zahlreichen Indulgenzurkunden explizit formuliert ist.[124] Bezeichnend ist es in dieser Hinsicht, dass man Herrschern und Herrscherinnen die Förderung bestimmter Gebete durch päpstliche Ablässe zuschrieb.[125] Der Konnex von Herrschaft, Gebet und Indulgenz war hier also ein deutlich anderer als bei den zuvor erwähnten Fürbitten für die Landesfürsten. Von einem Gebet, das Kaiser Maximilian verfasst haben soll, hieß es, Papst Alexander VI. habe dafür so viele Jahrtausende Indulgenz gewährt, wie es Buchstaben enthielt.[126] Gleichgültig, was von diesen Angaben im Einzelnen zutreffend gewesen sein mag, sie belegen in jedem Fall, dass die Ablass-Versorgung der Gläubigen gerade auch mit dem Engagement der Fürsten in Verbindung gebracht wurde. Bei den Ablassgebeten Rudolfs IV. verbanden sich gleich mehrere Elemente: Der Herzog selbst hatte ihre Abfassung angeregt; er hatte auch dafür gesorgt, dass Indulgenz für sie zu gewinnen war. Zudem handelte es sich bei diesen *orationes* um Fürbitten für ihn, seine Dynastie und die ganze Herrschaft Österreich.

Regten die Landesfürsten durch umfangreiche Ablasserwerbungen zu gottgefälligem Tun und zum Gebet für ihren Herrschaftsverband an, so war das ein wesentlicher Teil ihrer herrscherlichen Heilsfürsorge.[127] Insbesondere auch die Etablierung oder Intensivierung von Heiligenkulten, und hier speziell der Landesheiligen, bedeutete einen wichtigen Beitrag für das irdische und himmlische Wohl der Untergebenen. Die Bedeutung von Ablässen in diesem Zusammenhang zeigt eindrücklich der Fall des bereits seit dem Hochmittelalter als heilig angesehenen babenbergischen Markgrafen Leopold III. von Österreich (reg. 1095–1136), dessen Kanonisation vor allem von Herzog Rudolf IV. und Kaiser Friedrich III. betrieben wurde.[128] Spätestens seit 1326 wurde Leopolds Verehrung an seiner Grabstätte in Klosterneuburg ausdrück-

---

[124] So besagt eine seit den 1380er-Jahren in Ablassbriefen sehr verbreitete Formulierung: „[...] Quanto frequentius fidelium mentes ad opera devotionis inducimus, tanto salubrius eorum animarum saluti providemus [...]." Vgl. *Seibold:* Sammelindulgenzen, 28.

[125] Zu Beispielen dafür siehe *Swanson:* Indulgences in Late Medieval England, 247, 251 und 254 f.

[126] *Paulus:* Geschichte des Ablasses 3, 254.

[127] Vgl. dazu etwa auch die spätere, bei *Volkmar:* Reform statt Reformation, 383 zitierte Aussage Herzog Georgs von Sachsen, der erklärte, dass „durch ‚die indulgencien [...] der selen heil‘ geschehe".

[128] Vgl. dazu etwa *Ludwig,* Vinzenz Oskar: Der Kanonisationsprozeß des Markgrafen Leopold III. des Heiligen. Wien, Leipzig 1919; *Kovacs,* Elisabeth: Der heilige Leopold und die Staatsmystik der Habsburger. In: *Röhrig,* Floridus (Hg.): Der heilige Leopold. Landesfürst und Staatssymbol. Wien 1985, 69–83.

lich mit Ablässen gefördert.[129] Als Friedrich III. den Papst 1466 darum bat, das lange unterbrochene Heiligsprechungsverfahren wieder aufzunehmen, legte er dar, die so lange „verzögerte Kanonisation [...] hätte die Ehre Leopolds III. gemindert; deshalb sei das Land von Kriegen, feindlichen Einfällen und Fehden in Unruhe versetzt".[130] Die adäquate Verehrung des bzw. der Landesheiligen, die durch Indulgenzen erreicht werden konnte, stellte also geradezu eine Vorbedingung für das Gedeihen und das Heil der habsburgischen Länder dar. Tatsächlich brachte die Kanonisation Leopolds III. 1485 den Österreichern umgehend einen ganz konkret benennbaren Heilsgewinn: So wie bei anderen spätmittelalterlichen Heiligsprechungen verlieh der Papst nämlich auch in diesem Fall sieben Jahre und sieben Quadragenen Ablass für all jene Personen, die am Festtag des Heiligen sein Grab in Klosterneuburg aufsuchten.[131] Und wer der Publikation der Kanonisationsbulle beiwohnte, konnte 300 Tage Indulgenz erlangen.[132] Für die habsburgische Herrschaft war das in mehrfacher Hinsicht vorteilhaft. Nicht nur, dass die Indulgenzen, mit denen die Verehrung Leopolds III. und anderer Landesheiliger gefördert wurde, zur Stärkung der österreichischen Identität[133] beitrugen: Ablässen wurden ganz allgemein positive Effekte für die irdischen Verhältnisse zugeschrieben, wie ein Beispiel aus Sachsen bestens illustriert: Herzog Friedrich der Weise ordnete dort im April 1490

Prozessionen und Wallfahrten gegen Unwetter und schlechte Ernten an, die durch „Sünde des Volks gegen Gott" verursacht sein möchten. Da nun aber so fährt das Schreiben fort, infolge der „großen römischen Gnade", das heißt des Kreuzzugsablasses von 1489, mancher im Land seine Missetaten gebeichtet habe, sei zu hoffen, daß Gott die Gebete umso eher erhören werde.[134]

---

[129] So erhielt das Stift Klosterneuburg am 15.09.1326 eine kuriale Sammelindulgenz für die Verehrung von Leopolds Grab. Vgl. MOM, Stiftsarchiv Klosterneuburg, Bestand: Klosterneuburg – Urkunden, sub dato.

[130] *Kovacs:* Der heilige Leopold, 69. Gedruckt ist der Wortlaut von Friedrichs Schreiben bei *Ludwig:* Der Kanonisationsprozeß, Anhang: Urkunden und Aktenstücke zum Kanonisationsprozeß, 8 f., die entsprechende Aussage des Kaisers hier 9. Ob Friedrich III. selbst an seine Aussage glaubte oder nicht, ist freilich nicht nachzuweisen. Allein schon der Umstand, dass er sie in einem Schreiben an niemanden Geringeren als den Papst als Argument gebrauchte, zeigt allerdings, welche Plausibilität die Argumentation des Habsburgers besaß.

[131] Vgl. *Paulus:* Geschichte des Ablasses 2, 176; *ders.:* Geschichte des Ablasses 3, 363.

[132] Innozenz VIII. gestattete dem Stift Klosterneuburg, „die Kanonisation auch in den Diözesen Salzburg, Gran und Prag [...] publizieren zu lassen und zur Deckung der Unkosten sammeln zu dürfen mit Verkündigung eines dreihunderttägigen Ablasses an diejenigen, die nach Empfang der Sakramente dieser Publikation beiwohnen würden". (*Ludwig:* Der Kanonisationsprozeß, Anhang, 161); der Bischof von Passau gewährte zudem 40 Tage Ablass all jenen, die zum Grab Leopolds pilgerten (vgl. *ebenda*).

[133] Im Sinne einer Identität der ‚Herrschaft zu Österreich'.

[134] *Dormeier,* Heinrich: Laienfrömmigkeit in den Pestzeiten des 15. und 16. Jahrhunderts. In: *Bulst,* Neithard/*Delort,* Robert (Hg.): Maladies et société 12e–18e siècles. Actes du

Die Verbundenheit von Herrscher und Beherrschten in Angelegenheiten himmlischen und irdischen Heils brachte es mit sich, dass nicht nur die Fürsten Heilsfürsorge für ihre Verwandten, Freunde und Getreuen betrieben, sondern umgekehrt auch jene sie mit Heilsmedien unterstützten. Das mag der Blick auf vier beinahe identische Indulgenzurkunden verdeutlichen, die vor der aktuellen Situation der Jahre 1360/1361 zu sehen sind: Im September 1360 hatte Herzog Rudolf IV. sich, nachdem er zuvor Anspruch auf die Würde eines Pfalzerzherzogs und schwäbisch-elsässischen Herzogs erhoben hatte, seinem Schwiegervater, Kaiser Karl IV., vor Esslingen unterwerfen müssen; noch aber gab er sich nicht geschlagen, sondern intensivierte sogar noch einmal seine herrscherliche Selbstdarstellung im vorländischen Raum. Insbesondere hielt er Anfang 1361 in Zofingen einen großen Lehenstag ab, bei dem er seine Ansprüche erneut demonstrierte.[135] Kurz zuvor nun, am 14. Januar, wurden in Basel zwei Indulgenzbriefe ausgestellt – der eine vom Bischof von Gurk, dem Kanzler Rudolfs IV., der andere durch Bischof Peter von Chur, der bereits seit 1358 dem Rat des Habsburgers angehörte.[136] Empfänger der beiden Urkunden war das bedeutende Doppelkloster Engelberg. Den Mitgliedern sowohl des Frauen- als auch des Männerkonvents wurden darin je 40 Tage Ablass zugestanden, sooft sie „[...] communiter vel divisim" den Hymnus „Veni creator spiritus [...]" mit verschiedenen Versikeln sängen,[137] und zwar allgemein für den Frieden in der Kirche und für das Reich, speziell aber für die Aussteller und für die Bischöfe Heinrich von Konstanz und Johann von Basel, für die Habsburgerin Agnes von Ungarn und die Herzöge von Österreich, für Herzog Friedrich von Teck, seine Frau und seine Schwester, die Herrin von Nellenburg, sowie für den Dominikanerbruder Johann von Atzenbach, auf dessen Bitte hin die Ablassurkunde ausgestellt wurde. Vor dem Hintergrund des Konflikts, der damals zwischen dem österreichischen Herzog einerseits und Karl IV. andererseits bestand, ist die politische Dimension der zitierten Indulgenzbriefe überdeutlich: Ebenso wie der Churer Bischof gehörte auch der ins Gebet eingeschlossene Bischof von Konstanz

---

colloque de Bielefeld, novembre 1986. Paris 1989, 269–306, hier 283. Das Schreiben Friedrichs des Weisen ist ediert bei *Kirn*: Friedrich der Weise und die Kirche, 178 (Nr. 1).

[135] Siehe dazu etwa *Niederstätter*: Princeps Suevie et Alsacie.

[136] Siehe *Vogel*: Urkunden des Stiftes Engelberg, 187 (Nr. 319 f.). Ein Regest der Urkunde des Gurker Bischofs findet sich auch bei *Cartellieri*, Alexander/*Rieder*, Karl (Hg.): Regesta episcoporum Constantiensium. Regesten zur Geschichte der Bischöfe von Konstanz (517–1496). Bd. 2: 1293–1383. Innsbruck 1905, 314 (Nr. 5610).

[137] Bestimmt wurde, der Hymnus sei zu singen: „[...] cum versiculis Emitte spiritum tuum et creabuntur etc., Salvos fac servos tuos et ancillas tuas etc., fiat pax in virtute tua etc., Requiesant in pace etc., Domine exaudi orationem meam etc. cum collectis: Deus qui corda fidelium etc., Ecclesie tue etc., Deus a quo sancta disideria etc., et fidelium deus omnium conditor etc., [...]". Zitiert nach *Vogel*: Urkunden des Stiftes Engelberg, 187 (Nr. 319 f.) bzw. 185 f. (Nr. 317).

dem Rat Rudolfs IV. an, ein Bündnis des Habsburgers mit dem Bistum Basel
stand kurz vor dem Abschluss. Königin Agnes wiederum stellte mit ihrem
Kloster Königsfelden das hervorragende geistige und geistliche Zentrum der
Habsburger in den Vorlanden dar, sie war gerade auch in politischer Hinsicht
ein nicht zu unterschätzender Faktor. Ebenso wie die österreichischen Herzöge insgesamt wurde sie ins Gebet integriert; nicht anders Herzog Friedrich
von Teck, der schwäbisch-elsässische Hauptmann Rudolfs IV., mit seiner
Familie. Und bezeichnenderweise hatte schon am 28. September 1360 Bischof
Heinrich von Konstanz eine gleichlautende Urkunde für die beiden Engelberger Konvente ausgestellt.[138] Kaum einen Monat später, am 5. November,
hatte auch sein Generalvikar unter den gleichen Bedingungen 40 Tage Indulgenz gewährt.[139] In den besagten Ablassbriefen spiegelt sich offenkundig die
politische Konstellation in Süddeutschland zwischen der Esslinger Unterwerfung Rudolfs IV. und dem Zofinger Lehenstag: Obwohl der Habsburger sich
dem Kaiser hatte unterwerfen müssen, konnte er weiterhin auf die Unterstützung der Bischöfe von Konstanz, Chur und Basel bauen. Mit den Indulgenzurkunden wurden die wechselseitigen Beziehungen zu gleicher Zeit intensiviert und öffentlich zur Schau gestellt. Vor allem aber sollte der Himmel
durch die Gebetshilfe der Engelberger Konvente, die für ihre besondere
Frömmigkeit und Gottgefälligkeit bekannt waren, der habsburgischen Sache
gegenüber günstig gestimmt werden.[140] Dafür, dass sich die politische Situation für die Habsburger und ihre Verbündeten günstig entwickelte, und für
die Fähigkeit, in der kritischen Lage die richtigen Entscheidungen zu treffen,
war die Gnade Gottes und seiner Heiligen ja eine grundlegende Voraussetzung.[141]

Auch sonst waren die fürstlichen Getreuen vielfach bestrebt, ihre Herren
im Hinblick auf das Jenseits zu unterstützen. Unter anderem sorgten Kleriker, die den österreichischen Herzögen nahestanden, speziell ihre Notare und
Protonotare bzw. Kanzler, immer wieder mit Stiftungen und Ablässen für das

[138] Siehe den Druck der Urkunde bei *Vogel*: Urkunden des Stiftes Engelberg, 185 f. (Nr.
317).
[139] *Vogel*: Urkunden des Stiftes Engelberg, 186 f. (Nr. 318). Eine beinahe gleichlautende
Sammelindulgenz stellten am 18.02.1363 auch die Bischöfe Johannes von Kulm und
Eberhard, Titularbischof von Sebaste, für die Engelberger Konvente aus. Ediert sind die
Urkunden bei *Vogel*: Urkunden des Stiftes Engelberg, 198 f. (Nr. 326). Vgl. dazu auch
Seibold: Sammelindulgenzen, 17 mit Anm. 102.
[140] Zu Engelberg vgl. nun etwa *Pfaff*, Carl: Nonnen streben nach Autonomie. Das Frauen-
kloster Engelberg im Spätmittelalter. Zürich 2011; *De Kegel*, Rolf: Monasterium, quod
duplices ... habet conventus. Einblicke in das Doppelkloster Engelberg (1120–1615). In:
Schlotheuber, Eva/*Flachenecker*, Helmut/*Gardill*, Ingrid (Hg.): Nonnen, Kanonissen und
Mystikerinnen. Religiöse Frauengemeinschaften in Süddeutschland. Beiträge zur interdisziplinären Tagung vom 21. bis 23. September 2005 in Frauenchiemsee. Göttingen
2008, 181–201.
[141] Gerade der Hymnus „Veni creator spiritus", den die Engelberger beteten, konnte in
dieser Hinsicht hilfreich erscheinen.

Heil des Hauses Österreich.[142] So stiftete Johann Ribi von Lenzburg nicht nur einen Jahrtag für sich und seine habsburgischen Herren,[143] er förderte auch das Gebet für dieselben mit Indulgenzen: Von ihm stammt der Text der zuvor beschriebenen Ablassgebete für Rudolf,[144] und für die Kapelle des Frauenkonvents in Aarau gewährte er 40 Tage Ablass unter der Bedingung, dass man je fünf Vaterunser und fünf Ave Maria für ihn selbst und die Herzöge von Österreich bete.[145] Sein Indulgenzprivileg für die Engelberger Konvente

---

[142] Mehrere Beispiele mögen das illustrieren: Der Fronleichnamsaltar in der Wiener Stephanskirche wurde 1334 von Heinrich Visler gestiftet, der auch als Protonotar der österreichischen Herzöge fungierte. Zu ihm siehe *Stelzer*, Winfried: Zur Kanzlei der Herzoge von Österreich (1282–1265). In: Landesherrliche Kanzleien im Spätmittelalter. Referate zum VI. Internationalen Kongreß für Diplomatik. Bd. 1. München 1984, 301 f. und 312. Nach seinem Willen sollten die Messen, die am besagten Altar abzuhalten waren, insbesondere gefeiert werden zum Seelenheil „[...] serenissimi principis dive memorie domini mei Romanorum regis Friderici nec non progenitorum atque fratrum suorum dominorum meorum illustrium ducum Austrie et Styrie eorumque heredum. [...]." Den Text der Stiftungsurkunde bietet *Ogesser*: Beschreibung, Anhang, 41–46, das Zitat hier 43. Erst an zweiter Stelle nannte Heinrich in der Urkunde auch sich und seinen Onkel, den Pfarrer Heinrich von Laa, zu dessen Seelenheil die betreffenden Gottesdienste gleichfalls beitragen sollten (siebe *ebenda*). Beim hier genannten Onkel Heinrich handelte es sich dabei offenbar um genau jenen Mann, der bereits zuvor, im April 1331, selbst einen Jahrtag für seinen vestorbenen „lieben herren", den Habsburger König Rudolf von Böhmen, und für sich selbst in der Pfarrkirche zu Laa eingerichtet hatte. Vgl. *Starzer*, Albert: Verzeichnis der Originalurkunden des k. k. Archivs für Niederösterreich. Bd. 1. Wien 1908, 74 f. (Nr. 35). Man könnte nun vermuten, derlei Stiftungen für das Heil der Landesfürsten seien allein eine Sache Geistlicher gewesen, doch wie die Quellen zeigen, war das nicht der Fall. So richtete etwa der Ritter Friedrich von Greifenstein, ein dem österreichischen Herzog Rudolf IV. eng verbundener Tiroler Adeliger, im Jahr 1364 eine Messe zum Lob und zur Ehre Gottes, der Heiligen Drei Könige und für das Glück und die Seligkeit Herzog Rudolfs und seiner Brüder ein. Die darüber ausgestellte Urkunde datiert vom 25.07.1364 (abschriftlich erhalten im HHStA/Wien, Innsbrucker Urkunden, Nr. 450). Weitere Beispiele ließen sich nennen.

[143] Vgl. dazu die Abschrift einer Urkunde Herzog Albrechts III. und Leopolds III. vom 11.07.1371 im KLA; ein Regest der Urkunde bieten nun *Feller*, Claudia/*Lackner*, Christian: Regesta Habsburgica. Die Regesten der Herzoge von Österreich (1365–1395). Bd. 2: 1371–1375. München 2010, 42 (Nr. 756). Siehe zu der Urkunde bzw. der Stiftung auch *Obersteiner*, Die Bischöfe von Gurk, 171 f. sowie den entsprechenden Eintrag im Gurker Nekrolog, der ediert ist bei *Schroll*, Beda: Necrologium des Kathedral-Capitels der regulierten Chorherren von Gurk. Wien 1889, 22 f.

[144] Siehe oben bei Anm. 85-89.

[145] Vgl. das Regest der Urkunde bei *Boner*, Georg (Hg.): Die Urkunden des Stadtarchivs Aarau. Aarau 1942, 46 f. (Nr. 98). Die Urkunde ist laut dem angeführten Regest undatiert, kein Siegel hängt daran. Ob sie tatsächlich ausgefertigt wurde, ist demnach ungewiss. Die Überlieferung des Stückes in Aarau dürfte aber dafür sprechen; und selbst wenn die Urkunde nie Rechtskraft erlangt hätte, wäre sie für die hier behandelte Fragestellung immer noch relevant. Bezeichnender Weise war Johann Ribis Bruder Rüdiger Kirchherr der Pfarre Suhr, zu der auch die Kirche in Aarau gehörte. Vgl. etwa die Ur-

wurde eben zuvor genannt.[146] So wie hier regten herzogliche Getreue und Verbündete mehrfach mit Indulgenzen zum Gebet für das ‚Haus Österreich' an. Und nicht nur, dass sich die Verbundenheit zu den Habsburgern bisweilen sogar in gemeinsamen Stiftungen mit ihnen äußerte:[147] Die habsburgischen Gefolgsleute unterstützten die Stiftungen der Fürsten mit Ablassprivilegien, die sie erwarben oder selbst ausstellten.[148] Damit halfen sie überdies, die Frömmigkeit in den österreichischen Ländern zu fördern und die Bindung weiterer Kreise an die Habsburger weiter zu intensivieren.

Fazit

Zweifellos setzten nicht alle weltlichen Fürsten im selben Maße Ablässe für ihre Zwecke ein – sei es, dass sie das aus Neigung taten, oder weil ihnen die entsprechenden Möglichkeiten fehlten. Weitere Untersuchungen wären notwendig, um das am habsburgischen Beispiel gewonnene Bild weiter zu differenzieren und mit den Verhältnissen in anderen Herrschaftsbereichen genauer zu vergleichen. Dann ließe sich auch überprüfen, ob bzw. inwieweit sich der Einsatz von Indulgenzen bei den einzelnen Fürsten und Dynastien unterschied. Zumindest so viel aber lässt sich wohl bereits nach den bisherigen Beobachtungen sagen: Ablässe stellten ein Medium dar, dessen Relevanz für spätmittelalterliche Herrschaft nicht unterschätzt werden sollte. Als wesentlicher Bestandteil herrschaftlicher Heilsökonomie konnten sie auch von weltlichen Fürsten auf ganz unterschiedliche Weise genutzt werden: Sie ermöglichten die Akkumulation ökonomischen Kapitals und die wirtschaftliche Förderung von Institutionen und Projekten. Deshalb, und weil sie Heilskapital vermittelten, erlaubten sie auch die Belohnung oder Unterstützung von Getreuen. Bereits dadurch vermochten sie die herrschaftliche Anbindung an den Fürsten zu intensivieren und größere Akzeptanz für ihn zu generie-

kunde Rüdigers vom 21.12.1362 bei *Boos*, Heinrich (Hg.): Urkundenbuch der Stadt Aarau. Aarau 1880, 97 (Nr. 104).

[146] Siehe oben bei Anm. 136.

[147] Erwähnt sei an dieser Stelle nur die Dorotheakapelle in Wien, die von Herzog Albrecht II. und einem Meister Nikolaus, einem Lehrer Rudolfs IV., gestiftet, von letztgenanntem Herzog schließlich vollendet wurde. Und die Geschichte dieses Gotteshauses setzte sich in ähnlicher Weise fort: „Angeregt durch den Wunsch nach religiöser Erneuerung [...] beabsichtigte Herzog Albrecht IV. [...] bei St. Dorothea ein Kloster nach der Raudnitzer Reform zu gründen. Sein früher Tod verhinderte diesen Plan, der aber von seinem Kanzler, dem Weltpriester und Pfarrer in Gars, Andreas Plank, schließlich verwirklicht wurde." So bei MOM zur Geschichte des Wiener Dorotheerstifts unter URL: http://www.mom-ca.uni-koeln.de/mom/AT-StiAK/StDorotheaCanReg/fond (am 13.07.2013). Zur Gründung der Dorotheakapelle und des Klosters siehe auch *Perger*, Richard/*Brauneis*, Walther: Die mittelalterlichen Kirchen und Klöster Wiens. Wien, Hamburg 1977, 169.

[148] Siehe dazu die Beispiele weiter oben.

ren. Mit ihrer Hilfe konnten überdies die Sakrallandschaft und ihre Strukturen gestaltet, weitere Personenkreise in die herrschaftlich geprägte Kommunikation eingebunden werden. Insbesondere waren Indulgenzprivilegien dazu geeignet, Aufmerksamkeit und Öffentlichkeit für bestimmte Orte, Termine, Objekte oder Handlungen herzustellen, ein Potential, das gerade der herrschaftlichen Repräsentation und Memoria zugutekam. Das Gedenken an und das Gebet für die Fürsten konnte mit ihrer Hilfe erheblich gefördert werden. Da beides mit Ablässen belohnt wurde, stärkte dies wohl auch die mentale bzw. emotionale Bindung an die landesfürstliche Dynastie. Zugleich vermittelten Indulgenzbriefe langfristig Wissen um die frommen Leistungen und Verdienste des Hauses Österreich an ein breiteres Publikum, weshalb auch die Rolle dieser Privilegien bei der Ausprägung historischen Bewusstseins in herrschaftlichen Kontexten vermehrt in den Blick zu nehmen wäre.

Herrschaft und Heil waren im Medium des Ablasses vielfach auf ganz enge Weise verknüpft. Nicht nur, dass die Habsburger einzelne Getreuen, Personen oder Institutionen, mit entsprechenden Urkunden versorgten. Sie setzten sich insgesamt dafür ein, dass ihre Untergebenen Zugang zu Ablässen erhielten, regten sie damit zu frommen Handlungen an und kamen so vor Gott und der Welt ihrer herrscherlichen Verpflichtung zur Heilsfürsorge nach. In besonderem Maße erstreckte sich diese Fürsorge freilich auf das engere Umfeld der Fürsten, weshalb Ablässe gerade beim Ausbau des spätmittelalterlichen Hofes zu einem Ort der Heilsversorgung einen wesentlichen Faktor darstellten. Vor diesem Hintergrund drängt sich die Frage auf, inwieweit sich die enge Verbindung von Ablass und Herrschaft auch auf die Wahrnehmung der fürstlichen Person und Dynastie auswirkte: Mit dem Herrscher kam das Heil – und zwar ganz ‚konkret': eben in Form von Indulgenzen.[149] Dadurch, dass Gebete für die Fürsten Ablass einbrachten, wurden jene gleichsam selbst zum Ablassmedium.[150] Und vielfach reichte allein schon ihre Anwesenheit, um in den Genuss von Indulgenzen zu gelangen. Die Koppelung von Ablass und Fürst könnte also nicht unerheblich zur Sakralität von Herrschaft beigetragen haben.[151]

---

[149] Welchen Eindruck mag es etwa gemacht haben, wenn das Gebet für Rudolf IV. und seine Familie 1360 genügte, um über ein Jahr Ablass zu erlangen? Und mit Fürbitten für das englische oder französische Königshaus waren vielfach noch größere Ablassquanten zu erwerben, die Gegenwart der Königin Sancia von Neapel bei einer Predigt reichte aus, damit die Anwesenden drei Jahre Indulgenz erhalten konnten, an höheren Festen sogar fünf Jahre. Vgl. *Paulus*: Geschichte des Ablasses 2, 178. Wenn Thomas Wolsey für König Henry VIII. von England und seine Gemahlin die Messe las, erhielten die Anwesenden „plenary remisssion". Siehe *Swanson*: Praying for Pardon, 235.

[150] Zu diesem Begriff siehe v. a. *Boockmann*: Über Ablass-„Medien".

[151] In dieser Hinsicht näherten sie sich bis zu einem gewissen Grad den Heiligen an: Der Besuch von Heiligengräbern und -reliquien sowie das Gebet zu den Himmlischen waren ja häufig gleichfalls mit Ablässen verbunden. Vgl. dazu *Paulus*: Geschichte des Ablasses 3, 363 f. Auf den Zusammenhang zwischen Ablässen beim Grab und der sakralen

Nicht nur, dass die österreichischen Herzöge mit Indulgenzen für das irdische und himmlische Heil ihrer Getreuen und Untergebenen sorgten, auch diese unterstützten ihre Herren in Heilsangelegenheiten – und zwar nicht zuletzt mit Ablässen und mit Gebet, für das sie selbst wieder Indulgenz gewinnen konnten. In Ablassbriefen spiegeln sich also wichtige Beziehungen spätmittelalterlicher Fürsten, über deren soziales Umfeld sie folglich wertvolle Hinweise liefern können – ein Umstand, der bislang wohl zu wenig Beachtung gefunden hat. Überdies können Indulgenzen bisweilen geradezu als Indikator für wichtige Ereignisse oder Vorgänge dienen. Insgesamt erscheint es deshalb lohnend, Ablassbriefe einerseits systematischer, als das bislang zumeist geschah, zu sammeln und zu sichten,[152] und sie andererseits gerade auch für Fragen der Herrschaftsgeschichte stärker heranzuziehen und fruchtbar zu machen.

Wahrnehmung der bestatteten Person verweisen auch Beispiele bei *Ehlers:* Die Ablasspraxis, 172 f. und *Swanson:* Indulgences in Late Medieval Egland, 57.

[152] Der geringe Wert, den man Ablassbriefen und verwandten Quellen in der älteren Forschung für Fragen der politischen Geschichte zugeschrieben hat, führte auch dazu, dass derlei Urkunden gerade in ältere Regesten- und Quellenwerke so manches Mal gar nicht oder nur eingeschränkt aufgenommen wurden.

Martin Bauch

EINBINDEN – BELOHNEN – STÄRKEN
Über echte und vermeintliche Reliquienschenkungen Kaiser Karls IV.

Wie kann man einen verdienten Anhänger angemessen entlohnen? Heinrich III. Sorbom, Bischof von Ermland (1373–1401), musste dem Einfallsreichtum seines Herrn schon sehr auf die Sprünge helfen, als sich Kaiser Karl IV. 1377 nach dem Deutschordenskomtur Günther von Hohenstein erkundigte. Dieser habe dem Herrscher einst wertvolle Dienste geleistet, und der Luxemburger wolle ihn gerne dafür belohnen:

Herr Kaiser, ein Geschenk könntet ihr ihm geben, zu dem ihn zeitlebens viele beglückwünschen werden, und nichts Besseres könnte er sich als Gabe wünschen, nämlich einen Partikel von den Reliquien der heiligen Katharina. – Sagt der König [!]: Der Partikel, den wir haben, ist klein. – Darauf der Bischof: Sobald ihr nach Prag zurückkehren werdet, wird man ihn durch die Verdienste der heiligen Katharina vermehren können.[1]

Und tatsächlich ließ sich Karl IV. überzeugen und sagte die Katharinenreliquie zu, die Bischof Heinrich dem fernen Getreuen im Deutschordensland überbringen sollte. Detailliert schildert dann der Deutschordenschronist Wigand von Marburg für das Jahr 1379 die Übergabe der Katharinenreliquie an Komtur Günther in Brandenburg am Frischen Haff (heute Uschakowo, Oblast Kaliningrad), obwohl er kein Augenzeuge war, da er erst 1390 nach Preußen kam.[2] Später soll das Heiltum in die Hochmeisterkapelle der Mari-

---

1   Wigand v. Marburg: Reimchronik. In: *Hirsch,* Theodor/*Töppen,* Max/*Strehlke,* Ernst (Hg.): Scriptores rerum prussicarum. Die Geschichtsquellen der preussischen Vorzeit bis zum Untergange der Ordensherrschaft. Bd. 2: Mit einem Facsimile und dem Register zum 1. und 2. Band. Leipzig 1863, 451–662, hier 598: „Et episcopus ait: Domine cesar, unum munus poteritis ei dare, de quo multum gratularetur in vita nec melius optaret pro presenta, scilicet de reliquiis sancte Katherine particulam. Rex ait: Particula est parva, quam habemus. Episcopus ad hec: Cum revertemini in Pragam, ex meritis sancte Katherine poterit augeri." Zur Übersetzung von ,presenta' als Gabe vgl. Du Cange, Glossarium mediae et infimae latinitatis, Bd. 6, col. 491a. URL: http://ducange.enc. sorbonne.fr/PRESENTA (am 28.10.2012)

2   Vgl. *Vollman-Profe,* Gisela: Wigand von Marburg. In: *Dunphy,* Graeme (Hg.): Encyclopedia of the Medieval Chronicle. Bd. 2. Leiden, Boston 2010, 1506; *Lückerath,* Carl August: Wigand von Marburg. In: Lexikon des Mittelalters, Bd. 9, München 1998, Sp. 94; *Kwiatkowski,* Krysztof: Die Selbstdarstellung des Deutschen Ordens in der Chronik Wigands von Marburg. In: *Czaja,* Roman/*Sarnowsky,* Jürgen (Hg.): Selbstbild und Selbstverständnis der geistlichen Ritterorden. Toruń 2005, 127–138. Die vorliegen-

enburg gelangt sein, weswegen diese den Namen Katharinenkapelle bekommen habe.[3]

Die Szene in der chronikalischen Überlieferung klingt schlüssig und ist doch bei näherer Betrachtung fragwürdig: Der genannte Empfänger der Reliquie, Deutschordenskomtur Günther von Hohenstein, lässt sich in den Regesta Imperii und auch sonst im Umfeld Karls IV. nicht nachweisen. Welche Leistungen er für den Luxemburger als Komtur in Schwetz an der Weichsel erbracht haben soll, die ja laut der Quelle Anlass der Schenkung waren, lässt sich nicht einmal erahnen. Dass freilich Bischof Heinrich Sorbom ein Interesse an einer Annäherung an den Komtur hatte, ist wesentlich plausibler: Das 20 km südwestlich von Königsberg gelegene Brandenburg gehörte zum Ordensstaat, mit dem der Ermländer Bischof in einem angespannten Verhältnis lebte.[4] Die Besserung der Beziehungen zu seinem unmittelbaren Nachbarn in Brandenburg am Frischen Haff wäre also ein nachvollziehbares Motiv der Schenkung für den Ermländer Bischof, nicht aber für Karl IV. Über die unklaren Verdienste des Komturs Günther hinaus macht der Wortlaut des für 1377 berichteten Gesprächs zwischen Kaiser und Bischof stutzig: Karl, fälschlich als König bezeichnet, sagte die unmittelbare Übergabe des Heiltums nach der Rückkehr nach Prag zu. Angenommener Ort des Gespräches ist Tangermünde, de facto aber erhielt Bischof Heinrich die heiligen Überreste frühestens Anfang 1379 kurz nach dem Tod des Herrschers, ein dreiviertel Jahr nach der Rückkehr Karls IV. aus Paris. Auf dieser Reise hatte der Bischof den Kaiser begleitet und 1377 in Dortmund nachweislich auch Reliquien erbeten und erhalten.[5] Vor allem aber: Musste Karl IV., der legen-

---

de lateinische Fassung der ursprünglich mittelhochdeutschen Reimchronik beruht auf der Arbeit des Thorner Geistlichen Konrad Gesselen, der noch einmal 70 Jahre nach Wigands Tod schrieb.

3 Vgl. Wigand v. Marburg: Reimchronik, 597 f. u. Anm. 1341. Unkritische Übernahme des Berichteten bei *Jestrzemski*, Dagmar: Katharina von Alexandria. Die Kreuzritter und ihre Heilige. Berlin 2010, 193–196.

4 Vgl. *Kopiec*, Jan/*Glauert*, Mario: Heinrich Sorbom (Sauerbaum) (um 1340–1401). 1373–1401 Bischof von Ermland. In: *Gatz*, Erwin (Hg.): Die Bischöfe des Heiligen Römischen Reichs 1198 bis 1448. Ein biographisches Lexikon. Berlin 2001, 184 f.; *Arnold*, Udo: Karl IV. und der Deutsche Orden. In: *Seibt*, Ferdinand (Hg.): Kaiser Karl IV. Staatsmann und Mäzen. München 1978, 167–172, hier 172. Für wertvolle Hilfestellung zur Identifizierung und Einschätzung des Deutschordenskomturs danke ich herzlich Dr. Thomas Krämer (Berlin/Detmold).

5 Vgl. zum Aufenthalt in Dortmund *Bauch*, Martin: Der Kaiser und die Stadtpatrone. Karl IV. und die Schutzheiligen der Städte im Reich. In: *Ehrich*, Susanne/*Oberste*, Jörg (Hg.): Städtische Kulte im Mittelalter. Regensburg 2010, 169–188. Zur Reliquienübergabe: *Westhoff*, Dietrich: Bericht der Chronik des Dietrich Westhoff über den Besuch Kaiser Karls IV. 1377 und Kaiserin Elisabeths 1378 in Dortmund. In: *Büttner*, Nils/*Schilp*, Thomas/*Welzel*, Barbara (Hg.): Städtische Repräsentation. St. Reinoldi und das Rathaus als Schauplätze des Dortmunder Mittelalters. Bielefeld 2005, 155–166, hier 156.

däre ‚Reliquiensammler',[6] wirklich erst auf die Idee gebracht werden, dass man Reliquien auch verschenken konnte und dass eine Teilung auch kleiner Partikel deren Heilswirksamkeit nicht minderte?

Vielleicht war es ganz anders, und der Ermländer Bischof Heinrich hatte die unsichere Situation in Prag nach dem Tod Karls IV. im November 1378 ausgenutzt, um an die dort vorhandenen Reliquien zu kommen.[7] Anders als es die Ordenschronistik kolportiert, erfolgte die Translation möglicherweise nicht mit Zustimmung des Kaisers. Ohne den Wahrheitsgehalt des Berichts Wigands von Marburg abschließend beurteilen zu können, ist der Eintrag doch Anlass genug, danach zu fragen, was wir über die Weitergabe von Reliquien durch Karl IV. wissen. Dass der Luxemburger mit großem Aufwand Reliquien in Prag zusammengetragen hat, ist allgemein bekannt. Aber dass der Hradschin oder Burg Karlstein nicht immer Endstationen der Reliquienreise waren, ist nur sporadisch untersucht worden, etwa für die Translation des hl. Paulinus von Lucca in der Toskana nach Luckau in der Niederlausitz.[8] In vorliegendem Beitrag soll es aber nicht um die Ausstattung der Zentren luxemburgischer Herrschaft mit Reliquien gehen, sondern um Schenkungen an andere hochrangige Akteure aus Adel und Klerus im Reich und in Böhmen, die – so die Arbeitshypothese – dadurch enger an Karl IV. gebunden werden sollten: Waren Reliquiengeschenke ein typisch karolinischer Kitt für politisch-soziale Beziehungen?

Zur Reise Karls IV. nach Frankreich: *Šmahel,* František: Cesta Karla IV. do Francie 1377–1378 [Die Reise Karls IV. nach Frankreich 1377–1378]. Praha 2006.

6 Anstelle eines umfangreichen Überblicks über die Studien zur Frömmigkeit und Reliquienverehrung des Kaisers verweise ich auf meine vermutlich 2013 erscheinende Dissertationsschrift (TU Darmstadt 2012), die ausführlich den Forschungsstand resümiert.

7 Mit dem Tod Karls IV. zerbrach klar erkennbar die festgefügte Ordnung des Reliquienschatzes von St. Veit, die seit den 1350er Jahren beibehaltene Binnengliederung in den Inventaren wurde massiv verändert, ja durcheinander gebracht. Am auffälligsten ist die Verbringung wichtiger Passionsreliquien in die hier erstmals benannte Michaelskapelle. Noch bedeutsamer ist, dass zahlreiches Heiltum 1387 aus dem Inventar des Veitsdoms verschwand, das 1374 noch vorhanden war. Belege für beide Beobachtungen lege ich ausführlich in meiner Dissertation dar – hier würde die Anführung des nichtedierten Materials den Rahmen sprengen.

8 Vgl. *Favreau-Lilie,* Marie-Luise: Von Lucca nach Luckau. Kaiser Karl IV. und das Haupt des Heiligen Paulinus. In: *Felten,* Franz Josef/*Jaspert,* Nikolas (Hg.): Vita Religiosa im Mittelalter. Festschrift für Kaspar Elm zum 70. Geburtstag. Berlin 1999, 899–915.

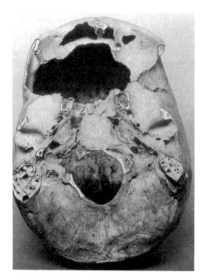

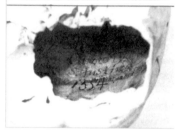

Abb. 1: Aufnahme der Schädelreliquie des Apostels Lukas, ursprünglich aus Padua, seit 1355 im Besitz des Veitsdoms. Dort heute im Domschatz aufbewahrt. Blick von der Unterseite des Schädels. Heller eingefärbt und mit schwarzem Rand nachgezeichnet die Stellen, an denen mit Zangen und Säge Partikel vom Schädel abgenommen wurden.

Abb. 2: Frühneuzeitliche Beschriftung des Lukasschädels, wobei die Jahreszahl 1354 auf den Textilstreifen (siehe Abb. 3) geschrieben wurde.

Abb. 3: Profilbild des Lukasschädels. Klar erkennbar der aufgeleimte Textilstreifen, der die vordere und hintere Schädelhälfte wieder verbindet.

Betrachten wir zuerst die Quellenlage, die keineswegs nur die obligatorischen Schriftquellen umfasst. Auch Realien wie heute noch existente Reliquien können Informationen liefern zum Umgang mit dem heiligen Gebein in Prag. Das von Karl IV. 1354 in Padua im Kloster Santa Giustina erhobene Haupt des Evangelisten Lukas, heute noch in der Schatzkammer des Prager Veitsdoms verwahrt, eignet sich vorzüglich zur Illustration der technischen Details der Weiternutzung einer einmal dem Prager Domschatz einverleibten Reliquie.[9] Die in Padua ebenfalls erhobene Kinnlade ist wohl schon bald vom restlichen Schädel getrennt worden, und war zunächst verschollen, um im 17. Jahrhundert wieder aufzutauchen.[10] Aber nicht nur das Schicksal der Kinnlade zeigt, dass Reliquien ge- und verteilt wurden. Eine anthropologische Untersuchung des Schädels durch die Karlsuniversität Prag beweist die Zusammengehörigkeit des Schädels in Prag und des Skeletts in Padua.[11] Die Hirnschale weist mindestens fünf mechanische Beschädigungen auf, die nach Aussage des forensischen Anthropologen Emanuel Vlček von der Prager Karlsuniversität durch Schnitte oder bewusste Ausbrechungen mit Sägen und Zangen entstanden sind. (siehe Abb. 1) Es handelt sich sehr wahrscheinlich um die Abnahme von Reliquienfragmenten von der Hirnschale des Evangelisten. Dabei wird deutlich, dass hier mit Überlegung vorgegangen wurde: Es fehlen nur kleine Partikel an schlecht einsehbaren Stellen, so dass dem un-

---

9　Vgl. zur Erhebung in Padua in aller Kürze *Bauch,* Martin: Öffentliche Frömmigkeit und Demut des Herrschers als Form politischer Kommunikation. Karl IV. und seine Italienaufenthalte als Beispiel. In: Quellen und Forschungen aus italienischen Archiven und Bibliotheken 87 (2007), 109–138, hier 112–114. Die 1998 bis 2001 erfolgte detaillierte und interdisziplinäre Untersuchung der noch in Padua befindlichen Reliquien führte auch zu einer Kontaktaufnahme nach Prag, die im September 1998 eine Rückkehr des Lukasschädels für wenige Tage nach Italien ermöglichte. Vgl. dazu ausführlich die Kongressakten in drei Bänden *Leonardi,* Giovanni/*Trolese,* D. Francesco G. B. (Hg.): San Luca Evangelista. Testimone della fede che unisce. Atti del congresso internazionale Padova, 16–21 ottobre 2000. Bd. I: L' unità letteraria e teologica dell' opera di Luca. Vangelo e Atti degli apostoli. Padova 2002; *Wiel Marin,* Vito Terribile/*Trolese,* D. Francesco G. B. (Hg.): San Luca Evangelista. Testimone della fede che unisce. Atti del congresso internazionale Padova, 16–21 ottobre 2000. Bd. II: I risultati scientifici sulla ricognizione delle reliquie attribuite a san Luca. Padova 2003; *Trolese,* D. Francesco G. B. (Hg.): San Luca Evangelista. Testimone della fede che unisce. Atti del congresso internazionale Padova, 16–21 ottobre 2000. Bd. III: Ecumenismo, tradizioni storico-liturgiche, iconografia e spiritualità. Padova 2004.

10　Vgl. *Matějka,* Jan: La donazione del capo di San Luca all' imperatore Carlo IV di Lussemburgo nel 1354 e le vicissitudini storiche di questa reliquia. In: *Trolese* (Hg.): San Luca Evangelista III, 331–351, hier 336.

11　Dies ergab sich durch den Vergleich von im Sarkophag verbliebenen Zähnen bezüglich Blutgruppe und DNA sowie vergleichbare Anzeichen von Arthrose wie Osteoporose. Vgl. *Vlček,* Emanuel: Studio antropologico del cranio attribuito a San Luca della Cattedrale di San Vito di Praga. In: *Wiel Marin/Trolese* (Hg.): San Luca Evangelista II, 201–254, hier 223–250.

kundigen Betrachter keine Fehlstellen auffallen.[12] Leider lassen sich die Ent-
nahmen nicht datieren, so dass offen bleiben muss, ob sie zur Zeit Karls IV.
erfolgten.[13] Dass darüber hinaus noch versucht wurde, den unversehrten Eindruck der Reliquie zu bewahren, ergibt sich aus dem interessanten Befund,
dass die Stirn bzw. der vordere Teil der Hirnschale durch einen quer verlaufenden Bruch vom Rest des bereits skelettierten Schädels getrennt war. Später
wurden das vordere und das hintere Fragment der Hirnschale durch Verleimung inklusive eingeklebter Textilstreifen wieder verbunden.[14] (siehe Abb. 3)

Festzuhalten bleibt: Von einer bedeutsamen Reliquie wie dem Evangelis-
tenschädel aus Padua wurden noch vor 1400 die lose Kinnlade entfernt und
anderweitig genutzt. Dass die Abnahme von Knochenfragmenten und deren
Verteilung an interessierte Empfänger ebenfalls noch im 14. Jahrhundert
erfolgte, wäre plausibel, wenn sich eine solche Praxis auch in den Textdoku-
menten der Zeit nachweisen ließe. Allerdings ist die schriftliche Überlieferung als sehr schwierig zu bezeichnen. Methodisches Hauptproblem ist natürlich, dass sich die in Frage kommenden Quellencorpora nicht systematisch
eingrenzen lassen.[15] Mangels erhaltener Register der karolinischen, aber auch
der erzbischöflichen Kanzlei liegt die Ausstellerüberlieferung im Dunkeln,
von vereinzelten Einträgen in den Reliquieninventaren abgesehen. Auch die
sonst so hilfreiche Stiftsgeschichte Tomáš Jan Pešinas liefert nur sehr wenige,
oft auch unzuverlässige Hinweise auf Reliquienschenkungen durch Karl IV.[16]

---

12 Vgl. *ebenda*, 202–206.

13 Vgl. *Matějka*: Donazione, 336–338.

14 Vgl. zum Bruch *Vlček*: Studio, 202 f. Zu den Translationen und Wiederauffindungen
der Reliquien vor dem Besuch Karls IV. *Bellinati*, Claudi: Peregrinazioni del corpo di
San Luca Evangelista nel primo millenio (120 c.–1177). In: *Wiel Marin/Trolese* (Hg.):
San Luca Evangelista II, 173–199. Eine frühneuzeitliche Inschrift, die vermutlich mit
schwarzer Tinte auf der Innenseite der Hirnschale im Bereich der Scheitelknochen angebracht wurde („Caput S. Lucae Evang. allatum a Carolo IV. Padua e coenobio S. Justina […] 1354"), ist mit der Jahreszahl 1354 auf dem verleimten Textilstreifen angebracht (siehe Abb. 2). Dies spricht gegen die Vermutung, dass diese Inschrift nur erstellt
worden sein kann, als die Schädelhöhle durch Trennung der unverleimten Hälften noch
zugänglich war (Vgl. *Vlček*: Studio, 206). Dementsprechend könnte bereits im Mittelalter versucht worden sein, durch Verleimung den Bruch der Schädelreliquie – bei der
Abnahme von Kleinreliquien? – zu kaschieren.

15 Schriftliche Anweisungen bzw. Begleitbriefe für Schenkungen innerhalb Böhmens und
Mährens lassen sich am ehesten noch in den einschlägigen Quellensammlungen vermuten. Zu nennen wären Werke wie die Regesta Bohemiae et Moraviae (RBM), die Monumenta vaticana res gestas bohemicas illustrantia (MBV) und der Codex Diplomaticus
Moraviae (CDM).

16 Unsicherheiten ergeben sich etwa aus mehrdeutig interpretierbaren Angaben. So schreibt
Pešina über den Zahn Karls des Großen „eidem Carolo dono missus Osnabrugo, eodem. an. [1372]". Siehe *Pešina z Čechorodu*, Tomáš Jan: Phosphorus septicornis Stella
alias Matutina. hoc est: Sanctae Metropolitanae divi viti ecclesiae Pragensis Majestas et
Gloria: quibus illa, per tot secula, Orbi nostro enituit semper clarissima / Solis Ortui,
seu, futuro Majori Operi praemissus interim. Prag 1673, 503. Grammatikalisch muss of-

Auf der Empfängerseite ist aufgrund eines höheren Aufbewahrungsinteresses eher mit Dokumenten zu rechnen. Aber hier konnte nur vermutet werden, wer als Empfänger einer Reliquienschenkung in Frage kam. Entsprechend ist die im Folgenden zusammengetragene Ausbeute sicher nicht vollständig und doch das Ergebnis einer aufwändigen Recherche, die vielfach auf Verdacht erfolgte und von Zufallsfunden geprägt war. Insgesamt sind nur fünf Schenkungsurkunden Karls IV. im Wortlaut und eine in nacherzählender Übersetzung bekannt.[17] Dass das Beilegen von Schenkungsurkunden vermutlich regelmäßig praktiziert wurde, belegen auch indirekte Hinweise aus der Überlieferung zweier Reliquien empfangender Kirchen.[18] Zwei päpstliche Dokumente aus dem Jahr 1368 machen klar, dass die Weitergabe von Reliquien

---

fen bleiben, ob Karl IV. nun einen Zahn des Heiligen aus Osnabrück erhalten hat oder er ihn dorthin schicken ließ. Beides scheint möglich: Einerseits besaß Karl IV. seit 1349 Zähne Karls des Großen. Andererseits reklamierte Osnabrück für sich, über den Schädel Karls des Großen zu verfügen. Vgl. *Kleinclausz,* Arthur: Charlemagne. Paris 1934, 383; *Walchius,* Christ Guilhelmus Franciscus: Historia canonisationis Caroli Magni variis observationibus illustrata. Jena 1750, 25, Anm. z.

17 Im Wortlaut: Im Jahr 1353 Schenkung des Gallushauptes an die Prager Altstadtpfarre gleichen Namens (vgl. RBM 5/4, 734, Nr. 1637). Im Februar 1355 die Schenkung eines Armes des Ev. Lukas an Propst Bohusch von Leitmeritz (vgl. RBM 5/4, 881 f., Nr. 2001) und im Oktober des Jahres die Übereignung von Reliquien des hl. Königs Richard nach Eichstätt. Vgl. *[N.N.]:* Zum eichstättischen Kirchenkalendarium IV. Das Fest und die Reliquien des hl. Richard. In: Pastoralblatt des Bisthums Eichstätt 5 (1858), 37 f. In Abschrift erhalten ist die Schenkungsurkunde der Veitsreliquien nach Herrieden aus dem Jahr 1358. Vgl. Diözesanarchiv Eichstätt, Sign. P 152, Nr. 14, Edition in Vorbereitung: MGH Const. 12 (vorauss. 2013), Nr. 360. Im Dezember 1376 schenkte Karl das Haupt des hl. Zacharias an die Zisterze Stams. Vgl. *Lindner,* Michael: Eine Kiste voller Knochen – Kaiser Karl IV. erwirbt Reliquien in Byzanz. Zugleich ein Beitrag zur Datierung zweier Karlsteiner Reliquienszenen. In: *Fajt,* Jiří/*Langer,* Andrea (Hg.): Kunst als Herrschaftsinstrument. Böhmen und das Heilige Römische Reich unter den Luxemburgern im europäischen Kontext, Tagungsort: Prager Burg, Grosses Ballhaus 9.–13. Mai 2006. Berlin 2009, 289–299, hier 297. Als Nacherzählung in deutscher Übersetzung gibt die Nordgauchronik die karolinische Schenkung von Reliquien nach Sulzbach im Jahr 1355 wieder. Vgl. *Braun,* Johannes: Nordgauchronik. Hg. v. Alfred *Eckert.* Amberg 1993, 195.

18 Vgl. dazu eine Notiz des Dekans des Karlsteiner Kapitels aus dem 17. Jahrhundert über die Reliquien des hl. Palmatius: „Primo in una simplici et obsoleta cistula corpus S. Palmatii patricii et consulis Trevirensis sub Maximiniano imperatore cum Thebeae legione passi et pro religione gladio interfecti prout adiacens S. Reliquiis authenticum diploma dicit". Siehe *Gottfried,* Libor: Nález originálu listiny na ostatky s. Palmácia. Příspěvek k počátkům sbírky ostatků Karla IV. na Karlštejně [Fund einer Originalurkunde zu den Reliquien des hl. Palmatius. Ein Beitrag zu den Anfängen der Reliquiensammlung Karls IV. auf dem Karlstein]. In: Středočeský sborník historický 21 (1995), 29–43, hier 35. Für die Schenkung der Gallusreliquien belegt die dokumentierende Beigabe ein ausführliches Reliquieninventar der Gallus-Kirche in der Prager Altstadt, angefertigt vom damaligen Pfarrer der Kirche, Johannes von Pomuk, dem späteren hl. Jan Nepomuk: vgl. *Borový,* Clemens: Libri erectionum archidioecesis Pragensis saeculo XIV. et XV. Liber 4 (1390–1397). Prag 1883, Nr. 485, 345–349, hier 345.

(-fragmenten) aus den Beständen der Prager Kathedrale eine selbstverständliche Praxis war.[19]

In diesem Beitrag sollen die tatsächlichen Empfänger solcher Reliquienschenkungen systematisch untersucht werden. Betrachten wir zuerst die Gaben an andere Herrscher – also den Kern dessen, was man sich unter einer ,Reliquiendiplomatie' vorstellen würde. Allerdings sind die Ergebnisse ernüchternd: In der älteren Literatur wurde gelegentlich von einer Schenkung von Heiltum des heiligen Burgunderkönigs Sigismund durch Karl IV. nach Polen ausgegangen. Das heute im Warschauer Nationalmuseum aufbewahrte Büstenreliquiar des Heiligen aus der Kathedrale von Płock in Masowien war laut Inschrift eine Stiftung des polnischen Königs Kasimir I. aus dem Jahr 1370.[20] Woher freilich die zugehörige Reliquie stammte, ist nicht klar belegt. Eine Schenkung aus Prag scheint möglich, wenn man an ein Präsent des masowischen Herzogs für die Sigismundkapelle im Veitsdom denkt.[21] Allerdings könnte die Reliquie in Płock auch bereits vorhanden gewesen sein.[22] Ebenso vage sind die Nachrichten über eine nicht datierte Schenkung von Reliquien Karls des Großen durch das Aachener Stiftskapitel an den französischen König Karl V. Belegt ist in erster Linie eine Intervention in diesem Sinn durch Karl IV. zugunsten seines königlichen Neffen.[23] Der Brief des Kaisers ist in

---

[19] Zum einen erlaubte Urban V. im Zuge seiner großen Reliquienschenkung vom Dezember 1368 Karl IV. ausdrücklich, Heiltum an die Kirchen seines Reiches oder an die Gotteshäuser anderswo zu verschenken. Vgl. MBV 3/1, 681, Nr. 1066. Zweiter Beleg ist eine päpstliche Anweisung an den Sakristan der Prager Kathedrale bezüglich des rechten Umgangs mit den Heiltümern: „[...]quod ecclesia Pragensis habet multiplices sacras reliquias [...] que ecclesiam ipsam decorant et inter ceteras regionis circumposite ecclesias locupletem efficiunt" (MBV 3/1, 663, Nr. 1045). Allerdings ist nicht klar, ob sich die Quelle auf Schenkungen an Prager Kirchen, an Kirchen im Bistum oder sogar in ganz Böhmen bezieht.

[20] Vgl. *Schramm*, Percy Ernst: Herrschaftszeichen und Staatssymbolik. Beiträge zu ihrer Geschichte vom 3. bis zum 16. Jahrhundert. 3 Bde. Stuttgart 1954–56, Bd. 3, 881, 950. Selbstverständlich ist der zeitgenössischen Inschrift Glauben zu schenken, die eindeutig ist: „Kasimirus dei gracia rex polonie procuravit istud caput argenteum ad honorem sancti sigismundi sub anno domini m ccc lxx." Siehe *Bochnak*, Adam/*Pagaczewski*, Juljan: Dary złotnicze Kazimierza Wielkiego dla kościołów polskich [Kasimirs des Großen Goldschmiedegaben für die polnischen Kirchen]. Kraków 1933, 22.

[21] Der Herzog von Masowien schenkte eine silberne Statue des Heiligen. Vgl. *Podlaha*, Antonín/*Šittler*, Eduard: Chrámový poklad u sv. Víta v Praze. Jeho dějiny a popis [Der Domschatz von St. Veit in Prag. Seine Geschichte und Beschreibung]. Praha 1903, XIX.

[22] Im Kalender der Płocker Kirche war das Fest des hl. Sigismund seit Beginn des 13. Jahrhunderts vermerkt. Dokumente verzeichnen schon zwischen 1356 und 1370 einen Sigismundschrein in der Kathedrale. Vgl. *Bochnak/Pagaczewksi: Dary*, 21, Anm. 1.

[23] Vgl. *Schannat*, Johann Friedrich (Hg.): Vindemiae literariae hoc est veterum monumentorum ad Germaniam sacram praecipue spectantium, 2 Bde. Fulda, Leipzig 1723, 148 [beide Bde. durchlaufend paginiert]. Die Zweifel an der Echtheit dieses Textes, die Robert Folz formuliert hat (vgl. *Folz*, Robert: Etudes sur le culte liturgique de Charle-

der Abschrift aus Fulda nicht datiert, kann also nur über die Bezeichnung Karls V. als *rex Francie* in die Zeit nach dessen Krönung 1364 eingeordnet werden. Es könnte aber ein Zusammenhang bestehen zu den Handelsvergünstigungen, die der französische König der Stadt Aachen 1369 gewährte.[24] Ob ein Zahn Karls des Großen, den Karl IV. nach Paris geschenkt haben soll, mit diesem Reliquiengeschenk zu identifizieren ist, muss vorerst offen bleiben.[25] Und auch der Papst hat, nach allem, was erkennbar ist, keine Heiltümer oder Reliquiare von Karl erhalten. Für Avignon ist nichts bekannt, und trotz seiner zwei Besuche in Rom, insbesondere dem stark durch den Erwerb von Reliquien geprägten Aufenthalt im November und Dezember 1368, sind keine Schenkungen von Reliquien oder auch nur Reliquiaren und sonstigem liturgischen Gerät durch Karl IV. in Rom nachweisbar.[26]

Anders stellt sich die Lage dar, wenn man nach den Schenkungen an luxemburgische Anhänger im Reich sucht. Die Stärkung etablierter Kulte belegen drei Schenkungen an Bistümer. Die Translation von Reliquien des hl. Richard von England im Oktober 1355 kam dem Bischof von Eichstätt zugute.[27] Berthold von Zollern (1351–1365), ein Angehöriger des Geschlechts der Nürnberger Burggrafen, war wie seine Familie in den 1350er Jahren eng mit Karl IV. verbündet und hatte vermutlich auch durch dessen Intervention den Eichstätter Bischofsstuhl erhalten. Von 1355 an ist er immer wieder am Hof Karls IV. nachzuweisen und wurde ab 1365 als Nachfolger Johanns von

---

[24] magne dans les églises de l'Empire. Paris 1951, 8 f.) sind durch die Pariser Parallelüberlieferung hinfällig (siehe Anm. 25).

[24] Vgl. *Kleinclausz:* Charlemagne, 385.

[25] Jiří Fajt hat auf einen in Paris überlieferten Brief Karls IV. an Karl V. aus dem Jahr 1366 hingewiesen und in Bezug auf eine Seminararbeit (!) Karel Otavskýs von 1977 daraus zitiert: „videlicet Karolus Karolo Karoli sancti dentem dirigit". Vgl. *Fajt, Jiří:* Karl IV. Herrscher zwischen Prag und Aachen. Der Kult Karls des Großen und die karolinische Kunst. In: *Kramp, Mario* (Hg.): Krönungen: Könige in Aachen – Geschichte und Mythos. Katalog der Ausstellung in zwei Bänden. Mainz 2000, 489–500, hier 491, Anm. 3 mit der Quellenangabe: Paris, Archives nationales, L 260, Nr. 71. Die Formulierung *dirigit* statt etwa *donavit* spricht dafür, dass die Karlsreliquie aus Aachen und nicht aus Prag übersandt wurde.

[26] Zwei Schatzinventare von St. Peter liegen für die Jahre 1361 und 1436 vor und vermerken getreulich die Schenkungen anderer europäischer Monarchen, v. a. der Könige von Frankreich und England. Vgl. *Müntz, Eugène/Frothingham, Arthur L.:* Il tesoro della basilica di S. Pietro in Vaticano dal XIII al XV secolo. Con una scelta d' inventari inediti. In: Archivio della società romana di storia patria 6 (1883), 1–137, hier 1–81. Das Schädelfragment des hl. Gordianus als mutmaßliches Geschenk Karls IV. an S. Paolo fuori le mura bei seinem Aufenthalt 1355 ist reine Spekulation, da kein Beleg angegeben wird. Vgl. *Tappi-Cesarini, Anselmo:* Le reliquie conservate nel sacrario della basilica Ostiense. In: Benedictina 8 (1954), 301–317, hier 314.

[27] Vgl. *[N.N.]:* Kirchenkalendarium, 37 f.

Neumarkt sogar kaiserlicher Kanzler.[28] Eichstätt ist überhaupt als eines der königsnahen Bistümer im Reich zur Zeit Karls IV. charakterisiert worden.[29] Ob die Erhebung der Richardsreliquien in Lucca bereits mit der Absicht erfolgte, sie weiter nach Eichstätt zu leiten, muss offen bleiben: Einerseits verneint die Schenkungsurkunde des Kaisers eine solche Absicht und betont die Spontaneität der Idee. Andererseits war vor Ort in Lucca klar der Bezug des Heiligen zu Eichstätt erkennbar.[30] Angesichts der vielfach rein rhetorischen Betonung von Spontaneität im Zuge der Reliquienerhebungen[31] wird man hier eher von absichtsvoller Planung ausgehen.

Dafür spricht auch die nächste Reliquienschenkung an einen Bischof im Reich: Vermutlich 1369 brachte der Bischof von Metz, Dietrich Beyer von Boppard, den Schädel des hl. Erzmärtyrers Stephanus nach Metz; er hatte ihn nach dortiger Überlieferung vom Kaiser erhalten, der diesen wiederum als Geschenk des Papstes Urbans V. empfing.[32] Auch der Metzer Bischof war ein enger Vertrauter des Kaisers, gelangte erst durch diesen auf den lothringischen Bischofsstuhl und hatte Karl auf seiner Italienreise 1368/69 begleitet. Zugleich bestanden gute Kontakte zur Kurie, für die er Legationen über-

---

[28] Vgl. *Wendehorst*, Alfred: Das Bistum Eichstätt 1. Die Bischofsreihe bis 1535. Berlin, New York 2006, 167–173; *Flachenecker*, Helmut: Berthold von Zollern (OT) (1320–1365). In: *Gatz* (Hg.): Bischöfe, 173 f.

[29] Vgl. *Hölscher*, Wolfgang: Kirchenschutz als Herrschaftsinstrument. Personelle und funktionale Aspekte der Bistumspolitik Karls IV. Warendorf 1985, 67.

[30] Vgl. *[N.N.]*: Kirchenkalendarium, 38. Der hl. König Richard von England lag in der Kirche San Frediano begraben und war auch nach lokaler Überlieferung Vater der Eichstätter Patrone Walburga und Willibald. Dies zeigte eine allerdings undatierte Inschrift auf seinem Altar: „+ HIC REX RICCARDUS REQUIESCIT SCEPTRIFER ALMUS REX FUIT ANGLOR. REGNUM TENET IPSE POLORUM REGNUM DIMISIT PRO CHRISTO CUNCTA RELIQUIT ERGO RICCARDUM NOBIS DAT ANGLIA SANCTUM HIC GENITOR SANCTAE WALBURGAE VIRGINIS ALMAE ET WILLIBALDI SANCTI SIMUL ET WINIBALDI SUFFRAGIUM QUORUM DET NOBIS REGNA POLORUM". Vgl. Lucca, Biblioteca Statale, Ms. 1209, Iscrizioni delle chiese di Lucca raccolte da S. Donati, 64. Ganz in der Nähe des Heiligen war 1327 Bischof Gebhard III. von Eichstätt begraben worden, der gemeinsam mit Ludwig dem Bayern an der Belagerung von Pisa teilgenommen hatte und dabei sein Leben verlor: „in civitate Lucana in monasterio s. Fridiani apud sanctum Richardum, patrem S. Willibaldi, est sepultus". Siehe Heinrich Taube v. Selbach: Die Chronik Heinrichs, Taube v. Selbach. Hg. v. Harry *Bresslau*. Hannover 1922, 125. Zu Gerhard III. vgl. *Wendehorst*: Bistum Eichstätt, 154–156. In Eichstätt hatte derselbe Bischof bereits einen Altar des Heiligen errichtet. Vgl. *Machilek*, Franz: Privatfrömmigkeit und Staatsfrömmigkeit. In: *Seibt*, Ferdinand (Hg.): Kaiser Karl IV. Staatsmann und Mäzen. München 1978, 87–101, hier 94.

[31] Vgl. dazu ausführlich Kapitel 6 meiner Dissertation.

[32] Vgl. La Chronique de Philippe de Vigneulles. Hg. v. Charles *Bruneau*. 2 Bde. Metz 1926, Bd. 2, 57.

nahm.[33] Möglicherweise setzte sich Karl IV. mehrfach für ihm ergebene Bischöfe ein, wenn sie Reliquien vom Papst erhalten wollten.[34] Die Rückkehr aus Rom mit der wertvollen Reliquie des Stadt- und Bistumspatrons dürfte ein großer Erfolg des Metzer Bischofs gewesen sein. Dass der Kaiser auf eine so wertvolle Reliquie verzichtete, ist leicht erklärbar: Einen Teil des Stephanushauptes besaß er nämlich schon seit 1355.[35] Für eine direkte Übergabe der Reliquie vom Papst an den Bischof spricht, dass das Stephanushaupt nicht Teil der offiziell dokumentierten Reliquienschenkung Urbans V. an den Kaiser war.[36] Vielleichte sollte so auch die Konfusion vermieden werden, zwei Köpfe des Erzmärtyrers in Prag zu verwahren. Auf dem 1376 fertiggestellten Büstenreliquiar des Heiligen in Metz war eine Inschrift angebracht, die Karl IV. als Stifter der Reliquie bezeichnete, während das Reliquiar wohl auf Bischof Dietrich zurückging.[37] Die Prager Inventare belegen im Gegenzug

33 Vgl. *ebenda*, Bd. 2, 56, 106 f. Zur Person des Bischofs, der zuvor bereits Bischof von Worms war vgl. *Hölscher:* Kirchenschutz, 69; *Keilmann,* Burkard/*Parisse,* Michel: Dietrich (Thierry) Bayer von Boppard (um 1330–1384). In: *Gatz* (Hg.): Bischöfe, 448 f. Schon kurz nach seinem Amtsantritt 1366 hatte er länger schwelende Konflikte zwischen der Stadt und den Bischöfen aus der Zeit seines Vorgänger beigelegt, die erst in den 1370er Jahren wieder aufbrechen sollten. Vgl. *Minn,* Gisela: Kathedralstadt und Benediktinerkloster. Die Abtei St. Vinzenz und die Stadt Metz im Mittelalter. Trier 2002, 140 f.

34 Mit Johannes Stryprock, Bischof von Ermland und Vorgänger des genannten Heinrich Sorbom, gibt es einen ähnlichen Fall, in dem die Rolle Karls IV. allerdings unklar bleibt. Vgl. *Miracula sancti Adalberti martiris.* In: *Hirsch/Töppen/Strehlke*: Scriptores rerum prussicarum 2, 412–420, hier 420. Zur Person des Bischofs vgl. *Kopiec,* Jan/*Glauert,* Mario: Johannes Stryprock (Streifrock) (um 1300–1373). In: *Gatz* (Hg.); Bischöfe, 184. Bestätigung seiner Privilegien am 20.08.1357 und Ansprache als ‚Fürst‘ (vgl. RI VIII, Nr. 2690), weitere Kontakte zu Karl IV. sind nicht bekannt. Allerdings war Stryprock nie in Rom, wohl aber 1371 in Avignon, wo er die Reliquie erhalten haben muss.

35 Tatsächlich hatte Karl IV. bereits 1355 einen Teil des Schädels in St. Paul vor den Mauern in Rom erhalten, der auch in den Prager Reliquienschatz eingegangen ist, möglicherweise aber auch auf eine Prager Pfarrkirche verteilt wurde. Vgl. *Podlaha/Šittler:* Chramový poklad, Inv. 1355, Nr. 12. Nachweis einer Stephans-Kopfreliquie in der gleichnamigen Pfarrkirche der Prager Neustadt bei *Hlaváček,* Ivan/*Hledíková,* Zdeňka (Hg.): Protocollum visitationis archidiaconatus Pragensis annis 1379–1382 per Paulum de Janowicz archidiaconum Pragensem factae. Visitační protokol pražského arcijáhenství pražského arcijáhna Pavla z Janovic z let 1379–1382. Praha 1973, 62.

36 Der Schädel wird in der Urkunde nicht erwähnt (vgl. MBV 3/1, 681, Nr. 1066). Die Mutmaßung, dass das Stephanushaupt zu den Reliquien gehörte, die Karl IV. 1359/60 aus Byzanz erhalten hatte, entbehrt der Quellengrundlage (vgl. *Brachmann,* Christoph: Kaiser Karl IV. und der Westrand des Imperiums. Politischer und künstlerischer Austausch mit einer Innovations- und Transferregion. In: *Fajt,* Jiří/*Langer,* Andrea (Hg.): Kunst als Herrschaftsinstrument. Böhmen und das Heilige Römische Reich unter den Luxemburgern im europäischen Kontext, Tagungsort: Prager Burg, Großes Ballhaus 9.–13. Mai 2006. Berlin 2009, 89–100, 96, Nr. 74.

37 „Caput sancti Stephani prothomartiris. / Istud caput dedit serenissimus dns Karolus IIII Romanorum imperator / et Bohemiae rex reuerendo yn Christo patry domino Theo-

eine Schenkung des Metzer Bischofs zwischen 1369 und 1374, ein Fragment vom Haupt des hl. Vinzenz, vermutlich aus dem gleichnamigen Kloster in Metz. Peinlicherweise war ein solches Vinzenzhaupt in einem Büstenreliquiar bereits seit 1354 in Prag vorhanden; es stammt aus dem Kloster St. Alban vor Mainz.[38] Die Irritation spiegelt sich auch in den Zuordnungsversuchen des Inventaristen. Eine der Vinzenz-Reliquien – vermutlich die Schenkung aus Metz – wurde in einer Reliquienkiste, geschmückt mit (imperialen?) Adlern, im Veitsdom räumlich unterhalb anderer Tumben aufgestellt und so den Blicken entzogen.[39] Selbst wenn man an das Versteckspiel nicht glauben mag, konnte man der Reliquienkiste doch von außen nicht ansehen, dass darin Schädelknochen verwahrt wurden. Die im Fall des Stephanushauptes vermiedene ‚Doppelung' von Reliquien hat sich also beim Schädel des hl. Vinzenz nicht verhindern, aber doch sehr wahrscheinlich vertuschen lassen.

Das dritte Beispiel einer Schenkung an einen Bischof muss Karl IV. besonders schwer gefallen sein, handelte es sich doch um das Haupt der Mutter des ersten christlichen Kaisers. Am 20. Dezember 1367 erließ der Trierer Erzbischof Kuno von Falkenstein eine Ablassurkunde für die Verehrung des Hauptes der heiligen Helena, das er offensichtlich von Karl IV. erhalten hatte.[40] Über die Umstände der Schenkung wird in der Urkunde nichts gesagt, aber die lokale Überlieferung macht deutlich, dass wohl nur die Reliquie alleine übergeben wurde. Ein Büstenreliquiar wurde erst 1380 gestiftet, ohne dass darauf die Schenkung durch den Kaiser erwähnt worden wäre. Als Zeitpunkt der tatsächlichen Übergabe käme der Dezember 1364 in Frage, als sich Erzbischof Kuno in Prag aufhielt, um einen Schiedsspruch des Kaisers im Konflikt zwischen ihm und den Trierer Stadtbürgern in Empfang zu nehmen. Offensichtlich entschied Karl zugunsten des Erzbischofs, bat der Kaiser doch benachbarte Fürsten, die Durchsetzung des Urteils gegenüber Trier zu unter-

---

derico / metensi Episcopo quy ypsum capud dedit Ecclesie pie memorie" Chronique, ou Annales du Doyen de S. Thiébaut de Metz. In: *Calmet,* Augustin (Hg.): Histoire de Lorraine. Bd. 5. Nancy 1752, VI–CXVII, hier XX; *François,* Jean/*Tabouillot,* Nicolas: Histoire de Metz par les réligieux bénédictins de la congrégation de Saint-Vannes. 7 Bde. Metz 1769–87, Bd. 2, 579.

38 Vgl. RBM 5/4, 763, Nr. 1715; *Podlaha/Šittler:* Chramový poklad, Inv. 1354, Nr. 282; Inv. 1355, Nr. 13. „Caput sancti Vincentii [...] Datum est atque dedit episcopo Metensi et reliquie eius reposite in quidam tumbam velut infra de tumbis" (Praha, Archiv Pražské metropolitní kapituly, Inv. 260/1–7, 1387A, 2 [mod. Paginierung]). Die aus Mainz stammende Reliquie vgl. *ebenda,* 6.

39 „Item tumba parva cum aquilis argentea deaurata in quam est de capite sancti vincentii in quam deficiunt aliarum lamine argentee deaurate" (*ebenda,* 2). Wichtig ist im Zitat der obigen Anmerkung die Wortwahl *infra* in ihrer räumlichen Konnotation ‚unterhalb'.

40 Edition bei *Schmid,* Wolfgang: Von Konstantinopel über Prag nach Trier. Das Haupt der hl. Helena. In: *Fajt/Langer* (Hg.): Kunst als Herrschaftsinstrument, 309–319, hier 316.

stützen.[41] Warum aber schenkte in dieser Situation Karl IV. dem Erzbischof eine so wertvolle Reliquie und nicht umgekehrt?[42] Tatsächlich muss es um die Verbesserung der Beziehungen zu Kuno von Falkenstein gegangen sein, der in den 1360er Jahren gemeinsam mit dem pfälzischen Kurfürsten und dem Mainzer Erzbischof in potentieller Opposition zum Kaiser stand.[43] Der Umgang mit der Reliquie in Trier spricht dagegen, von einer echten Stärkung imperialen Prestiges auszugehen. Der Kaiser als Stifter spielt so gut wie keine Rolle, die Erhöhung Triers durch den Schädel der berühmtesten Tochter der Stadt steht im Vordergrund.[44] Bedenkt man das konfliktreiche, wenn auch nicht restlos verfahrene Verhältnis Kunos zu den Luxemburgern, kann dies nicht verwundern.[45] Alle drei bekannten Reliquienschenkungen an Bischöfe im Reich zeichnen sich dadurch aus, dass gezielt vor Ort begehrte Patrone übereignet wurden. Handelte es sich dabei teilweise auch um sehr bedeutende

[41] Vgl. RI VIII, Nr. 4106 u. 7141 f. *Schmid,* Wolfgang: Wallfahrt und Memoria. Die Luxemburger und das spätmittelalterliche Rheinland. In: Rheinische Vierteljahrsblätter 70 (2006), 155–214, hier 207; *Goerz,* Adam: Regesten der Erzbischöfe zu Trier von Hetti bis Johann II. 814–1503. Berichtigter ND der Ausgabe Trier 1861. Aalen 1969, 99.

[42] Was auch für einen frisch eingesetzten Kurfürsten nicht ungewöhnlich wäre, man denke an die Schenkungen Boemunds II. von Saarbrücken (vgl. *Schmid:* Wallfahrt und das entsprechende Kapitel in der Dissertation des Autors), oder andere Beispiele: Der 1370 ins Amt gekommene Kölner Erzbischof Friedrich von Saarwerden übergab dem Kaiser vermutlich 1372 eine Reliquie der Heiligen Drei Könige: „S. Baltazaris Regis pars accipitis Carolo data à Friderico ArchiEp. Colon. An. 1372" (*Pešina:* Phosphorus, 501).

[43] Bereits im Mainzer Bistumsstreit hatte Kuno von Falkenstein als Provisor des Erzbistums Mainz den Widerstand gegen den Kandidaten Karls IV., Gerlach von Nassau, angeführt. Im Dezember 1362 wurde der Koadjutor des Trierer Erzbischofs nach der Resignation Boemunds II. mit dem Trierer Erzstuhl providiert. Vgl. *Schmid:* Konstantinopel, 314 f.; *Seibrich,* Wolfgang/*Janssen,* Wilhelm: Kuno von Falkenstein (1320–1388). In: *Gatz* (Hg.): Bischöfe, 803–806.

[44] Wolfgang Schmid geht von einer indirekten Stärkung der Heinrichs- und Balduinmemoria in Trier durch den Helenakult aus, der somit eine imperiale Komponente gewonnen hätte (vgl. *Schmid:* Konstantinopel, 315 f.). Letztlich spricht der Umgang mit der Reliquie zwar nicht gegen eine entsprechende Intention Karls IV., aber doch deutlich gegen den Willen des Erzbischofs und des Domkapitels, durch den Umgang mit der Reliquie mehr als unbedingt nötig an den kaiserlichen Stifter zu erinnern. Vor allem das Fehlen jeglicher Hinweis auf Karl IV. irritiert: Nur das Gebet „pro prefati domini nostri imperatoris ac nostro ac sacri Romani imperii et ecclesie nostre Treverensis statu felici necnon pro defunctorum fidelium" (*ebenda,* 316) lässt den Kaiser überhaupt in Erscheinung treten. Allerdings wurde er hier in so gedrängter Gesellschaft in die Fürbitten eingereiht, dass man von einem Kult mit klar imperialen Akzenten kaum sprechen mag.

[45] Die Zwiespältigkeit des Verhältnisses wird einerseits durch den Dauerkonflikt mit Herzog Wenzel von Luxemburg charakterisiert. Andererseits leistete Kuno letztlich die von Karl IV. teuer erkaufte Unterstützung bei der Königswahl Wenzels im Jahr 1376. Darüber hinaus hatte er als Koadjutor des Kölner Erzstuhls in der zweiten Hälfte der 1360er Gelegenheit genug, selbstbewusstes Auftreten als Wortführer der Kurfürsten zu verinnerlichen. Vgl. *Seibrich/Janssen:* Kuno von Falkenstein, 804 f.

Fragmente der Heiligen, verblieben doch in allen Fällen andere Reliquien Richards, Helenas oder Stephanus' in Prag. Auf die Ausgestaltung des Kultes vor Ort scheint Karl IV. in keinem Fall mehr großen Einfluss genommen zu haben. Somit handelte es sich hier tatsächlich um diplomatische Geschenke für enge Verbündete (Eichstätt, Metz) oder sogar um einen Versuch, neue Anhänger (Trier) zu gewinnen.

Aber auch unterhalb der Rangebene hoher Reichsfürsten wurden Reliquien verschenkt, so etwa an das Kanonikerstift von Herrieden bei Ansbach, das 1358 in einem prächtigen Reliquiar einen Partikel des eigenen wie des böhmischen Schutzpatrons Veit erhielt.[46] Die Motive der Reliquienschenkung, die nicht in der Förderung der Veitsverehrung wurzeln, lassen sich nur indirekt im Bezug des Stifts zu Karl dem Großen erahnen.[47] Immerhin existiert die aus Prag stammende, vergoldete Silbermonstranz mit einem kristallenen, becherartigen Behälter zur Aufnahme der Veitsreliquie noch heute.[48] Das Spektakulärste an dieser Stiftung ist, dass die Schenkungsurkunde überhaupt erhalten ist, wenn auch in Abschrift, und das Reliquiar unzerstört vorliegt. Aber darf man aus diesem Fall schon schließen, dass Reliquien sehr viel breiter im Reich gestreut wurden als die Überlieferung denken lässt, auch an eher unbedeutende Empfänger? Letztlich ist für die Beantwortung dieser Frage die Menge der Vergleichsfälle zu klein, zumal solche ‚motivationsarmen‘ Schenkungen sonst nicht mehr nachzuweisen sind. Die Stiftung des Zachariashauptes nach Stams ist in ihrem Motiv – Dankbarkeit gegenüber den Hütern der Reichsinsignien – unmittelbar einleuchtend.[49] Eine in der Forschung

---

[46]   Seit Mitte des 11. Jahrhundert führte das Stift Herrieden das Patrozinium des hl. Veit anstelle eines älteren Salvatorpatroziniums. Veit behauptete sich im späten Mittelalter sogar gegen die Verehrung eines lokalen Heiligen, des Herrieder Abtes Deokar. Vgl. *Rüger*, Gunther/*Stafski*, Heinz: St. Veit und sein Reliquiar zu Herrieden. Ein Beitrag zur Geschichte des ehemaligen Chorherrenstiftes zu Herrieden im Mittelalter. In: Jahrbuch des Historischen Vereins für Mittelfranken 78 (1959), 54–68, hier 58–60. Die Schenkungsurkunde wird erstmals ediert in MGH Const. 12 (vorauss. 2013), Nr. 360.

[47]   Anfang August 1358 hielt sich Karl IV. in Rothenburg o. d. Tauber auf, um einen Landfrieden abzuschließen. Vgl. *Werunsky*, Emil: Geschichte Kaiser Karls IV. und seiner Zeit. 3 Bde. Innsbruck 1880–1892, Bd. 3, 201 f. Am 8.08. nahm er u. a. das Stift Herrieden in seinen besonderen Schutz auf. Vgl. *Falckenstein*, Johannes Heinrich von (Hg.): Codex Diplomaticus antiquitatum Nordgavensium. Frankfurt am Main, Leipzig 1733, 190, Nr. 240. Reliquien des Ortsheiligen Deokar aus der Karolingerzeit finden sich nicht in der Prager Heiltumssammlung; von einem Tauschgeschäft ist also auch nicht auszugehen. Allerdings soll Deokar ein Beichtvater Karls des Großen gewesen sein, was das Interesse des Luxemburgers an Herrieden geweckt haben könnte. Für diesen Hinweis danke ich herzlich Jiří Fajt, Berlin.

[48]   Sie ruht auf einem Fuß, auf dessen Rand in gotischen Majuskeln steht: „KAROLUS ROMANORUM IMPERATOR ET BOHEMIE REX DONAVIT ISTAM MONSTRANTIAM." Auf dem Fuß finden sich weiterhin die Wappen des Reiches, Böhmens und eine Darstellung der Vera Ikon. Vgl. *Fajt/Langer*: Kunst als Herrschaftsinstrument, Kat.-Nr. 124; *Rüger/Stafski*: St. Veit, 66.

[49]   Vgl. *Lindner*: Kiste voller Knochen.

angenommene Schenkung einer Kreuzesreliquie an den Frankfurter Bürger Siegfried zum Paradies, einen langjährigen Vertrauten des Herrschers, ist eher unwahrscheinlich.[50]

Fast unbeachtet blieb bisher eine mögliche Reliquienschenkung an die askanischen Herzöge von Sachsen-Wittenberg. Diese waren langjährige Verbündete der Luxemburger und hielten sich häufig in Prag auf.[51] Die Wittenberger Residenz der Herzöge konnte in der ersten Hälfte des 14. Jahrhunderts noch nicht als fest etabliert betrachtet werden. Essentiell für den Prozess der Residenzbildung war die Gründung der Kollegiatskirche in Wittenberg, die vermutlich um 1338 errichtet wurde. Im Januar 1339 war Herzog Rudolf I. in Prag anwesend, als dort auf der Burg die Prager Allerheiligenkapelle eingeweiht wurde.[52] Später sollte auch die Kapelle in Wittenberg das Allerheiligen-Patrozinium tragen, man könnte darin eine Anknüpfung an die Prager Gründung sehen.[53] In den Jahren nach der Gründung bemühten sich die

---

50 Seit 1360 war Siegfried ein Rat Karls IV. und erwarb für seine Stadt ein Exemplar der Goldenen Bulle, für sich selbst aber weitere Privilegien wie das Stadtschultheißenamt. Vgl. *Brockhoff u. a.* (Hg.): Die Kaisermacher, 32. Die Dankbarkeit des Kaisers äußerte sich nicht nur nachweislich im Geschenk eines Pferdes zur Wahl Wenzels 1376, sondern – so ist vermutet worden – auch in einem Splitter vom wahren Kreuz, den Siegfried in einem Reliquiar um 1370 dem Frankfurter Liebfrauenstift schenkte. Vgl. *Lindner*, Michael: Es war an der Zeit. Die Goldene Bulle in der politischen Praxis Kaiser Karls IV. In: *Hohensee u. a.* (Hg.): Die Goldene Bulle, 93–140, hier 107–111; *Brockhoff u. a.* (Hg.): Die Kaisermacher, 28, 35. Dass allerdings der Kaiser in keiner Weise als Geber des Kreuzessplitters genannt wird, schwächt die Hypothese erheblich. Darüber hinaus verfügte auch Karl IV. nicht über so viele Splitter des wahren Kreuzes, dass es plausibel erscheint, er hätte eine der höchsten Reliquien als Gunsterweise an Bürger vergeben wollen.
51 Der askanische Herzog von Sachsen, Rudolf I. († 1356), war ein langjähriger Verbündeter Johanns von Böhmen und 1346 neben dem Böhmenkönig der einzige weltliche Kurfürst, der die Wahl Karls IV. unterstützte. Dafür hatte er neben Geldzahlungen u. a. die Stadt Zittau als Pfand erhalten. Vgl. *Werunsky*: Geschichte Karls IV. Bd. 1, 427 f. Die Magdeburger Schöppenchronik betrachtete, sicherlich den Sachverhalt übertreibend, den Herzog von Sachsen-Wittenberg sogar als eigentlichen Königsmacher. Vgl. *Heinrich v.* Lamme[s]springe u. a.: Die Chroniken der niedersächsischen Städte. Magdeburg. Bd. 1: Die Magdeburger Schöppenchronik. Hg. v. d. *Historischen Commission bei der Königl. Akademie der Wissenschaften.* Leipzig 1869, 203. Sowohl Rudolf I. wie auch sein Sohn Rudolf II. († 1370), der ihm 1356 nachfolgte, hielten sich seit der Wahl Karls IV. lange Zeit in Prag und nicht in Wittenberg auf. Vgl. *Beck*, Lorenz Friedrich: Herrschaft und Territorium der Herzöge von Sachsen-Wittenberg (1212–1422). Potsdam 2000, 227. Zu den Herzögen vgl. *Blaschke*, Karlheinz: Rudolf I., Hzg., Kfs. v. Sachsen-Wittenberg. In: Lexikon des Mittelalters, Bd. 7, München 1998, Sp. 1080 f.; *ders.:* Rudolf II., Hzg., Kfs. v. Sachsen-Wittenberg. In: Lexikon des Mittelalters, Bd. 7, München 1998, Sp. 1081.
52 Vgl. RBM 4, 858 f., Nr. 2200.
53 1346 ist zusätzlich von der Kirche des hl. Wenzel und anderen Heiligen die Rede (s. u.). Der Bezug auf den böhmischen Landespatron hatte allerdings unter den sächsischen Askaniern eine längere Tradition. Vgl. *Beck:* Herrschaft, 139 f.

Herzöge erfolgreich um eine Grundausstattung ihrer Kapelle mit Heiltum und Ablässen.[54] Dabei spielten die Luxemburger bereits vor Karl IV. eine wichtige Rolle.[55] Die Kapelle wurde schließlich 1346 von Clemens VI. bestätigt und für exemt erklärt; zugleich übertrug der Papst den Sachsenherzögen das Präsentationsrecht. In diesem Kontext wird zum ersten Mal nicht nur vom Allerheiligen-Patrozinium, sondern auch von dem des hl. Wenzel gesprochen.[56] Bis 1355 wurden sechs neue Ablässe vergeben, von denen sich mindestens drei durch eine Intervention Karls IV. erklären lassen.[57]

---

[54] Wohl auf einer Gesandtschaftsreise nach Paris im Auftrag Ludwigs des Bayern im Winter 1341/42 erhielt der Sachsenherzog einen Dorn aus Christi Dornenkrone samt dem zugehörigen Reliquiar, das vermutlich Ludwig den Heiligen darstellte: „Imago regis, spinam de corona spinea in manu habentis" (*Bünger, Fritz/Wentz*, Gottfried: Das Bistum Brandenburg. Teil 2. Berlin 1941, 160). Dass es sich um ein Geschenk des französischen Königs handelte, vielleicht sogar um das ‚Standardreliquiar' für Dornen aus der Dornenkrone, legt ein in den Reliquieninventaren des Veitsdoms nachgewiesenes, vermutlich identisches Reliquiar ebenfalls für einen Dorn Christi nahe: „Imago sancti Ludovici regis Francorum, argentea deaurata, tenens in manu cristallum cum particula spineae coronae Ihesu Christi" (*Podlaha/Šittler:* Chramový poklad, Inv. 1354, Nr. 12). Bereits 1342 hatten Bischöfe in Avignon einen Ablass von insgesamt 14 Quadragenen für Wittenberg ausgestellt, dem folgte 1343 der Magdeburger Erzbischof mit einer Quadragene. Da die Ablässe nicht am Wenzelsfest zu erwerben waren, gab es vermutlich zu diesem Zeitpunkt noch keine entsprechenden Reliquien in Wittenberg. Vgl. *Israel*, Friedrich: Das Wittenberger Universitätsarchiv, seine Geschichte und seine Bestände. Nebst den Regesten der Urkunden des Allerheiligenstiftes und den Fundationsurkunden der Universität Wittenberg. Halle/Saale 1913, 24 f., Nr. 1–4.
[55] König Johann von Böhmen setzte sich 1344 beim Papst dafür ein, die Verehrung des nach Wittenberg verbrachten Dornes mit einem Ablass zu begünstigen. Vgl. MBV 1, 266, Nr. 452. Ob er aber mit Hilfe seiner guten Kontakte nach Paris die Reliquienschenkung erwirkt hatte, lässt sich nur vermuten. Immerhin scheint auch Erzbischof Balduin von Luxemburg darum bemüht gewesen zu sein, den Sachsenherzog mit Reliquiengeschenken auf die luxemburgische Seite zu ziehen. Dazu übersandte er ebenfalls 1344 ein nicht näher definiertes Heiltum. Vgl. *Israel:* Wittenberger Universitätsarchiv, 25 f., Nr. 6.
[56] Vgl. *ebenda*, 26 f., Nr. 7–9.
[57] 1347 ein Ablass Patriarch Bertrands von Aquileja, 1350 ein Ablass Bischof Preczlaus' von Breslau und 1355 der Sammelablass von zwölf Kardinälen. Vgl. *Bünger/Wentz:* Bistum Brandenburg, 107. Die Bischöfe von Breslau und Aquileia waren enge Verbündete der Luxemburger, und 1355 stand Karl wegen der Kaiserkrönung in engem Kontakt mit der Kurie in Avignon. Zwischen 1350 und 1355 war es zu einer gewissen Entfremdung zwischen den Wittenberger Herzögen und Karl IV. gekommen, weil sich dieser mit den Wittelsbachern ausgesöhnt hatte und so jede Aspiration der sächsischen Askanier auf die Mark zunichte machte. Erst die Bestätigung der Kurstimme und der Primogenitur der Wittenberger 1355 belebte die Beziehung wieder. Vgl. *Hergemöller*, Bernd-Ulrich: Fürsten, Herren und Städte zu Nürnberg 1355/56. Die Entstehung der „Goldenen Bulle" Karls IV. Wien 1983, 48.

Abb. 4: Federzeichnung der Reliquienbüste des hl. Sigismund aus dem Wittenberger Heiltumsschatz, von einem unbekannten Künstler.

Abb. 5: Reliquienbüste des hl. Sigismund im Wittenberger Heiltumbuch,
Lucas Cranach d. Ä.

Abb. 6: Reliquienbüste Karls des Großen aus der Domschatzkammer Aachen, vermutlich Prag vor 1374.

Trotzdem darf man sich das Wittenberger Stift zur Mitte des 14. Jahrhunderts nicht allzu imposant vorstellen.[58] Interessant wird es, als erstmalig für
das Jahr 1374 ein Altar des heiligen Sigismund in Wittenberg nachweisbar
ist.[59] Der heilige Burgunderkönig hatte seit seiner Translation nach Prag im
Herbst 1365 eine rasante Karriere als neuer Schutzheiliger Böhmens und als
persönlicher Patron des Kaisers gemacht, der 1371 sogar die Genesung von
einer lebensgefährlichen Krankheit Sigismund zuschrieb.[60] Die Kaiserin hatte
gelobt, zum Dank für die wundersame Heilung eine beträchtliche Menge
Gold zu spenden. Wahrscheinlich entstand daraus für den Veitsdom ein neues, aus purem Gold gefertigtes Büstenreliquiar Sigismunds, das im Einklang
mit der schriftlichen Überlieferung nach 1371 angefertigt worden sein muss.
Es löste eine ältere Herme von 1354 ab, die noch aus vergoldetem Silber bestand und ein letztes Mal 1374 parallel zum Büstenreliquiar aus purem Gold
erwähnt wurde, 1387 aber aus den Inventaren verschwunden war.[61] Milada

---

[58] Nur sechs Kanoniker und ein Propst sind für die 1350er Jahre nachweisbar, aber Herzog Rudolf regelte deren Leben und Wirken im Detail ähnlich wie man es am Veitsdom
hielt. Auch die Reliquien wurden zu Allerheiligen auf die Altäre gestellt. Vgl. *Israel:*
Wittenberger Universitätsarchiv, 28–30, Nr. 14.

[59] Der Altar wurde vermutlich zur Gründung mit Einkünften aus vier Dörfern bedacht.
Vgl. *Bünger/Wentz:* Bistum Brandenburg, 142 f., 150; *Israel:* Wittenberger Universitätsarchiv, 33, Nr. 22. Der Wortlaut der Stiftungsurkunde macht wahrscheinlich, dass der
Sigismundaltar fast zeitgleich errichtet wurde: „ad Altare Sancti Sigismundi Martyris in
Capella Omnium Sanctorum in Wittemberg fundatum pariter & constructum" (*Meisner,* Johann: Jubilaeum Wittembergense das ist Wittembergisches Jubelfest [...] sambt
einen Lateinischen Anhang von Anfang und erster Erbawung der Schloß=Kirchen.
Descriptio Ecclesiae Collegiatae Omnium Sanctorum Wittenbergensis. Wittenberg
1668, 23, Nr. 8). Darüber hinaus wurde auch eine Reliquie des hl. Bischofs Eulogius
samt Reliquiar bereits Rudolf I. geschenkt (vgl. *Kalkoff,* Paul: Ablass und Reliquienverehrung an der Schlosskirche zu Wittenberg unter Friedrich dem Weisen. Gotha
1907, 53), ein entsprechender Altar ist in der Kirche seit 1391 nachweisbar. Drei weitere
Altäre datieren wohl ins späte 15. Jahrhundert (vgl. *Bünger/Wentz:* Bistum Brandenburg, 151 f.).

[60] Vgl. *Studničková,* Milada: Kult des heiligen Sigismund (Sigmund) in Böhmen. In: *Dole-
žalová,* Eva (Hg.): Die Heiligen und ihr Kult im Mittelalter. Praha 2010, 299–339;
Mengel, David Charles: Remembering Bohemia's Forgotten Patron Saint. In: Bohemian
Reformation and Religious Practice 6 (2004), 17–32; *ders.:* Bones, Stones and Brothels.
Religion and Topography in Prague under Emperor Charles IV (1346–78). Dissertation.
Medieval Studies. Notre Dame University, Notre Dame/Indiana 2003.

[61] Die vergoldete Silberbüste ist seit 1355 belegt: „Caput sancti Zyzmundi martyris, regis
Burgundiae, argenteum deauratum" (*Podlaha/Šittler:* Chramový poklad, Inv. 1355,
Nr. 23) bzw. „Caput sancti Zygmundi regis Burgundiae et martyris" (*ebenda,* Nr. 80).
Erstmals belegt ist die Büste aus Gold, die mutmaßliche Stiftung der Kaiserin, im Re-
liquieninventar von 1374, in dem von 1368 fehlt sie noch. Man beachte die parallele
Existenz zweier Sigismundbüsten im Jahr 1374: „Item caput sancti Sigismundi martiris
Regis Burgundie argenteum deauratum. [...] Item unum caput aureum sancti Sigis-
mundi donatum per dominam Imperatricem" (Praha, Archiv Pražské metropolitní kapituly, Inv. 260/1–7, 1374, 2 [mod. Paginierung]). Eindeutig als aus purem Gold wird

Studničková hat vermutet, dass die Büste aus reinem Gold nach 1420 in den Wittenberger Heiltumsschatz übergegangen sein könnte.[62] Es sind zwei Darstellungen einer Wittenberger Reliquienbüste Sigismunds überliefert – einmal die Federzeichnung eines unbekannten Künstlers (siehe Abb. 4) und dann ein von Lucas Cranach angefertigter, vermutlich stark stilisierter Druck von 1509 (siehe Abb. 5), die insbesondere aufgrund der hohen Ähnlichkeit der Spange auf der Brust der Herme mit dem Prager Exemplar identifiziert wurden. Der scheinbare Widerspruch zwischen dem Wortlaut des Wittenberger Heiltumsbuches, das zur Erläuterung des Bildes angibt, es handele sich um ein *silbervbergult brustbild sant Sigismundi*, und der Angabe des Inventars, das ausdrücklich von purem Gold für die Sigismundherme spricht, ließe sich leicht lösen, wenn die Büste nicht erst 1420, sondern bereits in den 1370er Jahren von Prag nach Wittenberg gekommen wäre. Für diese Variante spricht auch, dass die Wittenberger Sigismundbüste nach Angaben des Heiltumsbuches nur einen *merklich groß partickel* des Heiligenschädels enthielt. Ein solcher befand sich schon vor 1354 im Besitz des Veitsdoms und hätte, da man seit 1365 ja über das Haupt des Heiligen aus Saint-Maurice verfügte, – gut nach Wittenberg abgegeben werden können.[63] Handelte es sich bei der Wittenberger Herme um das Reliquiar aus reinem Gold, das erst 1420 abgegeben worden sein soll, wäre darin wohl der ganze Schädel des Heiligen zu erwarten gewesen. Übrigens könnte es noch weitere Schenkungen von Prag nach Wittenberg gegeben haben.[64] Ein letztes Indiz zugunsten der Hypothese ist der optische Abgleich der recht naturalistisch gehaltenen Weimarer Skizze (siehe Abb. 4) mit einer erhaltenen Reliquienbüste, die möglicherweise aus einer Prager Werkstatt stammt – der berühmten Karlsbüste des Aachener Domschatzes (siehe Abb. 6).

---

das Haupt dann im Inventar von 1387 bezeichnet, die vergoldete Silberherme Sigismunds ist hingegen verschwunden: „Caput sancti Sigigismundi [!] regis Burgundie de puro auro" (Praha, Archiv Pražské metropolitní kapituly, Inv. 260/1–7, 1387A, 3 [mod. Paginierung]).

62 Vgl. *Studničková:* Sigismund, 315.

63 *Dimidium caput sancti Sigismundi regis.* Zitiert nach: *Schubiger,* Anselm: König Karl IV. in Einsiedeln, 1354. In: Der Geschichtsfreund 31 (1876), 259–269, hier 268).

64 Betrachtet man den Wittenberger Ordo von 1509, so werden darin eine Reihe weiterer Reliquien erwähnt, deren Herkunft aus dem Reliquienschatz Karls IV. denkbar ist. Verwiesen sei auf einen Zahn der hl. Justina sowie Partikel der hll. Ludmilla, Corona und Odilia. Vgl. *Meisner:* Jubilaeum, Descriptio, 94–96. Von den männlichen Heiligen sind u. a. Burkhard von Würzburg, Palmatius von Trier, der hl. Longinus sowie Partikel vom Veitshaupt (vgl. *ebenda,* 99, 106 f.) charakteristisch. Am auffälligsten bleiben aber die umfangreichen Sigismund- und Wenzelsreliquien sowie Passionsreliquien wie der blutbesprengte Schleier Mariens (vgl. *ebenda,* 108, 112). Eine genaue Gegenüberstellung des Prager und des Wittenberger Heiltumsschatzes würde weitere bemerkenswerte Parallelen im Bestand ergeben, ohne dass sicher bestimmt werden kann, ob und wann welche Reliquien tatsächlich ihren Weg von Prag nach Wittenberg gefunden haben.

Freilich ist die Frage sehr umstritten, ob die Reliquienbüste Karls des Großen ein Geschenk Karls IV. sei.[65] Offen ist vor allem, ob das Karlsbildnis, aber auch historisch belegte weitere Reliquienbüsten des Aachener Domschatzes aus der Stadt selbst stammen können oder ob man an Köln, Paris oder eben Prag als Herkunftsort der Goldschmiedearbeiten denken sollte.[66] Diskutiert wird auch die Stiftung weiterer Heiltumsbehälter wie des Karls- und Dreiturmreliquiars durch Karl IV.[67] Unbestritten ist allerdings die Herkunft der Krone, die auf dem Reliquiar sitzt: Die Bügelkrone wurde erstmals bei der Krönung Sigismunds im Jahr 1414 erwähnt. Sie sitzt passgenau auf dem Kopf der Büste, sodass entweder das Reliquiar für die Krone angefertigt wurde oder umgekehrt. Neuere Forschungen plädieren dafür, dass zuerst die Krone entstand, deren Reif nie angepasst wurde, und nachträglich zu ihr passend die Büste.[68] Eine Entstehung von Krone und Herme an zwei verschiedenen Orten wird damit nicht wahrscheinlicher. Sowohl kunsthistorisch durch den Vergleich mit der Wenzelskrone wie durch die Erwähnung einer Aachener Krone in der Goldenen Bulle ist inzwischen nicht mehr umstritten, dass die Krone der Karlsbüste aus der Produktion Prager Goldschmiede stammt.[69] Allerdings käme der Bügel nur einem Kaiser zu, sodass man für die Königskrönung Sigismunds wohl davon ausgehen kann, dass der Bügel entfernt wurde. Zugleich spricht die technische Untersuchung der Krone dafür, dass der Bügel nachträglich von einem Aachener Goldschmied an die bereits exis-

---

[65] Vgl. *Minkenberg,* Georg: Die Büste Karls des Grossen im Aachener Domschatz. Heidelberg 2008; *Kavka,* František: Karl IV. (1349–1378) und Aachen. In: *Kramp* (Hg.): Krönungen, 477–484, hier 479–481; *Grimme,* Ernst Günther: Die ideengeschichtliche Bedeutung des Aachener Domschatzes im Mittelalter. In: Zeitschrift des Aachener Geschichtsvereins 98–99 (1992/93), 57–67, hier 65; *Hilger,* Hans Peter: Der Weg nach Aachen. In: *Seibt:* Staatsmann und Mäzen, 344–356, hier 349 f.; *Grimme,* Ernst Günther: Aachener Goldschmiedekunst im Mittelalter von Karl dem Grossen bis zu Karl V. Köln 1957, 70 f.

[66] Ernst Günther Grimme hat auf ein Kölner Vorbild in Form dreier Silberbüsten des Papstes Sylvester und der heiligen Felix und Nabor verwiesen, die durch einen Druck von 1671 belegt sind. Vgl. *Grimme,* Ernst Günther: Die großen Jahrhunderte der Aachener Goldschmiedekunst. In: Aachener Kunstblätter 26 (1962), 10–169, hier 64, Nr. 19; *ders.:* Aachener Goldschmiedekunst im Mittelalter, 71. Im distanzierten Anschluss daran *Minkenberg:* Büste Karls des Großen, [unpag., 6].

[67] Vgl. *Kavka:* Karl IV. und Aachen, 481 f.; *Hilger:* Weg nach Aachen, 351 f.; *Grimme:* Die großen Jahrhunderte, 77, 82 f., Nr. 20, 22; *Grimme:* Aachener Goldschmiedekunst im Mittelalter, 73 f. Insbesondere die Darstellung der hl. Katharina und die Anwesenheit von deren Reliquien im Karlsreliquiar haben einen Bezug zu Karl IV. vermuten lassen.

[68] Vgl. *Minkenberg:* Büste Karls des Großen, [unpag., 5, 7].

[69] Für die Krone ist von kunsthistorischer Seite zwar auch eine Herkunft aus dem 13. Jahrhundert als Schenkung Richards von Cornwall geltend gemacht worden, doch Detailuntersuchungen sprechen für einen engen Zusammenhang mit der Prager Wenzelskrone. Vgl. *ebenda* [unpag., 9 f.]; *Grimme:* Ideengeschichtliche Bedeutung, 66 f.; *Schramm:* Herrschaftszeichen. Bd. 3, 876–883.

tente Krone angebracht wurde, und das recht nachlässig.[70] Die Krone auf
dem Haupt Karls des Großen wurde also nachträglich ‚imperialisiert'. Daraus
darf man schließen, dass sie von Karl IV. vor 1355 und nicht nur in Aachen
auch getragen wurde, denn Karl der Große war bereits Kaiser; man hätte ihm
daher von Anfang an eine Bügelkrone zugestanden. Der Unterbau, verkleidet
mit den französischen Lilien,[71] wird von der Kunstgeschichte als nachträgliche Beifügung gesehen, weil er offensichtlich nur dem Transport der Büste
(vermutlich zum Empfang der römisch-deutschen Könige) diente, aber nicht
dem sonstigen Aufbau des Reliquiars angepasst sei.[72] Ursprünglich war der
Unterbau jedenfalls rot gestaltet und wurde erst später mit der blauen Metall-
verkleidung versehen. Folgt man Georg Minkenberg, ist die Kombination
von Adlern und Lilien auf der Karlsbüste der erste Beleg für das in Aachen
seit 1400 bekannte, in leichter Variation dargestellte Wappen Aachens und
des Marienstifts.[73] Dieses sog. ‚Wappen Karls des Großen' – ein gespaltener
Schild mit dem halben schwarzen Adler einerseits, den französischen Lilien
andererseits – ließ Karl IV. 1377 bei seinem Besuch in Enger am Grabmal des
Widukind zusammen mit dem böhmischen Löwen anbringen, was neben der
Aachener Büste und einem zeitgenössischen Beleg aus Köln die erste Verwendung dieser heraldischen Kombination außerhalb der Grenzzone von
französischem *regnum* und römisch-deutschem *imperium* darstellt.[74] Wenn
der kunsthistorische und restauratorische Befund zuverlässig ist und die So-
ckelzone mit den Lilien erst nach Entstehung der Karlsbüste angebracht wurde, d. h. das Reliquar für Aachen heraldisch angepasst wurde, könnte man

70　Vgl. *ebenda*, Bd. 3, 879. Eine Darstellung Karls IV. als König mit Blattkrone ohne Bügel
　　zeigt z. B. das königliche Majestätssiegel von 1349 oder das Hofgerichtssiegel von 1353.
　　Im Gegenzug dazu die imperiale Blattkrone mit Bügel im kleinen Sulzbacher Provinzi-
　　algerichtssiegel von 1370. Vgl. *Seibt*: Staatsmann und Mäzen, 326 f., Abb. 123–125.
71　Eine Interpretation der Lilien als Wappen der ungarischen Anjou und dementspre-
　　chend eine Datierung der Büstenschenkung auf den gemeinsamen Besuch Karls IV. und
　　der ungarischen Königinmutter Elisabeth 1357 (vgl. *Fajt*: Herrscher zwischen Prag und
　　Aachen, 496) überzeugt eher nicht: Die ungarische Präsenz allein in der Stiftung eines
　　Sockels ist wenig plausibel, bedenkt man, dass Elisabeth nachweislich kostbare Ikonen
　　dem Aachener Domschatz schenkte (vgl. *Kramp*: Krönungen. Bd. 2, 551).
72　Die hindurchgesteckten Stangen seien für den Transport von Reliquienbüsten ansons-
　　ten unüblich – allerdings fragt man sich, wie Büsten von der enormen Größe der Karls-
　　figur z. B. bei den Heiltumsweisungen sonst transportiert wurden. Vgl. *Minkenberg*:
　　Büste Karls des Großen [unpag., 4].
73　Vgl. *ebenda* [unpag., 6]; *Hilger*: Weg nach Aachen, 350.
74　Vgl. *Last*, Martin: Der Besuch Karls IV. am Grabmal Widukinds. In: Blätter für deut-
　　sche Landesgeschichte 114 (1978), 307–341, hier 335–337 u. Abb. 2; *Rundnagel*, Erwin:
　　Der Mythos vom Herzog Widukind. In: Historische Zeitschrift 155 (1937), 233–277,
　　475–505, hier 261. Bekannt war das Doppelwappen im brabantisch-flandrischen Kon-
　　text seit Ende des 13. Jahrhunderts. Vgl. *Paravicini*, Werner: Karolus noster. Jean de
　　Montreuil in Aachen anno 1401. In: Zeitschrift des Aachener Geschichtsvereins 111–112
　　(2009–2010), 27–57, 39.

von einer Entstehung der Büste in Prag und einer späteren Verbringung nach
Aachen ausgehen.

Tatsächlich gibt es auch in Prag einen bisher wenig beachteten Hinweis:
Nach einer frühneuzeitlich überlieferten, aber in diesem Fall glaubwürdigen
Quelle führte der Karlshof im frühen 15. Jahrhundert als Siegel eine Darstellung der gekrönten Büste Karls des Großen.[75] Unweigerlich denkt man dabei
an die Aachener Karlsbüste. Die Existenz einer Reliquienbüste des ersten mittelalterlichen Kaisers[76] in Prag wäre nur konsequent, wenn man die Präsentation wichtiger Schädelreliquien zahlreicher anderer Heiliger im Veitsdom in
eben solchen Büstenreliquiaren betrachtet. Eine anfängliche Aufbewahrung
des Schädelreliquiars im Prager Karlshof wäre also plausibel und würde das
lange Schweigen der Aachener Quellen bezüglich der doch auffälligen Büste
erklären. Für verschiedene Behältnisse wichtiger Reliquien in Prag ist festzustellen, dass die teilweise vergoldeten Silberreliquiare sukzessive durch solche
aus reinem Gold ersetzt wurden.[77] Minkenberg hat aus dem Fehlen einer Inschrift geschlossen, dass Karl IV. als Stifter seine wertvolle Gabe sicher auch
markiert hätte – die Hypothese der Weiterverwertung einer Prager Reliquienbüste löst das Problem. Man muss also nicht länger vom Aachener Kapitel
als Stifter ausgehen.[78] Als Terminus ante quem der Schenkung stellt sich das

---

75   „Sigillum abbatis ad S. Carolum: figura capitis cum diademate in circulo trianguli, sub
     corona, scilicet s. Caroli […] Lib. Erect. T. XII E. 12" (*Balbín*, Bohuslav: Miscellanea
     Historica Bohemiae. Decadis I, Liber V: Parochialis et Sacerdotalis. 2 Bde. Prag 1683,
     Bd. 2, 244). Glaubwürdig macht Balbín in diesem Fall der Bezug auf ein offensichtlich
     nicht erhaltenes oder zumindest nicht ediertes der sonst durchaus bekannten ‚Libri erec-
     tionum'. Vgl. *Borový*, Clemens: Libri erectionum archidioecesis Pragensis saeculo XIV
     et XV. Liber 1–2. Prag 1875 und weitere edierte Bände bis Bd. 6.
76   Stellt sich die Frage, welche Reliquien Karls des Großen über die Reichskleinodien hin-
     aus in Prag nachweisbar sind: Von den in Aachen erworbenen drei Zähnen Karls des
     Großen könnten mehrere in den Besitz des Karlshofs gekommen sein. Jedenfalls besaß
     der Veitsdom nie die nachweislich 1349 erhobenen Reliquien. Vgl. RBM 5/1.2, 345 f.,
     Nr. 691; CDM 7/2.3, 668, Nr. 956. Dass die Zähne die einzigen Karlsreliquien in Prag
     gewesen sein sollen, ist kaum vorstellbar, wenn man bedenkt, wie Karl IV. an das
     Aachener Kapitel herantrat, um Heiltum für seinen französischen Neffen zu erbeten
     (siehe Anm. 25). Belegbar sind aber nur wenige weitere Reliquien in Prag: Die heute
     noch im Besitz des Veitsdoms befindlichen sog. Rolandshörner soll Karl IV. 1354 aus
     dem Kloster Nonnenwerth erhoben haben. Vgl. *Folz*, Robert: Le souvenir et la légende
     de Charlemagne dans l'Empire germanique mediéval. Paris 1950, 439, Anm. 80, wobei
     die Belege Folz' nicht klar nachzuvollziehen sind. Zu verweisen wäre auch auf den Arm
     Karls des Großen (vgl. *Pešina*: Phosphorus, 503), der nicht unter den Beständen des
     Veitsdoms geführt wurde, also entweder in Karlstein oder im Karlshof aufbewahrt wor-
     den sein könnte.
77   Sowohl zum Anwachsen der Zahl der Büstenreliquiare im Domschatz von St. Veit wie
     deren schrittweisem Austauch, von Büsten aus vergoldetem Silber zu solchen aus rei-
     nem Gold vgl. die in Drucklegung befindliche Dissertation des Autors.
78   Vgl. *Minkenberg*: Büste Karls des Großen, [unpag., 9 f.]. Stammte die Büste aus dem
     Prager Karlshof, war es wohl unnötig, den Kaiser als Stifter extra auf dem Reliquiar zu

Jahr 1376 heraus, als erstmals die Mitführung der Büste in der Aachener Fronleichnamsprozession belegt ist.[79] Der Aufenthalt Karls IV. in Aachen im Jahr 1372 wäre eine gute Gelegenheit für die Schenkung gewesen, erhielt er doch weitere Karlsreliquien aus Aachen, darunter ein Stück des Arms.[80] Der optische Vergleich der noch existierenden Karlsbüste (siehe Abb. 6) und der in der Federzeichnung des Weimarer Skizzenbuches (siehe Abb. 4) überlieferten Wittenberger bzw. vermutlich ursprünglich Prager Sigismundbüste lässt jedenfalls eine nicht zu leugnende Ähnlichkeit erkennen. Unabhängig davon, ob Karl der Große oder Sigismund gemeint waren, scheinen die Darstellungen heiliger Monarchen einem wiedererkennbaren Typus zu folgen: bärtige, löwenartige Figurationen des karolinischen Herrschertyps, wie es Robert Suckale für die ‚Porträts‘ Karls IV. festgestellt hat.[81] Insofern könnte, auch in Bezug auf das Wittenberger Vergleichsbeispiel und die beinahe zeitgleiche Schenkung einer Paulinusbüste nach Luckau,[82] Anfang der 1370er Jahre die vergoldete Karlsbüste des Karlshofs in Prag durch eine Reliquiarbüste aus reinem Gold ersetzt worden sein, die entbehrliche Silberbüste mit Vergoldungen fand dann ihren Weg nach Aachen.

Anders als die Schenkungen an Bischöfe im Reich waren die hypothetischen Schenkungen nach Aachen und Wittenberg nicht in erster Linie diplomatische Gaben. Hier ging es um Stärkung bzw. Etablierung von Kulten, die sehr eng mit der luxemburgischen Herrschaft in Böhmen und im Reich verbunden waren. Die Askanier wurden noch näher an Böhmen gezogen, und die Karlsbüste, wenn die Hypothese ihrer Prager Herkunft zutrifft, erklärt noch heute durch ihre imposante Erscheinung mehr als jede wortreiche

---

erwähnen – bei den Büsten des Veitsdoms geschah dies schließlich ebenso wenig wie bei der Wittenberger Sigismundbüste mit mutmaßlichem Prager Ursprung.

[79] Vgl. *Beissel*, Stephan: Die Aachenfahrt. Verehrung der Aachener Heiligtümer seit den Tagen Karls des Großen bis in unsere Zeit. Freiburg im Breisgau 1902, 133.

[80] Vgl. *Pešina*: Phosphorus, 503. In den Inventaren des Veitsdoms tauchte dieses Armstück nie auf, was für eine Verlagerung in den Karlshof spricht.

[81] Vgl. *Suckale*, Robert: Zur Ikonografie der deutschen Herrscher des 14. Jahrhunderts. Rudolf I. – Ludwig IV. – Karl IV. In: *Hohensee u. a.* (Hg.): Goldene Bulle, 327–348; ders.: Die Porträts Kaiser Karls IV. als Bedeutungsträger. In: *Büchsel*, Martin/*Schmidt*, Peter (Hg.): Das Porträt vor der Erfindung des Porträts. Mainz 2003, 191–204, hier 198 f.; *Braunstein*, Philippe: Portraits des Rois Allemands à la fin du Moyen Age. Modèle et vérité. In: *Dümchen*, Sybil/*Nerlich*, Michael (Hg.): Texte – Image, Bild – Text. Berlin 1990, 115–122; *Wammetsberger*, Helga: Individuum und Typ in den Porträts Kaiser Karls IV. In: Wissenschaftliche Zeitschrift der Friedrich-Schiller-Universität Jena. Gesellschafts- und sprachwissenschaftliche Reihe 16/1 (1967), 79–93. Zu Reliquienbüsten, allerdings nicht schwerpunktmäßig zur Darstellung heiliger Monarchen: *Montgomery*, Scott B.: The Use and Perception of Reliquary Busts in the Late Middle Ages. Ann Arbor 1996.

[82] Vgl. *Favreau-Lilie*: Von Lucca nach Luckau. Zu den – allerdings nicht unumstrittenen – Identifikationsporträts *Polleroß*, Friedrich B.: Das sakrale Identifikationsporträt. Ein höfischer Bildtypus vom 13. bis zum 20. Jahrhundert. 2 Bde. Worms 1988.

Analyse die Strahlkraft einer imperialen Kultförderung durch ein Meister-
werk der Goldschmiedekunst, in dem die Besucher den als Heiligen verehrten
wie den lebenden Kaiser wiedererkennen konnten.

Im engeren Sinn der Festigung sozialer Beziehungen dienten die Schenkungen an verdiente Anhänger in den luxemburgischen Territorien. Zwar
gab es nachweislich Reliquiengaben an Verwandte wie Karls Bruder Johann,
Markgraf v. Mähren.[83] Sonst aber scheinen Schenkungen an weltliche Fürsten
selten zu sein: Ob die Reliquien, für die der niederschlesische Herzog Konrad I. von Oels 1363 in Avignon einen Ablass erwarb, mindestens zu Teilen
von Karl IV. stammen, ist nicht mehr festzustellen.[84] Auch in Böhmen domi-
nieren die Schenkungen an Geistliche wie den engen Vertrauten Karls Preczlaus von Pogarell (1342–1376), der als Bischof von Breslau zeitweise auch
Kanzler des Luxemburgers war.[85] Über die Gabe, einen Zeigefinger Johannes
des Täufers, ist nichts weiter bekannt.[86] Indirekt erschließt sich eine Schenkung an den Bischof von Olmütz vor dem Jahr 1372. In diesem Jahr ließ das
dortige Domkapitel eine Liste der in seinem Besitz befindlichen Reliquien
anfertigen.[87] Die Anzahl der Reliquien und die darunter vertretenen Heiligen
beeindrucken. Da das Heiltum sich aber auf nur fünf klar unterscheidbare
Reliquiare verteilte, muss es sich überwiegend um Kleinstreliquien gehandelt
haben. Fast alle der im Inventar genannten Reliquien sind auch im Prager
Reliquienschatz vertreten.[88] Freilich schweigt die Quelle zur Herkunft und
auch zum Stifter fast aller Reliquien, sodass es zwar wahrscheinlich, aber

---

83 Schenkungen von Zähnen des Apostels Bartholomäus (Praha, Archiv Pražské metropo-
    litní kapituly, Inv. 260/1-7, 1365, 2 [mod. Paginierung]) an Markgraf Johann von Mäh-
    ren sind zwischen 1355 und 1365 belegt, geschahen aber in Verantwortlichkeit des De-
    kans des Domkapitels von St. Veit. Der Unterkiefer des Apostels hatte 1354 noch drei
    Zähne, 1367 erbat Karl IV. für sich den letzten Zahn am Tag nach dem Lanzenfest –
    außerdem verschwand eine Statue aus den Inventaren, die einen Zahn hielt. 1387 fehl-
    ten alle Zähne. Die Schenkung einer Kyrillreliquie in Brünn könnte ebenfalls Markgraf
    Johann gegolten haben. Vgl. *Dudík,* Beda: Iter Romanum. I. Theil: Historische For-
    schungen; II. Theil: Das päpstliche Regestenwesen. 2 Bde. Wien 1855, Bd. 1, 64 f.
84 Vgl. MBV 3/1, 144 f., 147 f., Nr. 221 und 225; *Ptaśnik,* Joannes (Hg.): Analecta Vaticana
    1202–1366. Krakau 1914, 421, Nr. 448.
85 Vgl. *Kopiec,* Jan: Preczlaus von Pogarell (1299–1376). In: *Gatz* (Hg.): *Bischöfe,* 111 f.
86 Vgl. *Kapustka,* Mateusz: Das goldene Zeitalter der Luxemburger. In: *Niedzielenko,* An-
    drzej/*Vlnas,* Vít (Hg.): Schlesien. Die Perle in der Krone Böhmens. Drei Blütezeiten der
    gegenseitigen Kunstbeziehungen. Bd. 1. Praha 2007, 13–154, hier 23, 115 – leider ohne
    Quellenangabe, die ein Nachvollziehen möglich gemacht hätte.
87 Vgl. CDM 10, 201 f., Nr. 179. Als Empfänger kämen drei Olmützer Bischöfe gleichen
    Namens in Frage: Theoretisch schon Johann (VII.) Volek (1333–1351), wahrscheinli-
    cher aber Johann (VIII.) Očko von Vlaším (1351–1364) oder Johann (IX.) von Neu-
    markt (1364–1380).
88 Darunter auch besonders mit Karl IV. verbundenes Heiltum wie die Überreste des hl. Si-
    gismund, Teile vom blutigen Marienschleier oder ein Span von der Krippe Christi.

nicht belegbar ist, dass mindestens ein Teil davon aus Prag stammte.[89] Hier kommt ein Zufallsfund zu Hilfe. Der Danziger Bürgermeister Eberhard Ferber begleitete Kaiser Maximilian 1515 auf der Reise Richtung Wien und führte darüber Tagebuch. Vom 11. auf den 12. August des Jahres übernachtete Maximilian in Olmütz und bekam nach der sonntäglichen Messe ein Stück vom Gewand der Jungfrau Maria geschenkt. Der Olmützer Bischof betonte ausdrücklich, die Reliquie sei von Karl IV. geschenkt worden.[90] Dies könnte ein Beleg sein für eine noch in Olmütz vorhandene Schenkungsurkunde des Kaisers, die die Erinnerung an den Erwerb der Reliquie wachhielt.

Dass keineswegs nur Bischofssitze Ziel herrscherlicher Reliquienschenkungen waren, zeigt die Übergabe des Armes des Evangelisten Lukas an den engen Vertrauten Karls in Reliquienangelegenheiten, Propst Bohusch von Leitmeritz.[91] Bei der Schenkung ging es um mehr als die Belohnung eines Vertrauten. Die Renovierung und Erweiterung der Kirche und andere Stiftsgebäude sowie die rechtliche Position des Kapitels unterstützte Karl IV. auch gegen den Widerstand der Stadt Leitmeritz. Außerdem inkorporierte das Prager Domkapitel die Pröpste der drei Stifte Leitmeritz, Melnik und Altbunzlau durch eigene, von Karl IV. gestiftete Kanonikate. Das Patronat der Propstei und des damit verbundenen Kanonikats in Prag hatte der böhmische König inne. Die Schenkung der Lukas-Reliquie steht daher in einem Kontext mit der Anbindung der Propstei an Prag, ihrer baulichen Erweiterung und der Bestätigung aller Privilegien im Jahr 1356.[92]

Dass der Erhalt von Heiltum aus der Hand des Herrschers weitreichende Konsequenzen haben konnte, wussten auch die böhmischen Magnaten aus der Familie Rosenberg. An der Oktav des Wenzelsfestes, dem 5. Oktober 1354, ließen die Brüder Peter, Jost, Ulrich und Johann von Rosenberg eine

---

89 Nachweisbar ist nur die Anfertigung des Büstenreliquiars im Auftrag des Prager Erzbischofs Johann Očko von Vlašim, 1351 bis 1364 Bischof von Olmütz (vgl. *ebenda*). Bewiesen werden kann die Herkunft aber nicht, ebenso wenig lassen sich aufgrund der zeitgenössischen Quelle zweifellos vorhandene, ältere Olmützer Bestände davon abgrenzen.

90 Vgl. *Liske,* Xawery: Dwa dyaryusze kongresu wiedeńskiego z roku 1515 [Zwei Tagebücher des Wiener Kongresses aus dem Jahr 1515]. In: Archiwum Komisyi Historycznej = Collectanea ex Archivo collegii hist. Crac. Kraków 1878, 89–149, hier 145. Für den Hinweis auf diese abgelegene, aber höchst interessante Quelle danke ich sehr herzlich Gregor Metzig, Berlin. Im Reliquieninventar von 1372 nimmt das Gewandstück Mariens allerdings keine sonderlich prominente Rolle ein und wird in der Monstranz mit den Marienreliquien eher beiläufig erwähnt ("de ueste ipsius virginis").

91 Vgl. RBM 5/4, 881, Nr. 2001. Zur Person und seinem Bezug zu Reliquien vgl. die Dissertation des Autors.

92 Vgl. *Schlenz,* Johannes: Geschichte des Propsteistiftes St. Stephan in Leitmeritz. Prag 1933, 35–39; *Eršil,* Jaroslav/*Pražák,* Jiří (Hg.): Archiv pražské metropolitní kapituly. I. Katalog listin a listů z doby předhusitské (–1419) [Archiv des Prager Metropolitankapitels. I. Katalog der Urkunden und Dokumente aus vorhussitischer Zeit (–1419)]. Praha 1956, 70, 88, Nr. 220 u. 297 f.

Urkunde ausfertigen, mit der die Schenkung hochrangiger Reliquien an ihre Mutter Katharina und sie durch Karl IV., König Ludwig von Ungarn, den Patriarchen von Aquileia und den Prager Erzbischof dokumentiert werden sollte.[93] Die führende Adelsfamilie Südböhmens hatte ein wechselhaftes Verhältnis zu Karl IV., das von Phasen offener Konflikte und solchen enger Kooperation gekennzeichnet war.[94] Tatsächlich hätten die Rosenberger durch eine solche Schenkung Zugriff auf eine imposante und prestigeträchtige Reliquiensammlung mit Passions- und Apostelreliquien sowie Teilen der heiligen Landespatrone erhalten.

Allerdings müssen hier erstmals erhebliche Zweifel an der Echtheit dieser Urkunde formuliert werden.[95] Die Datierung auf den 5. Oktober 1354 irritiert: Karl IV. ist an diesem Tag noch in Salzburg nachzuweisen, er hatte seine

---

[93] Vgl. *Pangerl,* Mathias (Hg.): Urkundenbuch des Cistercienserstiftes B. Mariae V. zu Hohenfurt in Böhmen. Mit einem Anhange. Wien 1865, 111–113, Nr. 104; *Schmidt,* Valentin/*Picha,* Alois (Hg.): Urkundenbuch der Stadt Krummau. Bd. 1: 1253–1419. Prag 1908, 24, Nr. 96; RMB 5/4, 842, Nr. 1921 (ohne Reliquienliste).

[94] Die Rosenberger nahmen im Wappensaal zu Lauf eine wichtige Rolle ein. Vgl. *Němec,* Richard: Herrscher – Kunst – Metapher. Das ikonografische Programm der Residenzburg Lauf an der Pegnitz als eine Quelle der Herrschaftsstrategie Karls IV. In: *Hohensee u. a.* (Hg.): Goldene Bulle, 369–401, hier 381. Dass langfristig immer wieder Konflikte zwischen Karl IV. und den Rosenbergern auftraten, zeigt z. B. die halbjährige Fehde im Frühling 1356, die sich schon seit Anfang der 1350er Jahre entwickelt hatte. Vgl. *Šimůnek,* Robert: Karel IV. a páni z Rožmberka v 50. letech 14. století. Rituály moci a hledání modu vivendi [Karl IV. und die Herren von Rosenberg in den 1350er Jahren. Machtrituale und die Suche nach einem modus vivendi]. In: Husitský Tábor 17 (2012), 69–103; *Šusta,* Josef: Karel IV. Za císařskou korunou 1346–1355 [Karl IV. Auf dem Weg zur Kaiserkrone 1346–1355]. Praha 1948, 406 f. Später befanden sich die Rosenberger aber wieder im Einvernehmen mit dem König und Kaiser, Peter von Rosenberg wurde Propst des Allerheiligenkapitels auf der Prager Burg. Vgl. RI VIII, Nr. 2468. Auch übertrug Karl IV. ihnen die Verantwortung für das böhmische Pilgerhospiz in Rom, eine ursprünglich gemeinsame Stiftung. Neuere Forschungen zu den Rosenbergern auch bei *Tresp,* Uwe: Karl IV. und der Adel der Wenzelskrone. In: *Doležalová,* Eva/*Šimůnek,* Robert (Hg.): Ecclesia als Kommunikationsraum in Mitteleuropa (13.–16. Jahrhundert). München 2011, 81–118; *Schlotheuber,* Eva: Der Ausbau Prags zur Residenzstadt und die Herrschaftskonzeption Karls IV. In: *Jarošová,* Markéta/*Kuthan,* Jiří/*Scholz,* Stefan (Hg.): Prag und die großen Kulturzentren von Europa in der Zeit der Luxemburger (1310–1437). Prague and the Great Cultural Centres of Europe in the Luxembourgeois Era (1310–1437). Prag 2009, 601–621, v. a. aber in den Veröffentlichungen Robert Šimůneks (auch in diesem Band). Dem Kollegen danke ich für seine hilfreiche und wichtige Hinweise auch zu dieser Publikation.

[95] Ganz unkritisch ist die ältere Forschung mit diesen Urkunden umgegangen. Vgl. *Schmidt,* Valentin: Das Krummauer Heilthumsfest. In: Festschrift zur Feier des 40jährigen Bestandes. Hg. v. *Verein für Geschichte der Deutschen in Böhmen.* Prag 1902, 117–125. Aber auch die jüngste Arbeit, die sich mit der Krumauer Ostensio beschäftigt, hat keinen Verdacht geschöpft. Vgl. *Horníčková,* Kateřina: In Heaven and on Earth. Church Treasures in Late Medieval Bohemia. Dissertation. Department of Medieval Studies. Central European University. Budapest 2009, 127–132.

Italienreise noch gar nicht begonnen. Dabei nimmt die Urkunde ausdrücklich Bezug darauf, dass der Luxemburger Reliquien durch den Abt des römischen Vallombrosanerklosters Santa Prassede erhalten habe, was aber erst in der Karwoche 1355 geschah. Man könnte soweit von einer Verschreibung des Datums oder einem Fehler in der Edition ausgehen; die Schenkung hätte dann erst im Oktober 1355 erfolgen dürfen. Ein weiterer Hinweis erhärtet aber die Zweifel, dass es hier nur um eine versehentliche Falschdatierung geht. Die Brüder Peter und Jost von Rosenberg beauftragten am 21. Mai 1355 den Pfarrer der Kirche zu Boschiletz, eine Monstranz für zahlreiche Reliquienpartikel in Auftrag zu geben. Diese hingen offensichtlich von der angeblich 1354 erfolgten Schenkung ab, da es sich fast um dieselben Reliquien handelte. Ausschlaggebend ist auch hier der ausdrückliche Vermerk der Urkunde, die Herren von Rosenberg hätten diese Reliquien u. a. vom Abt von St. Praxedis in Rom erhalten.[96] Unterstellen wir den wenig plausiblen Fall, dass die Rosenberger erst im Mai 1355 einen Teil ihrer Reliquien an eine Pfarrkirche weitergaben und dann im Oktober 1355 sich selbst bestätigten, diese erhalten zu haben. Dies würde voraussetzen, dass die teilweise in Italien erhaltenen Heiltümer zwischen der Reliquienerhebung in St. Praxedis Anfang April und dem 21. Mai 1355 nach Böhmen zurücktransportiert wurden, bevor der Kaiser mit seinem Gefolge im August des Jahres nach Prag zurückkehrte. Nur einer der Rosenberger hatte Karl IV. auf der Italienreise begleitet, war aber zum Zeitpunkt der Reliquienschenkung nach Boschiletz noch nicht wieder nach Böhmen zurückgekehrt.[97] Dass eigens ein Bote mit den in Italien erworbenen Reliquien auf Kosten der Rosenberger nach Böhmen geschickt wurde, ist möglich, aber wenig plausibel. Wenn wir weitere Details hinzuziehen, wird dies allerdings noch unwahrscheinlicher: Die Reliquienliste enthält auch Armteile des hl. Thomas von Aquin. Obwohl eine Zirkulation von Thomas-Reliquien in Europa auch vor der Öffnung seines Grabes 1368 nicht völlig auszuschließen ist,[98] kann doch im Reliquienschatz von St. Veit nur ein kleiner Finger des Aquinaten nachgewiesen werden.[99] Es ist wenig wahrscheinlich, dass Karl IV. den größeren Teil einer Reliquie weggegeben haben soll. Darüber hinaus scheint es seltsam und wenig zweckmäßig, dass nicht die Schenkenden, sondern die Empfänger der Reliquien deren Echtheit durch eine Urkunde dokumentierten. Hinzu kommt, dass die Rosenberger wenig später, in der ersten Jahreshälfte 1356, dem Kaiser Gehorsam gelobten – ein

---

96 Vgl. RBM 6, 25 f, Nr. 36; *Schmidt/Picha*: Urkundenbuch Krummau, 26, Nr. 100 (Regest).
97 Vgl. RI VIII, Nr. 1934, 1934c (für 1354) und Nr. 6817 (19.05.1355), Nr. 2144 (3.06.1355). Unklar ist, ob der dort erwähnte Jesco identisch ist mit Jost v. Rosenberg.
98 Vgl. dazu die einschlägige, noch in Vorbereitung befindliche Dissertation von Marika Räsänen, University of Turku, Finnland. Der Kollegin danke ich herzlich für ihre freundlichen Auskünfte.
99 „S. Thome Aquinat. digitus" (*Pešina*: Phosphorus, 505).

Faktum, das lange als Beleg für einen bewaffneten Konflikt zwischen Karl und den Magnaten angesehen wurde.[100]

Wann die potentiell gefälschte Urkunde erstellt wurde, lässt sich kaum bestimmen. Ein deutlicher zeitlicher Abstand zur Kaiserkrönung Karls IV. ist anzunehmen, sodass weder dem Fälscher noch dem intendierten Publikum das widersinnige Datum der Urkunde auffiel. Möglicherweise baute die Fälschung auf einem Besuch Karls IV. in Krumau Ende April 1351 auf, an dem auch sein Halbbruder Nikolaus, neu ernannter Patriarch von Aquileia, teilnahm. Sie sollen zu dieser Gelegenheit nicht näher bezeichnete Reliquien der Katharina von Rosenberg geschenkt haben.[101] Allerdings steht auch diese Nachricht auf quellenmäßig dünnem Boden und könnte sich ausschließlich auf die Notizen des Jakob von Gratzen (1489) beziehen, der Reliquien im Besitz der Katharina von Rosenberg erwähnt. Außerdem wäre der Zeitpunkt der Reliquienschenkung ungewöhnlich: Karl hatte selbst kaum begonnen, seinen Reliquienschatz in Prag zusammenzutragen. Auch ist kurz nach der angeblichen Schenkung bereits 1352 wieder ein kurzer Konflikt mit den Rosenbergern belegt.[102]

Man kann vermuten, dass es sich um eine Imitation der kaiserlichen Reliquienverehrung noch zu Lebzeiten Karls IV. handelte, immerhin sind die angehängten Siegel nach Beschreibung in der Edition identisch mit denen der Brüder von Rosenberg. Es wäre nicht undenkbar, diese Urkunde in die Reihe bekannter Fälschungen Ulrichs II. von Rosenberg (1403–1462) einzureihen, die in die Regierungszeit Karls IV. rückdatiert wurden und dem Haus Rosenberg Vorteile verschaffen sollten.[103] Auffällig ist, dass die Rosenberger direkt nach dem Tod Karls IV. bis 1397 eine Reihe von Ablässen für Kirchen in ihrem Machtbereich erhielten, bei denen aber nie auf dort aufbewahrte Reliquien verwiesen wurde.[104] Tatsächlich gibt es Hinweise auf einen seit den

---

[100] Vgl. *Werunsky:* Geschichte Karls IV., Bd. 3, 141; RI VIII, Rs., Nr. 701, Nr. 2468.

[101] Vgl. *Schmidt/Picha:* Urkundenbuch Krummau, 24, Nr. 92 (Regest). Im 15. Jahrhundert wurden die Reliquien samt Reliquiaren von den Rosenbergern an österreichische Klöster verpfändet. Vgl. *Pangerl:* Urkundenbuch Hohenfurt, Nr. 242 u. 244.

[102] Die Versöhnung erfolgte bereits wieder im Mai 1352. Vgl. Benesch von Weitmühl: Chronik. In: *Emler,* Josef (Hg.): Prameny dějin českých 4/1. Praha 1882, 459–548, hier 521.

[103] Vgl. *Enneper,* Annemarie: Rosenberg (Familienartikel). In: Neue Deutsche Biographie 22 (2005), 57 f. Teil dieser Fälschungen war vermutlich auch die Behauptung, Peter I. von Rosenberg hätte für seinen Kriegsdienst vom französischen König im Jahr 1338 ein Stück vom wahren Kreuz erhalten, das er in Krumau verehren ließ. Vgl. *Balbín, Bohuslav:* Epitome historica rerum bohemicarum. Prag 1677, 341. Valentin Schmidt hat eine Reihe von Urkunden aus dem Archiv der Rosenberger als Fälschungen Ulrichs II. erkannt. Allerdings ist nur bei einer dieser 22 Fälschungen Karl IV. als Aussteller genannt. Vgl. *Schmidt,* Valentin: Die Fälschung von Kaiser- und Königsurkunden durch Ulrich von Rosenberg. In: MVGDB 32 (1893–94), 317–337; *ders.*: Die Fälschung von Kaiser- und Königsurkunden durch Ulrich von Rosenberg, II. In: MVGDB 33 (1895), 181–202.

[104] Vgl. *Pangerl:* Urkundenbuch Hohenfurt, Nr. 154 f., 163, 178 f., 183.

späten 1350er Jahren existierenden Kult um den Leib Christi in Krummau, den die Rosenberger in Kooperation mit den Franziskanern vor Ort pflegten.[105] Beachtliche Ablässe von einem Jahr und einer Quadragene erhielten sie 1359 und 1371 von päpstlicher Seite, die sich aber nicht auf Reliquienweisungen beziehen, sondern ausschließlich auf die Ausstellung des Corpus Christi.[106] Auch die oben erwähnte Kirche von Boschiletz erhielt einen Ablass, wie auch andere Kirchen, die vermutlich im Machtbereich der Rosenberger lagen.[107] Allerdings beziehen sich diese Ablässe, auch der für Boschiletz, in keiner Weise auf Reliquien – was kaum vorstellbar ist, wäre 1355 die oben genannte Schenkung wirklich erfolgt. Als gesichert darf daher nur die Ostension des Corpus Christi bis zum Tod Karls IV. gelten.[108] In den 1390er Jahren ergoss sich schließlich eine wahre Flut umfangreicher päpstlicher Ablässe über die Rosenberger. Möglich wäre, dass sie nach dem Tod Karls IV. Heiltümer aus Prag bekommen hatten oder sie zumindest behaupten konnten, diese Reliquien zu besitzen, ohne Widerspruch zu befürchten. Dass die Rosenberger im Zuge der Wiederannäherung an den Kaiser die Reliquien erhalten haben, wäre denkbar, ist aber unwahrscheinlich – wozu hätte dann die oben genannte Urkunde gefälscht werden sollen?

Tatsächlich gibt es auch in einer handschriftlichen Zusammenstellung der im Besitz der Rosenberger befindlichen Privilegien königlichen Ursprungs von ca. 1380 keine Verweise auf Reliquienschenkungen.[109] Eine von Joseph Neuwirth paläographisch ins 14. Jahrhundert datierte Handschrift der Prager Universitätsbibliothek gibt einen recht ausführlichen Ordo der Corpus-Domini- und Reliquienweisung in Krumau wieder.[110] Die dort erwähnten Reliquien sind sehr beachtlich: Ein großes Stück vom hl. Kreuz, ein Dorn aus der Dornenkrone und Teile des Schweißtuchs Christi aus dem Grab. Dem folgt ein Stück des Tischtuchs vom letzten Abendmahl, Christi Grabtuch und

---

[105] Vgl. *Schmidt*: Krummauer Heilthumsfest, 118; *Neuwirth,* Joseph: Geschichte der bildenden Kunst in Böhmen vom Tode Wenzels III. bis zu den Hussitenkriegen. I. Band: Allgemeine Verhältnisse, Baubetrieb und Baudenkmale. Prag 1893, 150, Anm. 2.

[106] Vgl. *Schmidt*: Krummauer Heilthumsfest, 118 f.; MBV 2, Nr. 880 f. Bei den 1371 erhaltenen Ablässen für Wittingau und Krumau fällt auf, dass sie nach 20 Jahren ihre Gültigkeit verlieren sollten. Vgl. MBV 4, Nr. 186–188); RBM 7, Nr. 186-188. Wittingau erwarben die Rosenberger 1366 und gründeten dort eine Augustinerkanonie. Vgl. *Schlotheuber,* Der Ausbau Prags, 607; Benesch von Weitmühl: Chronik, 534 f.

[107] Vgl. MBV 2, Nr. 887–889.

[108] Anders als etwa *Horníčková*: In Heaven, 128 annimmt.

[109] Vgl. *Emler,* Josef: Sezení třídy pro filosofii, dějepis a filologii dne 9. července 1877. O rukopise privilegií pánů z Rosenberka ze 14. století [Sitzung der Klasse für Philosophie, Geschichtsschreibung und Philologie am 9. Juni 1877. Über die handgeschriebenen Privilegien der Herren zu Rosenberg im 14. Jahrhundert]. In: Sitzungsberichte der königlich böhmischen Gesellschaft der Wissenschaften in Prag 1877, 316–325.

[110] Vgl. Edition bei *Neuwirth*: Geschichte, 592–595.

der blutige Marienschleier.[111] Die in Krumau gezeigten Reliquien wirken bis ins Detail wie eine Doppelung der Prager Heiltümer.[112] Eine römische Parallelüberlieferung belegt die Authentizität der Ablässe – allerdings nicht die der darin genannten Reliquien.[113] Um 1400 war aus der Krumauer Heiltumsweisung wohl eine sehr erfolgreiche Einrichtung geworden, einerlei, unter welch dubiosen Umständen sie begonnen hatte. Ob die Rosenberger den Marienschleier, für den sie 1399 einen Ablass erhalten wollten, von Wenzel IV. erhalten haben, lässt sich nicht mehr klären.[114] Allerdings wird offenbar, dass die Imitation Karls IV. durch das südböhmische Geschlecht keineswegs nur in Fälschungen erkennbar wird.

Am Anfang meiner Untersuchung steht eine fragwürdige Translation und am Ende eine höchst wahrscheinliche Fälschung. Dazwischen liegen aber ganz unterschiedliche, tatsächlich erfolgte Schenkungen von Reliquien durch Karl IV. Eint sie ein gemeinsames Motiv? Fragt man nach den Selbstaussagen des Kaisers zum Zweck seiner Reliquienschenkungen, bleiben die meisten Quellenpassagen formelhaft: In Sulzbach wird die Fürsprecherfunktion der Heiligen betont, die einen Schmuck der Kirche darstellten. Auch die Pfarrkinder der Galluskirche sollen sich den Schutz ihres Patrons erflehen und sich über die Ankunft des Fürsprechers freuen, aber auch von ihrer Dankbarkeit gegenüber ihrem König Karl berichten, dessen Umsicht die Translation erst möglich machte. Die Stiftskanoniker von Herrieden werden ob ihrer Verdienste und konstanten Frömmigkeit gelobt, das Geschenk soll ihren Dienst an Gott fördern. Bohusch von Leitmeritz zeigt sich der Herrscher ob seiner Verdienste dankbar und erfüllt daher aus königlicher Güte den Wunsch

---

[111] „Lignum sancte crucis in magna quantitate [...] spinam et sudarium Christi." Der nächste Durchgang der Weisung ist nur aus den tschechischen bzw. deutschen Worten der Ausrufer rekonstruierbar: „Nu schult ir zehen das heylig tysslach, daruff unser her ihesus christus zein heiligen leichnam gab den czwelfpoten an dem abent, do er durch uns in den tot geen wlt." Ebenso der dritte Gang: „Nu schult ir zehen das heilig tuch, darin maria gotes muter iren heiligen zun unsern herren ihesum christum gewunten hat, und den ssloyer, daryn sy am karfreytag under dem kreucz gestanden ist." Siehe *Neuwirth*: Geschichte, 593.

[112] Die Rosenberger sollen auch „ein Antlitz Gottes auf einer Tafel sauber gemalt vom hl. Lukas" besessen haben. Vgl. *Kořan*, Ivo: Gotické veraikony a svatolukášske Madony v pražské katedrále [Gotische Veraikons und Madonnen des hl. Lukas in der Prager Kathedrale]. In: Umění. Časopis Ústavu dějin umění Akademie věd České republiky 39 (1991), 286–321, hier 311, Anm. 67 in Bezug auf einen Eintrag eines Inventars des 18. Jahrhunderts.

[113] Vgl. *Schmidt*: Krummauer Heilthumsfest, 119, Anm. 5.

[114] Vgl. *Šroněk*, Michal: The Veil of the Virgin Mary. Relics in the Conflict between Roman Catholics and Utraquists in Bohemia in the 14th and 15th Centuries. In: Umění. Časopis Ústavu dějin umění Akademie věd České republiky 57/2 (2009), 118–139, hier 120; *Balbin*: Epitome, 401.

nach der Armreliquie.[115] Konkreter ist die Begründung für die Übereignung des Zachariashauptes: Die Stamser Mönche als Hüter der Reichsinsignien pflegten eine besondere Verehrung gegenüber den 1359/60 aus Konstantinopel als Geschenk gesandten Reliquien.[116] Bei der Stiftung der Richardsreliquien wird zuerst auf die Rolle der Heiligen als Fürsprecher rekurriert. Dem Kaiser sei erst im Lauf der Zeit wieder eingefallen, dass die Kinder des hl. Richard ja die Patrone Eichstätts seien, so dass er die Reliquien zum eigenen Heil, aber auch zum Wohl des Reiches und aller Gläubigen, die Richard verehrten, in Eichstätt deponieren ließ.[117] Selbst in ihren konkreter auf Reliquie und Empfänger bezogenen Äußerungen sind diese Begründungen wenig ergiebig, da sie sich ganz in den zeitgenössischen Topoi bewegen,[118] harmonisierend wirken[119] und keine Motive jenseits allgemeiner Frömmigkeit erahnen lassen.

Der Blick auf die Schenkungsurkunden allein liefert also keine befriedigenden Antworten. Schon das Beispiel des nordböhmischen Leitmeritz, sicherlich für Karl IV. keine Stadt von überragender Bedeutung, zeigt, dass Reliquienschenkungen in eine ganze Reihe von anderen Maßnahmen zur Hebung der sakralen Bedeutung bestimmter Orte eingebunden sein konnten. In dieser Studie fanden aber Reliquienschenkungen in die Hauptorte der luxemburgischen Lande wie Breslau, Sulzbach, Luckau oder Tangermünde kaum Berücksichtigung. Erst recht darf man die Verteilung von Reliquien in Prag und auf den Karlstein nicht losgelöst von den massiven Wandlungen begreifen, die aus der Residenz der böhmischen Könige die Metropole des Kaiserreichs machten. Die umfassende Sakralisierung bedeutsamer Zentren der luxemburgischen Herrschaft kann an dieser Stelle nicht behandelt werden.[120]

---

115 Sulzbach: vgl. *Braun*: Nordgauchronik, 195. Galluskirche, Prag: vgl. RBM 5/4, 734, Nr. 1637. Herrieden: vgl. MGH Const. 12 (vorauss. 2013), Nr. 360. Schenkung an Bohusch von Leitmeritz: vgl. RBM 5/4, 881, Nr. 2001.

116 Dies würde nahelegen, dass diese Heiltümer auch auf dem Karlstein aufbewahrt wurden. Vgl. *Lindner*: Kiste voller Knochen, 297.

117 Vgl. *[N.N.]*: Kirchenkalendarium, 38.

118 So etwa auch in der Erlaubnis zur Reliquienweitergabe durch Urban V., deren Motivation der Papst wie folgt umreißt: „ut inde tam ipse princeps catholicus quam fideles alii parcium earundem devote consolacionis munera consequantur". Siehe MBV 3/1, 681, Nr. 1066.

119 Es fällt auf, dass Reliquien in den Schenkungsurkunden manchmal unversehrter wirken, als sie es nachweislich waren. Aus St. Gallen hatte Karl die obere Schädelpartie des Heiligen erhalten, an die Galluskirche in Prag schenkte er aber laut Urkunde das ganze Haupt. Man beachte den Wortlaut in der Urkunde des Abtes von St. Gallen: „medium caput dicti s. Galli conf. videlicet superiorem partem capitis" (RBM 5/4, 733 f., Nr. 1635) und in der Schenkungsurkunde Karls IV.: „munus accepimus caput sancti Galli" (*Kaiser*, Hans (Hg.): Collectarius perpetuarum formarum Johannis de Gelynhusen. Innsbruck 1900, 166, Nr. 178).

120 Vielmehr ist hier erneut auf die Dissertation des Autors zu verweisen.

Wenn eine Art Masterplan für die Weitergabe von Heiltum existierte, müsste sich Karl IV. auch in die ganz konkrete künftige Verwendung seiner Schenkungen eingemischt haben. Der Befund zu dieser These ist unterschiedlich: Den feierlichen Empfang der Gaben, vermutlich einen regelrechten Adventus für die Reliquien, ordnete Karl IV. für Sulzbach und Eichstätt an.[121] Ausführliche Auflagen, wie die Reliquie aufzubewahren, ja sogar in einer Art Tresor zu sichern sei, gab es für die Prager Galluskirche.[122] Sehr allgemein wurde in Eichstätt eine kontinuierliche und bevorzugte Verehrung der Reliquie eingefordert.[123] Konkretisiert wird ein solcher Anspruch im Fall der Tiroler Zisterze Stams: Das Zachariashaupt sollte dort häufiger (als in Karlstein?) die Gebete der Gläubigen auf sich ziehen, sodass dadurch Gott in seinem Heiligen gelobt werde.[124] Möglicherweise heißt das, dass Karl IV. den Zisterziensern die Auflage machte, vor der Reliquie regelmäßig das Stundengebet zu singen[125], was durch eine Integration des Schädels in den Hauptaltar des Klosters umgesetzt wurde. Die Verehrung in Sulzbach und Herrieden wurde nicht weiter geregelt. In Herrieden wurde noch nicht einmal erwähnt, dass parallel zur Reliquie ein entsprechendes Reliquiar geschenkt wurde.

Bis auf wenige Ausnahmen scheinen alle genannten Reliquienschenkungen zielgerichtet an Empfänger gegangen zu sein, die es politisch oder kultisch einzubinden, persönlich zu belohnen oder in der Bedeutung ihrer Kirchen zu stärken galt. Den Überlieferungszufall mitbedenkend drängt sich doch der Eindruck auf, dass Karl IV. viel weniger Reliquien weitergab, als er für sich akquirierte. Heiltumsgaben als typischer und vielgenutzter karolinischer Kitt für politisch-soziale Beziehungen, wie anfangs als Hypothese formuliert, können eher nicht konstatiert werden. Dass solche Reliquiengeschenke trotzdem sehr begehrt waren und Prestige vermittelten, belegt schlagend die Fälschung der Rosenberger, aber auch die zweifelhafte Translation der Katharinenreliquie ins Deutschordensland. Mit dem Tod des Luxemburgers scheint sich die Kontrolle über die in Prag akkumulierten Reliquienschätze gelockert zu haben, so dass Profiteure wie die südböhmischen Mag-

---

[121] Zu Sulzbach vgl. *Braun:* Nordgauchronik, 195. Zu Eichstätt *[N.N.]:* Kirchenkalendarium, 38.

[122] Vgl. RBM 5/4, 734, Nr. 1637.

[123] Vgl. *[N.N.]:* Kirchenkalendarium, 38.

[124] Vgl. *Lindner:* Kiste voller Knochen, 297.

[125] In einer unklar datierten, in chronikalischer Abschrift überlieferten Urkunde des Klosters Stams wird berichtet: „Quales autem hae reliquiae fuerunt, quae (ut est in littera) rex Carolus certis fratribus in Stams custodiendas commiserit, certo scire non possum, existimo vero eas fuisse, quae [...] tabulae summi altaris inclusit, ut sic voluntati piissimi regis, qui divinas horas ante eas decantari voluit, satisfieri." Siehe *Haidacher,* Christoph (Hg.): Pater Wolfgang Lebersorgs Chronik des Klosters Stams (Stiftsarchiv Stams, Codex D 40). Innsbruck 2000, 146. Offensichtlich missverstand hier der Chronist die Urkunde über die Schenkung und meinte, Stams hätte noch weitere der im Insert genannten Reliquien erhalten als nur das Zachariashaupt.

naten und der Ermländer Bischof auf den Plan treten konnten. Kehren wir
noch einmal in die sonntägliche Messe nach Olmütz im Jahr 1515 zurück:

vom h. bischoffe wardt geweist noch der messe unser lieben frauen hembde und wardt gegeben zu kussen. Des gab der bischoff dem hern [Kaiser Maximilian] von selbtigen hembde
ein stuk, und der bischoff vorzalte offentlich, das solch ein hembde unser lieben frauen der
kaiser Carolus ken Olmutz gegeben hette.[126]

Die Quelle legt nahe, dass sich Karl IV. im Lauf seiner Herrschaft zu einer
Instanz in Reliquiendingen entwickelt hatte, die noch anderthalb Jahrhunderte nach seinem Tod zur Authentifizierung von Heiltum zitiert wurde.

---

[126] *Liske:* Dwa dyaryusze, 145

Eva Doležalová

HERRSCHER UND KIRCHE
Machtpolitische und soziale Bindungen im luxemburgischen Böhmen

Die Beziehungen zwischen dem Herrscher und der regierenden Dynastie auf der einen und der Kirche auf der anderen Seite prägen die europäische Geschichte des Mittelalters und der Frühen Neuzeit. Seit den Anfängen der europäischen Zivilisation waren es die Kirche und die Religion – in unserem Kontext das westliche Christentum –, die es dem Herrscher ermöglichten, Land und Volk zu einen und ihr gemeinsames Ziel zu bestimmen. Nach dem Modell der Christianisierung der mittelalterlichen Gesellschaft, das unlängst durch das Projekt „Christianisation and state formation in Northern and Central Europe" definiert und bestätigt wurde, nutzten in der ersten Phase der Christianisierung nur Einzelpersönlichkeiten aus den herrschenden Dynastien die Religion und Kirche als Stütze.[1] In der zweiten Phase half die Kirche, das aus den Stammesfürstentümern gebildete Territorium zu einigen. In der dritten Phase kam es zur allmählichen Emanzipation der Kirche, an deren Anfang in der Regel die Formierung einer neuen Diözese stand. Diese schematische Entwicklungsskizze beschreibt selbstverständlich nur die wichtigsten Wendemomente.[2]

1   *Sommer,* Petr u. a.: Bohemia and Moravia. In: *Berend,* Nora (Hg.): Christianization and the Rise of Christian Monarchy. Scandinavia, Central Europa and Rus' c. 900–1200. Cambridge 2007, 214–262.
2   *Hledíková,* Zdeňka: Církevní správa [Kirchenverwaltung]. In: *dies./Janák,* Jan (Hg.): Dějiny správy v českých zemích do roku 1945 [Verwaltungsgeschichte der böhmischen Länder bis 1945]. Praha 1989, 203–232; *Fiala,* Zdeněk: Die Organisation der Kirche im Přemyslidenstaat des 10.–13. Jahrhunderts. In: *Graus,* František (Hg.): Siedlung und Verfassung Böhmens in der Frühzeit. Wiesbaden 1967, 133–143; *Fiala,* Zdeněk: Správa a postavení církve v Čechách od počátku 13. do poloviny 14. století [Verwaltung und Stellung der Kirche in Böhmen vom Anfang des 13. bis zur Mitte des 14. Jahrhunderts]. In: Sborník historický 3 (1955), 64–88; *Hrubý,* František: Církevní zřízení v Čechách a na Moravě od 10. do konce 13. století a jeho poměr ke státu [Das Kirchensystem in Böhmen und Mähren vom 10. bis zum Ende des 13. Jahrhunderts und sein Verhältnis zum Staat]. In: Český časopis historický (weiter ČČH) 22/1–3 (1916), 17–53, 257–87 und 385–421, siehe auch ČČH 23/1–2 (1917), 38–73; *Doležalová,* Eva/*Hledíková,* Zdeňka: Die Erforschung der Entstehung und Ausprägung des Pfarreinetzes bis zum Beginn der hussitischen Revolution in der tschechischen Geschichtswissenschaft. In: *Kruppa,* Nathalie (Hg.): Pfarreien im Mittelalter. Deutschland, Polen, Tschechien und Ungarn im Vergleich. Göttingen 2008, 83–98.

Die erwähnte dritte Phase, d. h. die Emanzipationsbestrebungen der Kirche und ihrer Vertreter, besonders der Bischöfe und Kanoniker, zeichnet sich zwangsläufig durch Konflikte mit der politischen Macht aus, die ihre früheren Ansprüche auf die Beeinflussung der Kirche oder die Manipulation mit der Kirche als Machtinstrument nicht aufzugeben gedachte. Die wechselseitigen Bindungen und Konflikte der weltlichen und der geistlichen Macht zeigten sich während des gesamten Mittelalters und wirkten sich auf alle Ebenen der Kirchenverwaltung aus. In den ersten Jahrhunderten der Existenz neuer Diözesen waren Zusammenstöße zwischen Herrscher und Bischof besonders typisch. Der Herrscher versuchte verständlicherweise sicherzustellen, dass das Bischofsamt mit einem seiner Anhänger und Unterstützer besetzt wurde. Manchmal wurden Mitglieder der regierenden Dynastie zu Bischöfen, worin man sowohl das Bestreben der Familie sehen kann, beide Funktionen zu beherrschen, als auch die Bemühungen des Herrschers, einen ehrgeizigen Verwandten aus dem Kampf um den Fürsten- oder Königsthron auszuschalten. Andernorts erhielten weniger bedeutende, dem Herrscherhof nahe stehende Personen das Bischofsamt, die nicht aus den Rängen des mächtigsten Adels stammten. So ließ beispielsweise die Prager Diözese im 10. und 11. Jahrhundert mit Ausnahme des hl. Adalbert eine markantere Persönlichkeit vermissen. Als Beispiel für spätere Prager Bischöfe, die aus dem niederen Adel oder dem Patriziat stammten, seien Johannes III. und Johannes IV. von Draschitz oder die beiden Bischöfe aus der verzweigten Nachkommenschaft der Herren von Vlašim (Johannes Očko von Vlašim und Johannes von Jenstein) genannt.[3]

Auch das Verfahren der Bischofswahl durchlief eine lange Entwicklung. Hier stoßen wir auf den bereits intensiv erforschten mittelalterlichen Investiturstreit, d. h. auf das Problem, wer das Recht hatte, den Bischof zu wählen. Nach frühchristlichen Bestimmungen sollte er von der christlichen Gemeinde gewählt werden.[4] Es haben sich jedoch nur sehr wenige Informationen erhalten, die uns unmittelbar über den Akt der Bischofswahl gegen Ende der Antike oder im Frühmittelalter berichten. Diese Frage trat in der zweiten Hälfte des 11. und im ersten Viertel des 12. Jahrhunderts sehr stark in den Vordergrund. Das Besetzungsverfahren für die führenden kirchlichen Ämter wurde dann zu einem wichtigen Verhandlungsgegenstand des Vierten Laterankonzils von 1215. In Böhmen wies die Lage im Vergleich zu Westeuropa eine

---

3   *Hledíková*, Zdeňka: Biskup Jan IV. z Dražic [Bischof Johannes IV. von Draschitz]. Praha 1991; *Gatz*, Erwin (Hg.): Die Bischöfe des Heiligen Römischen Reiches 1198 bis 1448. Ein biografisches Lexikon. Berlin 2001.

4   Jetzt grundlegend *Thier*, Andreas: Hierarchie und Autonomie. Regelungstraditionen der Bischofsbestellung in der Geschichte des kirchlichen Wahlrechts bis 1140. Frankfurt am Main 2011.

leichte Verspätung auf.[5] Der Prager Bischof wurde der Tradition entsprechend zunächst durch „Volk und Herzog" gewählt und reiste danach ins Reich, um sich dort in seinem Amt bestätigen zu lassen – und zwar zunächst durch den römischen König.[6] Dieser überreichte ihm zum Zeichen der Zustimmung zur Wahl einen Ring und einen Stab und erteilte die Genehmigung zur Weihe, die von dem für Prag zuständigen Mainzer Metropoliten vorgenommen wurde.[7] Erst im 13. Jahrhundert, als sich auch in Mitteleuropa die Anerkennung des Kirchenrechts durchsetzte, stabilisierte sich in der Prager und der Olmützer Diözese die kanonische Wahl; nun wurden die hiesigen Bischöfe ebenfalls durch das zuständige Domkapitel gewählt. Die Freiheit der Bischofswahl wurde dann aber allmählich durch päpstliche Reservationen eingeschränkt, auf die ich später noch zurückkommen werde. Allerdings begrenzten die kanonischen Wahlvorschriften noch weitere, von den Kandidaten für das Bischofsamt zu erfüllende Kriterien: legitime Herkunft, Bildung und ein gewisses Mindestalter (damals 30 Jahre); diese Kriterien konnten allerdings durch einen Dispens umgangen werden.[8] In der Prager Diözese spielte zu Anfang außerdem die Tatsache eine Rolle, dass der Prager Bischof zugleich Kaplan des Herzogs war und sich damit auch physisch in der Nähe des Herrschers aufhalten musste; diese Situation änderte sich zu Beginn des 13. Jahrhunderts, als es dank der Emanzipationsbestrebungen des Bischofs zur Verselbständigung der Kirchenverwaltung kam.

Eine andere Ebene, auf der Konflikte zwischen der geistlichen und der weltlichen Macht aufbrachen, war die Bestellung von Geistlichen für die Pfarrkirchen. Dieser Aspekt gehört in der europäischen Kirchengeschichtsschreibung zu den meistdiskutierten, weil er nämlich der wichtigste Indikator für den Emanzipationsprozess der Kirche ist. Die verschiedenen Forschungs-

---

5   *Krabbo,* Hermann: Die ostdeutschen Bistümer, besonders ihre Besetzung, unter Kaiser Friedrich II. Berlin 1906; *ders.:* Die Besetzung der deutschen Bistümer unter der Regierung Kaiser Friedrich II (1212–1250). Berlin 1901.

6   *Müller,* Hubert: Der Anteil der Laien an der Bischofswahl. Ein Beitrag zur Geschichte der Kanonistik von Gratian bis Gregor IX. Amsterdam 1977; *Ganzer,* Klaus: Papsttum und Bistumsbesetzungen in der Zeit von Gregor IX. bis Bonifaz VIII. Ein Beitrag zur Geschichte der päpstlichen Reservationen. Köln 1968; *Schimmelpfennig,* Bernhard: Papst- und Bischofswahlen seit dem 12. Jahrhundert. In: *Schneider,* Reinhard/*Zimmermann,* Harald (Hg.): Wahlen und Wählen im Mittelalter. Sigmaringen 1990, 173–95.

7   Z. B. Die Chronik der Böhmen des Cosmas von Prag. Hg. v. Bertold *Bretholz.* Berlin 1923, 55; *ebenda,* 113–115.

8   *Doležalová,* Eva: Svěcení biskupů ve světle středověkých pontifikálů české provenience [Die Bischofsweihe im Lichte mittelalterlicher Pontifikalien böhmischer Provenienz]. In: *Doležalová,* Eva/*Meduna,* Petr (Hg.): Co můj kostel má, nemůže kníže odníti. Věnováno Petru Sommerovi k životnímu jubileu [Was meine Kirche hat, kann der Herzog nicht wegnehmen. Petr Sommer zum Lebensjubiläum gewidmet]. Praha 2011, 188–196; *Hledíková,* Zdeňka: Biskup [Der Bischof]. In: *Šmahel,* František/*Nodl,* Martin (Hg.): Člověk českého středověku [Der Mensch des böhmischen Mittelalters]. Praha 2002, 139–165.

richtungen ordnen diesen Emanzipationsprozess in unterschiedliche Zusammenhänge ein. Die traditionelle Schule verteidigt die Ansicht, dass die
Kirche – zum Beispiel im böhmischen Umfeld – ungefähr bis zum 12. Jahrhundert finanziell sehr stark vom Herrscher abhängig gewesen sei und somit
auch die Besetzung der Grosspfarrkirchen unter der Aufsicht des Landesherrn verblieb. Die Situation habe sich erst mit dem Investiturstreit und der
Entstehung des Archidiakonatssystems in der Olmützer und der Prager Diözese geändert. Eine andere Forschungsmeinung behauptet, die finanzielle
Abhängigkeit der Kirche vom Herrscher sei bei weitem nicht so groß gewesen, so dass auch die Eingriffe des Herzogs in die Kirchenverwaltung nicht so
häufig und einfach waren. Diese Diskussion bezieht sich allerdings vor allem
auf das böhmische Frühmittelalter, und eindeutige Argumente zugunsten der
einen oder der anderen Hypothese fehlen bisher. Eine Reflexion des Verhältnisses zwischen Herrscher und Kirche stellt auch die Entwicklung der Patro-
natsrechte für die einzelnen kirchlichen Pfründen dar. Die Patronatsherren –
der Herrscher, der Adel, die Städte u. ä. – eigneten sich noch bis weit ins
Hoch- und Spätmittelalter mehr Rechte an, als ihnen nach dem kanonischen
Recht zustanden. Die Entwicklung lief zwar auf eine Art „Waffenstillstand"
hinaus, einen Modus vivendi zwischen weltlicher Macht und Kirche, aber der
Herrscher und die übrigen Patronatsherren verzichteten niemals gänzlich
darauf, kirchliche Ämter zur Unterstützung ihrer eigenen Interessen zu nutzen, strategisch wichtige Positionen mit aus ihrer Sicht vorteilhaften Personen zu besetzen und dem Hof nahe stehende Geistliche mit ertragreichen
Pfründen zu belohnen.

Das dritte gewichtige Phänomen in den Beziehungen zwischen Herrscher
und Kirche ist das Vordringen des kurialen Zentralismus in die Kirchenverwaltung vor Ort, besonders die Einführung des Systems der päpstlichen Reservationen und Exspektanzen. In Böhmen setzte dieser Prozess im 13. Jahrhundert ein, die Anzahl des päpstlichen Schrifttums aus diesem Bereich
nahm jedoch seit den zwanziger Jahren des 14. Jahrhunderts, d. h. nach dem
Herrschaftsantritt der Luxemburger, dramatisch zu.[9] Dies hängt natürlich
auch mit der Übersiedlung der Päpste von Rom nach Avignon zusammen. In
der ersten Phase bewirkten diese kurialen Eingriffe eine Entfremdung zwischen dem Bischof auf der einen und seinen Beamten – den Archidiakonen –
auf der anderen Seite. Die Archidiakone wurden häufig ohne Rücksicht auf
die heimischen Umstände vom Papst ernannt. In der zweiten Welle kam es
jedoch bereits zur Ausstellung päpstlicher Reservationsurkunden nicht nur
für die Pfründen der höchsten Diözesanbeamten, die in die päpstliche Kom-

---

[9] *Krofta,* Kamil: Kurie a církevní správa zemí českých v době předhusitské [Kurie und
     Kirchenverwaltung der böhmischen Länder in der vorhussitischen Zeit]. In: ČČH 10
     (1904), 15–36, 125–152, 249–275 und 373–391. Siehe auch ČČH 12 (1906), 7–34, 178–
     191, 274–298 und 426–446; ČČH 14 (1908), 18–34, 172–196, 273–287 und 416–435, be-
     sonders 180–182.

petenz fielen; seit den dreißiger Jahren des 14. Jahrhunderts – unter dem Pontifikat Johannes' XXII. – griff das Reservationssystem außerdem störend in die Ernennung ausgewählter Äbte, Prälaten und Bischöfe ein.[10] Formal blieben diese Provisionen bis zu den Hussitenkriegen bestehen. Ein Beispiel ist auch der erste Prager Erzbischof, Ernst von Pardubitz, der von einem avignonesischen Papst ernannt wurde.[11] Neben den Reservationen, die ihren Adressaten eine reservierte, freie oder gerade frei werdende Pfründe zusprachen, entwickelte sich allmählich auch eine umfangreiche Produktion von Exspektanzen – Urkunden für Anwärter auf eine bisher besetzte oder nicht näher bestimmte Pfründe. Die Exspektanzenproduktion erreichte in der Zeit vor der Hussitischen Revolution ihren Höhepunkt. Im Vergleich zu Westeuropa setzte sich dieses System in Böhmen ungefähr ein halbes Jahrhundert später durch. Seine Auswirkungen schränkten die Möglichkeiten des Bischofs bei der Präbendenverteilung ebenso ein wie die Möglichkeiten des Herrschers, in die bischöflichen Kompetenzen einzugreifen. Als Beispiel sei hier die Prager Metropolitankirche St. Veit genannt, wo es bereits gegen Ende des Pontifikats von Clemens VI. de facto unmöglich war, ohne päpstliche Provision irgendein Amt zu erhalten. Die Prager Erzbischöfe suchten sich dagegen zu wehren, indem sie beim Papst Privilegien erkämpften, um zumindest einige Präbenden mit ihren Kandidaten zu besetzen. Ein noch größeres Chaos löste der zunehmende Erlass von Provisions- und Exspektanzurkunden für niedere Pfründen aus. Es konnte geschehen, dass eine freie Pfründe durch den Verwalter der Diözese besetzt wurde, woraufhin ein Kleriker mit einer päpstlichen Exspektanz erschien und genau diese Pfründe verlangte. Es kam zu Situationen, in denen ein Priester mit einer päpstlichen „littera gratiosa" und „littera executoria" im Prinzip jede gerade frei gewordene Pfründe erhalten konnte, die von der Kurie für reserviert erklärt worden war. Eine detaillierte Analyse der administrativen und finanziellen Mechanismen von Reservationen, Exspektanzen und ähnlichen Vergünstigungen der avignonesischen

---

10 *Hledíková*, Zdeňka: České země a papežství [Die böhmischen Länder und das Papsttum]. In: *dies.*: Svět české středověké církve [Die Welt der böhmischen mittelalterlichen Kirche]. Praha 2010, 401–483; *Eršil*, Jaroslav: Správní a finanční vztahy avignonského papežství k českým zemím ve třetí čtvrtině 14. století [Verwaltungs- und Finanzbeziehungen des avignonesischen Papsttums zu den böhmischen Ländern im dritten Viertel des 14. Jahrhunderts]. Praha 1959; *Hledíková*, Zdeňka: Češi u římské kurie za prvních tří avignonských papežů [Personen aus den böhmischen Ländern an der römischen Kurie zur Zeit der ersten drei avignonesischen Päpste]. In: ČČH 102 (2004), 249–272, bes. 257–259; *Krofta*: Kurie a církevní správa, passim.

11 *Krofta*: Kurie a církevní správa; *Hledíková*, Zdeňka: Pronikání kuriálního centralismu do českých zemí. Na dokladech provizních listin do roku 1342 [Das Vordringen des kurialen Zentralismus in den böhmischen Ländern. Anhand der Belege der Provisionsurkunden bis 1342]. In: ČČH 88 (1990), 3–33, hier 6–8; *dies.*: Svět české středověké církve, 401–440; *Eršil*: Správní a finanční vztahy avignonského papežství.

Päpste nahm für die böhmischen Länder bereits Jaroslav Eršil in seiner Monographie von 1959 vor.[12]

Alle drei dargestellten Ebenen von Beziehungen und Konflikten zwischen weltlicher und kirchlicher Verwaltung, d. h. die Bischofsernennung, die Bestellung von Geistlichen für die Pfarrkirchen und die päpstlichen Reservationen und Exspektanzen, existierten im Prinzip in ähnlichem Ausmaß in allen europäischen Ländern der westlichen Christenheit.[13] Eine der Anomalien, die dafür sorgte, dass diese Beziehungen – und zwar kurz hintereinander auf beiden Seiten – aus ihrem stabilisierten dynamischen Gleichgewicht gerieten, war das ungewöhnlich enge Verhältnis zwischen dem böhmischen und römischen König und dem Prager Erzbischof in der zweiten Hälfte des 14. Jahrhunderts. In der Mitte des 14. Jahrhunderts stehen wir vor dem Gründerwerk Karls IV., der ohne die Fähigkeiten des Prager Erzbischofs und außerordentlich kompetenten Diplomaten Ernst von Pardubitz seine Ziele wohl nicht erreicht hätte. Wie Zdeňka Hledíková in ihren Arbeiten anführt, lässt sich in den überlieferten Dokumenten der Anteil der einen Persönlichkeit kaum von dem der anderen trennen.[14] Unter Ernst von Pardubitz kam es auch zu der radikalsten Veränderung in der Kirchenverwaltung der Prager Diözese. In dieser Zeit fand eine bedeutende Reorganisation der bischöflichen Kanzlei statt, und der Erzbischof kontrollierte mit Hilfe seiner Beamten, dass bei der Besetzung von Pfründen, der Weihe neuer Geistlicher und der Einhaltung des kanonischen Rechts – auch in der Beziehung zu den Laien – alles korrekt zuging. Diese fast idyllische Ära der Zusammenarbeit endete mit Ernsts Tod im Jahr 1364. Im Zusammenhang mit Karl IV. muss noch dessen taktisches Bestreben erwähnt werden, hohe Kirchenämter im Reich und in Böhmen mit seinen Kandidaten zu besetzen, was ihm aufgrund seiner diplomatischen Beziehungen zu dem avignonesischen Papsttum in der Regel auch gelang. Manchmal war diese Taktik allerdings nicht vollkommen erfolgreich, und manche Misserfolge erlebten symptomatische Wiederholungen. Als Beispiel mag die Wahl Albrechts von Sternberg zum Magdeburger Erzbischof dienen: Das dortige Kapitel stellte sich gegen ihn und übte enormen Druck aus, damit Albrecht die Magdeburger Diözese verließ. Dies gelang dem Kapitel tatsächlich – und zwar im Zusammenhang mit Albrechts Visitation seiner Diözese, bei der sich angeblich die Unfähigkeit des neuen Erzbischofs zeigte, im dort üblichen Dialekt zu sprechen und das zu verstehen, was die Menschen ihm sagten. Obwohl die schriftlichen Berichte über die Visitation dieses Problem nicht festhalten, wurde Albrecht von Sternberg unter Mitwirkung des Herr-

---

12 *Ebenda.*
13 *Hotz*, Brigitte: Päpstliche Stellenvergabe am Konstanzer Domkapitel. Die avignonesische Periode 1316–1378 und die Domherrengemeinschaft beim Übergang zum Schisma 1378. Ostfildern 2005.
14 Z. B. *Hledíková*, Zdeňka: Arnošt z Pardubic. Arcibiskup, zakladatel, rádce [Ernst von Pardubitz. Erzbischof, Stifter, Berater]. Praha 2008.

schers in das Bistum Leitomischl im Rahmen der Prager Diözese versetzt, wo er dann auch blieb.[15] Ein ähnlicher Fall, der sich nur wenig später abspielte, war die Ernennung eines jungen böhmischen Gelehrten, Johannes von Jenstein, zum Bischof von Meißen. Hier wurde der Fremde ebenfalls nicht gnädig aufgenommen, und sehr bald tauchten Nachrichten auf, dass seine Sprachkenntnisse nicht ausreichend seien. Jenstein wurde zwar nicht vertrieben, hielt sich jedoch ab 1376, d. h. bereits kurz nach seiner Ernennung, nur noch sporadisch in der Diözese auf und übernahm 1379 das Amt des Prager Erzbischofs.

Der zweite Prager Erzbischof, Johannes Očko von Vlašim, war verglichen mit Ernst von Pardubitz eine weniger prominente Persönlichkeit, aber im Verhältnis zum Herrscher knüpfte seine Politik ohne Unterbrechung an das Werk seines Vorgängers an. Erzbischof Očko war Ratgeber des Herrschers und für die Zeit der zweiten Romfahrt in den Jahren 1368/69 dessen Stellvertreter. Außerdem gelang es Očko, das Prestige der Prager Erzbischöfe dadurch zu vergrößern, dass er 1365 aufgrund seines Amtes nicht nur wie seine Vorgänger zum ständigen päpstlichen Legaten für die Prager Erzdiözese, sondern auch für die Diözesen Bamberg, Regensburg und Meißen ernannt wurde.[16] Karl IV. versuchte – vermutlich unter dem Einfluss seiner guten Erfahrungen mit den vorherigen Prager Bischöfen – die Entwicklung im letzten Viertel des 14. Jahrhunderts ebenfalls zu beeinflussen: Unmittelbar gegen Ende seiner Regierungszeit wählte er für seinen Sohn Wenzel einen Kanzler aus bewährten gesellschaftlichen Kreisen aus. Er entschied sich für Johannes von Jenstein, den Neffen des amtierenden Erzbischofs Očko und damaligen Meißner Bischof.[17] Vermutlich geschah dies 1376. Nach dem Tod Karls IV. und der

---

15 Erzbischof Albrecht III. (1368–1371). In: *Peters*, Eckhart W. (Hg.): Magdeburger Bischofschronik. Dößel 2006, 210–216; *Schmugge*, Ludwig: Das Pontifikale des Bischofs Albert von Sternberg. In: Mediaevalia Bohemica 3 (1970), 49–86; *Pätzold*, Stefan: Erzbischof Albrecht von Sternberg – ein Mährer in Magdeburg (1368–1371). In: *Freitag*, Werner (Hg.): Mitteldeutsche Lebensbilder. Köln 2002, 11–26; *Brodkorb*, Clemens/*Hledíková*, Zdeňka/*Scholz*, Michael: Albert von Sternberg. In: *Gatz*, Erwin (Hg.): Die Bischöfe des Heiligen Römischen Reiches 1448 bis 1648. Berlin 1996, 346–348.

16 *Hledíková*, Zdeňka: Die Prager Erzbischöfe als ständige päpstliche Legaten. Ein Beitrag zur Kirchenpolitik Karls IV. Regensburg 1972, 221–256; *Eubel*, Conradus: Hierarchia catholica medii aevi I. Regensburg 1913, 345.

17 *Weltsch*, Ruben Ernest: Archbishop John of Jenstein (1348–1400). Papalism, Humanism and Reform in pre-hussite Prague. The Hague 1968; *Bujnoch*, Josef: Johann von Jenstein. In: *Seibt*, Ferdinand (Hg.): Karl IV. und sein Kreis. München 1978; *Hledíková*, Zdeňka: Vyvrcholení církevně správního vývoje Čech v době Jana z Jenštejna [Der Höhepunkt der Entwicklung der Kirchenverwaltung Böhmens zur Zeit des Johannes von Jenstein]. In: *dies.*: Svět české středověké církve, 329–339; *Holinka*, Rudolf: Církevní politika arcibiskupa Jana z Jenštejna za pontifikátu Urbana VI. Studie z dějin velikého schismatu západního [Die Kirchenpolitik des Erzbischofs Johannes von Jenstein zur Zeit des Pontifikats von Urban VI. Eine Studie aus der Geschichte des großen Westschismas]. Bratislava 1933.

Abdikation des Erzbischofs Očko übernahmen der böhmische und römische König Wenzel IV. und der Prager Erzbischof Johannes von Jenstein beinahe zeitgleich ihre neuen Ämter.[18] Ihre ursprünglich wohl freundliche Beziehung wandelte sich jedoch bald zur Feindschaft und führte 1393 zu einer katastrophalen Entwicklung. Dieser Konflikt ist zwar nicht Gegenstand meines Beitrags, aber einige Tatsachen sollten trotzdem erwähnt werden. Eine genauere Analyse der einzelnen Phasen dieser Auseinandersetzung findet sich in meinem Artikel in der Publikation über die Dynastie der Luxemburger auf dem böhmischen Thron.[19]

König Wenzel und Erzbischof Johannes traten ihre Ämter zu der Zeit an, als das kirchliche Schisma ausbrach. Ab 1379 gab es eine kurze Episode der engen Zusammenarbeit zwischen Erzbischof und König, deren wesentliches Ziel es war, die Anerkennung Papst Urbans VI. in ganz Europa oder zumindest im ganzen Reich durchzusetzen.[20] Der Erzbischof nahm im Dienst des Herrschers an den Verhandlungen der Reichstage teil. Es war unter anderem auch der Einfluss des Johannes von Jenstein, der Wenzel IV. dazu bewog, dem römischen Papst den Treueeid zu leisten und die Verpflichtung der Romfahrt anzuerkennen. Sehr bald wurden ihre Beziehungen jedoch komplizierter, vor allem wegen Jensteins direktem, undiplomatischem Auftreten bei den Verhandlungen im Reich, aber auch infolge des inkompatiblen Charakters der beiden Männer. Bereits 1380, als Johannes sich gemeinsam mit Wenzel in Nürnberg aufhielt, wurde das Haus, in dem der Erzbischof untergebracht war, überfallen und ausgeraubt. Dies soll auf Veranlassung von Männern aus dem Gefolge des Königs geschehen sein. Jensteins Situation wurde auch durch die Konflikte mit der mährischen Linie der Luxemburger erschwert, die ihre Sympathien für den Papst in Avignon nicht verbarg. 1384 trennten sich die Wege von Wenzel und Johannes von Jenstein definitiv. Der Erzbischof wurde seines Amtes als Kanzler enthoben, und Wenzel IV. bat Papst Urban VI. um Jensteins Abberufung. Der Papst entsprach dieser Bitte zwar nicht, aber die Verbitterung über die ungerechte Behandlung, die Jenstein empfunden haben muss, sollten ihn nicht mehr verlassen. Die Krise gipfelte 1393 im Streit um die Ernennung eines neuen Abtes für das Kloster Kladrau in Westböhmen bzw. um die Errichtung eines neuen Bistums auf den Gütern dieses Klosters, womit der Einfluss des Erzbischofs eingeschränkt

---

[18] *Bujnoch:* Johann von Jenstein, 80–82; *Spěváček,* Jiří: Václav IV. 1361–1419. Praha 1986, passim; *Holinka:* Církevní politika, 18; *Machatschek,* Eduard: Geschichte der Bischöfe des Hochstiftes Meissen in chronologischer Reihenfolge. Dresden 1884, 309–324.

[19] *Doležalová,* Eva: Spor krále Václava s arcibiskupem Janem z Jenštejna [Der Streit des Königs Wenzel mit dem Erzbischof Johannes von Jenstein]. In: *Bobková,* Lenka/*Šmahel,* František (Hg.): Lucemburkové. Česká koruna uprostřed Evropy [Die Luxemburger. Die Böhmische Krone inmitten Europas]. Praha 2012, 656–663.

[20] *Spěváček:* Václav IV., 119 f. und 215 f.; *Loserth,* Johannes: Beiträge zur Geschichte der hussitischen Bewegung I.: Der Codex epistolaris des Erzbischofs von Prag Johann von Jenzenstein. Vienna 1877, Nr. 28, 331 f.

werden sollte.[21] Der Erzbischof konnte zwar eine Abtrennung des Territoriums verhindern, jedoch wurden kurz darauf seine Generalvikare gefoltert – und an den Folgen der Folterung starb Johannes von Pomuk, den wir heute als den hl. Johannes von Nepomuk kennen.[22] Johannes von Jenstein verzichtete 1396 auf das Amt des Erzbischofs und ging nach Rom, wo er 1400 als Patriarch von Alexandria starb.

Über das Unrecht, das ihm der Herrscher und dessen Männer zugefügt hatten, schrieb Johannes von Jenstein für die Kurie eine Anklageschrift gegen König Wenzel IV.[23] Es handelt sich um einen sehr farbigen und suggestiven Text, der zahlreiche Zitate und Stellen in direkter Rede enthält. Fast jeder Anklagepunkt macht auf eine Verletzung des kanonischen Rechts aufmerksam. Im Zusammenhang mit unserem Thema sind jedoch einige Nebenaspekte der Anklage interessant, in denen der Erzbischof die Eingriffe des Herrschers in die Besetzung kirchlicher Ämter schildert. So behauptet er beispielsweise im siebten Punkt seiner Anklage, dass viele Pfründen gewaltsam besetzt werden, dass diejenigen, die sie verteidigen, selbst und mit ihren Sachen in Gefahr geraten, und dass sich diese Gewalttäter damit verteidigen, dass sie die päpstliche Zustimmung besäßen, aber über keine vom Papst ausgestellte Urkunde (*littera apostolica*) verfügten.[24] In einem weiteren (dem neunten) Anklagepunkt schreibt Jenstein, dass neben dem großen Unrecht, das unverheirateten Frauen, Witwen und Waisen zugefügt würde, auch Kleriker große Schäden an ihrem Besitz erlitten, da sie, wenn sie geweiht seien, alle Rechte an ihrem Familienbesitz verlören.[25] Die Punkte zehn und elf erfassen in allgemeiner Form weitere Angriffe auf den Kirchenbesitz. Der Erzbischof beschreibt, wie die Klöster unterdrückt werden. Er wirft dem Herrscher vor, dass die Klöster und Spitäler, die sich um Arme, Kranke und Pilger kümmern, durch das ständige Eintreiben von Steuern und verschiedenen Abgaben finanziell und materiell erschöpft seien.[26] Außerdem weist er auf Angriffe von Männern des Königs auf diese kirchlichen Institutionen hin, die häufig an Plünderungen grenzten.

---

21 Z. B. *Spěváček:* Václav IV.
22 *Vlnas,* Vít: Jan Nepomucký – česká legenda [Johannes von Nepomuk – eine böhmische Legende]. Praha 1993, 24 f.; *Weltsch:* Archbishop John of Jenstein, 40–78; *Polc,* Jaroslav V.: Svatý Jan Nepomucký [Der Heilige Johannes von Nepomuk]. Praha 1993; *ders.*: Proč nebyl arcibiskup svržen do Vltavy [Warum der Erzbischof nicht in die Moldau geworfen wurde]. In: Mediaevalia historica Bohemica 4 (1995), 199–220.
23 Acta in curia Romana, Biblioteca Apostolica Vaticana, Sign. 1122, fol. 162r–171r, herausgegeben von Jan Zítek in seinem mehrteiligen Beitrag für Časopis katolického duchovenstva (weiter ČKD), siehe *Zítek,* Jan: Ke sporu Jana z Jenštejna s Václavem IV. [Zum Streit Johannes' von Jenstein mit Wenzel IV.]. In: ČKD 50 (1909), 64–69, 135–141, 211–218, 324–332, 566–572, 636–644.
24 *Ebenda,* 211.
25 *Ebenda,* 211 f.
26 *Ebenda,* 212 f.

Natürlich darf man nicht alle Angaben Jensteins für bare Münze nehmen,
aber aus anderen Dokumenten vor allem urkundlicher Natur geht doch hervor, dass die überwiegende Mehrheit seiner Anschuldigungen auf einem sehr
realen Fundament basierte. In dem Hinweis auf die gewaltsame Besetzung
von Pfründen darf man auch eine Kritik an der wuchernden Praxis der päpstlichen Exspektanzen sehen. Zwischen Papst Urban VI. und König Wenzel IV.
existierte ein Band der gegenseitigen Abhängigkeit, denn der eine hatte ohne
den anderen keine sichere Anerkennung im Reich. Auch deshalb war der
Papst bereit, dem König in kirchlichen Angelegenheiten nachzugeben. Jenstein, der die Eingriffe des Papstes nicht mildern konnte, musste sich hierdurch in seinen Rechten verletzt fühlen. Als sein einziges unterstützendes
Argument führte er an, dass die mit Exspektanzen versehenen Kleriker keine
schriftliche Bestätigung ihrer Rechte hätten, d. h. dass sie nicht über die *litterae gratiosae* und die *litterae executoriae* verfügten.[27] Ein weiterer Konflikt-
punkt im Hinblick auf die Pfründen, der sich in den Quellen der Kirchenverwaltung – besonders im *Liber ordinationum cleri* und in den *Libri confir-
mationum* – spiegelt, war die Besetzung von Pfründen infolge königlichen
Patronatsrechts durch Personen aus dem Umfeld des Hofes, die dieselben
Ansichten über die Beziehung zur Kirche hegten wie der König. Diese Geistlichen werden in den Quellen manchmal als *familiarius Wenceslai regis, secretarius Wenceslai regis* usw. bezeichnet.[28] Zumeist handelte es sich um reiche
Pfarrpfründen in den königlichen Städten. Der Herrscher bemühte sich, auch
die anderen einträglichen Pfründen mit ihm treu ergebenen Personen zu besetzen. Trotz aller Irrwege, Unterschiede und des tragischen Jahrs 1393
knüpfte die Regierung Wenzels IV. also in vielerlei Hinsicht an das Werk seines Vaters Karl IV. an. Beide Herrscher nutzten päpstliche Vergünstigungen,
und beide Herrscher griffen zu ihrem eigenen Vorteil in die Besetzung hoher
kirchlicher Ämter ein.

Wenzel IV. wurde 1400 als römischer König abgesetzt. Danach musste er
– jetzt nur noch als böhmischer König – gemeinsam mit den jeweils amtierenden Prager Erzbischöfen der heimischen Opposition und schließlich jener
gesamtgesellschaftlichen Krise die Stirn bieten, die in die Hussitische Revolution münden sollte. In dieser Zeit wurden für die Beziehung zwischen weltlicher und geistlicher Autorität andere Konflikte prägend, obwohl die bisherigen Streitpunkte ebenfalls weiter bestehen blieben. Wenzels Nachfolger
Sigismund von Luxemburg blieben vierzehn Jahre lang de facto alle Eingriffe
in die kirchlichen und weltlichen Angelegenheiten Böhmens verwehrt. Zwischen 1421 und 1561 gab es keinen von der römischen Kurie bestätigten Prager Erzbischof; eine Zeit lang amtierten noch zwei utraquistische Erzbischö-

---

[27] *Eršil*: Správní a finanční vztahy avignonského papežství; *Hledíková*: Pronikání kuriálního centralismu.
[28] *Podlaha*, Antonín: Liber ordinationum cleri (1395–1416). Praha 1922.

fe.[29] Nach der Rückkehr Sigismunds im Jahr 1434 wurden die kirchlichen Angelegenheiten in Böhmen durch zwei Konsistorien – das katholische und das utraquistische – verwaltet.[30] Die Kirchenverwaltung war also dualistisch und von vielen inneren wie äußeren Konflikten gezeichnet. Diese Entwicklung bewirkte, dass die böhmischen Länder sich im Hinblick auf unser Thema vom Rest der westlichen Christenheit unterschieden und sich ihr erst mit dem Einsetzen der deutschen Reformation und der darauf reagierenden katholischen Reform wieder annäherten.

[29] Es handelte sich um die Bischöfe Konrad von Vechta (1413–1421/1431), der sich 1421 zum Utraquismus bekannte, und Johannes von Rokycany (1431–1471), der nie von der römischen Kurie anerkannt und bestätigt wurde.

[30] *Macháčková*, Veronika: Církevní správa v době jagellonské. Na základě administrátorských akt [Die Kirchenverwaltung in der jagellonischen Zeit. Auf der Grundlage von Administratorenakten]. In: Folia historica Bohemica 9 (1985), 235–290; *Zilynská*, Blanka: Utrakvistická církevní správa a možnosti jejího studia [Die utraquistische Kirchenverwaltung und die Möglichkeiten ihrer Erforschung]. In: *Hlaváček*, Ivan/*Hrdina*, Jan (Hg.): Církevní správa a její písemnosti na přelomu středověku a novověku [Die Kirchenverwaltung und ihre Schriftstücke an der Wende vom Mittelalter zur Neuzeit]. Praha 2003, 39-53; *Mařík*, Antonín: K postavení katolické církve v Čechách v době poděbradské. Činnost katolických administrátorů za Jiřího z Poděbrad [Zur Stellung der katholischen Kirche in Böhmen in der podiebradischen Zeit. Die Tätigkeit katholischer Administratoren zur Zeit Georgs von Podiebrad]. In: Folia historica Bohemica 7 (1984), 101-196; *ders.*: Teritoriální rozsah katolické církevní správy v době Jiřího z Poděbrad. Na základě administrátorských akt [Die territoriale Ausdehnung der katholischen Kirchenverwaltung in der Zeit Georgs von Podiebrad. Eine Untersuchung auf der Grundlage der Administratorenakten]. In: *Hlaváček/Hrdina* (Hg.): Církevní správa a její písemnosti, 213-240.

Patrick Fiska

ZUM VERHÄLTNIS LANDESFÜRST – KLÖSTER – ADEL
UNTER HERZOG RUDOLF IV. VON ÖSTERREICH (1358–1365)*

Einleitung

In der vermeintlich ältesten, auf den 4. September 1351 datierten Urkunde Herzog Rudolfs IV. von Österreich wird den Brüdern Friedrich und Leopold den Hannauern das Privileg erteilt, ungehindert jeglichen Besitz, den sie von den österreichischen Herzögen in Österreich und Steier zu Lehen haben, als freies Eigen zu geistlichen Stiftungen zu übereignen.[1] Bei dieser, mit der be-

---

* Dieser Beitrag beruht auf den auf dem Workshop „Adel und Landesherr. Die böhmischen und österreichischen Länder im Hoch- und Spätmittelalter" (Rothenberge, 3.–5. November 2010) sowie auf der 3. interdisziplinären deutsch-tschechischen Austauschtagung „Soziale Bindungen und gesellschaftliche Strukturen im späten Mittelalter. 14.–16. Jahrhundert" (14.–16. September 2011) gehaltenen Vorträgen „Zum Verhältnis Landesfürst – Klöster – Adel unter Herzog Rudolf IV. von Österreich" und „‚Umb die mizzehellung zwischen den erbern und geystlichen, dem apte und dem convent [...] und zwischen unserm lieben getrewen [...]'. Kooperations- und Konfliktfelder zwischen Landesfürst, Klöstern und Adel in der ‚Herrschaft zu Österreich' unter Herzog Rudolf IV." Die den Vorträgen zugrundeliegenden Recherchen zu den Klosterurkunden Herzog Rudolfs IV. erfolgten im Rahmen meiner Mitarbeit im FWF-Forschungsprojekt „Bühne der Fürsten (14. Jahrhundert)".

1 Gefälschte Urkunde, datiert auf den 04.09.1351, in Wien, Haus-, Hof- und Staatsarchiv (HHStA), Allgemeine Urkundenreihe (AUR), sub dato 1351 IX 4: „Wir Rŭdolf von gotes gnaden herczog zu Oͤsterreich, zu Steyr und ze Chernden und ze Chrain, graff ze Tyrol etc. vergehen und tŭn chund mit dem brief, das wir unsern lieben getrewn Fridreichen und Lewppolten den Hannawern die genad und gunst getan haben, und tun auch mit dem brief wir vor unser erben und all unser nachkomen, was sew gueter haben in dem lannd ze Steyr oder zu Oͤsterreich, die von uns zu lehen sind, was si der schaffen wellent durich irer sel willen oder durich irer vorvodern weillen zu iartagen oder auf gotshewser, die in unserm lannt gelegen sind wol gemachen und geben mŭgen für ir rechts aigen zu denselben gotshewsern, wo die gelegen sind oder wie die genant sind in unserm lannt. Wer das inen oder iren erben oder derselben gotshewsern yemant chain irrung oder hindrung darinne tun wolt, so sullen wir und unser nachkome sew und ir erben vestlichleich darauf schirmen, das in niemant chain irrung noch hinndrung daran tue. Mit urchund des briefs. Geben ze Grecz des suntags nach sand Giligen tag nach Kristi gepurd, dreyzehenhundert iar, darnach in dem ains und fumfzigisten iar. + hoc · est · verum +." — Die Hannauer waren eine zunächst in der Untersteiermark und Kärnten begüterte und ansässige Ministerialenfamilie. Ein Wulfing von Hannau erscheint Ende des 13. Jahrhunderts als Inhaber eines landesfürstlichen Burglehens von Radkers-

rühmten eigenhändigen Unterschrift *hoc est verum* versehenen Urkunde, die vorgibt von dem noch nicht einmal 12-jährigen Herzog Rudolf IV. ausgestellt worden zu sein, handelt es sich freilich um eine Fälschung. Die Frage, warum gerade Rudolf IV. als fiktiver Urkundenaussteller gewählt wurde und nicht etwa sein Vater Albrecht II., könnte – aus ganz pragmatischen Gründen – mit dem Vorhandensein einer echten Urkunde als Vorbild und deren (heute fehlendem) Siegel zusammenhängen. Nicht gänzlich auszuschließen ist jedoch auch die Überlegung, dass dies aufgrund der Erinnerung an Herzog Rudolfs IV. Rolle als *fundator*, als Förderer von Klöstern und Unterstützer geistlicher Stiftungstätigkeit geschah. Während Entstehungszeit, Nutznießer und der eigentliche Zweck des gefälschten Privilegs nicht mehr rekonstruierbar sind, ist der größere Zusammenhang dennoch zu vermuten: es dürfte um die Legitimierung einer Vermögensübertragung im Zusammenhang einer geistlichen Stiftung gegangen sein.

Die Stiftungstätigkeit zugunsten von Klöstern und die damit verbundenen sozialen und geistigen Bindungen zur Zeit Herzog Rudolfs IV. sind Gegenstand dieses Beitrages, wobei die jeweilige Rolle des Landesfürsten, des Adels und der Klöster, sowie die Konstellationen und Prozesse zwischen den Protagonisten untersucht werden sollen.[2]

---

burg. Ein Wolfhard von Hannau lässt sich von 1348–1355 als landesfürstlicher Burggraf und Bergmeister in Luttenberg (Ljutomer) nachweisen. Siehe *Kos*, Dušan: In Burg und Stadt. Spätmittelalterlicher Adel in Krain und Untersteiermark. Wien, München 2006, 373, 412. 1357 wird ein Wolfhard von Hannau, wohl der Vater Leopolds und Friedrichs, als Hofmeister Albrechts II. genannt. Siehe *Mayer*, Anton (Hg.): Quellen zur Geschichte der Stadt Wien. I. Abteilung: Regesten aus in- und ausländischen Archiven mit Ausnahme des Archivs der Stadt Wien. Bd. 3. Wien 1897, 210 f. (Nr. 3145). Damit dürfte eine Verlagerung von Innerösterreich nach Wien einher gegangen sein. 1362 trugen Leopold und Friedrich Herzog Rudolf IV. ihre Burg Hornberg in Kärnten als Lehen auf. Daneben gibt es noch weitere Urkunden Rudolfs IV., in denen sie als Lehensleute des Herzogs erscheinen; andererseits waren sie aber nicht so hochstehend, dass sie in einer Urkunde als Zeugen genannt wären. In Wien lassen sie sich in den 1360er und 1370er Jahren in diversen Rechtsgeschäften nachweisen. Siehe z. B. *Mayer* (Hg.): Quellen zur Geschichte der Stadt Wien I/3, 5 (Nr. 2287). Im Wiener Hoffrohnbuch aus dem letzten Viertel des 14. Jahrhunderts findet sich zum Jahr 1390 der – vielleicht für die Geschichte der Fälschung nicht unerhebliche – Eintrag: „Hr. Friedreich der Hannawer und sein Vetter der Hannawer habent ir Insigel verueft daz sew verloren habent ze den andern mal". Gedruckt in *Schlager*, Johannes Evangelist: Die Wiener Hofschranne im Jahre 1370 und ihr ferneres Schicksal. In: *Ders.*: Wiener Skizzen aus dem Mittelalter. Bd. 2. Wien 1838, 63–158, hier 93.

2 Zur Stiftungsthematik vgl. *Borgolte*, Michael: Die Stiftungen des Mittelalters in rechts- und sozialhistorischer Sicht. In: Zeitschrift der Savigny-Stiftung für Rechtsgeschichte. Kanonistische Abteilung 105 (1988), 71–94; *Jaritz*, Gerhard (Hg.): Materielle Kultur und religiöse Stiftung im Spätmittelalter. Internationales Round-Table-Gespräch. Krems an der Donau, 26. September 1988. 2. Aufl. Wien 1997. Weiters *Zajic*, Andreas H.: Jahrtag und Grabdenkmal. Spätmittelalterliche Stiftungen und die Realien der Memoria. In: *Hameter*, Wolfgang/*Niederkorn*, Meta/*Scheutz*, Martin (Hg.): Freund Hein?

Da zur Illustrierung der adeligen Stiftungspraxis – insbesondere der Klostergründungen – aufgrund der zu geringen Zahl an Beispielen die Herrschaftszeit Rudolfs IV. zu wenig aussagekräftig wäre, muss für den Adel der untersuchte Zeitraum etwas ausgedehnt werden. Ausgeklammert wird hingegen die Stiftungstätigkeit der Städte und der Bürger, die im Vergleich mit den anderen Gruppen zwar ebenfalls interessant wäre, aber den Rahmen des Beitrags überschreiten würde.

Die Herrschaftspraxis Herzog Rudolfs IV. sollte zwar keinesfalls zu stark personalisiert werden und stets auch in Hinblick auf die Traditionen, in denen er stand und die er aufgriff, hinterfragt werden. Dennoch kann – insbesondere nach den jüngsten Untersuchungen Lukas Wolfingers[3] – festgestellt werden, dass seine Herrschaft von einer sehr persönlichen religiösen Komponente geprägt war und sich darin sowohl von seinen Vorgängern wie auch von seinen Nachfolgern unterschied. Diese Religiosität ist auch für die Beziehungen des Landesfürsten zu Klöstern von Bedeutung.[4]

Tod und Ritual. Innsbruck u. a. 2007, 82–99. Zu einigen Klöstern und einzelnen Ländern der „Herrschaft zu Österreich" existieren längsschnitthafte Untersuchungen der Stiftungstätigkeit vom 13. bis 15. Jahrhundert: z. B. *Müller,* Norbert: Seelgerätstiftungen beim Stift Rein. Dissertation. Universität Graz 1976; *Redik,* Annelies: Seelenheil und Wohltätigkeit. Der karitative Aspekt religiöser Stiftungen – untersucht an steirischen Urkunden des Zeitraumes von 1250 bis 1400. In: *Ebner,* Herwig/*Haselsteiner,* Horst/*Wiesflecker-Friedhuber,* Ingeborg (Hg.): Geschichtsforschung in Graz. Festschrift zum 125-Jahr-Jubiläum des Instituts für Geschichte der Karl-Franzens-Universität Graz. Graz 1990, 209–218. Leider nur als unpubliziertes Manuskript liegt die umfassende, auf einer breiten Quellenbasis beruhende Diplomarbeit *Kren,* Reinhard: Studien zum spätmittelalterlichen Klosterwesen im Herzogtum Österreich. Wien 2001, vor. Der Schwerpunkt darin liegt auf den Jahren 1276 bis 1358, wobei in einigen Fällen auch Ausblicke auf die Herrschaft Rudolfs IV. gemacht werden.

3 Siehe *Wolfinger,* Lukas: Die Stephanskirche zu Wien als Bühne und Medium fürstlicher Selbstdarstellung unter Herzog Rudolf IV. von Österreich (1358–1365). In: *Doležalová,* Eva/*Šimůnek,* Robert (Hg.): Ecclesia als Kommunikationsraum in Mitteleuropa (13.–16. Jahrhundert). München 2011, 119–145. Demnächst *ders.:* Die Herrschaftsinszenierung Herzog Rudolfs IV. von Österreich [im Druck].

4 Neben den im Laufe des Beitrags behandelten frommen Handlungen Rudolfs IV., die mit der in seiner Zeit auch von anderen Fürsten demonstrierten Devotion vergleichbar sind, kann etwa auf die Besonderheit verwiesen werden, dass er bisweilen auf Urkunden in seiner Geheimschrift eigenhändig Gebete schrieb; so in einer Reliquienschenkungsurkunde für St. Stephan vom 04.06.1360 (Diözesanarchiv Wien, sub dato; digital einsehbar auf Monasterium.net, URL: http://www.mom-ca.uni-koeln.de/mom/AT-DAW/Urkunden/13600604_1/charter (am 25.05.2013)) sowie, im monastischen Kontext, auf dem Stiftsbrief für den Karmeliterorden in Wien vom 28.06.1360 (Original in Wien, HHStA, AUR, sub dato; digital einsehbar auf Monasterium.net, URL: http://www.mom-ca.uni-koeln.de/mom/AT-HHStA/WienOCarm/1360_VI_28/charter (am 25.05.2013). Ein anderes Beispiel ist eine gegen sich selbst gerichtete, strenge Pönformel in einem Schutzbrief über den Wachauer Weinzehent für die beiden Augustiner-Chorherrenklöster St. Pölten und St. Florian vom 24.11.1362: „Auch verpinden wir uns für uns selb, für unser prüder, ûnser eriben und für unser nachchômen, ob wir di egenan-

Von der Warte der Klöster aus bedeutete die siebenjährige Herrschaft Herzog Rudolfs IV. eine Konfrontation mit teilweise außergewöhnlichen Situationen wie Amortisations- und Burgrechtsablösegesetzen, besondere Privilegierungen und Förderung, aber auch neue Klostergründungen und Gründung des Allerheiligenkapitels zu St. Stephan, die auch außergewöhnliche Reaktionen hervorriefen, welche nicht zuletzt in der monastischen Historiographie jener Zeit greifbar werden.

Um auf die eingangs zitierte Fälschung zurückzukommen und den außerhalb der politisch-rechtlichen und wirtschaftlichen Norm liegenden Charakter dieses Privilegs für die Brüder Hannauer aufzuzeigen, das in letzter Konsequenz die eigenmächtige Umwandlung von Lehensgut in Eigengut durch die Vasallen bedeutet hätte, sei diesem ein „Normalfall" einer (nieder-)adeligen Stiftung unter Beteiligung Rudolfs IV. gegenübergestellt: Am 7. November 1358 wandelte der Herzog die von zwei Gütern stammenden Abgaben, die der Ritter Burkhard der Chneuzzer (aus dem oberösterreichischen Mühlviertel) von ihm zu Lehen hatte, in ein freies Eigen um, „daz er dieselben gúlt durch got und seiner sel hail willen ledichlich und vreylich geben mag wohin er will ane alle irrung". Im Gegenzug übertrug Burkhard der Chneuzzer die Eigenschaft an einem anderen Hof dem Herzog und erhielt diesen dann zu Lehen.[5] Anders als in der Fälschung wurde die Eigenschaft also nur für ein genau spezifiziertes Gut gegeben. Wie verbindlich dabei die Zweckbindung für eine Schenkung an eine geistliche Institution („daz er durch got und seiner sel hail willen [...] geben mag") in der Nutzung dieses Allods war, ist nicht festzustellen. Dass der Empfänger seinen konkreten Beweggrund dem Herzog kommuniziert hatte, ist aber anzunehmen. Welche geistliche Institution durch

---

ten gotshaẅser nicht getrewleichen verantwẅrcken und beschîrm in allen wegen als wir uns vor verpunden haben, so sullen wîr zehant vervallen sein in den zorn und ungenad des alméchtigen gotes, den wîr, unser prûder, unser erben und all unser nachchômen dar umb pilleich furichten und besargen sullen". Das Exemplar für St. Florian ist noch als Original erhalten im Stiftsarchiv St. Florian; gedruckt, mit Angaben zur Überlieferungssituation und weiteren Drucken, in *Lampel*, Joseph (Hg.): Urkundenbuch des aufgehobenen Chorherrenstiftes Sanct Pölten (976–1400). Bd. 1: 976–1367. Wien 1891, 551-556 (Nr. 463). Digital einsehbar auf Monasterium.net, URL: http://www.mom-ca. uni-koeln.de/mom/AT-StiASF/StFlorianCanReg/1362_XI_24/charter (am 25.05.2013).

5 Urkunde vom 7.11.1358, Original in Linz, Oberösterreichisches Landesarchiv, Bestand Waldhausen, sub dato. Gedruckt in Urkunden-Buch des Landes ob der Enns. Herausgegeben vom Verwaltungs-Ausschuss des Museums Francisco-Carolinum zu Linz, Bd. 7. Wien 1876, 602 (Nr. 591). Digital einsehbar auf Monasterium.net, URL: http:// www.mom-ca.uni-koeln.de/mom/WaldCanReg/1358_XI_07/charter (am 19.04.2013). Mit Burkhard dem Chneuzzer dürfte diese ritterliche Familie im Aufsteigen begriffen gewesen sein. Urkunden Rudolfs IV. für Burkhard den Chneuzzer sind keine weiteren überliefert, aber er erscheint in der Mitgliederliste der Georgsrittergesellschaft „Societas Templois" (Wien, ÖNB, Cod. 3321, 42r-48v, hier fol. 43r). Als Zeuge fungierte er niemals, wohl aber wird ein Johann der Kneuzzer (Burkhards Sohn?) am 27.10.1363 als Hofmarschall Rudolfs IV. genannt (Stadtarchiv Hall, Urkunde Nr. 56).

die Schenkung begünstigt werden mag, steht gemäß dem Wortlaut der Urkunde Burkhard dem Chneuzzer explizit frei („ledichlich und vreylich geben mag wohin er wil ane alle irrung") und erschließt sich aus der Urkunde alleine nicht.

Die Hintergründe dieses Tauschgeschäftes werden quellenmäßig erst rund ein halbes Jahr später fassbar, als am 24. und 25. März 1359 mehrere Personen in Wien – wohl am herzoglichen Hof – zusammentrafen: neben Burkhard dem Chneuzzer auch der Propst des Augustiner-Chorherrenstifts Waldhausen, Johannes, sowie der Bischof von Passau, Gottfried von Weißeneck. Am 24. März verlieh Herzog Rudolf IV. dem Kloster das Privileg der niederen Gerichtsbarkeit – das erste von mehreren dieser Art während seiner Herrschaft für mehrere Klöster.[6] Am selben Tag bestätigte der Passauer Bischof in Wien die Errichtung einer Kapelle in der Burkhard dem Chneuzzer gehörenden Burg (heute Ruine) Saxenegg, die in der früher dem Stift Waldhausen inkorporierten Pfarre St. Thomas liegt, gestattete dort die Installation eines Kaplans (mit eingeschränkten Seelsorgerechten) und bürgte für die Rechtmäßigkeit der Dotation für Waldhausen durch Burkhard den Chneuzzer.[7] Am 25. März beurkundeten dann Burkhard der Chneuzzer und das Kloster gegenseitig ihre Geschäfte, wobei einerseits die Güterschenkung der besagten Abgabe (als Eigengut) vollzogen wurde und andererseits der Propst der Einrichtung der Kapelle zustimmte.[8] Im zeitlichen Zusammenhang des

---

6   Urkunde vom 24.03.1359, Original in Linz, Oberösterreichisches Landesarchiv, Bestand Waldhausen, sub dato; gedruckt in Urkunden-Buch des Landes ob der Enns 7, 635 (Nr. 622). Digital einsehbar auf Monasterium.net, URL: http://www.mom-ca.uni-koeln. de/mom/WaldCanReg/1359_III_24.1/charter (am 19.04.2013). Urkunden ähnlichen Inhalts existieren außer für Waldhausen auch für das Prämonstratenserstift Geras, das Kollegiatstift Spital am Pyhrn, die Zisterzen Rein und Sittich (Stična), die Benediktinerabtei Admont, die Zisterzienserabtei Heiligenkreuz, die Benediktinerabtei Kremsmünster, das Zisterzienserkloster Zwettl und das Benediktinerkloster St. Paul im Lavanttal sowie für die Augustiner-Chorherrenstifte St. Florian und St. Pölten. Nicht nur an Männer- sondern auch an Frauenklöster wurde die niedere Gerichtsbarkeit verliehen: So den weiter unten behandelten Dominikanerinnen von Graz und den Klarissen von Minkendorf (Mekinje) in Krain.

7   Urkunde vom 24.03.1359, Original in Linz, Oberösterreichisches Landesarchiv, Bestand Waldhausen, sub dato; gedruckt in Urkunden-Buch des Landes ob der Enns 7, 633 f. (Nr. 620); digital einsehbar auf Monasterium.net, URL: http://www.mom-ca.uni-koeln. de/mom/WaldCanReg/1359_III_24/charter (am 12.04.2013). Zu Burg und Kapelle Saxenegg siehe *Grüll*, Georg: Sachseneck im unteren Mühlviertel. In: Heimatgaue. Zeitschrift für oberösterreichische Geschichte, Landes- und Volkskunde 9/4 (1928), 269–273.

8   Beide Urkunden vom 25.03.1359 sind kopial, bzw. erstere auch in einem Vidimus des Bischofs Christoph von Passau vom 05.09.1494 überliefert; gedruckt in Urkunden-Buch des Landes ob der Enns 7, 635 f. (Nr. 623) und 636 f. (Nr. 624). Texte digital einsehbar auf Monasterium.net, URL: http://www.mom-ca.uni-koeln.de/mom/WaldCanReg/ (sub dato; aufgerufen am 19.04.2013). Diese Urkunden enthalten zwar keine Angabe des Or-

Treffens mit dem Waldhausener Propst stehen auch ein weiteres Privileg Rudolfs IV. für das Kloster vom 28. März desselben Jahres[9] sowie schließlich in direkter Folge die urkundliche Zusage des Landmarschalls Eberhard von Kapellen vom 30. März, die erteilten Privilegien zu schützen.[10]

Ein interessanter Aspekt an dieser Konstellation der handelnden Personen ist, dass Herzog Rudolf IV., der bei der kirchenrechtlichen Abwicklung und in den diesbezüglichen Urkunden keinerlei Rolle spielte, dennoch als Vermittler der Kapellengründung erscheinen konnte, an dessen Hof und unter dessen Schutz das Geschäft zustande kam. Mit dem Privileg für seinen ritterlichen Lehensmann hatte er die Voraussetzungen dafür geschaffen.

Herzog Rudolf IV. und die Klöster der „Herrschaft zu Österreich"

Zur Beschreibung der Beziehungen zwischen Herzog Rudolf IV. und den in seinem Herrschaftsgebiet gelegenen Klöstern bieten sich mehrere Zugänge an. Mit Einschränkungen aussagekräftig dürften die absoluten Zahlen der für Klöster insgesamt sowie für einzelne Klöster ausgestellten Urkunden sein. Wenn sich während Rudolfs kurzer, nur siebenjähriger Herrschaft rund 250 Klosterurkunden des Herzogs insgesamt feststellen lassen,[11] erscheint die Dichte der Privilegien – verglichen mit seinen Vorgängern und Nachfolgern, zunächst hoch – von den Brüdern Rudolfs IV., Albrecht III. und Leopold III., wurden etwa im Zeitraum 1365–1370 nur knapp über 100 Klosterurkunden ausgestellt.[12] Zwischen 1370 und 1375 stieg allerdings auch die Zahl der Klos-

---

9   tes; dass sie in Wien ausgestellt wurden, dürfte aber wegen des zeitlichen Zusammenhangs ziemlich sicher sein.
Bei der Urkunde vom 28.03.1359 handelt es sich um die Stiftung einer ewigen Messe im Spital St. Nikola an der Donau (unter dem Struden), Original in Linz, Oberösterreichisches Landesarchiv, Bestand Waldhausen, sub dato; gedruckt in Urkunden-Buch des Landes ob der Enns 7, 637 f. (Nr. 626). Digital einsehbar auf Monasterium.net, URL: http://www.mom-ca.uni-koeln.de/mom/WaldCanReg/1359_III_28/charter (am 19.04. 2013).

10 Urkunde vom 30.03.1359, überliefert in einem Vidimus des Bischofs Christoph von Passau vom 05.09.1494; gedruckt in Urkunden-Buch des Landes ob der Enns 7, 638 f. (Nr. 627). Text digital einsehbar auf Monasterium.net, URL: http://www.mom-ca.uni-koeln.de/mom/WaldCanReg/1359_III_30/charter (am 19.04.2013).

11 Diese Angaben beruhen auf einer Aufstellung der Urkunden Rudolfs IV. (ohne Anspruch auf Vollständigkeit), die im Rahmen des FWF-Forschungsprojekts „Bühne der Fürsten (14. Jh.)" von Karin Sperl und mir als Excel-Datei und als PDF verfasst wurde, und die auf Anfrage auch zur Verfügung gestellt werden kann. Eine andere Zusammenstellung der von Rudolf IV. für Klöster und von Klöstern für den Herzog ausgestellten Urkunden in Regestenform liegt als unpubliziertes Manuskript vor, das auf dem IÖG in Wien bzw. auch über Anfrage an den Autor verfügbar ist.

12 Vgl. *Lackner*, Christian/*Feller*, Claudia: Regesta Habsburgica. Regesten der Grafen von Habsburg und der Herzoge von Österreich aus dem Hause Habsburg. V. Abteilung: Die

terurkunden der späteren Herzöge deutlich an,[13] während ein direkter Vergleich mit Rudolfs Vater, Herzog Albrecht II., der ebenfalls viel für Klöster urkundete, durch dessen lange Herrschaftszeit erschwert wird.[14]

Der bloßen Zahl der für einzelne Klöster ausgestellten Urkunden kommt wohl nicht allein eine besondere Aussagekraft für das Verhältnis zwischen Kloster und Landesfürsten zu.[15] Folglich sind der ereignisgeschichtliche Zusammenhang der Urkundenausstellung, die jeweils aktuellen politischen Schwerpunkte der Landesfürsten sowie die konkreten Urkundeninhalte immer auch im Einzelnen zu überprüfen.

Weiters gilt es zwischen der Bestätigung bereits bestehender und der Erteilung neuer Privilegien zu differenzieren, wobei beide Maßnahmen gleichermaßen als Mittel der Politik eingesetzt werden konnten. Schließlich sind auch die unterschiedlichen Aufenthaltsorte und die Reisetätigkeit der Herrscher aufschlussreiche Umstände der Urkundenausstellung. Diesbezüglich spielte einerseits die Ausbildung von Wien als Residenzort eine Rolle, wo sukzessive immer mehr Urkunden ausgestellt wurden, andererseits sind auch die von Rudolf IV. unternommenen Huldigungsfahrten in die einzelnen Länder sei-

---

Regesten der Herzoge von Österreich 1365–1395. 1. Teilband: 1365–1370. Wien, München 2007.

13   Vgl. *Lackner*, Christian/*Feller*, Claudia/*Seitschek*, Stefan: Regesta Habsburgica. Regesten der Grafen von Habsburg und der Herzoge von Österreich aus dem Hause Habsburg. V. Abteilung: Die Regesten der Herzoge von Österreich 1365–1395. 2. Teilband: 1371–1375. Wien, München 2010.

14   Einen Anhaltspunkt bietet *Kren*: Klosterwesen im Herzogtum Österreich, 168–202, wo die edierten oder in Regestenform erschlossenen Klosterurkunden Albrechts II. ziemlich vollständig erfasst sein dürften; hier werden zwischen 1330 und 1358 rund 120 Urkunden aus den Herzogtümern Österreich unter und ob der Enns zitiert.

15   So ist etwa für das Wiener Schottenkloster, dessen Abt Clemens einer der in den Urkunden Rudolfs IV. am häufigsten als Zeugen genannten Prälaten war, nur eine einzige Urkunde (vom 08.07.1360) überliefert. Dabei handelt es sich allerdings um ein prunkvoll ausgestattetes und formuliertes feierliches Privileg, in dem die wichtigsten älteren landesfürstlichen Privilegien bestätigt werden, welche im Zusammenhang der Burgrechtsablösegesetze und Aufhebung der grundherrlichen Gerichtsbarkeit von großer Tragweite für das Kloster waren. Siehe dazu auch den 3. Abschnitt weiter unten. Das Original befindet sich im Archiv der Wiener Schottenabtei, sub dato; gedruckt in *Hauswirth*, Ernest: Urkunden der Benedictiner-Abtei Unserer Lieben Frau zu den Schotten in Wien. Vom Jahre 1158 bis 1418. Wien 1859, 309–311 (Nr. 272). Digital einsehbar auf Monasterium.net, URL: http://www.mom-ca.uni-koeln.de/mom/AT-StiAScho/SchottenOSB/1360_VII_14/charter (am 26.04.2013). Demgegenüber lassen sich die Beispiele St. Florian (8 Urkunden), St. Pölten (10 Urkunden), Gaming (9 Urkunden sowie weitere Geschäftstätigkeit für das Kloster) anführen, bei denen sich die Beurkundungstätigkeit über die Herrschaftszeit Rudolfs IV. verteilte und wo die Zahl der Urkunden durchaus auch über die Beständigkeit des Kontaktes zwischen Kloster und Landesfürst Aufschluss gibt. Melk und Klosterneuburg, denen gegenüber sich die Wertschätzung durch den Landesfürsten unter anderem in den Arengen und Narrationes der Urkunden ausdrückte, liegen mit fünf bzw. sechs überlieferten Urkunden im Mittelfeld. Vgl. Anm. 11.

ner Herrschaft erwähnenswert. Denn dabei stellten die Bestätigung von alten und die Erteilung von neuen Privilegien für die Klöster einen wichtigen Bestandteil des Programms dar.[16] Berücksichtigt man außerdem, dass es Phasen gab, während derer die Zahl der Klosterurkunden diejenigen für weltliche Empfänger übertraf, so ist wohl der generelle Schluss zulässig, dass in der Herrschaftspraxis Rudolfs IV. die Pflege der Beziehungen zu Klöstern einen hohen Stellenwert besaß.

An das oben vorgestellte Beispiel des Treffens Rudolfs IV. mit dem Propst des Klosters Waldhausen im März 1359 lassen sich einige der genannten Kriterien für die landesfürstliche Klosterpolitik und Ausgestaltung der wechselseitigen Verbindungen anlegen: Die für das Kloster ausgestellten herzoglichen Urkunden beinhalten sowohl ein neues Privileg (Gerichtsbarkeit)[17] als auch – als Bestandteil einer Messstiftung Albrechts II. – die Bestätigung eines älteren Privilegs.[18] Weiters zeichnet sich hierbei die zentrale Bedeutung der Stadt Wien als Residenzort ab, an den die Prälaten aus entfernteren Gegenden in zunehmender Weise gezogen und – hier in besonderer Weise an die Stephanskirche als geistiges Zentrum – gebunden werden sollten. Auch die Einbindung des Passauer Bischofs in die herzogliche Umgebung ist charakteristisch, was allerdings bei Gottfried von Weißeneck (ord. 1342–1362) in weit größerem Maß gegeben war als bei dessen Nachfolger, Albert II. von Winkel (ord. 1364–1380), zu dem das Verhältnis nicht ungetrübt war.[19]

Bezüglich der Bindung der Prälaten an die Person des Landesfürsten bieten die langen Zeugenlisten der Urkunden Rudolfs IV. einen wichtigen Anhaltspunkt. Interessanterweise setzten die Erwähnungen der Klostervorstände in den Zeugenlisten (mit wenigen Ausnahmen) noch nicht zu Beginn der

16 Beispielsweise stehen auf der Huldigungsfahrt in das Herzogtum Steier (Aufenthalt in Graz vom 27.01.1360 bis zum 26.02.1360) 26 Klosterurkunden 32 Urkunden mit weltlichen Empfängern gegenüber, von denen 15 städtische Angelegenheiten betreffen. Vgl. Anm. 11. Zur Huldigungsfahrt in die innerösterreichischen Länder siehe auch *Luschin von Ebengreuth*, Arnold: Die Erbhuldigung der Innerösterreicher. In: Zeitschrift des historischen Vereins für Steiermark 11 (1913), 267–271.
17 Wie Anm. 6.
18 Wie Anm. 9.
19 Zur umstrittenen Bistumsbesetzung, bei der weder der Kandidat Rudolfs IV., Johann Ribi, noch der Favorit Kaiser Karls IV., Peter von Rosenberg, zum Zug kam, sondern der Kandidat des Passauer Domkapitels, Albert von Winkel, Bischof wurde, siehe *Strnad, Alfred A.*: Libertas ecclesiae und fürstliche Bistumspolitik. Zur Lage der Kirche in Österreich unter Herzog Rudolf IV. In: *ders./Gelmi*, Josef/*Gritsch*, Helmut/*Baldemair*, Caroline (Hg.): Dynast und Kirche. Studien zum Verhältnis von Kirche und Staat im späteren Mittelalter und in der Neuzeit. Innsbruck 1997, 177–214. Im Gegensatz zu Gottfried von Weißeneck, der sehr häufig (ca. 40 Mal) unter den Zeugen Rudolfs IV. aufscheint, lässt sich dessen Nachfolger nur in den Stiftsbriefen für die Wiener Universität und das Kollegiatkapitel Allerheiligen zu St. Stephan im März 1365, weiters im Stiftsbrief des Klosters Beerenberg am 16.10.1364 (vgl. unten), sowie in Urkunden vom 29.01.1365 für das Kloster Kleinmariazell und für Lambach am 14.02.1365 nachweisen. Vgl. Anm. 11.

Herrschaft Rudolfs IV. ein, sondern erst ab der Mitte des Jahres 1361, was aber umso mehr den politisch-intentionalen Charakter dieser Maßnahme unterstreicht: der Landesfürst umgab sich häufig mit einer Prälaten-Entourage; einige, wie die Äbte von Melk und des Wiener Schottenklosters, erschienen regelmäßig als Zeugen.

Seit längerem sind die diplomatischen Besonderheiten der Urkundenausstellung und der Kanzlei unter Rudolf IV. Gegenstand der Forschung.[20] Dabei wurde auch die Bedeutung der rudolfinischen Arengen beschrieben und (in Ansätzen) auch systematisierend dargestellt.[21] In den Formulierungen der Arengen lassen sich Unterschiede zwischen weltlichen und geistlichen Empfängern differenzieren. Zu ergänzen ist, dass nicht nur die Arengen selbst, sondern auch andere Urkundenteile, wie die Narratio, sowie auch einzelne Stellen in der Dispositio – etwa im Anschluss an inserierte und bestätigte ältere Privilegien – benutzt werden, um programmatische Ansprüche des Landesfürsten, aber auch historiographische Aussagen zu formulieren, wozu im Zuge dieses Beitrags einige Beispiele angeführt werden. Dazu kommt ein – auf ältere Formen zurückgreifendes – in seiner konsequenten Form sukzessive von der Kanzlei Rudolfs IV. angewandtes, abgestuftes System der geistlichen Anredeformen zum Zweck der Distinktion und Auszeichnung, als dessen Teil auch die Titulierung der Klostervorstände als „unser (lieber, besunderer) Kaplan" fungiert.[22]

Vor dem Hintergrund der skizzierten Zugänge und Kriterien sind nun die folgenden Aspekte der Herrschaft Rudolfs IV. von besonderem Interesse: die

20 Vgl. *Kürschner,* Franz: Die Urkunden Herzog Rudolfs IV. von Oesterreich (1358–1365). Ein Beitrag zur speziellen Diplomatik. In: Archiv für österreichische Geschichte 49 (1872), 1–88; *Sauter,* Alexander: Fürstliche Herrschaftsrepräsentation. Die Habsburger im 14. Jahrhundert. Ostfildern 2003. Vgl. weiters *Stelzer,* Winfried: Zur Kanzlei der Herzoge von Österreich aus dem Hause Habsburg (1282–1365). In: Landesherrliche Kanzleien im Spätmittelalter. Referate zum VI. Internationalen Kongress für Diplomatik, München 1983. München 1984, 297–313, hier 309 f. Die diplomatischen Analysen in *Lackner,* Christian: Hof und Herrschaft. Rat, Kanzlei und Regierung der österreichischen Herzoge (1365–1406). Wien, München 2002, bieten auch für die Systematik der Urkunden Rudolfs IV. wichtige Anhaltspunkte.

21 *Sauter:* Fürstliche Herrschaftsrepräsentation, 79–88, 192–198, 311–321. Grundsätzlich zur Arenga und zu den spätmittelalterlichen Entwicklungen, jedoch ohne Behandlung der Urkunden Rudolfs IV. siehe *Fichtenau,* Heinrich: Arenga. Spätantike und Mittelalter im Spiegel von Urkundenformeln. Graz, Köln 1957.

22 Als Kapläne (oder Kapelläne) urkundlich genannt werden in den Urkunden Rudolfs IV. die Äbte von Melk, des Schottenklosters, von Lilienfeld, Lambach, Gleink, Engelhartszell, Admont, St. Paul im Lavanttal, Sittich (Stična), die Pröpste von St. Florian, Waldhausen, Schlägl, Spital am Pyhrn, Spital am Cerwald, Berchtesgaden sowie die Prioren der Kartausen Mauerbach und Gaming (letzterer kraft seines Amtes, gemäß dem Stiftsbrief Albrechts II.). Diese Liste erhebt keinen Anspruch auf Vollständigkeit. Vgl. Anm. 11. Zu Amt und Stellung des Kapellans der österreichischen Herzöge in der zweiten Hälfte des 14. Jahrhunderts sowie zum Verhältnis zwischen Funktion als Ehrentitel und tatsächlichem Hofdienst siehe *Lackner:* Hof und Herrschaft, 153–158.

Rolle und Positionierung des Landesfürsten als *fundator* und *benefactor* klösterlicher Gemeinschaften sowie die Funktion als oberster Vogt und Schirmherr der Klöster.

Bezüglich Rudolfs IV. Stellung als *fundator* ist hervorzuheben, dass Rudolf insgesamt vier neue Klöster gründete bzw. sich in bereits in Gang befindliche Gründungsvorgänge einschaltete, die Gründung eines fünften Klosters blieb in der Vorbereitung und Planung stecken. Bei den fünf Projekten handelte es sich um die Ansiedlung des Karmeliterordens 1360 in Wien;[23] weiters wurden – zumindest unter Mitwirkung des Landesfürsten – drei Konvente der Augustiner-Eremiten in Judenburg,[24] Fürstenfeld[25] sowie in Beerenberg bei Winterthur[26] gegründet. Die geplante Einrichtung eines Klarissenklosters in der Wiener Vorstadt bei St. Theobald auf der Laimgrube (heute 6. Wiener Gemeindebezirk) kam nicht zustande.[27] Die Frage der tatsächlichen Lebensfähigkeit der betreffenden Konvente sei in diesem Zusammenhang einmal ausgeklammert – entscheidend erscheint das konsequente Bestreben des Landesfürsten, sich vielerorts als *(primus) fundator* bzw. „erster Stifter" zu positionieren. Der explizite Wille, sich als besonderer, von anderen Benefak-

---

[23] Vgl. *Perger*, Richard/*Brauneis*, Walther: Die mittelalterlichen Kirchen und Klöster Wiens. Wien 1977, 90 f., 126 f. Zur Standortangabe zum Stiftsbrief vom 28.06.1360 siehe Anm. 4.

[24] Der Stiftsbrief vom 03.12.1362 befindet sich in Wien, HHStA, AUR, sub dato. Siehe *Popelka*, Fritz: Das Archiv des Augustinerklosters in Judenburg. In: Mitteilungen des Steiermärkischen Landesarchivs 11 (1961), 27–35, hier 27, 30.

[25] Der Stiftsbrief vom 03.12.1362 ist abschriftlich überliefert in Graz, Steiermärkisches Landesarchiv, Allgemeine Urkundenreihe (AUR), Nr. 2843; gedruckt in *Steyerer*, Anton: Commentarii pro Historia Alberti II. ducis Austriae cognomento Sapientis. Leipzig 1725, Additiones, col. 348–350.

[26] Urkunde vom 16.10.1364, Original in Zürich, Staatsarchiv des Kantons Zürich, StAZ C II 16, Nr. 101; Regest in *Brupbacher*, Dieter/*Eugster*, Erwin (Hg.): Urkundenregesten des Staatsarchivs des Kantons Zürich 1336–1369. Zürich 1987, 334 (Nr. 1644). Zuvor bereits die (von Kanzler Johann Ribi von Platzheim im Namen Rudolfs IV. ausgestellte) Urkunde vom 14.03.1363, Original in Zürich, Staatsarchiv des Kantons Zürich, StA Z C IV 2.4. Regest in *Brupbacher/Eugster*: Urkundenregesten Zürich, 317 (Nr. 1558). Siehe auch *Feller-Vest*, Veronika: Winterthur, Beerenberg. In: Helvetia sacra IV/2. Die Augustiner-Chorherren und die Chorfrauen-Gemeinschaften in der Schweiz. Basel 2004, 473–491, hier 473 f.

[27] Das Kloster hätte in dem von Rudolfs Eltern Albrecht II. und Johanna von Pfirt gestifteten Spital eingerichtet werden sollen, dessen Pfründnerinnen 1354 dem Tertiarierinnenorden eingegliedert wurden. Quellenmäßig belegt ist das Projekt einerseits durch die überlieferte Supplik Rudolfs IV. vom 14.02.1363; gedruckt in *Lenzenweger*, Josef (Hg.): Acta Pataviensia Austriaca. Vatikanische Akten zur Geschichte des Bistums Passau und der Herzöge von Österreich (1342–1378). Bd. 3: Urban V. (1362–1378). Wien 1996, 148 f. (Nr. 27). Andererseits wurde von Papst Urban V. am 14.02.1363 bereits die Bestätigungsurkunde ausgestellt; diese ist erhalten in Wien, HHStA, Familienurkunden Nr. 177; gedruckt in *Lenzenweger*: Acta Pataviensia Austriaca 3, 149 f. (Nr. 28). Vgl. auch *Perger/Brauneis*: Kirchen und Klöster, 164 f., 317 (Anm. 518).

toren abgehobener Stifter in die Tradition eines Klosters einzuschreiben, lässt sich darüber hinaus auch dort nachweisen, wo Rudolf IV. nichts mit der Gründung zu tun hatte.[28]

Eine für das Verhältnis Landesfürst – Kloster – Adel aufschlussreiche und in mehrfacher Hinsicht bemerkenswerte Quelle ist die als feierliches Privileg ausgestellte Urkunde für das Dominikanerinnenkloster in Graz vom 15. November 1359: Rudolf IV. verleiht dem Kloster die freie Gerichtsbarkeit auf allen Gütern, über alle Untertanen für jegliche Delikte mit Ausnahme todeswürdiger Verbrechen.[29]

Als Petent trat Ulrich (II.) von Wallsee, Hauptmann des Herzogtums Steiermark, in Erscheinung, der bald darauf starb.[30] In ihrem dispositiven Inhalt unterscheidet sich die Urkunde wenig von dem oben genannten Dokument für das Kloster Waldhausen. Gleichwohl handelte es sich bei den Umständen der Urkundenausstellung offenbar um einen politischen Akt größerer Tragweite. Die Zeugenliste ist in diesem Fall besonders beeindruckend: genannt werden unter vielen anderen Graf Meinhard von Tirol (Markgraf von Brandenburg und Herzog von Oberbayern), Herzog Wenzel von Sachsen, der Erzbischof von Salzburg, die Bischöfe von Freising, Passau, Gurk, Seckau und

---

28 Siehe die Urkunde für das Zisterzienserinnenkloster Blotzheim vom 24.02.1362, Original im Staatsarchiv Aargau, Bestand Stiftsarchiv Zofingen, Nr. 98; gedruckt in *Boner*, Georg: Die Urkunden des Stiftsarchivs Zofingen. Herausgegeben mit Unterstützung der Stadt Zofingen. Aarau 1945, 83 f. (Nr. 102): „[...] considerata sincera fidelitate, qua venerabiles et religiose femine abbatissa et conventus in Blatzheim ordinis Cisterciensis Basiliensis diocesis nos et heredes nostros in fundatores perpetuos sui monasterii per suas patentes litteras receperunt, faciendo nos, progenitores, heredes et successores nostros participes omnium orationum et bonorum operum suorum in vita pariter et in morte [...]“.

29 Urkunde vom 15.11.1359, Original in Graz, Steiermärkisches Landesarchiv, AUR Nr. 2720: „[...] Das ist ze merchken, daz si uf allen iren leuten, holden und gütern, die si in unsern landen yetzunt haben oder hinnach gewinnent, von kouffs gabe oder geschefts wegen oder wie sis recht und redleich anchoment haben, sullen alle gerichte, an alayn umb den tode, und was dar über dhainerlay anders unrechten, von wunden, von ubergriffen, von scheltworten oder von dhainerlay frevel, missehelung und chriege aufstunden under der egenananten klosterfroẅn leuten und gutern, dar über sullen richten die amtleut, die diselben klosterfroẅn nu oder hernach dar zů seczent, und swaz wandel und půzze da von gevallent, die sullen den egenanten klosterfroẅn werden und beleiben an alle irrung. Und sol dhain lantrichter weder umb vil noch umb wenig da mit nicht^es ze schaffen haben [...].“ Zum Grazer Dominikanerinnenkloster vgl. grundlegend *Kristof*, Philipp: Die Grazer Dominikanerinnen. Dissertation. Universität Graz 1983; zum Privileg Rudolfs IV. siehe *ebenda*, 7. Zur Klostergründung auch *Hruza*, Karel: Die Herren von Wallsee. Geschichte eines schwäbisch-österreichischen Adelsgeschlechts (1171–1331). Linz 1995, 300, 328.

30 Möglicherweise war Ulrich II. zu diesem Zeitpunkt sogar bereits gestorben, das Nekrologium der Grazer Dominikanerinnen verzeichnet den 12.07.1359 als Todestag: siehe *Doblinger*, Max: Die Herren von Walsee. Ein Beitrag zur österreichischen Adelsgeschichte. Wien 1906, 129.

Lavant, die Grafen von Görz und Cilli; weiters die Inhaber der Erbämter in Österreich, Steier und Kärnten sowie der Hofämter Rudolfs IV. Sie alle sind nicht nur Zeugen, sondern zugleich auch Adressaten des in der Urkunde ebenfalls enthaltenen politischen Programms, wobei die Urkunde vor allem für die steirischen Landherren von Bedeutung ist. Der von Ulrich I. von Wallsee und seiner Frau Diemudis mit Unterstützung Herzog Friedrichs I., des späteren Königs Friedrich (III.) des Schönen 1307 gegründete, im 14. Jahrhundert aufblühende Konvent der Grazer Dominikanerinnen war für eine Reihe von steirischen Geschlechtern ein spiritueller Kristallisationspunkt und ein Ort zur Versorgung ihrer Töchter.[31] Aufgrund einer Reihe von Schenkungen erwarb das Kloster sehr rasch weitreichende Besitzungen und Güter. Nicht nur die Wallseer, aus deren Familie in der Urkunde mehrere Personen als Zeugen genannt sind, sondern auch die in der Zeugenliste ebenfalls vertretenen Herren von Kranichberg, Losenstein und Pettau gehörten zu den Benefaktoren der Dominikanerinnen, aus deren Familien auch die Konventsschwestern kamen.[32] Von seiten des Herzogs bedeutet die Verleihung der (niederen) Gerichtsbarkeit also auch ein wichtiges Zugeständnis an die steirischen Landherren, deren gestiftete Güter und Herrschaftsrechte betroffen waren. Die Anknüpfung an die alte Tradition der Förderung dieser Gemeinschaft durch Rudolfs Vorfahren dürfte auch eine Rolle gespielt haben. Neben der imposanten Zeugenreihe und der großen Intitulatio sowie dem großen Siegel ist die Urkunde auch mit einer besonderen Arenga versehen:

Ez zimt wol furstlicher wirdikait ze erhören allezeit gnédichlich alle irr getrewn redliche und rechte pet, umb alle erber sache und sunderlich umb merung, gemachs und wirdichait aller gotzheiser, doch allermeist der gotzheuser, die in irn furstentumen, under irm schierm und in irr vogtey gelegen sind. Und wand der leutt gedéchtnúzze hinfleizzet mit der zeit, von ist notdurftig und ouch billich, daz all eliche getat und néwe gesetzze in rechten sachen geewigt werden mit briefs hantfest, durch daz darnach in chunftigen ziten mit chrigs anvangs icht stozze oder irrsal darin valle. Darumb so wizzen alle leut, und sunderlich die, den ez ze wizzen dúrft geschiecht, daz wir als ein volkomen gelide des keiserlichen houptᵉs und des heiligen Rômischen richs, von dem die recht fliezzent, mit kayserleicher machte, volchomenheit, die uns sunderlichen in allen unsern landen von dem egenanten heiligen riche gegeben und freilichen empholhen ist in allen sachen [...] gegeben haben [...] und geben ouch [...].[33]

Der Text enthält eine auf das *Privilegium maius* bezogene Legitimationsformel („als ein volkomen gelide des keiserlichen houptᵉs, [...] mit kayserleicher machte"). Arengen mit einem Bezug zu diesem Fälschungskomplex Rudolfs IV. finden sich eher bei weltlichen Empfängern, während sie in den

31 Siehe *Kristof*: Grazer Dominikanerinnen, 5–7, 19 f., 42 f.
32 Vgl. *ebenda*, 89–101, sowie zum Ordensleben und der Herkunft der Konventsschwestern *ebenda*, 19 f., 42 f. Neben den Herren von Kranichberg, Losenstein und Pettau waren auch die Eppensteiner, Horneck, Molbrechtshausen, Kornberg, Stadeck und Graben eng mit dem Kloster verbunden.
33 Wie Anm. 29.

Klosterurkunden nur selten und dann vor allem am Anfang seiner Herrschaft vorkommen, ehe sich dann eine deutlich wahrnehmbare Differenzierung des Inhalts zwischen geistlichen und weltlichen Empfängern herauskristallisiert.[34] In diesem Fall lässt sich die Formulierung sicher auch durch das Publikum bei der Urkundenausstellung und den speziell angesprochenen Adressatenkreis der steirischen Landherren erklären. In der vielfältigen Forschung zum Fälschungskomplex der „Österreichischen Freiheitsbriefe" wurde ja unter anderem auch die These vertreten, dass die faktische Bedeutung des *Privilegium maius* für die inneren Angelegenheiten der „Herrschaft zu Österreich" letztlich wirkungsvoller waren als auf der Ebene des Reichs.[35] Das Privileg für die Grazer Dominikanerinnen ist ein gutes Beispiel, wie dieses Programm kommuniziert wurde. Der in der Urkunde formulierte allgemeine, übergreifende Begriff der landesfürstlichen Schirmvogtei für die Klöster verbindet sich dabei mit einem Privileg, welches auch dem Einfluss des steirischen Adels auf „sein" Kloster zugute kommt.

Der Adel und die Klöster

In diesem Abschnitt steht die Frage im Vordergrund, welchen Spielraum der Adel in Kloster- und Kirchenangelegenheiten hatte. Wie konnten sich einzelne Familien als „Stifter" und „Klosterherren" – auch im Sinne der Nachfolge des alten Eigenkirchen- und Eigenklösterwesens – neben dem Landesfürsten behaupten? Wie waren ihre Einfluss- und Zugriffsmöglichkeiten auf Klöster oder andere geistliche Institute? Gab es eine Konkurrenz zwischen Landesfürst und Adel hinsichtlich der Positionierung als Fundatoren, Benefaktoren und Patronatsherren?

Diese Fragen sollen anhand der Stiftungstätigkeit der Herren von Wallsee, von Kapellen und von Maissau sowie der Grafen von Schaunberg erörtert werden. Hinsichtlich ihrer ökonomischen Potenz und ihres Einflusses, insbesondere auf dem flachen Land, standen diese österreichischen Landherrengeschlechter alle weit über einem Ritter wie dem eingangs behandelten Burkhard dem Chneuzzer, was auf die Verbindung von Besitz mit den von ihnen eingenommenen landesfürstlichen Ämtern zurückzuführen war. Im Zusammenhang der Stiftungstätigkeit zeigte sich dies etwa daran, dass die landesfürstliche Umwandlung von Lehensbesitz in freies Eigen zum Zweck von geistlichen Stiftungen wie Jahrtagen seltener eine Rolle spielte, allein schon deshalb, weil diese Familien selbst über genug Allodialbesitz verfügten.[36] Im

---

34　Vgl. *Sauter*: Fürstliche Herrschaftsrepräsentation, 192-198.

35　Vgl. z. B. *Lhotsky*, Alphons: Privilegium maius. Die Geschichte einer Urkunde. Wien 1957, 77; *Trusen*, Winfried: Spätmittelalterliche Jurisprudenz und Wirtschaftsethik dargestellt an Wiener Gutachten des 14. Jahrhunderts. Wiesbaden 1961, 179, 188–190.

36　Als Beispiel lassen sich gehäufte, großzügige Stiftungen der Linie Wallsee-Graz und einiger anderer steirischen Familien für die schon erwähnten Grazer Dominikanerin-

Gegenteil: als Lehensherren einer eigenen rittermäßigen oder sonstigen Gefolgschaft konnten sie, ähnlich dem Landesfürsten, ihre eigene Frömmigkeit
demonstrieren, indem auch sie bei geistlichen Stiftungen von Dritten auf ihre
Rechte als Lehensherren verzichteten.[37]

Die Herren von Wallsee

Die ursprünglich aus Schwaben stammenden Herren von Wallsee, deren Familie aus vier Hauptlinien bestand, hatten zum Zeitpunkt, als Rudolf IV. die
Regierung antrat, bereits mehrere Klöster in Österreich und der Steiermark
gegründet: das oben erwähnte Kloster der Dominikanerinnen in Graz 1308,
die Zisterze Säusenstein 1334/36 und das Zisterzienserinnenkloster Schlierbach 1355. Außerdem förderten sie den Minoritenorden in mehreren Städten.[38] Für das Verständnis der sozialen und der memorialen Bindungen der
Gründerfamilie an bestimmte Klöster ist ferner in Rechnung zu stellen, dass
die Herren von Wallsee-Linz, die über mehrere Generationen das Amt des
Hauptmanns von Österreich ob der Enns innehatten, auch Vögte mehrerer
oberösterreichischer Klöster waren, unter anderem auch der bedeutenden
Prälatenklöster St. Florian und Lambach.[39] Im Falle Lambachs bezeichneten
sie sich selbst als „Erbvögte".[40] Über den dadurch gegebenen großen Einfluss
auf einzelne Klöster hinausgehend bestand aber offenbar ein besonderes Interesse an der Gründung von neuen, „eigenen" Klöstern. Dies wird auch daran
ersichtlich, dass die Gründer bereit waren, auch rechtliche Nachteile in Kauf
zu nehmen, die in den folgenden Fällen insbesondere mit der Entscheidung
für den Zisterzienserorden und dessen Statuten zusammenhingen.

nen in den 1350er und 1360er Jahren anführen: vgl. *Kristof:* Grazer Dominikanerinnen,
17, 82-101. In den Fällen, wo Lehensbesitz der Landherren durch den Landesfürsten in
freies Eigen umgewandelt werden musste, dürfte dies häufig auch auf die spezielle geographische Situation und bestimmte Arrondierungsmaßnahmen zurückzuführen sein.
Eine diesbezüglich auffällige und etwas komplizierte Situation war bei der (im Abschnitt über die Herren von Maissau behandelten) Gründung der Kartause Aggsbach
gegeben, die nicht auf Eigenbesitz errichtet werden konnte, sondern auf Gütern, die die
Stifter nur als Lehen innehatten.
[37] So z. B. Eberhard von Wallsee mehrfach für die Klöster Schlierbach und Säusenstein
(vgl. weiter unten), die Grafen von Schaunberg 1357 für das Zisterzienserinnenkloster
Ybbs (vgl. weiter unten) oder der Landmarschall Wernhard von Maissau am 02.09.1377
zugunsten des Wiener Bürgerspitals.
[38] Grundlegend zu den Herren von Wallsee *Hruza:* Herren von Wallsee. Zur Förderung
der Minoriten in Pettau, Linz, Enns, Wels siehe *ebenda*, 300 sowie *Doblinger:* Herren
von Walsee, 41 und 129.
[39] Vgl. *Hageneder,* Othmar: Zur adeligen Klostervogtei im späten Mittelalter am Beispiel
Lambachs. In: *Ebner,* Herwig u. a. (Hg.): Forschungen zur Landes- und Kirchengeschichte. Festschrift Helmut Jodok Mezler-Andelberg zum 65. Geburtstag. Graz 1988,
181-186.
[40] *Ebenda*, 183. Die Vogtei war den Herren von Wallsee seit 1313 verpfändet.

Für das Kloster Säusenstein führte Rudolf IV. am 20. Mai 1363 auf Bitte Eberhards III./V. von Wallsee(-Linz), des Hauptmanns des Landes ob der Enns, der 1334/1336 das Kloster gemeinsam mit seiner Frau Anna und seinen Söhnen selbst gestiftet hatte, fünf Privilegienbestätigungen der Herzöge Albrecht II. und Otto des Fröhlichen durch. Einige Tage später, am 24. Mai, kam noch ein zusätzliches Privileg dazu.[41] Die heute nur mehr kopial überlieferten Urkunden waren als feierliche Privilegien ausgestaltet und mit der großen Intitulatio und dem großen Siegel des Herzogs sowie mit einer langen Zeugenreihe ausgestattet.[42] Andererseits sind die Urkunden hinsichtlich der inneren Merkmale für rudolfinische Verhältnisse vergleichsweise nüchtern – so fehlt etwa im Gegensatz zur Urkunde für das Grazer Dominikanerinnenkloster eine Arenga. Die Narratio und die das Insert umrahmenden Formulierungen sind bei allen Urkunden gleichlautend, wodurch zum einen fast schon ein Eindruck von serieller Ausfertigung entsteht, zum anderen die alten Privilegien und deren Rechtsinhalt stärker in den Vordergrund rücken.[43] Die Privilegien betreffen die Befreiung von der Gastung, den mautfreien Bezug von Salz, die mautfreie Einfuhr von Getreide und Wein, die Schenkung der Eigenschaft des Dorfes Espeshofen (Asperhofen) sowie schließlich die Vogtei

---

41 Die Urkunden sind im Kopialbuch der Zisterze Säusenstein (Wien, ÖNB Cod. 12499, fol. 16v–19v) überliefert. Zum Kloster Säusenstein vgl. *Erdinger*, Anton: Geschichte des aufgehobenen Cistercienser-Stiftes Säusenstein in Niederösterreich, V. O. W. W. In: Blätter des Vereines für Landeskunde von Niederösterreich N. F. 10 (1876), 25–43, 149–166, 236–246, 271–289 und N. F. 11 (1877), 13–31, 86–109, 183–197, hier N. F. 10 (1876), 25–43. Die vom früheren Archivar der Diözese St. Pölten Gerhard Winner verfassten, nur in einem maschinenschriftlichen Manuskript vorliegenden Regesten der Säusensteiner Urkunden wurden von Peter Gratzl für Monasterium.Net überarbeitet und sind dort digital abrufbar. URL: http://www.mom-ca.uni-koeln.de/mom/SaeuOCist/collection (am 25.05.2013).

42 *Wolfinger:* Stephanskirche, 136, hat in anderem Zusammenhang auf den festlichen, sakralen Rahmen, in dem diese Bestätigungen für Säusenstein an der Pfingstvigil stattfanden, hingewiesen.

43 Z. B. Urkunde vom 20.05.1363; kopial überliefert in Wien, ÖNB Cod. 12499, fol. 16v–17r: „Wir Rûdolf [...] bechennen und tûn kund offenlich mît disem prief, daz unser getrewr lieber Eberhart von Walsse von Lînz unser hauptman ob der Ens fûr uns chom und zaigt uns ein hantfest, die unser lieber herr und vater hertzog Albrecht und hertzog Ott unser vetter seliger gedechtnûzz dem erbern und geistleichen lewten ·· dem abt ·· dem prior und dem convent grabes orden, genant in dem Gotestal, seiner neustift, gegeben habent, wie si sew in ir sunder gnad und scherm genomen habent, und daz si auch aller gastung sullen uberhaben sein, und pat uns begierlich, daz wir die selben hantfest der egenanten seiner newstift gerûchten ze vernewern und ze bestetten. Daz haben wir getan ze geleicher weiz, alz hienach von wort ze wort geschriben stet. [es folgt das Insert] Nu haben wir vorgenant herczog Rûdolf angesehen die gnad und begier, die di obgenanten, unser lieber herr und vater hertzog Albrecht und hertczog Ott unser vetter gehabt habent zu dem egenanten chloster und haben deselben geistleichen léuten dem abt und dem convent ze dem Gotestal die vorgenanten hantfest vernewet, bewért und bestétt in aller der mazze, alz von wort ze wort da oben geschriben stet."

des Klosters – der für diesen Beitrag interessanteste Sachverhalt.[44] Hierbei tritt der Stifter mehrere Rechte ab, wobei die – gewissermaßen prozesshafte – Situation des Jahres 1345 (zehn Jahre nach der Gründung) reproduziert wird, als Herzog Albrecht II. geurkundet hatte:

> [...] daz fûr uns chomen sind unser getrewn Eberhart von Walsse haupman ob der Ens und Eberhart und H(ei)nrich sein sûne und habent uns aufgeben die aygenschaft, die si gehabt habent an dem chloster ze Gotestal und an alle dem, daz darczû gehôrt und habent sich ouch aller der recht und vogtey, so si da gehabt haben, verczigen fûr sich und für ir erben und baten uns erntslichen [!], daz wir uns des selben chlosters durch got und durch ir pet willen underwunden und in unsern scherm nemen, alz andrew chloster, die in unsern landen ligent, und wellen und sullen ouch wir, unser erben und unser nachchomen fûrbas desselben klosters und alles des, daz darczû gehôrt, vogt und scherm sein, alz anderr kloster grabes ordens in unserm lande ze Oster(reich).[45]

Die von Albrecht II. geschaffenen Rechtszustände wurden also durch Rudolf IV. unverändert fortgeführt. Im Gegensatz zu anderen Klöstern (wie z. B. Lambach) mussten Eberhard und seine Verwandten gerade bei „seiner newstifft"[46] auf die Vogtei verzichten. Dies hängt mit den speziellen Statuten des Zisterzienserordens und der Berufung der österreichischen Landesfürsten auf das Recht der obersten (abgabenfreien) Zisterzienservogtei zusammen, die Herzog Albrecht II. 1345 für Säusenstein reklamiert hatte.[47] In diesem Zusammenhang sei auch darauf hingewiesen, dass Eberhard von Wallsee zunächst mit dem Augustiner-Eremitenorden bezüglich einer Klostergründung in Kontakt getreten war, mit dessen Generalkapitel er sich aber offenbar nicht über die Bedingungen einigen konnte.[48]

Gleichzeitig wird in den herzoglichen Urkunden die Stellung der Wallseer als „Stifter" in keiner Weise beeinträchtigt, und aus dem Zusammenhang der übrigen Geschäftätigkeit geht auch hervor, dass ihnen die faktische Entscheidungsgewalt in den Belangen des Klosters verblieb.[49] Eberhard von Wallsee agierte von sich aus als Patron des Klosters, durchaus einem (Stifter-)Vogt vergleichbar, der vor seinem Tod gewillt war, seine Stiftung weiter

---

44 Wie Anm. 41.
45 Urkunde Herzog Albrechts II. von 1345; zitiert nach dem Insert in der Urkunde Rudolfs IV. vom 20.05.1363; kopial überliefert in Wien, ÖNB Cod. 12499, fol. 18v–19r.
46 So der Wortlaut in den Narrationes aller sechs Urkunden.
47 Zur landesfürstlichen Zisterzienservogtei siehe *Reichert*, Folker: Landesherrschaft, Adel und Vogtei. Zur Vorgeschichte des spätmittelalterlichen Ständestaates im Herzogtum Österreich. Köln, Wien 1985, 260–274; *Hageneder*, Othmar: Die geistliche Gerichtsbarkeit in Ober- und Niederösterreich. Von den Anfängen bis zum Beginn des 15. Jahrhunderts. Linz 1967, 136 f.
48 Siehe *Erdinger*: Säusenstein, 29; *Kren*: Klosterwesen im Herzogtum Österreich, 176. Die diesbezügliche Urkunde mehrerer Augustiner Prioren vom 21.07.1331 gedruckt in *Maurer*, Rudolf: Urkunden und Aktenstücke zur Geschichte des Augustiner-Eremiten Konvents zu Baden bei Wien (1285–1545). Wien 1998, 116 f., Nr. 32.
49 Vgl. die Regesten von Winner und Gratzl auf Monasterium.net, URL: http://www.mom-ca.uni-koeln.de/mom/SaeuOCist/collection (am 25.05.2013).

zu konsolidieren und der deshalb um die Privilegienbestätigungen ansuchte. Die die Vogtei betreffende Urkunde lief in dem Gesamtpaket mit – aber es ging dabei wohl weniger um den Verzicht auf Vogteirechte als um den vom Stifter erwünschten Schutz und Schirm des Landesfürsten, der das Kloster auch noch zusätzlich unterstützte.

Noch deutlicher greifbar als in Säusenstein wird das Arrangement zwischen dem Landesherrn als Obervogt und den dennoch in ihrer Entscheidungsfähigkeit nicht beeinträchtigten Stiftern bei dem ebenfalls von Eberhard von Wallsee 1355 gestifteten Zisterzienserinnenkloster Schlierbach.[50] Bei dieser Gründung im Jahr 1355 verzichtete Eberhard nicht erst nachträglich auf die Vogtei, sondern Herzog Albrecht II. gewährte gleich zu Beginn seinen Schutz und erklärte sich von vornherein selbst zum Vogt.[51] Die Klostergründung erfolgte also in der vollen Kenntnis und mit Akzeptanz der etablierten Rahmenbedingungen. Maßgebliche Gründe für die Wahl des Zisterzienserordens bei diesem Kloster waren der organisatorische Zusammenhang und die Unterstellung unter die bereits bestehende Zisterze Säusenstein und andererseits die Verbindung zum schwäbischen Zisterzienserinnenkloster Baindt, aus dem die ersten Nonnen kamen.[52] Bereits in die Regierungszeit Rudolfs IV. fiel dann eine Reihe von Maßnahmen zur Konsolidierung der Stiftung. Eberhard bewirkte die Inkorporation der Pfarre Wartberg beim Bischof von Passau und tauschte dazu zuerst das Kirchlehen von Zwettl gegen Wartberg mit dem Bischof.[53] Weiters stifteten oder verkauften mehrere Lehensleu-

---

[50] Zur Geschichte des Zisterzienserinnenstifts Schlierbach und der Herren von Wallsee siehe *Rumpler,* Klaus: Die Wallseer, das Land ob der Enns und das Stift Schlierbach. In: *Etzlstorfer,* Hannes/*Rumpler,* Klaus: 650 Jahre Stift Schlierbach. Schlierbach 2005; *Doblinger:* Herren von Walsee, 45 f.
[51] Die Urkunde vom 29.04.1355 befindet sich im Stiftsarchiv Schlierbach, sub dato; gedruckt in Urkunden-Buch des Landes ob der Enns 7, 411 f. (Nr. 399); digital einsehbar auf Monasterium.net, URL: http://www.mom-ca.uni-koeln.de/mom/AT-StiASch/ SchlierbachOCist/1355_IV_29/charter (am 12.04.2013).
[52] Siehe *Schiffmann,* Konrad: Zur Frage nach dem Mutterkloster des Zisterzienser-Nonnenstiftes Schlierbach in Oesterreich ob der Enns. In: Studien und Mitteilungen zur Geschichte des Benediktiner-Ordens und seiner Zweige 19 (1898), 97–100; *Hruza,* Karel: Die Herren von Wallsee und Kloster Baindt. In: *Beck,* Otto (Hg.): Baindt – Hortus Floridus. Festschrift zur 750-Jahrfeier der Klostergründung 1290–1990. München, Zürich 1990, 73–79; *Hruza:* Herren von Wallsee, 417 f.
[53] Urkunde vom 07.09.1359, Original im Stiftsarchiv Schlierbach, sub dato; gedruckt in Urkunden-Buch des Landes ob der Enns 7, 656 f. (Nr. 647); digital einsehbar auf Monasterium.net, URL: http://www.mom-ca.uni-koeln.de/mom/AT-StiASch/Schlierbach OCist/1359_IX_07/charter (am 25.05.2013). Sowie Urkunde vom 10.09.1359, Original im Stiftsarchiv Schlierbach, sub dato; gedruckt in Urkunden-Buch des Landes ob der Enns 7, 657 f. (Nr. 648). Text digital einsehbar auf Monasterium.net, URL: http://www. mom-ca.uni-koeln.de/mom/AT-StiASch/SchlierbachOCist/1359_IX_10/charter (am 25. 05.2013).

te der Wallseer sowie auch Verwandte Güter an das Kloster.[54] Bei all diesen
Aktivitäten war der Landesfürst in keinerlei Weise involviert, während der
primus fundator[55] Eberhard von Wallsee gleichsam seine „Familie" um das
Kloster gruppierte. Die Einbindung des familiären (linienübergreifenden)
Umfelds kommt bereits im Stiftungsbrief vom 22. Februar 1355 zum Aus-
druck. Die 14, heute abgefallenen, Siegel waren – neben dem Eberhards von
Wallsee – die seiner „lieben frewnt, Raimprechtz und Fridr(ichs) von Waltse
ze Ens, Vlreiches und Fridr(ichs) von Waltse ze Graetz, Eberh(arts) und
Hainr(ichs) von Waltse ze Drosendorf", seines „lieben aydems graf Hansen
von Pernstain", seiner „lieben swaeger Pertholdz und Dietreiches von Losen-
stain", seiner „lieben ôheim Vlreihes" und „Eberh(arts) von Chappeln" sowie
„Gundachers und Otachers von Ror."[56] Ähnlich wie das Dominikanerinnenkloster in Graz wurde also auch Schlierbach zu einem Bezugs- und Kristallisationspunkt der spirituellen und repräsentativen Bedürfnisse für ein ganzes
Geschlechtergeflecht.

Diese Situation, in der es zwar einen Stifter an der Spitze gab, die Stiftung
aber nur durch einen größeren Personenverband getragen werden konnte,
führt zur Überlegung nach dem Zusammenhang zwischen den ökonomischen Voraussetzungen und der Gestalt der am Ende des Prozesses stehenden

---

54 Z. B. Urkunde vom 04.05.1359: Katharina, Schwester des Niclas und des Thomas der
    Hayden, und ihre Kinder verkaufen an das Kloster Schlierbach die Osterhube, ein
    Lehen Eberhards von Wallsee („als ez unser lehen gewesen ist von unserm genedigen li-
    ben herrn herrn Ewerh(art) von Waltse"). Original im Stiftsarchiv Schlierbach, sub da-
    to; gedruckt in Urkunden-Buch des Landes ob der Enns 7, 645 (Nr. 634). Digital einseh-
    bar auf Monasterium.net, URL: http://www.mom-ca.uni-koeln.de/mom/AT-StiASch/
    SchlierbachOCist/1359_V_04/charter (am 19.04.2013). Weiters die Urkunde vom
    21.09.1360: Albrecht, ehemals Schaffer zu Pernstein, schenkt seinen zwei Töchtern,
    Nonnen zu Schlierbach, mehrere Lehengüter Eberhards von Wallsee, welcher sie dem
    Kloster übereignet. Der Verzicht Eberhards auf die Eigenschaft ist in der Urkunde inse-
    riert: „Ich Eberh(art) von Waltse vergich umb di obgenanten gueter, di Albr(echt) der
    Schaffer von mir ze lehen gehabt hat und di er dem obgenanten gotzhaus ze Slyrbach
    gemacht und gegeben hat nach seiner vorgenanten chind tod, daz er daz mit mein gue-
    ten willen, wort und gunst getan hatt, und han auch im di lehenschaft gegeben durch
    got und durich des offt genanten vrawnchlasters willen, daz furbaz mein eriben noch
    nachchomen dhain anspruch nach derselben lehenschaft nicht mer haben sullen, wand
    ich daz bestétt mit meim insigel, daz ich an den brief gelegt han." Original im Stiftsar-
    chiv Schlierbach, sub dato; gedruckt in Urkunden-Buch des Landes ob der Enns 7,
    724 f. (Nr. 721). Digital einsehbar auf Monasterium.net, URL: http://www.mom-ca.uni-
    koeln.de/mom/AT-StiASch/SchlierbachOCist/1360_IX_21/charter (am 1.05.2013).
55 Diese Bezeichnung für Eberhard von Wallsee stammt nicht aus Schlierbach, sondern ist
    dem bei *Erdinger:* Säusenstein, 28, zitierten „Mortilogium" der Zisterze Säusenstein
    entnommen.
56 Die Urkunde vom 22.02.1355 befindet sich im Stiftsarchiv Schlierbach, sub dato; ge-
    druckt in Urkunden-Buch des Landes ob der Enns 7, 402–405 (Nr. 391); digital einseh-
    bar auf Monasterium.net, URL: http://www.mom-ca.uni-koeln.de/mom/AT-StiASch/
    SchlierbachOCist/1355_II_22/charter (am 26.04.2013).

Institution. Dabei zeigt sich, dass für die Seelgerätstiftungen und die Sorge für die eigene und familiäre Memoria – in vergleichbarer Weise und mit ähnlichen Ausdrucksformen – auch auf andere Varianten zurückgegriffen wurde, falls die Gründung eines Klosters gerade nicht in Frage kam. Neben der Stiftung von Kapellen und deren repräsentativer Ausstattung boten etwa auch die Rechte auf Pfarrkirchen einige Gestaltungsmöglichkeiten. Aus der Zeit Rudolfs IV. lässt sich dazu die Geschichte der Pfarre St. Ägidius in Gumpendorf, heute im 6. Wiener Gemeindebezirk, anführen.

Die Herren von Kapellen

Seit 1293 stand die Pfarre St. Ägidius in Gumpendorf unter dem Einfluss der Herren von Kapellen, die auch bereits als Klostergründer (Heiligengeistkloster Pulgarn) in Erscheinung getreten waren.[57] Am 15. März 1360 schenkten Eberhard von Kapellen, Hauptmann zu Enns, und sein „Vetter" bzw. Neffe Jans dem oberösterreichischen Zisterzienserstift Baumgartenberg die Kirche zu Gumpendorf mit allem Zugehör zu einem ewigen Seelgerät für sich, ihre Vorfahren und Nachkommen unter der Bedingung, dass zwei Priester aus dem Stift zur Besorgung des Gottesdienstes bestellt werden und die Herren von Kapellen die Erbvogtei über die Kirche behalten.[58]

Auffällig an dieser Seelgerätstiftung ist, dass dieselbe Schenkung mit (nahezu) denselben Bedingungen schon einmal, und zwar im Jahr 1354 durch Janns von Kapellen, den Vater Eberhards, erfolgt war.[59] Damals wurde die Schenkung des Patronatsrechts an Baumgartenberg durch Papst Innozenz VI. bestätigt.[60] Herzog Albrecht II. wiederum bestätigte, „daz demselben Johan-

---

57 Zu den Herren von Kapellen siehe *Raidl*, Heribert, Die Herren von Kapellen. Dissertation. Universität Wien 2002. Zu Pulgarn *ebenda*, 240–248; *Stülz*, Jodok: Geschichte des Klosters des heiligen Geist-Ordens zu Pulgarn. In: Fünfter Bericht über das Museum Francisco-Carolinum. Nebst der zweyten Lieferung der Beyträge zur Landeskunde von Oesterreich ob der Enns und Salzburg. Linz 1841, 60–110.

58 Urkunde vom 15.03.1360, Original im Archiv des Wiener Schottenklosters, sub dato; gedruckt in *Hauswirth*: Urkunden Benedictiner-Abtei zu den Schotten, 307 (Nr. 270). Digital einsehbar auf Monasterium.net, URL: http://www.mom-ca.uni-koeln.de/mom/AT-StiAScho/SchottenOSB/1360_III_15/charter (am 26.04.2013). Kopial überliefert im Baumgartenberger Urkundenbuch von 1511; gedruckt auch in Urkunden-Buch des Landes ob der Enns 7, 689 (Nr. 681).

59 Urkunde vom 06.01.1354. Kopial überliefert im Baumgartenberger Urkundenbuch von 1511; gedruckt in Urkunden-Buch des Landes ob der Enns 7, 342 f. (Nr. 335). Ein Unterschied ist, dass in dieser Urkunde von 1354 auch noch der Gebetsdienst für den Vater des Janns, Ulrich, in der Kapelle ein Teil der Bedingungen ist.

60 Urkunde vom 03.10.1354, Original verschollen (?); gedruckt (nach einer älteren Edition) in Urkunden-Buch des Landes ob der Enns 7, 377 f. (Nr. 346). Danach in *Lenzenweger*, Josef: Acta Pataviensia Austriaca. Vatikanische Akten zur Geschichte des Bistums Passau und der Herzöge von Österreich (1342–1378). 2. Band: Innocenz VI. (1352–1362). Wien 1992, 115 f. (Nr. 23).

sen von Chappell vnd seinn erben die vogtey vber diselben kyrichen ze Gumpendorf dann och ewichlich sol beleiben."[61] Bei der zweiten Stiftung im Jahr 1360 war es hingegen der Bischof von Passau, der die Inkorporation der Pfarre beurkundete,[62] während Rudolf IV. als Landesfürst nicht mehr beteiligt war.

Der historische Kontext, die Chronologie der Urkunden und insbesondere die jeweiligen Formulierungen machen indessen die besonderen Interessen deutlich: Die jüngeren Herren von Kapellen ließen für sich selbst die Seelgerätstiftung erneut festschreiben, wohl auch um namentlich als Stifter aufzuscheinen.[63] Dass dabei derselbe „Preis" ein weiteres Mal zum Einsatz kommen konnte, legt nahe, dass sich an dem faktischen Einfluss der Herren von Kapellen auf die Pfarre in den sechs Jahren seit 1354 wenig geändert hatte. Das Patronatsrecht an der Pfarre war zwar abgetreten worden, mit der Vogtei war ihnen aber eine wichtige Einflussmöglichkeit verblieben. Zudem hatte der Abt in einer eigenen Urkunde die Rückgängigmachung der Schenkung für den Fall der Nichteinhaltung der Verpflichtungen bestätigt.[64] Mit der Übertragung der Pfarre konnte die Bindung der Herren von Kapellen an das in ihrem Einflussbereich stehende oberösterreichische Baumgartenberg, dessen Untervögte sie waren, weiter gestärkt werden und zugleich ein geeigneter Modus für eine funktionierende seelsorgerliche Betreuung der Pfarre Gumpendorf gefunden werden, wo die Familie noch im 15. Jahrhundert Güter besaß.

---

61 Urkunde vom 27.03.1354, Original in Wien, HHStA, AUR, sub dato; gedruckt in Urkunden-Buch des Landes ob der Enns 7, 360 f. (Nr. 349). Zitiert nach dem Druck.

62 Urkunde vom 17.03.1360, Original im Archiv des Wiener Schottenklosters, sub dato; gedruckt in *Hauswirth*: Urkunden Benedictiner-Abtei zu den Schotten, 308 f. (Nr. 271). Digital einsehbar auf Monasterium.net, URL: http://www.mom-ca.uni-koeln.de/mom/ AT-StiAScho/SchottenOSB/1360_III_17/charter (am 26.04.2013).

63 Urkunde vom 15.03.1360 (wie Anm. 58): „Ich Eberhart von Chappelln haupman dacz Ens und ich Jáns von Chappelln sein veter wir veriehen offenleich [...] Daz wir mit wolbedachtem můt vnd mit gůtleichen willn vnd günst aller unserr erben zú der czeit, do wir ez wol machten getůn, geben haben den geystleichen herren dem apt und dem convent cze Paumgartnperg vnd alln irn nachchômen lautterleich durch got, uns selben und vnsern vôdern und unsern nachchômen zu einem ewigen selgrát di gotesgab und di chirchen dacz Gúmppendôrf, ewikleich ze haben mit alleu di und darzu gehôrt." Urkunde vom 06.01.1354 (wie Anm. 59): „Ich Janns von Chappelln vergich offenwar vnd tuen kundt [...] das ich mit wol bedachtem muet vnd mit meiner sûn Vlreichs vnd Eberharts guetlichem willen vnd mit gunst aller meiner erben geben han den geistlichen lewten dem abbt vnnd dem conuennt zu Pawngartenperg lautterlich durch Got vnd mir selben vnd meinen vodern vnd meinen nachkomen zu einem ewigen seelgerêt die gotzgab vnd die kirchen datz Gumpenndorff ewigclich ze haben mit allem dem, vnd darzue gehôrt." Zitiert nach dem Druck.

64 Urkunde vom 06.01.1354, Original in Wien, HHStA, AUR, sub dato; gedruckt in Urkunden-Buch des Landes ob der Enns 7, 343 f. (Nr. 336). Digital einsehbar auf Monasterium.net, URL: http://www.mom-ca.uni-koeln.de/mom/BaumOCist/1354_I_06.1/ charter (am 14.05.2013).

Die Herren von Maissau

Die Herren von Maissau traten unter dem Nachfolger Rudolfs IV., Herzog Albrecht III., mit einer großen Klostergründung in Erscheinung: nämlich der niederösterreichischen Kartause Aggsbach.[65] Diese Gründung nahm insgesamt geraume Zeit in Anspruch. Haidenreich von Maissau, oberster Schenk und Landmarschall in Österreich, legte den Grundstein 1373 und sorgte selbst für den Bau, der um 1400 fertig gestellt wurde. 1376 übertrugen die Herzöge von Bayern, von denen die Maissauer ursprünglich den (zur Herrschaft Wolfstein gehörigen) Grund zu Lehen hatten, die Eigenschaft am Dorf Aggsbach an die Kartause, nachdem sie dies zunächst verweigert hatten.[66] Am 13. Januar 1380 wurde dann der eigentliche Stiftsbrief durch Haidenreich und seine Frau Anna ausgestellt, als Mitsiegler und Zeugen traten die Söhne Leutold, Hans und Jörg, Haidenreichs Bruder Ulrich und seine Vettern Wernhard und Konrad von Maissau in Erscheinung. Am 1. Mai 1380 stellte auch Herzog Albrecht III. ein umfangreiches Privileg aus, in dem er sich selbst die oberste Vogtei und Schirmherrschaft vorbehielt, jedoch mit dem Zugeständnis der völlig freien Wahl des (Unter)vogts – den er als Stellvertreter in jedem Fall akzeptieren würde.[67] „Wer dafür in Frage kam, war sowieso klar".[68]

Daneben ist auf eine andere Stiftung der Maissauer hinzuweisen, die während der Herrschaft Rudolfs IV. zustande kam. Wernhard von Maissau, ein Vetter Haidenreichs, der seit 1360 das Gericht und die Herrschaft Mistelbach

---

65 Siehe *Rossmann*, Heribert: Die Geschichte der Kartause Aggsbach. In: *Thir*, Karl u. a.: Die Kartause Aggsbach. Salzburg 2000, 57–360, hier insbes. 115–153; *Rigele*, Brigitte: Die Maissauer. Landherren im Schatten der Kuenringer. Dissertation. Universität Wien 1990, 280–291. Zuvor war das kleine Zisterzienserinnenkloster St. Bernhard bei Horn in Niederösterreich das Hauskloster der Maissauer gewesen. Siehe *Rigele*: Maissauer, 61–73.

66 Diese Verweigerung durch die bayerischen Herzöge, die erst aus einer späteren päpstlichen Urkunde von 1388 hervorgeht, könnte vielleicht damit in Verbindung gestanden haben, dass während des bayerisch-österreichischen Kriegs 1363/1364, Rudolf IV. den bayerischen Besitz konfisziert und den Maissauer damit belehnt hatte. Vgl. *Rigele*: Maissauer, 273; *Rossmann*: Kartause Aggsbach, 106, 121 f.

67 Urkunde vom 01.05.1380; kopial und in einem Vidimus vom 02.02.1459 (Wien, HHStA, AUR, sub dato) überliefert; gedruckt in *Fuchs*, Adalbert Franz: Urkunden und Regesten zur Geschichte der aufgehobenen Kartause Aggsbach V. O. W. W. Wien 1906, 48–51 (Nr. 42): „Herzog Albrecht III. von Österreich befreit die Kartause Aggsbach von der herzoglichen Gerichtsbarkeit mit Ausnahme des Blutbannes, eignet derselben 3 Mut Hafer als Gülten im Dorfe Seiterndorf, schenkt ihr jährliche 60 Fuder Salz aus der herzoglichen Salzpfannstätte zu Hallstatt, befreit sie von der Zahlung der Maut- und Zollabgaben, erteilt dem Kloster innerhalb dessen Einfriedung das Asylrecht und reserviert sich die Vogtei über dessen Besitzungen." Vgl. *Rossmann*: Kartause Aggsbach, 121 f., 127–130. Das Privileg verfügt auch über eine Arenga, was bei den Urkunden Albrechts III. selten ist. Siehe *Lackner*: Hof und Herrschaft, 249.

68 *Rigele*: Maissauer, 283.

innehatte, war es, der sich um die von seinem verstorbenen Schwiegervater
(Marchart IV. von Mistelbach) getätigte Stiftung des Spitals von Mistelbach
weiter kümmerte und am 10. April 1362 die Bestätigung bei Rudolf IV. in der
Form eines feierlichen Privilegs erwirkte. Diese enthält eine Arenga, die nun
genau auf die Konstellation der landesfürstlichen Unterstützung einer fremden Stiftung abgestimmt ist: „Wann wir hincz got hoffen und gedingen, daz
wir tailhaftig werden aller gůten werk, die wir mit beschaidenhait fürdern
und bestéten [...]".[69]

Die bisherigen Beispiele zeigen alle eine gut funktionierende Zusammenarbeit zwischen den Landesfürsten und dem Adel, wobei erstere bei den bedeutenden Stiftungsakten beteiligt wurden. Ihre grundsätzliche Rolle als
oberste Schirmherren und Vögte reklamierten sie erfolgreich für sich, wenngleich nicht immer von Beginn an. Sie boten dafür gewisse Hilfestellungen
und erteilten einzelne Privilegien, überließen aber die Ausgestaltung der konkreten ‚Alltagspolitik' den Stiftern und Klöstern selbst.

Die Grafen von Schaunberg

Die Geschichte der Grafen von Schaunberg bot für die historische Forschung
mehrere komplizierte Fragestellungen: so wurde die Reichsunmittelbarkeit
der Grafschaft Schaunberg, die Ausbildung dieses Territoriums als eigenes
Land und seine Landeszugehörigkeit zum Land ob der Enns diskutiert. Für
die Erörterung dieser Fragen wurden mehrere Schlüsselquellen herangezo-
gen. Dazu gehören der Lehensrevers von Weitra von 1361, in dem die Grafen
Herzog Rudolf IV. fünf Landgerichte als Lehen auftrugen, weiters ein Beleh-
nungsbrief von Ludwig dem Bayern von 1331, wobei hier ein echter Brief um
einen gefälschten erweitert wurde, sowie auch eine Urkunde Karls IV. von
1355. Als ein weiteres Kriterium wurde die von den Schaunbergern beanspruchte Obervogtei über das Zisterzienserkloster Wilhering in Betracht gezogen, die seit dem 13. Jahrhundert als landesfürstliche Prärogative galt.[70]

---

[69] Urkunde vom 10.04.1362, Original (derzeit) in den Sammlungen des Fürsten von und
zu Liechtenstein, Hausarchiv Wien, sub dato. Zitiert nach einer Abschrift des 18. Jahrhunderts in: Wien, HHStA, AUR, sub dato. Zur Geschichte des Spitals von Mistelbach,
über dessen Anfänge es außer der Bestätigung der Stiftung durch Rudolf IV. keine weiteren Quellen gibt, vgl. *Mitscha-Märheim*, Herbert: Geschichte Mistelbachs von der Urzeit bis gegen 1400. In: *ders.* (Hg.): Mistelbach. Geschichte. Gestaltet und herausgegeben
von der Stadtgemeinde Mistelbach anläßlich des 100-Jahr-Jubiläums ihrer Stadterhe-
bung am 5. Juni 1974. Mistelbach 1974, 15–82, hier 70.

[70] Zu den genannten Fragestellungen siehe *Hageneder*, Othmar: Die Grafschaft Schaunberg. Beiträge zur Geschichte eines Territoriums im späten Mittelalter. In: Mitteilungen
des Oberösterreichischen Landesarchivs 5 (1957), 189–264; *ders.*: Das Land der Abtei
und der Grafschaft Schaunberg. In: Mitteilungen des Oberösterreichischen Landesarchivs 7 (1960), 252–295; *Hoffmann*, Alfred: Zur Geschichte der Schaunbergischen
Reichslehen. In: Mitteilungen des Oberösterreichischen Landesarchivs 3 (1954), 381–

Bezüglich der Wilheringer Vogtei lassen sich im Laufe der Jahrhunderte und Jahrzehnte Bewegungen in die eine wie die andere Richtung feststellen, wobei das Kloster selbst sich seine Rechte sowohl von den österreichischen Landesfürsten als auch von den Schaunbergern bestätigen ließ. Die Situation während der Herrschaft Rudolfs IV. wurde von Othmar Hageneder folgendermaßen beschrieben:

Es mag nun mit dieser Blutbannleihe (also der Lehenrevers von 1361) zusammenhängen, daß bereits im nächsten Jahre (1362) Herzog Rudolf IV. dem Kloster die Privilegien der österreichischen Landesfürsten von 1241 und 1277 bestätigte, und zwar als Ausfluß der ihm zustehenden fürstlichen Gewalt. Graf Ulrich von Schaunberg selbst, der in besten Beziehungen zum Herzog stand, findet sich unter den Zeugen der Urkunde: die Gegensätze scheinen überdeckt gewesen zu sein und die Schaunberger das landesfürstliche Exemptionsrecht – wenn auch nur in der vorsichtigen Formulierung des Privilegs von 1241 – anerkannt zu haben.[71]

Diese Situation sollte sich allerdings nach dem Tod Ulrichs von Schaunberg im Jahr 1373 wieder ändern.[72]

Betrachtet man die Schaunberger Urkunden für Wilhering in dem betreffenden Zeitraum hinsichtlich explizit formulierter Rechtsansprüche, so erscheint die Stiftung eines ewigen Lichts im Jahr 1365 unverfänglich: „[...] ze unser grebnuzz daselbs für dez heiligen chrewtz altar, da unser vordern ligent und bestatt sind in dem munster, umb ein ewigs liecht ain phunt geltz alter wienner phenning."[73] Der Memorialzweck und die Funktion des Klosters als Familiengrablege stehen im Vordergrund. Ein prononcierterer Anspruch der Schaunberger auf Wilhering hatte sich hingegen in einer Jahrtagsstiftung bei den Zisterzienserinnen in Ybbs im Jahr 1357 geäußert, als das oberösterreichische Zisterzienserkloster als „unser goczhaus gan Wilhering" bezeichnet wurde[74] – eine Diskrepanz, die möglicherweise den oben zitierten, zeitlich

---

436; *Haider,* Siegfried: Geschichten und Geschichte um die Grafen von Schaunberg: In: Oberösterreichische Heimatblätter 33 3/4 (1979), 205–215; *Marckhgott,* Gerhart: Zur Datierung des gefälschten Schaunberger Reichslehenbriefes von 1331. In: Mitteilungen des Oberösterreichischen Landesarchivs 13 (1981), 343–348; *Reichert:* Landesherrschaft, Adel und Vogtei, 260–265.

71　*Hageneder:* Grafschaft Schaunberg, 205.

72　*Ebenda:* „Doch als die langsame Einkreisung ihres Territoriums durch die Habsburger und, damit verbunden, die Zersetzung ihres Machtbereichs durch den Versuch, ihnen ihre Dienstleute abspenstig zu machen, weiter fortschritt, da dachten auch die Schaunberger wieder daran, ihre Rechte gegenüber der Zisterze zu sichern. Dazu war Gelegenheit vorhanden, als 1374 der Abtei ihre Freiheiten abermals bestätigt wurden."

73　Urkunde vom 22.05.1365, Original im Stiftsarchiv Wilhering, sub dato; in Urkunden-Buch des Landes ob der Enns 8, 231 f. (Nr. 227). Digital einsehbar auf Monasterium. net, URL: http://www.mom-ca.uni-koeln.de/mom/AT-StiAW/Urkunden/1365_V_22/ charter (am 25.05.2013).

74　Urkunde vom 01.09.1357, Original in Wien, HHStA, AUR, sub dato; gedruckt in Urkunden-Buch des Landes ob der Enns 7, 524–526 (Nr. 517). Wilhering wird in der strengen Sanktion für den Fall der Nichteinhaltung des Jahrtages erwähnt: „Geschaech des

dazwischen liegenden Ausgleich zwischen den Grafen von Schaunberg und dem Landesfürsten widerspiegelt. Die Stiftung für Ybbs bestand zum einen Teil aus der Befreiung von Schaunberger Lehensgütern, die von den Schaunberger Vasallen dem Kloster gestiftet wurden, andererseits aus der Befreiung von der Maut in Aschach an der Donau. Die Aschacher Maut stellte das wichtigste Kapital in der Klosterpolitik der Schaunberger dar, das auch in den folgenden Fällen eingesetzt wurde.

Bezüglich des Einflusses auf verschiedene Klöster ist anzumerken, dass die Grafen von Schaunberg auch Vögte der Klöster St. Veit an der Rott, Michaelbeuern, Suben und Formbach waren. Darüber hinaus lässt sich nun in der Zeit Rudolfs IV. ein aufschlussreiches Phänomen in den Beziehungen der Schaunberger zu verschiedenen Klöstern beobachten. Nachdem zuletzt mit der Stiftung für Ybbs am 1. September 1357 (zuvor noch 1356 eine für Niederaltaich) eine Klosterurkunde durch die Schaunberger ausgestellt worden war, sind für mehrere Jahre keine weiteren überliefert. Anfang 1363 änderte sich dies jedoch fast schlagartig.[75] Zwischen 1363 und 1365 erhielten die Klöster Fürstenzell,[76] Engelhartszell,[77] Reichersberg,[78] Raitenhaslach,[79] Osterhofen,[80] Baumgartenberg,[81] Ranshofen,[82] Suben,[83] das St. Aegidi-Spital zu

nicht daz wîr wie wîr des indert inn wûrden, so habent sich dî vorgenanten aeckcher vnd gûter veruallen vnserm goczhauzz gan Wilhering, vnd wer dann zden zeiten abpt da ist der sol sich der vorgenanten aeckcher vnd gûter vndercziehen mit îrem gûtleichen will vnd gunst vnd an allen chrîg". Zitiert nach dem Druck.

75   Zuvor wurde noch am 17.09.1362 eine Urkunde für das Kloster Aldersbach ausgestellt, Original in München, Bayerisches Hauptstaatsarchiv, Bestand Klosterurkunden Aldersbach, Nr. 433. Digital einsehbar auf Monasterium.net, URL: http://www.mom-ca.uni-koeln.de/mom/DE-BayHStA/KUAldersbach/00433/charter (am 25.04.2013).

76   Urkunde vom 06.01.1363, Original in München, Bayerisches Hauptstaatsarchiv, Bestand Klosterurkunden Fürstenzell, Nr. 306. Digital einsehbar auf Monasterium. net, URL: http://www.mom-ca.uni-koeln.de/mom/DE-BayHStA/KUFuerstenzell/306/ charter (am 25.04.2013).

77   Urkunde vom 06.01.1363, kopial überliefert im Stiftsarchiv St. Florian, Schaunberger Urbar. Regest in *Stülz*, Jodok: Geschichte der Herren und Grafen von Schaunberg. Wien 1862, 140 (Nr. 505b).

78   Urkunde vom 08.01.1363, Original im Stiftsarchiv Reichersberg; gedruckt in Urkunden-Buch des Landes ob der Enns 8, 121 (Nr. 115). Digital einsehbar auf Monasterium.net, URL: http://www.mom-ca.uni-koeln.de/mom/AT-StiAR/ReichersbergCanReg/1363_I_ 08/charter (am 25.04.2013). Mit Arenga.

79   Urkunde vom 17.01.1363, Original in München, Bayerisches Hauptstaatsarchiv, Bestand Klosterurkunden Raitenhaslach, Nr. 306. Digital einsehbar auf Monasterium. net, URL: http://www.mom-ca.uni-koeln.de/mom/DE-BayHStA/KURaitenhaslach/ 1363_01_17/charter (am 25.04.2013). Mit Arenga.

80   Urkunde vom 17.02.1363, gedruckt in Urkunden-Buch des Landes ob der Enns 8, 124 f. (Nr. 119) (nach einem Vidimus von 1419, in Monumenta Boica 12. München 1775, 471-475). Mit Kurzarenga.

81   Urkunde vom 15.07.1363, Regest in Urkunden-Buch des Landes ob der Enns 8, 148. (Nr. 141) (Original verschollen).

Passau,[84] Heiligenkreuz,[85] St. Nikola in Passau[86] und Wilhering[87] Privilegien von den Grafen von Schaunberg, wobei alle Urkunden – mit Ausnahme der letzten drei (von 1364 und 1365) – zwischen Januar und August 1363 ausgestellt wurden. Der größere politische Zusammenhang dieses Vorgehens könnte im vielleicht bereits absehbaren Tod Meinhards III., Grafen von Tirol und Herzogs von Oberbayern (am 13. Januar 1363), und der erwarteten Auseinandersetzung mit den Wittelsbachern um die Grafschaft Tirol zu sehen sein. Angesichts der militärischen Zusammenarbeit der Schaunberger mit Rudolf IV. in diesem Krieg ist es wahrscheinlich, dass dieses parallele Vorgehen mit dem Herzog akkordiert war.[88] Während Rudolf IV. nach Tirol reiste, sicherte Ulrich von Schaunberg die Stellung im bayerisch-österreichischen Grenzraum und stellte am selben Tag, als Rudolf von Wien abreiste, die erste Urkunde aus. Noch lange vor den ersten Kriegshandlungen wurde also der Kontakt zu den Inn- und Donauklöstern intensiviert. Möglicherweise erfolgten diese Privilegien auch im Gegenzug für unmittelbar in Anspruch genommene Leistungen und Ressourcen. Die Schaunberger konnten jedenfalls gegenüber den Klöstern an lange zurückreichende Bindungen anknüpfen und brauchten diese nur zu reaktivieren. Der Einsatz war in all diesen Fällen die Erneuerung alter Privilegien über die Befreiung von der Aschacher Maut. Bemerkenswert ist, dass in den betreffenden Urkunden jeweils auch eine Arenga eingebaut ist, die offenbar zu diesem Zweck eigens kreiert wurde. Die Systematik der Arengen erinnert dabei deutlich an Rudolf IV.: etwa wenn in der Urkunde für Reichersberg die Kurzarenga – „Wand wir nu gotsgaben

---

82 Urkunde von 1363. Laut Monumenta Boica 3. München 1764, 355, wurde ein Privileg der Grafen von Schaunberg für das Kloster Ranshofen von 1291 im Jahr 1363 bestätigt.

83 Urkunde vom 23.08.1363; gedruckt in Urkunden-Buch des Landes ob der Enns 8, 153 f. (Nr. 148) (nach älterem Druck, Urkunde verschollen?). Mit Arenga; vgl. unten.

84 Urkunde vom 31.08.1363; gedruckt in Urkunden-Buch des Landes ob der Enns 8, 154 f. (Nr. 149) (nach Monumenta Boica 30/2. München 1835, 257 f., Urkunde verschollen?). Mit Arenga.

85 Urkunde vom 24.04.1364, Original im Stiftsarchiv Heiligenkreuz; gedruckt in *Weis*, Johann Nepomuk (Hg.): Urkunden des Cisterzienser-Stiftes Heiligenkreuz im Wiener. Wien 1859, 270 f. Digital einsehbar auf Monasterium.net, URL: http://www.mom-ca.uni-koeln.de/mom/AT-StiAH/HeiligenkreuzOCist/1364_IV_24/charter (am 25.05. 2013). Kurzarenga (als finaler Halbsatz in der Dispositio).

86 Urkunde vom 14.10.1364, in einem Kopialbuch aus St. Nikola: siehe Regest in *Stülz*: Herren und Grafen von Schaunberg, 141 (Nr. 525).

87 Urkunde vom 22.05.1365, Original im Stiftsarchiv Wilhering; gedruckt in Urkunden-Buch des Landes ob der Enns 8, 231 f. (Nr. 227). Digital einsehbar auf Monasterium. net, URL: http://www.mom-ca.uni-koeln.de/mom/AT-StiAW/Urkunden/1365_V_22/ charter (am 25.05.2013).

88 Vgl. *Huber*, Alfons: Geschichte des Herzogs Rudolf IV. von Oesterreich. Innsbruck 1865, 100–103; *ders.*: Geschichte der Vereinigung Tirols mit Oesterreich und der vorbereitenden Ereignisse. Innsbruck 1864, 100–107. Zu den Vorbereitungen bereits vor dem Tod Meinhards und zur Reise Herzog Rudolfs siehe *ebenda*, 83–85.

und guote werich, die unser vordern untz an uns geben und gehandelt habent, nicht abnemen sunder pezzern sullen und auch wellen ze allen zeiten [...] " – mit einer narrativen Begründung verbunden wird – „[...] haben wir angesehen daz sich der vorgenant probst und sein chapitel mit irr andacht und guetem willen uns und den unsern in allen sachen dienstlich ertzaigent."[89] Dass in den Formulierungen der Schaunberger Klosterurkunden Differenzierungen und Distinktionen zwischen den verschiedenen Klöstern festgestellt werden können, macht nun die zum Ausdruck gebrachten rechtlichen Verhältnisse umso deutlicher. Diesbezüglich bestanden die höchsten Ansprüche und die stärkste Bindung zwischen den Grafen von Schaunberg und dem Augustiner-Chorherrenstift Suben am Inn. Dieses wird als Eigenkloster adressiert; Ober- und Unterordnung ("vogt und herrn", "dienstlich") werden formuliert:

Wir Ulrich und Heinrich gebrûder grafen von Schawnberg verjehen, daz die erbern geistlichen lewt herr Andre der probst und daz capitel dez gottshawses ze Subn, daz von unsern vorvodern den Gott genedig sey gestüfftet ist und dess wir vogt und herrn sein, bey uns gewesen sind und habent uns underwyset der freyung die daz vorgenant gottshawss an unser maut ze Aschach von unsern vodern gebabt habent. Nu wöllen wir gottsgab und guten werich die unser vodern untz an uns geben und gehandlet habent nicht abnemmen sonder bezzern sollen ze allen zeiten, und haben angesehen daz sich der vorgenant probst und daz capitel unser egenanten stifft ze Subn mit ir andacht und gutem willen uns und den unsern in allen sachen dienstlich erzaigent, [...].[90]

Der Krieg zwischen Bayern und Österreich wurde auf mehreren Ebenen geführt, und die Klöster wurden unweigerlich in den Konflikt hineingezogen. In diesem Zusammenhang kann auf eine Urkunde Rudolfs IV. für die Stadt Bozen vom 6. Dezember 1363 verwiesen werden, worin er dem Rat und den Bürgern gestattete, von Urbar und Gütern, welche die bayerischen Klöster und andere Leute aus Bayern in Tirol besitzen, soviel zu „verkumbern und verseczen", wie sie für Flussregulierungsmaßnahmen und Dämme benötigen.[91] Aber auch in den Klöstern der österreichischen Länder wurden laut historiographischen Quellen Steuern für diesen Krieg erhoben.[92] Vor dem

---

[89] Wie Anm. 78.

[90] Urkunde vom 23.08.1363; gedruckt in Urkunden-Buch des Landes ob der Enns 8, 153 f. (Nr. 148) (nach älterem Druck, Urkunde verschollen?).

[91] Urkunde vom 02.12.1363. Original im Stadtarchiv Bozen, Urkunden Nr. 236a. Gedruckt in *Huter*, Franz: Herzog Rudolf der Stifter und die Tiroler Städte. Festgabe der gewerblichen Wirtschaft Tirols zum 600-Jahr-Jubiläum der Vereinigung Tirols mit Österreich. Begleitheft: Urkundentexte (zugleich Transkription der Tafeln). Innsbruck 1971, 23 (Nr. 14).

[92] *Huber*: Geschichte des Herzogs Rudolf IV., 100 f. Die Quellen zur Besteuerung sind zum einen die „Mattseer Annalen" des Christan Gold: siehe *Wattenbach*, Wilhelm (Bearb.): Annales Matseenses. In: *Pertz*, Georg Heinrich (Hg.): Monumenta Germaniae Historica. Scriptores 9: Chronica et annales aevi Salici. Hannover 1851, unveränderter Nachdruck Stuttgart 1963, 823–837, hier 831 (Z. 32–36). Zum anderen wird darüber in den Aufzeichnungen des Propstes Nikolaus Würmla von Herzogenburg berichtet: ge-

Hintergrund solcher Maßnahmen lässt sich die Bedeutung der Propaganda für die eine oder andere Partei sowie polemische Äußerungen aus den Klöstern verstehen. Gerade auf dem Feld der Propaganda hatten dann sowohl Ulrich von Schaunberg als auch Rudolf IV. Verluste zu erleiden, da etwa der Autor der Mattseer Annalen Christ(i)an Gold, der tendenziell auf der Seite Bayerns stand, den Ruf der beiden nachhaltig schädigte.[93]

Die Perspektive der Klöster

Der letzte Abschnitt behandelt die Beziehungen Landesfürst – Klöster – Adel aus der Perspektive der Klöster, wobei drei Fragen im Vordergrund stehen: 1. In welcher Weise konnten die Klöster von den Stiftungen profitieren? 2. Durch welche Schwierigkeiten und Konflikte wurden die Klöster beeinträchtigt? 3. Wie wurde die Tätigkeit der Stifter in den Klöstern wahrgenommen; welchen Ausdruck fanden die Beziehungen in den klösterlichen Memorialquellen und der Historiographie?

Wie am Beginn von Abschnitt I dargelegt wurde, ist die Zahl der für Klöster ausgestellten Urkunden Herzog Rudolfs IV. beträchtlich. Dementsprechend finden sich darunter nicht wenige Beispiele für wirtschaftliche Begünstigungen und Hilfestellungen seitens des Landesfürsten. In vielen Fällen handelte es sich allerdings um Bestätigungen älterer Privilegien, wie Befreiungen von bestimmten Abgaben und Mauten für Salz, Wein und Viktualien, die somit keine eigentlichen (neuen) Kosten verursachten oder auch dann nur wenig ins Gewicht fielen, wenn – was immer wieder vorkam – die abgabenbefreiten Mengen leicht erhöht wurden. Im Gegenzug knüpfte aber gerade Rudolf IV. auch kleinere Privilegien gerne und häufig an die Verpflichtung der

---

druckt in *Biélsky,* Wilhelm: Notizen zur Geschichte von Herzogenburg. In: Notizenblatt. Beilage zum Archiv für Kunde österreichischer Geschichtsquellen 1/13 (1851), 204–208, hier 208.

93 Auffällig sind die Parallelen in der Polemik gegen Rudolf IV. und Ulrich von Schaunberg, beide wären „Tyrannen" gewesen. Rudolf IV. hätte behauptet: „Egomet volo esse papa, archiepiscopus, episcopus, archidyaconus, decanus in mea terra." Ulrich hätte gesagt, er sei „in territorio suo papam, regem, episcopum, archidyaconum et decanum". Dabei ist die Kritik an Ulrich von Schaunberg, dem mehrere Aussprüche gegen Papst, Klerus und Bauern nachgesagt werden, sogar noch heftiger („qui tunc temporis reputabatur pro maximo tyranno") als an Rudolf IV. Bezüglich der Schaunbergischen Klosterpolitik ist der Hinweis interessant, Graf Ulrich habe das Kloster St. Nikola bei Passau dem Passauer Domkapitel weggenommen. Siehe *Wattenbach:* Annales Matseenses, 831–833. Zum Autor der Mattseer Annalen siehe *Erben,* Wilhelm: Die Annalen-Compilation des Dechants Christan Gold von Mattsee. In: Neues Archiv der Gesellschaft für ältere deutsche Geschichtskunde 22 (1887), 445–500; *Knapp,* Fritz Peter: Die Literatur des Spätmittelalters in den Ländern Österreich, Steiermark, Kärnten, Salzburg und Tirol von 1273 bis 1439. 2. Halbband: Die Literatur zur Zeit der habsburgischen Herzöge von Rudolf IV. bis Albrecht V. (1358–1439). Graz 2004, 446 f. Zur Bedeutung der Polemik gegen Rudolf IV. vgl. auch *Strnad:* Libertas ecclesie, 178.

Klöster zur Begehung von Jahrtagen für den Herrscher und seine Familie. Diese systematisch betriebene Praxis führte dazu, dass schließlich ein weites Netz an spirituellen Verbindungen zwischen den Klöstern und der Habsburgerdynastie („Herrschaft zu Österreich") sowie mit dem von Rudolf gegründeten Allerheiligenkapitel zu St. Stephan entstand.[94] Zudem ist auffällig, dass gerade durch die Verwendung von Arengen und blumigen Narrationes in den rudolfinischen Urkunden auch alltägliche Privilegien und Gunsterweisungen besonders unterstrichen und erhöht wurden, wie beispielsweise in einer Urkunde für das Stift Melk, worin dem Kloster eine Fischweide auf der Donau zugesprochen wurde.[95]

Hinsichtlich der adeligen Klosterstiftungen waren in den oben angeführten Fällen die Aufwendungen für die eigenen Gründungen groß und durchaus nachhaltig. Wie gezeigt, war dafür aber die gemeinsame Anstrengung größerer Familienverbände notwendig.

Bezüglich der wirtschaftlichen Entwicklung und den materiellen Interessen der Klöster sind auch die zeitliche Dimension und die lange Dauer we-

---

[94] Vgl. dazu *Lackner*, Christian: Das Haus Österreich und seine Länder im Spätmittelalter. Dynastische Integration und regionale Identitäten. In: *Maleczek*, Werner (Hg.): Fragen der politischen Integration im mittelalterlichen Europa. Ostfildern 2005, 273–301, hier 280. Verbindungen in Form von Jahrtagen oder Messstiftungen bzw. deren Bestätigungen durch Rudolf IV. bestanden mit den folgenden Klöstern und geistlichen Gemeinschaften: Melk, Göttweig (Männer und Frauen), Kleinmariazell, Zwettl, St. Pölten, Gaming (Tricenarium des Kartäuserordens), Mauerbach, Karmeliterorden (Wien und Generalprior), Augustiner-Eremiten (Generalprior), Heiliggeistorden Wien, Zisterzienserinnen Ybbs, Zisterzienserinnen St. Nikolaus in Wien, Kremsmünster, Gleink, Garsten, Engelhartszell, St. Florian, Waldhausen (für das St. Nikolaus-Spital), Schlägl, St. Lambrecht (für Mariazell), Rein (für Maria Strassengel), Augustiner-Eremiten Fürstenfeld, Augustiner-Eremiten Judenburg, Maria Wörth, Neustift/Brixen (für St. Sigismund/Bruneck), Dominikaner Bozen, Minoriten Bozen, Engelberg (Männer und Frauen), Wyhlen, Ursprung, Kalchrain, Blotzheim, Formbach, Berchtesgaden, St. Zeno/Reichenhall. (Dazu kamen noch Messstiftungen in einzelnen Pfarren und Kapellen oder etwa bei den Domkapiteln in Gurk und Konstanz). Vgl. Anm. 11.

[95] Urkunde vom 22.01.1362, Original im Stiftsarchiv Melk, sub dato; gedruckt in *Schramb*, Anselm: Chronicon Mellicense. Wien 1702, 251 f. Digital einsehbar auf Monasterium. net, URL: http://www.mom-ca.uni-koeln.de/mom/AT-StiAM/MelkOSB/1362_I_22/ charter (am 25.05.2013): „[...] Bechennen [...], daz wir des iares do man zalt von Christi gepurt tausent drew hundert iar und darnach in dem zway und sechczigisten iar an sand Vincencien tag des heiligen marterer chomen in das chloster ze Medlikch sand Benedicten ordens in Pazzower pystům und wie das sey, daz dasselb chloster exempt, das wirdigist und von seliger gedechtnúzze weilent unsern vorvordern mit gůtern allerpest bewidmet und mit sundern freihaitten, eren und gnaden gestift und gehôchet sey fúr alle andre chloster dezselben ordens in unsern landen, do erfunden wir doch, daz ez mit dhainer aigen vischwaide nicht besorget noch versehen was. Und wan wir von anerborner miltichait und fürstlicher gůtichait ain ervoller und widerpringer sein solicher presten und merkliches mangels, den die diener unsers schepfer und herren Ihesu Christi duldent und leident, sunderlich der ôrdenen, die von der heiligen můter der kristenhait zů beschaulichen leben geordent sint [...]".

sentliche Faktoren. Selbst großzügige und reichhaltige Stiftungen eines einzelnen Landesfürsten alleine reichten oft nicht aus, und die Vermögensbildung der Klöster musste auf zahlreichen Schenkungen, geschickten Käufen, Tauschgeschäften und nachhaltigen Investitionen über einen längeren Zeitraum beruhen. Insofern ist es wohl schon an sich beachtlich, wenn eine Klosterstiftung länger Bestand hatte, und es spricht viel für die Leistung der Wallseer, dass Säusenstein bis 1782 und der (in der Literatur dennoch als nur dürftig bestiftet geltende) Zisterzienserinnenkonvent von Schlierbach immerhin bis in die Mitte des 16. Jahrhunderts bestanden. Der Grazer Dominikanerinnenkonvent florierte im 14. Jahrhundert regelrecht. Demgegenüber standen die nicht realisierten oder kaum lebensfähigen „Stiftungen" Herzog Rudolfs IV.

Bezüglich der für Klöster nachteiligen Maßnahmen im betreffenden Untersuchungszeitraum ist an erster Stelle auf die Burgrechtsablöse-, Grundrechts- und Amortisationsgesetze Rudolfs IV. zu verweisen.[96] Die Maßnahmen, die in erster Linie auf die Residenzstadt Wien bezogen waren und dann auch auf andere Städte ausgedehnt wurden – also die städtische Lebenswelt und nicht das flache Land betrafen –, benachteiligten insbesondere kleinere städtische Konvente und karitative geistliche Institutionen, während größere Prälatenklöster wie das Wiener Schottenstift, Klosterneuburg, Wilhering, St. Pölten oder St. Florian Ausnahmeprivilegien erwirken konnten.[97] Angesichts der Komplexität dieser Thematik und der grundsätzlichen Schwierigkeit der Evaluation der Auswirkungen dieser Gesetze – teilweise wurden sie nach Rudolfs Tod wieder zurückgenommen und schon von Beginn an unterschiedlich konsequent umgesetzt – kann darauf an dieser Stelle nicht ausführlicher eingegangen werden. Für den vorliegenden Beitrag ist entscheidend, dass die Maßnahmen als kirchen- und klosterfeindlich empfunden und

---

[96] Siehe dazu *Trusen:* Jurisprudenz und Wirtschaftsethik, 138–219 (die betreffenden Gesetze unter anderem gedruckt *ebenda,* 222–228); *Bruder,* Adolph: Studien über die Finanzpolitik Herzog Rudolfs IV. von Österreich 1358–1365. Innsbruck 1856. Zu den Ablösegesetzen im Kontext der verschiedenen, den Landesfürsten zur Verfügung stehenden wirtschaftspolitischen Lenkungsmaßnahmen siehe *Mitterauer,* Michael: Die Wirtschaftspolitik der österreichischen Landesfürsten im Spätmittelalter und ihre Auswirkungen auf den Arbeitsmarkt. In: *Kellenbenz,* Hermann (Hg.): Wirtschaftspolitik und Arbeitsmarkt. Bericht über die 4. Arbeitstagung der Gesellschaft für Sozial- und Wirtschaftsgeschichte in Wien am 14. und 15. April 1971. Wien 1974, 15–46, hier 23 f., 39.

[97] *Trusen:* Jurisprudenz und Wirtschaftsethik, 148, 176. Bezüglich St. Florian für die Befreiung eines Hauses von allen bürgerlichen Lasten in Enns vgl. die Urkunde vom 10.08.1360, Original im Stiftsarchiv St. Florian, sub dato; gedruckt in Urkunden-Buch des Landes ob der Enns 7, 708 f. (Nr. 705). Digital einsehbar auf Monasterium.net, URL: http://www.mom-ca.uni-koeln.de/mom/AT-StiASF/StFlorianCanReg/1360_VIII_10/charter (am 25.05.2013).

Rudolf IV. auch persönlich angelastet wurden,[98] obwohl es sich um in mehreren Teilen Europas verbreitete Tendenzen handelte.[99] Zudem wurden die finanziellen Beeinträchtigungen in Form von Besteuerung von Kirchen- und Klostergütern von der monastischen Historiographie nicht nur mit Rudolf IV., sondern in ähnlicher Weise auch mit seinen Vorfahren und Nachfolgern in Verbindung gebracht, wodurch die Handlungen der einzelnen Landesfürsten relativiert werden.[100] Der Vorwurf des Mattseer Annalisten, Rudolf sei ein „Zerstörer der väterlichen Stiftung (des Stiftungswerks) und vieler ewiger Messen" gewesen,[101] trifft allenfalls auf die (befürchteten) Auswirkungen der Burgrechtsablöse- und Amortisationsgesetzgebung auf die Seelgerätstiftungen zu. Im Sinne einer Zerstörung der frommen Werke seines Vaters und seiner Vorfahren ist die Anschuldigung hingegen sicher nicht gerechtfertigt, da gerade solche Stiftungen von Rudolf IV. besonders unterstützt wurden.[102]

Ein anderer Vorwurf gegen Rudolf IV. betraf die aufwändige Inanspruchnahme der Gastung,[103] obgleich andererseits auch Befreiungsprivilegien für mehrere Klöster erteilt wurden.[104] Schließlich warf Christan Gold Rudolf IV.

---

[98] So *Trusen:* Jurisprudenz und Wirtschaftsethik, 178–181, der sich hier freilich vor allem auf die Darstellungen der vehementesten Gegner Rudolfs IV., Christan Gold aus Mattsee und Nikolaus von Würmla, Propst von Herzogenburg, stützt.

[99] Siehe *Trusen:* Jurisprudenz und Wirtschaftsethik, 139 f., 168 f., 178–181.

[100] Über die Besteuerung der Klöster 1352 und 1355 durch Albrecht II. berichten etwa die Zwettler Annalen; siehe *Wattenbach,* Wilhelm (Bearb.): Kalendarium Zwetlense. In: *Pertz,* Georg Heinrich (Hg.): Monumenta Germaniae Historica. Scriptores 9: Chronica et annales aevi Salici. Hannover 1851, unveränderter Nachdruck Stuttgart 1963, 689–698, hier 693 (Z. 8–12 und Z. 52 f.). Zur Besteuerung durch Rudolfs Brüder Leopold III. und Albrecht III. vgl. *Trusen:* Jurisprudenz und Wirtschaftsethik, 176 f. Zu den Reaktionen auf die „magna exactio" Herzog Albrechts III. im Jahr 1390 siehe *Lackner,* Christian: Das Finanzwesen der Herzoge von Österreich in der zweiten Hälfte des 14. Jahrhunderts. In: Unsere Heimat. Zeitschrift des Vereins für Landeskunde von Niederösterreich 63 (1992), 284–300, hier 294 f.

[101] *Wattenbach:* Annales Matseenses, 832 (Z. 47–50): „Ipse etiam fuit devastator paterne fundationis et multarum perpetuarum missarum. Unde bene dixit versificator: *Olim sacras edes pietas construxit avorum, quas nunc heredes devastant more luporum.*"

[102] Dies betrifft etwa die Kartausen Gaming und Mauerbach, Königsfelden, die Förderung des Augustinerordens oder die oben angesprochene Messstiftung für Waldhausen, um nur einige prominentere Beispiele anzuführen. Die „imitatio" der frommen Werke der Vorfahren ist eines der häufigsten Motive in den Arengen Rudolfs IV. Siehe dazu auch *Sauter:* Fürstliche Herrschaftsrepräsentation, 82.

[103] So beklagt sich der Propst des Augustiner-Chorherrenstiftes Nikolaus von Würmla über einen aufwendigen Besuch des Herzogs: „Anno vero secundo eiusdem nostre prelacionis Rudolfus dux Austrie et exercitus cum eo magnus quadam nocte nostro in cenobio pernoctantes, sumptus magnos facientes [...]". Siehe *Biélsky:* Herzogenburg, 208.

[104] Privilegien zur Befreiung von der Gastung sind für die Klöster Melk, Lambach, St. Florian und Säusenstein überliefert. Vgl. Anm. 11.

auch vor, er wolle Klostervorstände beliebig ein- und absetzen.[105] Dafür gibt es allerdings sonst keine weiteren Belege, wobei – angesichts der Interventionsversuche Rudolfs bei Bischofsernennungen – dieser Vorwurf vielleicht doch nicht jeglicher Grundlage entbehrte.[106]

An Konflikten (*mizzehellungen*) zwischen Adeligen und Kloster sind interessanterweise aus dem Zisterzienserstift Lilienfeld mehrere Fälle überliefert, was wahrscheinlich auch mit dem Engagement des damaligen Abtes Stephan und seiner besonderen Durchsetzungsfähigkeit bei (schon länger virulenten) Rechtsstreitigkeiten zusammenhängen dürfte.[107] Jedenfalls wurde der Landesfürst hier nun tatsächlich als Obervogt und Schirmherr in mehrere Streitfälle involviert. Es ging dabei um die Dotierung einer Kaplanspfründe einer adeligen Stiftung im Kloster,[108] weiters um eine Annullierung eines für das Kloster ungünstigen Tauschvertrags[109] sowie um die Enthebung einer Adelsfamilie von ihren Gerichtsrechten und der Vogtei über ein Dorf.[110] In diesem Zusammenhang ist auch auf das Privileg der freien Vogtwahl hinzuweisen, das in der Herrschaft Rudolfs etwa für das Benediktinerstift Göttweig überliefert ist.[111] Schließlich zeigt ein Mandat Rudolfs IV. an den Richter von Rottenmann in der Steiermark zugunsten der Kartause Seitz (Žiče), dass Streitigkeiten zwischen Klöstern und Dritten in der Regel auf der Ebene der Landgerichte abgehandelt worden sein dürften, andererseits aber auch, wie der Lan-

[105] *Wattenbach:* Annales Matseenses, 832 (Z. 42 f.)

[106] Einzig im Prämonstratenserstift Schlägl gab es im betreffenden Zeitraum Unregelmäßigkeiten um das Amt des Propstes, und es standen zwei Pröpste gegeneinander, was sich auch in mehreren Urkunden Rudolfs IV. niederschlug. Zur Bistumspolitik siehe Anm. 19.

[107] Siehe *Müller,* Eugen: Professbuch des Zisterzienserstiftes Lilienfeld. St. Ottilien 1996, 84; *Tobner,* Paul: Das Cistercienser-Stift Lilienfeld in Nieder-Österreich. Biographische Darstellung des Wirkens der Cisterciensermönche in dieser Babenberger Stiftung vom Jahre 1202 bis 1891. Wien 1891, 146–157.

[108] Urkunde vom 13.05.1361, Original im Stiftsarchiv Lilienfeld, sub dato; digital einsehbar auf Monasterium.net, URL: http://www.mom-ca.uni-koeln.de/mom/AT-StiALi/LilienfeldOCist/1361_V_31/charter (am 22.04.2013). Regest in *Winner,* Gerhard: Die Urkunden des Zisterzienserstiftes Lilienfeld. Wien 1974, 298 f. (Nr. 789).

[109] Urkunde vom 18.03.1364, Original im Stiftsarchiv Lilienfeld, sub dato; digital einsehbar auf Monasterium.net, URL: http://www.mom-ca.uni-koeln.de/mom/AT-StiALi/LilienfeldOCist/1364_III_18/charter (am 22.04.2013). Regest in *Winner:* Lilienfeld, 303 (Nr. 800).

[110] Urkunde vom 31.05.1363, Original in Wien, HHStA, AUR, sub dato; digital einsehbar auf Monasterium.net, URL: http://www.mom-ca.uni-koeln.de/mom/AT-StiALi/LilienfeldOCist/1364_III_18/charter (am 22.04.2013). Regest in *Winner:* Lilienfeld, 301 (Nr. 798) (nach kopialer Überlieferung in Lilienfeld).

[111] Urkunde vom 31.05.1361, Original im Stiftsarchiv Göttweig; gedruckt in *Fuchs,* Adalbert Franz (Hg.): Urkunden und Regesten zur Geschichte des Benedictinerstiftes Göttweig. Teil 1: 1058–1400. Wien 1901, 524 (Nr. 586). Ähnliche Privilegien existieren auch für das Augustiner-Chorherrenstift St. Pölten und das Benediktinerkloster Lambach.

desfürst – auf besondere Bitte und vielleicht eher in Ausnahmefällen – zugunsten eines Klosters intervenierte.[112]

Sieht man von den in den Mattseer Annalen geschilderten Untaten Ulrichs von Schaunberg sowie den in den Zwettler Annalen gegen Heinrich (?) von Maissau erhobenen Vorwürfen unzüchtigen Verhaltens ab, sind für die Herrschaftszeit Rudolfs IV. keine gröberen Übergriffe des Adels auf Klöster überliefert.[113] Kleinere Rechtsstreitigkeiten (in der Art der genannten Lilienfelder Beispiele) gab es wohl genauso wie zwischen Klöstern untereinander.[114]

Schließlich sei noch einmal an die Urkunde für die Stadt Bozen von 1363 während des bayerisch-österreichischen Kriegs erinnert, wo zwischen den eigenen (österreichischen) und fremden (bayerischen) Klöstern unterschieden wurde, wobei auf den Besitz letzterer zugegriffen werden sollte.[115] Überhaupt dürfte der Krieg um Tirol eine der Hauptursachen für die Beeinträchtigung und Störung des klösterlichen Friedens (*tranquillitas, quies, commodum*) im betreffenden Zeitraum gewesen sein, sei es in Form von Steuern, Konfiskationen oder Zerstörung durch Brand wie im Kloster Michaelbeuern.[116]

---

[112] Urkunde vom 15.04.1364, Original in Graz, Steiermärkisches Landesarchiv, AUR Nr. 2905: Herzog Rudolf IV. befiehlt dem Richter zu Rottenmann, im Prozess der Kartause Seitz gegen den „Suntager" dem Kloster oder seinem Anwalt Recht zu verschaffen.

[113] *Wattenbach:* Annales Matseenses, 833 (Z. 16–43). Vgl. Anm. 93. *Wattenbach:* Kalendarium Zwetlense, 694 (Z. 38–45): „[...] nam idem de Meyssaw multa mala fecit in nostro monasterio, violenter introducens mulieres inpudicas in nostrum dormitorium et in infirmariam, et multa scelera que non possunt numerari [...]". Die Mönche entfernten daraufhin allen Altarschmuck und hielten solange keinen Gottesdienst ab, als der Maissauer und seine Gefährten im Kloster blieben. Dass es sich bei dem in der Quelle schwer identifizierbaren Maissauer um Heinrich, einen jüngeren Bruder des Landmarschalls Stephan von Maissau, Bruder des erwähnten Wernhard und Onkel des Gründers von Aggsbach, Haidenreich, gehandelt haben dürfte, geht aus der Parallelüberlieferung seines Todes im Jahr 1360 (ohne Bericht der Schandtaten) in der „Continuatio quarta" der Zwettler Annalen hervor. Siehe *Wattenbach*, Wilhelm (Bearb.): Continuatio Zwetlensis quarta. In: *Pertz*, Georg Heinrich (Hg.): Monumenta Germaniae Historica. Scriptores 9, 684–689, hier 688 (Z. 14). Der Vorfall ist umso bemerkenswerter als die Maissauer zu den wichtigen Benefaktoren Zwettls gehörten und das Andenken an sie ansonsten ein positives war.

[114] So wurde Rudolf IV. beispielsweise in einem (länger währenden) Grenzstreit zwischen der Kartause Gaming und dem Benediktinerstift Admont als Schiedsrichter involviert, ebenso wie zwischen den Augustiner Eremiten in Baden und dem Stift Heiligenkreuz. Zur Rolle der österreichischen Landesfürsten als Schiedsrichter und Rudolfs IV. in einem Streit zwischen dem Propst und dem Kapitel des Kollegiatstiftes Ardagger 1361 vgl. *Hageneder*: Die geistliche Gerichtsbarkeit, 188-190, 239.

[115] Wie oben Anm. 91.

[116] Zum Brand von Michaelbeuern vgl. *Wattenbach:* Annales Matseenses, 833 (Z. 5 f.) Die Begriffe „tranquillitas, quies, commodum" bzw. „gemach, rŭb", für die der Landesfürst sorgen muss und will, begegnen immer wieder in den Arengen der Klosterurkunden Rudolfs IV. Zu den Begriffen vgl. *Fichtenau*: Arenga, passim.

Einen Spiegel der Stifteraktivitäten stellen verschiedene Memorialquellen in den begünstigten Institutionen dar, wobei in der Folge nur auf eine Auswahl an schriftlichen Quellen, nicht aber auf die bildlichen und dinglichen Quellen wie etwa Grabmäler, eingegangen werden kann. Zieht man zunächst die in den MGH edierten Nekrologien heran, so ist der Tod Rudolfs IV. in den Nekrologien (bzw. „Anniversarien") des Wiener Schottenstifts, der Büßerinnen St. Maria Magdalena vor dem Schottentor in Wien, des ehemaligen Benediktinerinnenklosters Göttweig und des Benediktinerklosters Kleinmariazell in Niederösterreich,[117] des Zisterzienserstifts Engelhartszell in Oberösterreich,[118] des Benediktinerklosters St. Lambrecht und der Zisterze Rein in der Steiermark[119] sowie der Klöster Engelberg und Wettingen in den habsburgischen „oberen Landen" verzeichnet.[120] Das Vorhandensein oder das Fehlen von Einträgen einzelner Personen in den erhaltenen (und edierten) Nekrologien wäre als einziges Kriterium für die Wahrnehmung, Bewertung und Erinnerung der betreffenden Personen in den Klöstern allerdings noch nicht ausreichend aussagekräftig, da die Überlieferungslage zur Memorialpflege und den tatsächlich begangenen Anniversarien unregelmäßig und vielschichtig sein kann. Dies lässt sich anhand der Beispiele Gaming und Melk beweisen.[121]

---

[117] *Fuchs*, Adalbert Franz: Monumenta Germaniae Historica. Necrologia Germaniae Bd. 5: Dioecesis Pataviensis pars altera. Austria inferior. Berlin 1913, 305 (Schottenkloster, unter dem 01.08.), 293 (St. Maria Magdalena vor dem Schottentor), 141 (Kleinmariazell, unter dem 29.07.), 471 (Göttweig).

[118] Siehe *Fastlinger*, Maximilian/*Sturm*, Josef (Hg.): Monumenta Germaniae Historica. Necrologia Germaniae Bd. 4. Dioecesis Pataviensis pars prior. I: Dioecesis Pataviensis regio Bavarica II: Dioecesis Pataviensis regio Austriaca nunc Lentiensis. Berlin 1920, 248 (unter dem 23.07.).

[119] *Herzberg-Fränkel*, Sigismund (Hg.): Monumenta Germaniae Historica. Necrologia Germaniae Bd. 2: Dioecesis Salisburgensis. Berlin 1904, 333 (St. Lambrecht, unter dem 27.07.), 349 (Rein, unter dem 23.07.).

[120] *Baumann*, Franz Ludwig (Hg.): Monumenta Germaniae Historica. Necrologia Germaniae Bd. 1: Dioeceses Augustensis, Constantiensis, Curiensis. Berlin 1888, 364 (Engelberg, unter dem 27.07.), 594 (Wettingen, unter dem 27.07.).

[121] Während in dem in den MGH edierten, von Wilhelm Hofer von Landshut verfassten Gaminger Nekrologium des 15. Jahrhunderts Rudolf IV. nicht angeführt ist, enthalten andere Handschriften aus der Kartause Zusammenstellungen der genauen Sterbedaten mehrerer Mitglieder der Stifterfamilie, darunter auch Herzog Rudolfs IV. Der Herzog war es wohl auch, der die Epitaphtafeln in der Gaminger Kirche für seine Eltern Albrecht II. und Johanna von Pfirt anfertigen ließ, auf dem auch er selbst und seine Geschwister namentlich aufgeführt sind. Auch im Nekrologienabschnitt der Charta des Kartäuser Generalkapitels von 1366 ist der Herzog verzeichnet: „Dominus Rudolphus, dux Austrie, habens tricenarium per totum ordinem". Siehe *Clark*, John (Hg.): The Villeneuve Necrology. Ms. Grande Chartreuse 1 Cart. 22. Bd. 1. Salzburg 1997, 18. Im Fall von Melk vermutete *Fuchs*: Necrologia Germaniae 5, 551, dass eventuell manche mittelalterliche Nekrologien verloren gegangen waren. Interessanterweise findet sich in einem Nachtrag im ältesten Nekrologium aus dem 12. Jahrhundert ein in Hexametern abge-

Aus den Familien der Herren von Wallsee, Kapellen, Maissau und der Grafen von Schaunberg begegnen zahlreiche Personen in den österreichischen Nekrologien.[122] Aus dem Dominikanerinnenkloster Graz ist ein sogenanntes „Martyrologium" des 18. Jahrhunderts erhalten, das die Geschichte des Geschlechts der Wallseer vor der Klostergründung tradiert und seinerseits auf ein älteres „Martyrologium" verweist.[123] Aus Säusenstein ist ein „Mortilogium" abschriftlich überliefert, welches auch genealogische Konstellationen der Herren von Wallsee wiedergibt.[124] Aus den 1350er Jahren datiert das – heute nur mehr in einer Abschrift des 18. Jahrhunderts überlieferte – Stifterbuch der Herren von Maissau aus dem Zisterzienserinnenkloster St. Bernhard bei Horn, das vor der Gründung von Aggsbach das Hauskloster dieser Familie war.[125]

Die Einträge in den Nekrologien spiegeln die Vielzahl der Schenkungen und Zuwendungen an die Klöster über einen längeren Zeitraum. Gleichzeitig eignet dieser Quellenart ein egalitärer Charakter hinsichtlich des sozialen Standes der erinnerten Personen. Durch die große Personenzahl wird die individuelle Stellung relativiert. Dies betrifft auch die österreichischen Landesfürsten, und hier insbesondere Rudolf IV., der trotz seiner Bemühungen, als besonderer Stifter zu gelten, häufig nur als ein Benefaktor unter vielen anderen und ohne besondere Hervorhebung erscheint.

Bekanntlich fungierten liturgische Handschriften wie Nekrologien oder Kalendarien auch als wichtige Medien des Geschichtsbewusstseins und der Historiographie. Dies trifft auch im Fall der Rezeption Rudolfs IV. zu. So findet sich beispielsweise der Abschnitt aus dem Komplex der Zwettler Annalen, in dem über die berühmte Begegnung zwischen König Karl IV. und Herzog Rudolf IV. in Zwettl 1353 berichtet wird, in einem Kalendarium des 12. Jahr-

fasster Epitaph zum Tod Herzog Friedrichs (III.) 1362 – des einzigen im Nekrologium erwähnten Habsburgers des 14. Jahrhundert: *ebenda*, 558. Dieser Eintrag dürfte, zumindest mittelbar, auf Rudolf IV. zurück gehen. Es handelt sich dabei um denselben Text wie auf der im Chor des Stephansdoms durch Rudolf IV. angebrachten Epitaphtafel (Text gedruckt in *Sauter:* Fürstliche Herrschaftsrepräsentation, 296). Wenngleich sich also zu Rudolf IV. keine Nekrologeinträge finden, war die Erinnerung an Rudolf IV. in Melk trotzdem sehr stark ausgeprägt. Neben dem weiter oben erwähnten historiographischen Urkundenabschnitt (Anm. 95) sowie der „Vita Gothalmi" erinnerten sowohl das im Zuge der Barockisierung zerstörte Hochgrab des Hl. Koloman als auch die von Rudolf IV. gestiftete Fassung des sogenannten „Melker Kreuzes" durch Inschriften an Rudolf IV. Siehe *Hueber,* Philibert: Austria ex archiviis Mellicensibus illustrata. Leipzig 1722, 296 f.

[122] Siehe *Fastlinger/Sturm:* Necrologia Germaniae 4, 647, 712, 741; *Fuchs:* Necrologia Germaniae 5, 677, 697, 711.

[123] Siehe *Kristof:* Grazer Dominikanerinnen, 7, 15–17. Das „Martyrologium" befindet sich in Graz, Steiermärkisches Landesarchiv, Hs. 209 (olim 1011).

[124] Laut *Erdinger:* Säusenstein, 28, in den Kollektaneen des Reichard Streun von Schwarzenau (Bd. XVII, fol. 254) im Niederösterreichischen Landesarchiv.

[125] Siehe *Rigele:* Maissauer, 62 f.

hunderts.[126] Bezüglich der klösterlichen Historiographie und der Stellung, die Herzog Rudolf IV. darin einnimmt, ist auf den wichtigen Umstand hinzuweisen, dass es unter Rudolf keine eigenständige Hofhistoriographie gab, was sich im Falle einer längeren Herrschaft möglicherweise geändert hätte, da aus mehreren Quellen ein deutliches Interesse Rudolfs IV. an „Geschichte" und an der Bedeutung der Verschriftlichung und Dokumentation insbesondere seines eigenen Handelns deutlich wird.[127] Somit spielten nun die Urkunden eine umso entscheidendere Rolle, da sie immer wieder als Medium für historiographische Abrisse fungierten, die über das Wirken des Landesfürsten berichteten. In paradigmatischer Weise ist diese historiographische Funktion in einer Urkunde für das elsässische Benediktinerkloster Lure (mit den Patronen Hl. Kolumban und Hl. Deikola) von 1361 gegeben.[128] Die als einfaches Privileg, allerdings mit langem Titel und eigenhändiger Unterschrift ausgefertigte Urkunde setzt unmittelbar nach der Intitulatio mit einer Wundergeschichte ein, der zufolge eine frühere Gräfin des Elsass in frevelhafter Weise eine Zahnreliquie des Heiligen Kolumban im Feuer testete und daraufhin Zeit ihres Lebens an Zahnweh zu leiden hatte. Damit kontrastiert wird das Verhalten Herzog Rudolfs IV. und seiner Begleiter, die sich dem Grab des Heiligen auf Knien nähern. Rudolf IV. wendet sich mit einem Gebet an den Heiligen und bittet diesen selbst um eine Reliquie. Auf seine Bitte und das Versprechen, die Reliquien in der einzurichtenden Kollegiatkirche Allerheiligen zu St. Stephan in Wien entsprechend zu verehren, wird er erhört.[129] Eine

---

[126] Stiftsbibliothek Zwettl, Hs. 84, fol. 1v; gedruckt in *Wattenbach:* Kalendarium Zwetlense, 693 (Z. 19–31).

[127] Vgl. oben die Arenga in der Urkunde für das Dominikanerinnenkloster Graz („Und wand der leutt gedéchtnúzze hinfleizzet mit der zeit [...]"). In einer Reliquienschenkungsurkunde für St. Stephan vom 04.06.1360 (Wien, Diözesanarchiv, sub dato; digital einsehbar auf Monasterium.net, URL: http://www.mom-ca.uni-koeln.de/mom/AT-DAW/Urkunden/13600604_1/charter (am 22.04.2013)) wird auf die Einsichtnahme in eine alte Chronik verwiesen: „[...] quod quidem corpus [sancti Theodori] per dive recordacionis clarissimos principes quondam duces Karinthie fundatores dicti monasterii tempore fundacionis eiusdem prout ibi reperitur ex cronica fuit dicto monasterio erogatum." In den weiter unter behandelten Beispielen der Klöster Lure und Melk lässt sich jeweils ein Zusammenhang mit der Rezeption von (älteren) Heiligenviten feststellen.

[128] Urkunde vom 18.03.1361, Original in Vesoul, Archives départementales de la Haute-Saône, Acte H 581; gedruckt in *Besson*, Louis: Mémoire historique sur l'abbaye et la ville de Lure, suivi d'une notice sur le prieuré de Saint-Antoine et les seigneuries de Lure et de Passavant. Besançon 1846. 214 f. Siehe auch *Wolfinger:* Stephanskirche, 139.

[129] Urkunde vom 18.03.1361, Standortangabe wie Anm. 128: „Nos Rŭdolfus dei gracia dux Austrie, Styrie et Karinthie, dominus Carniole, Marchie ac Portusnaonis, comes in Habspurch, Phirretis et in Kyburch, marichgravius Burgogie necnon lantgravius Alsacie, Alberti quondam ducis predictarum terrarum et Iohanne comitisse Ferretarum primogenitus fatemur, quod licet Hildigardis quondam comitissa Alsacie fuerit dolore dencium percussa quamdiu vixit, eo quod dentem sancti Columbini, quem oculte receperat in igne probavit et sic dein dentem restituerit. Nos tamen personaliter venientes in Lutram monasterium sancti Deicoli et Columbini tamquam hereditarius advocatus sub

solche Erzählung konnte wohl gleichermaßen dem Herzog wie der Haustra-
dition des Klosters nützen, indem einerseits die Heiligkeit der Reliquien be-
kräftigt und andererseits die Devotion und Ehrfurcht des Fürsten gegenüber
Kloster und Heiligen als vorbildhaftes Verhalten beschrieben wurden, das
dementsprechend belohnt wurde. Die Episode in Lure ist jedoch kein Einzel-
fall. In ähnlich sorgfältiger Weise wurden beispielsweise die Reliquienerwerbungen aus dem Kloster Reichenau und aus St. Fridolin in Säckingen dokumentiert und das devote Handeln des Herzogs gewissermaßen in die Geschichte eingeschrieben.[130] Im Fall des Heiligen Florencius, der in der Kollegiatkirche St. Thomas in Strassburg verehrt wurde, die bezüglich der Echtheit
der Reliquien in Konkurrenz zum Kloster Niederhaslach stand, wurde die
Reliquienerwerbung durch den österreichischen Herzog, die maßgeblich zur
Legitimität der betreffenden Reliquien beitragen konnte, in einer Vita des
Heiligen verzeichnet.[131]

Hinsichtlich des Legendencharakters weist die Schilderung des Besuchs
des Klosters Lure Ähnlichkeiten mit der Erzählung über die Öffnung des
Grabes des seligen Gotthalm in der „Vita beati Gothalmi" des Melker Kon-
ventualen Bernardus Dapifer auf.[132] Auch dieser Text schildert zunächst ein

---

anno domini millesimo trecentesimo sexagesimoprimo, quintodecimo kalendas Aprilis,
indiccione quartadecima, tempore domini Innocencii papae sexti et Karoli imperatoris
quarti et intrantes devote oratorium et capellam sancti Deicoli predicti, assumptis
nobiscum inclito principe duce Friderico germano nostro et venerabilibus Ottone Lu-
trense, Hainrico Besunensi monasteriorum abbatibus ordinis sancti Benedicti, Bisun-
tine et Ligonensis diocesum, Thom(aso) preposito sancti Antonii Frigidomonte, Iacobo
de Watwilr milite et Rûdgero de Hercznach nostre camere notario flexis genibus ante
sepulcrum predicti sancti Columbini oravimus, ut permitteret de suis reliquiis aliquas
nobis dari. In quo exauditi fuimus. Nam sine impedimento de licencia quoque predicti
abbatis ossa quedam recepimus, volentes illa ducere nobiscum Wiennam ad ecclesiam
sancti Stephani, quam in collegiatam erigere proposuimus ibique venerabiliter recon-
dere et servare."

[130] Die Erwerbung der Reliquien der Heiligen Johannes und Paulus im Kloster Reichenau
wurde in einer Reliquienschenkungsurkunde für St. Stephan vom 20.05.1363 festgehalten: Original in Wien, Diözesanarchiv, sub dato; gedruckt in *Ogesser*, Joseph: Beschreibung der Metropolitankirche zu Sanct Stephan in Wien. Wien 1779, Anhang 130–132;
digital einsehbar auf Monasterium.net, URL: http://www.mom-ca.uni-koeln.de/mom/
AT-DAW/Urkunden/13630520/charter (am 22.04.2013). Über die Graböffnung und
Entnahme der Reliquien des Hl. Fridolin im Regularkanonissenstift St. Fridolin in
Säckingen berichtete eine heute verschollene Authentik, gedruckt in *Ogesser*: St. Stephan, Anhang, 110 f. Zur Stiftung des Reliquienschatzes durch Rudolf IV. an St. Stephan siehe *Fiska*, Patrick: Das älteste Reliquienverzeichnis von St. Stephan in Wien.
In: Mitteilungen des Instituts für Österreichische Geschichtsforschung 121/2 (2013),
325–351.

[131] Siehe *Jordan*, Benoît: Reliques et reliquaires à Niederhaslach (Bas-Rhin). In: Cahiers
alsaciens d'archéologie, d'art et d'histoire 49 (2006), 73–90, hier 77.

[132] Die „Vita beati Gothalmi" ist überliefert in Stiftsbibliothek Melk, Cod. 834, fol. 241r–
241v. Gedruckt in *Pez*, Hieronymus: Scriptores rerum Austriacarum 1. Leipzig 1721,

Strafwunder: Ein – dem Autor nicht namentlich bekannter – König von
Böhmen war nach Melk gekommen und hatte angezweifelt, dass in dem Sarg
Reliquien seien. Bei der Öffnung sei er dann erblindet und erst nach Gebeten
an Maria und den seligen Gotthalm hätte er sein Augenlicht wiederbekom-
men. Demgegenüber steht die ehrfurchtsvolle und feierliche Öffnung des
Grabes im Beisein Herzog Rudolfs IV.
    Eine Graböffnung im Beisein des Herzogs fand auch im Benediktinerstift
Göttweig statt. Am 15. Juni 1363 wurde von Abt Ulrich Tetzenbacher und
Herzog Rudolf IV. das Grab des seligen Bischofs Altmann „entdeckt"; später
wurde an dieser Stelle ein Altar errichtet.[133] Diese Begebenheit ist wiederum
in einem Nekrologium, und zwar des ehemaligen Benediktinerinnenkonvents
von Göttweig, überliefert.[134]
    Zusammengenommen legen diese Beispiele nahe, dass die historiographi-
sche bzw. protohistoriographische Fixierung der Handlungen Rudolfs IV. offenbar einer gewissen Systematik folgte. Bei dieser Form des „making history"
war der Landesfürst allerdings in hohem Maß auf die Klöster angewiesen, da
sie die Schnittstelle zwischen persönlicher Handlung und historischer Erinnerung darstellten. Dies zeigte sich nicht zuletzt in der neutral-distanzierten
Berichterstattung (Zwettler Annalen, Goswin von Marienberg)[135] oder gar
der negativen Propaganda (Mattseer Annalen des Christan Gold, Nikolaus
Würmla von Herzogenburg)[136], die ebenfalls aus den Klöstern kamen.

Zusammenfassung

Im vorliegenden Beitrag wurde ein Überblick über die wichtigsten quellenmäßig fassbaren Ereignisse und Konstellationen aus dem Beziehungsgeflecht
Landesfürst – Klöster – Adel während der Herrschaft Herzog Rudolfs IV. gegeben. Als Beispiele für das Aushandeln der repräsentativen Positionen als

---

p. 109 (col. 112); *Hueber:* Austria ex archiviis Mellicensibus illustrata, 303–305; *Nie-
derkorn-Bruck,* Meta: Der heilige Koloman. Der erste Patron Niederösterreichs. Wien
1992, 90–92.

[133] Vgl. *Zajic,* Andreas: Stift Göttweig. Anmerkungen zur mittelalterlichen Bau- und Aus-
stattungsgeschichte. In: Studien und Mitteilungen zur Geschichte des Benediktineror-
dens und seiner Zweige 120 (2009), 391–424, hier 394 f.

[134] Die Handschrift befindet sich heute in der Stiftsbibliothek Altenburg, Hs. 68 (olim
15 E 6), fol. 7r–7v; gedruckt in *Fuchs:* Necrologia Germaniae 5, 471. Vgl. *Zajic:* Göttweig, 394.

[135] *Wattenbach:* Continuatio Zwetlensis IV. und *ders.:* Kalendarium Zwetlense; *Roilo,*
Christine (Bearb.)/*Senoner,* Raimund (Übers.)/*Riedmann,* Josef (Beitr.)/*Pfeifer,* Gustav
(Beitr.): Goswinus <Montis Sanctae Mariae>: Das Registrum Goswins von Marienberg.
Innsbruck 1996, 240 f., 250 f., 344–349, 366 f. Während Goswin im Konflikt zwischen
Bayern und Österreich eher auf der Seite Rudolfs IV. steht, kritisiert er das gebrochene
Versprechen des Herzogs, dem Bischof von Trient alle Rechte zurückzuerstatten.

[136] *Wattenbach:* Annales Matseenses, 831–833; *Biélsky:* Herzogenburg, 208.

Benefaktoren und Stifter zwischen Adel und Landesfürst wurden die für die österreichischen und steirischen Landherren bedeutenden Klöster der Dominikanerinnen in Graz sowie Säusenstein und Schlierbach behandelt. Bezüglich Obervogtei und Schirmherrschaft über die Klöster ließ sich eine Kontinuität zwischen Albrecht II. (Säusenstein), Rudolf IV. und Albrecht III. (Aggsbach) feststellen. Charakteristisch für die landesfürstliche Klosterpolitik erscheint die Kooperation der Herzöge mit dem Adel, wobei einerseits die landesfürstlichen Ansprüche, als oberste Schirmherren und oberste Vögte anerkannt zu werden, behauptet wurden, andererseits den Landherren ein großer Spielraum bei der Regelung ihrer Klosterangelegenheiten gelassen und außerdem zusätzliche Unterstützung der betreffenden Klöster geboten wurde. Weiters zeigten einige Beispiele, wie der Landesfürst in seiner Rolle als klösterlicher Schirmherr in Streitfälle zwischen Klöstern und (kleineren bzw. mittleren) Adelsfamilien eingriff. Der Vorgang der Kapellenstiftung des Ritters Burkhard des Chneuzzers wurde einem gefälschten Privileg gegenübergestellt und illustrierte zum einen den Zustand der Verschriftlichung und Verrechtlichung und die Komplexität der Vorgänge rund um eine geistliche Stiftung in der zweiten Hälfte des 14. Jahrhunderts. Zum anderen wurde daran deutlich, wie der Landesfürst als Lehensherr in den Vorgang involviert war und seine Rolle als Förderer von frommen Werken unterstreichen konnte. In ähnlicher Weise demonstrierten auch die Landherren immer wieder ihre Frömmigkeit durch den Verzicht auf die Eigenschaft an ihrem Lehensbesitz bei geistlichen Stiftungen ihrer Vasallen.

Die Untersuchung der Beziehungen zwischen den Stifterfamilien und ihren Klöstern hat gezeigt, wie größere Familienverbände und die Gefolgschaft der Landherren in die Stiftungen miteinbezogen wurden. Der Zusammenhang zwischen den Stiftungen und deren Rezeption in den klösterlichen Memorialquellen wurde skizziert und ist im Fall einzelner österreichischer Klöster sicher noch ein lohnendes Forschungsfeld für zukünftige Studien. Als Beispiel für verschiedene Gestaltungsmöglichkeiten in der Beziehungs- und Memorialpflege des Adels wurde auch die Geschichte der von den Herren von Kapellen dem Zisterzienserkloster Baumgartenberg geschenkten Pfarre St. Ägidius in Gumpendorf behandelt.

Bei der Betrachtung der Beziehungen der Grafen von Schaunberg zu verschiedenen Klöstern wurde auf den Ausgleich bzw. Verzicht der Schaunberger bezüglich der Obervogtei über das Zisterzienserkloster Wilhering während der Herrschaft Rudolfs IV. verwiesen. Außerdem wurde eine Reihe von Schaunberger Privilegien für verschiedene Donau- und Innklöster erörtert, die im Zusammenhang mit dem Krieg zwischen Bayern und Österreich um die Grafschaft Tirol gestanden sein dürften. Der Konflikt zwischen den Habsburgern und Wittelsbachern um die Grafschaft Tirol kann in mehrfacher Hinsicht als Ursache für die Beeinträchtigung der Klöster, letztlich aber auch für die negative Berichterstattung über Rudolf IV. in der monastischen Historiographie gesehen werden.

Hinsichtlich der Beziehungen zwischen Rudolf IV. und den Klöstern der „Herrschaft zu Österreich", die sich in einer großen Zahl an Urkunden niedergeschlagen haben, wurde der Versuch unternommen, einige Leitlinien und Muster herauszuarbeiten: Dazu gehört unter anderem die sukzessiv stärkere Einbeziehung der Prälaten in die landesfürstliche Umgebung und die Stärkung der wechselseitigen Verbindungen mit Klöstern, etwa in Form von Jahrtagen. Wesentlich erscheint auch, dass die für die Klöster nachteilige Gesetzgebung durch einige Privilegien kompensiert wurde. Ebenfalls angesprochen wurden einige der gegen Rudolf IV. erhobenen Kritikpunkte. Der Vorwurf, Rudolf IV. wäre ein *persecutor cleri* gewesen, ist angesichts einer mehr oder weniger ausgeglichenen Bilanz an Geben und Nehmen sicherlich nicht gerechtfertigt. Dabei bleibt die Frage offen, wieso der Hass einiger Kritiker auf den Herzog dermaßen groß war.

Als charakteristisch für Rudolf IV. lässt sich des Weiteren – wie auch von der bisherigen Forschung schon festgestellt – eine ausgeprägte persönliche Religiosität des Herrschers beobachten. Diese manifestierte sich in mehreren Stiftungen, in Inhalt und Sprache der Arengen und Narrationes der Klosterurkunden (mit historiographischen Elementen) sowie in einer Reihe von spektakulären Demonstrationen der fürstlichen Devotion, die vielfach im monastischen Umfeld stattfanden. All diese Aspekte legen nahe, auch künftig die historische Ausnahmegestalt Rudolf IV. von Österreich und seine originellen, teilweise auch extremen Handlungen als Referenzbeispiele für Fragen der spätmittelalterlichen Diplomatik, der politischen Territorialgeschichte sowie auch der Religions- und Frömmigkeitsgeschichte heranzuziehen.

Dana Dvořáčková-Malá

ZUR SOZIALEN STRUKTUR UND HÖFISCHEN KULTUR
DES BÖHMISCHEN HERRSCHERHOFES BIS 1306

Die Struktur des Hofes

Seit der Herausbildung des frühmittelalterlichen Přemyslidenstaates bestand
der Kern des Herrscherhofes aus dem Haushalt des Landesherren und seiner
Familie. In diesem Haushalt wirkte eine hierarchisch strukturierte Schar von
Bediensteten, die den Betrieb des gesamten Hofes gewährleistete, wobei wir
zwischen diversen Ebenen und Gruppen von Personen aus dem weltlichen
und dem geistlichen Bereich unterscheiden.[1] Jene Einzelpersonen übten
gemeinsam mit dem Herrscher die Landesverwaltung aus – das heißt die
gerichtliche, exekutive und administrative Macht. Gleichzeitig erfüllten sie
alle gemeinsam die (der jeweiligen Zeit entsprechende) repräsentative Komponente, hatten also Anteil an der prunkvollen Machtdemonstration des
Landesherrn im Rahmen und gelegentlich auch außerhalb des beherrschten
Territoriums.[2]

Bei der Suche nach ersten Erwähnungen der Gestalt des böhmischen
Herrscherhofes können wir uns nur auf eine geringe Zahl schriftlicher Quel-
len stützen. Leider fehlen uns auch für das jüngere Mittelalter sogenannte
Quellen ersten Grades, also die Hofordnungen, die eine bessere Identifizie-

---

1   *Dvořáčková-Malá,* Dana: Panovnický dvůr ve středověku. Struktura, prostor a reprezentace [Der Herrscherhof im Mittelalter. Struktur, Raum und Repräsentation]. In:
dies./Zelenka, Jan (Hg.): Dvory a rezidence ve středověku II. Skladba a kultura dvorské
společnosti [Höfe und Residenzen im Mittelalter II. Struktur und Kultur der höfischen
Gesellschaft]. Praha 2008, 11–37; *dies.:* Dvorský ceremoniál a komunikace v dobovém
kontextu [Das Hofzeremoniell und die Kommunikation im zeitgenössischen Kontext].
In: *dies./Zelenka,* Jan (Hg.): Dvory a rezidence ve středověku III. Všední a sváteční život
na středověkých dvorech [Höfe und Residenzen im Mittelalter III. Alltags- und Fest-
leben an mittelalterlichen Höfen]. Praha 2009, 33–56; *dies.:* Curia ducis, curia regis.
Panovnický dvůr za vlády Přemyslovců [Curia ducis, curia regis. Der Herrscherhof zur
Regierungszeit der Přemysliden]. Praha 2011.
2   *Dvořáčková-Malá,* Dana: K modelu středověkého panovnického dvora jako sociálního
systému [Zum Modell des mittelalterlichen Herrscherhofes als soziales System]. In: *Český časopis historický* 107 (2009), 309–335; *Paravicini,* Werner: Auf der Suche nach einem Hofmodell. Zusammenfassung. In: *Ewert,* Ulf Christian/*Selzer,* Stephan (Hg.): Ord-
nungsformen des Hofes. Ergebnisse eines Forschungskolloquiums der Studienstiftung
des Deutschen Volkes. Kiel 1997, 120–129.

rung von Personen und Ämtern ermöglichen würden. Für die přemyslidische Zeit basiert die Forschung auf zahlreichen erhaltenen Quellen: Urkunden sowie erzählende Texte. Auf dieser Grundlage wird primär der prosopographische Ansatz angewandt – obwohl die definierten Kriterien nicht für alle behandelten Personen oder Ziele auf demselben Niveau erfüllt sind. Aufgrund des Fehlens anderer Schriftquellen gehen wir für die Zeit bis zum Ende des 13. Jahrhunderts lediglich von Urkunden, ihren Zeugenreihen sowie von narrativen Texten aus.

Die älteste Information über ein höfisches Milieu um den Landesherrn liefert uns eine bereits vom Ende des 10. Jahrhunderts stammende hagiographische Quelle, die „Christianslegende". Ihr zur Folge war der *dispensator* Podiven, der alle Personen im Hause des hl. Wenzel beaufsichtigte,[3] ein treuer Diener von Herzog Wenzel (der spätere hl. Wenzel). Offensichtlich handelte es sich um jemanden, der den Betrieb von Wenzels Haushalt und Hof koordinierte. Christians Bericht erweitert die etwas jüngere „Böhmische Chronik" des Cosmas von Prag vom Anfang des 12. Jahrhunderts.[4] Sie bietet eine Übersicht über die am herzoglichen Hof unentbehrlichen Würdenträger: Oberjägermeister, Brot- und Küchenmeister, Kämmerer, Palatin und Schwertträger (Ehrenamt). Der erste Beleg für eines dieser Ämter erscheint bei Cosmas im Jahr 1055, wobei zu dieser Zeit die Brüder des Herzogs Spytihněv II., Konrad und Otto, als Hofwürdenträger auftreten.[5]

Mitte des 12. Jahrhunderts nennt der Nachfolger von Cosmas, ein Wyschehrader Domherr, als Hauptfunktionen am Hof und im Lande die sogenannte Pflege der Kammer, des Tisches und des Stalls inklusive zweier bedeutender Kastellaneien (Leitmeritz und Saaz).[6] Die bisher uneinheitliche Terminologie präzisieren zur selben Zeit Urkunden, in denen ein Truchsess (*dapifer*), ein Stallmeister/Marschall (*agaso*), ein Mundschenk (*pincerna*) und ein Kämmerer erwähnt werden.[7] Diese vier Ämter verfestigten sich in der Folgezeit zu einer stabilen strukturellen Basis des böhmischen herzoglichen Hofes. Ähnlich verhielt es sich damals auch im deutschsprachigen Bereich

---

3 Kristiánova legenda. Život a umučení svatého Václava a báby jeho svaté Ludmily [Die Christianslegende. Leben und Martyrium des heiligen Wenzel und seiner Großmutter, der heiligen Ludmilla]. Hg. v. Jaroslav *Ludvíkovský*. Praha 1978, 88: „[...] universorum dispensator inter tecta sancti Wenceslai degencium". Ähnlich auch *Zelenka,* Jan: Vývoj přemyslovského dvora do 12. století [Die Entwicklung des Přemyslidenhofes bis zum 12. Jahrhundert]. In: *Dvořáčková-Malá/ders.* (Hg.): Dvory a rezidence ve středověku, 38–52.

4 Die Chronik der Böhmen des Cosmas von Prag (Cosmae Pragensis Chronica Boemorum). Hg. v. Bertold *Bretholz.* Berlin 1923.

5 *Zelenka:* Vývoj přemyslovského dvora, 42.

6 Kanovník Vyšehradský. In: Fontes rerum Bohemicarum II. Hg. v. Josef *Emler.* Praha 1874, 211.

7 Detailliert *Zelenka:* Vývoj přemyslovského dvora, 43 sowie Codex diplomaticus et epistolaris regni Bohemiae. Bd. I. Hg. v. Gustav *Friedrich.* Praha 1904–1907, 163 (Nr. 157) und 193 (Nr. 204).

des Heiligen Römischen Reiches.[8] Zwischen 1184 und 1185 erwähnen die
Quellen noch das Amt des herzoglichen Wirtschaftsverwalters (*Groznata
Calvus dispensator ducis*).[9]

Bei den genannten Positionen handelt es sich allerdings nur um einen Teil
der Ämter, die sich am Herrscherhof herausbildeten. Neben den weltlichen
Hofmitgliedern (*nobiles terrae*) wirkten hier auch Geistliche. Obwohl ihre
Tätigkeit am Hof primär mit den Pflichten als Kapläne und Beichtväter
zusammenhing, wurden sie allmählich zum unentbehrlichen Bestandteil des
Hofes – besonders in außenpolitischen Fragen. Gleichzeitig gaben sie kulturelle Impulse oder wurden Mitglieder der Kanzlei. Die besonders Begabten
unter ihnen versuchten sich bereits in der Zeit des frühen Přemyslidenstaates
am Hof durchzusetzen. Zu den ersten gehörten beispielsweise Bischof Adalbert († 997) aus dem Geschlecht der Slavnikiden oder der Prager Bischof
Jaromír-Gebhard (1068–1090), ein Bruder des Prager Königs Vratislav I.
(1061–1092). Seit dem ersten Drittel des 12. Jahrhunderts veränderte sich allerdings allmählich die Rolle des Bischofs am Prager Hof: Neben den liturgischen Pflichten und der Verwaltung und Organisation des Bistums wurden
einige der Bischöfe bereits zu bedeutenden Ratgebern des Herzogs, wie zum
Beispiel der Olmützer Bischof Heinrich Zdik (1126–1150) oder der Prager
Bischof Daniel I. (1148–1167). Daniel bewies große diplomatische Geschick-
lichkeit bei den außenpolitischen Aktivitäten von König Vladislav I. (1140–
1172).[10]

Parallel dazu stieg auch die Zahl der bereits erwähnten Kapläne in der
Umgebung des Königs an. Allerdings verfügen wir über keine zweifelsfreien
Belege über die Existenz oder Organisation einer sogenannten Hofkapelle, in
der die königlichen Kapläne tätig gewesen wären. In den Quellen werden sie
Kapläne des Herrschers genannt. Diese Bezeichnung tragen jedoch auch Kapläne diverser Kapellen im gesamten Herzogtum und später auch im Königreich. (Die erbliche Königswürde existierte seit 1212.) Dies wird besonders
aus den Quellen des 13. Jahrhunderts ersichtlich.[11] In der „Böhmischen Chronik" von Cosmas wird zum Beispiel bei Herzog Spytihněv II. ein *capellanus
cubicularius* ohne weitere Spezifizierung erwähnt. Damit ist wohl der am Hof
wirkende persönliche Kaplan des Landesherrn gemeint.[12]

Bereits mit Namen genannte, auch als Diplomaten wirkende Kapläne
tauchen in den Quellen zur Regierungszeit Vratislav I. auf. Es handelt sich

---

8 Diese Entwicklung definiert *Rösener,* Werner: Hofämter an mittelalterlichen Fürstenhöfen. In: Deutsches Archiv für Erforschung des Mittelalters 45 (1989), 485–550. Kritisch
   dazu *Zelenka:* Vývoj přemyslovského dvora, hier 49 f.
9 Codex diplomaticus I., 275 f. (Nr. 305).
10 *Dvořáčková-Malá/Zelenka* (Hg.): Curia ducis, curia regis, 61–74.
11 Detailliert dazu *Dvořáčková-Malá,* Dana: Královský dvůr Václava II. [Der königliche
   Hof Wenzels II.]. České Budějovice 2011, besonders 71–92.
12 Cosmae Pragensis Chronica Boemorum, 108.

dabei um Lanzo, Peter, Wezel und Hermann.[13] Mehrere Kapläne finden wir
als Ratgeber auch am Hofe von König Vladislav I. (1140–1172). Die Kenntnis
über ihre Aktivitäten in diversen Funktionen wird vor allem seit der zweiten
Hälfte des 12. Jahrhunderts genauer. Damals wuchs auch die Rolle der herrschaftlichen Kanzlei stark an, wobei Kapläne als Schreiber und Notare
hervortraten. Seit der Regierung Herzog Soběslavs I. (1125–1140) wird in den
Urkunden ein Kanzler (*cancelarius ducis*) erwähnt. Eine intensivere Tätigkeit
der Kanzlei selbst ist allerdings erst aus der Zeit Soběslavs II. (1173–1178)
bekannt. Am přemyslidischen Hof des 12. Jahrhunderts kann man partiell
auch Ordensgeistliche nachweisen. Oft traten hier zum Beispiel die Zister-
zienseräbte aus Plaß und Pomuk in Erscheinung. So wurde beispielsweise der
Prior des Zisterzienserklosters Pomuk, Robert, Kaplan von Přemysl Ottokar I. (1197–1230). Der König sandte ihn zur päpstlichen Kurie, um in der
Frage der Trennung seiner Ehe mit Adele von Meißen zu verhandeln. Im
Jahre 1201 wurde Robert Olmützer Bischof.[14]

Bei gelegentlichen oder längeren Aufenthalten am Prager Hof ergänzten
die Hofstruktur bis Ende des 12. Jahrhunderts auch niedere Bedienstete und
Spielleute, die jedoch in den Quellen eher beiläufig genannt werden. Obwohl
wir für diese Zeit von ihnen nur wenig wissen, wirkten am herzoglichen Hof
auch diverse Wächter, Schenken, Türsteher, für die Pflege der Kleidung und
der Gemächer zuständige niedere Kämmerer, ferner Kinder- und Dienst-
mädchen, Erzieher sowie Personen, die sich um Pferde, Stallungen, Wasser-
quellen, das Heizen, Einkäufe und Lieferungen von Lebensmitteln, Pferde-
futter, Stoffen, Wäsche, Kerzen, Waffen und ähnliches kümmerten. In zwei
aus dem 13. Jahrhundert stammenden, das Kloster Kladrau betreffenden Ur-
kundenfälschungen (angeblich aus den Jahren 1115 und 1186) können wir
zum Beispiel von einem Verwalter der Kleiderkammer (*trapezita*) und einem
Kellermeister (*celarius*) lesen, die zur Prager Burg gehörten.[15]

Bedeutend war auch die Hierarchie der Jägermeister. Ein Jägermeister
(*venator*) taucht in einer Urkunde König Vladislavs I. von ca. 1169 auf.[16]
In einer der bereits erwähnten Fälschungen aus dem 13. Jahrhundert, angeblich einer Urkunde des Herzogs Friedrich, wird ein *summus venator curie*
erwähnt – was zeigt, dass für die Jägermeister oder Jäger ein Oberjägermeister
zuständig war. Laut demselben Dokument kümmerten sich um die Wälder
des Herrschers die sogenannten Waldhüter/Förster (*custodes* [...] *vulgariter
hayni*).[17] Am Hof existierten allerdings auch andere Vergnügungen als nur
die bereits angedeutete Jagd. So werden in den Quellen seit dem 12. Jahrhundert Gaukler erwähnt: Laut einer Fälschung aus dem Jahr 1167 schenkte

---

13 *Ebenda*, 114, 116, 146, 168.
14 *Dvořáčková-Malá/Zelenka* (Hg.): Curia ducis, curia regis, 38–74.
15 Codex diplomaticus I., 397 (Nr. 390), 430 (Nr. 405).
16 *Ebenda*, 218 (Nr. 246), 295 (Nr. 322).
17 *Ebenda*, 419 (Nr. 402).

König Vladislav I. seinem einstigen Gaukler Dobřeta Grundbesitz in Zalaschan.[18] Für das 13. Jahrhundert wird die Gestalt des Hofes schon häufiger thematisiert. In den Urkunden begegnen wir nach wie vor einer stabilen Ämterstruktur, wobei wir anhand der Adelstitel nun eher imstande sind, ihre jeweiligen Inhaber voneinander zu unterscheiden bzw. am Hof ganze (nicht selten
verwandtschaftlich vernetzte) Interessengruppen zu identifizieren. Offensichtlich ist dies beispielsweise im Fall des obersten Kämmerers. Dieses Amt
strebten an der Wende vom 12. zum 13. Jahrhundert meist Männer aus dem
Adelsgeschlecht der Hrabischitzen an. Neben dieser Familie setzten sich in
der Nähe des Herrschers auch die Markwartinger sowie im 13. Jahrhundert
die Witigonen, die Herren von Ronow und die Herren von Beneschau durch.

Hinsichtlich der weltlichen Ämter kommt es zu einer grundsätzlicheren
Ausdifferenzierung der Struktur der Hofämter. In den Urkunden werden
nämlich in einer höheren Zahl sogenannte Unterämter wie der Untermund-
schenk (*subpincerna*), der Untertruchsess (*subdapifer*) oder der Untermar-
schall (*submarschalcus*) genannt.[19] Neben diesen verzeichnete der Unterkämmerer (*subcamerarius*) einen deutlichen Aufstieg. Sein Aufgabenspektrum
entwickelte sich kontinuierlich, besonders markant aber an der Wende vom
13. zum 14. Jahrhundert, als er einer der wichtigsten Beamten des Herrscherhofes mit der zentralen Aufgabe der gerichtlichen Aufsicht über die königlichen Städte sowie die aus ihnen und aus den königlichen Klöstern fließen-
den Einkünfte wurde.[20]

Gelegentlich informieren uns die Quellen auch über niedere Bedienstete
der Hofhierarchie. So sind uns zum Beispiel vom Hof Wenzels I. (1230–1253)
Ärzte bekannt, die von den „Dörfern der Ärzte" (*ville medicorum*) unter-
halten wurden: Es handelte sich dabei um Lellowa, Střelitz, Letin und Kbelnitz.[21] Eine bedeutende Rolle kam aber auch dem Küchenmeister zu, dessen
erste Erwähnung bereits aus dem 11. Jahrhundert stammt. Namentlich wird
ein Küchenmeister im urkundlichen Material jedoch erst zur Zeit Přemysl
Ottokars I. (1197–1230) genannt, und zwar in einer Urkunde für das Kloster
Opatowitz (1229).[22] Während der Regierung Přemysl Ottokars II. (1253–

18 *Ebenda*, 413 (Nr. 399), 255 (Nr. 289).
19 Dvořáčková-Malá/Zelenka (Hg.): Curia ducis, curia regis, 38–118.
20 Vgl. *Fiala*, Zdeněk: Komorník a podkomoří. Pojednání o počátcích a vzájemném vztahu
obou do konce 13. století [Kämmerer und Unterkämmerer. Eine Abhandlung über die
Anfänge und gegenseitigen Beziehungen beider bis zum Ende des 13. Jahrhunderts]. In:
Sborník historický 2 (1954), 57–82; *Jan*, Libor: Václav II. a struktury panovnické moci
[Wenzel II. und die Strukturen der herrschaftlichen Macht]. Brno 2006, 61 f.; *Dvořáč-
ková-Malá/Zelenka* (Hg.): Curia ducis, curia regis, 95–113.
21 Codex diplomaticus et epistolaris regni Bohemiae. Bd. IV/2. Hg. v. Jindřich *Šebánek* u.
Sáša *Dušková*. Praha 1965, 252 f. (Nr. 152).
22 Codex diplomaticus et epistolaris regni Bohemiae. Bd. II. Hg. v. Gustav *Friedrich*. Praha
1912, 327 (Nr. 324).

1278) tat sich am Hof der Koch Hirzo hervor, dem zugleich die Burggraf-
schaft von Klingenberg übertragen wurde.[23] In den Zeugenreihen der Urkunden Přemysl Ottokars II. treten auch andere Küchenmeister relativ häufig
auf.[24] In den österreichischen Urkunden dieses Königs finden wir zudem
noch Kellermeister (*magistri cellarii*). Ein Küchenmeister diente ebenfalls der
Gattin Přemysl Ottokars II., der Königin Kunigunde († 1285). Ihre Vorgän-
gerin, Margarete von Babenberg, hielt sich einen Zährgärtner (*spismagister*)
sowie einen als *chlebarius* (Brotmeister) bezeichneten Diener. Auch vom Hof
Wenzels II. (1278-1305) ist uns ein Küchenmeister bekannt, der als Zeuge
einer Urkunde für das St. Georg-Kloster auftrat. Die Aktivitäten um die königliche Küche am Prager Hof gegen Ende des 13. Jahrhunderts erhellt ferner
ein Formularblatt, in dem ein Küchenschreiber genannt wird, über den gemeinsam mit anderen Hofbeamten der Mundschenk, der Truchsess und der
Marschall die Aufsicht ausübten.[25]

Seit dem Ende des 13. Jahrhunderts verwandelten sich die zentralen Hofämter (Kämmerer, Truchsess, Mundschenk, Marschall) allmählich in sogenannte Hof- und Landesämter. Seit dem Regierungsantritt Johanns von
Luxemburg (1310-1346) im Königreich Böhmen wurden einige dieser Ämter
– nicht zuletzt dank der starken Stellung ihrer Inhaber – sogar erblich und
entwickelten sich in der Folgezeit eher zu Repräsentativfunktionen bei Hof-
festen. Es handelte sich dabei um das Marschallamt (*summus marschalcus*),
das die Herren von Leipa erhielten, das Mundschenkenamt (*summus pincerna*), das die Herren von Wartenberg als Erbbesitz erwarben, und das Truch-
sessenamt (*summus dapifer*), das die Herren von Hasenburg innehatten. Die
eigentlichen mit diesen Ämtern verbundenen Aufgaben übten dann diverse,
zu diesem Zweck ernannte Hofwürdenträger aus der Umgebung König Johanns aus. So konnte zum Beispiel der *spisarius* die Pflichten des Truchsess

[23] Codex diplomaticus et epistolaris regni Bohemiae. Bd. IV/1. Hg. v. Jindřich *Šebánek* u.
Sáša *Dušková*. Praha 1962, 67 (Nr. 8), 249-253 (Nr. 149-152); Codex diplomaticus et
epistolaris regni Bohemiae. Bd. V/1. Hg. v. Jindřich *Šebánek* u. Sáša *Dušková*. Praha
1974, 161 (Nr. 87); *Kuthan*, Jiří: Zvíkovský purkrabí Hirzo. Příspěvek k dějinám kolonizace
jižních Čech [Der Klingenberger Burggraf Hirzo. Ein Beitrag zur Geschichte der Kolonisation Südböhmens]. In: Československý časopis historický 19 (1971), 711–725.
[24] Codex diplomaticus V/1, 639 (Nr. 430), 668 (Nr. 452), 676 (Nr. 457); Codex diplomaticus
et epistolaris regni Bohemiae. Bd. V/2. Hg. v. Jindřich *Šebánek* u. Sáša *Dušková*. Praha
1981, 125 (Nr. 557), 150 (Nr. 571), 162 (Nr. 579), 167 (Nr. 582), 169 (Nr. 583), 174 (Nr. 585),
175 (Nr. 586), 192 (Nr. 598), 218 (Nr. 615), 222 (Nr. 618), 280 (Nr. 651), 284 (Nr. 655), 289
(Nr. 658), 302 (Nr. 667), 333 (Nr. 693), 345 (Nr. 702), 495 (Nr. 804), 497 (Nr. 806), 498
(Nr. 807); Codex diplomaticus et epistolaris regni Bohemiae. Bd. V/3. Hg. v. Jindřich
Šebánek u. Sáša *Dušková*. Praha 1982, 293 (Nr. 1444), 370 (Nr. 1581); Codex diplomaticus V/2, 181 (Nr. 590), 295 (Nr. 633).
[25] Regesta diplomatica nec non epistolaria Bohemiae et Moraviae. Pars II: 1253-1310. Hg.
v. Josef *Emler*. Praha 1882, Nr. 2315. Vgl. *Dvořáčková-Malá*: K modelu středověkého
panovnického dvora, 309-335; *dies.*: Královský dvůr Václava II., hier 93-98; *dies.*/
Zelenka (Hg.): Curia ducis, curia regis, 95-127.

übernehmen. Aus derselben Zeit (1312) ist uns auch ein Hofmarschall (*marschalcus curie*) bekannt.[26]

Aus einer 1337 für Wenzel von Wartenberg ausgestellten Urkunde Johanns von Luxemburg erfahren wir zudem von Aufgaben und Einkünften, die mit dem Amt des Mundschenks (*ad summum nostrum pincernam*) verbunden waren und bereits zur Zeit von Johanns Schwiegervater Wenzel II. existierten. Dem Amt des obersten Mundschenken, damals schon im Erbbesitz der Herren von Wartenberg, standen Abgaben aus jeder Schenke und jedem Wirtshaus zu, ferner der Zoll in Jung-Bunzlau, Sobenitz, Fürstenbruck, Časlau sowie zwei Dörfer: Postřižin und Kozarowitz. Der Mundschenk erteilte Bewilligungen zur Errichtung neuer Schenken und war für alle Weinverleger (*vinum et lagenas*) zuständig.[27]

In einigen Fällen können wir allerdings die Erträge und den Inhalt der Ämter bereits für das 13. Jahrhundert belegen. So gehörte zum Beispiel den Kämmerern Přemysl Ottokars I. das Dorf Aunětitz, und der oberste Kämmerer erhielt vermutlich die Erträge aus dem Dorf Kuromrtvice. Aus jüngerer Zeit (1320) ist uns bekannt, dass der Burggraf der Prager Burg das Dorf Hostau mit einem Hof und einer Feste, ferner Dehnicz und Owenec samt Zubehör sowie drei Höfe in Bubna besaß.[28]

Im 13. Jahrhundert können wir die Hofstruktur auch um einige in den Quellen bis dahin nicht erwähnte Funktionen ergänzen. So werden beispielsweise eine Amme (*nutrix*) des Königs Wenzel I., Nětka, oder eine Hebamme (*obstetrix*) Wenzels II., Elisabeth, erwähnt. Belegt sind ebenfalls Erzieher aus der Umgebung Přemysl Ottokars II. (Hunei und Diviš). Von den Dienern ist uns ein Schneider Wenzels I. (*Heinricus sartor regis*) bekannt. Am Prager Hof bzw. in der Hauptresidenz wirkten die Wächter der Prager Burg (*vigiles castri Prag*), die laut einer Urkunde Wenzels II. (1292) im Dorf Chržin ansässig waren. Erstmals wird ein *magister curie*, also ein Hofmeister, an der Spitze des Hofes genannt.[29]

Ferner setzten sich im Laufe des 13. Jahrhunderts in hohem Maße Personen des geistlichen Standes in der Rolle herrschaftlicher Ratgeber durch. Am Hof Přemysl Ottokars II. (1253–1278) ragte der Olmützer Bischof Bruno von Schauenburg hervor, in der Kanzlei waren dies dann besonders Notare wie Přísnobor und Wilhelm sowie der für die österreichischen Angelegenheiten des Königs zuständige Notar Gottschalk. Im diplomatischen Dienst traten der Kanzler Peter sowie der *doctor decretorum* Heinrich hervor, der die Pfarrei in Gars innehatte. Am Hofe von Přemysls Sohn Wenzel II. konzentrierten sich

---

26 *Dvořáčková-Malá/Zelenka* (Hg.): Curia ducis, curia regis, 114–118.
27 Regesta diplomatica nec non epistolaria Bohemiae et Moraviae. Pars IV: 1333–1346. Hg. v. Josef *Emler*, 172 f. (Nr. 420).
28 Codex diplomaticus V/1, 141 f. (Nr. 76+); Codex diplomaticus IV, 261–263 (Nr. 159) und weiter detailliert *Dvořáčková-Malá/Zelenka* (Hg.): Curia ducis, curia regis, 114 f.
29 *Dvořáčková-Malá*: Královský dvůr Václava II., 93–97.

seit den 1290er Jahren nun auch geistliche Ratgeber ohne konkrete Ämter, wie zum Beispiel der Bamberger Bischof Arnold, der Meißner Propst Bernhard von Kamenz, die Äbte von Waldsassen, Sedletz und Königsaal Dietrich, Heidenreich und Konrad sowie der Beichtvater des Königs, Hermann, bei dem es sich um ein Mitglied des Deutschen Ordens handelte. Mit der Zeit zählten zu ihnen auch der Stiefbruder des Königs, der Wyschehrader Propst Johann, sowie der Basler Bischof Peter von Aspelt (später Erzbischof von Mainz). Als Berater des Königs traten auch Juristen hervor: Ulrich von Pabenitz, Gozzo von Orvieto und Johann von Schlackenwerth oder Mitglieder der königlichen Kanzlei, die sogenannten Protonotare (*protonotarius*) Johann von Sadska und Peter Angeli.[30]

Die höfische Kultur

In Verbindung mit dem Hofalltag sprechen wir im Allgemeinen von der sogenannten höfischen Kultur, die allerdings die Kultur jedes mittelalterlichen oder zeitlich anders eingegrenzten höfischen Milieus bezeichnet. Mit diesem Begriff können wir das Verhalten aller Lehnshöfe (bischöflicher, adeliger, reichsfürstlicher, landesherrlicher etc.) umschreiben. Gewöhnlich verstehen wir allerdings darunter die Lebensweise und die Kultur der obersten Gesellschaftsschicht. Im Sinne der höfisch-ritterlichen Kultur betrifft dies in Böhmen vor allem das 13. und 14. Jahrhundert. Wie die höfische Kultur des Herrscherhofes bis Ende des 12. Jahrhunderts aussah, ist aufgrund der mangelhaften Quellenbasis nur mühsam zu rekonstruieren. Für diese Zeit sind wir auf kurze Berichte aus erzählenden Quellen (Chroniken, Jahrbüchern) angewiesen, die den Verlauf von Festlichkeiten oder das Mäzenatentum und Stiftwesen der přemyslidischen Familie – sowohl des Herrschers als auch seiner Gattin oder Kinder – festhielten.

Als ein Höhepunkt des Hoflebens kann deswegen für diese Zeit die Einsetzung jedes neuen Herrschers oder – als konkretes Ereignis – die Krönung des ersten böhmischen Königs Vratislav (1085 oder 1086) und seiner Gattin Svatava, über die uns der Chronist Cosmas in seiner „Böhmischen Chronik" berichtet, bezeichnet werden. Die Krönungsfeier fand am St. Veits-Tag statt, also zu jener Zeit, als im Lande gewöhnlich Versammlungen zusammengerufen wurden. Das in festliche Gewänder gekleidete und die Insignien der königlichen Macht tragende Königspaar wurde vom Trierer Erzbischof Egilbert gesalbt und gekrönt. Cosmas gibt ferner an, dass der Erzbischof drei Tage nach der Krönung mit zahlreichen Geschenken abgereist sei. Dies bedeutet, dass dem feierlichen Zeremoniell zweifellos ein Festmahl zu Ehren dieses Ereignisses folgte, an dem nicht nur der Trierer Erzbischof teilnahm. Anwesend waren sicher auch einheimische kirchliche Würdenträger sowie

---

[30] *Ebenda*, 71–92.

die weltliche Nobilität.[31] Für die Teilnahme der einheimischen Repräsentanten (*nobiles terrae*) spricht auch das Datum der Krönung am St. Veits-Tag. Die Krönung bzw. die frühere Einsetzung auf dem Fürstenstuhl fanden oft an verschiedenen kirchlichen Festtagen, während der Weihnachts- oder der Osterfeier statt und brachten somit die Anwesenheit von zahlreichen Geistlichen und vornehmsten Männern des Landes samt ihres Gefolges mit sich. [32]

Nach der Festigung der Königswürde (1212) eröffnete sich während der Regierung Přemysl Ottokars I. zu Beginn des 13. Jahrhunderts nicht nur der Weg zu einem wirtschaftlichen Wachstum, sondern es kam auch eine neue Mode zur Geltung: die ritterliche Kultur. Deren ersten Widerhall erfassen die Quellen bereits am Ende der Regierung Přemysl Ottokars I. und nach dem Thronantritt des jungen Wenzel I. (1230–1253). Die Spitze der Gesellschaft übernahm sie dann während des gesamten 13. Jahrhunderts.[33] So erwähnt zum Beispiel die „Königsaaler Chronik" (Chronicon Aulae regie) die Verordnung Přemysl Ottokars II., dass sich Nachkommen des einheimischen Adels künftig dem ritterlichen Dienst widmen sollen. Das Erstarken ritterlicher Sitten und Bräuche beförderten natürlich auch die politisch-wirtschaftlich motivierten, nicht selten von Heiratspolitik begleiteten Auslandskontakte des Prager Hofes.[34] Parallel kam es zur Teilnahme an Festen und Turnieren sowie zur Förderung literarischer Werke mit ritterlicher Thematik (Lyrik sowie epische Geschichten).

Ein feierliches Turnier veranstaltete zum Beispiel König Přemysl Ottokar II. im Jahre 1264 während der Hochzeitsfeier seiner Nichte Kunigunde von Brandenburg mit Béla dem Jüngeren von Ungarn. Prachtvolle Festivitäten einschließlich Turnierspielen fanden auch anlässlich der Krönung Wenzels II. 1297 in Prag statt.[35] Die Literatur, die das Turniervergnügen vielfach beschrieb, sollte aber primär die Person des Gönners, seine politischen und militärischen Erfolge oder seine Freigebigkeit preisen. In anderen Fällen äußerte sie sich zu der sogenannten höfischen Liebe, also zur Beziehung eines Ritters zu seiner auserwählten Dame. Gleichzeitig thematisierte sie die idealen Eigenschaften eines Ritters.

Der älteste belegte Dichter, der am přemyslidischen Hof literarische Werke verfasste, war zur Zeit Wenzels I. Reimar von Zweter. Dieser weilte dort in den Jahren 1237 bis 1241. Bevor er nach Böhmen gekommen war, hatte er in Österreich gewirkt und sich am Hofe Kaiser Friedrichs II. (1212–1250) auf-

31 *Malaťák*, Deméter: Korunovace přemyslovských králů [Die Krönung der přemyslidischen Könige]. In: *Wihoda*, Martin/*ders.* (Hg.): Stát, státnost a rituály přemyslovského věku [Staat, Staatlichkeit und Rituale der přemyslidischen Epoche]. Brno 2006, 67–100.

32 *Dvořáčková-Malá/Zelenka* (Hg.): Curia ducis, curia regis, 164–174.

33 *Ebenda*, 194–250.

34 *Žemlička*, Josef: Počátky Čech královských 1198–1253. Proměna státu a společnosti [Die Anfänge des königlichen Böhmen 1198–1253. Wandel von Staat und Gesellschaft. Praha 2002, 503–506.

35 *Dvořáčková-Malá/Zelenka* (Hg.): Curia ducis, curia regis, 209–221.

gehalten. Eine längere Zeit (zwischen den 1250er und 1270er Jahren) verbrachte der Dichter Sigeher im Prager Hofmilieu Wenzels I. und auch Přemysl Ottokars II. Am Hofe Přemysl Ottokars II. war ebenfalls Friedrich von Sonnenburg tätig, der den König auch bei Kriegszügen begleitete. In der zweiten Hälfte des 13. Jahrhunderts setzten sich die sogenannte Spruchdichtung mit gelehrten Elementen und besonders der sogenannte späte Minnesang durch. Führender Repräsentant dieser Werke wurde Heinrich von Meißen, genannt Frauenlob († 1318), der sich zeitweilig auch im Umkreis Wenzels II. befand: Vermutlich begleitete er den König beim Kriegszug von 1292. Parallel zu Frauenlob ist am Hofe Wenzels II. Heinrich der Klausner belegt. Den prägnanten Höhepunkt der Blütezeit der Liebeslyrik am přemyslidischen Hof bildeten schließlich die Gedichte Königs Wenzel II., der sich selbst als Minnesänger verstand und inszenierte.[36]

Noch stärker als die Lyrik feierten die epische Werke, das höfische Epos, die Ideale und ritterlichen Tugenden. Mitte der 1260er Jahre (zur Regierungszeit Přemysl Ottokars II.) entstand das älteste epische Werk mit Bezug zum Přemyslidenhof: „Willehalm" von Ulrich von dem Türlin. Später beschaffte der König selbst den Stoff für das Werk des Epikers Ulrich von Etzenbach. Konkret handelte es sich um die Handschrift der „Alexandreis" von Walther von Châtillon (Gautier de Châtillon, * um 1135, † um 1200), die er vom Salzburger Erzbischof Friedrich von Walchen erhielt. Ulrich von Etzenbach begann mit der Abfassung des Epos ungefähr in den 1270er Jahren und dichtete insgesamt 28.000 Verse. Das in Mittelhochdeutsch geschriebene Epos mit dem Titel „Alexander" stellte er jedoch erst in den 1280er Jahren fertig, also bereits zur Herrschaft Wenzels II. Am Hof des damals jungen Königs setzte er sein Schaffen fort und verfasste in der ersten Hälfte der 1290er Jahre seine zweite, einen slawischen Herrscher verherrlichende epische Geschichte: „Wilhelm von Wenden". In dem idealen Herrscher und Ritter erkennen wir Wenzel II. In der tugendhaften Gattin des literarischen Helden Wilhelm von Wenden wähnen wir zudem die idealisierte erste Frau des jungen Přemysliden, Guta von Habsburg († 1297). Die Komposition endet mit einem Gebet des Dichters für das königliche Paar und besteht aus insgesamt 8.357 Versen.[37]

Die deutsche Literatur aus dem böhmischen Milieu beschränkte sich jedoch nicht nur auf den Herrscherhof. Da die den modischen Stil vermittelnden Werke zur Unterhaltung, Belehrung oder Erziehung junger Männer dienten, fanden sie im Laufe der zweiten Hälfte des 13. Jahrhunderts ihren Weg in das Adelsmilieu. Es handelt sich dabei zum Beispiel um den sogenannten „Alexander-Anhang" des bereits erwähnten Ulrich von Etzenbach, der dem nordböhmischen Adeligen Borsso II. von Riesenburg gewidmet war. Die Komposition entstand irgendwann in den 1290er Jahren. Die Version C

---

36 *Dvořáčková-Malá:* Královský dvůr Václava II., 147–153.
37 *Ebenda,* 164–180.

dieser Alexandreis verfasste vor 1305 am Hof der Herren von Neuhaus ein gewisser Friederik.[38] Am Adelshof der ostböhmischen Herren von Lichtenburg wirkte dann Heinrich von Freiberg, der in den 1280er Jahren sein Epos „Tristan" für Raimund von Lichtenburg verfasste. Ein literarischer Förderer Heinrich von Freibergs war auch Johann von Michalowitz. Für diesen komponierte Heinrich ein glorifizierendes Gedicht über Johanns abenteuerliche Reise nach Paris und seinen dortigen Turniersieg.[39]

Abschließend ist noch zu erwähnen, dass man Ende des 13. Jahrhunderts in der höfischen Literatur einer Vorliebe für den Marienkult begegnet, die sich abermals in Werken der mit dem Prager Hof verbundenen Dichter wiederfindet. Es handelt sich zunächst um das Gedicht „Marienlegende" (etwa um 1290) von Heinrich dem Klausner. Der Widmung zufolge hatte Wenzel II. selbst den Autor mit dieser Komposition beauftragt, die das Wunder der Himmelfahrt Mariens hervorhebt.[40] Eine Marienpassage finden wir ebenso in dem Epos „Wilhelm von Wenden" des bereits zitierten Ulrich von Etzenbach. Ähnlich liebevolle Verse an die Jungfrau Maria enthält außerdem der aus dem Adelsmilieu stammende „Tristan" von Heinrich von Freiberg.

Aus dem Tschechischen von Helena und Volker Zimmermann

---

[38] *Urban*, Jan: Lichtenburkové. Vzestupy a pády jednoho panského rodu [Die Lichtenburger. Aufstiege und Niedergänge eines Herrengeschlechts]. Praha 2003, 70.

[39] *Freiberg*, Heinrich von: Rytířská jízda Jana z Michalovic [Die Ritterfahrt Johanns von Michalowitz]. Hg. v. Marie *Ryantová*. Praha 2005.

[40] Moravo, Čechy radujte se! Němečtí a rakouští básníci v českých zemích za posledních Přemyslovců [Mähren, Böhmen, freuet euch! Deutsche und österreichische Dichter in den böhmischen Ländern zur Zeit der letzten Přemysliden]. Praha 1998, 174 f.

Zdeněk Žalud

KÖNIGLICHE LEHNSTRÄGER AM HOFE JOHANNS DES BLINDEN
UND KARLS IV.
Ein Beitrag zur sozialen Stellung der böhmischen Herren von Landstein
und der Herren von Kolditz im 14. Jahrhundert

Regalis diadematis nostri nobilissimam partem, clarissimorum principum regni nostri
Boemiae feuda, regiae mentis arcano volumus servari praecipua, et congruentis cautelae
suffragio providere, ne qua in posterum super eis possit dubietas occurere, aut incertitudo
quaelibet alternandi materiam generare.[1]

Die Entstehung und Entwicklung der Lehnsverhältnisse in den böhmischen
Ländern wird im Kontext der Erforschung der Strukturen herrschaftlicher
Macht und der Herausbildung königlicher Höfe erneut zu einem bedeuten-
den Thema der gegenwärtigen mitteleuropäischen Mediävistik.[2] Am Ende des

---

1 *Hergemöller*, Bernd-Ulrich (Hg.): Maiestas Carolina. Der Kodifikationsentwurf Karls IV.
für das Königreich Böhmen von 1355. München 1995, Kap. XLI.
2 Arbeiten zur Rezeption und Anwendung des Lehnsrechts in Böhmen und Mähren, die
in den vergangenen fünfzig Jahren erschienen sind: *Novotný,* Jaroslav: Mani, půhončí a
lovci. K právní a sociální diferenciaci moravské feudální společnosti [Lehnsleute, Vorla-
der und Jäger. Zur rechtlichen und sozialen Differenzierung der mährischen Feudal-
gesellschaft]. In: Časopis Matice moravské 75 (1956), 3–20; *Weizsäcker,* Wilhelm: Über
die Bedeutung des Lehnswesens in den Sudetenländern. In: Studien zum mittelalterlichen Lehenswesen. Vorträge gehalten in Lindau am 10.–13. Oktober 1956. Hg. v. *Konstanzer Arbeitskreis für mittelalterliche Geschichte.* Lindau, Konstanz 1960, 229–234;
Bakala, Jaroslav: K počátkům lenního zřízení v českém státě [Zu den Anfängen des
Lehnswesens im böhmischen Staat]. In: Slezský sborník 57 (1959), 378–388; *Russocki,*
Stanisław: Z badań nad czeskim systemem beneficjalnym [Aus der Forschung über das
böhmische Benefizialsystem]. In: Czasopismo Prawno-historyczne 23 (1971), 33–46;
Kavka, František: Západoevropský lenní institut jako nástroj vnitřní královské politiky
za posledních Přemyslovců a za Jana Lucemburského [Das westeuropäische Lehns-
institut als Werkzeug der königlichen Innenpolitik während der Herrschaft der letzten
Přemysliden und Johanns von Luxemburg]. In: Český časopis historický 88 (1990),
225–251; *Burdová,* Pavla: Dvorské desky [Hoftafeln]. In: Sborník archivních prací 47
(1997), 75–123; *Kowalewski,* Krzysztof: Rycerze, włodycy, panosze. Ludzie systemu
lennego w średniowiecznych Czechach [Ritter, Wladyken, Panoschen. Personen des
mittelalterlichen böhmischen Lehnssystems]. Warszawa 2009; *ders.:* Manowie, służe-
bnici i naprawnici. O typologii i pozycji królewskich lenników w strukturze stanu szla-
checkiego [Lehnsleute, Dienstleute und Freisassen. Zur Typologie und Position der königlichen Lehnsleute in der Struktur des Adelsstandes]. In: *Nodl,* Martin/ *Wihoda,* Mar-

12. Jahrhunderts waren Lehnsbeziehungen im přemyslidischen Herzogtum eine eher seltene alternative Bindungs- und Rechtsform, die das Verhältnis einer funktionalen Subordinierung zwischen zwei Adeligen definierte und ihre Rechte und Pflichten bestimmte. Die Treue ihrer Gefolgsleute belohnten die herrschenden Přemysliden für gewöhnlich mit Amtsbenefizien, die an die Dauer eines Dienstes gebunden und mit konkreten, mit dem Amt verknüpften Renten verbunden waren.[3]

Das erste bekannte Beispiel einer Belehnung ist mit der Ausdehnung der böhmischen herzoglichen Macht auf Reichsgebiet verbunden: Im Jahr 1185 trat der Přemyslide Friedrich einen Teil des Weitraer Gebietes an Hadmar von Kuenring als Lehen ab.[4] Zwei weitere Belege einer Belehnung von Adeligen stammen aus den Jahren 1220 und 1229.[5] Aus der Zeit vor 1254 sind Lehen der böhmischen Herrscher im Pleißenland belegt. Der entscheidende Impuls zur Durchsetzung des Lehnswesens kam jedoch erst während der Regierung Přemysl Ottokars II., als der Olmützer Bischof Bruno von Schauenburg (1245–1281) in Mähren ein Netz von Lehnsgütern schuf. Der König selbst wurde nach der Besetzung des Egerlandes im Jahre 1266 mit einem Ministerialadel konfrontiert.[6] Josef Žemlička zufolge war die Rezeption und Entfaltung des Lehnsprinzips ein Bestandteil der königlichen Strategie, vor allem in entlegenen Gebieten des Landes Grundlagen für die direkte Machtausübung zu schaffen. Während die königliche Regierung in diesen Gegenden kaum eingreifen konnte, drängte dorthin im Zuge des Kolonisationsprozesses der Adel, der überwiegend über Allodialbesitz verfügte.

---

tin (Hg.): Šlechta, moc a reprezentace ve středověku [Adel, Macht und Repräsentation im Mittelalter]. Praha 2007, 209–239.

3   Die Konzeption des Benefiziums im mittelalterlichen böhmischen Staat (besonders vom 11. bis zum 13. Jahrhundert) war vor einigen Jahren Gegenstand einer umfangreichen Diskussion über das herzogliche (königliche) Eigentum, das Eigentum der herzoglichen Gefolgsleute und der weltlichen Aristokraten. Vgl. *Jan*, Libor: Václav II. a struktury panovnické moci [Wenzel II. und die Strukturen der herrschaftlichen Macht]. Brno 2006, sowie die umfangreiche Antwort darauf von Třeštík und Žemlička. Siehe *Třeštík*, Dušan/ *Žemlička*, Josef: O modelech vývoje přemyslovského státu [Zu den Entwicklungsmodellen des přemyslidischen Staates]. In: Český časopis historický 105 (2007), 122–163, zu den Begriffen *beneficium* und *beneficiarii* vgl. hier besonders 139–143.

4   Codex Diplomaticus Bohemiae I. Hg. v. Gustav *Friedrich*. Praha 1904–1907, 279 f. (Nr. 309).

5   *Kowalewski*, Krzysztof: Powstanie systemów lennych na ziemiach czeskich w średniowieczu [Die Entstehung des Lehnssystems in den böhmischen Ländern im Mittelalter]. In: Feudalizm w Europie średniowiecznej i nowożytnej [Feudalismus in Europa im Mittelalter und in der Neuzeit]. In: Roczniki Dziejów Społecznych i Gospodarczych 58 (1998), 128–129.

6   Das Olmützer Lehnswesen studierte *Sovadina*, Miloslav: Lenní listiny biskupa Brunna [Die Lehnsurkunden des Bischofs Bruno]. In: Sborník archivních prací 24 (1974), 426–460. Mit der Egerer Ministerialität und ihren gespannten Beziehungen zur Stadt Eger befasst sich *Kubů*, František: Die staufische Ministerialität im Egerland. Ein Beitrag zur Siedlungs- und Verwaltungsgeschichte. Pressath 1995.

Im Interesse eines Benefiziaren lag die dauerhafte Aneignung der mit dem erworbenen Amt verbundenen Renten. Ein Lehnsmann hingegen wirkte auf der betreffenden Position unter verschiedenen Bedingungen, für gewöhnlich im Militärdienst, wofür ihm der *senior* die erbliche Nutzung des Lehens zusicherte.[7] Mit einer Gefolgschaft aus Lehnsleuten versuchte der Landesherr die zentralen Stützpunkte zu sichern, vor allem entlang der Altstraßen. Deswegen entwickelte sich das Lehnswesen an der Peripherie oder in den Pufferzonen des Landes. Die *Theutonici* als Lehnsleute wurden in den Gebieten um Glatz, Elbogen, Zittau oder Trautenau eingesetzt.[8] Als oberste Instanz des Lehnsrechts im Lande nahm der König seine Vasallen formal aus dem Kreis- und Landesrecht heraus, um dessen Anwendung und Durchsetzung sich dagegen der Adel mit Allodialbesitz bemühte.

Die Entfaltung der Lehnsbräuche ist jedoch nicht nur als Instrument der königlichen Macht in einer Zeit wachsender adeliger Ambitionen zu verstehen. Lehnsbindungen nutzten auch mächtige Mitglieder des Herrenstandes, um ein System zwischen ihren Lehnsleuten, ihrer Klientel und ihren Dienstleuten zu erschaffen. So gingen die Herren von Rosenberg, von Riesenburg, von Lichtenburg, von Leipa, von Strakonitz und andere vor. Ebenso suchten die Klöster durch Lehnsbeziehungen regionale Herren an sich zu binden. Lehnsleute hatten auch im Landesinneren für die Instandhaltung und den Schutz von Burgen als Zentren größerer Herrschaften Sorge zu tragen – hierzu gehörten die königlichen Burgen Bösig, Frauenberg, Pürglitz oder Kamaik, aber auch die Adelsburgen Lichtenburg oder Riesenburg.[9] Der hinsichtlich des Besitzes unbedeutenden Schicht von Burg- und Dienstmannen war der Adel sozial übergeordnet, der direkt vom König Burgen als Lehen erhielt. Dabei handelte es sich oft um Personen nicht böhmischer Herkunft – wie im Fall Rudolfs (Rulkos) von Bieberstein.

Im Rückblick sieht es so aus, dass während der Regierungszeit Přemysl Ottokars II. vor allem kleinere, dafür aber umso zahlreichere Herrschaften

7   *Žemlička*, Josef: Přemysl Otakar II. Král na rozhraní věků [Přemysl Ottokar II. Ein König an der Schwelle zweier Epochen]. Praha 2011, 218–227. Zu den klar und schriftlich definierten Dienstbedingungen der Lehnsleute kritisch *Dendorfer*, Jürgen/*Deutinger*, Roman (Hg.): Das Lehnswesen im Hochmittelalter. Forschungkonstrukte – Quellenbefunde – Deutungrelevanz. Ostfildern 2010.
8   Dies deutet der Chronist Neplach mit der Angabe an, dass Přemysl Ottokar II. „terras eciam videlicet Cubicensem, Tratnouicensem, Glacensem Theutonicis tradidit suos postergando". Siehe Fontes rerum Bohemicarum III. Hg. v. Josef *Emler*. Praha 1882, 476. Eine Auflistung der Lehngüter in den Randgebieten Böhmens und Mährens liefert *Kapras*, Jan: Právní dějiny zemí Koruny české [Rechtgeschichte der Länder der Böhmischen Krone]. 2. Teil. Praha 1913, 176 f.
9   Die Lehngüter um Bösig beschreibt *Žemlička*, Josef: Bezdězsko. Královské území Přemysla Otakara II. [Das Bösiger Land. Das königliche Gebiet Přemysl Ottokars II.]. In: Československý časopis historický 28 (1980), 726–751. Zu den Lehen in der Nähe von Kamaik siehe *Novotná*, Markéta: Kamýk nad Vltavou a jeho vilikace [Kamaik und seine Villikationen]. In: Mediaevalia Historica Bohemica 11 (2007), 117–136.

von Kleinvasallen entstanden, die den Burggrafen der königlichen Burgen unterstanden und den König in den Kampf begleiteten. Die Entwicklung der Lehnsverhältnisse setzte sich auch unter Wenzel II. fort.[10] Die zielgerichtete Herausbildung einer Schicht von königlichen Lehnsleuten fiel jedoch erst in die Zeit Johanns von Luxemburg (1310–1346). Dieser unterhielt zwar auch Netze von kleineren Burglehen, band allerdings durch die Vergabe von Burgen vor allem Angehörige des Hochadels an sich, die oft wieder nichtböhmischer Herkunft waren. Dank der Entfaltung des Lehnswesens unter Karl IV. und Wenzel IV. behielt diese rechtliche, keinesfalls aber ständisch einheitliche soziale Gruppe bis zu den Hussitenkriegen bedeutende politische Positionen. Danach verloren die Lehnsverbände allmählich zugunsten des allodialen, sich ständisch profilierenden Adels an Bedeutung.

Allerdings kann es nicht unser Ziel sein, die gesamte Entwicklung des Lehnswesens nachzuzeichnen.[11] Wir können nur allgemein darauf hinweisen, dass ein Lehnsverband immer in einem konkreten politischen Kontext zur

---

[10] Der Entwicklung des Lehnsbesitzes von Wenzel II. widmet sich *Jan, Libor:* Václav II. a struktury královské moci [Wenzel II. und die Strukturen der königlichen Macht]. Brno 2006. Auf Seite 225 ff. nennt der Verfasser als Novum die schriftlich festgehaltenen Treueide (*homagium fidelitatis*) einiger einheimischer Adeliger. Auf Seite 230 ff. bringt er Beipiele für Lehnseide der Nobilität außerhalb des böhmisch-mährischen Gebietes. Um 1305 trugen die Herren von Schönburg, deren anderer Zweig sich zu dieser Zeit in Böhmen ansiedelte, dem böhmischen König die Herrschaft Glauchau im Pleißenland zu Lehen auf.

[11] Eine Übersichtsdarstellung zum Lehnswesen des böhmischen Mittelalters fehlt. Es gibt lediglich veraltete, normativ ausgerichtete Arbeiten, besonders *Chmelenský, Josef K.:* Manství česká [Die böhmischen Lehen]. In: Časopis Českého musea 6/2 (1832), 182–220, oder aber die Übersicht über die königlichen Lehen in: Codex juris Bohemici II/1. Hg. v. Hermenegild *Jireček.* Pragae 1896. Im Kontext der Territorialpolitik Johanns von Luxemburg und Karls IV. befasste sich mit der Entstehung und Entwicklung der Lehnsbesitzungen der böhmischen Krone *extra curtem Bobková, Lenka:* Územní politika prvních Lucemburků na českém trůně [Die Territorialpolitik der ersten Luxemburger auf dem böhmischen Thron]. Ústí nad Labem 1993. Die Situation der herrschaftlichen Lehen zur Regierungszeit Wenzels IV. kennen wir nur allgemein bezüglich des Besitzes königlicher Burgen; dazu zuletzt *Prokop, Miloš:* Držba hradů v Čechách v letech 1418–1478 jako zdroj poznání majetkových poměrů české šlechty, panovníka a církve [Der Burgenbesitz in Böhmen in den Jahren 1418–1478 als Quelle zur Erkenntnis der Vermögensverhältnisse des böhmischen Adels, des Herrschers und der Kirche]. In: Husitský Tábor 14 (2004), 147–226, zum königlichen Burgenbesitz zur Zeit Wenzels IV. siehe hier die Seiten 157–159. Für die nachhussitische Zeit wird ein Verfall des Lehnssystems konstatiert – ein Übergang zu Verpfändungen und zur Allodialisierung der Lehen. Sehr plastisch beschrieb diese Situation *Macek, Josef:* Jagellonský věk v českých zemích (1471–1526). 2. díl: Šlechta [Die jagellonische Epoche in den böhmischen Ländern (1471–1526). 2. Teil: Adel]. Praha 1994, Kapitel „Manové a nápravníci“ [Lehnsleute und Freisassen]. Im Jahr 1547 benutzte der böhmische König und Kaiser Ferdinand I. als Strafe für die aufständischen Adeligen mit freiem Besitz (zum Beispiel Bořivoj von Dohna) die Umwandlung ihrer Güter in königliche Lehen. Auch für das 16. Jahrhundert wurde die Situation des niederen Adels, der Freisassen, nicht systematisch bearbeitet.

Geltung kam, der vom 13. bis zum 16. Jahrhundert von der Herausbildung der ständischen Macht des ‚Allodialadels' und vom Aufstieg oder Abstieg der Majestät der böhmischen Könige stark beeinflusst war. Für die Zeit der Entstehung und Entwicklung des Lehnswesens ist stets die Suche nach den Motiven für die Bildung des Verhältnisses Lehnsherr-Vasall von zentraler Bedeutung, obwohl diese angesichts des Quellenmangels nicht selten erst *ex post* ersichtlich sind.

Schauen wir uns zuerst die Entwicklung der Lehnsverhältnisse während der Regierungszeit Johanns von Luxemburg an. Der mit den böhmischen Verhältnissen nicht vertraute junge Mann, der seit dem Antritt seiner Herrschaft in Böhmen mit den wachsenden Ambitionen der böhmischen Barone konfrontiert war, geriet ab 1317 mit zahlreichen böhmischen Adeligen in Streit. Er versuchte ihren Widerstand mit dem Einsatz nicht-böhmischer Ritter zu unterdrücken. Die Stärke des einheimischen Adels, der nicht zögerte, die Absetzung des Königs vorzubereiten, zwang ihn allerdings dazu, nach einer Kompromisslösung zu suchen. Nach einer Einigung zu Ostern 1318 begann Johann nach zuverlässigeren Verbündeten zu suchen, die ihm auf der Basis von Lehnsbindungen dienen sollten. Anfang des Jahres 1319 erlaubte er zwei Niederadeligen, Pesko von Schreckenstein und Heinrich von Kamaik, die Errichtung zweier Burgen im strategisch wichtigen Elbetal.[12]

Eine Revolte im Jahr 1319, die von einigen Angehörigen des Herrenstandes der Prager Altstadt unterstützt wurde, bestärkte den König erneut in seiner Absicht, eine eigene, vom Landesaufgebot unabhängige Militärmacht aufzubauen. Anstatt sich im Rheinland Hilfe zu holen – was Johann von böhmischen Adeligen seit 1316 vorgeworfen wurde – suchte er im Meißner Land, in der Lausitz und in Schlesien nach Rittern, also in Gebieten, die traditionell eine Kombination von Lehns- und Allodialgütern aufwiesen.[13] Diesen Fremden fehlte allerdings das Indigenat in Böhmen,[14] und sie konnten sich auch nicht vor dem Landgericht, dem traditionellen Forum des böhmischen Adels, durchsetzen, da dort die Verhandlungssprache tschechisch war. Der Herrscher verlieh ihnen meist solche Güter, die keine größeren Einheiten bildeten und die für ihn selbst nicht von großem Nutzen waren.

---

12 Der Lehnsrevers in: Regesta Bohemiae et Moraviae III. Hg. v. Josef *Emler*. Praha 1890, 198 (Nr. 479) und 199 (Nr. 483); vgl. *Kavka*: Západoevropský lenní systém, 234 f.
13 Zum Besitz des Adels in der Oberlausitz vgl. *Knothe*, Hermann: Geschichte des Oberlausitzer Adels und seiner Güter vom 13. bis gegen Ende des 16. Jahrhunderts. Leipzig 1879 (Dresden 1887). Zur Besitzstruktur Schlesiens *Ptak*, Marian J.: Własność alodialna i lenna na Śląsku [Allodial- und Lehnsbesitz in Schlesien]. In: *Barciak*, Antoni (Hg.): Kultura prawna w Europie Środkowej [Rechtskultur in Mitteleuropa]. Katowice 2006, 96–103. Die Situation im Pleißenland skizziert *Rübsamen*, Dieter: Kleine Herrschaftsträger im Pleißenland. Köln, Wien 1987.
14 Zu der Frage des Indigenats siehe *Tresp*, Uwe: Karl IV. und der Adel der Wenzelskrone. In: *Doležalová*, Eva/*Šimůnek*, Robert (Hg.): Ecclesia als Kommunikationsraum in Mitteleuropa (13.–16. Jh.). München 2011, 81–117.

Die Beweggründe der Vasallen für die Annahme der Lehnspflicht sind stets nur sehr allgemein formuliert überliefert. In den Lehnsurkunden und im Lehnsrevers begnügten sich die Schreiber für gewöhnlich mit formelhaften Einträgen, dass es zum Empfang oder zur Vergabe des Lehens im Austausch für die erwarteten *beneficia* oder *promociones* vonseiten des Lehnsherrn gekommen sei. Der Herrscher löste mit der Vergabe eines Lehens nicht selten eigene finanzielle Verpflichtungen ab, manchmal kann man auch ein strategisches Interesse vermuten. In einem anderen Fall wurde der Vasall offensichtlich dadurch motiviert, dass ihm für einen kleineren Allodialbesitz ein größerer Lehensbesitz angeboten wurde. Manchmal nutzte der König das Heimfallrecht, in dem er das Erbe eines söhnelos Verstorbenen nach Heimfallrecht an sich zog und dann als Lehen an seine Verwandten vergab, ein andermal entlohnte er einen Vasallen für seine Lehnspflicht mit einem Hof- oder Verwaltungsamt. Ein Lehnsvertrag konnte dem Vasallen den Weg zum königlichen Hof bahnen und es ihm ermöglichen, in die Gruppe der *familiares* oder *consiliarii regis* aufzusteigen. Man könnte sogar sagen, dass die königliche *familiaritas* einen Lehnsverband *sui generis* darstellte.[15]

Bei der Beurteilung der Karrierewege bestimmter Höflinge dürfen wir jedoch keine einheitliche Vorgehensweise voraussetzen, denn auch bei Beachtung der chronologischen Abfolge droht nicht selten eine Verwechslung von Ursache und Wirkung.[16] Deswegen werde ich mich in diesem Beitrag mit den allgemein gut dokumentierten Karrieren lediglich zweier Geschlechter befassen. Im Fall der Herren von Kolditz ist es offensichtlich, dass der Landesherr stets auch seine außenpolitischen Ziele verfolgte: nämlich ins Pleißner und Meißner Land vorzudringen und hier die Expansion der erstarkten Wettiner zu stoppen.

---

[15] Die rechtliche Stellung der *familiares* am böhmischen königlichen Hof lässt sich üblicherweise nur anhand ihrer Ernennungsdekrete erkennen. Diese sind allerdings sehr sporadisch und oft nur in Formularsammlungen überliefert. Sehr fragmentarisch sind sie aus der Zeit des Königs Johanns erhalten, viel häufiger dann aus der Zeit Karls IV. und Wenzels IV. Zu diesen Ernennungsdekreten der *familiares* vgl. *Hlaváček*, Ivan: K organizaci státního správního systému Václava IV. Dvě studie o jeho itineráři a radě [Zur Organisation des staatlichen Verwaltungsapparats Wenzels IV. Zwei Studien über sein Itinerar und seinen Rat]. Praha 1991, 77–93. Die Stellung der *familiares* am königlichen Hof versucht zu erfassen *Dvořáčková-Malá*, Dana: Familiares regis. Duchovenstvo na dvoře krále Václava II. [Familiares regis. Die Geistlichkeit am Hofe des Königs Wenzels II.]. In: *Doležalová*, Eva/*Šimůnek*, Robert (Hg.): Od knížat ke králům. Sborník u příležitosti 60. narozenin Josefa Žemličky [Von Herzögen zu Königen. Sammelband anlässlich des 60. Geburtstags von Josef Žemlička]. Praha 2007, 165–176.

[16] Zu einer vorsichtigeren Bewertung des Zusammenhangs zwischen höfischer Karriere und Lehnsverhältnissen rät zum Beispiel *Novotný*, Robert: Dvorská a zemská hierarchie v pozdně středověkých Čechách [Die Hof- und Landeshierarchie im spätmittelalterlichen Böhmen]. In: *Dvořáčková-Malá*, Dana (Hg.): Dvory a rezidence ve středověku [Höfe und Residenzen im Mittelalter]. Praha 2006, 145–161.

Aus rechtlicher, funktioneller und besitztechnischer Sicht lassen sich
Lehen unterschiedlich gliedern.[17] Ein Lehen, das vom Lehnsherren als Ersatz
für einen bestimmten Dienst (Dienst mit einer Armbrust, Dienst mit einer
Lanze, Instandhaltung oder Bewachung eines Objektes, Jagdhilfe) vergeben
wurde, lässt sich als *feudum servile* (tschechisch „služebné manství" oder „ro-
botné manství", was deutsch „Dienstlehen" und „Fronlehen" bedeutet) oder
auch als „náprava" (im Sinne von Gutmachung) bezeichnen. Auch im Heiligen Römischen Reich waren sogenannte Dienstlehen üblich, die bspw. oft
als Burglehen (*feudum castrense*) vergeben wurden. Dies betraf in der Regel
Angehörige des niederen Adels oder unfreier Herkunft wie die (Reichs-)
Ministerialen.[18] Die Inhaber solcher Dienstlehen besaßen meist keine eigenen
Lehnsleute (,Ein-Schild-Lehen') und unterschieden sich in ihrer sozialen
Stellung kaum von vermögenden Bauern.

Ein *feudum nobile, honorabile*, zuweilen *liberum* wurde an freie und
adelige Personen vergeben und schloss gewöhnlich einen Komplex von Be-
sitztümern ein, der größer als ein Dienstlehen war – von einem Dorf oder
einer Feste bis zu einer Herrschaft mit Burgen, Städten und weiteren Immo-
bilien. Im Fall der Verlehnung einer Burg musste diese für den König und
sein Gefolge geöffnet werden. Die Lehnsmänner versprachen dem König
offenbar auch unentgeltlichen und zeitlich unbegrenzten Ritterdienst (oft mit
einer Gefolgschaft aus eigenen Lehnsleuten), der auch außerhalb des Landes
eingefordert werden konnte. Der Lehnsherr forderte von ihnen in der Regel
keine ligische Lehnsbindung, wie es eher in Westeuropa üblich war. Ein
senior konnte seine Lehnsleute auch im Fall der Erbfolge großzügig bedenken, indem er im Lehnsvertrag die Nachfolge einer weiblichen oder männlichen Seitenlinie der Familie erlaubte und somit das eigene Heimfallrecht
beschränkte.[19] Von Inhabern freier Lehen erwartete er wiederum viel effekti-

---

17 Mit der Klassifizierung der Lehnsleute müssen sich angesichts der Ungenauigkeit der
Lehnsterminologie die meisten Forscher befassen, vor allem die oben erwähnten, zum
Beispiel *Kavka*: Západoevropský lenní institut; *Macek*: Jagellonský věk v českých zemích
2 sowie zuletzt *Kowalewski*: Manowie, służebnicy i naprawnicy. Kowalewskis Klassifizierung ist bisher am besten begründet und umfasst die größte Zeitspanne.

18 Zur Ministerialität zuletzt grundlegend *Keupp*, Jan Ulrich: Dienst und Verdienst. Die
Ministerialen Friedrich Barbarossas und Heinrichs VI. Stuttgart 2002. Zur Frage des
Adelstandes und zur Definition des Adels zuletzt *Hlaváček*, Ivan: Adel und Nicht-Adel
an der Schwelle von der Přemysliden- zur Luxemburger-Zeit in Böhmen. Ein kommen-
tierter Literaturbericht. In: *Andermann*, Kurt/*Johanek*, Peter (Hg.): Zwischen Nicht-
Adel und Adel. Stuttgart 2001, 157–178.

19 Zur Ausnutzung des königlichen Anspruchs durch Karl IV. siehe Regesta Bohemiae et
Moraviae VIII/3, 387 (Nr. 628), 06.09.1360, Seite l: „[…] fideli nostro dilecto Benede de
Wolfstein talem duximus graciam fidelium eius obsequiorum intuitu faciendam, ut si
Styborius de Wolfstein, natus quondam Stiborii de Wolfstein, fidelis noster dilectus, *qui
adhuc in pupillari etate positus quartum agere dicitur annum etatis, ante annos legittti-
mos viam carnis ingressus fuerit universe, et sic castrum Wolfstein cum bonis suis et
pertinenciis universis ad nos fuerit ut ad regem Boemie devolutum*, extunc eo casu

vere und flexiblere Dienste als vom Allodialadel des Landes, offenbar bisweilen sogar die Koordination ihrer familiären Interessen mit der dynastischen Familienpolitik. Aus der Sicht des Lehnsherrn stellte das Lehen eine Anfangsinvestition dar. Der Lehnsherr konnte die Lehnsbindung auf zweifache Weise nutzen: Er konnte den Lehnsmann durch die Vergabe eines Lehens an sich binden (*feudum datum*), oder aber der *senior* bewog einen zukünftigen Lehnsmann dazu, ihm seine Besitztümer formal aufzutragen – und belehnte diesen dann wieder mit seinen vormaligen Eigengütern (*feudum oblatum*). Damit wurde adeliger Allodialbesitz in Lehnsbesitz umgewandelt, auf den der Herrscher dann bestimmte Zugriffsrechte hatte. In jedem Fall wurden die Adeligen auf diese Weise in die Königsherrschaft eingebunden, da sie zum Beispiel im Fall von Felonie ihrer Lehen verlustig gehen konnten.

Johann von Luxemburg vergab in Böhmen und Mähren Lehen, als die Verschuldung seines Landes bereits weit fortgeschritten war, die seine Vorgänger, die Přemyslidenherrscher Wenzel II. und Wenzel III., zu einer umfangreichen Veräußerung königlichen Besitzes gezwungen hatte.[20] In seiner Lehnspolitik überwiegt deswegen die Umwandlung von Allodialbesitz in Lehnsbesitz, die *feuda oblata*, gegenüber den *feuda data*. Es ist interessant, den Anteil von böhmischen und nicht-böhmischen Lehnsleuten der böhmischen Könige zu betrachten, wobei die letzteren zunehmend überwiegen. Leider kann man nicht feststellen, wie groß der Anteil des Lehnsbesitzes am gesamten Adelsbesitz war. In einzelnen Fällen – bei den Herren von Bergau, den einheimischen Herren von Landstein oder bei denen von Janowitz – lässt sich allerdings abschätzen, dass der Lehnsbesitz die überwiegende Mehrheit ihres gesamten Besitzes ausmachte. Gerade diese Adeligen, die kaum Allodialbesitz besaßen, gliederten sich oft in den Hofadel der Luxemburger ein.

---

prefato Benede [...] ius nostrum, quod in castro, bonis, pertinenciis et devolucione predictis nobis competit vel competierit, ea vice damus [...] *ita videlicet, quod idem Beneda et sui heredes* ultra solucionem plenariam debitorum [...] *residuum totum castri, bonorum et pertinenciarum huiusmodi in liberum feudum* et ad instar aliorum regni nostri Boemie liberorum feodalium a nobis, heredibus er successoribus nostris, Boemie regibus, et a corona regni Boemie *teneant* [...]". Hervorhebungen durch den Verfasser.

20 Der Königsaaler Chronik zufolge forderte Wenzel II. auf dem Sterbebett seinen Nachfolger und seine treuesten Berater auf, Schulden, die er während seiner Herrschaft gemacht hatte, zu zahlen. Siehe Petra Žitavského Zbraslavská kronika [Die Königsaaler Chronik Peters von Zittau]. In: Fontes rerum Bohemicarum IV. 130–133. Wenzels Nachfolger regierten allerdings nur kurz, und die Verschuldung – wie im Fall von einem der königlichen Gläubiger, Heinrich von Leipa, von 1309 bekannt ist – wuchs. Siehe Regesta Bohemiae et Moraviae II, 957 (Nr. 2202). Die unbezahlte Schuld der beiden Wenzel in Höhe von 28.000 Mark Silber wird noch 1316 erwähnt. Siehe *Jan: Václav II.,* 147; vgl. auch *Hásková,* Jarmila: Finanzquellen des Königs Johann von Luxemburg in Böhmen. In: Hémecht 33/1 (1981), 57–63. Siehe ferner den Beitrag *Abdullahi,* Johannes: Johann der Blinde und seine „rheinischen Hansel". Geld und Hof im zeitgenössischen Diskurs, in diesem Band.

Was den Zeitraum betrifft, in dem die Lehnsverträge abgeschlossen wurden, kann man für die Regierung König Johanns in den böhmischen Ländern drei Etappen feststellen: Die erste Phase beginnt mit der Versöhnung mit dem böhmischen Adel im Jahre 1318 und deckt sich mit dem Anfang der außenpolitischen Aktivitäten des Königs (1319–1324). Die Hauptphase zwischen 1327–1330 fällt in den Zeitraum von Johanns kühnsten Expansionsplänen, die sich auf Schlesien, Kärnten und Italien richteten, und somit in eine Zeit, in der er in einem erhöhten Maß die militärische Unterstützung seiner Vasallen benötigte. Der letzte Moment, in dem der König gezielt neue Lehnsbindungen einging, ist das Jahr 1341. In dem Wissen um seine bevorstehende lange Abwesenheit versicherte sich der bereits erblindete Herrscher in Böhmen der Treue der vornehmsten Adeligen. Diese Bemühungen gingen möglicherweise manchmal zu Lasten seines Sohnes Karl, der mit der Verwaltung der böhmischen Länder beauftragt war.

Die Motive der Personen, die in ein Lehnsverhältnis eintraten, waren unterschiedlicher Natur. Von den alten und mächtigen böhmischen Geschlechtern wurde das Lehnswesen zweifellos als ein fremdartiges, vielleicht auch entehrendes Element wahrgenommen.[21] Für viele arme Adelige bedeutete hingegen ein Lehnsvertrag einen Ausweg aus einer wirtschaftlichen Notlage und die Garantie eines gewissen Einkommens und vor allem die Einbindung in einen Lehnsverband. Für andere war vielleicht die mit der Vasallität im königlichen Dienst verbundene Ehre bedeutender. Für die Zeit von König Johann ließ sich bisher kein direkter Zusammenhang zwischen der königlichen Vasallität und einem Einfluss am Hof feststellen. Es sind lediglich Indizien für solche Karrieren vorhanden. Bei den Herren von Bergau, von Kolditz und Landstein spiegelte sich die herrschaftliche Gunst und die Nähe zum König in dem Titel *consiliarius* (Rat) wider, und in finanzieller Hinsicht brachte es ihnen den Posten des Hauptmanns (Vogts) oder ein konkretes Hofamt ein.[22] Bei anderen Familien aus der Umgebung des Herrscherhofes – den mächtigen Herren von Leipa, den Berkas von Dubá oder bei Ulrich Pflug von Rabstein – kann man keine so markanten Beweise königlicher Gunst beobachten. Johanns *familiaritas* ist in den Quellen leider nur sporadisch belegt, und meist handelt es sich dabei nicht um Adelige.[23]

---

21 Siehe dazu das Zitat in Anm. 28.

22 Mit der Verwendung des Amtes des Oberlausitzer Vogtes als Belohnung für die wichtigsten königlichen Höflinge befasst sich *Bobková*, Lenka: Kariéra ve službách krále. Zemští fojtové v Horní Lužici za vlády Lucemburků (1319–1437) [Karriere im Dienste des Königs. Die Landvögte der Oberlausitz während der Regierung der Luxemburger (1319–1437)]. In: *dies. u.a.* (Hg.): Hejtmanská správa ve vedlejších zemích Koruny české [Die Verwaltung der Hauptmänner in den Nebenländern der Böhmischen Krone]. Opava 2009, 153 f.

23 Zur Herausbildung des „Hofkreises" von Einzelpersonen sowie Geschlechtern *Žalud*, Zdeněk: Čeští šlechtici u dvora Jana Lucemburského [Die böhmischen Adeligen am Hofe Johanns von Luxemburg]. In: Husitský Tábor 15 (2006), 177–207; *ders.*: Tzv. užší

186

In strategischer Hinsicht ist die Konzentration der königlichen Lehnsburgen entlang der Landesgrenze im Erzgebirge und Böhmerwald (Burgen
der Herren von Janowitz) sowie entlang der Grenze zu Österreich (Burgen
der Herren von Landstein, Klingenberg und Lichtenstein), aber auch mit den
Herzogtümern Schweidnitz und Jauer bemerkenswert. Lehen der böhmischen Könige sicherten auch die Gebiete hinter dem Grenzwald im Pleißenland und Meißner Land. Der seit 1334 mitregierende Königssohn Karl vergab
einige Lehen auch in Mähren. Mit Ausnahme des südlichen Grenzgebietes
dominierten allerdings in Mähren die Allodialgüter des Markgrafen Karl und
des Adels. Erst während der Regierungszeit von Karls Bruder Johann Heinrich kam es in der zweiten Hälfte des 14. Jahrhunderts zum gezielten Ausbau
des markgräflichen Lehnswesens. Von 1358 bis 1378 wurden mindestens
31 Lehnsurkunden oder -reverse ausgestellt, in denen Johann Heinrich als
senior figuriert. In seiner Lehnspolitik überwogen – ebenso wie im Fall Johanns oder Karls – *feuda oblata* gegenüber *feuda data*.[24]

Karl IV. war durch seine Zeit am französischen Hof gut mit dem Lehnswesen vertraut, das er auch im Rahmen der Kontakte zu seinem Großonkel
Balduin von Trier kennenlernen konnte, der den Territorialausbau des Trierer Hochstifts auf der Basis von Burglehen vorantrieb.[25] In Böhmen übernahm Karl die Lehnsbindungen, die er pflegte und erweiterte – allerdings weniger intensiv als die Lehnsbesitzungen der Böhmischen Krone im Reich (die
sogenannten *feuda extra curtem*). Laut einer Schätzung von František Kavka
vergrößerte Karl die Zahl der etwa 33 zu Johanns Regierungszeit gestifteten
Lehen um etwa 16 *feuda nobilia* (*honorabilia* oder *libera*), Lehen also, durch
die er den höheren Adel an sich band.[26] Auch diesen Prozess kennzeichneten
allerdings Brüche, Phasen größerer Aktivität oder der Stagnation.

Zu Beginn seiner selbstständigen Regierung, etwa bis 1349, schuf Karl IV.
in den Erbländern kaum neue Lehnsbindungen. Dies hing vielleicht mit sei

dvůr Jana Lucemburského a markrabího Karla [Der sogenannte engere Hof Johanns
von Luxemburg und des Markgrafen Karl]. In: *Dvořáčková-Malá*, Dana/*Zelenka*, Jan
(Hg.): Dvory a rezidence ve středověku. Díl 2: Skladba a kultura dvorské společnosti
[Höfe und Residenzen im Mittelalter. Teil 2: Struktur und Kultur der höfischen Gesellschaft]. Praha 2008, 127–146.

24 *Mezník*, Jaroslav: Lucemburská Morava 1310–1423 [Das luxemburgische Mähren 1310–
1423]. Praha 1999, 185–190.

25 *Berns*, Wolf Rüdiger: Burgenpolitik und Herrschaft des Erzbischofs Balduin von Trier
(1307–1354). Sigmaringen 1980. Vgl. auch *Eulenstein*, Julia, Fehde, Frevel, Sühne, Landesherrschaft? Überlegungen zur Bedeutung adliger und erzbischöflicher Fehdeführung
für die Intensivierung von Landesherrschaft im Erzstift Trier unter Erzbischof Balduin
von Luxemburg, in diesem Band.

26 *Kavka*: Západoevropský lenní institut, 247, Anm. 90. Mit der Lehnspolitik Karls IV.
befasst sich auch *Heinemann*, Ulrich: Lehnserteilungen und lehnsrechtliche Verfügungen Kaiser Karls IV. Dissertation Halle/Saale 1907, die ich leider nicht berücksichtigen
konnte. Für einen Hinweis auf diese Arbeit bedanke ich mich herzlich bei Frau Prof.
Christine Reinle.

ner Verschuldung zusammen, die an den Güterverpfändungen im Reich besonders gut erkennbar ist.[27] Die Lehnsbindung nutzte der Luxemburger für die sogenannten Länder der Böhmischen Krone als verbindendes Prinzip, das er in einer Urkundenreihe vom 7. April 1348 festschrieb und mit der Übergabe Mährens als Lehen an Johann Heinrich am 26. Dezember 1349 vollendete. Zu Beginn der 1350er Jahre erneuerte oder errichtete Karl IV. in Böhmen einige Lehnsverträge;[28] von vorrangiger Bedeutung war jedoch für ihn, weitere Veräußerungen von Krongütern zu verhindern. Diese Politik brachte er im Proömium der Maiestas Carolina eindrucksvoll zum Ausdruck.[29] Da der Widerstand der böhmischen Herren eine Durchsetzung des

---

[27] Zu Karls Verschuldung im Reich vgl. *Bender,* Klaus: Die Verpfändung von Reichseigentum in den ersten drei Regierungsjahren Karls IV. von 1346 bis 1349. Dissertation, Philosophische Fakultät der Universität Hamburg. Hamburg 1967. Karls Verschuldung in den böhmischen Ländern wird aus dem Versprechen ersichtlich, keine königlichen Güter und Renten zu veräußern, zu dem sich im Frühjahr 1344 König Johann und sein Sohn Karl vor Papst Clemens VI. in Avignon verpflichteten. Von der Veräußerung königlichen Besitzes ist auch in der Chronik Beneschs von Weitmühl die Rede. Siehe Fontes rerum Bohemicarum IV. Praha 1884, 510. Aufgrund der extrem hohen finanziellen Lasten, die durch Karls Kandidatur für die Würde des römisch-deutschen Königs auch für das böhmische Königreich entstanden, wurde allerdings am 9.5.1346 dieses Versprechen von demselben Papst wieder aufgehoben. Siehe *Klicman,* Ladislav (Hg.): Monumenta Vaticana res gestas Bohemicas illustrantia I.: Acta Clementis VI pont. Rom. (1342–1352). Praha 1903, 390 f. (Nr. 654). Als konkretes Beispiel kann Taus als Pfandbesitz Heinrichs von Neuhaus genannt werden, siehe Regesta Bohemiae et Moraviae V/2, 331 (Nr. 663); Regesta Bohemiae et Moraviae V/3, 434 (Nr. 828.)

[28] Neu war vielleicht das Lehnsband Karls IV. mit den Herren von Dohna hinsichtlich der Burg Roynungen (Roimund, im Lausitzer Gebirge) in den Jahren 1346–1347. Vgl. *Sedláček,* August: Hrady, zámky a tvrze království Českého [Burgen, Schlösser und Festen des böhmischen Königreichs]. Nachdruck Praha 1993–1998, Teil X, 234; *ders.:* Zbytky register králův římských a českých z let 1361–1480 [Reste der ehemaligen Register der römischen und böhmischen Könige aus den Jahren 1361–1480]. Praha 1914, Nr. 1791, 24. Im Fall von Hertenberg im Jahre 1350 (Regesta Bohemiae et Moraviae V/2, 398, Nr. 778) und der Burgen der Herren von Schumburg (Pürstein und Hassenstein) aus dem Jahre 1352 (Regesta Bohemiae et Moraviae V/4, 649, Nr. 1376) handelte es sich um eine Erneuerung der Lehnspflicht. Neue Lehnsbande stellen im Jahre 1350 die Güter Königswart und Sandau (siehe Regesta Bohemiae et Moraviae V/2, 398, Nr. 779) sowie die Verleihung der Burg Hohenstein an Hynco Berka von Dubá im Jahre 1353 (viz Regesta Bohemiae et Moraviae V/4, 728, Nr. 1616) dar. Etwas außergewöhnlich ist die Verleihung der Burg Enn im Friaul an Zbynko Hase von Hasenburg durch den König im Jahre 1349 mit der Bedingung, dass Zbynko diese erst erobern müsse (Regesta Bohemiae et Moraviae V/2, 276, Nr. 549).

[29] Die neueste Ausgabe: *Hergemöller:* Maiestas Carolina (s. Anm. 1). Vgl. *Kejř,* Jiří: Die sogenannte Maiestas Carolina. Forschungsergebnisse und Streitfragen. In: *Fahlbusch,* Friedrich Bernward/*Johanek,* Peter (Hg.): Studia Luxemburgensia. Festschrift für Heinz Stoob zum 70. Geburtstag. Warendorf 1989, 79–122, sowie zuletzt *Nodl,* Martin: Maiestas Carolina. Kritické postřehy k pramenům, vyhlášení a „odvolání" Karlova zákoníku [Maiestas Carolina. Kritische Bemerkungen zu Quellen, Verkündung und „Widerruf" von Karls Gesetzbuch]. In: Studia Mediaevalia Bohemica 1 (2009), 21–35.

neu zusammengestellten böhmischen Landrechts jedoch verhinderte und in Südböhmen (seit 1352) Fehden ausbrachen, orientierte sich Karl strategisch und geographisch neu. Die erfolgreichen Verhandlungen mit den pfälzischen Wittelsbachern eröffneten ihm 1353 den Weg in die Oberpfalz, wo er neben dem Erwerb freier Güter auch das Lehnsprinzip zur Geltung brachte.[30] Während uns 1354 und 1355 keine neu vergebenen Lehen des böhmischen Adels bekannt sind, stieg in dieser Zeit die Zahl königlicher Lehen *extra curtem* nicht nur westlich, sondern auch nördlich der böhmischen Länder signifikant an.

Eine bedeutende Wende in der auf das Pleißenland und das Vogtland ausgerichteten Territorialpolitik Karls IV. stellten die sogenannten Vogtländischen Kriege dar, die in enger Kooperation mit den Meißner Wettinern geführt wurden. Dieses Geschlecht, das während der Jahre des sogenannten Grafenkrieges (1342–1346) mit dem Thüringer Adel kämpfte, lenkte um 1349 die Aufmerksamkeit Karls IV. auf die kleinen und mittelgroßen Magnaten, die auf dem ehemaligen Reichsgebiet zwischen Böhmen, dem Meißner Land und Thüringen ansässig waren. Der erste Krieg begann 1354, als Karl IV. den Landfrieden gegen die Herren von Lobdeburg-Elsterberg, die Vögte von Plauen und die Vögte von Weida durchzusetzen suchte und ihre Burgen befehdete. Laut Gerhard Billig handelte es sich allerdings weniger um eine Intervention gegen Raubritter und Friedensstörer, sondern vielmehr um einen getarnten aggressiven Akt herrscherlicher Territorialpolitik: Der erste Vogtlandkrieg „erweist sich nicht allein als Aktion gegen die Vögte und ihre Landesherrschaft, sondern durchaus als Kampf gegen den Adel und seine Stellung allgemein, der im Regelfall auf den Burgen wohnte, und von dort aus Grundherrschaft realisierte".[31] In der zweiten Phase des Krieges, von 1357 bis 1359, ging es um die Vertreibung der älteren Linie der Plauener Vögte sowie um die Beschlagnahme ihrer Erbschaft. Der Luxemburger und die Wettiner teilten sich die Beute, was der Aufmerksamkeit des böhmischen Adels sicher

---

[30] Die wachsende Anzahl von Lehnsleuten bewog Karl IV. unter der Assistenz vornehmster Reichsfürsten zu der Erklärung, dass der Emfang von Lehen von einem oder mehreren Lehnsherren für freie und edle Personen keine Schädigung ihrer Freiheit und ihres Adelsstandes bedeute: „[...] si quicumque vir nobilis ex utroque parente in libertate genitus ab uno seu pluribus dominis feudalia aut ministerialia bona suscepit aut suscipit et eidem suo domino vel dominis de consuetis serviciis [...] debite correspondet, quod ob hoc talis liber et ingenuus in nobilitate nativitatis ipsius honoribus et dignitatibus inde sequentibus dampnificari vel deteriorari non debet seu potest", siehe Regesta Bohemiae et Moraviae V/4, 767 (Nr. 1729), am 19.12.1353 in Trier. Viele Edelleute, die ihre Lehen von Karl IV. empfangen hatten, befürchteten vielleicht das Homagium als einen ursprünglichen Verknechtungsritus. Außerdem unterstanden sie dem Lehnsgericht des Lehnsherrn und waren ihm z. B. bei Herrschereinzügen oder Empfängen stets nachgeordnet.

[31] *Billig*, Gerhard: Pleißenland – Vogtland. Das Reich und die Vögte. Untersuchungen zu Herrschaftsorganisationen und Landesverfassung während des Mittelalters unter dem Aspekt der Periodisierung. Plauen 2002.

nicht entging. Viele von Karls langjährigen Lehnsleuten (die Herren von Kolditz, von Schönburg, von Dohna oder die Berkas von Dubá) hatten Besitztümer unweit der betroffenen Region – im Pleißenland oder entlang der Elbe.

Die Zunahme von neuen Lehnsbindungen an den Herrscher in den 1350er und 1360er Jahren deutet darauf hin, dass der Vogtlandkrieg das Selbstbewusstsein des böhmischen Adels erschütterte oder ihn zumindest einen eventuellen Widerstand neu überdenken ließ.[32] Der Aufstand der Herren von Rosenberg gegen Karl IV. endete 1356 mit einer Versöhnung, wobei die Rosenberger ihre Stellung am Kaiserhof behielten. Eine empfindlichere Strafe traf lediglich ihren Verbündeten Heinrich von Neuhaus.[33] Im Mai 1359 wurde in Prag der Plauener Vogt, Heinrich der Lange, gedemütigt, und am 12. Dezember 1360 ließ der Kaiser in Nürnberg ausrufen, dass es keinem Lehnsmann der böhmischen Krone erlaubt sei, seine Lehnsgüter ohne Zustimmung des Lehnsherrn ganz oder teilweise zu entfremden.[34] Die Macht Karls IV. im Reich strebte ihrem Höhepunkt zu, was sich auch in seiner Durchsetzungsfähigkeit und damit in der Befriedung der Verhältnisse in den böhmischen Ländern widerspiegelte.

Aber auch nach der Pazifizierung des böhmischen Adels stützte sich Karl IV. zunehmend auf die Reichsgeschlechter, die seine dynastische (und in

---

[32] Laut den in den Regesta Bohemiae et Moraviae VI und VII publizierten Urkunden wurden in den Jahren 1356–1358 die Burg Freudenberg und die Städte Friedland, Janowitz, Žleby und Schwarzkosteletz zu königlichen Lehen. Im Jahre 1361 kam es zur Bildung der Lehen Welleschin, Neurathen und Auscha der Herren von Michalowitz. Im Jahre 1362 empfingen die Rosenberger einen Teil der Herrschaft Gratzen als Lehen. Danach kam es vielleicht bis in die 1370er Jahre zur Stagnation neuer Lehnsbindungen. Da die Quellenbasis für die Wende der 50er zu den 60er Jahren dank der erhaltenen Reste von Karls Registern, die eine relativ vollständige Übersicht über die damalige Urkundenproduktion für das Reich sowie für Böhmen bieten, im Gegensatz zum vorherigen und zum nachfolgenden Zeitraum außerordentlich reich ist, ist bei einer solchen Beurteilung allerdings Vorsicht angebracht.

[33] Der Streit des Königs mit den Rosenbergern wurde in der letzten Zeit zweimal behandelt: *Schlotheuber*, Eva: Der Ausbau Prags zur Residenzstadt und die Herrschaftskonzeption Karls IV. In: *Jarošová*, Markéta/*Kuthan*, Jiří/*Scholz*, Stefan (Hg.): Prag und die grossen Kulturzentren von Europa in der Zeit der Luxemburger (1310–1437). Prague and the Great Cultural Centres of Europe in the Luxembourgeois Era (1310–1437). Prag 2009, 601–621 und *Šimůnek*, Robert: Karel IV. a páni z Rožmberka v 50. letech 14. Století. Rituály moci a hledání modu vivendi [Karl IV. und die Herren von Rosenberg in den 1350er Jahren. Machtrituale und die Suche nach einem modus vivendi]. In: Husitský Tábor 17 (2012), 61-103. Näher zum Fall Heinrichs von Neuhaus siehe *Tresp*, Uwe: Karl IV. und der Adel der Böhmischen Krone (Veröffentlichung in Vorbereitung), besonders das der Rolle des Königs bei der „Pazifizierung" des böhmischen Adels gewidmete Kapitel „Iusticie potestas tremenda. Der strafende König".

[34] Regesta Bohemiae et Moraviae VII, 436 f. (Nr. 719); vgl. *Truöl*, Kurt: Die Herren von Colditz und ihre Herrschaft. In: Mitteilungen des Geschichts- und Altertumsvereins zu Leising 15 (1927), 23–73, hier 49.

diesem Rahmen auch die Lehns-) Politik leichter akzeptierten: die Grafen von Hardegg und Retz, die Landgrafen von Leuchtenberg und die schlesischen Herzöge.[35] In den Jahren 1357 und 1362 erreichte der ursprünglich nicht adelige Finanzmann und Landeshauptmann Karls IV., Bischof Dietrich von Portitz (genannt Kugelweit), unter den neuen Höflingen eine außergewöhnliche Stellung.[36] An dem gleichnamigen Neffen des Bischofs, über dessen Verdienste gegenüber dem König uns nichts bekannt ist, demonstrierte Karl IV. seine Souveränität, beziehungsweise die Macht der höfischen Hierarchie gegenüber der Autonomie des böhmischen Adels – und zwar erneut mit Hilfe der Lehnsbeziehung. Am 10. April 1360 wurde der Neffe des Mindener Bischofs, Dietrich von Portitz der Jüngere, mit allen damit verbundenen Rechten in den Herrenstand des böhmischen Königreichs und der Böhmischen Krone erhoben (*in statum nobilium baronum regni nostri et corone Bohemie*). So war er zum Beispiel zur Rekrutierung von 50 Vasallen berechtigt und von der Zuständigkeit der Provinzialgerichte und des Landgerichts befreit. In der Urkunde betont der König, dass der neue Adelige Herr und Erbe der Burgen Worlik und Hauenstein sei, und somit im Lande bestimmte Güter erhalte, was als Bedingung für ein Indigenat betrachtet wurde.[37] Die Urkunden, die eine Verleihung der beiden Burgen durch Karl IV. verfügten, wurden erst am 7. Juni 1360 erlassen. Dietrich der Jüngere erhielt die Burgen als ein *feudum nobile* mit der Pflicht, sie auf den Wunsch des Königs für ihn und seine Truppen zu öffnen, die hier während Unruhen und Kriegen ausgehoben werden konnten. Falls Dietrich der Jüngere keinen männlichen Erben hinterlasse, sollten die Burgen auf Bischof Dietrich übergehen, der sie allerdings bereits zuvor lebenslang in Besitz hatte. Laut František Kavka handelte es sich

---

35 *Kavka*, František: Burchard, purkrabí magdeburský a hrabě z Hardeggu a Retzu – hofmistr Karla IV. (1353–1368) [Burchard, Burggraf von Magdeburg und Graf von Hardegg und Retz. Hofmeister Karls IV. (1353–1368)]. In: *Polívka*, Miloslav/*Svatoš*, Michal (Hg.): Historia docet. Sborník prací k poctě šedesátých narozenin prof. PhDr. Ivana Hlaváčka, CSc. [Historia docet. Sammelband zu Ehren des 60. Geburtstags von Prof. PhDr. Ivan Hlaváček, CSc.]. Praha 1992, 145–155. Mit den Beziehungen Karls IV. zum Adel in den böhmischen Ländern sowie im Reich befasst sich intensiv *Tresp*, Uwe: Karl IV. und der Adel der Wenzelskrone. In: *Doležalová*, Eva/*Šimůnek*, Robert (Hg.): Ecclesia als Kommunikationsraum in Mitteleuropa (13.–16. Jahrhundert). München 2011, 81–117.

36 Vgl. zu Bischof Dietrich von Portitz: *Nováček*, Vojtěch Jaromír: Dětřich z Portic. Přední rádce Karla IV. [Dietrich von Portitz. Ein führender Berater Karls IV.]. In: Časopis Českého muzea 64 (1890), 459–535 (Sonderabdruck Praha 1891); *Nordsiek*, Hans: Dietrich Kagelwit. In: Oberpfälzer Heimat 25 (1981), 49–61; *Engel*, Evamaria: Brandenburgische Bezüge im Leben und Wirken des Magdeburger Erzbischofs Dietrich von Portitz. In: *dies.* (Hg.): Karl IV. Politik und Ideologie im 14. Jahrhundert. Weimar 1982, 197–213.

37 Regesta Bohemiae et Moraviae VII, 307 f. (Nr. 479); vgl. *Kavka*, František: Vláda Karla IV. za jeho císařství (1355–1378). Země České koruny, rodová, říšská a evropská politika [Die Regierung Karls IV. während seines Kaisertums (1355–1378). Die Länder der Böhmischen Krone, dynastische, Reichs- und Europapolitik]. I. Teil. Praha 1993, 158 f.

um ein außergewöhnliches Ereignis, „da ein Mann fremder, unedler Abstammung in die Blüte der böhmischen Nobilität erhoben und zudem noch mit dem Amt des Scharfrichters (poprávce) betraut wurde, das in der Regel lediglich alte Adelsgeschlechter aus dieser Region inne hatten".[38] Es war vielleicht nur die Devolution der Burgen auf seinen Onkel, Bischof Dietrich (und dann eventuell auf den König), zu der es im Fall von Dietrichs Tod kommen sollte, die die Möglichkeit einer dauerhaften Verankerung dieses Günstlings Karls IV. in der Mitte des böhmischen, auf seine Traditionen und Privilegien sonst ängstlich bedachten Adels abschwächte.[39]

An der Wende von den 1350er zu den 1360er Jahren, als die dynastische Politik der Luxemburger die ständische Repräsentation der böhmischen Länder in den Hintergrund drängte, kam es zunehmend zu einer Stärkung der Lehnsverhältnisse. Am 30. November 1358 erinnerte Karl IV. den Breslauer Bischof Preczlaw an sein Lehnsband mit dem böhmischen König. Kurz davor, am 23. November, nahm wiederum sein Vertreter in Böhmen, Bischof Dietrich von Portitz, den Lehnseid Heinrichs III. Reuß von Plauen entgegen.[40] Am 14. Mai 1359 in Prag beschränkte Karl den Lehnsbesitz von Stadtbürgern auf einen maximalen Wert von 200 Schock Groschen und bestimmte ihre Pflichten für den Kriegsfall.[41] Die ursprünglich königliche Burg Kosteletz an der Sazawa verlieh Karl IV. im Januar 1360 einem Sohn des Hofmeisters Johann Graf von Retz und Hardegg und seiner Gattin (einer Tochter Rudolfs I. von Sachsen) mit zahlreichen Erbbestimmungen als Lehen der Böh-

---

38 Mit diesen Gnaden beschenkte Karl IV. Dietrich am 7.6.1360 in Prag. Siehe Regesta Bohemiae et Moraviae VII, 336 (Nr. 528) – die Burg Worlik als Lehen, 336 f. (Nr. 529) – die Burg Hauenstein als Lehen, 337 (Nr. 530) – die Devolution der Burgen auf Bischof Dietrich. Zudem wurde Dietrich (der Neffe) am selben Tag zum Wyschehrader Burggrafen mit einer regelmäßigen Rente und den Vollmachten eines Scharfrichters erhoben. Siehe *ebenda*, 337 f. (Nr. 531). Zitiert nach *Kavka*: Vláda Karla IV., I. Teil, 159.
39 Bemerkenswert ist an der Urkunde, die Dietrich (den Neffen) in den Adelsstand erhob, nicht nur die Wahl und Beschreibung des Adelswappens, das Anhängen der goldenen Bulle sowie die Strafe von 1.000 Mark Gold für die Verletzung einer der Bestimmungen der Urkunden. Auffällig ist auch die Zeugenreihe, in der der böhmische Adel lediglich mit zwei Hofbeamten vertreten ist (die Kammermeister Zbynko von Hasenburg und Haschko von Zweretitz, und in der zwei Personen enthalten sind, die zwar zu den Landesbeamten zählten, allerdings am kaiserlichen Hof tätig waren und Karl IV. nicht selten Geld geliehen hatten (Jeschek von Wartenberg und Weseli, Czenko von Leipa. Auch diese Nobilierung scheint eine Folge der verwickelten finanziellen Verhältnisse zwischen Karl IV. und seinem Gläubiger, Bischof Dietrich, zu sein, der auf Betreiben des Kaisers Anfang 1360 Propst von Wyschehrad mit einer Rente von ca. 800 Schock Groschen jährlich wurde. Siehe *Kavka*: Vláda Karla IV., I. Teil, 172, Anm. 38 und 39. Zum Posten eines Scharfrichters vgl. *Marešová*, Milena: Příspěvek k dějinám krajských popravců v předhusitských Čechách [Beitrag zur Geschichte der Kreisscharfrichter im vorhussitischen Böhmen]. In: Sborník prací členů SSM Státního ústředního archivu v Praze II/1. Praha 1989, 5–39.
40 Regesta Bohemiae et Moraviae VII, 41–43 (Nr. 51), 37 f. (Nr. 46).
41 *Ebenda*, 140 (Nr. 218).

mischen Krone (ušlechtilé léno, *feudum honorabile*). Um dem Paar die versprochene Mitgift von 3.000 Schock Groschen auszahlen zu können, belastete er die Herrschaft Kosteletz mit einer Schuld von 1.700 Schock.[42] Eine solche Kombination von Lehen und Pfandbesitz war unter Karl IV. nichts Außergewöhnliches. Allerdings gelang es auch so dem Kaiser nicht immer, die Veräußerung von Kammergütern zu vermeiden.[43]

Die Lehnsbindung ermöglichte es dem König auch, auf die Erbfolge Einfluss zu nehmen, was besonders im Fall strategisch wichtiger Burgen im böhmischen Grenzgebiet von Bedeutung war.[44] Im Erbfall blieb der Lehnsstatus natürlich erhalten. Manchmal erlaubte Karl IV. auch den Abschluss von Erbeinigungen (*unio*) unter den königlichen Lehnsleuten.[45] In anderen Fällen bewog einen freien Adeligen die Chance, ein Lehen zu empfangen, in den Besitz von Gütern des Bruders oder des Neffen zu kommen, die sonst der königlichen Kammer anheimgefallen wären.[46] Neben vereinzelten Dekreten, die Karl IV. während der Hoftage erließ (zum Beispiel die bereits erwähnten Erlasse in Trier im Dezember 1353 und in Nürnberg im Dezember 1360)[47], fasste auch die sogenannte Maiestas Carolina die Lehnsordnung neu. Den Lehnsleuten wurden hier feste Fristen für die Erneuerung ihres Lehnseids gesetzt und die Veräußerung der Lehnsbesitzungen ohne Zustimmung des Lehnsherrn verboten.[48] Entscheidend ist nicht zuletzt, dass Karl IV. erklärte,

---

[42] *Ebenda*, 246 (Nr. 377) und 330 (Nr. 519). Wir wissen nicht genau, warum Karl für die Mitgift aufkommen sollte; zu dieser politischen Heirat siehe *Kavka*: Burchard, purkrabí magdeburský a hrabě z Hardeggu a Reztu, 145–155.

[43] Der König verlieh nach wie vor diverse Krongüter als Pfandschaft. So erhielt zum Beispiel im März 1360 Johann, ein unehelicher Sohn des Pfalzgrafen Rudolf, für 1.000 Schock Groschen die Burg Týřov (siehe Regesta Bohemiae et Moraviae VII, 295, Nr. 459) oder Fallgüter als Allodialherrschaften (siehe dazu die Verleihung von Fallgütern in Höhe von mehr als 300 Schock Groschen in Regesta Bohemiae et Moraviae VI, 466 f., Nr. 776). Die – besonders nach der Besetzung Brandenburgs zahlreichen – Verpfändungen der Krongüter verfolgt *Kavka*, František: Královská doména Karla IV. v Čechách a její osudy [Die königliche Domäne Karls IV. in Böhmen und ihre Geschicke]. In: Numismatické listy 33 (1978), 129–150.

[44] Ich meine die genaue Festlegung der Erben im Fall von Thomas Winkler für die Lehnsherrschaft Falkenau und die Burg Sedlo, siehe Regesta Bohemiae et Moraviae VII, 339 (Nr. 534) und 340 (Nr. 537). Genau wurden auch die Bedingungen für Hron, einen Sohn Johanns von Kosteletz, bezüglich der Lehnsherrschaft Schwarzkosteletz formuliert, siehe Regesta Bohemiae et Moraviae VII, 95 f. (Nr. 138).

[45] Regesta Bohemiae et Moraviae VII, 486 f. (Nr. 813), 487 f. (Nr. 814), 490 f. (Nr. 817) – Erbeinigung Peters von Michalowitz mit Margarete von Welleschin, die dadurch bedingt war, dass Peter von Michalowitz einige seiner Güter vom König als Lehen empfangen sollte.

[46] Vgl. Anm. 18.

[47] Vgl. Anm. 28 und 32.

[48] *Hergemöller* (Hg.): Maiestas Carolina, 164 (Kapitel LXXII: De hereditatibus servitorum regiorum qui dicuntur sluzebnykones). Mit der Entstehung und Befugnis des Hofge-

dass die Lehnsleute sowie andere Dienstleute des Königs weder den Provinzialgerichten noch dem Landgericht unterstanden, sondern lediglich der Jurisdiktion des Königs selbst oder des Hofgerichts.[49] Er achtete zudem darauf, dass die Reichsfürsten keine Lehnsleute oder Höflinge des böhmischen Königs und der Böhmischen Krone in ihre Dienste aufnahmen.

Trotz oder vielleicht auch aufgrund dieser Maßnahmen war der böhmische Herrenstand misstraurisch gegenüber der Lehnsbindung, da er offenbar einen Ehrverlust oder den Verlust seiner Autonomie befürchtete. Ulrich von Neuhaus ließ sich im November 1360 vom Kaiser eine Urkunde König Johanns bestätigen, durch die einige der später von Ulrich erworbenen Güter vom Lehnsdienst befreit wurden („bona [...] a cuiuscunque vasallagiatus et servitutis onere libera dimiserit penitus et soluta").[50] Noch offensichtlicher ist die Vorsicht gegenüber Lehen bei Ogerius von Landstein. Dieser Adelige erbat sich im September 1360 von Karl IV. Güter seiner Diener (*clientes*), vielleicht nach dem Heimfallrecht, obwohl diese mit Dienstpflichten verbunden waren („eadem bona et eorum possessores ad certa nobis ut Boemie regi servicia obligari"). Es handelte sich somit um Dienstlehen. Als Mitglied des Herrenstandes hielt es Ogerius allerdings für erniedrigend, Dienstlehen zu besitzen. Deswegen gestand er im Oktober 1360 zu, dass er zwar von Vinzenz (Czenko) von Leipa einige mit Kriegsdienst verbundene Lehen (*bona militaria*) erhalten hatte, dies aber in jugendlicher Unkenntnis geschehen sei. Aus diesem Grund bat er nun Karl IV. zu erklären, dass dies für ihn, Ogerius, als böhmischem Herrn keinen Nachteil hinsichtlich seines Adelsstandes und seiner Ehre bedeute. Der Kaiser betonte, dass in diesem Fall weder ein Gesetz noch ein Gewohnheitsrecht des böhmischen Königreichs existiere, das solche Nachteile mit sich bringen könnte. Darüber hinaus legte er für die Verletzung dieses Dekrets eine Strafe in Höhe von 1.000 Mark Gold fest.[51] Ogerius von Landstein und seine Brüder verkauften 1359 einige ihre (Allodial- sowie Lehns-) Güter den Brüdern von Rosenberg, für die allerdings Karl IV. die Anerkennung seiner Lehnshoheit verlangte. Die Rosenberger taten dies im Fall der Herrschaft Gratzen nicht nur mit dem (vorgesehenen) Lehnseid, sondern auch mit einer detaillierten Beschreibung der Grenze zwischen ihrem Lehns- und Allodialbesitz.[52] Angesichts der Machtposition der Rosenberger und ihrer mehrheitlich allodialen Güter wurde dadurch ihre Abhängigkeit vom böhmischen König faktisch nur wenig verstärkt.

richts befasst sich *Kejř*, Jiří: Počátky dvorského soudu [Die Anfänge des Hofgerichts]. Praha 1956.

49 Reliquiae tabularum terrae regni Bohemiae a. MDXLI igne consumptarum. Teil I.: 1287–1380. Hg. v. Josef *Emler*. Praha 1870, 423.

50 Regesta Bohemiae et Moraviae VII, 412 f. (Nr. 683).

51 *Ebenda*, 403 f. (Nr. 664).

52 *Ebenda*, 685 f. (Nr. 1131, am 7. 3. 1362 in Böhmisch Krumau), 695 f. (Nr. 1151).

Durch die Vergabe von Lehen lockte Karl IV. ebenso wie zuvor sein Vater einige Adelige aus dem Reich nach Böhmen. Im Gegensatz zu Johann von Luxemburg schränkte er allerdings die Vergabe von Allodialgütern ein. Da Karls Urkunden oft detailgenauer formuliert sind, lassen sich die Hintergründe besser erfassen. Erwähnt wird vor allem eine finanzielle Motivation der Lehnsmänner. Das war freilich nicht neu: Auch König Johann hatte die Leihe von Bargeld wiederholt genutzt, um in Luxemburg und im Rheinland neue Lehnsleute zu gewinnen. Wichtiger ist die Tatsache, dass im Fall bisher unbedeutender Familien, deren Position in böhmischen und mährischen Landesgemeinden marginal war, der Erwerb eines königlichen Lehens den Beginn einer Karriere am Hof bedeuten konnte. Ebenso wie der Allodialadel erlebten auch diese „Emporkömmlinge" Etappen des Auf- und Abstiegs, bei denen allerdings auch viele weitere Faktoren eine Rolle spielten. Im Folgenden werde ich zwei Familien vorstellen, bei denen zwar das empfangene Lehen in der Mitte des 14. Jahrhunderts die absolute Mehrheit ihres Immobilienbesitzes darstellte, deren Karrieren allerdings unterschiedlich verliefen. Dabei beschränke ich mich auf die Herren von Landstein und die Herren von Kolditz sowie ihre Beziehungen zu den luxemburgischen Herrschern, adeligen Nachbarn und anderen Lehnsleuten.

Die Herren von Landstein sind ein altes, im Süden des Landes ansässiges böhmisches Adelsgeschlecht.[53] Am Anfang des 14. Jahrhunderts konzentrierte sich der Familienbesitz allmählich in der Hand einer einzigen Person, Wilhelms I. von Landstein (belegt 1317 bis 1356). Die Güter stießen an die böhmische Grenze zu Österreich und befanden sich teilweise entlang der von dort ins böhmische Binnenland führenden Handelswege.[54] Außer den Allodialgütern (Gratzen, Schweinitz, Wittingau, Lomnitz an der Lainsitz, Neubistritz, Landstein) hatte Wilhelm Anfang des 14. Jahrhunderts die königliche

---

[53] Der Geschichte des Geschlecht ist eine ältere, rein genealogische Studie gewidmet: *Stippl*, Jakob: Die Herren von Landstein. In: K. K. Staats- Obergymnasium Eger: Jahresbericht über das Schuljahr 1893/94. Eger 1894, 1–19. Vgl. auch das Stichwort „z Landštejna" in: Ottův slovník naučný [Ottos Konversationslexikon]. Band XV. Praha 1900, 618 f. In einen breiteren Rahmen ordnet die Geschichte (bis 1420) des Geschlechts ein: *Žalud*, Zdeněk: Páni z Landštejna do doby husitské [Die Herren von Landstein bis zur Hussitenzeit]. Praha 2001 (unveröffentlichte Magisterarbeit am Katedra českých dějin Filozofické fakulty Univerzity Karlovy/Lehrstuhl für böhmische Geschichte der Philosophischen Fakultät der Karls-Universität).

[54] Über den Pass bei Gratzen verlief der vom Kloster Zwettl nach Böhmen führende sogenannte Weitrarer oder Beheimsteig, der entlang Schweinitz weiter zu Böhmisch Budweis führte. Die Landsteiner haben an diesem Weg einen Straßenzoll erhoben. Mit diesem Abschnitt der böhmisch-österreichischen Grenze befasste sich zuletzt Markéta Marková, die dabei die Vermögensstreitigkeiten um das Weitraer Gebiet und die Kolonisierungsaktivitäten hervorhob. *Marková*, Markéta: Hranice přemyslovského státu [Die Grenzen des Přemysliden-Staates]. In: *Sommer*, Petr/*Třeštík*, Dušan/*Žemlička*, Josef (Hg.): Přemyslovci. Budování českého státu [Die Přemysliden. Der Aufbau des böhmischen Staates]. Praha 2009, 479–496.

Burg Frauenberg samt der umfassenden Herrschaft als Pfand. Zu Beginn der Regierung Johanns von Luxemburg zählte er zu den Rebellen, 1318 wurde er jedoch vom König begnadigt.[55] Den Urkunden zufolge befand sich Wilhelm danach oft in der königlichen Gefolgschaft, doch gehörte er auch zu der Gruppe böhmischer Adeliger, die 1333 in Meran den Sohn Karl nach Böhmen einlud.[56] Das enge Verhältnis Wilhelms zu Karl hat König Johann wohl nicht gebilligt, der sich schon früher bemühte, ihn in seinen eigenen Diensten zu halten (Schenkung von acht Dörfern im Vorland des Böhmerwaldes, 1331 zurückgenommen).[57] In einer ähnlichen Situation befand sich auch Peter I. von Rosenberg. In einem Sonderprivileg bezeichnete König Johann 1336 Peter und Wilhelm als seine „ganz besonderen und nächsten Diener", die er gegenüber allen anderen seiner Adeligen bevorzugen wolle und denen er Gewinn und sozialen Aufstieg versprach. Falls einer von ihnen beim König in Ungunst fallen sollte, sicherte er diesem Straffreiheit, Schutz vor allen seinen Feinden und eine rechtzeitige Tilgung von Schulden zu.[58]

Meiner Meinung nach handelte es sich hierbei um einen Versuch von Johann, Karls Einfluss auf die beiden Magnaten zu kompensieren. Der König verlieh ihnen zeitweilig (1336–1337, 1339–1340) das Amt des böhmischen Hauptmanns sowie andere Gnaden.[59] Dafür übergab Wilhelm dem König die

---

55 Petra Žitavského Zbraslavská kronika [Die Königsaaler Chronik Peters von Zittau]. In: Fontes rerum Bohemicarum IV. Hg. v. Josef *Emler*. Praha 1884, 244, 246 f., 252 f.; vgl. Regesta Bohemiae et Moraviae III, 163 f. (Nr. 408).

56 *Ebenda*, 795 (Nr. 2046) und 795 (Nr. 2048); vgl. *Spěváček*, Jiří: Meránské úmluvy z roku 1333 a jejich předpoklady. Cesta Karla IV. k moci [Die Meraner Vereinbarungen von 1333 und ihre Voraussetzungen. Der Weg Karls IV. zur Macht. In: Československý časopis historický 16 (1968), 153–176, besonders 162 f.

57 Regesta Bohemiae et Moraviae III, 700 f. (Nr. 1800).

58 Regesta Bohemiae et Moraviae IV, 127 f. (Nr. 318). Zu Peter I. von Rosenberg bisher am detailliertesten *Kubíková*, Anna: Petr I. z Rožmberka a jeho synové [Peter von Rosenberg und seine Söhne]. In: *dies. u.a.* (Hg.): Českokrumlovsko v době prvních Lucemburků (1310–1380) [Das Krumauer Gebiet zur Zeit der ersten Luxemburger (1310–1318)]. Český Krumlov 1996. Die relativ ungewöhnliche Formulierung des Privilegs von 1336 sagt: „preferimus jam dictos [sc. Petrum de Rosemberch et Wilhelmum de Lantstein] [...] universis et singulis nostris terrigenis, baronibus ac nobilibus et aliis personis, cujuscunque status vel condicionis fuerint aut existant, et in specialissimos ac proximiores nostros servitores, profectus, utilitates, sublimitates ac exaltaciones eorundem sincere permittentes omnimode ac ubilibet efficere, duximus eligendos; et si ipsos aut alterum eorum nostri ob causam iras, indignationes modo qualicunque emergente et controversias incurrere contigerit, de eisdem omnibus et singulis indempnes educere ac illesos. Quocirca promittimus dictis nostris fidelibus contra quamlibet mundi personam ipsis dampna, offensas ac injurias inferre volentem ipsos magnifice defensantes universis perpetuisque inantea temporibus modo quovis non obstante potissime astare."

59 Belegt ist Wilhelm als Unterkämmerer für das Jahr 1334, siehe Regesta Bohemiae et Moraviae IV, 17 (Nr. 43), und für das Jahr 1337 siehe Reliquiae tabularum terrae (Anm. 46), Teil I., Nr. 408. Als Hauptmann wirkte er in Böhmen während der königlichen Abwesenheit im Jahre 1337, siehe Regesta Bohemiae et Moraviae IV, 154–156 (Nr. 386).

Herrschaften Landstein und Neubistritz und nahm sie als Lehen in Empfang, wobei er später, im Jahre 1341, ebenso mit den übrigen Teilen seines freien Besitzes verfuhr – mit den Herrschaften Wittingau, Lomnitz und Gratzen. Bemerkenswert ist, dass die Lehnsverpflichtung lediglich zu Lebenszeiten des Königs gelten sollte.[60] Danach sollten sie denselben Status wie böhmische Adelsgüter haben, die nicht vom König zu Lehen gingen. Wilhelm war dabei möglicherweise von dem Bemühen angetrieben, sich seinen Anspruch auf die drei zuletzt erwähnten Herrschaften zu garantieren, an denen vielleicht seine in männlicher Linie ausgestorbenen Verwandten einen Vermögensanteil besaßen. Ohne Rücksicht auf seinen eigenen Nachfolger versuchte der König, sich vor seiner längeren Abwesenheit von Böhmen Wilhelms Treue zu sichern. Nach der Abreise seines Vaters ernannte Karl allerdings Wilhelm zum mährischen Hauptmann sowie zum obersten Richter des Pilsner Gebietes und lieh sich von ihm Geld.[61]

Im Jahr 1348 gehörte Wilhelm zu Karls engsten Vertrauten. Zwei Jahre später wurde er mit der Aufgabe nach München entsandt, für den König die Heiltümer des Römischen Reichs entgegenzunehmen. Im darauf folgenden Jahr wurde er Oberstburggraf, also Führer des Landesaufgebots.[62] Als Hüter

[60] *Ebenda*, 370 f. (Nr. 923). Die zentrale Stelle der Urkunde lautet: „[...] quod quia fidelis noster Wilhelmus de Lantstein ex fidei et sinceritatis affectu, quem ad nostram semper gessit et gerit celsitudinem, bona sua hereditaria in dicto regno nostro situata, videlicet castrum Lantstein et civitatem Wistritz cum eorum juribus et pertinentiis ad nostras pridem resignans manus, ea suo et heredum nomine a nobis, heredibus et successoribus nostris, Boemie regibus, recepit in feodum et tamquam homo et vasallus noster de eisdem bonis nobis usque in hunc (sic) tempus fideliter deservivit; nunc vero idem Wilhelmus cum civitate Witingow ac castris Lompnicz et Gretzen aliisque omnibus bonis suis in eodem regno Boemie situatis, que ipse Wilhelmus nunc tenet et possidet, ditioni nostre sponte et benivolese subiecit, volens et desiderans esse ac inantea censeri de eisdem una cum prioribus suis bonis noster homo feodalis, ut predicitur, et vasallus: nos [...] ipsum Wilhelmum et heredes suos ad huiusmodi feoda principalia et ad servitia, ad que ratione dicti feodi nobis astringuntur, tantummodo ad vite nostre tempora esse volumus obligatos, harum serie decernentes, quod prefati Wilhelmus et heredes sui omnia bona sua supradicta post obitum nostrum eo modo tenere et possidere debeant, quemadmodum alii nobiles ipsius regni Boemie bona ipsorum a nobis in feodum non recepta habere et possidere hactenus consueverunt."

[61] Als mährischer Landeshauptmann wird Wilhelm zum ersten Mal im Juni 1345 erwähnt, siehe Codex Diplomaticus Moraviae. Teil VII: 1334–1349. Hg. v. Vincenc *Brandl*. Brno 1864, 447 (Nr. 607). Als Scharfrichter im Pilsner Gebiet ist er zusammen mit Peter von Rosenberg lediglich in dem Formelbuch *Summa Gerhardi* belegt. Siehe *Tandra*, Ferdinand (Hg.): Summa Gerhardi. Ein Formelbuch aus der Zeit des Königs Johann von Böhmen (c. 1336–1345). Wien 1882, 71 f. (Nr. 55).

[62] Monumenta Vaticana I. (Anm. 24), 564 (Nr. 994). Als Prager Burggraf ist Wilhelm zum ersten Mal für den 12.6.1351 belegt, siehe Reliquiae tabularum terrae I. (Anm. 46), 68. Über die Übernahme der Reichskleinodien und Heiligtümer durch Wilhelm von Landstein und den Olmützer Bischof Johann genannt Wolek schreibt *Spěváček*, Jiří: Karel IV. Život a dílo (1316–1378) [Karl IV. Leben und Werk (1316–1378)]. Praha 1979, 224.

der öffentlichen Ordnung griff er in den Grenzstreit ein, der 1351 zwischen Heinrich von Neuhaus und den österreichischen Herren Eberhard III. von Walsee und Albrecht von Puchheim ausbrach. Wilhelm stand in diesem Konflikt nicht auf der Seite des böhmischen Adeligen Heinrich, mit dem er zudem verwandt war, sondern unterstützte die österreichischen Konkurrenten. Nach dem Kampf nahm er den Herrn von Neuhaus gefangen und übergab ihn den österreichischen Adeligen. Dies löste in Südböhmen einen Krieg gegen Wilhelm aus, an dem sich auch die Rosenberger, die Herren von Michalowitz und die Herren von Sternberg beteiligten. Für Wilhelm setzten sich hingegen die Herren von Walsee, von Kuenring und von Puchheim ein. In diesem Konflikt, der die bisher einmütigen Witigonen entzweite, ergriff der König nicht Partei.[63] Da er die Herren von Neuhaus, die Herren von Rosenberg und von Landstein weiterhin in seinen Diensten benötigte, schlichtete Karl im Mai 1352 als Friedensrichter den Streit und bemühte sich, die verfeindeten Familien durch die Verleihung diverser Privilegien für sich zu gewinnen.[64]

Auch 1353 gehörten die Herren von Landstein zu Karls Günstlingen, was Ende des Jahres die Herren von Neuhaus zur Fehde bewog – wieder mit der Unterstützung der Rosenberger. Den aufreibenden Krieg unter den Witigonen beendete Karl IV. im Juli 1354 – gerade rechtzeitig, um sich mit den Rosenbergern und mit Heinrich von Neuhaus auf die Krönungsreise nach Italien begeben zu können.[65] Der bereits recht betagte Wilhelm nahm an dem Zug nicht teil und starb im April 1356, was in Südböhmen eine erneute Eskalation der Spannungen unter den Adeligen zur Folge hatte. Die Herren von Neuhaus und von Rosenberg griffen königliche Besitztümer an, wobei sie wahrscheinlich auch Güter von Wilhelms Söhnen zerstörten.[66] Auch diesmal beruhigten ein königlicher Eingriff sowie die Verbannung Heinrichs von Neuhaus die Situation. Das konnte allerdings das verlorene Prestige der Herren von Landstein nicht wiederherstellen. Ogerius von Landstein nahm zwar weiterhin am Hofleben teil, die Teilung des väterlichen Besitzes sowie die Kriegsverluste zwangen jedoch Wilhelms Söhne zwischen 1359 und 1366

---

63 Den Konflikt beschrieb *Šusta,* Josef: České dějiny II/4: Karel IV. Za císařskou korunou (1346–1355) [Böhmische Geschichte II/4: Karl IV. Auf dem Weg zur Kaiserkrone (1346–1355)]. Praha 1948, 231 f. Einige der tradierten Thesen korrigierte und ordnete in neue Zusammenhänge ein *Šimůnek,* Karel IV. a páni z Rožmberka (s. Anm. 30).

64 Regesta Bohemiae et Moraviae V/3, 615–617 (Nr. 1304); vgl. *Šusta:* Karel IV. Za císařskou korunou, 233 f.

65 Nur dank der königlichen Gunst konnte Wilhelms gleichnamiger Sohn die reiche Wyschehrader Propstei erwerben, siehe Regesta Bohemiae et Moraviae VI, 59 (Nr. 103, am 26.8.1355 in Prag). Zur Versöhnungsverhandlung zwischen Heinrich von Neuhaus und Wilhelm von Landstein siehe Regesta Bohemiae et Moraviae V/4, 822–824 (Nr. 1874).

66 Den Kriegsausbruch nach Wilhelms Tod (etwa im Juni 1356) registrierten das Kalendarium und die Chronik des Klosters Zwettl, dessen Gönner Wilhelm von Landstein war. Siehe Regesta Bohemiae et Moraviae VI, 210 (Nr. 338).

zum allmählichen Verkauf eines Großteils ihrer südböhmischen Besitzungen. Diese fielen an die Rosenberger und andere südböhmische Adeligen sowie an den König, der im Fall von Gratzen den Lehnsstatus einforderte, während andere Güter bereits allodial waren.[67] Den Besitz des Geschlechts konnten zeitweilig Litold von Landstein und vor allem Witek II. stabilisieren, wobei Witek dank seiner Nähe zu Wenzel IV. das Amt des Kammermeisters sowie die Herrschaften Lipnitz und Deutschbrod in Ostböhmen erhielt.[68]

Einen Eingriff in den Besitz der Landsteiner ermöglichte Wenzel IV. auch die Pestepidemie von 1380, zu deren Opfern möglicherweise auch Witek und Litold zählten. Der König erwarb Litolds Burg Landstein nach Heimfallrecht und verlieh sie als Lehen an Konrad Kraiger von Kraig.[69] Im Hintergrund der Transaktion stand der einflussreiche Höfling Heinrich Škopek von Dubá, der versuchte, die Unmündigkeit von Witeks Sohn Wilhelm III. auszunutzen. Als dessen Vormund setzte er sich erfolgreich dafür ein, dass Wilhelm den Posten des Wyschehrader Propstes erhielt. Dadurch verlor dieser aber seinen Erbanspruch auf die Herrschaften seines Vaters, die sich Heinrich Škopek vermutlich selber zu eigen machen wollte. Nachdem er die Volljährigkeit erreicht hatte, entsagte Wilhelm III. jedoch dem geistlichen Stand und damit auch dem Propstamt, heiratete und gewann in den Jahren 1387 bis 1389 die väterlichen Besitztümer von seinem Vormund zurück.[70] Die Erfahrung mit

---

[67] Die Verkäufe der landsteinischen Besitzungen sowie andere damit verbundene Rechtsakte sind in Urkunden erfasst, siehe Regesta Bohemiae et Moraviae VII, 137 f. (Nr. 215), 180–182 (Nr. 276), 429 f. (Nr. 705), 783 f. (Nr. 1289), 805 (Nr. 1334), aber auch in königlichen Registern, siehe *Sedláček*: Zbytky register králův římských a českých (siehe Anm. 25), 21 (Nr. 32). Bisher nicht publiziert ist die Verkaufsurkunde vom 23.9.1366, laut der Johann von Landstein, ein Kanoniker des Melniker Kapitels, die Hälfte der Stadt und der Herrschaft Wittingau an die Brüder von Rosenberg verkaufte, siehe Státní oblastní archiv Třeboň [Staatliches Gebietsarchiv Wittingau], Velkostatek Třeboň [Großgrundbesitz Wittingau], Sign. I A 1Aα, Nr. 25.

[68] Wenzel IV. übergab Witek von Landstein, dem Oberstkämmerer (*camerae suae magistro et consiliario suo*), für seine Dienste die Burg Leipnitz und die Stadt Deutschbrod. Diese Güter verpfändeten (am 6.12.1376) die böhmischen Könige Karl IV. und Wenzel IV. für 4.000 Schock Groschen dem Herrn Boček von Podiebrad, wobei Wilhelm die Güter auszahlen und dann selber besitzen sollte; Wenzel IV. versprach ihm für die Auszahlung ein *subditum* in Höhe von 1.000 Schock Groschen zu geben. Siehe *Kopičková, Božena* (Hg.): Regesta Bohemiae et Moraviae aetatis Venceslai IV (1378 dec.–1419 aug.). Tomus III: Fontes Archivi publici Trebonensis. Praha 1977, 23 (Nr. 19).

[69] Die Urkunde, mit der Wenzel IV. Landstein an Konrad Kraiger von Kraig verlieh, veröffentlichte in extenso lediglich *Stippl*: Die Herren von Landstein (s. Anm. 50), 18 f. Vgl. *Sedláček*: Zbytky register králův římských a českých (s. Anm. 25), 29 (Nr. 88) sowie auch *Haas, Antonín* (Hg.): Archiv Koruny české. Díl 5: Katalog listin z let 1378–1437 [Archiv der Böhmischen Krone. Teil 5: Katalog der Urkunden aus den Jahren 1378–1437]. Praha 1947, 14 (Nr. 19).

[70] Die Hypothese, dass Heinrich Škopek Wilhelm III. zum Antritt einer kirchlichen Laufbahn bewog und dann zu einem Vormund seiner Erbschaft vom Vater Witek (Herrschaft Leipnitz) wurde, äußerte bereits *Bartoš, František Michálek*: České dějiny II/6:

dem gewinnsüchtigen Vormund bewog Wilhelm 1394 dazu, sich am Widerstand des Adels gegen Wenzel IV. zu beteiligen, der in einer Gefangennahme des Königs mündete. An diesem Widerstand beteiligten sich sogar die königlichen Lehnsleute Otto von Bergau, Heinrich Berka von Dubá und Johann von Michalowitz sowie einige Mitglieder des Hofadels wie Burkhard von Janowitz.[71] Am Anfang des 15. Jahrhunderts starben die Herren von Landstein aus, woraus die Rosenberger, deren Macht im südböhmischen Bereich bereits konkurrenzlos war, erneut Nutzen zogen.

Die Besitzungen der Herren von Kolditz befanden sich seit dem 12. Jahrhundert südöstlich von Leipzig, wobei die Burg Kolditz an der Mulde ihr Zentrum bildete.[72] Die Herrschaft Kolditz war mehrheitlich ein Reichslehen, zum Teil auch ein Lehen der Meißner Markgrafen. Die Herren von Kolditz waren mit den Herren von Vest oder von Kamentz sowie den Herren von Schönburg verschwägert, die bereits am Hof der letzten beiden Přemysliden anzutreffen waren. In die böhmische Geschichte trat Thimo V. von Kolditz um 1318 als Gefolgsmann des schlesischen Herzogs Boleslaw von Brieg und Liegnitz ein.[73] Herzog Boleslaw war ein Schwager Johanns von Luxemburg, der dem böhmischen König gegen den rebellierenden böhmischen Adel half. Sein Gefolgsmann Thimo V. von Kolditz etablierte sich in Böhmen als geschickter Vermittler zwischen dem König, den schlesischen Herzögen und den Meißner Wettinern. Zusammen mit Otto von Bergau stellte Thimo 1319 während Johanns Kampf mit dem Jauerer Herzog Heinrich um die Oberlausitz auf diplomatischem Wege die Neutralität der Wettiner sicher und machte vermutlich auch bei der geplanten luxemburgisch-wettinischen Vermählung von 1322 im Hintergrund seinen Einfluss geltend.[74] Der böhmische

71 Regesta Bohemiae et Moraviae III, 127 (Nr. 296) und 145 (Nr. 342) – nach der Rebellion erhielt Wilhelm III. die Würde des Oberstkämmerers; er starb irgendwann zwischen dem 29.4.1398 und 23.12.1398.

72 Zu den Herren von Kolditz am detailliertesten *Truöl*, Kurt: Die Herren von Colditz und ihre Herrschaft. In: Mitteilungen des Geschichts- und Altertumsvereins zu Leising 15 (1927) sowie von tschechischen Forschern *Čumlivski*, Denko: První dvě generace rodu pánů z Koldic usedlé v Čechách a jejich činnost. Těma (I.) z Koldic 1303 až Těma (II.) z Koldic 1383 [Die ersten zwei in Böhmen ansässigen Generationen des Geschlechts der Herren von Kolditz und ihre Tätigkeit. Thimo (I.) von Kolditz 1303 bis Thimo (II.) von Kolditz 1383]. Praha 1974 (nicht veröffentlichte Magisterarbeit an der Filozofická Fakulta Univerzity Karlovy/Philosophischen Fakultät der Karls-Universität).

73 Thimo ist in Prag zum ersten Mal für Juli 1318 belegt, als er zusammen mit Herzog Boleslaw und seinem Schwiegervater den Lehnsrevers von Nikolaus I. von Troppau bezeugte, siehe Regesta Bohemiae et Moraviae III, 186 f. (Nr. 454).

74 Es scheint, dass sich Thimo gemeinsam mit Otto von Bergau rechtzeitig dem böhmischen König zuwandte, dem die beiden trotz der Warnung Heinrichs von Jauer „einen Teil ihrer Burgen" sowie ihre Dienste anboten. Siehe Codex diplomaticus Lusatiae superioris. Band I. Hg. v. Gustav *Köhler*. 2. Aufl. Goerlitz 1856, 99 f. (Nr. 72). Vgl. *Šusta*, Jo-

König belohnte ihn mit der Hauptmannschaft der nördlichsten böhmischen Stadt Pirna, wo Thimo 1326 als *tutor civitatis et castri Pirnensis* belegt ist. Pirna ging vom Bistum Meißen zu Lehen, in dem damals Thimos Bruder als Bischof Witek II. wirkte.[75]

In Diensten König Johanns reiste Thimo durch ganz Europa: Er war als Diplomat in Avignon und in Tirol sowie als Krieger in Litauen und in Metz. Im Jahre 1330 kam es zwischen Thimo und seinem Bruder Heinrich zur Teilung der Herrschaft Kolditz sowie zu Thimos erstem Gebietserwerb in Böhmen. Er erhielt vom König die Burg und Stadt Graupen im Erzgebirge zu Lehen unweit der Lehnsbesitzungen Ottos von Bergau.[76] In Graupen und Umgebung entwickelte sich der Zinnabbau; in der Herrschaft Kolditz sind im 14. Jahrhunderts auch Gold-, Silber-, Kupfer- und Eisengruben belegt.[77] Man kann also die Herren von Kolditz cum grano salis als erfolgreiche Montanunternehmer bezeichnen, die nicht zuletzt aufgrund ihres Rechtes, Münzen zu prägen, in der Lage waren, diversen Reichsfürsten Geld zu leihen. Thimo V. vergrößerte gleichzeitig seinen Teil der Herrschaft Kolditz und vernachlässigte auch nicht die Beziehungen zu den Wettinern, denen er 1340 als Sekretär Friedrichs II. diente. Im selben Jahr starb Thimo V., seine Besitzungen übernahmen seine Söhne Johann und Thimo VIII. Möglicherweise im Zusammenhang mit dem Bündnisvertrag zwischen den Luxemburgern und dem Meißner Markgrafen Friedrich II. vom Herbst 1344 bewog König Johann die Herren von Kolditz, ihre Herrschaft Graupen zu verkaufen. Da der Landesherr allerdings nicht imstande war, die versprochene Summe zu zahlen, blieb diese Herrschaft mit ihren ertragreichen Gruben in ihrem Besitz.[78]

Thimo VIII. von Kolditz lässt sich erst 1353 am Hof des böhmischen Königs nachweisen, er wurde aber bald für seine Darlehen an Karl IV. belohnt und zum Vogt der Oberlausitz ernannt. In dieser Funktion wirkte er allerdings nur kurz, bereits 1357 wurde er kaiserlicher Hofmeister. In der Oberlausitz vertrat ihn sein Schwiegervater Heinrich von Kittlitz.[79] Dank geschickter Finanztransaktionen gelang es Thimo VIII. in den Jahren 1353 bis 1363, den Rest der Herrschaft Kolditz auszuzahlen, der 48 Dörfer zählte. Er erwarb 1360 zudem das Amt des kaiserlichen Kammermeisters. Thimo VIII. begleitete Karl IV. zu allen bedeutenden Hoftagen, auf den beiden Italien-Reisen

sef: České dějiny II/2: Král cizinec [Böhmische Geschichte II/2: König Fremdling]. Praha 1939, 302. Zur Eheschließung vgl. die Urkunde in Regesta Bohemiae et Moraviae III, 317 (Nr. 781).

[75] *Truöl:* Die Herren von Colditz, 32.

[76] Die Urkunde über die Verleihung von Graupen ist nicht erhalten geblieben. Thimo besaß allerdings diese Lehnsherrschaft wohl schon im Jahre 1331, vgl. *ebenda,* 31.

[77] *Ebenda,* 87–115.

[78] *Koss,* Rudolf (Hg.): Archiv koruny České. Díl 1: Dějiny archivu [Archiv der Böhmischen Krone. Teil 1: Geschichte des Archivs]. Praha 1939, 174 und 309.

[79] Zu Thimo von Kolditz als Vogt der Oberlausitz detailliert *Bobková:* Kariéra ve službách krále (s. Anm. 19), 156–158.

sowie während des Besuchs in Frankreich in den Jahren 1377 und 1378. Gegen Ende seiner Karriere wurde er Hauptmann von Breslau und führendes Mitglied im Rat des Thronfolgers Wenzels IV.[80] Was die Lehnsbeziehungen betrifft, kaufte 1364 Thimo die Burg Hertenberg bei Elbogen, bei der es sich um ein Lehen des böhmischen Königreichs handelte. Auf Wunsch Karls IV. veräußerte er sie jedoch bald an die Böhmische Krone.[81] Zu dieser Zeit konzentrierte sich Karl IV. auf die Expansion in der Oberlausitz und entlang der Elbe ins Meißner Land. Nach dem Erwerb der Besitztümer der Herren von Schwarzburg und von Eilenburg im Jahre 1367 war es offensichtlich, dass Karl auch die Herrschaft Kolditz der Böhmischen Krone anschließen und so den Bereich der königlichen Lehen nach Westen ausweiten wollte. Im März 1368 trug Thimo VIII. die Herrschaft Kolditz König Wenzel IV. zu Lehen der Böhmischen Krone mit allen üblichen Pflichten gegenüber dem Lehnsherrn auf. Der böhmische König durfte dieses Lehen allerdings weder verkaufen noch in anderer Weise veräußern und war verpflichtet, seine Lehnsleute gegen alle Feinde zu schützen. Der König durfte lediglich sein Heer auf der Burg sowie in der Stadt auf eigene Kosten unterbringen.

Nach der Übergabe der Herrschaft Kolditz erhielt Thimo von Wenzel IV. und später auch von Karl IV. Urkunden, die alle diese Vereinbarungen bestätigten. Erst dann wurden die Herren von Kolditz mit allen ihren bedeutenden Besitzungen zu Vasallen der Böhmischen Krone und halfen Karl IV. bei weiteren Expansionen.[82] Karl IV. erlaubte 1376 Thimo, die Herrschaft Botho von Eilenburg als Kronlehen zu erwerben, wodurch eine weitere Machtbasis der Herren von Kolditz entstand. Dies geschah bereits nach der Eroberung Brandenburgs und der Versöhnung Karls IV. mit den Wettinern (1372), denen es nicht gelungen war, dem entlang der Elbe und ins Pleißenland ausgeübten Druck der Luxemburger Widerstand zu leisten.[83] Sowohl Karl IV. als auch Wenzel IV. verliehen Adeligen, die die Mehrheit ihrer Besitz-

---

80 Thimos Einfluß am Hof des jungen Wenzels IV. deutet eine diplomatische Depesche des Mantuanischen Gesandten Bonifacio de Lupi von 1383 an. Siehe *Knott, Rudolf:* Ein Mantuanischer Gesandtschaftsbericht aus Prag vom Jahre 1383. In: Mittheilungen des Vereines für die Geschichte der Deutschen in Böhmen 37 (1899), 337–357. Vgl. *Bartoš:* České dějiny II/6 (s. Anm. 27), 57 f.

81 *Sedláček:* Zbytky register králův římských a českých (s. Anm. 25), 20 (Nr. 26) und 24 (Nr. 52).

82 *Truöl:* Die Herren von Colditz, 54. Der Lehnsrevers Thimos von Kolditz vom 17.3. im Regest in Codex Juris Bohemici II/1. Hg. v. Hermenegild *Jireček.* Praha 1896, 560 (Nr. 595). Karls Bestätigung vom 20.3.1368 in Regesta Imperii VIII: Die Regesten des Kaiserreiches unter Kaiser Karl IV. 1346–1378. Hg. v. Alfons *Huber.* Innsbruck 1877, Nr. 4627. Vgl. *Kavka, František:* Vláda Karla IV. za jeho císařství (1355–1378). Země České koruny, rodová, říšská a evropská politika [Die Regierung Karls IV. während seines Kaisertums (1355–1378). Die Länder der Böhmischen Krone, die dynastische, Reichs- und Europapolitik]. Teil. 2: 1364–1378. Praha 1993, 69.

83 Vgl. *Bobková:* Územní politika prvních Lucemburků (s. Anm. 10), 92–102.

tümer als Lehen in Empfang nahmen, gerne auch weitere Güter als Pfand. So erwarb Thimo VIII. die Stadt Pirna und die Burg Königstein sowie die Stadt und Burg Hoyerswerda in der Lausitz, ungeachtet der Besitzungen in den Herzogtümern Schweidnitz und Jauer, wo er in den Jahren 1369–1381 in Diensten der Herzoginwitwe Agnes von Habsburg stand – also eigentlich wieder in Diensten Wenzels IV.

Nach Thimos Tod im Jahre 1383 kam es an der böhmisch-meißnischen Grenze zu einem allmählichen Wandel. Wenzel IV. verpfändete dem Markgrafen Wilhelm eine Reihe böhmischer Lehen, inklusive Eilenburg (1402) und Kolditz (nach 1404). Die Position der Herren von Kolditz in Böhmen blieb aber trotzdem stark. Durch Heiraten verbanden sie sich mit den Adelsfamilien von Dubá, von Biberstein und von Michalowitz und traten in den böhmischen Herrenstand ein. Thimo VIII. selbst wurde 1368 zum Vormund der Waisenkinder Peters von Michalowitz. Die Lehnsverbindung mit den böhmischen Königen hielt bis zum Verlust von Graupen im Jahre 1504. Im utraquistischen Böhmen unterstützten die Herren von Kolditz weiterhin die katholischen Herrscher – Sigismund von Luxemburg und später Albrecht von Habsburg. Ein bemerkenswertes Detail ist, dass der eng mit den Luxemburgern verbundene Thimo VIII. seinen erstgeborenen Söhnen die Namen Wenzel und Sigismund gab, womit er sich nicht nur zur herrschenden Dynastie bekannte, sondern auch zu den am Hofe Karls IV. verehrten Heiligen.

Fazit

Die Art der Lehnsbindungen im Rahmen der verschiedenen Lehen *feudum nobile* (*honorabile*, *liberum*) war vielgestaltig und den spezifischen Bedürfnissen der böhmischen Könige und ihrer Lehnsleute angepasst. Am Anfang und während der ersten Phase des Ausbaus der Lehnsverhältnisse verfolgte Přemysl Ottokar II. vor allem strategische Ziele. Das lässt sich auch für Johann von Luxemburg beobachten, der seinen Lehnsverband mit einem möglichst geringen Einsatz des königlichen Eigenbesitzes ausbaute. Einige Burgen, die während Johanns Herrschaft zu Lehen wurden, erbauten die künftigen Lehnsleute selbst. Die meisten als *feudum oblatum* benutzten Liegenschaften waren eines älteren Erstehungsdatums. Während der Regierungszeit Karls IV. verdichteten sich die königlichen Lehnsbeziehungen, und der *senior* präzisierte die mit dem Lehnsdienst verbundenen Pflichten. Lehnsbindungen nutzte der Kaiser vor allem für die territoriale Expansion ins römisch-deutsche Reich. Gleichzeitig versuchte Karl IV. aber, auch die vornehmsten böhmischen Herrengeschlechter (die Herren von Rosenberg, von Michalowitz, von Sternberg und von Landstein) als Lehnsleute zu gewinnen oder zu behalten.

Als Vasallen des Königs drängen prominente Höflinge und Günstlinge Karls IV. wie Dietrich von Portitz nach Böhmen. Die Karrieren der Herrengeschlechter, die dem Herrscher die meisten ihrer Besitzungen auftrugen und als *feudum nobile* wieder in Empfang nahmen, waren zum großen Teil von den politischen Interessen des konkreten Landesherren abhängig. Während die großen Herrschaften der finanziell außerordentlich erfolgreichen Herren von Kolditz mit Karls Expansion ins Meißner Land in Verbindung zu bringen sind, lagen die Besitzungen der Herren von Landstein in einer wenig exponierten Region und grenzten zudem noch von beiden Seiten an die Herrschaften der viel mächtigeren Rosenberger und der Herren von Neuhaus. Die Mitglieder beider Geschlechter traten in Hofdienste ein und übten für den König bedeutende Amtsfunktionen aus. Sowohl Johann von Luxemburg als auch Karl IV. schenkten den beiden Familien ihre Gunst. Die Herren von Kolditz ließen sich in keine lokalen Kriege und Streitigkeiten verwickeln und standen konsequent in Diensten der Luxemburger wie auch der Wettiner. Der in der ersten Hälfte der 1350er Jahre in Südböhmen herrschende Groll schwächte hingegen die Lage der Herren von Landstein derart, dass die verzweigte und verschuldete Familie einen Großteil ihrer südböhmischen Besitztümer verkaufte. Dennoch bemühte sich Witek von Landstein, am Hof Wenzels IV. Fuß zu fassen. Zum Abstieg der Herren von Landstein trug Ende des 14. Jahrhunderts auch die fehlende Durchsetzungskraft der landesherrlichen Macht bei. Dies kann man allerdings auch von den Herren von Kolditz behaupten, deren Position während der Hussitenkriege deutlich geschwächt wurde. Vom Herrscher bzw. Lehnsherrn verlangte die Existenz von Lehnsbindungen, dass er einen stabilen Überblick über seine Lehnsbesitzungen bewahren musste. Vor allem war es aber notwendig, diese zu kontrollieren, zu bestätigen und zu erweitern. Die Wiederherstellung der Lehnsverhältnisse nach den Hussitenkriegen ist zum großen Teil misslungen, vor allem weil der Hochadel wieder zum Allodialprinzip zurückkehrte. Der Eigenbesitz verband den Adel mit der sich formierenden Ständegemeinde, die sich im nachhussitischen Böhmen neben dem König allmählich zum Garant von Recht und Ordnung, aber auch zu einem Gegenspieler der landesherrlichen Macht entwickelte.[84]

Aus dem Tschechischen von Helena und Volker Zimmermann

84 Diese Studie entstand im Rahmen des von der Grantová agentura ČR (Forschungsförderungsagentur der Tschechischen Republik) geförderten Drittmittelprojektes Nr. P405/10/0425 „Zbraslavská kronika. Kritická komentovaná edice" [Die Königsaaler Chronik. Eine kritische und kommentierte Ausgabe].

Tab. 1: Burgen als „feudum nobile (honorabile, liberum)" in Böhmen in der Zeit 1319-1346

Lehensburg (feudum nobile)	Gebiet	Lehensträger und Datum	Quelle (Urkunde)
Kamaik	zwischen Leitmeritz und Aussig	Heinrich von Kamaik (als Lehensburg im Jahre 1319 erwähnt)	RBM III, Nr. 479.
Schreckenstein	in der Nähe von Aussig	Pešek von Schreckenstein (1319)	RBM III, Nr. 483
Schwaden	in der Nähe von Schreckenstein	Herren von Wartemberg (vielleicht 1319)	Sedláček, Hrady XIV, 373-374; AČ II, Nr. 548/d.
Hauenstein	Erzgebirge	Nicolas Winkler, Burggraf auf der Burg Elbogen, vor 1320	Reliquiae Tabularum Terrae I, 406-407
Sandbach	Adlersgebirge	Heinrich der Jüngere von Leipa	RBM III, Nr. 967
Eger	Egerland, Stadt Eger	Bušek Tluksa, 1327	RBM III, Nr. 1285
Altseeberg, Neuseeberg, Bilin, „Peschow"	Erzgebirge	Otto der J. und Otto d. Ä. von Lobdaburg-Bergow, 1327	RBM III, Nr. 1330, 1336
Graupen	Erzgebirge	Thiemo von Colditz, 1330	Sedláček, Hrady XIV, 355
Valdek	Mittelböhmen	Zbynko von Bettlern, Ulrich von Valdek, 1330	Koss, 173; RBM III, Nr. 1827, 1828
Neuburg	Egerland	Albrecht von Neuburg, 1331	RBM III, Nr. 1759
Fünfhunden	Nordwestböhmen	Friedrich von Fünfhunden, 1332	RBM III, Nr. 1968
Riesenburg, Dux, Luditz	Nordwestböhmen	Borsso von Riesenburg, vor 1339	RBM IV, Nr. 652
Falkenau	Nordwestböhmen	Nicolas Winkler, Burggraf auf der Burg Elbogen, 1341	RBM IV, Nr. 2061
Landstein, Neubistritz, Wittingau, Lomnitz an der Lainsitz, Gretzen	Südböhmen	Wilhelm von Landstein, 1341	RBM IV, Nr. 923
Dohna	westlich von Pirna	Burggrafen von Dohna, 1341	RBM IV, Nr. 1001
Neideck	Nordwestböhmen	Konrad Plick, 1341	RBM IV, Nr. 1007
Winterberg (?), Hus	Böhmerwald	Brüder von Janowitz, 1341	RBM IV, Nr. 1000, RBM VII, Nr. 261
Vöttau, Cornstein	Südmähren	Brüder von Lichtenburg, 1342	RBM IV, Nr. 1205
Podiebrad	Mittelböhmen	1345	RBM IV, Nr. 1602

Abkürzungen zu Tabellen 1 und 2:

AČ II – Archiv český [Böhmisches Archiv]. Teil II. Hg. v. František *Palacký*. Praha 1842

CJB II/3 – Codex Juris Bohemici II/3. Hg. v. Hermenegild *Jireček*. Pragae 1889

Koss – Rudolf *Koss*, Archiv Koruny České I: Dějiny archivu [Archiv der böhmischen Krone I: Geschichte des Archivs]. Praha 1939

RBM – Regesta Bohemiae et Moraviae. Teile III, IV, V, VII

Tab. 2: Burgen als „feudum nobile (honorabile, liberum)" in Böhmen in der Zeit 1346-1378

Lehensburg (feudum nobile)	Gebiet	Lehensträger und Datum	Quelle (Urkunde)
Roimund	Lausitzer Gebirge	Burggrafen von Dohna 1346/47 (?)	Sedláček, Hrady X, 234; Sedláček, Zbytky register, Nr. 1791/24.
Königswart, Sandau	Nordwestböhmen	Ritter Engelbert und Wittigo, 1350	RBM V/2, Nr. 779
Hertenberg	Nordböhmen	Ritter Engelbert und Wittigo, 1350	RBM V/2, Nr. 778
Pürstein und Hassenstein	Erzgebirge	Friedrich und Bernard von Sumburg, 1351	RBM V/3, Nr. 1046, 1077
Podiebrad (Renovierung des Lehens)	Mittelböhmen	Boček von Kunštát, 1351, 1352	RBM V/3, Nr. 1175, 1204, 1219
Kamaik (*pro futuro*)	in der Nähe von Aussig	Zbynko von Hasenburg, 1352	RBM V/3, Nr. 1220
Hohenstein	nördlich von Lausitzer Gebirge	Hynco Berka von Dubá, 1353	RBM V/4, Nr. 1616
Freudenberg, Stadt Friedland	in der Nähe von Böhmisch Kamnitz	Hereš von Rožďalovice, 1356	CJB II/3, 41
Janowitz	Westböhmen	Racek von Janowicz, 1356	CJB II/3, 41-42
Friedland, Hamerstein, Landskrone, Tuchoraz	Nordböhmen	Friedrich von Biberstein, 1357	CJB II/3, 42
Schwarzkosteletz	Mittelböhmen	Johann von Wartemberg, 1358	CJB II/3, 42-43
Worlik, Hauenstein	Mittelböhmen, Nordböhmen	Dietrich von Portitz - der Neffe von Bischof Dietrich, 1360	RBM VII, Nr. 528, 529, 530
Seestadtl	Nordböhmen	Herren von Sumburg, 1361	CJB II/3, S. 43
Welleschin, Neurathen, Auscha	Südböhmen, zweimal Nordböhmen	Peter von Michalowitz, 1361	RBM VII, Nr. 813, 814, 817
Gretzen	Südböhmen	Brüder von Rosenberg, 1362	CJB II/3, 45-46
Sandau	Nordwestböhmen	Borsso von Riesenburg, 1370	CJB II/3, 46
Hälfte der Burg Sternberg	Mittelböhmen	Albert von Sternberg, Zdenko von Sternberg, 1377	CJB II/3, 46-48; Sedláček, Zbytky register, Nr. 57.

Reliquiae Tabularum Terrae I: Reliquiae tabularum terrae regni Bohemiae a. MDXLI igne consumptarum I: 1287 - 1380. Hg. v. Josef *Emler*. Pragae 1870

Sedláček, Hrady - August *Sedláček*, Hrady, zámky a tvrze království Českého [Burgen, Schlösser und Festen des böhmischen Königreichs]. Nachdruck Praha 1993-1998, Teil und Seite

Sedláček, Zbytky register - August *Sedláček*, Zbytky register králův římských a českých z let 1361-1480 [Reste der ehemaligen Register der römischen und böhmischen Könige aus den Jahren 1361-1480], Praha 1914

Julia Eulenstein

FEHDE, FREVEL, SÜHNE, LANDESHERRSCHAFT?
Überlegungen zur Bedeutung adliger und erzbischöflicher Fehdeführung
für die Intensivierung von Landesherrschaft im Erzstift Trier
unter Erzbischof Balduin von Luxemburg

Einleitung

„Der was ein klein man unde det doch groß werk."[1] So urteilte im 14. Jahrhundert der Limburger Stadtschreiber Tilman Ehlen von Wolfshagen über
den Trierer Erzbischof Balduin von Luxemburg. Fast 50 Jahre lang, von
1307/1308[2] bis 1354, stand der jüngere Bruder des späteren Kaisers Heinrich VII. dem Erzstift Trier vor. In der heutigen Forschung gilt Balduin als
einer der bedeutendsten Trierer Erzbischöfe des Spätmittelalters. Ihm werden
die entscheidenden Impulse für einen erst lange nach seinem Pontifikat etablierten frühmodernen Kurstaat Trier zugesprochen: Neuorganisation der
Schriftgutverwaltung, die über Jahrhunderte im Erzstift Bestand haben sollte,
weiterer Aufbau und Etablierung einer Ämterverfassung, eine Bündelung
und beträchtliche Erweiterung der zuvor zersplitterten erzbischöflichen Ein-
flussgebiete sowie die Intensivierung der Herrschaftsmöglichkeiten der Erzbischöfe von Trier, also der Aufbau einer erzbischöflichen Landesherrschaft.[3]

---

1   *Wyss*, Arthur (Hg.): Die Limburger Chronik des Tilemann Elhen von Wolfhagen. Han-
    nover 1883, 40. Siehe zu Tilemanns Werk im Überblick *Gensicke*, Hellmuth: Zur Lim-
    burger Chronik. In: Nassauische Annalen 73 (1962), 263–267.
2   Im Winter 1307 wurde Balduin von Luxemburg vom Trierer Domkapitel zum Nachfol-
    ger des kurz zuvor verstorbenen Erzbischofs Dieter von Nassau gewählt. Im Februar
    1308 gab Papst Clemens seine Zustimmung und erteilte dem erst 22-jährigen Balduin
    einen Dispens wegen des fehlenden kanonischen Alters. Einen Monat später, am
    10.03.1308, wurde Balduin vom Papst zum Bischof geweiht, nachdem der junge Lu-
    xemburger tags zuvor durch einen Kardinal die Priesterweihe empfangen hatte. Im Juni
    1308 zog der neue Erzbischof in Trier ein. Siehe detailliert *Heinz*, Andreas: Balduin von
    Luxemburg – Erzbischof von Trier. In: *Wagner*, Valentin/*Schmitt*, Bernhard (Hg.):
    Balduin aus dem Hause Luxemburg. Erzbischof und Kurfürst von Trier (1285–1354).
    Luxemburg 2009, 11–85, hier 11–19.
3   Entsprechend der Balduin zugeschriebenen Bedeutung standen sein Leben und seine
    Amtszeit immer wieder im Fokus der Forschung. Aus der Fülle an Literatur sei hier nur
    auf die drei jüngsten Sammelbände verwiesen, die einen Überblick über den aktuellen
    Forschungsstand bieten. *Heyen*, Franz-Josef (Hg.): Balduin von Luxemburg. Erzbischof
    von Trier – Kurfürst des Reiches, Mainz 1985; *Wagner/Schmitt*: Balduin aus dem Hause

Abschließen konnte Balduin nicht jeden dieser Prozesse. Dies gilt besonders für die territoriale Ausdehnung des Erzstifts wie auch für die Etablierung
einer erzbischöflichen Landesherrschaft. Noch am Ende seiner Amtszeit war
die Möglichkeit des Erzbischofs, landesherrliche Ansprüche zu erheben und
durchzusetzen, starken regionalen Schwankungen unterworfen,[4] so dass das
Erzstift in der ersten Hälfte des 14. Jahrhunderts durch eine sehr differenzierte landesherrliche Durchdringung gekennzeichnet war: Während für einige
Bereiche die Durchsetzung entsprechender Ansprüche nachweisbar ist, lässt
sich für andere noch kein Aufbau einer erzbischöflichen Landesherrschaft
feststellen. Noch konnten häufig Adel und Städte erzbischöfliche Ansprüche
auf eine übergeordnete Herrschaft ignorieren[5] und bzw. oder in Konkurrenz
zu den Metropoliten treten. Allerdings scheint bei den umliegenden Adeligen
unbestritten gewesen zu sein, dass nur der Erzbischof im Erzstift eine Landesherrschaft beanspruchen konnte. Da jedoch der territoriale Zuschnitt des
Erzstiftes im frühen 14. Jahrhundert in vielen Bereichen noch nicht feststand,
war folglich auch das Gebiet einer potentiellen erzbischöflichen Landesherrschaft noch nicht eindeutig umrissen.

Landesherrschaft im frühen 14. Jahrhundert ist nicht als feststehende
Größe anzusehen, sondern ist eher als ein Konglomerat unterschiedlicher
Rechte zu verstehen, die eine übergeordnete Herrschaft erlaubten. Von der
Forschung sind vor allem überterritoriale Rechte wie Geleits- und Gerichtsrechte als Standbeine einer Landesherrschaft ausgewiesen worden.[6] Zur
Amtszeit Balduins können meiner Meinung nach ebenfalls solche Rechte als
überterritorial verstanden werden, die das Erzstift Trier als räumliche Bezugsgröße ausweisen. Denn obgleich die Zeitgenossen häufig auf das erzbi-

Luxemburg; *Nolden,* Reiner (Hg.): Balduin von Luxemburg. Erzbischof und Kurfürst
von Trier (1308–1354). Vorträge eines Kolloquiums in Trier im Juni 2008. Trier 2010.
4   Vgl. hiergegen *Rudolf,* Friedrich: Die Entwicklung der Landeshoheit in Kurtrier bis zur
Mitte des 14. Jahrhunderts. Trier 1905. In dieser meines Wissens ältesten Studie über
die Entwicklung der erzbischöflichen Landesherrschaft im 14. Jahrhundert erklärte Rudolf bereits in seiner Einleitung, dass „ein Kurstaat Trier […] durch Balduin herausgebildet wurde". Lange Zeit galt Erzbischof Balduin als ‚Schöpfer des Kurstaates Trier'.
Vgl. beispielsweise *Stengel,* Edmund Ernst: Baldewin von Luxemburg. Ein grenzdeutscher Staatsmann des 14. Jahrhunderts. Weimar 1937, 4–11, bes. 5.
5   Vgl. in diesem Zusammenhang beispielsweise die Auseinandersetzung des Erzbischofs
mit der Stadt Boppard, auf die unten detaillierter eingegangen wird.
6   In der älteren Forschung ist die Gerichtsbarkeit als „Quelle" der erzbischöflichen Landesherrschaft gesehen worden. *Rudolf:* Entwicklung der Landeshoheit in Kurtrier, 1.
Zur Bedeutung des Geleits siehe *Rothmann,* Michael: Innerer Friede und herrschaftliches Gewaltmonopol. Zur herrschaftlichen Funktion von Fehde und Geleit im Spätmittelalter und beginnender Früher Neuzeit unter besonderer Berücksichtigung von Frankfurt und dessen Umland. In: *Müller,* Heribert (Hg.): „… Ihrer Bürger Freiheit". Frankfurt am Main im Mittelalter. Beiträge zur Erinnerung an die Frankfurter Mediaevistin
Elsbeth Orth. Frankfurt am Main 2004, 89–124, hier 102 f., 123 f.

schöfliche Stift verwiesen,[7] so ist genauso häufig nachzuweisen, dass damit ein abstrakter Rechtsraum geschaffen wurde, der die regionalen, differenzierten und zersplitterten Herrschaftsbefugnisse überging.[8]

Von der Forschung wurde der Errichtung und Exekution von Landfrieden ebenfalls eine förderliche Wirkung auf den Aufbau einer Landesherrschaft bescheinigt.[9] Hierbei wurde auf die Etablierung eines überterritorialen Rechtes und die Unterbindung adeliger Fehdeführung hingewiesen. Adelige Fehdeführung selbst wurde in der Forschung für den Landesausbau teilweise als dysfunktional angesehen.[10] Aber es stellt sich die Frage, ob nicht nur die Unterbindung adeliger Fehdeführung, sondern auch der gewalttätige Rechtsaustrag mit dem Adel zur Intensivierung von Landesherrschaft genutzt werden konnte. Konnte also mit Hilfe von Fehde zu Beginn des 14. Jahrhunderts Landesherrschaft vorangetrieben werden?

In der zu Balduins Amtszeit festzustellenden Entwicklungsphase der werdenden Territorien ist es oftmals fast unmöglich, zwischen dem Aufbau von Landesherrschaft und ihrer Intensivierung zu trennen. Denn die Durchsetzung landesherrlicher Rechte kann häufig sowohl als Aufbau einer übergeordneten erzbischöflichen Landesgewalt in einem bisher noch nicht faktisch zum Erzstift gehörenden Gebiet, als auch als Intensivierung der bereits aufgebauten Landesherrschaft verstanden werden. Wenn also im Folgenden von

7   So wurden beispielsweise Lehnsreverse zur Amtszeit Balduins in der Regel für den Erzbischof und das Erzstift ausgestellt, vgl. z. B. 30.11.1330, *Mötsch*, Johannes (Bearb.): Die Balduineen. Aufbau, Entstehung und Inhalt der Urkundensammlung des Erzbischofs Balduin von Trier. Koblenz 1980, Nr. 916; Druck: *Günther*, Wilhelm (Bearb.): Codex Diplomaticus Rheno-Mosellanus. Urkunden-Sammlung zur Geschichte der Rhein- und Moosellande, der Nahe- und Ahrgegend, des Hundsrückens, des Meinfeldes und der Eifel. Koblenz 1822–1826, hier Bd. 3/I, Nr. 170 (Lehnsrevers Raugraf Georgs).

8   Vgl. beispielsweise die Formulierung des Geltungsbereiches für das Verbot, innerhalb des Erzstifts ohne erzbischöfliche Erlaubnis eine Burg oder Stadt zu errichten, das Karl IV. anlässlich seiner Königskrönung verhängte: „In fundo Treverensis ecclesie vel aliarum ecclesiarum seu monasteriorum Treverensis civitatis vel dyocesis vel in ipsius Treverensis ecclesie iurisdicionibus aut districtibus [...] vel infra unam leucam a locis iurisdicionis aut districtus [...]“. Genannt wird also der Grund und Boden der Trierer Kirche, anderer Trierer Kirchen, Klöster, Städte oder der Diözese oder im erzbischöflichen Jurisdiktionsbereich oder Bezirk sowie eine Meile darum herum, 2.2.1346. Siehe *Mötsch*: Balduineen, Nr. 1909; Druck: *Zeumer*, Karl (Bearb.): Constitutiones et acta publica imperatorum et regum. Bd. VIII: 1345–1348. Hannover 1910, Nr. 135.

9   Aus der zahlreichen Literatur sei hier nur auf die Zusammenfassung des Forschungsstandes bei *Wadle*, Elmar: Gottesfrieden und Landfrieden als Gegenstand der Forschung nach 1950. In: *Kroeschell*, Karl/*Cordes*, Albrecht (Hg.): Funktion und Form. Quellen- und Methodenprobleme der mittelalterlichen Rechtsgeschichte. Berlin 1996, 63–91 verwiesen.

10 Vgl. beispielsweise *Günther*, Maike: Die Herrschaft Schellenberg. Beobachtungen zur Herrschaftsbildung im Erzgebirge vom 12. bis zum 14. Jahrhundert und zur Schellenberger Fehde mit dem Kloster Altzelle. Diss. masch. Dresden 2003, 111 f.

der Intensivierung von Landesherrschaft die Rede ist, so beinhaltet dies immer auch ihren Aufbau.

Meine Überlegungen zur Bedeutung adliger und erzbischöflicher Fehdeführung für die Intensivierung von Landesherrschaft im Erzstift Trier setzen nicht beim Beginn oder Verlauf der Fehden an, sondern bei ihrem Abschluss. Die zur Beilegung des Konfliktes vereinbarten Bestimmungen bieten nämlich die beste Untersuchungsgrundlage.

Fehde wird in der neueren Forschung zumeist als „ein rechtlich anerkanntes und geregeltes Verfahren zur individuellen Rechtsdurchsetzung mit Waffengewalt" verstanden.[11] Ein Teil des Regelwerks betraf die rechtsverbindliche Beilegung. Zwischen den Konfliktparteien wurde ein Vertrag geschlossen, durch den die Feindschaft beendet und die strittige Rechtslage geklärt oder ihre Entscheidung an Außenstehende übertragen wurde. Die Kontrahenten wurden „gesonet".[12] Zur Amtszeit Erzbischof Balduins waren solche Beilegungen, die hier als Fehdesühnen bezeichnet werden, in der Regel unbefristet gültig und konnten nur mit Einverständnis aller Beteiligten aufgehoben oder verändert werden. Sie wurden entweder direkt zwischen den Konfliktparteien vereinbart oder kamen durch die Vermittlung Dritter zu Stande.

Erzbischof Balduin schloss nicht nur Sühnen zum Abschluss eigener Fehden, sondern drängte sich bisweilen in die Beilegung von Fehden Dritter. Hierbei trat er nicht als Vermittler auf, sondern als einer der Vertragspartner.

---

[11] *Buschmann,* Arno: Gewalt und Frieden. Zur Entwicklung der inneren Friedensordnung in Europa. In: *Hagen,* Johann J./*Mader,* Peter (Hg.): Gewalt und Recht. Ringvorlesung zum 30jährigen Bestehen der Rechtswissenschaftlichen Fakultät der Universität Salzburg. Frankfurt am Main 1997, 11–33, hier 12. Siehe hiergegen besonders die Arbeiten Gadi Algazis und Hans-Henning Kortüms. Beide verstehen Fehde als Form illegitimen Privatkrieges. *Algazi,* Gadi: Sie würden hinten nach so gail. Vom sozialen Gebrauch der Fehde im späten Mittelalter. In: *Lüdtke,* Alf/*Lindenberger,* Thomas (Hg.): Physische Gewalt. Studien zur Geschichte der Neuzeit. Frankfurt am Main 1995, 39–77; *ders.:* Herrengewalt und Gewalt der Herren im späten Mittelalter. Herrschaft, Gegenseitigkeit und Sprachgebrauch. Frankfurt am Main 1996; *Kortüm,* Hans-Henning: Wissenschaft im Doppelpass? Carl Schmitt, Otto Brunner und die Konstruktion der Fehde. In: Historische Zeitschrift 282 (2006), 585–617; *ders.:* Kriege und Krieger (500–1500). Stuttgart 2010, bes. 70–74.

[12] Zitat aus der Sühne des Erzbischofs mit den Wildgrafen Johann und Hartrad von Dhaun, 25.4.1329. *Mötsch:* Balduineen, Nr. 863; Druck: *Günther:* Codex Diplomaticus Rheno-Mosellanus Bd. 3/I, Nr. 160. Begriffe aus dem Wortfeld Sühne wurden von den Zeitgenossen nicht nur bei der Beilegung von Fehden benutzt, sondern beispielsweise auch bei der Beendigung von Konflikten, die mit weniger Vehemenz geführt worden waren. In diesem Beitrag bezieht sich der Begriff Sühne zum einen auf die Beendigung von Fehden und Landfriedensexekutionen. Die Einbeziehung der Landfriedensexekutionen ergibt sich aus dem zeitgenössischen Verständnis von Fehdeführung und Landfriedensexekution. Zwischen diesen beiden Formen bestand eine so große Ähnlichkeit und Nähe, dass sie mitunter auch wechselseitig zum Einsatz kommen konnten. Der Begriff Sühne wird hier zum zweiten bei Einigungen verwendet, bei denen der Erzbischof Fehde und fehdeähnliche Handlungen als Straftat auffasste. Vgl. dazu weiter unten.

Aus der Amtszeit des Luxemburgers stammen also einige erzbischöfliche Sühnen, die zwar Fehden beendeten oder fehdeähnliche Handlungen unterbanden, an denen aber weder Balduin noch seine Hauptleute nachweislich beteiligt gewesen waren. In einigen dieser Sühnen wird auf „frevel" bzw. lateinisch *excessus* verwiesen, den der Vertragspartner des Erzbischofs wegen der Fehde oder wegen fehdeähnlicher Handlungen wie „brand", „nahme" oder „raub" begangen habe und der nun gesühnt sei. Von diesen Verträgen, die in diesem Beitrag als Frevelsühnen bezeichnet werden, wurden deutlich weniger ausgestellt als von den zuvor genannten Fehdesühnen. So sind 14 Frevelsühnen überliefert. 50 Sühnen schloss der Erzbischof zur Beendigung von Fehden und Landfriedensexekutionen.

Meine folgenden Überlegungen gliedern sich in zwei Teile. Zunächst werden die Fehdesühnen in den Blick genommen, wobei besonders auf deren konkrete Bestimmungen einzugehen sein wird. Daran anschließend stehen die Frevelsühnen im Zentrum der Betrachtung. Hierbei wird insbesondere die Bedeutung der Vereinbarung dieser Form der Sühne für die Intensivierung der erzbischöflichen Landesherrschaft analysiert.

Fehdeführung im frühen 14. Jahrhundert im Umkreis des Erzstift Triers

Den in der Forschung viel diskutierten Begriff ‚Fehde' verwendeten die Zeitgenossen in der ersten Hälfte des 14. Jahrhunderts im Erzstift Trier noch nicht. Stattdessen wurde in den Sühnen eine abgestufte Begrifflichkeit benutzt, die nur im Detail Variationen aufweist und die es ermöglicht, die Konflikte in verschiedene Eskalationsstufen einzuteilen.[13] Im Anschluss an die Forschung wird im Folgenden an dem Arbeitsbegriff ‚Fehde' festgehalten, aber nur für die höchste in den Sühnen ausgewiesene Eskalationsstufe gebraucht. Diese ist in ihrer längsten Form durch die Kombination der Begriffe „Criege, Urleuge, Tzweiung, Uffleufe und Mishellunge" gekennzeichnet.[14] Die Formulierungen wurden durchaus dem Sachverhalt der einzelnen Auseinandersetzungen angepasst, was mitunter zur Kürzung des Formulars führte.[15] In diesen Fällen ist für die Zuordnung der Auseinandersetzung zur höch-

---

13 Siehe hierzu ausführlich *Eulenstein,* Julia: Territorialisierung mit dem Schwert? Die Fehdeführung des Trierer Erzbischofs Balduin von Luxemburg (1307/08–1354) im Erzstift Trier. Koblenz 2012, 23–29.

14 Zitat aus der Sühne Reinhards von Westerburg mit dem Erzbischof, 1.5.1350. *Mötsch:* Balduineen, Nr. 2077.

15 So ist beispielsweise in der Sühne des Metropoliten mit den Wildgrafen Johann und Hartrad von Dhaun von „crieg und zweiunge" die Rede, 25.4.1329. *Mötsch:* Balduineen, Nr. 863; Druck: *Günther:* Codex Diplomaticus Rheno-Mosellanus. Bd. 3/I, Nr. 160. Die beiden Brüder waren nicht Balduins Hauptgegner. Sie agierten lediglich als Helfer ihres Verwandten Wildgraf Friedrich von Kyrburg, so dass es wohl zwischen ihnen und dem Luxemburger zu weniger Fehdehandlungen kam als zwischen Balduin und Wildgraf Friedrich. In der Sühne des Metropoliten mit den Gemeinern der oberhalb Oberwesels

sten Eskalationsstufe der Verweis auf „criege" zwingend notwendig, da dieser
Begriff im Umfeld des Erzstifts zur Amtszeit Balduins anscheinend ausschließlich für militärische Auseinandersetzungen benutzt wurde.[16] Die hier
vorgenommene Klassifizierung von Konflikten als Fehden erfolgt entgegen
dem sonst in der Regel in der Fehdeforschung üblichen Ansatz, bei dem der
Tatbestand einer Fehde am Vorhandensein einer Absage festgemacht wird,
also der förmlichen Ankündigung einer Feindschaft.[17]

Sühnen mussten mit großer Sorgfalt formuliert werden.[18] Bei ihnen bestand eine erhöhte Gefahr der späteren Anfechtung von unterlegener Seite,
die in der Regel nicht freiwillig, sondern aufgrund des militärischen und bzw.
oder politischen Drucks den Bestimmungen zugestimmt hatte. Sühnen durften also sprachlich keinen Spielraum für mögliche, die Gültigkeit in Zweifel
ziehende Argumente lassen. Somit kann dem Verzicht auf nur einen Begriff
zur Kennzeichnung der Auseinandersetzung in den kurtrierischen Sühnen
aus der ersten Hälfte des 14. Jahrhunderts eine hohe Bedeutung zugesprochen werden: Dieser Verzicht, die Verwendung zahlreicher Begriffe sowie ihre

---

gelegenen Burg Schönburg ist von „bruchen, criegen und stucken" die Rede. Die Erwähnung von „bruchen" verweist auf einen der Auslöser der Auseinandersetzung: Einschlägige, rechtsverbindliche Verabredungen waren von einer Partei nicht eingehalten
worden, 19.10.1342. *Mötsch:* Balduineen, Nr. 1641; Landeshauptarchiv Koblenz (im
Folgenden LHA Ko), Best. 1 A, Nr. 5130; Druck: *Günther:* Codex Diplomaticus Rheno-
Mosellanus. Bd. 3/I, Nr. 289.

[16] Dies legt die Untersuchung der Formulierungen einschlägiger Helfer- oder Dienstver-
träge, Bündnisse sowie Verabredungen über die Form einer Konfliktbeilegung nahe.
Vgl. auch *Eulenstein:* Territorialisierung mit dem Schwert?, 25.

[17] Vgl. beispielsweise *Orth,* Elsbeth: Die Fehden der Reichsstadt Frankfurt am Main im
Spätmittelalter. Fehderecht und Fehdepraxis im 14. und 15. Jahrhundert. Wiesbaden
1973; *Vogel,* Thomas: Fehderecht und Fehdepraxis im Spätmittelalter am Beispiel der
Reichsstadt Nürnberg (1404–1438). Frankfurt am Main 1998; *Reinle,* Christine: Bauern-
fehden. Studien zur Fehdeführung Nichtadliger im spätmittelalterlichen römisch-
deutschen Reich, besonders in den bayerischen Herzogtümern. Stuttgart 2003. Die Absage, die in der Regel einige Tage vor Beginn der feindlichen Handlungen übermittelt
werden musste, bot dem Kontrahenten auch die Möglichkeit, durch sein Einlenken eine
Eskalation zu verhindern. Die Praxis der Absage dürfte auch im Erzstift Trier üblich
gewesen sein, wie vereinzelte Quellen nahe legen. Absagen aus der Amtszeit Balduins
sind jedoch nur singulär überliefert. Durch die hier vorgenommene Einteilung der
Konflikte in verschiedene Eskalationsstufen anhand der Formulierungen in den Sühnen
werden nur solche Auseinandersetzungen als Fehde behandelt, die tatsächlich mit Waffengewalt ausgefochten worden sind.

[18] In der kurtrierischen Kanzlei gab es zeitlich variierende Formulare für Sühnen. Rudolf
Losse prägte nach seinem Kanzleieintritt 1332 typische Formeln, die mitunter auch
nach seiner Ernennung zum Offizial beibehalten wurden. *Langer,* Hans-Günther: Ur-
kundensprache und Urkundenformeln in Kurtrier um die Mitte des 14. Jahrhunderts.
Ein Beitrag zur Geschichte der deutschsprachigen Urkunde in der kurtrierischen Kanzlei während der Tätigkeit Rudolf Losses und seines Kreises. Teil 1. In: Archiv für Diplomatik 16 (1970), 350–505; Teil 2. In: Archiv für Diplomatik 17 (1971), 348–436, hier
bes. Teil 1, 424–444, 456–467.

Variation je nach Sachverhalt legen nahe, dass es zur Amtszeit Balduins noch keine allgemeingültigen Spezifika gab, die einen Konflikt zur Fehde machten. Diese definitorische Unbestimmtheit bot auch Spielraum für Umdeutungen. Fehdeführung war zur Amtszeit Erzbischof Balduins ein verbreitetes Phänomen. Der Erzbischof selbst hat während seiner fast fünfzigjährigen Amtszeit allein im Erzstift Trier 38 Fehden geführt.[19] Er war ferner im Rahmen seiner Verweserschaft des Erzbistums Mainz (1328–1337) in zahlreiche Fehden verwickelt[20] und unterstützte seine Verwandten im Reich und in Böhmen tatkräftig bei ihren gewalttätigen Auseinandersetzungen.[21] Im Erzstift

[19] Fehden, an denen der Erzbischof nur als Helfer beteiligt war, wurden nicht mitgezählt.

[20] Als vom Domkapitel eingesetzter Verweser des Mainzer Erzstifts agierte Balduin de facto als dortiger Erzbischof. In dieser Eigenschaft geriet er besonders mit den Landgrafen von Hessen mehrmals in Konflikte, bei denen es vor allem um Lehnstreitigkeiten ging. Vgl. *Otto*, Heinrich (Bearb.): Regesten der Erzbischöfe von Mainz. Abteilung 1. Bd. 2: 1328–1353. Darmstadt 1932–1935, Nr. 2977, 2984, 3062, 3063. Die Verweserschaft des Luxemburgers war nicht unumstritten. Nur wenige Monate nach Balduins Ernennung wurde Heinrich von Virneburg vom Papst zum Mainzer Erzbischof erhoben. Es folgte eine fast zehnjährige Auseinandersetzung zwischen Heinrich und Balduin um das Erzbistum Mainz. Im Frühjahr des Jahres 1337 legte Erzbischof Balduin seine Verweserschaft nieder, und das Erzbistum wurde unbestritten Heinrich von Virneburg übergeben. Vgl. zum Mainzer Bistumsstreit im Überblick *Heinig*, Paul-Joachim: Die Mainzer Kirche im Spätmittelalter (1305–1484). In: *Jürgensmeier*, Friedhelm (Hg.): Handbuch Mainzer Kirchengeschichte, Bd. I: Christliche Antike und Mittelalter. Teil 1. Würzburg 2000, 416–554, hier 459–470 sowie *Debus*, Karl Heinz: Balduin als Administrator von Mainz, Worms und Speyer. In: *Heyen* (Hg.): Balduin von Luxemburg, 413–436, hier 413–433.

[21] Balduin begleitete König Heinrich VII. von Oktober 1310 bis zum März 1313 auf dessen Romzug. Die beiden Brüder waren in Norditalien auf vehementen Widerstand gegen die Anerkennung Heinrichs VII. als Kaiser gestoßen und so in zahlreiche Auseinandersetzungen verwickelt. In der etwa 20 Jahre nach dem Romzug begonnenen Bilderhandschrift „Kaiser Heinrichs Romfahrt" sind einige dieser Konflikte dargestellt. Bei dem gezeigten Kampf um Rom ist ein behelmter Reiter in der Mitte des Bildes in den Farben Kurtriers – also weiß mit rotem Kreuz – zu sehen, wie er seinem Gegner aus der Familie Orsini den Schädel spaltet (fol. 22). Die Forschung geht davon aus, dass es sich bei dem Reiter um Erzbischof Balduin handelt. *Schmid*, Wolfgang: Kaiser Heinrichs Romfahrt. Zur Inszenierung von Politik in einer Trierer Bilderhandschrift des 14. Jahrhunderts. Koblenz 2000, 81–89. 1316 unterstützte Erzbischof Balduin seinen Neffen Johann den Blinden, der bei der Durchsetzung der luxemburgischen Herrschaft in Böhmen auf Ablehnung des ansässigen Adels gestoßen war. Siehe *Hoensch*, Jörg: Die Luxemburger. Eine spätmittelalterliche Dynastie gesamteuropäischer Bedeutung (1308–1437). Stuttgart 2000, 51–62. Acht Jahre später, 1324, verbündeten sich Johann von Böhmen, Friedrich von Lothringen, Eduard von Bar und Erzbischof Balduin zum gemeinsamen Zug gegen Metz und belagerten die Stadt. Vgl. *Sauerland*, Heinrich Volbert: Geschichte des Bistum Metz. Teil 2. In: Jahrbuch der Gesellschaft für Lothringische Geschichte und Altertumskunde 7/2 (1895), 69–168, hier 103–127.

Trier waren Balduins Gegner in der Regel Adelige, nur bei seiner Fehde gegen Boppard agierte er gegen eine landesherrliche Stadt.[22]

Der hohe Stellenwert der Fehdeführung im Erzstift dürfte wohl vor allem auf ihre Vorteile gegenüber alternativen Konfliktaustragsformen zurückzuführen sein: Sie bot vor allem auch dann eine Handlungsoption, wenn die Beanspruchung eigener Rechte auf Widerstand oder Ignoranz konkurrierender Herrschaftsträger stieß. Bei divergierenden Rechten und Rechtsansprüchen war Fehdeführung in der ersten Hälfte des 14. Jahrhunderts im Erzstift Trier also nicht nur ein probates, sondern manchmal auch ein strategisch notwendiges Mittel, um über die Sühne die Rechtslage zu klären.[23]

Jedoch waren Fehdeführung und Sühneschluss im frühen 14. Jahrhundert kein einfaches Unterfangen. Sowohl der Verlauf der Fehde selbst als auch die Vereinbarung der Konditionen ihrer Beilegung waren von zahlreichen Rahmenbedingungen abhängig, auf die die Konfliktparteien zwar häufig durchaus erfolgreich versuchten einzuwirken,[24] die aber oftmals auch unvorhersehbar waren. Erzbischof Balduin war ein sehr erfolgreicher Fehdeführer. Fast alle erzbischöflichen Fehden im Erzstift Trier konnte er für sich positiv beenden, auch wenn zwei Umstände diesen Erfolg minderten. So konnte Balduin nicht zwangsläufig alle für ihn wichtigen Aspekte zu seinen Gunsten in den Sühnen klären, und er musste stets Zugeständnisse machen, die als unveränderliche rechtliche Vereinbarung in einer von Wandel gekennzeichneten Gesellschaft auch für ihn und seine Nachfolger negative Konsequenzen haben konnten.[25] Balduins offensichtliches Geschick für die Fehde macht die

---

[22] Im Zuge mehrerer Verpfändungen war die Reichsstadt Boppard an das Erzstift Trier gefallen. Zum Zeitpunkt des Konfliktes war sie rechtlich betrachtet eine landesherrliche Stadt des Erzstifts.

[23] Siehe hierzu und zum Folgenden ausführlich *Eulenstein:* Territorialisierung mit dem Schwert?, stark zusammenfassend 512–530.

[24] Besonders die Wahl eines günstigen Zeitpunktes für die Fehde oder eine überraschende Taktik boten auch politisch weniger bedeutenden Geschlechtern Aussicht auf Erfolg. Siehe hierzu *Eulenstein:* Territorialisierung mit dem Schwert?, 200–214, 403–414; *dies.:* Statt Krummstock das Schwert. Erzbischöfliche und adlige Fehdeführung im Erzstift Trier an der Wende zum 15. Jahrhundert. Wird erscheinen in: *dies./Reinle,* Christine/ *Rothmann,* Michael (Hg.): Fehdeführung im spätmittelalterlichen römisch-deutschen Reich. Zwischen adliger Handlungslogik und territorialer Verdichtung. Korb 2013, 75– 102, hier 81–83 und 85 f.

[25] So konnte Balduin beispielsweise die sogenannte Eltzer Fehde gegen die Gemeiner der Burgen Eltz, Waldeck, Schöneck und Ehrenburg zu seinen Gunsten beenden: Die Gemeiner mussten sich zur Landesverteidigung in Form von Landwehr verpflichten und so indirekt ihre Zugehörigkeit zum Erzstift anerkennen. Der Erzbischof versprach, den Besitzstand der Familien nicht anzutasten, 9.1.1336, *Mötsch:* Balduineen, Nr. 1182; LHA Ko, Best. 1 A, Nr. 4853–57; Druck: *Hontheim,* Johann Nikolaus von (Hg.): Historia Trevirensis Diplomatica et Pragmatica. Augsburg, Würzburg 1750, hier Bd. 2, Nr. 646. 18.4.1336, LHA Ko, Best. 1 A, Nr. 4865. 16.12.1337, *Mötsch:* Balduineen, Nr. 1285; LHA Ko, Best. 1 A, Nr. 4919; Druck: *Günther:* Codex Diplomaticus Rheno-Mosellanus. Bd. 3/I, Nr. 227. Dieses Zugeständnis stand dem Erzbischof bei seiner Territorialpolitik in

Frage nach der Bedeutung von Fehdeführung für die Intensivierung von Landesherrschaft erst möglich: Denn um für sich positive Sühnebestimmungen vereinbaren zu können, war im 14. Jahrhundert wie vermutlich auch noch später[26] ein möglichst großer Verhandlungsspielraum bei der Vereinbarung der Sühne notwendig. Einen solchen schuf zum einen die militärische Durchsetzungskraft: Eine militärische Überlegenheit während des Fehdeverlaufs war eine wesentliche Voraussetzung für die Vereinbarung herrschaftskonsolidierender Sühnebestimmungen. Es war aber auch zum anderen für ein solches positives Ergebnis wichtig, den Einfluss anderer Herrschaftsträger bei den Sühneverhandlungen auszuschalten oder möglichst gering zu halten.

Während der gesamten Amtszeit des Luxemburgers hat sich kein fester Kanon für Sühnebestimmungen herausgebildet, obschon es wiederholt vereinbarte Bestimmungen gab und zeitlich variierende Formulierungsformulare in der kurtrierischen Kanzlei festzustellen sind. Zurückzuführen ist das Fehlen eines festen Kanons für Sühnebestimmungen auf den individuell bestimmten Verhandlungsweg, in dessen Verlauf die Konditionen für die Beendigung der Auseinandersetzung und wohl auch zum Teil die Formulierungen in den Verträgen festgelegt wurden.

Neben der verbindlichen Klärung des Konfliktauslösers zielen die erzbischöflichen Fehdesühnen auf die Herstellung von Bindungen und den erzbischöflichen Gewinn zusätzlicher Rechte ab. Jedoch thematisieren lediglich drei in den erzbischöflichen Fehdesühnen vorkommende Bestimmungen überterritoriale Rechte. Es handelt sich dabei um Gerichtsrechte, um Geleitsrechte und um das Recht auf Schutz und Schirm der erzbischöflichen Untertanen.[27] Quantitativ gesehen wurden in den erzbischöflichen Fehdesühnen am häufigsten von diesen dreien Gerichtsrechte geregelt.

In fast allen erzbischöflichen Sühnen wurden Regelungen über künftige Konfliktfälle getroffen. Hierdurch wurde wie in vielen spätmittelalterlichen Sühnen versucht, weitere Fehden zu verhindern. Bei der Regelung zukünftiger Konfliktfälle treten bei Erzbischof Balduin zwei unterschiedliche Modelle

---

den folgenden Jahren im Wege. Mehrmals verstieß Balduin gegen diese Bestimmung, am offensichtlichsten als er Karl IV. um die Lösung der Burgen Eltz und Schöneck aus dem Reichsverband bei gleichzeitiger Überstellung an das Erzstift bat, 9.1.1354, *Mötsch:* Balduineen, Nr. 2250, 2251; Druck: *Fritz*, Wolfgang D. (Bearb.): Constitutiones et acta publica imperatorum et regum. Bd. XI: 1354–1356. Weimar 1992, Nr. 26, 25.

26   Nach momentanem Forschungsstand lässt sich dies für das Erzstift Trier nur für die Amtszeit Werners von Falkenstein (1388–1418) mit Sicherheit sagen. Vgl. *Eulenstein:* Statt Krummstock das Schwert, 81–86.

27   Sowohl im Erzstift Trier als auch in den umliegenden Herrschaften lässt sich in der ersten Hälfte des 14. Jahrhunderts ein Untertanenbegriff nachweisen, der auf die nichtadelige Bevölkerung angewendet werden kann. Allerdings lässt sich noch für die Wende zum 15. Jahrhundert zeigen, dass der Erzbischof den hinter dem Begriff stehenden Anspruch nicht gegenüber jeder der eigentlich zu der Gruppe zählenden Personen durchsetzen konnte. Vgl. beispielsweise die Sühne Johanns von Drahe mit Erzbischof Werner vom 10.6.1407. LHA Ko, Best. 1 A, Nr. 6912.

auf. Es handelt sich hierbei zum einen um die Ernennung von Schiedsrichtern und zum anderen um die Verpflichtung zur Gerichtsnahme vor erzbischöflichen Gerichten. Während ersteres die beiderseitigen Rechte wahrte, förderte letzteres die Stellung des Erzbischofs und seiner Gerichtsbarkeit. Denn die Verpflichtung zur Gerichtsnahme vor dem Erzbischof implizierte die Anerkennung einer erzbischöflichen Gerichtshoheit, besonders wenn ein solcher Gerichtszwang auch für die Untertanen des Adeligen vereinbart wurde. Mit dieser Bestimmung wurde die schleichende Monopolisierung der erzbischöflichen Gerichte im Erzstift vorangetrieben. In der Praxis konnte jedoch eine Anerkennung der erzbischöflichen Gerichtshoheit durch Nichterscheinen vor dem Gericht umgangen werden. Eine Verhandlung und ein rechtsgültiges Urteil konnte damit allerdings nicht verhindert werden, denn kurtrierische Manngerichtssitzungen fanden auch dann statt, wenn nur eine der streitenden Parteien persönlich anwesend war oder Vertreter geschickt hatte.

Deutlich weniger häufig wurde der unterlegene Gegner in den Schutz und Schirm der erzbischöflichen Gerichte einbezogen.[28] Diese Bestimmung implizierte eine unumgängliche Anerkennung der erzbischöflichen Gerichtsrechte, für deren Schutz der unterlegene Gegner zudem noch verantwortlich gemacht wurde. Für die Intensivierung der erzbischöflichen Landesherrschaft war eine solche Vereinbarung also deutlich weitreichender als die Festlegung der Zuständigkeit erzbischöflicher Gerichte. Hierauf verweisen auch die konkreten Abmachungen. So wurde in zwei Fällen der Schutz nur für die geistlichen Gerichte vereinbart,[29] die dem Adeligen deutlich weniger Konkurrenz boten als die weltlichen Gerichtsrechte des Erzbischofs. In drei Fällen, in denen sowohl geistliche als auch weltliche Gerichte gemeint waren, wurde explizit angeführt, dass die jeweiligen adeligen Rechte gewahrt bleiben sollten.[30]

---

[28] So bei den Sühnen Reinhards von Westerburg (20.5.1346. *Mötsch:* Balduineen, Nr. 1845; LHA Ko, Best. 1 A, Nr. 5265, 5266; Druck: *Lehmann*, Johann Georg: Geschichte und Genealogie der Dynasten von Westerburg aus Urkunden und anderen archivalischen Quellen. Wiesbaden 1866, Nr. 27), Wilhelms von Wied (1.5.1350. *Mötsch:* Balduineen, Nr. 2076; LHA Ko, Best. 1 A, Nr. 5611), Gerlachs von Isenburg (1.5.1350. *Mötsch:* Balduineen, Nr. 2078; LHA Ko, Best. 1 A, Nr. 5612), Salentins von Isenburg (20.6.1350. *Mötsch:* Balduineen, Nr. 2087; LHA Ko, Best. 1 A, Nr. 5622) und in der Frevelsühne Philipps von Isenburg (28.6.1343. *Mötsch:* Balduineen, Nr. 1697).

[29] Sühne Reinhards von Westerburg (20.5.1346. *Mötsch:* Balduineen, Nr. 1845; LHA Ko, Best. 1 A, Nr. 5265, 5266; Druck: *Lehmann:* Dynasten von Westerburg, Nr. 27) und die Frevelsühne Philipps von Isenburg (28.6.1343. *Mötsch:* Balduineen, Nr. 1697).

[30] Sühnen Wilhelms von Wied (1.5.1350. *Mötsch:* Balduineen, Nr. 2076; LHA Ko, Best. 1 A, Nr. 5611), Gerlachs von Isenburg (1.5.1350. *Mötsch:* Balduineen, Nr. 2078; LHA Ko, Best. 1 A, Nr. 5612) und Salentins von Isenburg (20.6.1350. *Mötsch:* Balduineen, Nr. 2087; LHA Ko, Best. 1 A, Nr. 5622).

In nur wenigen Fällen wurden in den Sühnen Bestimmungen über das erzbischöfliche Geleit getroffen.[31] Dabei wurde jedes Mal das Verbot der Störung des erzbischöflichen Geleites ausgesprochen, was der Anerkennung dieses erzbischöflichen Rechtes gleichkam. Eine weitere Ausdehnung seiner bereits beanspruchten Geleitsrechte konnte der Erzbischof aber nicht vereinbaren. Nur in einem Fall hatten die erzbischöflichen Gegner zuvor konkurrierende Rechte inne, so dass die Frage, wer seine Rechte ausüben und wer auf seine verzichten musste, einen der Rechtsgründe für die Fehde bot.[32] Dies traf auf die anderen Fälle nicht zu. In ihnen war es im Fehdeverlauf zumindest nach Aussage der kurtrierischen Seite zur Störung des erzbischöflichen Geleites gekommen.[33] Es handelte sich bei allen Fällen um Grundsatzkonflikte, die sich beispielsweise an der Frage der Zugehörigkeit von Ministerialenfamilien entzünden konnten oder um die Bewahrung der Herrschaftsposition in einer Region geführt wurden. Diese Grundsatzkonflikte stellten also die Weichen für eine spätere Landesherrschaft. Vielleicht liegt es an dieser Verbindung, dass die erzbischöflichen Gegner ausgerechnet in diesen Fällen während der Auseinandersetzung landesherrliche Rechte des Erzbischofs verletzten.

Als ein deutliches Signal auf eine erzbischöfliche Landesherrschaft kann die nur selten bezeugte Verpflichtung zum Schutz und Schirm des Erzstiftes und seiner Bewohner für den unterlegenen Gegner verstanden werden.[34] Diese Vereinbarung kam besonders bei denjenigen Gegnern zum Tragen, die

31 So in den Sühnen der sogenannten Eltzer Fehde mit den Gemeinern der Burgen Eltz, Ehrenburg, Schöneck und Waldeck: 9.1.1336 (*Mötsch:* Balduineen, Nr. 1182; LHA Ko, Best. 1 A, Nr. 4853–57; Druck: *Hontheim:* Historia Trevirensis Diplomatica et Pragmatica, Bd. 2, Nr. 646), 18.4.1336 (LHA Ko, Best. 1 A, Nr. 4865) und 16.12.1337 (*Mötsch:* Balduineen, Nr. 1285; LHA Ko, Best. 1 A, Nr. 4919; Druck: *Günther:* Codex Diplomaticus Rheno-Mosellanus. Bd. 3/I, Nr. 227). In der Sühne mit den Gemeinern der Schönburg (*ober Wesel*), 19.10.1342 (*Mötsch:* Balduineen, Nr. 1641; LHA Ko, Best. 1 A, Nr. 5130; Druck: *Günther:* Codex Diplomaticus Rheno-Mosellanus. Bd. 3/I, Nr. 289) und in einer Sühne mit Graf Wilhelm von Wied, die jedoch keine lange Gültigkeit hatte, 22.11.1349. LHA Ko, Best. 35, Nr. 73.
32 Das gilt für die Gemeiner der Schönburg. Siehe zur Fehde *Eulenstein:* Territorialisierung mit dem Schwert?, 305–312.
33 Vgl. in Bezug auf die Eltzer Fehde die Aussagen des erzbischöflichen Biographen in den Gesta Trevirorum; *Wyttenbach,* Johann Hugo/*Müller,* Michael Franz Josef (Hg.): Gesta Trevirorum. Bd. 2. Trier 1838, 250 f.; *Zenz,* Emil (Hg.): Die Taten der Trierer. Bd. 5. Trier 1961, 55. Im Fall Wilhelms von Wied lässt sich die Geleitsstörung aus der Sühne ableiten. LHA Ko, Best. 35, Nr. 73.
34 So in der bereits erwähnten Sühne Wilhelms von Wied (22.11.1349. LHA Ko, Best. 35, Nr. 73), in der Frevelsühne Philipps von Isenburg (28.6.1343. *Mötsch:* Balduineen, Nr. 1697) und im Revers über die Bestellung zum Oberamtmann Reinhards von Westerburg, der als Teil der zum Abschluss der Grenzauer Fehde vereinbarten Sühne zu verstehen ist, 27.9.1350. *Mötsch:* Balduineen, Nr. 2090; Druck: *Lamprecht,* Karl: Deutsches Wirtschaftsleben im Mittelalter. Untersuchungen über die Entwicklung der Materiellen Kultur des Platten Landes auf Grund der Quellen zunächst des Mosellandes. Aalen 1960–1969 (ND der Ausgabe Leipzig 1885–1886), hier Bd. 3, Nr. 184.

(vorher) eigene Ansprüche auf eine übergeordnete Herrschaft erhoben hatten. Es waren also wiederum Sühnen, die zum Abschluss von Grundsatzkonflikten verabredet wurden, die diese Bestimmung aufwiesen. Die Verpflichtung zum Schutz und Schirm des Erzstiftes und seiner Bewohner kombinierte die Anerkennung eines landesherrlichen Friedegebotes des Erzbischofs mit einer Funktionsübernahme des ehemaligen Gegners zur Wahrung dieser erzbischöflichen Position. Diese Verpflichtung ist somit in ihrem Aussagewert im Gesamtzusammenhang einer langsamen Etablierung von Landesherrschaften nicht zu unterschätzen.

Fehdeführung bot also durch die Konkretisierung und rechtsverbindliche Festlegung überterritorialer Rechte die Möglichkeit zur Intensivierung von Landesherrschaft. Bis auf die Intensivierung erzbischöflicher Gerichtsrechte nutzte Erzbischof Balduin diese Möglichkeit allerdings nur selten. Ein deutlich stärkerer Akzent der erzbischöflichen Fehdesühnen lag auf der Herstellung personeller Bindungen. Vor allem dem Lehnswesen kam hier eine hohe Bedeutung zu. Fast die Hälfte aller den Ausbau und die Konsolidierung der erzbischöflichen Einflussbereiche fördernden Sühnen (20 von 43)[35] sah die Verpflichtung zur Allodialauftragung vor. Für Erzbischof Balduin kombinierte diese Bestimmung territorialen Gewinn (Umwandlung von Allod in Lehngut) mit personeller Bindung. Ebenfalls personelle Bindungen stellten die Dienstverpflichtung des Gegners oder seine Einsetzung als erzbischöflicher Amtmann her. Letzteres ist allerdings nur selten bezeugt,[36] denn letztendlich bot die Position des Amtmanns viel zu viel nachweislich genutzten Spielraum, um sie einem ehemaligen Fehdegegner bereits in der Sühne anvertrauen zu können.[37]

Es stellt sich die Frage, warum deutlich häufiger mit den erzbischöflichen Fehdesühnen personelle Bindungen hergestellt, als die Intensivierung der Landesherrschaft vorangetrieben wurden. Mögliche Antworten auf diese Frage scheinen mir in drei Bereichen zu liegen: 1) bei den Konfliktauslösern,

---

[35] Von den 50 überlieferten Fehdesühnen wurden die sieben abgezogen, die keinen Ausbau oder Konsolidierung der erzbischöflichen Einflussbereiche vorsahen.
[36] So bei Johann von Eltz (16.12.1337. *Mötsch:* Balduineen, Nr. 1285; LHA Ko, Best. 1 A, Nr. 4919; Druck: *Günther:* Codex Diplomaticus Rheno-Mosellanus. Bd. 3/I, Nr. 227) und Reinhard von Westerburg (27.9.1350. LHA Ko, Best. 1 A, Nr. 7916). Am selben Tag wurde Reinhard Oberamtmann. Dabei wurde auch die Übernahme weiterer Ämter thematisiert. *Mötsch:* Balduineen, Nr. 2090; Druck: *Lamprecht:* Deutsches Wirtschaftsleben im Mittelalter. Bd. 3, Nr. 184. Wilhelm von Wied wurde die Einsetzung als Amtmann in Aussicht gestellt, 2.5.1350, Fürstlich Wiedisches Archiv Neuwied, IV-9-1, Nr. 23. Es muss aber aufgrund der Quellenlage offen bleiben, ob der Graf je Funktionsträger Balduins wurde.
[37] Erzbischöfliche Amtleute konnten ihre Familieninteressen auch entgegen der erzbischöflichen Befehle zumindest eine gewisse Zeit fördern. Vgl. die von Balduin erhobenen Vorwürfe gegen seinen Amtmann Heinrich d. A. Bayer von Boppard, 28.11.1351. *Mötsch:* Balduineen, Nr. 2121.

2) in einer Akzeptanzgrenze für Sühnebestimmungen und 3) in dem Ent-
wicklungsstand der Landesherrschaft zur Zeit Balduins.
Erstens: Fehdesühnen klärten die Rechtslage. Somit konnten zunächst
einmal nur die Aspekte rechtsverbindlich geregelt werden, die zuvor zwischen den Konfliktparteien strittig gewesen waren. Wurden im Fehdeverlauf
Rechte einer der Parteien verletzt, so konnten auch sie zum Thema der Sühne
werden, wobei in der Regel lediglich ihr zukünftiger Schutz sichergestellt
wurde.[38] Landesherrliche Rechte wurden zur Amtszeit Erzbischof Balduins in
der Regel nur bei Grundsatzkonflikten tangiert und konnten folglich vor allem dann geregelt werden. Die meisten erzbischöflichen Fehden waren aber
objektbezogene Rechtsstreitigkeiten wie beispielsweise die strittige Zugehörigkeit einer Burg.
Viele erzbischöfliche Fehdesühnen enthalten neben der Klärung des kon-
fliktauslösenden Rechtsstreites Zusatzbestimmungen, die als Kompensation
für die in der Fehde verübten Schäden vereinbart wurden. Bei diesen Zusatz-
vereinbarungen kommt *zweitens* eine Akzeptanzgrenze für die Bestimmungen ins Spiel.
Es war politisch unklug für den Überlegenen einer Fehde, für deren Beendigung zu weitreichende Forderungen zu formulieren. Denn es scheint in der
Adelsgesellschaft weitreichend verankert gewesen zu sein, welche Zusatzbestimmungen hingenommen werden konnten und welche eine Akzeptanzgrenze überschritten. Passierte das letztere, beschwor es den Versuch einer
Revision der erzwungenen Rechtslage hervor. Für die meisten erzbischöflichen Gegner bestand während Erzbischof Balduins Lebzeiten nur in einer
erneuten Fehde und erneuten Sühne eine solche Chance. In der Regel konnte
der Erzbischof an einer solchen Entwicklung kein Interesse haben.
Es ist in der Rückschau nicht einfach, die angesprochene Akzeptanzgrenze
zu definieren. Fehdeführung war zu einem nicht unerheblichen Teil von der
Risiko- und Gewaltbereitschaft der Fehdeführer abhängig, also von Charak-
terzügen, auf die heute wenn überhaupt nur äußerst schwer zurückgeschlos-
sen werden kann. Der Befund legt jedoch nahe, dass die Grenze bei einem
zeitlich befristeten Burgenverlust zugunsten des Erzstifts erreicht[39] und bei

---

[38] Vgl. auch die häufig in Sühnen aus Balduins Amtszeit zu beobachtende Verpflichtung
des Gegners, dem Erzstift in Zukunft nicht zu schaden. Die Bestimmung lässt sich meiner Meinung nach nicht mit einem erzbischöflichen Anspruch auf eine Landesherrschaft in Verbindung bringen und wird deshalb hier nicht als Mittel zur Intensivierung
dieser Herrschaft verstanden. Ähnlich wie eine Verabredung über das Vorgehen bei erneuten Konflikten diente die Bestimmung der Verhinderung von Fehden.

[39] Diese Zusatzbestimmung musste als einziger erzbischöflicher Fehdegegner Graf Simon
von Sponheim-Kreuznach hinnehmen, 26.8.1322. *Mötsch*: Balduineen, Nr. 612; Druck:
Schwalm, Jakob (Bearb.): Constitutiones et acta publica imperatorum et regum. Bd. V:
1313–1324. Hannover, Leipzig 1909, Nr. 667. Die Bestimmung ist in die Sühne des Erzbischofs mit der Pfalzgräfin Mechthild und mit ihrem Sohn aufgenommen worden, die
wie Simon von Sponheim-Kreuznach aufgrund der Doppelwahl Ludwigs des Bayern

dem dauerhaften Verlust einer Burghälfte überschritten wurde.[40] Die Abtretung eines Burgteils war die einzige Zusatzbestimmung, die nur nach militärischem Druck vereinbart werden konnte. Für landesherrliche Rechte kann man nur Vermutungen äußern. Da aber mit der Förderung landesherrlicher Rechte häufig ein dauerhafter Rechts- oder Anspruchsverlust des Gegners verbunden war, dürfte eine solche Forderung außerhalb der Akzeptanzgrenze gelegen haben. Hierfür spricht auch, dass es vor allem an der angesprochenen Akzeptanzgrenze lag, dass Sühnebestimmungen nur weitere Schritte auf dem langen Weg zu der Etablierung einer Landesherrschaft sein konnten. Hierin dürfte indirekt ein zweiter Grund für die weite Verbreitung der Fehdeführung zur Amtszeit Balduins liegen: Der Rechtsaustrag mit Waffengewalt war in der Regel nichts, womit man seine Herrschaft verlor. Die in den Sühnen verankerten Folgen der Fehden dürften von beiden Seiten ungefähr abschätzbar gewesen sein, zumal die Sühnebestimmungen auch bei Überlagerung vielfältiger Konflikte stets an den individuellen Rechtsstreit gebunden waren. So konnte Fehdeführung selbst bei umsichtiger Politik zur Handlungsoption werden. Voraussetzung hierfür war jedoch, dass der potentielle Gegner ebenfalls zum Austrag einer Fehde bereit war. Denn wenn Fehdehandlungen von diesem als rechtlich fragwürdige Schädigungen gewertet wurden, konnte die eigene Herrschaftsausübung durchaus in Gefahr geraten.

Als *dritter* Grund, warum Balduin die Bestimmungen der Fehdesühnen meiner Meinung nach so wenig zur Intensivierung seiner Landesherrschaft nutzte, ist der nur wenig ausgeprägte Grad dieser Landesherrschaft zu seiner Amtszeit zu nennen. Viele Verabredungen und Bindungen verfügten zu Beginn des 14. Jahrhunderts im Gegensatz zu den Verhältnissen im 15. oder 16. Jahrhundert über keinen integrierenden Charakter. So wiesen beispiels-

---

und Friedrichs von Österreich zum König mit Balduin in Konflikt geraten waren. Vgl. zu diesen Fehden *Eulenstein:* Territorialisierung mit dem Schwert?, 144–173, bes. 156–173.

[40] 1346, zum Abschluss eines Grundsatzkonfliktes über die Herrschaftsverteilung im Westerwald, mussten Reinhard von Westerburg und Philipp von Isenburg Teile ihrer Stammburgen an das Erzstift abtreten, 20.5.1346 (*Mötsch:* Balduineen, Nr. 1845; LHA Ko, Best. 1 A, Nr. 5265, 5266; Druck: *Lehmann:* Dynasten von Westerburg, Nr. 27 – Sühne Reinhards von Westerburg) und 20.5.1346 (*Mötsch:* Balduineen, Nr. 1844; LHA Ko, Best. 1 A, Nr. 5270; Teildruck: *Günther:* Codex Diplomaticus Rheno-Mosellanus. Bd. 3/I, Nr. 324). 25.5.1346 (*Mötsch:* Balduineen, Nr. 1850; LHA Ko, Best. 1 A, Nr. 5281, 5282, 5283 – Sühnen Philipps von Isenburg). Die drei Burgen Schadeck, Grenzau und Villmar wurden von Balduin in die Amtsstruktur des Erzstifts integriert und fortan von kurtrierischen Amtmännern verwaltet. Besonders der Verlust ihrer Burgen scheint die beiden Adeligen bewogen zu haben, mit Hilfe von Gewalt zu versuchen, die Sühnebestimmungen zu revidieren, denn ihre erste Fehdehandlung richtete sich gegen diese Bestimmung: Im April 1347 wurde der erzbischöfliche Amtmann auf Grenzau von Philipp und Reinhard vertrieben. Vgl. Hessisches Hauptstaatsarchiv Wiesbaden, Abt. 115 Urkunden, Nr. 431, fol. 22 (Die Datierung des Briefes muss offen bleiben).

weise die Lehnsbindungen nicht eine solche Bindungsintensität auf, wie im späteren Verlauf des Territorialisierungsprozesses.[41] Sie können zur Amtszeit Balduins eher als Anbindung an das Erzstift denn als Einbindung in das Erzstift verstanden werden. Hierbei meint Anbindung eine nicht allzu starke und vor allem eine nicht exklusive Bindung. Die Einbindung steht für eine stärkere politische und personelle Bindung an das Erzstift und kann als Eingliederung in dessen Verwaltungsstrukturen oder gar in das Stift selbst verstanden werden. In der Regel erfolgte eine Einbindung beim umliegenden Adel durch die Einsetzung als erzbischöflicher Amtmann.

Trotz der schwachen Bindungsintensität kann die dauerhafte personelle Anbindung des Gegners durch die erzbischöflichen Fehdesühnen für den Ausbau und die Konsolidierung des späteren Kurstaates Trier einen besonderen Stellenwert beanspruchen. Denn im Verlauf des Territorialisierungsprozesses gewann vor allem die personelle Bindung immer mehr an Bedeutung. An der Wende zum 15. Jahrhundert war die landesherrliche Zuordnung zu den Gerichten an den Verweis auf eine personelle Bindung gekoppelt.[42] Diese Bindung beinhaltete zu der Zeit also landesherrliche Rechte. Am Ende des 14. Jahrhunderts kann man die erzwungene Herstellung personeller Bindungen als Intensivierung von Landesherrschaft verstehen, aber noch nicht zu Beginn des Jahrhunderts. Nichtsdestotrotz können die zur Amtszeit Balduins geschlossenen Bindungen als Basis für eine spätere erzbischöfliche Landesherrschaft angesehen werden. Denn sie hatten in der Regel auch noch an der Wende zum 15. Jahrhundert und später Gültigkeit, da die Verabredungen generationenübergreifend galten.

„Frevel" und Sühne. Bedeutung der Frevelsühnen für die Intensivierung der erzbischöflichen Landesherrschaft

Eine andere Einschätzung der Bedeutung adeliger und erzbischöflicher Fehdeführung für die Intensivierung von Landesherrschaft ergibt sich bei der

41 Zur Amtszeit Balduins hatte beispielsweise die Heerfahrtsverpflichtung des Lehnsmannes kaum Bedeutung; der Erzbischof musste seine Lehnsleute im Bedarfsfall anheuern und dabei auch Zahlungen leisten. Vgl. beispielsweise 22.2.1334. LHA Ko, Best. 1 A, Nr. 4804 (Hilfsversprechen Graf Walrams von Zweibrücken). Ebenso wurde das Fehdeverbot gegen den Lehnsherrn oder zumindest die Rückgabe der Lehnsgüter im Fehdefall kaum beachtet. Beides scheint vom Erzbischof nicht geahndet worden zu sein. Ferner verloren in der ersten Hälfte des 14. Jahrhunderts Lehnsleute durch Fehdeführung gegen ihren erzbischöflichen Lehnsherrn nicht dessen Gnade.
42 So wurde zur Amtszeit Werners von Falkenstein, also im Übergang vom 14. zum 15. Jahrhundert, über die Zugehörigkeit zu einem Herrn die Lokalität des Gerichtsverfahrens beschlossen. Diese Bestimmung ist einem Bündnis zwischen Erzbischof Werner, den Erzbischöfen von Köln und Mainz, Pfalzgraf Ludwig und Reinhold von Jülich und Geldern von 1417 entnommen, 9.12.1417. Druck: *Hontheim:* Historia Trevirensis Diplomatica et Pragmatica. Bd. 2, Nr. 788.

Betrachtung der Frevelsühnen, also der Sühnen, in denen zumeist auf „frevel"
oder *excessus* in Zusammenhang mit Fehdeführung oder fehdeähnlichen
Handlungen verwiesen wird. Unter dem Begriff der fehdeähnlichen Handlungen sind „brand", „nahme" oder „raub", also Brandstiftung, außergericht-
liche Pfändung und Raub zu verstehen, die typisch für spätmittelalterliche
Fehdeführung waren. Hinzuzuzählen ist noch der Totschlag, der in den Augen der Zeitgenossen ebenfalls als Fehdehandlung gelten konnte.[43] In diesem
Beitrag wird deshalb zusätzlich zur Fehde der definitorisch weite Begriff der
fehdeähnlichen Handlungen verwendet, weil in den Quellen mitunter nur
Schädigungen durch Brandstiftung, Pfändung, Raub und Totschlag erwähnt
sind und folglich nicht in jedem Fall eine Fehde nachgewiesen werden kann.
Hierauf wird noch einzugehen sein.

Im frühen 14. Jahrhundert kennzeichneten die beiden Begriffe „frevel"
und *excessus* Straftaten, wobei diese unter die Kategorie der minderschweren
Delikte einzuordnen sind.[44] Diese Zuordnung implizierte auch eine ein-
schätzbare Straffolge. Häufig wurde eine Geldstrafe verhängt, die bar oder
durch Allodialauftragung beglichen werden konnte. Mit dem Verweis auf
„kleinen oder großen Frevel" konnte die Schwere der Straftat binnendifferen-
ziert werden, wobei dies in den erzbischöflichen Frevelsühnen selten der Fall
war. Lediglich in drei Fällen ist von einem schwerwiegenden Fehlverhalten
die Rede.[45]

Einer Frevelsühne vorausgegangen war eine Fehde oder fehdeähnliche
Handlungen zumeist eines oder mehrerer Adeliger mit oder gegenüber erzbischöflichen Schutzbefohlenen. Der Erzbischof drängte sich in die Beilegung
der Auseinandersetzung, in dem er die Fehde oder die fehdeähnlichen Handlungen als Straftat auffasste: Der Fehdegegner der erzbischöflichen Schutzbefohlenen musste nun mit dem Erzbischof eine Sühne schließen. Die Umdeutung der Fehde bzw. der fehdeähnlichen Handlungen zur Straftat ermöglichte
es dem Erzbischof, dem Betreffenden seine Gnade zu entziehen und eine Bu-
ße zu verlangen. In der Regel wurden die betroffenen Adeligen zu Allodial-

---

[43] Vgl. die Absage Eberhards von Arenburg an den Trierer Erzbischof Johann. Als Fehdehandlungen werden „Rauffe, brande oder doitslage" (Raub, Brand und Totschlag) genannt. Diese Taten sollten aufgrund der Ankündigung vom Erzbischof „unbededinght"
bleiben, 14.3.1460. LHA Ko, Best. 1 C, Nr. 9196, fol. 5.

[44] *Lieberwirth*, Rolf: Artikel Frevel. In: Handwörterbuch zur deutschen Rechtsgeschichte.
Bd. 1. 2. Aufl. Berlin 2008, 1801 f. Der Begriff *excessus* kann mit „Übertritt, Verbrechen"
und in weiterer Folge mit „Frevel" übersetzt werden. Siehe *Diefenbach*, Laurentius:
Glossarium Latino-Germanicum. Mediae et infimae aetatis. Frankfurt am Main 1857,
214; *Burgers*, Jan W. J.: Mittellateinisches Wörterbuch. 2. Aufl. Leiden 2002, 510; *Habel*,
Edwin/*Gröbel*, Friedrich: Mittellateinisches Glossar. Paderborn 1989 (ND der 2. Aufl.
1959), 137.

[45] Solche Verweise sind zu finden: in der Sühne Johanns von Kellenbach (*excessus graves*,
7.5.1338. *Mötsch*: Balduineen, Nr. 1320), in der Johanns von Pommern (*gravius exces-
sorim*, 21.1.1338. LHA Ko, Best. 1 A, Nr. 4933), in der des Mathias, Stiefsohn des Simon
von Lahnstein (*graves et enormes excessus*, 17.4.1345. *Mötsch*: Balduineen, Nr. 1801).

auftragungen eher niedrigeren Wertes verpflichtet.[46] In einigen Fällen war die Auftragung bereits bei Ausstellung der Sühne erfolgt.[47] Die erzbischöflichen Schutzbefohlenen, die als ursprüngliche Fehdegegner ausgemacht werden können,[48] wurden meistens nicht bedacht.

Mitunter scheint es für den Erzbischof schwierig gewesen zu sein, seine Deutung der Fehde oder der fehdeähnlichen Handlungen als Straftat durchzusetzen. Es sind nämlich einige Urkunden erhalten, die aufgrund der nachweisbaren Zusammenhänge zwar als Frevelsühnen eingestuft werden können, in denen aber ein Verweis auf „frevel" oder *excessus* fehlt.[49] Rechtlich betrachtet hatte der Verzicht auf diese Begriffe kaum Auswirkung: Die Umdeutung der Vorgehensweise gegenüber den erzbischöflichen Schutzbefohlenen als vor dem Erzbischof zu sühnende Straftat akzeptierten alle Betroffenen

---

46 So Ludwig von Kirkel (3.11.1309. *Mötsch:* Balduineen, Nr. 350), Johann von Pommern (21.1.1338. LHA Ko, Best. 1 A, Nr. 4933), Heinrich von Virneburg (17.4.1334. *Mötsch:* Balduineen, Nr. 1107), Johann von Kellenbach (7.5.1338. *Mötsch:* Balduineen, Nr. 1320), Ludwig, Peter, Ludwig und Luther von Kleeberg (28.6.1343. *Mötsch:* Balduineen, Nr. 1699*) und Konrad von Trimberg (7.8.1345. *Mötsch:* Balduineen, Nr. 1815).

47 So bei Ludwig von Kirkel (3.11.1309. *Mötsch:* Balduineen, Nr. 350), Johann von Pommern (21.1.1338, LHA Ko, Best. 1 A, Nr. 4933), Johann von Kellenbach (7.5.1338. *Mötsch:* Balduineen, Nr. 1320) und Johann von Boppard (12.11.1331. *Mötsch:* Balduineen, Nr. 992; LHA Ko, Best. 1 A, Nr. 4739).

48 Eine Ausnahme bildet der Fall und die Sühne Johanns von Boppard, 12.11.1331. *Mötsch:* Balduineen, Nr. 992; LHA Ko, Best. 1 A, Nr. 4739. Johann war zur Zeit der Fehde Balduins gegen Boppard erzbischöflicher Amtmann in der Stadt und hatte diese gegen den Erzbischof unterstützt. Balduin entzog Johann die Gnade. Erst vier Jahre später wurde der ehemalige Funktionsträger durch den Abschluss einer Frevelsühne, die als Wiedergutmachung umfangreiche Allodialgutauftragungen vorsah, wieder in die erzbischöfliche Gnade aufgenommen. Nur die Wertung der Fehdebeteiligung Johanns auf gegnerischer Seite als vor dem Erzbischof zu sühnendes Fehlverhalten erklärt meiner Meinung nach die Sühne in der vorliegenden Form. Denn Erzbischof Balduin konnte selbst eine Fehde seiner Funktionsträger gegen ihn rechtlich nicht abwerten. Vgl. 19.1.1352. *Mötsch:* Balduineen, Nr. 2125 (von Pfalzgraf Rudolf vermittelte Sühne zwischen dem Erzbischof und Heinrich d. A. Bayer von Boppard und seinen Söhnen. Die Bayer von Boppard fungierten u. a. auf Sterrenberg als erzbischöfliche Amtleute. Vgl. zu ihren vielfältigen Positionen *Burgard*, Friedhelm: Amtsorganisation in Kurtrier unter Erzbischof Balduin von Trier. In: *Mötsch*, Johannes (Hg.): Ein Eifler für Rheinland-Pfalz. Festschrift für Franz-Josef Heyen zum 75. Geburtstag am 2. Mai 2003. Bd. 1. Mainz 2003, 279–407, hier 301 f., 319-321, 389 f. Deshalb wird der Fall Johanns in der vorgestellten Weise gewertet.

49 Bei der Sühne Johanns von Boppard (12.11.1331. *Mötsch:* Balduineen, Nr. 992; LHA Ko, Best. 1 A, Nr. 4739), den Sühnen der ersten und zweiten sogenannten Montabaurer Fehden (23.2.1342. *Mötsch:* Balduineen, Nr. 1593 – Gerlach von Limburg und Bürger Limburgs; 25.6.1343. *Mötsch:* Balduineen, Nr. 1694; 28.6.1343. *Mötsch:* Balduineen, Nr. 1697, 1698 – Philipp von Isenburg; 28.6.1343. *Mötsch:* Balduineen, Nr. 1699* – Ludwig und seine Söhne Peter, Ludwig und Luther von Kleeberg) und der Sühne Konrads von Trimberg wegen seiner Fehde gegen die Stadt Limburg (7.8.1345. *Mötsch:* Balduineen, Nr. 1815).

durch den Abschluss einer Sühne[50] mit Balduin. Allerdings musste der Erzbischof in solchen Fällen auf die öffentliche Demonstration seiner Wertung verzichten, die durch das laute Verlesen der Urkunden bei der Erwähnung von „frevel" oder *excessus* gegeben war.

Die (bisweilen auch passive) Beteiligung seiner Schutzbefohlenen an der ursprünglichen Fehde oder den fehdeähnlichen Handlungen war für den Erzbischof eine der Voraussetzungen für die Vereinbarung einer Frevelsühne. Denn erst diese Rechtsbeziehung ermöglichte es Balduin, auf sein landesherrliches Friedegebot, also auf sein Recht auf Schutz und Schirm seines Landes und seiner Untertanen zu pochen, das als rechtlicher Hintergrund für diese Form der Sühne angesehen werden kann. Im Gegensatz zu Fehdesühnen waren Frevelsühnen also eng mit einem erzbischöflichen Anspruch auf Landesherrschaft verknüpft.

Diese Verknüpfung konnte in dem zu Balduins Amtszeit gegebenen Stadium einer nur wenig ausgeprägten erzbischöflichen Landesherrschaft zum limitierenden Faktor werden und bietet eine Erklärung dafür, warum letztendlich nur selten Frevelsühnen vereinbart wurden. Auf eine lediglich geringe Anzahl von Fehden der erzbischöflichen Schutzbefohlenen oder fehdeähnlichen Handlungen ihnen gegenüber ist der Befund nicht zurückzuführen. Vielmehr konnte der Erzbischof nicht immer seine Beanspruchung eines landesherrlichen Friedegebotes durchsetzen. Deutlich treten die Schwierigkeiten, auf die Erzbischof Balduin dabei stieß, bei seiner Auseinandersetzung mit der Stadt Boppard vor Augen. Abschließend soll noch dieser Konflikt mit einer Bürgerschaft in den Blick genommen werden, weil für den Adel kein vergleichbarer Fall überliefert ist. Nichtsdestotrotz kam die Verabredung von Frevelsühnen vor allen Dingen beim Adel zum Tragen.

Konfliktpotential gab es zwischen der Reichsstadt Boppard und Erzbischof Balduin seit der Einsetzung des Metropoliten als Verwalter und Vogt über die Stadt. Zu verdanken hatte Balduin diese Position seinem Bruder König Heinrich VII., der den noch jungen Erzbischof bereits zu Beginn seines Pontifikates mit diesem Amt betraute.[51] Einige Jahre später verpfändete Heinrich VII. Boppard an den Erzbischof, behielt sich aber einige königliche

50 Gemeint ist eine Frevelsühne. Der Abschluss einer Fehdesühne mit dem Erzbischof als Stellvertreter seiner Schutzbefohlenen hätte zwar die hier angesprochenen positiven Auswirkungen auf die Intensivierung einer erzbischöflichen Landesherrschaft gehabt, würde aber nicht auf die Wertung der Auseinandersetzung als Straftat hindeuten. Eine solche Fehdesühne konnte der Erzbischof meines Wissens nicht vereinbaren; überprüft wurden *Mötsch:* Balduineen; LHA Ko, Best. 1 A, Findbuch; *Goerz, Adam* (Hg.): Regesten der Erzbischöfe zu Trier von Hetti bis Johann II. (814–1503). Aalen 1969 (berichtigter ND der Ausgabe Trier 1861).

51 28.9.1309. *Mötsch:* Balduineen, Nr. 348; Druck: *Schwalm, Jakob* (Bearb.): Constitutiones et acta publica imperatorum et regum. Bd. IV: 1298–1313. Hannover, Leipzig 1906 (Teil 1) und 1908 (Teil 2), hier Teil 1, Nr. 331. Zu dem Amtsbereich gehörte auch die Reichsstadt Oberwesel sowie das zu den beiden Städten zugehörige Reichsgut.

Rechte in der Stadt vor.[52] Heinrichs Nachfolger Ludwig der Bayer erhöhte die Rechte des Erzbischofs über die Stadt und überstellte sie einzig dem Metropoliten. Der gegenüber dem Reich und dem König gegebene Eid der Bürgerschaft wurde gelöst.[53] Rechtlich betrachtet war somit Boppard zu einer landesherrlichen Stadt des Erzstifts geworden. Zwar sollte diese Zugehörigkeit nur temporär bis zur Rückzahlung der Pfandsumme gelten, aber angesichts der letztendlich exorbitanten Summe war eine Lösung unwahrscheinlich und erfolgte nie. Bis zum Ende des Kurstaates blieb Boppard kurtrierisch.

Die Bürgerschaft weigerte sich zunächst, die durch Heinrich VII. und Ludwig den Bayern veränderten Rechtsverhältnisse zu akzeptieren: Die Durchsetzung seiner dortigen stadt- und landesherrlichen Rechte bereitete Balduin von Anfang an Schwierigkeiten.[54] Ein gewisser Höhepunkt der schwelenden Streitigkeiten war 1326 erreicht, als der Koblenzer Rat um Vermittlung gebeten wurde. Dessen Entscheidung, in der die Klagen und Argumente beider Konfliktparteien aufgenommen sind, hat sich als einziges Dokument des Konfliktverlaufs erhalten.[55] Einer der von den Koblenzern zu entscheidenden Fälle, der besonders gut einen Einblick in die vom Erzbischof erhobenen landesherrlichen Ansprüche und ihre Durchsetzungsfähigkeit gewährt, hatte sich an einem Gewaltakt entzündet.

Die Stadt war „geheymsucht" worden, wobei der Täter durch die Bürgerschaft festgenommen werden konnte. Letztendlich wurde er dem erzbischöflichen Funktionsträger übergeben, der ihn aus der Stadt gebracht hatte. Dies hatte zu Unmut innerhalb Boppards geführt, weil die Bürger ihr Recht durch Verhinderung eines Gerichtsverfahrens verletzt sahen. Sie zogen unter Glockengeläut und mit dem städtischen Banner gegen den ‚Heimsucher' und verwüsteten dessen Ländereien. Dem Urteil nach zu schließen hatte Erzbischof Balduin die Unrechtmäßigkeit der bürgerlichen Aktion unterstrichen. Die Nichtwahrung seines Gerichtes, der Auszug der Bürger unter Glockenge-

---

52 18.7.1312. *Mötsch*: Balduineen, Nr. 394; Druck: *Schwalm*: Constitutiones IV/2, Nr. 833.

53 3.10.1318. *Mötsch*: Balduineen, Nr. 511; Druck: *Günther*: Codex Diplomaticus Rheno-Mosellanus. Bd. 3/I, Nr. 93; *Schwalm*: Constitutiones V, Nr. 506. Eine Bestätigung der erzbischöflichen Pfandschaft und Erweiterung der erzbischöflichen Rechte erfolgte bereits im direkten Anschluss an die Wahl des Wittelsbachers zum König, 15.12.1314. *Mötsch*: Balduineen, Nr. 449; Druck: *Schwalm*: Constitutiones V, Nr. 163.

54 So musste Heinrich VII. den mit königlicher Autorität gegebenen Befehl an die Stadt Boppard, Erzbischof Balduin als ihrem Verwalter und Vogt in allem gehorsam zu sein, mehrfach erlassen, Oktober 1309 (LHA Ko, Best. 1 A, Nr. 446) und 3.1.1310 (LHA Ko, Best. 1 A, Nr. 447). Auch nach mehrmaliger Verpfändung der Stadt durch Heinrichs VII. Nachfolger Ludwig den Bayern weigerte sich die Bürgerschaft, dem Erzbischof zu huldigen, wie aus einem Schreiben des Königs hervorgeht, 14.10.1318. *Mötsch*: Balduineen, Nr. 516; Druck: *Günther*: Codex Diplomaticus Rheno-Mosellanus. Bd. 3/I, Nr. 94. Ludwig erlaubte Balduin im selben Schreiben, sein Recht in der Stadt mit Waffengewalt durchzusetzen, und versprach dem Luxemburger militärische Hilfe.

55 10.11.1326. *Mötsch*: Balduineen, Nr. 791; Druck: *Günther*: Codex Diplomaticus Rheno-Mosellanus. Bd. 3/I, Nr. 148.

läut sowie die eigenständige Fehdeführung der Stadt, die symbolisch durch das städtische Banner ausgedrückt wurde, dürften seinen Protest hervorgerufen haben. Balduins Klage über das Verhalten der Bürger weist auf seinen Anspruch auf Gerichtshoheit sowie auf ein landesherrliches Friedegebot hin. Jedoch wurde nicht ihm, sondern den Bürgern von Boppard Recht gegeben. Die Frage nach einem landesherrlichen Friedegebot wurde dem Urteil zufolge gar nicht thematisiert. Die Stadt habe kein Unrecht getan, denn ihr sei das Recht verwehrt worden, lautete die Begründung. Der Koblenzer Rat hat sich bei dieser Einschätzung an allgemein anerkannte Rechtsgrundsätze gehalten – vor allem wenn er einen Konflikt mit den von Erzbischof Balduin beanspruchten landesherrlichen Rechten nicht sah oder sehen wollte. Insgesamt zeigen die dem Koblenzer Rat zur Entscheidung vorgebrachten Klagen beider Seiten, dass in den 1320er Jahren in Boppard landesherrliche Ansprüche des Erzbischofs ignoriert werden konnten und dass die führenden Familien Boppards ihre Stadt nicht als Teil des Erzstifts verstanden.

Elf Jahre später kam es im Rahmen antisemitischer Ausschreitungen zur Erschlagung der in Boppard ansässigen Juden. Erzbischof Balduin war mit der Verpfändung der Stadt auch Schutzherr der dortigen Juden geworden. Möglicherweise richtete sich die Aggression gegenüber den Juden zu einem nicht geringen Teil gegen die erzbischöfliche Herrschaft.[56]

Balduin verstand die Erschlagung seiner Juden in Boppard als vor ihm zu sühnende Straftat und zwang die Bopparder Bürger zur Verabredung einer Frevelsühne. Anfang November 1337 erklärten die Bürger, dass sie sich „umbe den Frevel und Unrecht", der an den erzbischöflichen Juden in Boppard geschehen sei „an des selben unsers Herren von Triere Gnade geben [han]".[57] Außer den Bürgern von Boppard mussten auch die von Oberwesel eine sogenannte ‚Judensühne' vereinbaren.[58]

Bedeutsam ist diese Sühne Boppards für unsere Frage in vier Aspekten. Zum ersten zeugt sie von einem nun durchsetzbaren erzbischöflichen Anspruch auf ein landesherrliches Friedegebot: Erzbischof Balduin konnte sich als einzig zuständige Instanz für die Ahnung der Unruhen in der Stadt etablieren. Für diese neue Durchsetzungsmöglichkeit erzbischöflicher Herrschaftsansprüche kann die Fehdesühne des Erzbischofs mit der Stadt von 1327 verantwortlich gemacht werden. Denn in dieser Sühne hatte die Stadt rechtsverbindlich auf alle freiheitlichen Gewohnheitsrechte verzichtet,[59] womit der Weg zur durchsetzbaren erzbischöflichen Stadt- und Landesherr-

---

56 *Haverkamp*, Alfred: Erzbischof Balduin und die Juden. In: *Heyen:* Balduin von Luxemburg, 437–483, hier 455, 476.
57 2.11.1337. *Mötsch:* Balduineen, Nr. 1277; Druck: *Günther:* Codex Diplomaticus Rheno-Mosellanus, Bd. 3/I, Nr. 224. Die Wortfolge wurde für das Zitat umgestellt.
58 29.10.1337. *Mötsch:* Balduineen, Nr. 1275.
59 29.9.1327. *Mötsch:* Balduineen, Nr. 818; leicht fehlerhafter Druck bei: *Hontheim:* Historia Trevirensis Diplomatica et Pragmatica. Bd. 2, Nr. 635. Zukünftig sollte der Rat der Stadt alle erzbischöfliche Erlasse bestätigen.

schaft geebnet wurde. Auffallend ist an den sogenannten ‚Judensühnen' die Kombination von „frevel und unrecht". In allen anderen Frevelsühnen der Amtszeit des Luxemburgers ist wenn, dann nur von „frevel" bzw. *excessus* die Rede. Rechtlich betrachtet ermöglichte die besondere Stellung der Juden im Reich den Verweis auf das Unrecht. Ob diese besondere Rechtsstellung ihn auch notwendig machte, muss offen bleiben.

Der zweite für unsere Fragestellung wichtige Aspekt betrifft den Personenkreis, gegenüber dem der Frevel und das Unrecht verübt wurden. Juden standen wie Bürger, Amtleute oder Untertanen unter dem Schutz des Herrn, also in diesem Fall unter erzbischöflichen Schutz. Es waren erzbischöfliche Schutzbefohlene. Und diese Position mussten sie durch die Verabredung einer Frevelsühne vor Erzbischof Balduin akzeptieren. Denn sonst wären die Juden für die Ahndung des ihnen zugefügten Unrechtes zuständig gewesen und nicht der Erzbischof. Der jüdischen Akzeptanz einer erzbischöflichen Schutzfunktion mag man vielleicht nicht allzu viel Bedeutung beimessen. Schließlich hatten Juden im spätmittelalterlichen Reich eine besondere Rechtsstellung, die ausgeprägte Herrschaftsrechte des zuständigen Herrn mit sich brachte. Beides hatte im frühen 14. Jahrhundert bereits einige Tradition.[60] Aber der ebenfalls von Balduin durchsetzbaren Einstufung von Amtleuten und den Bürgern von Mayen, Montabaur und Limburg als erzbischöfliche Schutzbefohlene darf für die Intensivierung der erzbischöflichen Landesherrschaft eine nicht zu unterschätzende Bedeutung zugesprochen werden. Denn wie der Fall der Stadt Boppard zeigt, konnten zu Balduins Amtszeit Personen oder Personengruppen, die rechtlich betrachtet zu den erzbischöflichen Schutzbefohlenen gehörten, diese Zugehörigkeit ignorieren. Dieses dürfte eher die Regel als die Ausnahme gewesen sein. So scheinen beispielsweise die meisten Städte des Erzstifts in der ersten Hälfte des 14. Jahrhunderts weitgehend selbstständig über ihre Fehdeführung entschieden zu haben[61] und innerstädtische Angriffe auf seine Juden konnte der Erzbischof ebenfalls nicht überall ahnden.[62] Frevelsühnen boten also dem Erzbischof

---

60 Siehe hierzu beispielsweise *Battenberg*, Friedrich: Zur Rechtsstellung der Juden am Mittelrhein in Spätmittelalter und Früher Neuzeit. In: Zeitschrift für Historische Forschung 6 (1979), 129–183.

61 Mit Ausnahme von Mayen, Limburg und Montabaur ließ sich in anderen Städten des Erzstifts eine erzbischöfliche Einflussnahme auf die Fehdeführung bisher nicht nachweisen; überprüft wurden *Mötsch*: Balduineen; LHA Ko, Best. 1 A, Findbuch sowie einschlägige Quellensammlungen wie beispielsweise *Rudolph*, Friedrich/*Kentenich*, Gottfried: Quellen zur Rechts- und Wirtschaftsgeschichte der Rheinischen Städte. Kurtrierische Städte. Trier, Bonn 1915.

62 Im Zuge der Armleder-Bewegung war es in mehreren Städten in Balduins Einflussbereich zu massiven Ausschreitungen gegenüber der jüdischen Bevölkerung gekommen. Sühnen wegen dieser Pogrome sind jedoch nur für Boppard und Oberwesel überliefert. Mit der Stadt Trier schloss der Erzbischof einen Vertrag zum Schutz der jüdischen Gemeinde, der die Verantwortung vor allem städtischen Instanzen überstellte und sie be-

eine Möglichkeit, erzbischöfliche Schutzbefohlene zur Anerkennung dieser
Position zu zwingen.

Als dritter wichtiger Aspekt ist die öffentliche Ausstrahlung der Frevelsühnen zu sehen, die bereits kurz angedeutet wurde. Da die rechtliche
Grundlage der Frevelsühnen die Durchsetzung eines landesherrlichen An-
spruches war, konnte sich der Luxemburger durch das übliche öffentliche
Verlesen der Sühnen auch gegenüber Unbeteiligten als Landesherr präsentieren. Balduin dokumentierte durch den Verweis auf „frevel" oder *excessus*
aber auch eine gewisse Deutungshoheit über Fehde und fehdeähnliche Handlungen, die er durch die Einstufung als Straftat kriminalisierte. Ob es sich dabei nun wirklich um Fehden gehandelt hatte oder nicht, dürfte zur Amtszeit
Balduins angesichts der definitorischen Unschärfe, was eine Fehde ausmachte, kaum eine Rolle gespielt haben. Es gibt Hinweise darauf, dass es vor allem
diese Unschärfe seiner Zeit war, die dem Erzbischof seinen innovativen Ansatz ermöglichte. Denn es ist auffallend, dass rund 50 Jahre nach Balduins
Amtszeit keine Frevelsühnen mehr vereinbart wurden. Zur gleichen Zeit hatte sich die Vorstellung über den gewalttätigen Rechtsaustrag im Erzstift Trier
deutlich konkretisiert. Nun konnte in den Sühnen als alleinige Kennzeichnung der beizulegenden Auseinandersetzung eine „vede" genannt werden.[63]
Zunehmend wurde auf eine rechte oder unrechte Fehde verwiesen und damit
eine Einstufung vorgenommen, die sich zur Amtszeit des Luxemburgers nur
äußerst selten nachweisen lässt.[64] Es scheinen sich also bis zur Wende zum
15. Jahrhundert im Erzstift Trier definierte Verhaltensnormen für Fehdeführung herausgebildet zu haben. Diese Entwicklung könnte es dem Erzbischof
unmöglich gemacht haben, ein eigenes Wertungssystem für Fehde und fehdeähnliche Handlungen durchzusetzen und Frevelsühnen zu vereinbaren.

Der vierte Aspekt betrifft die rechtliche Funktion der Frevelsühne. Mit ihrer Hilfe wurde das Strafmaß für die Fehde oder die fehdeähnlichen Handlungen festgesetzt. Die entsprechende Erfüllung, die mitunter bereits bei Ausstellung der Sühne erfolgt war, besiegelte den Fall. Der Rechtsstreit, der den
Fehden oder fehdeähnlichen Handlungen vorausgegangen war, wurde nicht
tangiert. In dem konkreten Fall der sogenannten ‚Judensühne' kann dies situ-
ationsbedingt kaum Bedeutung beanspruchen. Bei einem Rechtsstreit aber
eines Adeligen mit einer erzstiftischen Stadt konnte dies letztendlich der In-

rechtigte, dafür von der jüdischen Gemeinde jährlich 100 Pfund schwarzer Turnosen zu
verlangen. *Haverkamp:* Erzbischof Balduin und die Juden, 446–450, 476 f.
63 Vgl. die Sühne Hermanns von Wildenberg mit Erzbischof Werner, 12.3.1395. LHA Ko,
Best. 1 A, Nr. 6688; Teildruck: *Günther:* Codex Diplomaticus Rheno-Mosellanus. Bd.
3/II, Nr. 636.
64 Durchgängig wurde die Einstufung in rechtmäßige und unrechtmäßige Fehde auch in
der Amtszeit Erzbischof Werners nicht vorgenommen. Vgl. LHA Ko, Best. 1 C, Nr. 9.
Der einzige Nachweis aus der Amtszeit des Luxemburgers entstand im Kontext einer
erzbischöflichen Landfriedensexekution. LHA Ko, Best. 1 A, Nr. 5747 (undatierter Waffenstillstand zwischen dem Erzbischof und Gerhard von Schönecken).

tensivierung der erzbischöflichen Herrschaft zugutekommen. Die Verabredung einer Frevelsühne musste den Konfliktparteien nämlich auch vor Augen führen, dass für sie im konkreten Fall die Handlungsoption der Fehdeführung zur Klärung des Rechtsstreits nicht mehr zur Verfügung stand. Dies dürfte auch für alle alternativen Möglichkeiten der Klärung zutreffen, an denen der Erzbischof unbeteiligt war. Wollten die Konfliktparteien ihren Rechtsstreit also beilegen, mussten sie sich an den Erzbischof wenden und die Entscheidung über eine neue Rechtslage ihm oder den erzbischöflichen Gerichten überlassen. Um die Anerkennung einer erzbischöflichen Gerichtshoheit kamen die Konfliktparteien also nicht herum.

Fazit

Die Umdeutung adeliger und bürgerlicher Fehdeführung und fehdeähnlicher Handlungen als Straftat bot dem Erzbischof ein Mittel, Adel, Städte und erzbischöfliche Schutzbefohlene zur Anerkennung einer übergeordneten erzbischöflichen Herrschaft zu zwingen. Denn hinter dieser Umdeutung stand ein erzbischöflicher Anspruch auf ein landesherrliches Friedegebot, das durch die Fehden oder fehdeähnlichen Handlungen vor allem des Adels verletzt worden war. Durch die Deutung dieser Handlungen als Straftat wurde dem Erzbischof eine Exekutionsgewalt über diese Fälle ermöglicht, die sich in der Verabredung von Frevelsühnen niederschlug. Dabei kam dem Erzbischof die definitorische Unbestimmtheit von Fehde in der ersten Hälfte des 14. Jahrhunderts zugute, die zum einen die Möglichkeit der Umdeutung bot, zum anderen dem Erzbischof eine Definitionshoheit ermöglichte.

Durch die aktive Fehdeführung konnte Erzbischof Balduin weit weniger die Intensivierung der erzbischöflichen Landesherrschaft vorantreiben als durch Frevelsühnen. Zwar bot Fehdeführung durchaus das Potential hierzu, aber zur Zeit Balduins war sowohl die erzbischöfliche Landesherrschaft als auch die Bedeutung einzelner Bestimmungen noch zu wenig ausgeprägt, um eine erzbischöfliche übergeordnete Herrschaft in weiten Teilen vorantreiben zu können. Zur Zeit Balduins liegt der Wert der Fehdesühnen für die erzbischöfliche Landesherrschaft vor allem darin, dass ihre Bestimmungen Grundsteine der Landesherrschaft der Nachfolger des Luxemburgers waren.

Robert Šimůnek

ADELIGE REPRÄSENTATION DURCH NACHAHMUNG
Der landesherrliche Hof als Vorbild

Beim Studium sozialer Verhältnisse im Mittelalter begegnen wir häufig dem Phänomen der „symbolischen Kommunikation", und zwar quer durch alle gesellschaftlichen Hierarchien. Dabei handelte es sich um verbale, graphische sowie nonverbale Ausdrucksmittel im Sinne von Gesten und Symbolen, bis zu einem gewissen Maß auch um Rituale und Zeremonielle.[1] In ihrer gesamten Formenvielfalt oszillierte die symbolische Kommunikation zum Teil um die Repräsentation des sozialen Status. Inwieweit gerade die Repräsentation im Leben des mittelalterlichen Adels eine zentrale Rolle spielte, zeigt schon eine kurze Aufzählung ihrer möglichen Ausdrucksformen: eine imposante Residenz, eine Wappengalerie, fiktive antike Vorfahren, kulturelles Mäzenatentum, beharrliches Festhalten an einer dem Status entsprechenden Titulatur. Diese Ansammlung scheinbar disparater Elemente bildete allerdings trotzdem einen Bedeutungskomplex. Bei ihrer Erforschung stoßen wir wiederholt auf diverse Formen der Nachahmung von Repräsentationsformen – und schon dies deutet darauf hin, dass sie einen festen Platz in der öffentlichen Kommunikation von Rang und Status einnahmen. Im Folgenden möchte ich der Frage nachgehen, in welchen Zusammenhängen und mit welcher Intensität die *imitatio* im Leben des mittelalterlichen (böhmischen) Adels zur Geltung kam bzw. kommen konnte.

Die *imitatio*, also die Nachahmung, war Ausdruck des Bekenntnisses zu einem anerkannten Vorbild (bzw. einer Ideologie) oder diente als wichtiges Instrument der Demonstration sozialer Bindungen (und somit auch der eigenen sozialen Stellung) sowie der Verdeutlichung eigener Einstellungen bzw. Ambitionen. In den weiteren Rahmen der *imitatio* fallen somit die Nachahmung der höfischen Repräsentation, einer breiten Palette von Ritualen und Zeremoniellen ebenso wie Zitate und Kopien in der Architektur, bildenden Kunst und Literatur oder die Übernahme eines Lebensstils und seiner jeweiligen Elemen-

---

[1] Vgl. zuletzt *Stollberg-Rilinger*, Barbara/*Neu*, Tim (Hg.): Alles nur symbolisch? Bilanz und Perspektiven der Erforschung symbolischer Kommunikation. Köln 2013; *dies.*/ *Weißbrich*, Thomas (Hg.): Die Bildlichkeit symbolischer Akte. Münster 2010; *Althoff*, Gerd/*Siep*, Ludwig: Symbolische Kommunikation und gesellschaftliche Wertesysteme vom Mittelalter bis zur französischen Revolution. In: Frühmittelalterliche Studien 34 (2000), 393–412.

Abb. 7: Ein Lusthaus aus der Mitte des
17. Jahrhunderts – die „mittelalterliche Feste"
in Goltschjenikau.

te.[2] So gewannen neue Autoren gerade durch den Rückbezug und die ausführliche Übernahme von Zitaten kanonisierter Texte eigene Bedeutung. Dies betraf bei Weitem nicht nur das Schrifttum. Verweise auf eine Tradition, die Kontinuität behauptete, waren auch im Bereich der Architektur und der bildenden Kunst verbreitet. Als Träger der Bedeutung fungierten sowohl die Erhaltung des „Altertümlichen" (Teile von Bauten, Malereien etc.) als auch eine gegen den eigenen Zeitgeist gerichtete Nachahmung (Historismus, Archaismen). Imitiert wurden alte Gewölbe und Baukonstruktionen, vorhussitische Bilder und Skulpturen; es mangelt heute auch nicht an „mittelalterlichen" Wehranlagen und Turmfesten aus dem 16. und 17. Jahrhundert.

Vereinfachend kann man sagen, dass die *imitatio* in der mittelalterlichen und frühneuzeitlichen Standesgesellschaft ein vertikal von oben nach unten verlaufender Prozess war, und zwar in Richtung Landesherr → Adel → Bürger (→ Bauer). Die Kategorie des „Adels" ist auch in diesem Fall sehr heterogen und bezeichnet pauschal alle Edelleute von den vornehmsten Vertretern des Herrenstandes bis zu den ländlichen Wladyken (Angehörigen des Ritterstandes). Die *imitatio* verlief natürlich auf vielen Ebenen auch innerhalb der Adelsgemeinde, und vielleicht waren es viel öfter gerade die kleinen „ländlichen" Adeligen als der Hochadel, die dem städtischen Milieu ein Vorbild boten. Und so investierten vermögende Bürger ihre aus Sicht einiger Adeliger unwürdig (durch Handwerk oder Handel) erworbenen Mittel, um den gesellschaftlichen

---

[2]   Eine Reihe allgemeiner Anmerkungen zur *imitatio* im breiteren Kontext des Kulturtransfers und der Vorbilder zur Zeit Karls IV. brachte in letzter Zeit *Carqué,* Bernd: Aporien des Kulturtransfers. Bau- und bildkünstlerische Zeichen von Herrschersakralität in Prag und Paris. In: *Schlotheuber,* Eva/*Seibert,* Hubertus (Hg.): Böhmen und das Deutsche Reich. Ideen- und Kulturtransfer im Vergleich (13.–16. Jahrhundert). München 2009, 36–62 (mit Literaturhinweisen). Zu Ritualen und Zeremoniellen im böhmischen Adelsmilieu siehe *Šimůnek,* Robert: Rituály, ceremoniály a symbolická komunikace v životě české středověké šlechty [Rituale, Zeremonielle und symbolische Kommunikation im Leben des mittelalterlichen böhmischen Adels]. In: *Nodl,* Martin/*Šmahel,* František (Hg.): Slavnosti, ceremonie a rituály pozdního středověku [Feste, Zeremonielle und Rituale des späten Mittelalters]. Praha 2012, 227–264.

Aufstieg zu demonstrieren und/oder die visuellen Unterschiede zwischen ihnen und dem Adel zu verwischen.[3] Am Ende sind an dieser Stelle die Bauern zu nennen: Auch sie imitierten oder bemühten sich zumindest darum – und für ihr ungeschicktes ‚Nachäffen' ernteten sie in der Regel nur Spott und Verachtung.

Der Herrscherhof als autoritatives Vorbild

Von Anfang an gehörte die *imitatio* in den Bereich der politischen Instrumente. Im landesherrlichen Milieu kann man diese Tendenzen bis weit in die Zeit der přemyslidischen Herzöge nachverfolgen. Sehr deutlich werden die verschiedenen Formen der *imitatio* seit dem 13. Jahrhundert sichtbar, in späteren Zeiten nimmt ihre Intensität noch weiter zu. Die ersten Formen der adeligen *imitatio* stellen wir seit dem (11.) 12. Jahrhundert fest, was bezeichnenderweise mit einer engen Bindung an die Person des Herrschers beziehungsweise später an den Hof im Zusammenhang steht. Als nachgeahmtes kulturelles Vorbild ist der landesherrliche Hof ein Phänomen, das das ganze Mittelalter überdauerte und einen Teil der Integrationskraft des Herrscherhofes ausmachte.[4] Wenn wir allerdings vom Herrscherhof und seiner Nachahmung vonseiten des Adels sprechen, muss auch berücksichtigt werden, inwiefern die höfische Kultur lediglich eine (leicht verspätete) *imitatio* des westlichen Rittertums darstellte.[5]

Die Nachahmung einzelner Bestandteile der höfischen Kultur seitens des Adels war nie so intensiv wie im 13. Jahrhundert. Es ist nicht schwer, Gründe dafür zu finden. Kontakte der böhmischen Adeligen mit dem Ausland waren zunächst noch begrenzt, weswegen das höfische Milieu zum großen Teil als ein

---

3 Ein „klassisches" Beispiel dafür ist der Erwerb der Burg Runkelstein durch die Bozener Patrizierfamilie Vintler um 1400, die ihre neue Residenz durchgehend in ritterlichem Stil ausmalen ließen. Siehe *Riuzzolli,* Hellmut: Schloss Runkelstein – die Bilderburg. Bozen 2000.

4 Von der Nachahmung des Herrscherhofes seitens des Adels sprachen allgemein schon *Kuthan,* Jiří: Král Přemysl Otakar II. jako zakladatel, stavbník a objednavatel uměleckých děl [König Přemysl Ottokar II. als Gründer, Bauherr und Besteller von Kunstwerken]. In: Muzeum a současnost 3 (1980), 27–63, hier 27 und 48 sowie *Homolka,* Jaromír: Umělecké řemeslo v době posledních Přemyslovců [Das Kunsthandwerk zur Zeit der letzten Přemysliden]. In: *Kuthan,* Jiří (Hg.): Umění doby posledních Přemyslovců [Die Kunst der Zeit der letzten Přemysliden]. Roztoky u Prahy 1982, 121–157, hier 121, 128 und 130.

5 Vgl. die Struktur der Studie *Antonín,* Robert: Ideál panovnické moci v narativních pramenech českého středověku [Das Ideal der landesherrlichen Macht in narrativen Quellen des böhmischen Mittelalters]. In: *Dvořáčková-Malá,* Dana/*Zelenka,* Jan (Hgg.): Dvory a rezidence ve středověku II.: Skladba a kultura dvorské společnosti [Höfe und Residenzen im Mittelalter II: Struktur und Kultur der höfischen Gesellschaft]. Praha 2008, 401–417. Für einen breiteren Kontext der Rituale und Festivitäten an Herrscherhöfen im mittelalterlichen Böhmen siehe *Šmahel,* František: Královské slavnosti ve středověkých Čechách [Die königlichen Feste im mittelalterlichen Böhmen]. In: *ders.:* Mezi středověkem a renesancí [Zwischen Mittelalter und Renaissance]. Praha 2002, 107–132.

„monopolistischer Vermittler" fungierte. Lehrreich ist in dieser Hinsicht die Rolle des Hofes bei der Einführung des Ritterturniers in Böhmen. Dies reflektiert auf eine spezifische Weise die „Chronik des sogenannten Dalimil" (ein böhmischer Chronist vom Anfang des 14. Jahrhunderts), der in diesem Zusammenhang Hoger von Friedberg für diese Neuerung verantwortlich macht. Die vom Chronisten an die Adresse des von Wenzel I. protegierten „Hogers des Helden" gerichteten Worte wurden zwar oft zitiert, sie interessieren uns aber zumindest in zweierlei Hinsicht: Sie erfassen nämlich explizit die Nachahmung und deuten gleichzeitig die negativen ökonomischen Folgen der ritterlichen Kurzweil und des übertriebenen Drangs nach Repräsentation.[6] Dem Einen sowie dem Anderen begegnen wir kontinuierlich auch in späteren Jahrhunderten, natürlich nicht nur in Verbindung mit Turnieren und höfischen Festivitäten.

Das Turnier können wir zu Recht für einen untrennbaren Bestandteil der höfischen Kultur halten. Es überrascht nicht im Geringsten, dass auch für die Anfänge des kulturellen Mäzenatentums eine enge inspirative Bindung an das höfische Milieu vermutet wird.[7] Beim böhmischen Adel ging es dabei um den Hof der letzten Přemysliden, der in dieser Hinsicht wiederholt die Rolle eines autoritativen Vorbilds spielte. Im Zusammenhang mit dem frühen adeligen Mäzenatentum im Sinne kultureller, auf die Selbstrepräsentation des Gönners ausgerichteter Förderungen kam der Literatur bzw. dem Mäzenatentum eine zentrale Bedeutung zu. In der Zeit um 1300 begegnen wir Vertretern der vornehmsten böhmischen Herrengeschlechter wiederholt in der Rolle von Initiatoren bzw. Auftraggebern von literarischen Werken. Hans-Joachim Behr geht direkt von einer Kommunikationsgemeinschaft zwischen dem Přemyslidenhof in Prag und den regionalen Adelshöfen aus. Ungeachtet ihres Entstehungsortes zielten nämlich literarische Werke übereinstimmend auf eine demonstrative Verherrlichung der ritterlichen (bzw. höfischen) Tugenden und Ideale.[8] Dabei

---

6   *Daňhelka*, Jiří/*Hádek*, Karel/*Havránek*, Bohuslav/*Kvítková*, Naděžda (Hg.): Staročeská kronika tak řečeného Dalimila. Vydání textu a veškerého textového materiálu [Die altböhmische Chronik des sog. Dalimils. Die Edition des Textes und des gesammten Quellenmaterials]. Bd. 2. Praha 1988, 327. Über die Anfänge des ritterlichen Turniers im böhmischen Milieu zuletzt *Jan*, Libor: Počátky turnajů v českých zemích a jejich rozkvět v době Václava II. [Die Anfänge der Turniere in den böhmischen Ländern und ihre Blüte zur Zeit Wenzels II.]. In: Listy filologické 128 (2005), 1–19 sowie *Dvořáčková-Malá*, Dana/*Zelenka*, Jan: Curia ducis, curia regis. Panovnický dvůr za vlády Přemyslovců [Curia ducis, curia regis. Der Herrscherhof zur Regierungszeit der Přemysliden]. Praha 2011, 209–221.

7   Mit der kulturellen Atmosphäre des Prager Residenzhofes der letzten Přemysliden befasste sich in letzter Zeit summarisch *Vaníček*, Vratislav: Velké dějiny zemí Koruny české [Große Geschichte der Länder der Böhmischen Krone]. Bd. 3: 1250–1310. Praha, Litomyšl 2002, 334–358, 552–574. Eine Gesamtdarstellung des breiten Themenspektrums der „höfisch-ritterlichen Kultur" bieten *Dvořáčková-Malá/Zelenka*: Curia ducis, besonders 194–250.

8   Die soziale Struktur der Literaturmäzene des 13. Jahrhunderts erfasste *Bumke*, Joachim: Mäzene im Mittelalter. Die Gönner und Auftraggeber der höfischen Literatur in Deutschland 1150–1300. München 1979, 248–293 (zum Adelsmäzenat siehe besonders 265–283). Im Bezug auf das böhmische Adelsmilieu siehe *Behr*, Hans-Joachim: Literatur als Macht-

war die Nachahmung höfischer Vorbilder von komplexer Natur. Als stichprobenartige Beispiele können die personelle Zusammensetzung der adeligen Höfe, die formalen Anforderungen an den Betrieb adeliger Kanzleien oder die Nutzung eines Reitersiegels dienen. Umfassende Aussagekraft bietet die *imitatio* in der Architektur, wobei sie bis in die sakrale (liturgische Feste und Kirchenstiftungen als Ausdruck des Bekenntnisses zur „Ideologie") sowie profane (Nachahmungen in der Burgenarchitektur und die demonstrative Nutzung der Dienste der Hofbauhütte) Repräsentation hineinreicht.

Die personelle Zusammensetzung der Residenzhöfe der vornehmsten böhmischen Adelsgeschlechter des 13. Jahrhunderts wurde schon vor langer Zeit als eine *imitatio* des Hofes der letzten Přemysliden erkannt. Signifikant ist in dieser Hinsicht die Nachahmung der vier alten Hofämter (Marschall, Kämmerer, Truchsess, Mundschenk), denen wir am přemyslidischen Prager Hof bereits im 12. Jahrhundert begegnen.[9] Die Anfänge der adeligen Höfe fallen in die erste Hälfte des 13. Jahrhunderts, die Hofämter, deren Inhaber meist in den Zeugenreihen der Urkunden dokumentiert sind, erscheinen hier in Verbindung mit Kategorien wie *miles, serviens, familiaris, cliens, villicus, curialis* und ähnlichen – also mit Begriffen, deren Inhalt man schon deswegen nicht ganz eindeutig abgrenzen kann, da er zweifellos von Fall zu Fall variierte. Eine konkretere Vorstellung von der personellen Zusammensetzung der Residenzhöfe des böhmischen Adels kann man sich erst seit den 1250er Jahren machen. Für diese Zeit sind die typischen Hofämter (Marschall, Truchsess, Mundschenk) aus dem Milieu der Residenzhöfe der südböhmischen Wittigonen belegt: Auf einer von Wittigo von Neuhaus für den Deutschen Orden ausgestellten Urkunde figurieren als Zeugen ein Marschall, ein Mundschenk und ein Truchsess (*Dersko marscalcus, Stiborius pincerna, Ynatsz dapifer*) sowie einige als *milites* bezeichnete Adelige und darüber hinaus noch *Iohannes dispensator*. Offensichtlich handelte es sich auch bei diesem weniger bekannten Amt um eine Nachahmung aus dem Bereich des königlichen Hofes, wo ein *dispensator* als eine synonyme Amtsbezeichnung für den *villicus* existierte. Einige Jahre später (1262) werden im Testament Woks von Rosenberg *Werenhardus marstellarius, Koyta et Grillo camerarii* erwähnt und Konrad von Turdeling als *officialis* bezeichnet (aufgrund fehlenden weiteren Quellenmaterials ist es uns nicht möglich, dieses Amt näher zu spezifizieren). Etwa zur selben Zeit stellte auch der Hof Smils von Lichtenburg mit Burggraf, mehreren Kaplänen und Hofwürdenträgern (z. B. *pincerna*) eine eindeutige Nachahmung (siehe oben) des kö-

---

legitimation. Studien zur Funktion der deutschsprachigen Dichtung am böhmischen Königshof im 13. Jahrhundert. München 1989, 213–234.

9   Zur personellen Zusammensetzung des Herrscherhofes im 13. Jahrhundert siehe *Dvořáčková-Malá/Zelenka*: Curia ducis, 75–89, 95–113. Vgl. zu den alten Hofämtern *Rösener, Werner*: Hofämter an mittelalterlichen Fürstenhöfen. In: Deutsches Archiv für Erforschung des Mittelalters 45 (1989), 485–550; siehe in Bezug auf den Prager Hof mit polemischen Bemerkungen zu Röseners Methode *Dvořáčková-Malá/Zelenka*: Curia ducis, 63–69, 119–124.

niglichen Hofes dar. Noch stärker kam die *imitatio* allerdings bei der Lichtenburgischen Kanzlei zur Geltung.[10]

Die frühen adeligen Kanzleien waren von Anfang an Zentren der Bildung
und Kultur (in einem breiteren Verständnis).[11] Dies resultierte schon aus dem
Wesen der Sache, da die Kanzleitätigkeit ein zumindest elementar gebildetes
Personal erforderte. Die jeweiligen Mitglieder der Kanzleien waren oft Geistliche und gleichzeitig Erzieher der jungen Adeligen. Im Spätmittelalter bildete
gerade das Kanzleimilieu ein weiteres kulturelles Zentrum, in dem die dynastische Geschichtsschreibung gepflegt wurde.

Die Entstehung der ältesten Adelskanzleien fällt in Mitteleuropa in das
13. Jahrhundert. Etwa seit der Jahrhundertmitte begegnen wir auch im böhmischen Adelsmilieu dem Amt des Notars. Angesichts des geringen Umfangs
der Schriftproduktion und der Tatsache, dass es sich bei einer ganzen Reihe
der Urkunden um Empfängerausfertigungen handelte, erscheint die Existenz
dieses speziellen Amtes bei adeligen Höfen viel mehr eine Angelegenheit des
Prestiges als eine administrative Notwendigkeit gewesen zu sein. Zu den profes-
sionellsten Einrichtungen gehörten in Böhmen zweifellos die Kanzleien der
Herren von Rosenberg, der Baworen von Strakonitz oder der Herren von Lichtenburg.[12]

Nicht nur die Existenz der adeligen Notare, sondern auch einige Charakteristika der schriftlichen Produktion der frühen Adelskanzleien lassen sich als
eine *imitatio* bezeichnen. Ein Beispiel dafür ist die Formel *datum per manus*. Sie
ist sowohl in herrschaftlichen Urkunden als auch in Urkunden der vornehms-

---

[10] Zum Hof Wittigos von Neuhaus siehe Codex diplomaticus et epistolaris regni Bohemiae. Bd. 5/1. Hg. von Jindřich *Šebánek* und Sáša *Dušková*. Pragae 1974, 114–116, Nr. 57. Zum Hof Woks von Rosenberg siehe *ebenda*, 496–499, Nr. 335. Zum Hof Smils von Lichten-burg siehe *Urban*, Jan: Lichtenburkové. Vzestupy a pády jednoho panského rodu [Die Lichtenburger. Aufstiege und Fälle eines Herrengeschlechts]. Praha 2003, 61 f.; *Somer*, Tomáš: Smil z Lichtenburka. Příběh velmože bouřlivého věku [Smil von Lichtenburg. Die Geschichte eines Adeligen in turbulenten Zeiten]. Praha 2012, 82–96, 182–184.

[11] Allgemein dazu siehe zum Beispiel *Bláhová*, Marie: Staročeská kronika tak řečeného Dali-mila v kontextu středověké historiografie latinského kulturního okruhu a její pramenná hodnota [Die altböhmische Chronik des sog. Dalimils im Kontext der mittelalterlichen Geschichtsschreibung des lateinischen Kulturkreises und ihr Quellenwert]. Praha 1995, 38–40.

[12] Die Einstellung des Adels zu schriftlichen Anschaffungen (mit denen die Anfänge der Adelskanzleien eng zusammenhängen) behandelt *Dušková*, Sáša: Naše listiny doby pře-myslovské pro nižší světské feudály a otázka šlechtických archivů [Unsere Urkunden der přemyslidischen Zeit für niedrigere Feudale und die Frage der Adelsarchive]. In: Sborník prací Filosofické fakulty brněnské university – řada C 3 (1956), 56–78. Zahlreiche, aus dem 14. Jahrhundert stammende Erwähnungen der in adeligen Diensten stehenden Notare erfasste bereits *Tadra*, Ferdinand: Kanceláře a písaři v zemích českých za králů z rodu lucemburského Jana, Karla IV. a Václava IV. (1310–1420). Příspěvek k diplomatice české [Kanzleien und Schreiber in den böhmischen Ländern zur Zeit der luxemburgischen Kö-nige Johann, Karl IV. und Wenzel IV. (1310–1420). Ein Beitrag zur böhmischen Diploma-tik]. Praha 1892, 149–152.

ten böhmischen Adeligen nachzuweisen. Deutliche Züge einer Nachahmung der königlichen böhmischen Kanzlei weist dabei die Produktion der lichtenburgischen Kanzlei zur Zeit Smils von Lichtenburg († 1269) auf, und zwar nicht nur in der Formel *datum per manus* (ihr begegnen wir auch in anderen Adelskanzleien, zum Beispiel der Baworen von Strakonitz), sondern auch in der Intitulatio. In den vom Kloster Saar ausgefertigten Urkunden wurde Smil von Lichtenburg als *Zmilo, dei gracia dominus de Luhtinburc* bezeichnet, wobei die Wendung „von Gottes Gnaden" meistens den Monarchen vorbehalten war.[13]

Zu den Mitteln, den sozialen Status auszudrücken, gehörte das Siegel. Es stellte eines der zentralen Instrumente der adeligen (Selbst-)Identifikation dar und war besonders in älteren Zeiten ein Standessymbol, weswegen sich hier verständlicherweise eine *imitatio* geradezu anbot. In der mittelalterlichen Hierarchie kam der höchste Rang dem für die Monarchen reservierten Majestätssiegel zu. Für andere Mitglieder der landesherrlichen Dynastien wurde das Reitersiegel zu einem Mittel ihrer Standesrepräsentation. Wir begegnen ihm bei den Přemysliden und Luxemburgern, aber auch bei den Babenbergern und anderen mitteleuropäischen Dynastien des 13. und 14. Jahrhunderts.[14] Ein Reitersiegel verwendeten allerdings auch Angehörige einiger Geschlechter des höheren Adels (zum Beispiel die Baworen von Strakonitz und die Rosenberger).

---

[13] Zur Kanzlei Smils von Lichtenburg siehe *Urban:* Lichtenburkové, 62, 352–357; zu Smils Titulaturen *Somer:* Smil z Lichtenburka, 96–98, 114 f. So steht zum Beispiel in einer Urkunde Bawors III. aus dem Jahre 1298: „[...] per manus Jacobi, notarii nostri". Siehe dazu *Kotlárová,* Simona: Bavorové erbu střely [Die Baworen mit dem Pfeil-Wappen]. České Budějovice 2004, 153.

[14] *Krejčík,* Tomáš/*Maráz,* Karel: K recepci jezdeckého pečetního typu na konci 12. a v první polovině 13. století na příkladu pečetí Babenberků a Přemyslovců [Zur Rezeption des Reitersiegeltypus am Ende des 12. und in der ersten Hälfte des 13. Jahrhunderts am Beispiel der babenbergischen und přemyslidischen Siegel]. In: *Bláhová,* Marie u. a. (Hg.): Českorakouské vztahy ve 13. století. Rakousko (včetně Štýrska, Korutan a Kraňska) v projektu velké říše Přemysla Otakara II. [Böhmisch-österreichische Beziehungen im 13. Jahrhundert. Österreich (einschließlich Steiermark, Kärnten und Krain) im Großreichprojekt Přemysl Ottokars II.]. Praha 1998, 261–273. Die Autoren haben gezeigt, dass es sich bei einem Typ des Reitersiegels von Přemysl Ottokar II. um eine *imitatio* des babenbergischen Reiters handelte. Die zugrunde liegende Intention sei das Deklarieren einer Machtkontinuität mit der babenbergischen Dynastie. Näher dazu 267 f.; *Maráz,* Karel: Jezdecká pečeť moravských markrabat lucemburského rodu jako reprezentační prostředek majitele a vrcholné umělecké dílo moravské markraběcí pečeti [Das Reitersiegel der mährischen Markgrafen der luxemburgischen Dynastie als ein Repräsentationsmittel und das größte Kunstwerk des mährischen Markgrafensiegels]. In: *Vaněk,* Jiří/*Blažek,* Jiří (Hg.): Moravští Lucemburkové [Die mährischen Luxemburger]. Brno 2000, 223–235, hier 223 f. Mit přemyslidischen Siegeln vom Ende des 12. Jahrhunderts bis zum Aussterben der Dynastie befasst sich die mit zahlreichen Abbildungen ausgestattete Studie *Kuthan,* Jiří: Pečetě posledních Přemyslovců [Die Siegel der letzten Přemysliden]. In: *ders.:* Splendor et Gloria Regni Bohemiae. Umělecké dílo jako projev vladařské reprezentace a symbol státní identity [Splendor et Gloria Regni Bohemiae. Ein Kunstwerk als Ausdruck der Herrscherrepräsentation und ein Symbol der Staatsidentität]. Praha 2008, 153–206.

So handelt es sich um eine ganz eigentümliche und vermutlich die ausgeprägteste Form der Repräsentation mit einem Siegel. In Bezug auf den Adel ist es auch ein Musterbeispiel der Nachahmung.[15]

Architektur als Bedeutungsträger – Architektur als „imitatio"

Als eines der dauerhaftesten Mittel zur Bewahrung der ewigen *memoria* im öffentlichen Raum wird mit vollem Recht die Architektur erachtet – sowohl die profane als auch die sakrale. Dementsprechend viele symbolische Funktionen hatte sie: Von Anfang an war sie ein Bedeutungsträger, und ganz selbstverständlich kam in ihr auch die *imitatio* kontinuierlich zur Geltung. Die Größe und Pracht eines Objektes an sich ist bereits eine Aussage über den Bauherrn, seine finanziellen Möglichkeiten und somit zu einem beträchtlichen Maß über seinen Sozialstatus. Dem schließt sich eine ganze Reihe zusätzlicher Bedeutungen an, die nur für einen Teil des Publikums sichtbar waren bzw. einfallsreich verschlüsselt wurden und deswegen nur von einem engen Kreis von Eingeweihten erkannt werden konnten. Dabei betonte schon vor 70 Jahren Richard Krautheimer, dass identische formale Zitate eher vereinzelt vorkamen, architektonische „Kopien" selektiv und symbolisch waren und eine Verbindung mit einem anderen Bau eher durch die gesamte Erscheinung als durch eine Übernahme einzelner Komponenten evoziert werden sollte. Während Forscher wie Hans Sedlmayr und Günther Bandmann in den 1950er Jahren oder Martin Warnke in den 1970er Jahren die Theorie der architektonischen Ikonographie weiter ausarbeiteten, sind die späteren Forschungen demgegenüber etwas sachlicher.[16]

Es ist allgemein bekannt, dass der Fokus auf bestimmte Erscheinungen oder auf die Suche nach Bedeutungen zur verzerrten Warnehmung führen kann. Anfällig für eine selektive Betrachtungsweise ist auch die Bewertung architektonischer Symbolik, einschließlich architektonischer Zitate. Das Kopieren von Bauwerken sowie ihrer signifikanten Details steht allerdings als ein lange Zeit real existierendes Phänomen außer Zweifel. Die Neigung der Nachahmung ganzer Bauten oder ihrer mit einer „Bedeutung" ausgestatteter Teile war dem

---

[15] Zum Reitersiegel der Baworen von Strakonitz kürzlich *Kotlárová*: Bavorové erbu střely, 146–148. Zu den rosenbergischen Siegeln siehe *Maráz*, Karel: Úvod do problematiky jezdeckých pečetí Rožmberků [Einführung in die Problematik der rosenbergischen Reitersiegel]. In: Jihočeský sborník historický 71 (2002), 123–149.

[16] *Krautheimer*, Richard: Introduction to an „Iconography of Medieval Architecture". In: Journal of the Warburg and Courtauld Institutes 5 (1942), 1–33. Eine rationale, auf die vorherige Tendenz zur Überbewertung der Aussagekraft der architektonischen Ikonographie reagierende Sichtweise bietet zum Beispiel *Crossley*, Paul: Medieval Architecture and Meaning. The Limits of Iconography. In: Burlington Magazine 130 (1988), 116–121. Vor Kurzem wurde noch das klassische, 1951 erschienene Werk von Bandmann ins Englische übersetzt, siehe *Bandmann*, Günter: Early Medieval Architecture as Bearer of Meaning, New York 2005.

Mittelalter eigen. Wir sind heute allerdings im Stande, nur einen geringen Teil der Botschaften und Bedeutungen zu dechiffrieren, die eine konkrete Architektur zur Zeit ihrer Entstehung trug, worauf sie verwies und worauf sie sich bezog. Ständig sehen wir, dass aus der Perspektive der „Übermittlung von Botschaften" nicht die „Genauigkeit" der Kopie, sondern die Absicht nachzuahmen selbst wichtig war. Bereits seit der Zeit Přemysl Ottokars II. wurde im böhmischen Milieu die französische Sakral- und Profanarchitektur kopiert. An der Symbolik der *imitatio* ändert dabei auch die Tatsache nichts, dass die Kopien deutlich schlichter und einfacher als die Vorbilder waren und dass es sogar Fälle gab, wo die äußere Form ohne die Kenntnis der Funktion nachgeahmt wurde (ein Beispiel dafür stellen die Burgen vom Typus des französischen Kastells dar).[17] Landesherrliche Gotteshäuser wiesen oft auf römische Vorbilder oder aus Rom kopierte Vorlagen hin. Adeligen Kirchen dienten schließlich die landesherrlichen als Muster (sogar im Fall adeliger Burgkapellen stellen wir Charakteristika prestigeträchtiger Bautypen fest, die aus dem landesherrlichen Milieu übernommen wurden). Als ein Vorbild für königliche Burgen dienten kaiserliche Pfalzen sowie Burgen der französischen Könige – und der Adel imitierte dann wiederum die Burgen des Königs. Allgemein verbreitet waren Nachahmungen der Grabeskirche in Jerusalem – im Bereich der Kronländer findet sich das bedeutendste (erhaltene) Beispiel zweifellos in Görlitz.[18] Das Spätmittelalter kehrte auch gleichsam in einem Bogen zur Antike zurück. Aktuell wird hier vor allem das „Anpfropfen" antiker Vorbilder an die heimische gotische Tradition (es wurde mehrmals auf eine Verbindung zwischen dem Umbau der Prager Burg durch Benedikt Ried und dem von Federico da Montefeltro errichteten Herzogspalast von Urbino hingewiesen).[19]

---

[17] Eine mit vielen konkreten Beispielen ausgestattete Gesamtdarstellung der Symbolik der *imitatio* seitens der přemyslidischen und luxemburgischen Dynastie bietet *Kuthan*, Jiří: Pařížská Sainte-Chapelle a trny z koruny Kristovy. Poznámky k vazbám mezi architekturou a sochařstvím ve Francii a zakladatelským a objednavatelským dílem posledních Přemyslovců a Lucemburků [Die Pariser Sainte-Chapelle und die Dornen aus der Krone Christi. Bemerkungen zu Verbindungen zwischen der Architektur und der Bildhauerei in Frankreich und dem Gründungs- und Auftragswerk der letzten Přemysliden und der Luxemburger]. In: *ders.*: Splendor et Gloria Regni Bohemiae, 387–426.

[18] *Roth*, Gunhild: Das „Heilige Grab" in Görlitz. In: *Herbers*, Klaus/*Bauer*, Dieter R. (Hg.): Der Jakobuskult in Ostmitteleuropa. Tübingen 2003, 259–283. In dem breiteren Kontext einer „Landschaft mit Architektur" erscheint allerdings die *imitatio* auch bei der Konzeption des Franziskanerklosters bei Kaaden, einer Stiftung der Herren von Lobkowitz, siehe dazu *Hlaváček*, Petr: Nový Jeruzalém? Spirituální rozměr kadaňské rezidence Jana Hasištejnského z Lobkowicz († 1517) [Ein neues Jerusalem? Die spirituelle Dimension der Kaadener Residenz Johann Hassensteins von Lobkowitz († 1517)]. In: *Dvořáčková-Malá*, Dana (Hg.): Dvory a rezidence ve středověku [Höfe und Residenzen im Mittelalter]. Praha 2006, 237–272.

[19] *Kalina*, Pavel: Leon Battista Alberti a Benedikt Ried [Leon Battista Alberti und Benedikt Ried]. In: *Daniel*, Ladislav/*Pelán*, Jiří/*Salwa*, Piotr/*Špilarová*, Olga (Hg.): Italská renesance a baroko ve střední Evropě [Italienische Renaissance und Barock in Mitteleuropa]. Olo-

Im böhmischen Milieu weist bereits Cosmas († 1125) explizit auf die Gründung landesherrlicher Kirchen nach römischem Muster hin. Seiner Chronik zufolge gründete der hl. Wenzel († 935) die St.-Veits-Kirche nach dem Vorbild einer „römischen Kirche". Auch Vratislav II. († 1092) gründete auf dem Wyschehrad, dem geplanten Zentrum der böhmischen Kirchenprovinz, die St. Peterskirche „ad similitudinem ecclesiae Romanae s. Petri", wobei er die Symbolik der Nachahmung von Bauformen auch noch durch die Wahl des Patroziniums betonte. Die *imitatio* kann man auch bei der Gründung des Klosters Strahov Mitte des 12. Jahrhunderts und bei der Umbenennung des Hügels in Sion feststellen: Vladislav II. „montem Ztrgow mutavit in montem Sion et de spelunca latronum faciens domum orationem erexit ibi talem fabricam, cui vix similis invenit in ordine nostro". Auch hier ist ein expliziter Verweis auf ein Vorbild offensichtlich.[20] Einige der genannten Fälle bilden ein Pars pro Toto, da sie dem Zweck dienen, die tiefe Verwurzelung des *imitatio*-Modells in Böhmen bereits im 11. und 12. Jahrhundert zu zeigen. Umso mehr gilt dies dann für spätere Zeiten, als sich dieses Phänomen auch über den landesherrlichen Bereich hinaus ausbreitete. Dazu kam es relativ schnell, da der sich herausbildende böhmische Adel die *imitatio* bald in das Spektrum seiner Ausdrucksmittel einordnete.

Wir fahren mit einem Hinweis auf frühe Kirchenstiftungen fort. Die Gründung einer Kirche, wo der Adelige als ein souveräner Herr auftritt, ist schon an sich eine Form der *imitatio*: Der Adelige präsentiert sich als „Herrscher" über das jeweilige Territorium. Am Rande seiner Darstellung der piastischen Stiftungen deutet Michałowski die Möglichkeit an, adelige Kirchen- und Klosterstiftungen, besonders die aus älteren Zeiten – also aus dem 11. und 12. Jahrhundert –, als eine *imitatio regni* zu verstehen. Einen analogen Mechanismus kann man auch für das Milieu des přemyslidischen Böhmen annehmen. Die berühmten, aus der zweiten Hälfte des 12. Jahrhunderts stammenden Worte des Kastellans von Bilin, Mstiš, bezüglich des Ausmaßes (und der Grenzen) der landesherrlichen (in diesem Fall herzoglichen) Befugnisse in puncto adeliger Kirchenstiftungen hinzufügen, machen die (sich mit Nachahmungen herrschaftlicher Vorbilder überschneidende) demonstrative Rolle der Architektur ganz evident („Dux est et dominus, de civitate sua [Bilin] faciat, quod sibi placet. Quod autem mea ecclesia [die von Mstiš in Bilin gegründete St.-Peters-

---

mouc 2005, 33–44, hier 41 (Abb. 1) und 44 (Abb. 6). In einem breiteren Kontext *ders.*: Benedikt Ried a počátky záalpské renesance [Benedikt Ried und die Anfänge der transalpinischen Renaissance]. Praha 2009.

[20] Mit der grundlegenden Bedeutung von Kopien sakraler Objekte befasst sich *Manikowska, Halina*: Geografia sakralna miasta [Die sakrale Geographie der Stadt]. In: *dies./Brojer, Wojciech* (Hg.): Animarum cultura. Studia nad kulturą religijną na ziemiach polskich w średniowieczu I: Struktury kościelno-publiczne [Animarum cultura. Die Studien über die geistliche Kultur in den polnischen Ländern im Mittelalter I: Die kirchlich-öffentlichen Strukturen]. Warszawa 2008, 95–131, hier 105–110. Es werden auch einige Beispiele aus dem böhmischen Milieu genannt, siehe *ebenda*, 108.

Kirche] hodie habet, auferendi dux potestatem non habet").[21] Dabei ging es im gegebenen Fall nicht nur um die prestigeträchtige Dimension der Gründung geistlicher Institutionen, mit deren Hilfe sich der Adelige dem herrschaftlichen Modell bzw. Vorbild annäherte. Ein untrennbarer Bestandteil war (zumindest in einigen Fällen) auch die Nachahmung der visuellen Gestalt von Sakralbauten. Letztlich konnte hier auch die Rivalität zwischen den vornehmsten Herrengeschlechtern eine Rolle spielen – also die Frage, welches mit seiner Stiftungstätigkeit dem Herrscher am nächsten kam. Die herrschaftlichen Tribünen, die wir an anderer Stelle erwähnen, haben dieses Moment nur betont. Ihre erhobene und getrennte Lage deutete automatisch die soziale Hierarchie im betreffenden sozialen Mikrokosmos an.[22]

Abb. 8: St. Jakobs-Kirche in der Gemeinde Sankt Jakob (geweiht 1165) – ein einmalig erhaltenes Beispiel der frühen adeligen Repräsentation durch sakrale Architektur.

Im profanen Bereich war das zentrale Ausdrucksmittel der adeligen Identität die Burg. Es ist deswegen nur folgerichtig, dass ihr auch im Kontext der *imitatio* eine große Rolle zukam.[23] Es stellt sich die Frage, ob es so etwas wie ein allgemeines Modell der königlichen Burg gab, das vom Adel nachgeahmt werden konnte. Was hat man dabei als signifikant verstanden? Das Ausmaß der Burg, ihre Gestalt bzw. ihren Bautypus als Ganzes oder ein anderes Merkmal bzw. Detail? Im böhmischen Milieu ist dieser Fragenkomplex – besonders in Verbindung mit der Entstehung der Adelsburgen im 13. Jahrhundert – schon seit Jahren aktuell. Aus den Diskussionen zu diesem Thema geht hervor, dass man

21 Die Chronik der Böhmen des Cosmas von Prag. Hg. von Bertold *Bretholz*. Berlin 1923, 111.
22 *Klápště,* Jan: Proměna českých zemí ve středověku [Der Wandel der böhmischen Länder im Mittelalter]. Praha 2005, 48–52. Eine komparative polnische Perspektive bietet *Michałowski,* Roman: Princeps fundator. Studium z dziejów kultury politycznej w Polsku X–XIII wieku [Princeps fundator. Studien aus der Geschichte der politischen Kultur Polens des 10.–13. Jahrhunderts]. Warszawa 1993, 110–112.
23 Siehe dazu *Šimůnek,* Robert: Hrad jako symbol v myšlení české středověké šlechty [Die Burg als ein Symbol im Denken des mittelalterlichen böhmischen Adels]. In: Český časopis historický 108 (2010), 185–219.

für den wichtigsten Indikator das Ausmaß der Burgstätte hält, womit einerseits die Fläche der (zukünftigen) Burg und anderseits der Bautypus gemeint sind.[24]

Wir bewegen uns hier auf einem dünnen Eis von Hypothesen, wie zutreffend diese auch sein mögen. Lässt man die langjährigen Auseinandersetzungen über die Frage nach einer königlichen oder adeligen Gründung von Neuhaus, Lichtenburg und einiger weiterer Burgen (bei denen das Ausmaß der Burgstätte den Ausgangspunkt bildet) außer Acht, so stellen wir fest, dass im 13. Jahrhundert einige Adelsburgen entstehen, die sich in ihrer Gestalt den königlichen Burgen annähern oder deren Architektur das Bemühen verrät, diese zu kopieren. Es ist logisch, dass es sich dabei um Bauten der vornehmsten böhmischen Geschlechter oder bedeutender Einzelpersonen handelt. Die Bauherren des ersten Typus repräsentieren die Wittigonen (und ihre Burg Pribenitz) oder die Herren von Beneschau (Burg Alt-Duba). Die finanziellen Möglichkeiten der königlichen Beamten, egal wie einflussreich sie waren, reichten für so großzügige Bauprojekte nicht aus. Die Ambitionen dieser Personen mussten also durch verkleinerte

Abb. 9: Říčan, ein Torso des zur Regierungszeit Přemysl Ottokars II. von Oberstkämmerer Andreas von Všechromy gegründeten stattlichen Burgpalas.

„Kopien" königlicher Burgen oder anderer charakteristischer Attribute (zum Beispiel eines Wohnturms) befriedigt werden. Zu Burgen jener Zeit, die schon durch ihre Stattlichkeit den sozialen Status des Besitzers ausdrücken, gehören Říčan und Wiesenberg. Die Erste ließ Andreas von Všechromy erbauen, der Mundschenk und spätere Oberstkämme-

---

24 Inspirativ sind in dieser Hinsicht sechs Punkte (grundlegende Merkmale) zur Bewertung von Burgen mit einer besonderen Bedeutung, die Thomas Biller einführte. Siehe *Biller, Thomas*: Deutsche Fürstenburgen (1250–1450). Eine Forschungslücke, ihre Gründe und Folgen. In: Burgenbau im späten Mittelalter. Bd. 2. Hg. von *Wartburg-Gesellschaft zur Erforschung von Burgen und Schlössern*. München, Berlin 2009, 9–25. Seinen Vorschlag zur Einführung der Kategorie der sogenannten Fürstenburg begründet er mit der Notwendigkeit, diesen speziellen Typus von jenen großen und imposanten Adelsburgen (Großburgen) abzusondern, die nicht mit allen Attributen einer landesherrlichen Burg (Fürstenburg) ausgestattet waren. Symptomatisch ist dabei, dass als Ausgangspunkt für das Herleiten der Kriterien die mittelalterliche Perspektive diente – die Burg als Bedeutungsträger.

rer Přemysl Ottokars II. Sie wird zum ersten Mal 1289 in seinem Prädikat erwähnt (Andreas von Říčan). Der Bauherr von Wiesenberg war Tasso von Wiesenberg. Bezüglich der mährischen Burg Kunstadt wurde vor kurzem die Hypothese formuliert, dass es sich um eine *imitatio* des přemyslidischen Palastes in Olmütz handeln könnte. Dies wäre abermals ein Hinweis auf die Dynastie – und zwar etwa aus der Mitte des 13. Jahrhunderts (wenn auch die älteste schriftliche Erwähnung erst aus dem Jahre 1279 stammt).[25]

Eine persönliche Verbindung der Bauherren zum höfischen Milieu erleichterte in einigen Fällen die Nachahmung. Dies betrifft sowohl die Möglichkeit des direkten Kopierens als auch die direkte Nutzung der Dienste der Hofbauhütte. Dieser Umstand vermittelt schon an sich eine bedeutende Botschaft: Er belegt die Zugehörigkeit und enge Verbindung zum höfischen Milieu beziehungsweise das Bekenntnis zur „Herrscherideologie". Ein deutliches Beispiel bieten uns die Burgen bzw. Residenzen der selbstbewussten sog. Günstlinge (tschechisch „milci") Wenzels IV. Das Ausmaß der Nachahmung des Herrschers im Bereich des kulturellen (im Wesentlichen an der Buchkultur orientierten) Mäzenatentums sowie der Architektur war schon fast übertrieben.[26]

[25] Zu Říčan und Wiesenberg siehe *Durdík, Tomáš/Kašpar,* Vojtěch: Ke stavební podobě a vývoji hradu v Říčanech [Zur Baugestalt und Entwicklung der Burg von Říčan]. In: Archaeologia Historica 27 (2002), 79–89, hier 85–87; *Klápště, Jan:* Poznámky o sociálních souvislostech počátků šlechtických hradů v českých zemích [Bemerkungen zu sozialen Zusammenhängen der Anfänge von Adelsburgen in den böhmischen Ländern]. In: Archeologické rozhledy 55 (2003), 786–800, hier 788–790 resümiert die bekannten Tatsachen zu Karrieren von Andreas von Všechromy und Tasso von Wiesenberg und kommt zum Resultat, dass „man in den beiden, gleich wie prunkvollen Burgen kaum den absoluten Höhepunkt der adeligen Burgarchitektur suchen kann" (797). Ähnlich wie Razím bezweifelt er dabei allerdings nicht, dass es sich um ein Abbild des gesellschaftlichen Aufstiegs handelte. Vgl. dazu *Razím, Vladislav:* Nad počátky hradů české šlechty [Über die Anfänge der böhmischen Adelsburgen]. In: Archeologické rozhledy 56 (2004), 176–214, hier 180–183. Zuletzt *Klápště,* Jan: Adel, Burg und Herrschaft – eine ewig strittige Problematik der tschechischen Mediävistik? In: *Birngruber, Klaus/Schmid,* Christina/*Weigl,* Herwig (Hg): Adel, Burg und Herrschaft an der „Grenze". Österreich und Böhmen. Linz 2012, 225–238. Den Aufstieg von Andreas von Všechromy als einen Karrieretypus der přemyslidischen Zeit (dem die prachtvolle Residenz mit Elementen der Nachahmung entsprach) analysiert *Pauk, Marcin R.:* Mechanizmy tworzenia elity dworskiej w dobie ostatnich Przemyślidów. Najwyższy komornik Andrzej z Všechrom i jeho krąg [Die Mechanismen der Bildung der Hofeliten im Zeitalter der letzten Přemysliden. Oberstkämmerer Andreas von Všechromy und sein Personenkreis]. In: *Dvořáčková-Malá/Zelenka:* Dvory a rezidence ve středověku 2, 91–102. Zu Kunstadt siehe *Plaček, Miroslav/Futák,* Peter: Páni z Kunštátu. Rod erbu vrchních pruhů na cestě k trůnu [Die Herren von Kunstadt. Das Geschlecht mit dem Wappen der oberen Streifen auf dem Weg zum Thron]. Praha 2006, 128–130.

[26] Die Bestellung einer luxuriösen illuminierten Handschrift wurde in diesem Zusammenhang zu einem Musterbeispiel für eine *imitatio*, für ein, von eigenen kulturellen Interessen praktisch unabhängiges Bekenntnis zum Vorbild. Vgl. dazu zum Beispiel *Krása, Josef:* Rukopisy Václava IV. [Die Handschriften Wenzels IV.] Praha 1974.

Abb. 10: Auf der von 1788 stammenden und in den 1840er Jahren publizierten Abbildung von Rothschloß ist noch das später eingestürzte Presbyterium der Burgkapelle sichtbar; die (offensichtlich erst im 19. Jahrhundert entstandene) Tradition deutet die bis heute erhaltene Ebene (also den Fußboden des Presbyteriums) als „die Kanzel von Johann Hus".

Als ein Beispiel kann die großzügig angelegte Burg Rothschloß des prominenten, bei der nichtrealisierten landesherrlichen Burg von Breslau als *magister fabricae* bezeichneten Höflings Wenzels IV. Jíra von Roztoky dienen. Im Jahre 1381 erwarb dieser den Hof Krakow und ließ dort von der königlichen Bauhütte die Burg Rothschloß errichten. Die Burg ist in erstaunlich kurzer Zeit entstanden: Bereits 1384 wurde die Burgkapelle geweiht. Durch die Beteiligung der Hofbauhütte und natürlich auch aufgrund ihrer Gestalt ist Rothschloß mit den königlichen Burgen der damaligen Zeit vergleichbar. Im Licht von Jíras sozialem Aufstieg betrachtet, handelt es sich um ein mehr als signifikantes Zeichen – die Deklarierung der sozialen Mobilität vermischt sich hier mit nachdrücklichen, überdimensioniert wirkenden Formen ihrer Legitimierung. Zur selben Zeit beteiligte sich die Hofbauhütte auch am Bau von erzbischöflichen Burgen und ist ihre Handschrift auch an einigen weiteren Adelsburgen erkennbar. Ein Musterbeispiel ist Egerberg: Es handelt sich im Wesentlichen um einen Neubau, der anstelle einer älteren, zum großen Teil zerstörten Burg entstand und mit zwei Palassen ausgestattet war. Ihr Bauherr war in den 1380er Jahren ein Mitglied des Kronrats, Heinrich Škopek von Dubá. Als weitere Beispiele von Burgen sind Königswart, Altenburg, Ruppau oder Kost zu nennen. Im dritten Fall war der Bauherr (1390er Jahre) der Hofmeister des Erzbischofs Johannes von Jenstein, Nepr von Ruppau. Eine Inspiration durch die königliche Bauhütte ist auch im Fall von Hochchlumetz und Trosky sowie bei einigen repräsentativen bürgerlichen Residenzen offensichtlich. Beispielhaft ist in dieser Hinsicht das Haus von Johlin Rothlew in Prag (das heutige Karolinum). Mit ihrer wahrscheinlich auf eine ostentative *imitatio* zurückzuführenden Pracht deklarierte den sozialen Status des Bauherren auch ein in Kuttenberg unweit des Welschen Hofs gelegener und als die Burg (Hrádek nad Páchem) bekannter Bau. Dieses repräsentative Stadtpalais ist mit analogen landesherrlichen Bauten vergleichbar und wird für eine Nachahmung der Burg am Zderaz Wenzels IV. gehalten. Sein Bauherr war offenbar Wenzel von Dohna, der bereits 1411 als Mitglied des Kronrats nachweisbar ist und zwischen 1417 und 1420 in Kuttenberg das Amt des königlichen Richters ausübte.[27]

Bei der Burgarchitektur aus der Zeit Wenzels IV. stellt Jenstein ein kleines Rätsel sowie ein bemerkenswertes Moment hinsichtlich der *imitatio*-Frage dar.

Abb. 11: Der Burgturm von Jenstein (Gesamtansicht und Detail des Mauerwerks mit Buckelquadern).

[27] *Durdík*, Tomáš: Česká hradní architektura doby Václava IV. [Die böhmische Burgarchitektur der Zeit Wenzels IV.]. In: *Kubelík*, Martin/*Pavlík*, Milan/*Štulc*, Josef (Hg.): Historická inspirace. Sborník k poctě Dobroslava Líbala [Historische Inspiration. Ein Sammelband zu Ehren von Dobroslav Líbal]. Praha 2001, 63–76, hier 69–72 sowie *Záruba*, František: Die Burgen König Wenzels. In: *Schlotheuber/Seibert* (Hg.): Böhmen und das Deutsche Reich, 321–341, hier besonders 323. Zu Rothschloß im Kontext der Burgenpolitik und Architektur der Zeit Wenzels IV. siehe *ebenda*, 332 f. Hrádek in Kuttenberg bezeichnete neulich als eine Nachahmung der Burg am Zderaz *Durdík*, Tomáš: Doppelpalasanlagen. Ein moderner und prestigeträchtiger Burgentyp in Böhmen zur Zeit Karls IV. In: Burgenbau im späten Mittelalter. Bd. 2, 67–78, hier 75. Den Bau von Hrádek datiert er in die Jahre 1410–1415.

Es handelt sich um ein Bauprojekt des Prager Erzbischofs Johannes von Jenstein († 1400, Erzbischof 1379–1396), der gerade durch die Pracht der namengebenden Burg seinen sozialen Status deklarierte. Beim Blick auf das aus regelmäßigen Quadern errichtete Mauerwerk ist nicht zu übersehen, dass die Linien ab und zu (ganz zufällig oder zumindest asymmetrisch) durch Buckelquader unterbrochen werden. Es ist kaum zu bezweifeln, dass es sich dabei um Absicht handelte. Welchem Zweck dies diente, bleibt allerdings unklar.[28]

Um die Wende vom 15. zum 16. Jahrhundert fand im adeligen Milieu zweifellos die Prager Hofbauhütte Benedikt Rieds einen breiten Widerhall. Ihr Einfluss spiegelt sich wahrscheinlich in der Gestalt von Schwihau wider, einer Residenz von Botho von Schwihau und Riesenburg – besonders im Fall des südlichen Palas und der nach den neuesten Trends der damaligen Zeit gestalteten Fortifikation. Mit der Teilnahme Benedikt Rieds ist die letzte Umbauphase der Residenz Zdeněk Levs von Rožmital, der Burg in Blatna (1515–1530), verbunden. Blatna ist eine der hervorragendsten Burgen der jagiellonischen Epoche, bei denen fast vollkommen auf Befestigungen verzichtet wurde. Im Fall dieser Burg erfüllte allerdings der Teich eine Schutzfunktion, über dessen Spiegel sich, genauso wie heute, die Vertikalen des Baus – besonders des prachtvollen Palas von Ried – erhoben.[29]

Abb. 12: Gesamtansicht des unverwechselbaren Panorama von Blatna über dem Teichspiegel; das Ried-Palas befindet sich links.

[28] *Sedláček*, August: Hrady, zámky a tvrze království Českého. Bd. 15: Kouřimsko, Vltavsko a J.-Z. Boleslavsko [Burgen, Schlösser und Festen des böhmischen Königreichs. Bd. 15: Der Kauřimer Kreis, der Moldauer Kreis und der Südwesten des Boleslauer Kreises]. Praha 1927, 160–165 sowie *Durdík*, Tomáš: Ilustrovaná encyklopedie českých hradů [Illustrierte Enzyklopädie der böhmischen Burgen]. Praha 1999, 225 f.

[29] Die böhmische, durch die Wirkung von Rieds Hofbauhütte gekennzeichnete Burgenarchitektur erfasste bisher am umfangreichsten *Menclová*, Dobroslava: České hrady [Die böhmischen Burgen]. Bd. 2. Praha 1976, 376–436. Eine summarische Darstellung bietet *Durdík*, Tomáš/*Bolina*, Pavel: Středověké hrady v Čechách a na Moravě [Die mittelalterlichen Burgen in Böhmen und Mähren]. Praha 2001, 228–235. Zu den jeweiligen örtlichen Befunden übersichtlich *Durdík*: Ilustrovaná encyklopedie českých hradů.

Es wurden nicht nur ganze Bauten oder ihre gestalterisch unverwechselbaren Teile (inklusive der Grundrisse), sondern auch ihre mit einer „Bedeutung" ausgestatteten Details kopiert. An erster Stelle ist das Gewölbe zu nennen. Eine sich mit Historismus mischende *imitatio* kommt zum Beispiel in der durch die Jahreszahl 1479 an der Tür datierten sogenannten Silberkammer, also der Burgschatzkammer, von Pürglitz zum Ausdruck. Dabei handelt es sich um eine bewusste Nachahmung frühgotischer Gewölbe. Eine *imitatio* des Gewölbes der St.-Wenzels-Kapelle des Veitsdoms vermutet man in Tuchoraz. Das prachtvolle Gelände der Residenzfeste ließ Nikolaus von Landstein irgendwann nach 1470 erbauen, der zur Regierungszeit Georgs von Podiebrad als oberster Hofmarschall und in den Jahren 1468–1484 als Oberstlandschreiber des böhmischen Königreichs wirkte. Schon zu seiner Zeit bildete der viereckige, gleichzeitig als ein Eingangstor dienende Turm (heute ist es praktisch das einzige wesentliche Relikt des ursprünglichen mittelalterlichen Areals) einen Blickfang. Einen strengen, dabei aber monumentalen Eindruck verschaffte ihm sein Mauerwerk: Der Turm wurde aus grob bearbeiteten und in Reihen gelegten Quadern erbaut. Auf der westlichen Seite ist er mit einem Erker, auf der südlichen Seite dann mit einem polygonalen Treppenturm ausgestattet. Der Saal, dessen Gewölbe als Nachahmung des Gewölbes der St.-Wenzels-Kapelle erachtet wird, befindet sich im zweiten Stock.[30]

Die Nachahmung der Gewölbe eines konkreten Raums, eventuell eines Gewölbetypus als solchem (in dieser Hinsicht kam im Spätmittelalter dem Zellengewölbe eine spezifische Rolle zu, das sich nach Böhmen aus Sachsen und gleichzeitig durch den Franziskanerorden ausbreitete)[31] stellte nur ein mögliches Ausdrucksmittel dar. Ein weiteres war die Art des benutzten Mauersteins: Einen bestimmten Aussagewert konnte das die kaiserliche Pfalzen imitierende Buckelquadermauerwerk (siehe oben über die Burg Jenstein) oder das Backsteinmauerwerk (siehe unten über die St.-Nikolaus-Kirche zu Zetschowitz) haben. Einen unübersehbaren Bestandteil der einzelnen Bauten bilden (im Einklang mit der ursprünglichen Absicht) nicht selten die Erker. Bei ihnen handelt es sich eher um dekorative als um nützliche Komponenten mit einem hohen künstlerischen Niveau der Steinmetzarbeiten, in der Regel mit einer heraldischen Verzierung. Eine vergleichende Analyse, die den Aspekt der *imitatio* bei diesem zweifellos prestigeträchtigen Baudetail bestätigen oder anzweifeln könnte, wurde bisher nicht angefertigt.

In bestimmten Zusammenhängen konnte sich nämlich die *imitatio* im Grunde auf alles beziehen, was „exklusiv" – im Sinne der zu vermittelnden Bot-

---

[30] *Kuthan,* Jiří: Královské dílo za Jiřího z Poděbrad a dynastie Jagellonců. Bd. 1: Král a šlechta [Das königliche Werk Georgs von Podiebrad und der jagiellonischen Dynastie. Bd. 1: Der König und der Adel]. Praha 2010, 189–193.

[31] Die grundlegende Arbeit zur Rezeption des Zellengewölbes im böhmischen Milieu verfassten *Rada,* Oldřich/*Radová,* Milada: Kniha o sklípkových klenbách [Das Buch vom Zellengewölbe]. Praha 1998.

schaft einmalig – war. So konnte auch eine Treppe ein Bestandteil der Nachahmung sein, wie etwa in Tobitschau um 1500. Die Stadt und das hiesige Schloss wurden Ende des 15. Jahrhunderts als eine Residenz der Tovačovský von Cimburg bekannt; 1503 erwarben dann die Pernsteiner Tobitschau. Sie knüpften an das Konzept ihrer Vorgänger an, wobei gerade Tobitschau ein Paradebeispiel für die pernsteinischen militärischen Visualisierungen im Bereich der Städte und Burgen darstellt. Im Rahmen der Baumaßnahmen am Schloß ist im Westflügel ein geräumiger Saal entstanden, zu dem ähnlich wie im Fall des Wladislawsaals der Prager Burg eine Treppe führte, die den Zugang zu Pferde ermöglichte. Da der Westflügel im 19. Jahrhundert zerstört wurde, ist dieser Raum nicht erhalten geblieben. Wir wissen natürlich nicht mit Sicherheit, ob das Tobitschauer Treppenhaus tatsächlich Prag imitieren sollte. Die Einzigartigkeit einer Reitertreppe sowie die Tatsache, dass eine solche gerade in der Prager Burg existiert, erlauben es aber, dies zumindest als Hypothese anzunehmen. (Falls es sich allerdings wirklich um eine Reitertreppe handelte und die Deutung dieser ungewöhnlichen Stiege nicht weit mehr prosaischer Natur ist.)[32]

Solche vermuteten Verbindungen – Nachahmungen, bei denen die Prager Burg eine Inspirationsquelle war oder zumindest sein sollte –, sind jedoch noch häufiger festzustellen. Zur Illustration sollen hier noch zumindest zwei weitere Beispiele dienen: Im nordwestlichen Winkel des Burg-/(Schloß-)Kerns von Bechin befindet sich ein viereckiger Raum, dessen Gewölbe von einer mittleren, als Baumstamm stilisierten Säule getragen wird. Die Gewölberippen haben die Form von Aststümpfen. Dieser Raum stammt aus der Zeit des humanistisch gebildeten Ladislaus von Sternberg († 1521). Zweifellos handelt es sich um eines der künstlerisch hervorragendsten Beispiele der damaligen „Astwerk-Mode". Mit großer Wahrscheinlichkeit arbeitete in Bechin (ähnlich wie zu derselben Zeit in Tabor) ein Meister aus dem Hofkreis (vielleicht Wendel Roskopf). Im Falle des Nordflügels des Komotauer Schlosses, das unter den Herren von Weitmühl zwischen den 1480er Jahren und 1520 einen spätgotischen Umbau

---

[32] *Plaček,* Miroslav: Pernštejnská opevnění moravských měst [Die pernsteinischen Befestigungen der mährischen Städte]. In: *Jurok,* Jiří (Hg.): Královská a poddanská města od své geneze k protoindustrializaci a industrializaci [Die königlichen und Untertanenstädte von ihrer Entstehung bis zur Protoindustrialisierung und Industrialisierung]. Ostrava 2001, 159–180, hier 166. Die Reitertreppe entstand gemeinsam mit dem Wladislawsaal im Rahmen der umfangreichen Umbaumaßnahmen von Benedikt Ried. Siehe dazu *Hořejší,* Jiřina: Pozdně gotická architektura [Die spätgotische Architektur]. In: Dějiny českého výtvarného umění. Bd. I/2: Od počátků do konce středověku [Geschichte der böhmischen bildenden Kunst. Bd. I/2: Von den Anfängen bis zum Ende des Mittelalters]. Praha 1984, 498–534, hier 504–510, ein Foto der Reitertreppe auf 510 (Abb. 363); *Kalina,* Pavel: Funkční a prostorová analýza Starého královského paláce za Benedikta Rieda [Eine funktionale und räumliche Analyse des Alten Königspalastes zur Zeit Benedikt Rieds]. In: Svorník 6 (2008), 215–223 belegt, dass der Form der sogenannten Reitertreppe rein technische Anforderungen zugrunde lagen: Anfuhr des Brennholzes, Wassers, Essens etc.; also all jene Sachen, die (in einem beträchtlichen Maße) sowohl für den Betrieb des Hofes als auch der Hofämter notwendig waren.

Abb. 13: Komotau, die Gedenktafel mit dem Wappen der Herren von Weitmühle und der Jahreszahl 1520 (an der Schloßecke), die an den gerade vollendeten spätgotischen Umbau des Familiensitzes erinnert. Der tragische Stadtbrand von 1525 erfasste auch das Schloss, die Reparaturen dauerten weit in die 1530er Jahre hinein.

erfuhr, nimmt man wiederum an, dass die gesamte Komposition sowie die Gestalt der länglichen Fenster von der Architektur des von Benedikt Ried in den Jahren 1503–1509 errichteten Ludwigsflügels der Prager Burg inspiriert waren.[33]

Die „imitatio" im Bereich der sakralen Legitimierung

Als Zeichen des Prestiges und gleichzeitig als Bekenntnis zum Vorbild bzw. zur Ideologie war und ist die Nachahmung zeitlos. Wenden wir uns nun der Mitte des 14. Jahrhunderts zu. Die *imitatio Romae* als Konzept Karls IV. hat sich bereits als ein terminus technicus in der Forschung eingebürgert. Er dient als Gesamtbezeichnung für Nachahmungen der wichtigsten Vorbilder, die zu einem eigenen Machtinstrument werden. Ebenso wie im Zusammenhang mit der herrschaftlichen Repräsentation die Formulierung *imitatio Romae* benutzt wird, könnte auch mit dem Begriff *imitatio Pragae* gearbeitet werden – im Sinne von Prag als einem Vorbild für das landesherrliche sowie adelige Milieu Mitteleuropas. Es handelte sich de facto um eine *imitatio Caroli IV.*, die zu ihrer Zeit eine mitteleuropäische Reichweite besaß – man kann sie bei den Wettinern ebenso wie bei den Habsburgern feststellen.[34] Das wohl bekannteste Beispiel für

33 *Gubíková,* Renáta: Bývalý raně renesanční portál chomutovského zámku [Das ehemalige Frührenaissance-Portal des Komotauer Schlosses]. In: *Rak,* Petr (Hg.): Comotovia 2009. Chomutov 2010, 73–96, hier 75 sowie *Kuthan:* Královské dílo za Jiřího z Poděbrad, 426–430.

34 Von einer elementaren Bedeutung ist die Arbeit *Kubínová,* Kateřina: Imitatio Romae. Karel IV. a Řím [Imitatio Romae. Karl IV. und Rom]. Praha 2006. Das Thema wird dabei nicht nur in einem engeren Verständnis im Sinne von Karls Nachahmung der Stadt Rom und ihrer Denkmäler behandelt, sondern in der ganzen Bandbreite der *renovatio imperii*. Bezüglich der Bindungen besonders zum französischen Milieu siehe zum Beispiel *Fajt,* Jiří: Karel IV. 1316–1378. Od napodobení k císařskému stylu [Karl IV. 1316–1378. Von der Nachahmung zum kaiserlichen Stil]. In: *ders.* (Hg.): Karel IV. Císař z boží milosti. Kultura

eine parallele Funktion als Nachahmung und Muster bildet das Konzept der Prager Metropolitankirche St. Veit mit der hiesigen Begräbnisstätte der böhmischen Könige und Prager (Erz-)Bischöfe. Es handelt sich dabei um eine *imitatio* der Nekropole der französischen Könige in St. Denis und wurde zum Beispiel vom Markgrafen von Meißen, Wilhelm den Einäugigen (1346–1407), kopiert.[35] Im Falle von liturgischen Festen reicht es, nur auf die zur Regierungszeit Přemek von Troppau (1366–1433) in der (Residenz-)Stadt Troppau veranstalteten Bittgänge hinzuweisen. Dabei sind analoge Mechanismen zur selben Zeit im Reich feststellbar.[36]

a umění za vlády Lucemburků 1310–1437 [Karl IV. Kaiser von Gottes Gnaden. Kultur und Kunst zur Regierungszeit der Luxemburger 1310–1437]. Praha 2006, 41–75 sowie *Kuthan:* Pařížská Sainte-Chapelle. Zur *imitatio* durch die luxemburgische Dynastie auf der einen und ihre Nachahmung seitens der Wettiner und Habsburger auf der anderen Seite siehe *Fajt*, Jiří/*Suckale*, Robert: Okruh rádců [Der Kreis der Berater]. In: *Fajt* (Hg.): Karel IV. Císař z boží milosti, 173–183.

[35] Als Beispiel für die neuere Literatur siehe besonders *Schwarz*, Michael Viktor: Kathedralen verstehen. St. Veit in Prag als räumlich organisiertes Medienensemble. In: *Vavra*, Elisabeth (Hg.): Virtuelle Räume. Raumwahrnehmung und Raumvorstellung im Mittelalter. Berlin 2005, 47–68 sowie *Kuthan*, Jiří: Praha – katedrála sv. Víta [Prag – der St.-Veits-Dom]. In: *ders.*: Splendor et Gloria Regni Bohemiae, 287–302 (mit Literaturhinweisen). Zum breiteren Bedeutungsrahmen der „heiligen Stadt Prag" neulich zusammenfassend *ders.*: Praga sacra. K vizi posvátné Prahy císaře Karla IV. [Praga sacra. Zur Vision vom heiligen Prag Kaiser Karls IV.] . In: *ebenda*, 337–386 (mit Literaturhinweisen). Mit Karls Konzeption als Vorbild für Wilhelm befasst sich *Fajt*, Jiří: Kampf um den Dom. Markgraf Wilhelm, die Meissner Bischofskirche und der lange Schatten Kaiser Karls IV. In: Wilhelm der Einäugige, Markgraf von Meissen (1346–1407). Hg. von *Staatliche Schlösser, Burgen und Gärten Sachsen*. Dresden 2009, 125–140, hier besonders 128 f. Die Ansicht, dass es sich um eine Inspiration durch die Architektur und Konzeption Karls IV. handelte, wird auch durch das bestätigt, was wir über die Nachahmung von Karls Burgarchitektur seitens des Markgrafen Wilhelm wissen. Siehe dazu *Donath*, Matthias: Schlösser als Herrschaftszeichen. Die Schlossbauten Wilhelms I. von Meissen. In: *ebenda*, 141–159. Dadurch vervollständigt sich das Bild einer programmatischen *imitatio*.

[36] *Hrdina*, Jan: Papežské odpustkové listiny pro země středovýchodní Evropy za pontifikátu Bonifáce IX. (1389–1404). Pokus o kvantitativní srovnání [Die päpstlichen Ablassbriefe für die ostmitteleuropäischen Länder während des Pontifikats von Bonifatius IX. (1389–1404). Versuch eines quantitativen Vergleichs]. In: *Nodl*, Martin/*Bracha*, Krzysztof/*Hrdina*, Jan/ *Kras*, Paweł (Hg.): Zbožnost středověku [Die Frömmigkeit des Mittelalters]. Praha 2007, 35–58, hier 55–57 (mit komparativer Literatur). Die Prozessionen unter der persönlichen Beteiligung des Fürsten führten in die vermutlich 1390 von Přemek gegründete Hl.-Kreuz-Kapelle in Katharein, also in die sogenannte Schwedenkapelle. Siehe *Čapský*, Martin: Zeměpán, země a sakrální legitimizace zeměpanské moci na pozdně středověkém Opavsku [Der Landesherr, das Land und die sakrale Legitimierung der landesherrlichen Macht im spätmittelalterlichen Troppauer Land]. In: *Bobková*, Lenka/*Konvičná*, Jana (Hg.): Korunní země v dějinách českého státu. Bd. 2: Společné a rozdílné. Česká koruna v životě a vědomí jejích obyvatel ve 14.–16. století [Die Kronländer in der Geschichte des böhmischen Staates. Bd. 2: Das Gemeinsame und das Unterschiedliche. Die Böhmische Krone im Leben und Bewusstsein ihrer Bewohner im 14. bis 16. Jahrhundert]. Praha 2005, 37–56, hier besonders 51–54.

Das Prinzip der Nachahmung als Bekenntnis zur Ideologie blieb nicht auf den landesherrlichen Bereich beschränkt. Auch in den Beziehungen zwischen Herrscher und Adel können wir in der *imitatio* eine wichtige Komponente der symbolischen Kommunikation sehen, einen Bestandteil des breiten Spektrums von Ritualen und Zeremoniellen, mit deren Hilfe die Einen sowie die Anderen ihren „Machtanspruch" ausdrückten und einen Weg des gemeinsamen modus vivendi suchten. In der letzten Zeit wurde wiederholt der Auffassung von Recht und Gerechtigkeit in der Machtkonzeption Karls IV. Aufmerksamkeit gewidmet – Konflikten, Versöhnungen und Vergebungen zwischen dem Herrscher und dem böhmischen Adel, symbolischen Aspekten der Burgenpolitik sowie landesherrlichen Strategien zur Stabilisierung der Verbindungen zwischen den bedeutendsten Adelsgeschlechtern Böhmens und der Kronländer bzw. der in der Machtsphäre der luxemburgischen Könige liegenden Nebenländer (auf amtlichem Wege sowie mittels Heiratspolitik oder Lehensbeziehungen).[37]

Inwiefern die oben dargestellte *imitatio* in der Architektur mit der *imitatio* im sakralen Bereich untrennbar verschmelzen und in ihrer Gesamtheit das Bekenntnis zur Herrscherideologie zum Ausdruck bringen konnte, lässt sich hervorragend am Beispiel der westböhmischen Burg Petschau dokumentieren. Sowohl der auf dendrochronologischer Basis auf das Jahr 1356 datierte Bau des großen Donjons als auch die nachträgliche Errichtung einer Kapelle im kleineren Donjon (sog. Kapellenturm) fallen in eine Zeit, als Petschau den Herren von Riesenburg gehörte, deren enge Bindungen zum Prager Hofkreis Karls IV. hier offenbar eine Schlüsselrolle spielen. Wenn beim großen Donjon eine Analogie zur Konzeption des Donjon von Karlstein behauptet wird, dann scheint bei der nachträglichen Errichtung der Kapelle im kleineren Donjon eine *imitatio* ganz eindeutig zu sein (auch hier kann man nämlich eine Parallele mit Karlstein finden). Das Bekenntnis zur Herrscherideologie vermittelt allerdings nicht nur die bauliche Anordnung, sondern auch die innere Ausgestaltung der Kapelle (etwa

---

[37] Bestandteil der Analyse waren die soziale Zusammensetzung sowie die geographische Herkunft der Berater und der Kanzleiangestellten sowie der in- und ausländischen „Hofgeschlechter" zur Regierungszeit Johanns von Luxemburg und Karls IV. Siehe *Žalud*, Zdeněk: Čeští šlechtici u dvora Jana Lucemburského [Die böhmischen Adeligen am Hof Johanns von Luxemburg]. In: Husitský Tábor 15 (2006), 177–207 sowie *Fajt/Suckale*: Okruh rádců. Mit Karls Machtstrategien (markant auf dem Gebiet der Heiratspolitik) gegenüber dem böhmischen Adel befasst sich *Tresp*, Uwe: Karl IV. und der Adel der Wenzelskrone. In: *Doležalová*, Eva/*Šimůnek*, Robert (Hg.): Ecclesia als Kommunikationsraum in Mitteleuropa (13.–16. Jahrhundert). München 2011, 81–117. Zur symbolischen Kommunikation im Bereich der Konflikte und Versöhnungen siehe *Šimůnek*, Robert: Karel IV. a páni z Rožmberka v 50. letech 14. století. Rituály moci a hledání modu vivendi [Karl IV. und die Herren von Rosenberg in den 1350er Jahren. Machtrituale und die Suche nach einem modus vivendi]. In: Husitský Tábor 17 (2012), 69–103. Karls Konzeption der Rechtsordnung als eines herrschaftlichen Machtinstruments analysiert zum Beispiel *Schlotheuber*, Eva: Der Ausbau Prags zur Residenzstadt und die Herrschaftskonzeption Karls IV. In: *Jarošová*, Markéta/*Kuthan*, Jiří/*Scholz*, Stefan (Hg.): Prag und die grossen Kulturzentren Europas in der Zeit der Luxemburger 1310–1437. Praha 2008, 601–621.

von 1370–1375). Es handelt sich um eines jener Beispiele, wo die Wahl eines für das böhmische Milieu ungewöhnlichen ikonographischen Themas es ermöglicht, mit einer ziemlichen Wahrscheinlichkeit die konkrete Inspirationsquelle zu erfassen und auch den breiteren Kontext nachzuweisen, in dem die *imitatio* entstanden ist und in dem sie sich Geltung verschaffte. Die Wandmalereien sind nur fragmentarisch erhalten. Es sind allerdings vor allem die in Böhmen wenig verwendeten Motive, die zusammen mit der künstlerischen Ausführung der Malereien auf eine enge Verbindung zum höfischen Milieu sowohl in ikonographischer (teilweise aus Italien übernommene Motive, allen voran der Volto Santo – der Gekreuzigte im langen Gewand) als auch künstlerischer Hinsicht (die Maltechnik deutet auf eine Ausführung durch einen Künstler aus dem Hofkreis hin) deuten. Die Burgbesitzer waren zu dieser Zeit – wie bereits beschrieben – die Herren von Riesenburg, von denen besonders Borsso V. († 1385) schon seit den 50er Jahren zum engeren Hof Karls IV. gehörte, der den Herrscher als tüchtiger Diplomat auf Auslandsreisen begleitete. Die enge Verbindung mit dem Hof und die Identifizierung mit der „Herrscherideologie" bilden hier einen inhaltlichen Rahmen, in dem wir die malerische Verzierung der Petschauer Burgkapelle deuten können.[38]

---

[38] Eine Rekonstruktion der Anordnung des großen Donjons von Petschau bietet *Anderle,* Jan: Uspořádání bytů v některých velkých hradech doby Karla IV. [Die Anordnung der Wohnungen in einigen großen Burgen der Zeit Karls IV.] In: Svorník 6 (2008), 13–32, hier 13–16. Eine weitere eindeutige Nachahmung stellt neben dem bereits Erwähnten auch die große Szene der Huldigung der Drei Könige dar, siehe *Fajt,* Jiří: Tři králové [Die Drei Könige]. In: *ders.:* Karel IV. Císař z boží milosti, 128–130. Im Kontext anderer Wandmalereien mit Bindung zum Hofkreis erwähnt die malerische Ausschmückung der Petschauer Burgkapelle bereits *Stejskal,* Karel: Nástěnné malířství 2. poloviny 14. a počátku 15. století [Die Wandmalerei der zweiten Hälfte des 14. und des beginnenden 15. Jahrhunderts]. In: Dějiny českého výtvarného umění. Bd. I/1: Od počátků do konce středověku [Geschichte der böhmischen bildenden Kunst. Bd. I/1: Von den Anfängen bis zum Ende des Mittelalters]. Praha 1984, 343–354, hier 343–346. Zu Borsso V. siehe *Velímský,* Tomáš: Hrabišici. Páni z Rýzmburka [Die Hrabischitz. Die Herren von Riesenburg]. Praha 2002, besonders 170–186. Als Beispiel dafür, dass es uns bei weitem nicht immer möglich ist, die „Filiations-Verbindungen" einer Nachahmung zu erkennen und vor allem mit einer zumindest relativen Sicherheit zu interpretieren, kann die St.-Nikolaus-Kirche in Zetschowitz dienen. Siehe *Líbal,* Dobroslav/*Macek,* Petr/*Lišková,* Alena: Kostel sv. Mikuláše v Čečovicích na Horšovotýnsku. Evropská záhada gotické architektury [Die St.-Nikolaus-Kirche von Zetschowitz im Bischofteinitzer Land. Ein europäisches Rätsel der gotischen Architektur]. In: Zprávy památkové péče 53 (1993), 48–54. Die Verfasser machen auf die einmalige Qualität und Einzigartigkeit dieser Kirche im Rahmen der ländlichen böhmischen Sakralarchitektur aufmerksam und datieren sie in das zweite Viertel des 14. Jahrhunderts. Eine Verbindung mit der Regensburger Bauhütte erwähnte bereits *Kaigl,* Jan: Kostel sv. Mikuláše v Čečovicích [Die St.-Nikolaus-Kirche von Zetschowitz]. In: *ebenda,* 89–100. Einen Bezug zu Nabburg und Regensburg vermutet *Kroupa,* Pavel: Ke slohovému hodnocení kostela sv. Mikuláše v Čečovicích [Zur stilistischen Einschätzung der St.-Nikolaus-Kirche von Zetschowitz]. In: Zprávy památkové péče 55 (1995), 258–262.

Abb. 14: Die St.-Nikolaus-Kirche in Zetschowitz – ein Beispiel für eine ungewöhnlich wertvolle sakrale Backsteinarchitektur etwa aus der Mitte des 14. Jahrhunderts in einer Region, in der ausschließlich aus Stein gebaut wurde. Den Entstehungskontext der Kirche sowie die Symbolik ihrer Architektur (inklusive des verwendeten Baumaterials) können wir allerdings nur grob deuten.

Ein anderes Musterbeispiel der *imitatio Caroli IV.* im böhmischen Adelsmilieu ist mit den Herren von Rosenberg verbunden. Es handelt sich um den zweifellos am besten dokumentierten Fall, dem wir nähere Aufmerksamkeit schenken werden – und dies schon aus dem Grunde, weil den hier erfassten Umständen eine allgemeine Gültigkeit zugeschrieben werden kann. Sie deuten nämlich potentielle Ebenen der Nachahmung (und somit auch des Bekenntnisses zur „Herrscherideologie") auch seitens anderer Adelsgeschlechter jener Zeit an; besonders solcher, deren Bindungen an den Landesherren und seine Machtstrategien in Mitteleuropa einen langfristigen Charakter aufwiesen. Man kann in diesem Fall die *imitatio* in einem breiten Kontext der kulturellen Nachahmung betrachten, inklusive der Ebene der Sakralrepräsentation. In diesem Sinne handelt es sich um keine Neuigkeit der karolinischen Zeit. Die Inspiration durch Prag und Bemühungen um seine bewusste und sichtbare Nachahmung wurden schon für frühere Zeiten festgestellt: In Verbindung mit der rosenbergischen Residenzstadt Böhmisch Krumau spricht Tříška von einer gezielten Nachahmung Prags im Bereich der literarischen und der Buchkultur, Müller nahm eine mögliche *imitatio* bereits für die Zeit Peters I. von Rosenberg († 1347) an, und zwar in der Form der Patrozinien der Krumauer Gotteshäuser: der St.-Veits-Kirche und der benachbarten St.-Wenzels-Kapelle.[39]

Den wohl deutlichsten Ausdruck der Bemühungen um eine Nachahmung der kaiserlichen Residenz bildete allerdings in Krumau die Heiltumsweisung an Fronleichnam. Diese Tatsache war schon den Forschern im 19. Jahrhundert ziemlich klar, deren Auffassung noch heute geteilt wird. Es ist nämlich sehr wahrscheinlich, dass die seit der zweiten Hälfte des 14. Jahrhunderts gefeierten Krumauer Fronleichnamsprozessionen und Heiltumsweisungen (sie überdau-

---

[39] *Tříška*, Josef: Středověký literární Krumlov [Das mittelalterliche Literaturleben in Krumau]. In: Listy filologické 9/84 (1961), 85–101, hier 85–87 sowie *Müller*, Jan: K charakteru výtvarné kultury Českého Krumlova v letech 1420–1470 [Zum Charakter der bildenden Kultur Krumaus in den Jahren 1420–1470]. In: Umění 33 (1985), 520–545, hier 520.

erten bis in die nachhussitische Zeit, obwohl vermutlich in einem bescheidene-
ren Umfang) tatsächlich von den Prager Heiltumsweisungen inspiriert wurden,
die auf Veranlassung Karls IV. etwa seit 1350 in der Prager Neustadt (Vieh-
markt) stattfanden. Dabei ist es kaum von Bedeutung, dass es sich lediglich um
eine äußere Analogie handelte – die Prager Prozessionen waren fester Bestandteil von Karls Universalkonzeption und spiegelten in gewisser Hinsicht auch die
der Prager Neustadt ("Karlstadt") von ihm zugeschriebenen Aufgabe wider. Die
Krumauer Prozessionen trugen immerhin zum Glanz der rosenbergischen
Residenzstadt bei und betonten ihre Bedeutung als geistliches Zentrum. Mög-
lichweise bestand dabei eine Verbindung zum Versöhnungsritual aus der Mitte
der 1350er Jahre, in dessen Rahmen Karl IV. den Herren von Rosenberg Reliquien schenkte bzw. schenken sollte (an der durch Zeitgenossen wahrgenom-
menen Symbolik der Versöhnung via Reliquienschenkung würde dies nur wenig ändern, wenn sich zeigen sollte, dass die Urkunden mit den Datierungen
5. Oktober 1354 und 21. Mai 1355 erst später entstanden sind).[40]

Schon die im landesherrlichen Bereich übliche Selbstdarstellung mittels heiliger Reliquien selbst machte aus den rosenbergischen Fronleichnamsfesten ein
im beträchtlichen Maß ungewöhnliches, dem Selbstbewusstsein des Geschlechts
entsprechendes Zeremoniell. Eine exklusive Reliquie stellten Dornen aus der
Krone Christi dar, deren Zurschaustellung im Rahmen der Krumauer Feste ein
symbolischer Hinweis auf das landesherrliche Kloster Goldenkron (*Sancta Spinea Corona*) beziehungsweise auf die Sainte-Chapelle war. Hinzu kam noch das
Bestreben, für die Residenzstadt Krumau Ablässe zu gewinnen – allein während
des Pontifikats von Bonifatius IX. (1389–1404) waren es zwölf. Eine ideologische Bindung an die vom Landesherrn gewährten Ablässe ist ganz offensicht-

[40] Zu den Prager Fronleichnamsprozessionen zur Zeit Karls IV. und ihrem symbolischen Hintergrund *Leśniewska*, Dorota: Das Heiligtümerfest in Böhmen des 14. Jahrhunderts. In: *Wiesiołowski*, Jacek (Hg.): Pielgrzymki w kulturze średniowiecznej Europy [Die Wallfahrten in der Kultur des mittelalterlichen Europa]. Poznań 1993, 199–204 sowie *Kühne*, Hartmut: Ostensio reliquiarum. Untersuchungen über Entstehung, Ausbreitung, Gestalt und Funktion der Heiltumsweisungen im römisch-deutschen Regnum. Berlin, New York 2000, 106–132. Zu den Krumauer Prozessionen siehe *Tadra*, Ferdinand: Ukazování sv. ostatků v Č. Krumlově v XIV. věku [Die Zurschaustellung von heiligen Reliquien in Krumau des 14. Jahrhunderts]. In: Časopis Českého museum 54 (1880), 432–437 und *Schmidt*, Valentin: Das Krummauer Heilthumsfest. In: Festschrift des Vereins für Geschichte der Deutschen in Böhmen seinen Mitgliedern gewidmet zur Feier des 40jährigen Bestandes, 27. Mai 1902. Prag 1902, 117–125. Die Rolle von Reliquien bei der sakralen Legitimierung von Karls Macht (zum großen Teil eine *imitatio* der sakralen Legitimierung der französischen Könige) wurde wiederholt zum Forschungsgegenstand. In der letzten Zeit befasst sich speziell mit diesem Thema *Kuthan*: Pařížská Sainte-Chapelle. Mit der Reliquienschenkung als einem Schritt auf dem Weg zum gemeinsamen modus vivendi zwischen Karl IV. und den Rosenbergern in den 1350er Jahren befasst sich *Šimůnek*: Karel IV. a páni z Rožmberka, 78–84, 99-100; die Echtheit der Urkunden aus den Jahren 1354 und 1355, und somit der Donation selbst, bezweifelte jüngst in seinem Artikel Martin Bauch (in diesem Band).

lich. Die Prozessionen ebenso wie die Ablässe bedeuteten nicht nur eine erhöhte Geldzufuhr (womit sie großzügige Bauaktivitäten ermöglichten), sondern betonten auch den Ruhm und den Glanz der Stadt und ihrer Obrigkeit.[41]

Abb. 15: Gesamtansicht von Krumau auf einer Postkarte von 1890. Die Pfarrkirche zu St. Veit ist noch in ihrer Gestalt vor den historisierenden Überarbeitungen zu sehen.

Eine Verbindung der *imitatio* im sakralen Bereich mit architektonischen Zitaten stellen wir häufig auch im Falle von Klosterstiftungen fest. Eines der grundlegenden Merkmale der monastischen Architektur ist bekanntlich die den Gewohnheiten der jeweiligen Orden entsprechende feste bauliche Gestalt der Klosteranlagen. Die Gründung des Klosters selbst kann allerdings wenn nicht gleich eine *imitatio*, dann doch zumindest ein Bekenntnis zur Herrscherideologie darstellen. Im 13. Jahrhundert ist dies im Fall der Zisterzienserklöster besonders markant – und das sowohl wegen ihrer auf Veranlassung des Landesherren sowie einiger Adelsgeschlechter parallel entstandenen Stiftungen, als auch auf der Ebene ihrer Funktion als Begräbnisstätte (Gründungen von Begräbnisstätten in Ordensklöstern). Erkennbarer Ausdruck des Bekenntnisses zur „Ideologie" (sowohl seitens des Landesherren als auch des Adels) sind Stiftungen von Franziskanerklöstern im Spätmittelalter, wobei auch die Stadtbürger diese zeitgenössische Mode übernahmen – wenn es sich in diesem Fall auch um keine neuen Stiftungen, sondern lediglich um einen Observanzwechsel handelte.[42]

---

41 In einem breiteren Kontext dazu *Šimůnek*, Robert: Český Krumlov v 15. století. Pozdně středověké město jako jeviště sakrální reprezentace [Krumau im 15. Jahrhundert. Eine spätmittelalterliche Stadt als ein Schauplatz sakraler Repräsentation]. In: *Gaži*, Martin (Hg.): Český Krumlov. Od rezidenčního města k památce světového kulturního dědictví [Krumau. Von der Residenzstadt zum Weltkulturerbe]. České Budějovice 2010, 475–520.

42 Dazu jetzt *Šimůnek*, Robert: Soziale Netzwerke geistlicher Institutionen im Spätmittelalter. Das Beispiel der Minoriten- und Franziskanerklöster in Böhmen. In: *Doležalová/ders.* (Hg.): Ecclesia als Kommunikationsraum, 147–183, hier besonders 162–164.

Die „imitatio" als Demonstration der sozialen Bindungen und des sozialen Status

Die *imitatio regni* war ein Ausdruck des Bekenntnisses zur Herrscherideologie und eine Demonstration der Verbindungen zum höfischen Milieu oder direkt zum Landesherrn. Das Kopieren äußerer Formen durch den Adel und das Bürgertum bot zugleich in den zeitgenössischen Vorstellungen einen Weg zur Kompensation sozialer Hindernisse. Die allgemein gültigen Stereotype erfasste der Kölner Chronist Hermann Weinsberg, als er 1589 lapidar konstatierte: „Der adel toits den fursten nach, die burger und richen dem adel nach. Die es nit wol vermogen, verderben oder werden verschimpt".[43] Sogar die Anzahl der bei festlichen Gelegenheiten aufgetragenen Gänge hatte hier ihre Bedeutung. Ein Beweis dafür ist die Anordnung von 1497, laut der Ritter und Bürger ihren Gästen maximal sieben (Speisen) Gänge zum Mittagessen und sechs zum Abendessen servieren durften. Schon hundert Jahre früher erwähnt Štítný das „Wetteifern" zwischen Wladyken und Rittern um eine prunkvollere Tafel.[44]

Der Adel übernahm Vorbilder aus dem höfischen (landesherrlichen) Milieu und adaptierte ausländische Muster. Im Bemühen, Schritt zu halten, kopierten die Einen den Anderen, ihre Erben hoffen wiederum auf die Überwindung sozialer Barrieren mittels (konsequenter) Nachahmung. Chronisten aus dem Hofkreis Karls IV. beklagen die Übernahme der komischen und unpraktischen Mode der Schnabelschuhe. Es besteht kein Zweifel daran, dass Auslandskontakte und besonders Reisen des böhmischen Adels zumindest einen partiellen Transfer fremder Muster in das heimische Milieu geradezu herausforderte – und zwar sowohl im Bereich des Lebensstils, des Stiftwesens oder der Familientraditionen (ganz evident ist dies im Fall der fiktiven römischen Herkunft) als auch in der Architektur oder der Innenausstattung. Vieles davon setzen wir als mehr oder weniger berechtigt voraus, von vielem haben wir wiederum gar keine Ahnung.[45]

Wir haben zwei grundsätzliche „vertikale" Richtungen angedeutet, in denen sich die *imitatio* im Zusammenhang mit dem mittelalterlichen Adel beobachten lässt: der Adel, der die Vorbilder des höfischen (landesherrlichen) Milieus übernahm, sowie der Adel, der selber zu einem Muster für das bürgerliche Milieu wurde. Die Bemühungen um eine äußerliche Nachahmung des adeligen Lebensstils und der Attribute des Rittertums seitens der Aufsteiger aus oberen Schichten des Bürgertums (in der Regel nobilitierter Bürger) war im Spätmittel-

[43] *Schmid*, Wolfgang: Kunststiftungen im spätmittelalterlichen Köln. In: *Jaritz*, Gerhard (Hg.): Materielle Kultur und religiöse Stiftung im Spätmittelalter. Wien 1990, 157–185, hier 163.

[44] *Macek*, Josef: Jagellonský věk v českých zemích (1471–1526). Bd. 2: Šlechta [Das Zeitalter der Jagellonen in den böhmischen Ländern (1471–1526). Bd. 2: Der Adel]. Praha 1994, 157, 169–173.

[45] *Pánek*, Jaroslav/*Polívka*, Miloslav: Die böhmischen Adelsreisen und ihr Wandel vom Mittelalter zur Neuzeit. In: *Babel*, Rainer/*Paravicini*, Werner (Hg.): Grand tour. Adeliges Reisen und europäische Kultur vom 14. bis zum 18. Jahrhundert. Ostfildern 2005, 53–69.

alter ein allgemeines Phänomen.[46] Bei der Betrachtung dieser Ebene der sozialen Verhältnisse macht es sogar den Eindruck, dass die Nachahmung eines der grundlegenden Merkmale der Koexistenz des Adels und der Städte / des Adels und der Bürger / des Adels in den Städten gehalten werden kann – mag es sich um die Übernahme prestigeträchtiger Bauformen (Turmbauten, später Details wie Erker, Türmchen und ähnliches), die Innengliederung bürgerlicher Häuser sowie ihre Ausstattung und Ausschmückung handeln, oder aber in einem weiteren Sinne um wirtschaftliche Aktivitäten oder die Übernahme bestimmter Gewohnheiten der Stadtkanzleien (sehr anschaulich ist in dieser Hinsicht zum Beispiel das adelige Testamentsformular). Da sich viele mittlere und kleinere Städte in adeligen Händen befanden und der Adel zudem oft in Städten residierte oder zumindest Verbindungen zu diesem Milieu besaß, ist diese Beobachtung auch nicht weiter erstaunlich. Eine Schnittstelle bildete die städtische Pfarrkirche, bei der es sich um einen liturgischen und memorialen Mittelpunkt der städtischen Gemeinde wie auch des benachbarten Adels handelte. Die einen wie die anderen beteiligten sich an der Errichtung des Baus und der Beschaffung der Inneneinrichtung, wobei die Kooperation gleichzeitig auch als eine Rivalität in der „Beherrschung" des Sakralraumes verstanden werden muss. Die Beziehungen zwischen Adel und Städten charakterisierte notwendigerweise vielmehr die (konkurrierende) Koexistenz als Konfrontation (wie angesichts der allgemeinen, von Streitigkeiten um politische Rechte und wirtschaftliche Privilegien dominierten Landesentwicklung pauschal behauptet wird). Ihren Aussagewert hat hier im Übrigen schon die bloße Tatsache, dass dem sozial heterogenen städtischen Milieu gleichzeitig eine offensichtlich vereinheitlichende Rolle zukam. Wenn wir dann unsere Aufmerksamkeit auf jene Stadtbewohner / Immobilienbesitzer richten, die anhand ihres ökonomischen und damit auch sozialen Status automatisch zur „Elite" gehörten, so finden wir hier sowohl Adelige als auch Mitglieder bürgerlicher Oberschichten. Die Nivellierung der finanziellen Unterschiede zwischen Landadel und vermögenden Stadtbürgern führte zu einer Nivellierung der sozialen Unterschiede – und es war gerade das gemeinsam geteilte Milieu des städtischen Raumes, das in dieser Hinsicht eine zentrale Rolle spielte.[47]

---

46 Zum Beispiel *Iwańczak,* Wojciech: Po stopách rytířských příběhů. Rytířský ideál v českém písemnictví 14. století [Auf den Spuren von Rittergeschichten. Das ritterliche Ideal im böhmischen Schrifttum des 14. Jahrhunderts]. Praha 2001, 230 sowie *Keen,* Maurice: Das Rittertum. Düsseldorf 2002, 377 f.

47 Auf der Grundlage von regionalen Stichproben skizziert die Beziehungsebenen zwischen Adel und Städten *Šimůnek,* Robert: Šlechta a města v pozdním středověku. Kontakty, konfrontace a geografický horizont. Na příkladu Strakonic a Volyně [Adel und Städte im Spätmittelalter. Kontakte, Konfrontationen und der geographische Horizont. Am Beispiel von Strakonitz und Wolin]. In: Historická geografie 33 (2005), 197–247 sowie *ders.:* Tábor a jeho sousedé. Typ modu vivendi v pohusitských Čechách [Tabor und seine Nachbarn. Eine Art des modus vivendi im nachhussitischen Böhmen]. In: *Drda,* Miloš/*Vybíral,* Zdeněk/*Smrčka,* Jakub (Hg.): Jan Žižka z Trocnova a husitské vojenství v evropských dějinách

Eine komparative Perspektive ermöglicht uns einen Einblick in die Kreise vermögender Bürger („Patrizier") des 14. Jahrhunderts. Die Analyse der Bandbreite der Ausdruckformen des aristokratischen Selbstbildes des böhmischen „Patriziats" liefert uns dieselben Grundelemente wie im Falle des Adels: heraldische und sphragistische Ausdrucksmittel, Rezeption der höfischen Mode in Kleidung und Kultur (zum Beispiel die malerische Verzierung von Innenräumen der Residenzbauten und -sitze), aber auch den Burgenbesitz.[48] Der zuletzt erwähnte Punkt ist besonders wichtig, weil die Burg hier als ein Indiz für den sozialen Status erscheint (der Burgenbesitz selbst stellt eines der zentralen Attribute dar, mit denen sich die Stadtbürger dem Adel annäherten – und aus demselben Grund war der bürgerliche Burgenbesitz dem Adel auch ein Dorn im Auge). Die einen wie die anderen nahmen diesen Prozess als eine Art Auflösung der ständischen Grenzen wahr – nur mit dem Unterschied, dass beide Seiten entgegengesetzte Interessen vertraten.

Abb. 16: Die Feste von Maleschau entstand im 14. Jahrhundert als repräsentativer Landsitz der bürgerlichen Kuttenberger Familie Ruthard. Den sakralen Mittelpunkt der dynastischen Repräsentation bildete die Familienkapelle in der Kuttenberger St.-Jakobskirche.

[Jan Žižka von Trocnov und das hussitische Militärwesen in der europäischen Geschichte]. Tábor 2007, 317–340. Die Gesamtperspektive belegt, wie unentbehrlich es ist, die traditionelle Vorstellung von „Antagonismus" als entscheidendes Moment zu relativieren. Siehe dazu *Šimůnek*, Robert: Šlechta a města pozdního středověku. Konfrontace či koexistence [Adel und Städte im Spätmittelalter. Konfrontation oder Koexistenz]? In: *Lukačka*, Ján/ *Štefánik*, Martin u. a. (Hg.): Stredoveké mesto ako miesto stretnutí a komunikácie [Die mittelalterliche Stadt als Raum der Begegnung und Kommunikation]. Bratislava 2010, 225–237. In vergleichender Perspektive zu nennen ist zumindest die Spezialstudie *Meckseper*, Cord: Architektur und Lebensformen. Burgen und Städte als Orte von Festlichkeit und literarischem Leben. In: *Lutz*, Eckart Conrad (Hg.): Mittelalterliche Literatur im Lebenszusammenhang. Freiburg/Schweiz 1997, 15–43.

48 *Musílek*, Martin: Odraz dvorské kultury v měšťanském prostředí ve 13. a 14. století [Das Abbild der höfischen Kultur im bürgerlichen Milieu des 13. und 14. Jahrhunderts]. In: *Dvořáčková-Malá/Zelenka*: Dvory a rezidence ve středověku 2, 475–505.

Die Nachahmung trug das Potential der Veränderung in sich, die je nach Standpunkt als Bedrohung wahrgenommen werden konnte. Vor allem in den niederen Schichten der erwähnten Vertikale (Ritter, Stadtadel, Bürger) bestand das Risiko, dass die *imitatio* eine Auflösung oder Lockerung der visualisierten ständischen Grenzen und somit eine Nivellierung des sozialen Status zur Folge haben würde. Die Gefahr der äußere, soziale Unterschiede verwischenden Nachahmung (mittels einer imposanten Residenz, einer großzügigen Förderung der Kirche oder des eigenen Lebensstils, aber beispielsweise auch eines Wappens oder eines signifikanten Details in Form der Kleidung) durchdringt das ganze europäische Mittelalter. Wir haben schon oben von den Verordnungen über eine „dem Stand angemessene" Anzahl von Speisegängen bei einem Festmahl gesprochen. An dieser Stelle können wir noch die Kleidung in Erinnerung rufen.[49] Besonders bei diesem Thema waren nämlich die Reglementierungsversuche langfristig und, wie es scheint, zum großen Teil wirkungslos. Die sogenannten, in Mitteleuropa vor allem aus den deutschen Ländern bekannten Kleiderordnungen stellten das Tragen einer anderen als der vorgeschriebenen Kleidung unter Strafandrohung. Eine Palette von Visualisierungen oder mit der Kleidung verbundener symbolischer Aussagen ist natürlich auch aus dem böhmischen Milieu bekannt. Ein Beleg dafür sind die sogenannten Sobieslawschen Rechte. Sie waren ein Versuch, Einschränkungen im Sinne der Kleiderordnungen durchzusetzen. Offensichtlich ist auch, dass die Kleidung in einigen Fällen sogar als ein Indiz für den rechtlichen Status verstanden wurde: Je nachdem, welche Kleidung er gerade trug, konnte ein Ordensmann entweder dem weltlichen oder dem kirchlichen Gericht unterliegen. Im adeligen wie auch im bürgerlichen Milieu galt zweifellos, dass die Kleidung die Position des Einzelnen in der Gesellschaftshierarchie widerspiegelte (oder widerspiegeln sollte). Logischerweise kam die Nachahmung auch auf dieser Ebene sehr stark zur Geltung.[50]

Was sich der eine erlauben konnte, war dem anderen nicht möglich. Dies mussten viele Kleinadelige erfahren, die es für ihre persönliche Ehrensache hielten, mit äußeren Attributen dem Hochadel gleichzukommen. Sie führte die *imi-*

---

49 *Keupp*, Jan: Die Wahl des Gewandes. Mode, Macht und Möglichkeiten in Gesellschaft und Politik des Mittelalters. Ostfildern 2010.

50 *Macek*: Jagellonský věk 157–168. Zu Kleiderordnungen siehe *Nodl*, Martin: Elity v českých a moravských pozdně středověkých městech jako badatelský a interpretační problém [Eliten in böhmischen und mährischen spätmittelalterlichen Städten als ein Forschungs- und Interpretationsproblem]. In: Documenta Pragensia 22 (2004), 23–49, hier 43 f. und 46 f. Zur Nachahmung siehe *Iwańczak*: Po stopách rytířských příběhů, 70, 164–167. Mit Kleidung (und Nahrung) als Ausdruck der gesellschaftlichen Stellung befasst sich zum Beispiel *Nejedlý*, Martin: Fortuny kolo vrtkavé. Láska, moc a společnost ve středověku [Das wankelmütige Rad der Fortuna. Liebe, Macht und Gesellschaft im Mittelalter]. Praha 2003, 372–374. Vgl. aus älterer Literatur zum Beispiel *Jaritz*, Gerhard: Zwischen Augenblick und Ewigkeit. Einführung in die Alltagsgeschichte des Mittelalters. Wien, Köln 1989, 95–99 und 128–136.

tatio nicht selten in den Bankrott. Das haben bereits die Zeitgenossen erkannt. Der sog. alte Geschichtsschreiber erfasste die Tatsache sehr genau, als er folgenden Grund für den sozialen Abstieg einiger Kleinadeliger auf das Niveau von Straßenräubern nannte: „sich den Herren gleichen wollend vergeudeten in dieser Zeit viele der Ritter ihre Güter und wurden arm und gaben sich dem Raub hin".[51] Obwohl nichts ausnahmslos gilt, haben wir somit sicher einen der Gründe für den sozialen Abstieg einiger Kleinadeliger vor uns. Dafür mussten also nicht immer notwendigerweise Arrondierungen der herrschaftlichen Dominien und der Zerfall des Familienbesitzes zwischen zahlreichen Nachkommen verantwortlich sein – manchmal war dies einfach nur eine Folge der Überschätzung der eigenen finanziellen Möglichkeiten.

Aus dem Tschechischen von Helena und Volker Zimmermann

---

[51] „Toho času mnozí z rytířstva, promrhavše statky své, chtějíce se pánům vrovnati, i ochudli a dali se v loupeže". Siehe *Charvát*, Jaroslav (Hg.): Dílo Františka Palackého. Bd. 2: Staří letopisové čeští od roku 1378 do 1527 čili pokračování v kronikách Přibíka Pulkavy a Beneše z Hořovic z rukopisů starých vydané [Das Werk František Palackýs. Bd. 2: Die alten böhmischen Geschichtsschreiber von 1378 bis 1527 oder die Fortsetzung in den Chroniken von Přibík Pulkava und Benesch von Hořowitz aus alten Handschriften herausgegeben]. Praha 1941, 325.

Johannes Abdullahi

JOHANN DER BLINDE UND SEINE „RHEINISCHEN HANSEL"
Geld und Hof im zeitgenössischen Diskurs

In der anonymen Fortsetzung der Autobiografie Kaiser Karls IV. wird gegen den böhmischen König und Luxemburger Grafen, Johann den Blinden, der Vorwurf erhoben, er würde alles Geld unter *rinenses Henkinos* verteilen. Unklar und in der Forschung umstritten ist die Bedeutung von *Henkinos*. Die treffendste Übersetzung lautet meiner Meinung nach „rheinische Hansel". Im Aufsatz will ich diesen Vorschlag begründen und dafür dem Wort selbst, dem damit angesprochenen Personenkreis und der Perspektive des unbekannten Autors nachgehen. Verständlich wird jedoch die spöttische Bezeichnung als „Hansel" erst angesichts des zeitgenössischen Diskurses über die Kosten des Hofs. Die begrifflichen Schwierigkeiten, die das Wort *Henkinos* bereitet, führen so zu der Frage, wie damals Ausgaben des Herrschers für Erwerb, Erhalt und Vergrößerung der Anhängerschaft bewertet wurden. Tatsächlich drängt sich diese Frage für Johann den Blinden regelrecht auf, weil seine Zuwendungen in den erzählenden Quellen völlig konträr beurteilt werden: zum einen als Akte ritterlicher Großzügigkeit, zum anderen als Ausweis für den verschwenderischen Umgang mit landesherrlichen Einnahmen.[1] Wie sich zeigen wird, werden aber gerade die gegensätzlichen Wertungen besonders gut gemeinsame Deutungsmuster zu erkennen geben.

Die „rheinischen Hansel"

Die „Vita Caroli Quarti" berichtet, dass der Wahl Karls zum Gegenkönig im Jahr 1346 der Versuch Kaiser Ludwigs IV. vorausging, einen Ausgleich mit den Luxemburgern herbeizuführen, dass aber eine Aussöhnung am Misstrauen Karls und seines jüngeren Bruders Johann Heinrich scheiterte. Erstaunlich an dem Bericht ist die Begründung: Den Brüdern kamen nicht etwa aufgrund des Angebots Bedenken, das ihnen der Kaiser unterbreitete, sondern auf-

---

1   Zu den zwei Seiten im Geschichtsbild Johanns des Blinden siehe *Margue*, Michel: Memoria et fundatio. Religiöse Aspekte des Herrschaftsverständnisses eines Landesherrn in der ersten Hälfte des 14. Jahrhunderts. In: *Pauly*, Michel (Hg.): Johann der Blinde. Graf von Luxemburg, König von Böhmen (1296–1346). Tagungsband der 9es Journées Lotharingiennes 22.–26. Oktober 1996, Centre Universitaire de Luxembourg. Luxemburg 1997, 197–217, hier 197–202.

grund ihres verschwenderischen Vaters, Johanns des Blinden. So heißt es in
der Vita von dem Friedensangebot, auf das sich dieser und Ludwig der Bayer
bereits geeinigt hatten:

Als es aber seinen Söhnen, dem Markgrafen Karl von Mähren und Johann, hinterbracht
wurde, versagten diese ihre Zustimmung. Sie erklärten vielmehr: „Wenn unser Vater dieses
Geld in die Finger bekommt, wird er es unter seinen *rinenses Henkinos* verteilen, und wir
werden die Betrogenen und Geprellten bleiben."[2]

Aus dem Kontext dieses Zitats geht hervor, dass es sich bei dem Angebot um
eine Wiedergutmachung für den „Tiroler Eheskandal" handelte, der zur offenen Konfrontation zwischen beiden Seiten geführt hatte. Im November 1341
war Johann Heinrich durch eine Verschwörung seiner Frau Margarete aus der
Grafschaft Tirol vertrieben worden. Der Kaiser hatte das Komplott unterstützt
und nach Johann Heinrichs Flucht die Ehe beider geschieden, um seinen eigenen Sohn mit der Gräfin von Tirol zu verheiraten.[3] Laut der Vita bot nun
Ludwig der Bayer Johann dem Blinden und seinem Sohn Johann Heinrich als
Entschädigung die Lausitz an. Außerdem versprach er ihnen 20.000 Mark Silber und als Pfand bis zur vollständigen Auszahlung die Städte Berlin, Brandenburg und Stendal.[4] Auf dieses Angebot hatten sich Ludwig und Johann
dem Text zufolge erst nach langen Verhandlungen verständigen können. Dass
Johanns Söhne es trotzdem ausschlugen, rief bei Ludwig große Bestürzung
hervor, der darin, wie es heißt, das Vorzeichen eines bösen Endes sah. In der

---

2   Vita Karoli IV Imperatoris, cap. 19. In: *Emler,* Josef (Hg.): Fontes Rerum Bohemicarum.
     Bd. 3. Prag 1882, ND Hildesheim 2004, 368: „Sed postquam ad Karolum, marchionem
     Moravie, et Johannem filios suos perduceretur, noluerunt in eadem consentire, dicentes:
     Si pater noster arripuerit istas pecunias, disperget eas inter Rinenses Henkinos, et sic de-
     cepti manebimus et illusi". Für die Übersetzung hielt ich mich an *Hillenbrand,* Eugen:
     Vita Caroli Quarti. Die Autobiographie Karls IV. Einführung, Übersetzung und Kom-
     mentar. Stuttgart 1979, 197. Lediglich die Formulierung „disperget eas inter Rinenses
     Henkinos" gebe ich abweichend wieder, um „rinenses Henkinos" unübersetzt zu belas-
     sen. Zu den verschiedenen Übersetzungen siehe unten.
3   Für einen Überblick zur Geschichte Johanns des Blinden sowie insgesamt zur Geschich-
     te der Luxemburger siehe *Hoensch,* Jörg K.: Die Luxemburger. Eine spätmittelalterliche
     Dynastie gesamteuropäischer Bedeutung (1308–1437). Stuttgart 2000, hier besonders
     94–101. Speziell zum wechselhaften Verhältnis zwischen Ludwig dem Bayern und Jo-
     hann von Böhmen siehe *Hlaváček,* Ivan: Johann von Luxemburg und Ludwig IV. von
     Bayern. In: *Nehlsen,* Hermann/*Hermann,* Hans Georg (Hg.): Kaiser Ludwig der Bayer.
     Konflikte, Weichenstellungen und Wahrnehmung seiner Herrschaft. Paderborn 2002,
     139–161; *Menzel,* Michael: König Johann von Böhmen und die Wittelsbacher. In: *Pauly*
     (Hg.): Johann der Blinde, 307–342. Einen guten Überblick zum „Eheskandal" vermittelt
     Miethke, Jürgen: Die Eheaffäre der Margarete „Maultasch" Gräfin von Tirol. In: *Meyer,*
     Andreas/*Rendtel,* Constanze/*Wittmer-Busch,* Maria (Hg.): Päpste, Pilger, Pönitentiarie.
     Festschrift für Ludwig Schmugge zum 65. Geburtstag. Tübingen 2004, 353–391. Eine
     ausführliche Darstellung des Themas bietet *Wegner,* Ulrike: Die Eheangelegenheit der
     Margarethe von Tirol. Überlegungen zur politischen und kulturhistorischen Bedeutung
     des Tiroler Eheskandals. Berlin 1996.
4   Zu Ludwigs Angebot siehe *Hillenbrand*: Vita Caroli, cap. 19, 196 f.

Vita bewahrheitet sich die Vorahnung des Kaisers dann auch sogleich, denn in der Erzählung folgt unmittelbar die geglückte Wahl Karls zum römischen König.[5] Es überrascht, dass im Zusammenhang mit Ludwigs Bemühungen um einen Ausgleich an Johann dem Blinden Kritik geübt wird. Ludwig der Bayer erscheint in Karls Biografie durchgehend in einem äußerst negativen Licht, und gerade bei Abmachungen wird er als verschlagen und wortbrüchig dargestellt.[6] Nicht aber die Gerissenheit des Kaisers, sondern der verschwenderische Umgang des Vaters mit Geld dient in der Erzählung als Erklärung, warum Karl und Johann Heinrich das Friedensangebot ablehnten. Erklärungsbedürftig erscheint diese Haltung überhaupt erst angesichts der im Text ausführlich geschilderten Kompromissfindung: Die Gespräche fanden in Trier vor Johanns Onkel, dem dortigen Erzbischof Balduin, statt. Es trafen zudem viele Große ein, die im Konflikt mit dem Kaiser auf Johanns Seite standen. Die Verhandlungen gestalteten sich zunächst schwierig, schließlich konnten sich die Anwesenden aber einigen.[7] Das Angebot wird also nicht als ein einseitiger Vorstoß des Kaisers beschrieben, sondern als ein mühsam hergestellter Konsens, der insbesondere den Luxemburger Anhang im Reich mit einschloss. Dem Vorwurf der Verschwendung kommt somit eine Schlüsselrolle in der Erzählung zu: Er soll dem Leser vor dem Hintergrund einer auf Luxemburger Seite allgemein geteilten Zustimmung die Weigerung Karls und Johann Heinrichs verständlich machen. Ausgerechnet diese Textstelle bereitet aber begriffliche Schwierigkeiten, so dass unklar ist, an wen Johann für gewöhnlich sein Geld weiterreichte.

Nach der gängigen deutschsprachigen Übersetzung der Karlsvita durch Eugen Hillenbrand stand zu befürchten, dass der böhmische König bei einer Einigung die Entschädigung unter Rheinländern und Hennegauern verteilt hätte. Im lateinischen Text der zweisprachigen Ausgabe weist Hillenbrand jedoch darauf hin, dass er für diese Übersetzung den überlieferten Wortlaut er-

---

5   Zur Reaktion Ludwigs auf die Absage der beiden Brüder siehe *ebenda*, 196 und 198. Dabei heißt es unter anderem: „De quo Ludovicus Bavarus valde fuit territus et ultra modum quam dici poterit stupefactus, et suspicatus est mali eventus esse omen, quod filii regis Johannis ordinacionem per magnos principes maturis et providis dispositam et ordinatam consiliis et per patrem eorum acceptatam acceptare renuunt [...].“

6   Insbesondere im Zusammenhang mit einem Ausgleich, der 1339 mit Johann von Böhmen zustande kam, wird Ludwig in der Vita als wortbrüchig und hinterhältig beschrieben. Siehe *ebenda*, cap. 14, 166 f. Aber auch im Konflikt um Tirol wird er als undankbar und rücksichtslos gezeigt. Siehe *ebenda*, cap. 8, 120.

7   *Ebenda*, cap. 19, 194: „Qui quidem placitorum terminus fuit super die certo coram Trevirensi [archi]episcopo, qui regis Johannis patruus erat, in Treviris constitutus, ad quem quidem terminum multi domini et viri magnifici ad regis Johannis partem convenerunt, qui super re magna magnos habuerunt tractatus, quia sic facti enormitas et perpetrati criminis execrabilis immanitas requirebat.“ Von umsichtigen Beratungen, an denen bedeutende Fürsten teilnahmen, berichtet auch das Zitat in Anmerkung 5, mit dem Zweck aber, die Verstörung Ludwigs verständlich zu machen.

gänzen musste. Als Textgrundlage verwendet er die kritische Ausgabe der Vita Caroli Quarti von Josef Emler, die den Vorwurf folgendermaßen wiedergibt: „Si pater noster arripuerit istas pecunias, disperget eas inter Rinenses Henkinos, [...]."[8] Strittig ist, wie schon erwähnt, wer sich hinter der Bezeichnung *Henkinos* oder im Nominativ *Henkini* verbirgt. Hillenbrand führt verschiedene Vorschläge an, schließt sich selbst aber den Überlegungen Johann Friedrich Böhmers und Ludwig Oelsners an. Für Böhmer, der die Vita in seine Fontes Rerum Germanicarum aufnahm, sind die *Henkini* Hennegauer, also die Bewohner der einst auf dem Gebiet des heutigen Belgien und Frankreich gelegenen Grafschaft Hennegau.[9] Oelsner folgt in seiner Übersetzung Böhmer, merkt jedoch an, dass für eine Aufzählung im Sinn von Rheinländern und Hennegauern zwischen *Rinenses Henkinos* eigentlich ein *et* stehen müsste.[10] Konsequenterweise fügt Hillenbrand, der sich ja gleichfalls für Böhmers Vorschlag entscheidet, dieses *et* der Edition Emlers in Klammern hinzu.[11] Freilich ist eine sinnvolle Übersetzung auch ohne Ergänzungen des Texts denkbar, nämlich wenn *rinenses* das Adjektiv zu *Henkinos* bildet. Allerdings stellt sich dann erneut die Frage nach der Bedeutung von *Henkini*, da rheinische Hennegauer keinen Sinn ergibt. Anton Blaschka, der die Übersetzung Oelsners überarbeitete, beantwortet die Frage mit „rheinischen Junkern", ohne jedoch seine Wortwahl zu begründen.[12] In der tschechischen Ausgabe von Jakub Pavel sowie in der englischen von Balázs Nagy und Frank Schaer, die beide „rheinische Günstlinge" als Übersetzung anbieten, fehlt gleichfalls eine Erklärung.[13] Heinz Thomas, der sich nebenbei in einem Aufsatz mit dem Problem auseinandersetzt, deutet *Henkini* als Spitzname für Rheinländer. Um aber nicht zweimal dasselbe auszudrücken, löst er *rinenses Henkinos* als

---

[8] *Emler:* Vita Karoli, cap. 19, 368. Zum Wortlaut der gesamten Passage siehe Anm. 2.

[9] Siehe in den Berichtigungen und Zusätzen seiner Edition Vita Caroli quarti imperatoris. In: *Böhmer,* Johann Friedrich (Hg.): Fontes Rerum Germanicarum 1. Stuttgart 1843, 486.

[10] *Oelsner,* Ludwig: Kaiser Karls IV. Jugendleben von ihm selbst erzählt. 2. Aufl. Leipzig 1939, 73 (Anm. 1). Die Meinung Oelsners gibt auch Ottokar Menzel in seiner Übersetzung der Vita wieder. Siehe *Menzel,* Ottokar: Kaiser Karl IV. Selbstbiographie. Berlin 1943, 98.

[11] *Hillenbrand:* Vita Caroli, cap. 19, 196: „disperget eas inter Rinenses [et] Henkinos, [...]." Zur Erklärung Hillenbrands siehe dort Anmerkung b.

[12] In der betreffenden Anmerkung gibt Blaschka zwar die Argumentation Böhmers und Oelsners wieder, warum er aber *Henkinos* mit Junkern übersetzt, erklärt er nicht, siehe *Blaschka,* Anton: Kaiser Karls IV. Jugendleben und St.-Wenzels-Legende. 3. Aufl. Weimar 1956, 92 (Anm. 266).

[13] Zur tschechischen Übersetzung mit „rýnskými oblíbenci" siehe Vita Karoli Quarti. Karl IV. Vlastní životopis. Hg. v. Bohumil *Ryba* u. übers. v. Jakub *Pavel.* Prag 1978, 155. Zur englischen mit „Rhineland favorites" siehe Autobiography of Emperor Charles IV and his legend of St. Wenceslas. Hg. u. übers. v. Balázs *Nagy* u. Frank *Schaer.* Budapest, New York 2001, 173. Die jüngste Übersetzung, ins Französische, gibt Hillenbrands Vorschlag wieder, weist aber auf die anderen Übersetzungen hin. Siehe Vie de Charles IV de Luxembourg. Hg. u. übers. v. Pierre *Monnet* u. Jean-Claude *Schmitt.* Paris 2010, 141.

„rheinische Kumpane" auf.[14] Mein Vorschlag geht im Grunde in die gleiche Richtung. Der einzige Unterschied ist, dass ich den Spitznamen beibehalten will, da man sich auch heute noch unter diesem einen Begriff machen kann.

Für seine Deutung stützt sich Thomas auf die zu Beginn des 14. Jahrhunderts entstandene „steirische Reimchronik", in der *Henikîn* viermal als Bezeichnung für eine bestimmte Personengruppe auftaucht.[15] Das Register der Edition weist diese Gruppe als flämische Ritter aus. Dem Textzusammenhang ist hingegen zu entnehmen, dass derart ganz allgemein die Bewohner der Rheingegend spöttisch betitelt werden.[16] Zieht man namenkundliche Lexika und Handbücher zu Rat, zeigt sich, dass die *Henkini* der Karlsvita lediglich eine latinisierte Form der *Henikîn* aus der Reimchronik sind.[17] Der Name an sich leitet sich von „Johannes" ab: Frühe Kurzformen für diesen Rufnamen waren „Hennes" oder „Henne", während die Koseform dazu „Henneke" lautete – gebildet durch das in Nord-, aber auch Mitteldeutschland gebräuchliche Verkleinerungssuffix „-ke". Ebenso gut ließe sich allerdings „Henneke" auch auf „Heinrich" zurückführen. Eine klare Trennung ist nicht möglich.[18] Für rheinische „Hänschen" statt „Heinis" spricht jedoch eine Veränderung in der Namengebung, die sich im 13. und 14. Jahrhundert im deutschsprachigen Raum vollzog: Überwogen zuvor altdeutsche Rufnamen, kamen nun biblische in Mode. Ganz vorne in der Beliebtheit stand dabei der Name „Johannes", der gewöhnlich in seiner Kurzform gebraucht wurde.[19] Die Häufigkeit, mit der

---

14 *Thomas*, Heinz: Vater und Sohn. König Johann und Karl IV. In: *Pauly* (Hg.): Johann der Blinde, 465 (Anm. 100).

15 Zu Autor und Werk siehe *Weinacht*, Helmut: Art. Ottokar von Steiermark. In: *Ruh*, Kurt u. a. (Hg.): Die deutsche Literatur des Mittelalters. Verfasserlexikon. Bd. 7. 2. Aufl. Berlin, New York 1989, 238–245.

16 Für den Eintrag im Glossar siehe *Seemüller*, Joseph (Hg.): Ottokars österreichische Reimchronik. In: MGH Deutsche Chroniken 5. Hannover 1890–1893, 1290. Zweimal werden die *Henikîn* ausdrücklich am Rhein verortet: „es wurde dâ gestriten / nâch den swaebischen siten / und als die Henikîn / tuont bî dem Rîn" und „kaemt ir mêre zuo dem Rîn! / iuch widersaezen die Henikîn / sô sêre niht mêr als vor" (*ders.*, 336 V. 25478–81 und 1020 V. 77592 f.). Der Kontext beider Stellen verleiht der Bezeichnung eine abwertende Konnotation: Im ersten Fall führt ihre Kampfweise zu einer Niederlage, und im zweiten Fall stehen sie sinnbildlich für Furchtsamkeit. Bei den anderen beiden Stellen bezeichnen sie den Anhang des negativ dargestellten Adolfs von Nassau (*ders.*, 956 V. 72362 u. 961 V. 72750).

17 Siehe *Bach*, Adolf: Deutsche Namenkunde. Bd. 1. Heidelberg 1953, 128 § 111.

18 Zur Erklärung von „Henneke" als Kurz- und Koseform von „Johannes" oder „Heinrich" siehe *Bahlow*, Hans: Deutsches Namenlexikon. Familien- und Vornamen nach Ursprung und Sinn erklärt. 3. Aufl. Baden-Baden 1985, 227 f.; *Seibicke*, Wilfried: Historisches Deutsches Vornamenbuch. Bd. 2. Berlin, New York 1998, 353. Nach Bahlow war diese Kurzform nur in niederdeutschen Sprachgebieten geläufig. Dass die Verkleinerungsform mit „-ke" auch im zentralen Mitteldeutschland gebräuchlich war. Siehe *Schwarz*, Ernst: Deutsche Namenforschung. Bd. 1: Ruf- und Familiennamen. Göttingen 1949, 19 § 6 und 22 § 8.

19 Für den Wandel der Namengebung im 13. und 14. Jahrhundert und die Gebräuchlich-

dieser im Spätmittelalter und in der frühen Neuzeit vergeben wurde, wirkt heute noch nach, wenn wir etwa von „Hans" im Sinn von Jedermann sprechen oder mehrere Personen als unwichtige „Hansel" abtun.[20] Warum aber „Henneken" oder – wie es heute heißen würde – „Hänschen" als Spottname speziell für Rheinländer galt, bleibt freilich offen. Eine Erklärung ist vielleicht darin zu sehen, dass sich die Namengebung zuerst im Westen des Reichs änderte und der Norden und Osten nur zögerlich folgten.[21] Eine Zeit lang könnten daher die neuen biblischen Namen, darunter vor allem der Häufigste, als eine Besonderheit des Rheinlands aufgefallen sein.

Namenkundlich ist also das Wort *Henkinos* in der Vita Caroli Quarti als latinisierte Kurz- und Koseform von „Heinrich" oder wahrscheinlicher noch von „Johannes" zu bestimmen. Sein Gebrauch als Spitzname für Rheinländer lässt sich dagegen anhand der wenigen Belegstellen nicht abschließend klären. Ich will aber diese Spur nicht weiterverfolgen, sondern im nächsten Punkt eine andere Fährte aufnehmen: In welche historischen Zusammenhänge ist die Aussage über die *rinenses Henkinos* einzuordnen, und welche Rückschlüsse lassen sich aus diesen wiederum auf die Wortbedeutung ziehen? So ist zu fragen, inwieweit der Vorwurf der Verschwendung zutrifft, wer sich hinter den *rinenses Henkinos* verbirgt, aber auch, aus welcher Perspektive der Verfasser den Sachverhalt schildert. Aus seiner Sicht rechtfertigt ja der Vorwurf, Johann würde die kaiserliche Entschädigung unter den *rinenses Henkinos* verteilen, hinreichend die Ablehnung des ausgehandelten Friedensangebots. In welchem Verhältnis stand er aber zu jenen Personen, die er abschätzig als „rheinische Hansel" bezeichnet?

Der Vorwurf der Verschwendung

Ein ganzes Kapitel widmete der anonyme Autor dem Bemühen Kaiser Ludwigs IV. um einen Ausgleich mit den Luxemburgern. Ausführlich beschreibt er das Geschehen von der ersten Gesandtschaft des Kaisers bis zu dessen Bestürzung über die erhaltene Abfuhr. Seine Darstellung der Ereignisse erweckt daher zunächst Vertrauen, im Vergleich mit anderen Quellen erweist sie sich jedoch als kaum glaubwürdig. Heinz Thomas, der die zeitgenössischen Berichte über Gespräche zwischen beiden Seiten untersuchte, widerspricht zum einen der zeitlichen Einordnung in der Vita: Die Verhandlungen gehören

---

keit von Kurzformen siehe *Seibicke*, Wilfried: Die Personennamen im Deutschen. 2. Aufl. Berlin, New York 1998, 132–135; *Schwarz*: Deutsche Namenforschung. Bd. 1, 36 f. § 20 und 40–51 § 24–30.

[20] Zur dieser Bedeutung von „Hans", die bis ins Spätmittelalter zurückreicht, siehe *Heyne*, Moritz: Deutsches Wörterbuch von Jacob und Wilhelm Grimm. Bd. 10. ND München 1984, 455–462, hier besonders 455 f.

[21] Zur räumlichen und zeitlichen Ausbreitung der neuen Namen siehe *Schwarz*: Deutsche Namenforschung, 42–51 § 25–30.

nicht in das Vorfeld von Karls Königswahl, sondern fanden fast drei Jahre früher im Herbst und Winter 1343/44 statt.[22] Außerdem kommt er zu dem Schluss, dass es sich eher umgekehrt verhielt: Es war Johann der Blinde, der letztlich eine Übereinkunft verhinderte. Ludwig der Bayer führte zunächst mit beiden, dem böhmischen König und dessen Sohn, getrennt Verhandlungen.[23] Ein Ausgleich kam zwar als erstes mit Johann zustande, Karl, der davon zufällig erfuhr, lehnte diesen jedoch ab und verlangte stattdessen vom Kaiser, die Tiroler Angelegenheit mit ihm und seinem Bruder zu klären. Zum Abbruch der anschließenden Verhandlungen im Januar 1344 kam es dann auf Drängen des Vaters, da sich dieser zwischenzeitlich mit dem Papst gegen den Kaiser verschworen hatte. Der geschilderte Hergang beruht hauptsächlich auf dem Bericht des Chronisten Benesch von Weitmühl, den aber diplomatische Zeugnisse weitgehend bestätigen.[24] Keinen Anhaltspunkt gibt es hingegen für einen Ablauf, wie ihn die Vita überliefert. Erst recht gilt dies für einzelne Details der Erzählung wie die Verhandlungen in Trier oder aber die Reaktion der Brüder auf die dort vereinbarte Entschädigung. Dass sich also die Szene tatsächlich so abspielte, wie sie im Text beschrieben wird, ist angesichts nachweislicher Irrtümer und fehlender Belege äußerst unwahrscheinlich. Die dabei angeblich gefallenen Worte sind allerdings keineswegs völlig abwegig.

Die Behauptung, Johann hätte im Fall einer Einigung die erhaltenen Zahlungen restlos verteilt, klingt durchaus überzeugend, wenn man sich das Bild

---

22 Siehe *Thomas:* Vater und Sohn, 465–69, besonders 456. Die Karlsvita gibt nicht explizit einen Zeitpunkt für die Verhandlungen an. Dem Erzählstrang zufolge ereigneten sich aber die Verhandlungen nach der Auseinandersetzung mit dem polnischen König im Frühjahr 1345. Zur zeitlichen Einordnung heißt es zudem in der Vita, dass sich Johann auf die gescheiterten Verhandlungen hin („post hoc") nach Avignon begeben und den Papst zum Aufruf an die Kurfürsten veranlasst hätte, Karl zum König zu wählen. Siehe *Hillenbrand:* Vita Caroli, cap. 18, 186–195 und cap. 20, 198 f.

23 Thomas widerlegt die Behauptung des Chronisten Benesch von Weitmühl, Karl hätte die Verhandlungen mit dem Kaiser erst aufgenommen, nachdem er von dem Ausgleich seines Vaters erfahren gehabt hätte. Siehe dazu *Thomas:* Vater und Sohn, 466 f. Dass Karl schon im September Verhandlungen mit dem Kaiser führte, belegen ein in der Sammlung Rudolf Losses überliefertes Notariatsinstrument vom 10.9.1343 sowie ein Abkommen über einen Waffenstillstand vom 13.9.1343. Siehe dazu *Stengel,* Edmund E. (Hg.): Nova Alamanniae. Bd. 2/2. Hannover 1976, 833 f. Nr. 1531 f. und 1535 und *Emler,* Josef (Hg.): Regesta diplomatica nec non epistolaria Bohemiae et Moraviae. Bd. 4. Prag 1890, 529 f. Nr. 1316. In dieselbe Richtung ist auch ein päpstliches Schreiben vom 17.9.1343 zu deuten, in dem Clemens VI. Karl antwortet, in der Angelegenheit des gebannten Kaisers noch Bedenkzeit zu brauchen. Siehe *Klicman,* Ladislaus (Hg.): Acta Clementis VI. Pontificis Romani. Prag 1903, 160 Nr. 236.

24 Zum Bericht bei Benesch siehe Cronica Ecclesiae Pragensis Benessii Krabice de Weitmile. Lib. 4. In: *Emler,* Josef (Hg.): Fontes Rerum Bohemicarum. Bd. 4. Prag 1884, ND Hildesheim 2004, 509 f. Thomas bringt diesen Bericht mit dem diplomatischen Befund zusammen und korrigiert ihn nur in dem in der Anmerkung zuvor genannten Punkt. Zu den verschiedenen Berichten über die Verhandlungen und ihre Glaubwürdigkeit siehe auch *Wegner,* Eheangelegenheit, 185–198.

vor Augen führt, das die erzählenden Quellen von seinem Verhältnis zu Geld
vermitteln. In der Geschichtsschreibung erscheint er als stets mittelloser Herrscher, der durch seine andauernden Kriege, aber auch kostspieligen Geschenke, Feste und Turniere alle Ressourcen erschöpfte. Eine Bestätigung erfährt
diese Sicht – wenngleich als andere Seite derselben Medaille – in Gedichten,
die ihm eine schier grenzenlose Großzügigkeit zuschreiben.[25] Um keine iso-
lierte Beobachtung handelt es sich auch, wenn der Fortsetzer der Karlsvita die
Profiteure jener Freigebigkeit am Rhein ansiedelt. So bemerkten alle Chronisten in Böhmen – nicht selten mit Befremden, wie sehr sich ihr König mit Adligen aus seiner luxemburgischen Heimat und der rheinischen Nachbarschaft
umgab.[26] Freilich verfolgen alle diese Berichte eine bestimmte Tendenz und
sind daher nur bedingt aussagekräftig. Eine Parallele zu der in der Vita aufge-
stellten Behauptung ist jedoch auch im diplomatischen Befund zu erkennen.
In den erhaltenen Dokumenten finden sich finanzielle Zuwendungen an Getreue aus dem Westen des Reichs vor allem bei der Anwerbung von Lehnsleuten, da der Belehnung meist ein Tauschgeschäft vorausging: Johann zahlte
dem zukünftigen Lehnsmann einen bestimmten Betrag, für den ihm dieser
im gleichen Wert Eigenbesitz als Lehnsgut anwies.[27] Zahlreiche Urkunden belegen derartige Anwerbungen und zeigen insgesamt, dass Johann im Lauf seiner Herrschaft beträchtliche Summen aufwendete, um seine Anhängerschaft
im Westen zu vergrößern.[28] Mit eben diesen Adligen aus Luxemburg, der romanischen Nachbarschaft und dem rheinischen Westen des Reichs identifi-

---

[25] Einen Überblick, wie in den erzählenden Quellen Johanns Umgang mit Geld themati-
      siert wird, bietet *Margue*, Michel: Jean de Luxembourg. Images d'un prince idéal. In:
      ders. (Hg.) unter Mitarbeit von *Schroeder*, Jean: Un itinéraire européen. Jean l'Aveugle,
      comte de Luxembourg et roi de Bohême (1296–1346). Brüssel 1996, 170–174. Auf das-
      selbe Thema gehen auch ein *Hilsch*, Peter: Johann der Blinde in der deutschen und
      böhmischen Chronistik seiner Zeit. In: *Pauly* (Hg.): Johann der Blinde, 21–36; *Voltmer*,
      Ernst: Johann der Blinde in der italienischen und französischen Chronistik seiner Zeit.
      In: *Pauly* (Hg.): Johann der Blinde, 37–82.
[26] Die Luxemburger und Rheinländer in Johanns Gefolge sowie überhaupt seine starke
      Verbundenheit zu seiner Heimat bemerkten alle böhmischen Geschichtsschreiber. Siehe
      Hilsch: Deutsche und böhmische Chronistik, 21–30, hier besonders 24 und 26–28.
[27] Zu diesem als „Rentenlehen" bezeichneten Lehnstyp siehe *Spieß*, Karl-Heinz: Das Lehns-
      wesen in Deutschland im hohen und späten Mittelalter. 2. Aufl. Stuttgart 2009, 39 f.
      Zahlreiche Lehnsurkunden Johanns sind im Original im königlichen Archiv in Brüssel
      erhalten. Siehe *Estgen*, Aloyse u. a. (Hg.): Die Urkunden Graf Johanns des Blinden (1310–
      1346). Teil 2: Die Urkunden aus den Archives générales du Royaume in Brüssel. Luxem-
      burg 2009.
[28] Winfried Reichert geht in seiner Studie zu den Finanzen der Grafschaft Luxemburg im
      Zusammenhang mit Krediten und Verpfändungen auf die Belehnungen ein. Dabei stellt
      er fest, dass die zahlenmäßig größte Gruppe der Pfandnehmer aus dem Lehnshof
      stammte. Siehe *Reichert*, Winfried: Landesherrschaft zwischen Reich und Frankreich.
      Verfassung, Wirtschaft und Territorialpolitik in der Grafschaft Luxemburg von der Mit-
      te des 13. Jahrhunderts bis zur Mitte des 14. Jahrhunderts. Trier 1993, 353–371.

ziert Peter Moraw die *rinenses Henkinos* der Vita.[29] Inwieweit sie mit dem in den Lehnsurkunden fassbaren Personenkreis deckungsgleich sind, muss letztlich freilich offen bleiben. Aber ohnehin kann die Aussage in der Karlsvita allenfalls als eine stark verkürzte Bezugnahme auf Johanns Lehnsbeziehungen gelten.

Die Aufnahme bedeutender Adliger in seinen Lehnshof ließ sich der böhmische König bisweilen mehrere tausend Mark Silber kosten. In der Regel musste er sich auch bei seinen Vasallen zunächst verschulden und eigenen Besitz verpfänden.[30] Geld spielte also bei der Anwerbung von Lehnsleuten eine zentrale Rolle, die sich grundsätzlich jedoch auf das Tauschgeschäft beschränkte. Erst die Belehnung, die normalerweise Land oder regelmäßige Einkünfte umfasste, begründete das Treueverhältnis.[31] Außerdem kann keine Rede davon sein, dass Johann dabei unbedacht mit Geld umging. Schon die Anzahl an Urkunden, die bei einer Belehnung ausgestellt wurden, spricht dagegen. Der gesamte Vorgang einschließlich des Tauschgeschäfts zog sich gewöhnlich über einen längeren Zeitraum hin, und so ließen sich beide Seiten bei jedem Schritt erbrachte und ausstehende Leistungen bestätigen. Zusätzlich wurde häufig noch durch Johanns Amtsträger oder Vasallen überprüft und beglaubigt, ob ein als Lehen ausgewiesenes Stück Land im Wert auch dem von ihm aufgebrachten Geldbetrag entsprach.[32] Als Gegenwert für die Belehnung eines Adligen nennen die Urkunden formelhaft seine Dienstverpflichtung. Exakte Angaben, etwa über die Teilnahme an einem bestimmten Feldzug, sind selten. Für die meisten Vasallen lässt sich daher kaum feststellen, worin

---

29 Siehe *Moraw,* Peter: Über den Hof Johanns von Luxemburg und Böhmen. In: *Pauly* (Hg.): Johann der Blinde, 107 f. Anders als Moraw hier behauptet, bleiben die niederen und mittleren Adligen nicht namenlos, sondern lassen sich gerade in den Lehnsurkunden gut fassen. Viele der in den Urkunden genannten Adligen sind im Personenregister der umfangreichen Studie Reicherts erfasst.

30 Siehe die Ausführungen zu den Trägern des landesherrlichen Kredits und zur weitgehenden Monetarisierung des Lehnswesens bei *Reichert:* Landesherrschaft, 360–371.

31 Nur ausnahmsweise gründete das Lehnsverhältnis einzig auf einem Geldbetrag und sah keine Anweisung von Eigenbesitz vor. Ein Grund dafür könnte sein, dass Geld allein als keine sichere Grundlage für das Treueverhältnis betrachtet wurde. So ist auffällig, dass sich nur bei diesen reinen Geldlehen die Verpflichtung findet, dass im Fall eines Treuebruchs das Geld zurückzuerstatten ist. Siehe beispielsweise *Estgen:* Urkunden Graf Johanns Teil 2, 90 f. Nr. 78; *ders.* u. a. (Hg.): Die Urkunden Graf Johanns des Blinden (1310–1346). Teil 1: Die Urkunden aus Luxemburger Archivbeständen. Luxemburg 1997, 117 Nr. 79.

32 Für Johanns Amtsträger ist eine Anweisung erhalten, wie sie sich bei einer Belehnung verhalten sollten. Erzbischof Balduin von Trier als Vormund seines Neffen stellte sie 1315 aus (*Estgen:* Urkunden Graf Johanns. Teil 2, 24 f. Nr. 19). Darin schärft er ihnen ein, den Ablösebetrag unbedingt erst nach Anweisung des Lehens vollständig auszuzahlen. Wie angebracht diese Vorsichtsmaßnahmen waren, zeigt der Fall eines Ritters, der bei seiner Belehnung fremden Besitz als Eigengut ausgab. Siehe *Estgen:* Urkunden Graf Johanns. Teil 1, 135 f. Nr. 90.

ihr Dienst bestand.[33] Ein konkreter Bedarf muss aber nicht zwingend vorgele-
gen haben, erscheinen doch Johanns Lehnsbeziehungen in den Urkunden als
ein vielfältiges Phänomen: Sie dienten ihm dazu, seine Herrschaft auszuwei-
ten, neue Parteigänger zu gewinnen, bestehende Bindungen zu bekräftigen,
Verdienste zu belohnen und insgesamt die herrscherliche Tugend der Großzügigkeit zu demonstrieren.[34] Zur Vielseitigkeit und zum Ausmaß von Johanns Lehnswesen trug die Monetarisierung zwar entscheidend bei, entgegen
dem Eindruck, der in der Karlsvita entsteht, stellten diese Beziehungen jedoch
wesentlich mehr dar, als das bloße Verteilen von Geld. Als Motiv für diese Re-
duzierung lässt sich lediglich eine gewisse Missgunst des böhmischen Autors
gegenüber dem rheinischen Umfeld seines Königs vermuten.

Der Fortsetzer der Autobiografie Karls IV. gibt weder seine Identität preis,
noch die Umstände, die dazu führten, dass er die letzten sechs Kapitel bis zur
Königswahl 1346 verfasste. Nur wenige Fragen zum Autor und zum Entstehungskontext lassen sich daher zufriedenstellend beantworten. Unumstritten
ist einzig, dass es neben Karl selbst einen zweiten, im Latein geschulteren Autor gab. Obwohl die Vita in allen frühen Textzeugnissen als Ganzes überliefert
ist, sind zwei Teile klar unterscheidbar. Neben dem Sprachstil ändert sich vor
allem die Erzählweise: von der Sicht Karls in der ersten Person zum Bericht
über ihn in der dritten.[35] Wahrscheinlich ist überdies, dass die Vita samt Fortsetzung vor Karls Kaiserkrönung 1354 abgeschlossen war und dass ihr zweiter
Autor im böhmischen Kanzleipersonal der Luxemburger zu suchen ist.[36] Betrachtet man den größtenteils fiktiven Bericht über die kaiserlichen Friedens-
bemühungen, ist zudem eine Karl gewogene Tendenz unverkennbar. Diesem
kommt statt seinem Vater in der Erzählung das Verdienst zu, einen Ausgleich

---

[33] Zu dieser Problematik siehe *Reichert*: Landesherrschaft, 434 f.

[34] Reichert deutet das zunehmend monetarisierte Lehnswesen vor allem im Zusammenhang mit militärischen Dienstleistungen. Siehe *Reichert*: Landesherrschaft, 368. Hingegen mehr auf die personellen Bindungen und das dabei erzielte Ansehen zielt Moraw ab,
wenn er urteilt, dass Johann besonders „königsnahe" Adlige der Rheingegend an seinen
Hof binden konnte. Siehe *Moraw*: Über den Hof Johanns, 105. Zum gleichen Schluss
kommt im Grunde auch *Margue*: Jean de Luxembourg, 173, wenn er Johanns Großzügigkeit in den Wettbewerb mit den Wittelsbachern und Habsburgern um Anhänger und
Ansehen einordnet.

[35] Siehe *Hergemöller*, Bernd-Ulrich: Cogor Adversum te. Drei Studien zum literarisch-
theologischen Profil Karls IV. und seiner Kanzlei. Warendorf 1997, 249–253, der sich als
letzter ausführlich mit dem Fortsetzer auseinandersetzte. Einen Überblick zur älteren
Forschung bietet *Hillenbrand*, Eugen: Die Autobiographie Karls IV. Entstehung und
Funktion. In: Blätter für deutsche Landesgeschichte 114 (1978), 42–45.

[36] Zum Verfassungszeitpunkt und zu den Verfassern der Karlsvita siehe *Hillenbrand*: Auto-
biographie, 49–53 und 71. Hergemöller folgt weitgehend Hillenbrand, mit Blick auf den
Terminus ante quem nimmt er jedoch nicht Karls Heirat mit Anna von Schweidnitz im
Mai 1353 an, sondern den Aufbruch zur Kaiserkrönung. Als Autoren bringt er Karls
Stiefbruder Nikolaus von Luxemburg und das Kanzleimitglied Heinrich Schatz ins Spiel.
Siehe *Hergemöller*: Cogor, 252 f.

mit dem Kaiser abgelehnt und damit den Anstoß zu seiner Königswahl gegeben zu haben. Bereits im autobiografischen Teil erscheint Johann in keinem günstigen Licht. Wie Eva Schlotheuber erkannte, deutet und beschreibt Karl sein Leben als im christlichen Sinn tugendhaften Weg.[37] Dies geschieht in Abgrenzung zum Vater, dem er einschließlich seines persönlichen Umfelds einen sündhaften Lebenswandel unterstellt. Zum Vorschein kommt dabei Karls Abneigung gegenüber der am Hof des Vaters vorherrschenden ritterlichen Kultur.[38] In diese Sicht fügt sich auch gut die Kritik an einer allzu sehr geübten Großzügigkeit ein. Doch bleibt fraglich, inwieweit der Fortsetzer Karls Wertungen übernahm. So fällt auf, dass gerade Johanns ritterliche Heldentaten bei der Verteidigung Böhmens im zweiten Teil einen prominenten Platz einnehmen.[39] Eine einfachere Erklärung für die Verurteilung von Zuwendungen an Rheinländer als Geldverschwendung bietet außerdem die Herkunft des Autors, da die übrigen zeitgenössischen Chronisten in Böhmen ähnlich argwöhnisch auf die finanzielle Begünstigung von Fremden blickten.

Zusammenfassend ist festzuhalten, dass der diplomatische Befund hohe Ausgaben des böhmischen Königs zugunsten Adliger aus dem Westen des Reichs bestätigt. Im Vergleich mit den dokumentierten Lehnsbeziehungen wirkt jedoch der Vorwurf der Verschwendung recht einseitig. Aus welchem Grund der Verfasser diese Beziehungen auf ihre Kosten reduzierte, bleibt allerdings offen. Wollte er eine zügellose Großzügigkeit anprangern, oder handelte es sich um die falschen Empfänger? Für Zweites spricht, dass seine Kritik ausdrücklich auf Zuwendungen an *rinenses Henkinos* abzielt. Die beiden Motive schließen sich aber nicht aus, denn Johanns Ausgaben werden allgemein als nutzlos denunziert, indem sie rheinischen Hanseln zugute kommen. Gerade der Spottname bringt beide Absichten zum Ausdruck, da sich seine Verwendung allein durch die Missgunst gegenüber Fremden nicht erklären lässt. So genügte anderen böhmischen Autoren schon die Herkunftsbezeichnung, um Zahlungen an Luxemburger, Rheinländer oder Deutsche als Verschwendung böhmischer Einkünfte bloßzustellen. Völlig verständlich wird der schmähende Diminutiv erst vor dem Hintergrund des damaligen Diskurses über die Kosten des Hofs. Auf diesen möchte ich nun abschließend anhand der verschiedenen Äußerungen in den erzählenden Quellen über Johanns Umgang mit Geld eingehen.

---

37 Siehe *Schlotheuber*, Eva: Die Autobiographie Karls IV. und die mittelalterlichen Vorstellungen vom Mensch am Scheideweg. In: Historische Zeitschrift 281 (2005), 561– 591.
38 Zur Kritik an seinem Vater und an den ritterlichen Werten siehe *ebenda*, 584 f.
39 Ein äußerst positives Bild Johanns wird bei der Auseinandersetzung mit dem polnischen König gezeichnet. Siehe *Hillenbrand*: Vita Caroli, cap. 18, 186–195.

Der Diskurs über die Kosten des Hofs

Über die Ausgaben des böhmischen Königs für seine Getreuen schreiben einerseits die zeitgenössischen Geschichtsschreiber in Böhmen, allen voran Peter von Zittau und in enger inhaltlicher Anlehnung an ihn Franz von Prag.[40] Andererseits war der freigebige Umgang des Luxemburgers mit Geld auch Gegenstand damaliger Dichtung, so insbesondere bei Guillaume de Machaut und dessen literarischem Schüler Jean Froissart. Zwar ging Johann der Blinde in deutlich mehr historiografische und literarische Werke ein, ihren Verfassern fehlte aber der Bezug zu seinen Finanzen und damit ein Anlass, diese näher zu behandeln.[41] Die böhmischen Autoren hingegen waren unmittelbar von Johanns Steuern, Abgaben, Verpfändungen und Münzabwertungen betroffen. Ihr Unmut über die finanziellen Lasten führte dazu, dass sie die Rechtmäßigkeit sowie den Verwendungszweck der erhobenen Gelder in Frage stellten.[42] Guillaume de Machaut wiederum lebte von der Großzügigkeit des Luxemburgers, wie er es selbst einmal formulierte.[43] Als *secretarius* stand er bis 1340 in Johanns Dienst, und die Pfründen, die es ihm erlaubten, sich ab 1340 in Reims niederzulassen, erhielt er durch dessen Fürsprache beim Papst.[44] Bei Jean Froissart bestand freilich kein unmittelbares Verhältnis mehr zu Johanns Finanzgebaren, da er erst kurz vor dessen Tod geboren wurde. Allerdings griff er bei Guillaume de Machaut, an dem er sich in seiner Dichtung anfänglich orientierte, das Bild des böhmischen Königs auf und malte es teil-

---

[40] Benesch von Weitmühl, der mehr als eine Generation später als Peter und Franz schrieb, berichtet gleichfalls über die finanzielle Bedrückung der Bevölkerung. Er rechtfertigt jedoch Johanns Ausgaben mit der Verteidigung Böhmens. Dabei geht er weniger auf Johanns Geschenke, als auf seine Soldzahlungen ein. Zum Bild Johanns bei Benesch siehe *Hilsch*: Deutsche und böhmische Chronistik, 30.

[41] Ausführlich auf Johanns Finanzgebaren während seines Italienunternehmens geht der unbekannte Verfasser des Chronicon Parmense ein. Zuwendungen an Getreue spielen dabei jedoch eine geringe Rolle. Siehe Chronicon Parmense ab anno MXXXVIII usque ad annum MCCCXXXVIII. Hg. v. Giuliano *Bonazzi*. Città di Castello 1902, 212–226. Fast ausschließlich um die Verschuldung Johanns geht es hingegen in einer gereimten Chronik aus der Zeit des Vierherrenkriegs mit Metz. Siehe *Wolfram*, Georg (Hg.): Die Metzer Chronik des Jaique Dex über die Kaiser und Könige aus dem Luxemburger Haus. Quellen zur lothringischen Geschichte 4. Metz 1906, 84–206, hier besonders 100.

[42] Zum Vorwurf der Verschwendung in der böhmischen Chronistik siehe *Margue*, Images d'un prince idéal, 173.

[43] Guillaume de Machaut: Le Confort d'ami. In: *Hœpffner*, Ernest (Hg.): Oeuvres de Guillaume de Machaut. Bd. 3. Paris 1921, 104 V. 2935 f.: „De son bien tous li cuers me rit / Et pour ç'aussi qu'il me nourrit."

[44] Eine gute Zusammenfassung zum Leben Guillaumes bietet die Einleitung Palmers zur Edition und Übersetzung von La Prise d'Alixandre. Siehe Guillaume de Machaut: La Prise d'Alixandre. The Taking of Alexandria. Hg. u. übers. v. R. Barton *Palmer*. New York, London 2002, 1–10. Für eine ausführliche Darstellung sowie eine umfangreiche Bibliographie siehe *Earp*, Lawrence: Guillaume de Machaut. A Guide to Research. New York, London 1995.

weise noch stärker aus.[45] Entsprechend des persönlichen Standpunkts fällt dann auch das Urteil der verschiedenen Autoren aus: Die böhmischen Chronisten betrachten Johanns Zuwendungen als Vergeudung finanzieller Ressourcen, die höfischen Dichter dagegen als Ausweis von Großzügigkeit.

Eine Parallele zum Vorwurf der Verschwendung in der Karlsvita ist in den reichlichen Geschenken zu sehen, die Peter von Zittau in der Königsaaler Chronik erwähnt. Er gab dabei Neuigkeiten wieder, die nach Böhmen gelangt waren und von erstaunlichen Taten des abwesenden Königs berichteten. Die betreffende Stelle übernahm Franz von Prag nahezu wörtlich. Beide Chronisten schreiben daher gleichlautend, dass Johann der Blinde reichlich Geschenke verteilt und sehr freigebig kostspieligste Gastmähler veranstaltet – „donat larga munera, instaurat convivia largissima cum expensis".[46] Nach Peters Aussage kamen die Neuigkeiten aus Frankreich, wo sich das Geschehen auch abspielte. An anderer Stelle jedoch nennen Peter und Franz im Einklang mit der Karlsvita als Ort von Johanns Ausgaben neben Frankreich wiederholt das Rheinland.[47] Überhaupt führen sie die reichlichen Geschenke nur als einen Punkt unterer mehreren für Johanns verschwenderischen Umgang mit Geld an. Ihre Kritik richtet sich besonders gegen die Kosten seiner andauernden Kriege und gegen den finanziellen Aufwand, den er für seinen ritterlichen Ruhm betrieb.[48] Letzter Kategorie gehören offenbar auch die Geschenke an, denn sie werden außer mit Gastmählern noch in Verbindung mit Turnieren genannt.[49] Mehr ist über diese Zuwendungen bei beiden Autoren nicht zu er-

---

45   Zum Bild Johanns bei Guillaume und Froissart siehe *Margue:* Images d'un prince idéal, 150–152 u. 157–162. *Voltmer:* Französische Chronistik, 37–48. Eustache Deschamps übernahm gleichfalls von Guillaume de Machaut das Bild Johanns des Blinden. So führt er in einem Gedicht Johann als einen vorbildhaften Herrscher an, der sein Reich entschlossen gegen Feinde verteidigt. Siehe Eustache Deschamps: Le lay de Plour. In: Oeuvres complètes de Eustache Deschamps. Hg. v. Auguste Henri Edouard de *Queux de Saint-Hilaire.* Bd. 2. Paris 1880, 306–335, hier besonders 312. Die Großzügigkeit steht dabei jedoch nicht im Vordergrund.

46   Chronicon Aulae Regiae. Lib. 2, cap. 19. In: *Emler,* Josef (Hg.): Fontes Rerum Bohemicarum. Bd. 4. Prag 1884, ND Hildesheim 2004, 285; Chronicon Francisci Pragensis, Lib. 2 cap. 16. In: *ebenda,* 400.

47   So heißt es etwa unmittelbar von dem Bericht über die staunenswerten Taten des Königs, dass dieser von Prag mit vollen Säcken in die Rheingegend zurückgekehrt war. Siehe *ebenda:* „Hiis itaque perpetratis, cunctisque regni Boemie incolis intolerabilibus exaccionibus aggravatis, plenis marsupiis Johannes rex de Praga in die beati Barnabe egressus ad partes Reni iterum est reversus."

48   An einer Stelle macht Peter ganz ausdrücklich Johanns Streben nach ritterlichem Ruhm für seinen verschwenderischen Umgang mit Geld verantwortlich. Siehe Chronicon Aulae Regiae. Lib. 3, cap. 5, 323: „Hastiludia et exercicia militaria ubique querit, expensas maximas gerit et nomen sibi, quod sit miles strenuissimus, acquisivit."

49   *Ebenda:* Lib. 2 cap. 19, 285: „Audiuntur apud nos de rege isto frequenter mirabilia testimonia, qualiter se in omni exerceret milicia, frequentet torneamenta, agat hastiludia, ita quod tota Francia et Gallia vix enarrare sufficit regis magnifica huius facta; donat larga

fahren. Insgesamt beurteilen sie die spektakulären Taten ihres Königs als nichtiges und sündhaftes Treiben. In diese Richtung lässt sich auch das Gerücht deuten, um das Peter die Erzählung über die Geschenke und Gastmähler ergänzt und dem zufolge Johann bei einem Turnier in Burgund einen Ritter mit seiner Lanze durchbohrt habe.[50] Im Streben nach weltlichen Werten sehen beide dann auch die eigentliche Ursache für Johanns auffälligen Umgang mit Geld. So erscheint er bei beiden nicht nur als verschwenderischer, sondern auch als geldgieriger Landesherr. Selbst der Bericht über Johanns Rittertaten beginnt und endet mit dem Vorwurf, er würde Böhmen stets mit vollen Taschen verlassen und das Land demjenigen überlassen, der ihm am meisten biete. Die finanzielle Ausbeutung aber würde letztlich den Frieden in ihrer Heimat zerstören.[51] Die beiden Chronisten liefern folglich keine Erklärung für die reichlichen Geschenke. Zu erkennen geben sie lediglich das Streben nach weltlichem Ruhm, dem überdies die finanzielle Bedrückung Böhmens gegenübersteht. Aus ihrer Sicht handelt es sich bei Johanns Geschenken also um wertlose und sogar schädliche Ausgaben.

In den literarischen Quellen wird dagegen sehr wohl ein Wert für Johanns Zuwendungen ersichtlich. Allerdings stößt man dort auf ein Bild, das von Übertreibungen geprägt ist und fast ganz ohne Bezüge zu historischen Ereignissen auskommt. Im Werk des Guillaume de Machaut sind zwei längere gereimte Erzählungen einschlägig, sogenannte *dits*: „Le jugement dou roy de Behaigne" und „Le confort d'ami".[52] In beiden Texten weist sich Johann der Blinde durch seine Großzügigkeit als idealer König aus. Im einen Fall befähigt ihn dies zum Richter in einer Streitfrage höfischer Liebe, im anderen zum be-

---

munera, instaurat convivia largissima cum expensa. Volat fama, quod in hastiludio militem in Burgundia transfixerit hasta sua."

50   Für den Wortlaut siehe das Zitat in der Anmerkung zuvor. Das negative Urteil Peters über Johanns Rittertaten ist angesichts der wiederholten Kritik am Turnierwesen und an den durch sein Streben nach Ruhm verursachten Kosten unverkennbar. Jedoch schreibt Peter in diesem Zusammenhang nicht nur von *mirablilia testimonia*, sondern auch von *magnifica facta*, also großartigen Taten. So zeigt Peter sehr wohl Anerkennung für einige Erfolge Johanns, besonders, wenn sie Böhmen zugutekommen. Siehe dazu *Hilsch*: Deutsche und böhmische Chronistik, 25 f. Bezeichnenderweise fehlt die Formulierung *magnifica facta* im Bericht des Franz von Prag, der in seiner Verurteilung Johanns generell wesentlich schärfer ist als Peter von Zittau. Siehe Chronicon Francisci Pragensis. Lib. 2, cap. 16, 400.

51   Chronicon Aulae Regiae. Lib. 2, cap. 19, 285: „Ipso absente regnum Boemie maiori pace fruitur quam presente. Timetur a pluribus et plurimos ipse timet; ideo ad evitandum periculum in regno Boemie raro manet, gubernaculum vero regni ei committit, qui plura sibi dare poterit aut promittit." Franz von Prag lässt diesen Worten noch einen Bericht über die finanziellen Belastungen folgen, die der Bischof von Prag, der Auftraggeber der Chronik, erdulden musste. Siehe Chronicon Francisci Pragensis. Lib. 2, cap. 16, 400.

52   Guillaume de Machaut: The Judgment of the King of Bohemia. Le Jugement dou Roy de Behaingne. Hg. u. übers. v. R. Barton *Palmer*. London 1984; Guillaume de Machaut: Le Confort d'ami. In: *ebenda*. Bd. 3. Paris 1921, 1–142.

lehrenden Beispiel in einer Art Fürstenspiegel. Guillaume geht jeweils ohne wesentliche Unterschiede ausführlich auf die Großzügigkeit des böhmischen Königs ein. Eindrücklich schildert er, wie Johann solange freimütig sein Vermögen hergab, bis er selbst nichts mehr hatte. Die Liste verschenkter Güter umfasst Lehen, Land, Edelsteine, Gold und Silber.[53] In „Le confort d'ami" erzählt Guillaume, mehrfach miterlebt und sogar selbst daran beteiligt gewesen zu sein, wie Johann 200.000 Pfund Silber erhielt und noch am selben Tag vollständig verteilte.[54] Als Empfänger nennt er allgemein Johanns Freunde, Getreue und Ritter sowie überhaupt jeden, der zu ihm kam. Den Grund für diese grenzenlose Großzügigkeit sieht Guillaume darin, dass Johann Besitz dem Streben nach Ehre unterordnete. „Briefment", fasst er es zusammen, „il n'avoit d'argent cure / Ne riens qu'onneur ne desiroit" – „er kümmerte sich nicht um Geld, nur nach Ehre sehnte er sich".[55] Guillaume zufolge übertraf Johann jeden deswegen nicht nur an Ehre, sondern auch an Treue und Zuneigung seitens der Anhängerschaft.[56] Hierin erkennt Jean Froissart in einem Gedicht, das vom Wert der Treue in der höfischen Liebe handelt, gleichfalls die Gegengabe (*guerredon*) für Johanns Großzügigkeit. Von der derart gewonnenen Treue und Zuneigung profitierte Johann aus Sicht des Dichters besonders in kriegerischen Konflikten. So lässt er den Luxemburger nach einer siegreichen Schlacht gegen mächtigere Feinde einen seiner Räte ermahnen:

Denk daran [an den Sieg], wenn du meine Großzügigkeit verurteilst und mich als zu großzügig kritisierst. Das ganze Vermögen, das sich in Brügge befindet, angehäuft in Kisten und riesigen Stapeln, wäre mir keinen Apfel wert, wenn es nicht diese Männer gegeben hätte, die mir zu Dienst gewesen sind. Niemals werde ich sie dafür entlohnen können.[57]

In der fiktiven Rede stellt Froissart die materielle Bedeutung der Großzügigkeit der ideellen gegenüber und entkräftet damit den Vorwurf der Verschwendung, denn Treue, so die Quintessenz, lässt sich nicht in Geld aufwie-

---

53 Le Confort d'ami, 103 V. 2930–2933: „Il donnoit fiez, joiaus et terre, / Or, argent; riens ne retenoit / Fors l'onneur; ad ce se tenoit, / Et il en avoit plus que nuls."

54 *Ebenda*, 104 V. 2940–2952: „Et par ma foy, s'il avenist / Qu'il heüst deus cens mille livres, / Il en fust en un jour delivres, / Qu'a gens d'armes les departoit, / Et puis sans denier se partoit. / Je le say bien, car je l'ay fait / Plus de cinquante fois de fait, / Je ne di pas en si grant somme / Com dessus le devise et somme, / Einsois le di par aventure. / Briefment, il n'avoit d'argent cure / Ne riens qu'onneur ne desiroit. / La ses cuers seulment tiroit."

55 Siehe Anmerkung 53 und 54. Le Jugement, 56 V. 1296–1303: „Car de largesse / Passe Alixandre et Hector de prouesse. / C'est li estos de toute gentillesse, / N'il ne vit pas com sers a sa richesse; / Eins ne vuet rien / Fors que l'onneur de tout le bien terrien, / Et s'est plus liés, quant il puet dire: ‚Tien,' / Qu'uns couvoiteus n'est de penre dou sien."

56 Le Jugement, 58 V. 1318 f.: „Et Largesse si li ouevre la porte / De tous les cuers."

57 Jean Froissart, La prison amoureuse. In: *Scheler*, August (Hg.): Oeuvres de Froissart. Poésies. Bd. 1. Brüssel 1870, ND Genf 1977, 213 f. V. 81–90: „Dont il dist, en plain concitore, / A son consel: ‚Aiés memore, / Quant mes largeces me blamiés / Et pour trop large me clamiés; / Tous li avoirs qui est en Bruges / Repus en coffres et en huges, / Ne m'eüst valu une pomme, / Se n'euïssent esté chil homme / Qui m'ont à mon besoing servi; / Jamais ne l'arai desservi.'"

gen. Auf die Spitze wird diese Aussage getrieben, wenn das ganze in Brügge
angehäufte Vermögen, also das größte nur vorstellbare Vermögen keinen Apfel wert ist im Vergleich mit dem Beistand der eigenen Leute in einer Notlage.
Im Gegensatz zu den böhmischen Chronisten bewerten folglich die beiden
Dichter Johanns kostspielige Zuwendungen genau umgekehrt: Sie sehen in
ihnen nicht eine nutzlose und schädliche Ausgabe, sondern beschreiben sie
als zentrale Voraussetzung erfolgreicher Herrschaft.

Der Vergleich ergibt zwei klar unterscheidbare Deutungen: Einerseits werden Johanns Zuwendungen als Verschwendung verurteilt. Diese Kritik
stammt von böhmischen Autoren, die der hohe Geldbedarf ihres Königs direkt in Mitleidenschaft zog. Andererseits verklären Dichter, die in der Gunst
des Luxemburgers standen, dieselben Ausgaben gemäß des ritterlich-höfi-
schen Ideals als Großzügigkeit. Es sind aber auch Übereinstimmungen erkennbar. Alle Autoren verurteilen eine alleinige Ausrichtung am Geld. Diese
Ansicht äußert sich genauso im Vorwurf, Johann sei geldgierig und ver-
schwenderisch, wie im Lob, Johann würde gegenüber der Ehre Geld nichts
achten. Auch blenden Guillaume de Machaut und Jean Froissart in ihren
Werken die finanzielle Kehrseite der Großzügigkeit nicht völlig aus. Wenngleich bei Froissart der Bedenken tragende Rat durch Johann eines Besseren
belehrt wird, so zeugt diese Äußerung doch von einem gewissen Problembe-
wusstsein. Bei Guillaume hingegen geht die Großzügigkeit ohne jede Schwierigkeiten mit bedachtem Haushalten einher. So empfiehlt er in „Le confort
d'ami" seinem fürstlichen Adressaten, sich einen Überblick über seine Einnahmen und Ausgaben zu verschaffen und Zuwendungen auf ihre Berechtigung zu überprüfen. Auch mahnt er ihn, keinesfalls die Bevölkerung auszu-
beuten oder schlechtes Geld schlagen zu lassen.[58] Den böhmischen Historio-
grafen andererseits war die Bedeutung von Großzügigkeit für die adlige Kultur sehr wohl bewusst. Dies zeigt sich besonders dort, wo nicht Johann der
Blinde die Kosten zu verantworten hatte. Franz von Prag hielt ausführlich fest,
wie aufwändig und kostspielig Karl 1335 die Hochzeit seiner Schwester mit
Herzog Otto von Österreich gestaltete. Ausdrücklich hebt Franz hervor, dass
die Hochzeit viel Geld kostete. Wie aus seiner Darstellung hervorgeht, verlieh
Karl jedoch durch die hohen Ausgaben dem Fest Glanz und diente so dem
Frieden zwischen beiden Adelshäusern, den die Heirat besiegeln sollte.[59] Aber
selbst in Johanns Zuwendungen konnten die böhmischen Autoren einen Gegenwert erkennen. Peter von Zittau bedauerte es beispielsweise, als 1315 auf

---

[58] Siehe Le Confort d'ami, 135 f. V. 3803–3836.
[59] Chronicon Francisci Pragensis. Lib. 3, cap. B7, 420 f.: „Fit omnibus leticia et gaudium
      magnum quoque tripudium et duravit ad triduum hoc convivium opulentum. De
      promptuariis domini marchionis cunctis habunde ministratur, qui quidem dominus ibi-
      dem hastiludia et multa exercicia militaria peregit cum maxima solempnitate. Et erant
      ibi tres episcopi, quinque duces, barones, comites, et multi magnates; marscalcus quoque
      marchionis fuit coram fide dignis protestatus, quod pabulum pro sex milibus dedit
      equis, et pro aliis expensis et impensis expendit pecuniam copiosam."

Betreiben der böhmischen Barone Johanns deutsche Räte und Amtsträger das Land verließen. Die Barone hatten dem König geklagt, dass die Deutschen ihre Ämter, Lehen und Benefizien nur nutzen würden, um sich zu bereichern, ohne ihm und seinem Reich zu dienen. Peter teilte diese Sicht nicht, und er fühlte sich bestätigt, als der mächtigste böhmische Baron, Heinrich von Lipa, Kämmerer des Königreichs wurde. So heißt es bei ihm über die Verhältnisse, die nun eintraten:

> Nachdem dies geschehen war, stellte sich der erhoffte Frieden nicht ein. Täglich folgte Feldzug auf Feldzug und Steuererhebung auf Steuererhebung. Dem König erwuchs daraus, wie wir glaubten, kein Vorteil, sondern er erhielt aus dem Bergzins und der Münze von Kuttenberg, die einst dem König jede Woche 500 oder 600 Mark auszahlen musste, häufig wöchentlich nur mehr 16 Mark für die königlichen Ausgaben; das ganze restliche Geld aber wurde verteilt, wie es Heinrich von Lipa als Kämmerer verfügte. Während ihn das Schicksal anlächelte, wuchs Heinrich von Lipa über alle hinaus, die in Böhmen waren, und es wuchs ebenso gewaltig sein Ansehen, sein Ruhm, sein Hof und seine *familia*, [...].[60]

Peter erhebt folglich gegen Heinrich von Lipa den Vorwurf, er würde nicht für Frieden sorgen und dem königlichen Vorteil dienen. Eben hierin liegt aber für ihn die zu erwartende Gegenleistung für Ämter und Benefizien. Interessant ist auch, wie Peter den Machtzuwachs beschreibt, den Heinrich von Lipa erfährt, als er über die Einkünfte von Kuttenberg verfügen kann: Es wuchsen sein Ansehen, sein Ruhm, sein Hof und seine *familia*. Das sind im Grunde die gleichen Punkte, die Guillaume de Machaut und Jean Froissart als Gegenwert für Johanns Großzügigkeit hervorheben. Trotz ihres unterschiedlichen Urteils über Johanns Ausgaben für seine Getreuen bemessen also die böhmischen Chronisten und die höfischen Dichter den Wert herrscherlicher Zuwendungen ganz ähnlich: am Erwerb von Anhängern und Ansehen. Als *guerredon* der Freigebigkeit führen Guillaume de Machaut und Jean Froissart die Treue und Zuneigung der eigenen Leute an, die sich in militärischen Erfolgen und im Gewinn an Ehre auswirken. Bei Peter von Zittau verpflichten die königlichen Wohltaten, sich zugunsten des Königs für die Wahrung des Friedens einzusetzen. Dieser trägt wiederum mit der Verteilung seiner Einnahmen zu Mehrung seiner *familia* und seines Ruhms bei.

Dem Deutungsmuster scheint auf den ersten Blick der Vorwurf der Verschwendung in den böhmischen Quellen zu widersprechen. Doch gibt die Art, wie erzählerisch der Eindruck von Verschwendung erzeugt wird, die Be-

---

60 Chronicon Aulae Regiae. Lib. 1, cap. 126, 228: „Hiis itaque gestis pax, que sperabatur, non venit. Expedicio expedicioni, exaccioni exaccio cottidie succedit, profectus regi, ut putavimus, non succrevit, sed de urbora Kuthnensi et moneta, que tunc septimanis singulis quingentas aut sexcentas marcas regi solvere debuit, marcas sepe tantum sedecim septimanatim pro expensis regalibus rex suscepit, reliqua vero tota pecunia, prout Heinricus de Lypa camerarius existens disposuit, fuerat distributa. Excrevit inter hoc arridente fortuna Heinricus de Lypa super omnes, qui erant in Bohemia, accrevit pariter ipsius fama, gloria, curia ac ingens familia, ita quod multo copiosior ipsius quam regis facta est clientum ac militum subsequens ac previa, cum incederet, comitiva."

deutung herrscherlicher Großzügigkeit deutlich zu erkennen. Der erwartete Gegenwert bildet geradezu die Kontrastfolie, vor deren Hintergrund erst die Berichte über Johanns Zuwendungen ihre Wirkung erzielen. So fällt auf, dass dort, wo der Vorwurf erhoben wird, ein etwaiger Gegenwert nicht einmal angedeutet wird. Vergeblich sucht man Hinweise auf Empfänger, Umstände oder Beschaffenheit von Johanns reichlichen Geschenken. Auch fehlen Angaben, die eine bereits erbrachte oder noch zu erbringende Gegenleistung anzeigen, oder zumindest auf die herrscherliche Gunst verweisen, die der Beschenkte genoss. Im Fall der angeblich zu unrecht entlassenen Deutschen berichtet Peter von Zittau dagegen von Ämtern, Lehen und Benefizien. Schließlich verliert selbst der ritterliche Ruhm, den Johann durch seine reichlichen Geschenke erwarb, seinen Glanz, da ihm die Bedrückung der böhmischen Bevölkerung gegenübergestellt wird. Die königlichen Zuwendungen vergrößern also weder den Kreis der Anhänger, noch das Ansehen, allerdings verursachen sie erhebliche Kosten. Stets führen die böhmischen Geschichtsschreiber die finanzielle Dimension von Johanns Freigebigkeit vor Augen, sodass sich der Eindruck der Verschwendung noch verstärkt. In diesem Zusammenhang sind auch die konkreten Beträge einzuordnen, die teilweise mit den Zuwendungen in Verbindung gebracht werden. So suggeriert die Erzählung in der Karlsvita, dass im Fall einer Einigung Johann einen Betrag in Höhe von 20.000 Mark Silber an seine *rinenses Henkinos* weitergereicht hätte. Wenngleich die genannte Summe als Entschädigung durchaus realistisch ist, so trägt doch diese Zahl zugleich dazu bei, das Ausmaß der Verschwendung zu veranschaulichen. Noch deutlicher wird diese Wirkung bei astronomisch hohen Zahlen, wie beispielsweise den 200.000 Pfund Silber, von denen ja Guillaume behauptet, Johann hätte sie an einem Tag unter seinen Anhängern verteilt. Hier soll freilich der unvorstellbar hohe Betrag Johanns Großzügigkeit ermessen lassen. Nicht immer ist natürlich zu bestimmen, ob die Darstellung in der böhmischen Chronistik einer absichtlichen Deutung folgt oder ob es einfach am Kenntnisstand lag – immerhin spielte sich vieles für böhmische Beobachter in weiter Ferne ab. Sicher bewusst abwertend gemeint ist es aber, wenn sich der unbekannte Fortsetzer der Vita Karls IV. über die Empfänger von Johanns Zuwendungen lustig macht. Oder welcher Vorteil, welche Schlacht, welcher Frieden, welcher Ruhm und welche Ehre sind schon mit rheinischen Hanseln zu gewinnen?

Zusammenfassung

Der Beitrag führte von einem begrifflichen Problem zum Diskurs über die Kosten des Hofs im 14. Jahrhundert. Am Anfang stand die Frage, wie die Bezeichnung *rinenses Henkinos* zu übersetzen ist. Unter diesen verteilte laut Vita Karoli Quarti König Johann von Böhmen sein Geld. Namenkundlich ist *Henkinos* am ehesten als Kurz- und Koseform von „Johannes" zu bestimmen und bedeutet daher einfach „Hänschen" oder „Hansel". Was meinte jedoch der anonyme Fortsetzer mit dieser Wortwahl? Geht man dem Vorwurf nach, so ergibt sich, dass Johann in der Tat bedeutende Summen an seine Anhängerschaft im Westen des Reichs zahlte. Zugleich zeigt aber der diplomatische Befund, dass der Vorwurf der Verschwendung diesen Ausgaben nicht gerecht wird. So dienten die Aufwendungen vor allem der Herstellung und Festigung von Lehnsbindungen. Über ein Motiv für die negative Beurteilung lässt sich nur spekulieren. Nahe liegt aber, dass der Verfasser grundsätzlich missgünstig auf Zuwendungen seines Königs an Fremde blickte. Eine ähnliche Haltung ist auch bei zeitgleichen böhmischen Geschichtsschreibern festzustellen. Eines lässt sich jedoch mit Gewissheit sagen: Um den Eindruck der Verschwendung zu erzeugen, verspottete der Autor ganz bewusst die Empfänger als rheinische Hansel. Wie die Urteile über Johanns Zuwendungen in den historiografischen und literarischen Quellen zeigen, richtete sich der Spott gezielt dagegen, worin die Zeitgenossen einen zentralen Wert herrscherlicher Großzügigkeit sahen: im Erwerb bedeutender Anhänger.

Romana Petráková

HERRSCHAFTLICHE REPRÄSENTATION UND SAKRALE
ARCHITEKTUR IN BRESLAU WÄHREND DER REGIERUNGEN
JOHANNS VON LUXEMBURG UND KARLS IV.

Von allen schlesischen Herzogtümern darf die niederschlesische Stadt Breslau ohne Übertreibung als bedeutendster territorialer Erwerb der Luxemburger gelten. Den ersten Rang unter den schlesischen Städten verdankte sie ihrer Bedeutung im Handelsverkehr, ihrer strategischen Lage sowie ihrem selbstbewussten Patriziat. Für die Fragestellung ist allerdings von wesentlicher Bedeutung, dass es sich nicht um ein durch Lehnsbindung angeschlossenes Gebiet handelte, sondern dass es mit dem Tod des letzten piastischen Herzogs Heinrich VI. zum unmittelbaren Besitz des böhmischen Königs wurde. Über die Erbschaft des Breslauer Herzogtums war es 1327 zu einer Vereinbarung zwischen Heinrich VI. und Johann von Luxemburg gekommen.[1] Als Heinrich VI. im Herbst 1335 starb, übernahm Johann in Vertretung seines Sohnes Karl die Herrschaft in Breslau.[2] Auf diese Vormundschafts-

---

[1] *Šusta,* Josef: Král cizinec [König der Fremde]. Praha 1939, 437. Das Rechnungsbuch der Breslauer Stadtverwaltung belegt schon für frühere Jahre diverse Ausgaben für Gesandtschaften nach Prag, siehe *Rand,* Erich: Politische Geschichte bis zum Jahre 1327. In: *Petry,* Ludwig/*Menzel,* Josef Joachim/*Irgang,* Winfried (Hg.): Geschichte Schlesiens I. Von der Urzeit bis zum Jahre 1526, 6. Aufl. Stuttgart 2000, 155; *Schieche,* Emil: Politische Geschichte von 1327–1526. In: *Petry/Menzel/Irgang:* Geschichte Schlesiens I., 73–156, hier 161; *Bobková,* Lenka: Velké dějiny zemí Koruny české IV.a (1310–1402) [Große Geschichte der Länder der Böhmischen Krone IV.a (1310–1402)]. Praha, Litomyšl 2003, 106; *Korta,* Wacław: Historia Śląska do 1763 roku [Schlesische Geschichte bis 1793]. Warszawa 2003, 98. Laut Korta begann die Stadt Breslau bereits 1326 mit Johann von Luxemburg zu verhandeln, also früher als Herzog Heinrich VI. Infolgedessen verlieh auch Johann den Stadtbürgern zahlreiche Privilegien.

[2] Heinrich VI. verstarb am 24. November 1335, siehe *Šusta,* Josef: Karel IV. Otec a syn 1333–1346 [Karl IV. Vater und Sohn 1333–1346]. Praha 1946, 209; *Kavka,* František: Karel IV. Historie života velkého vladaře [Karl IV. Lebensgeschichte eines großen Herrschers]. Praha 1998, 340; *Schieche:* Politische Geschichte, 165; *Bobková:* Velké dějiny zemí Koruny české 160, 563; Regesta Imperii. Bd. VIII: Die Regesten des Kaiserreichs unter Kaiser Karl IV. 1346–1378. Aus dem Nachlasse Johann Friedrich Böhmer's herausgegeben und ergänzt von Alfons Huber. Wien, Köln, Weimar 1877, 4 (Nr. *a); *Buśko,* Cezary/*Goliński,* Mateusz/*Kaczmarek,* Michał/*Ziątkowski,* Leszek: Historia Wrocławia. Od pradziejów do końca czasów habsburskich [Geschichte der Stadt Breslau. Von der Urzeit bis zum Ende der Habsburgerepoche]. Wrocław 2001, 140. Zum Amt des Landeshauptmanns siehe *Kopietz,* Johannes: Die böhmische Landeshauptmannschaft in

regierung verzichtete er dann bereits 1341 zugunsten Karls.³ Im April 1348
wurde Breslau in den Verband der Länder der Böhmischen Krone inkorpo-
riert und das Herzogtum (zusammen mit Glatz) zum unmittelbaren Besitz
des böhmischen Königs deklariert, auf den sich kein Lehnseid bezog.⁴ Nach
Karls Kaiserkrönung am 9. Oktober 1355 wurde diese Regelung erneut bestätigt. In der vom böhmischen Adel abgelehnten Maiestas Carolina figuriert
Breslau unter jenen Städten, die nicht verpfändet werden dürften.⁵

Breslau unter dem Könige Johann und dem Kaiser Karl IV. Breslau 1907, 18 f. und *Holá,
Mlada:* Vratislavská hejtmanská kancelář za vlády Jana Lucemburského a Karla IV. [Die
Kanzlei der Breslauer Landeshauptmannschaft während der Regierungszeit Johanns
von Luxemburg und Karls IV.]. Praha 2011.

3   *Schieche:* Politische Geschichte, 166. Als zukünftiger Herrscher nahm Karl während seines Aufenthalts in Breslau am 24.09.1341 den feierlichen Eid der Ratsherren entgegen.
Gleichzeitig bestätigte er der Stadt ihre Freiheiten und bekräftigte ihre Untrennbarkeit
von den Ländern der Böhmischen Krone, siehe Regesta Imperii. Bd. VIII, 12 (Nr. 112);
Šusta: Otec a syn, 363; *Spěváček,* Jiří: Karel IV. Život a dílo (1316–1378) [Karl IV. Leben
und Werk (1316–1378)]. Praha 1979, 140, 153; *Goliński:* Historia Wrocławia, 141; *Bobková:* Velké dějiny zemí Koruny české, 185; *Holá,* Mlada: Pobyty Karla IV. a jeho dvora
ve Vratislavi v letech 1348–1372 [Aufenthalte Karls IV. und seines Hofes in Breslau in
den Jahren 1348–1372]. In: *Dvořáčková-Malá,* Dana (Hg.): Dvory a residence ve středověku [Höfe und Residenzen im Mittelalter]. Praha 2006, 163–189, hier 164.

4   Dies geschah am 7.04.1348, siehe RI VIII, 55 (Nr. 653); *Bobková,* Lenka/*Fukala,* Radek:
Slezsko jako součást zemí České koruny [Schlesien als Teil der Länder der Böhmischen
Krone]. In: *Kapustka,* Mateusz/*Klípa,* Jan/*Kozieł,* Andrzej/*Oszczanowski,* Piotr/*Vlnas,*
Vít (Hg.): Slezsko – Perla v české koruně. Historie – Kultura – Umění [Schlesien – eine
Perle in der Böhmischen Krone. Geschichte – Kultur – Kunst]. Praha 2007, 23–79, hier
36. Am 9.10.1355 (nach Karls Kaiserkrönung vom 5.4.1355) wurde in Prag eine Be-
stätigung der Inkorporation Schlesiens und der Oberlausitz von 1348 erlassen, siehe
Regesta Imperii. Bd. VIII, 184 (Nr. 2268); *Kavka,* František: Vláda Karla IV. za jeho císařství (1355–1378). I. díl: 1355–1364 [Die Regierung Karls IV. zur Zeit seines Kaisertums (1355–1378). I. Teil: 1355–1364]. Praha 1993, 42; *Bobková,* Lenka: 7.04.1348.
Ustavení Koruny království českého. Český stát Karla IV. [7.04.1348. Die Konstituierung der Krone des böhmischen Königreichs. Der böhmische Staat Karls IV.]. Praha
2006, 83. Die neue Inkorporationsurkunde weicht von ihrer ursprünglichen Version insofern ab, als dass sie die historischen Begründungen des Anspruchs auf die schlesischen Herzogtümer auslässt und im Gegenteil eine genaue Aufzählung der mit der Böhmischen Krone sowohl unmittelbar als auch durch ein Lehnsband verbundenen Länder
und Städte enthält.

5   Maiestas Carolina. In: *Palacký,* František (Hg.): Archiv český. Staré písemné památky
české i morawske. Z archivův domácích i cizích [Das böhmische Archiv. Alte böhmische sowie mährische Schriftdenkmäler. Aus in- sowie ausländischen Archiven]. Teil
3. Praha 1844, 65–180, hier 84: „[...] Castra et jura, nullatenus alienanda vel etiam per-
mutandam videlicet, sunt haec: In Polonia quatuor civitates, scilicet: Wratislavia, Novum forum, Glogovia, Frankenstein, et duo castra scilicet Zoboten et Borow"; *Bobko-
vá/Fukala:* Slezsko jako součást zemí české koruny, 37; *Bobková,* Lenka: Corona Regni
Bohemiae und ihre visuelle Repräsentation unter Karl IV. In: *Fajt,* Jiří/*Langer,* Andrea
(Hg.): Kunst als Herrschaftsinstrument. Böhmen und das Heilige Römische Reich unter
den Luxemburgern im europäischen Kontext. Berlin, München 2009, 120–135, hier 121.

Aus historischer Perspektive sind also der Regierungswechsel und die daraus erwachsene veränderte Stellung des Breslauer Herzogtums klar zu fassen und gut belegt. Offen ist indes die Frage, ob sich dieser Wechsel auch auf der kulturellen und künstlerischen Ebene auswirkte. Dieser Beitrag befasst sich mit der luxemburgischen Herrschaft in Breslau unter den ersten beiden Luxemburgern, Johann und Karl, und möglichen Zeugnissen ihrer Herrschaftsrepräsentation in den Jahren 1335 und 1378.

Bisheriger Forschungsstand

Die Forschung hat sich bereits mit wesentlichen Aspekten wie der stilistischen Entwicklung der schlesischen Kunst,[6] der böhmischen Regierung im mittelalterlichen Breslau,[7] den politischen Einflüssen Böhmens auf die Stadt

---

[6] An dieser Stelle können unmöglich alle Arbeiten zu diesem Thema ausführlich aufgelistet werden. Von den bedeutendsten, besonders der Architektur gewidmeten Werken sind zumindest folgende zu nennen: *Lutsch,* Hans: Verzeichnis der Kunstdenkmäler der Provinz Schlesien. T. 1: Die Kunstdenkmäler der Stadt Breslau, Breslau 1886; *Burgemeister,* Ludwig: Die Kunstdenkmäler der Provinz Niederschlesien. 3 Bde. Breslau 1930, 1933, 1934; *Bimler,* Kurt: Quellen zur Schlesischen Kunstgeschichte. Heft 1–6. Breslau 1941; *Frey,* Dagobert: Die Kunst im Mittelalter. In: *Petry/Menzel/Organy*: Geschichte Schlesiens, 426–463. Zumindest teilweise befassen sich mit der hiesigen Architektur auch: *Mencl,* Václav: Česká architektura doby Lucemburské [Böhmische Architektur der luxemburgischen Zeit]. Praha 1948, 96, 134–137; *Tintelnot,* Hans: Die Mittelalterliche Baukunst Schlesiens. Quellen und Darstellungen zur schlesischen Geschichte. Kitzingen 1951; *Dobrowolski,* Tadeusz: Sztuka na Śląsku [Kunst Schlesiens]. Katowice, Wrocław 1948; *Miłobedzki,* Adam: Schlesien. In: *Legner,* Anton (Hg.): Die Parler und der schöne Stil 1350–1400. Europäische Kunst unter den Luxemburgern. Bd. 2. Köln 1978, 491 f.; *Kutzner,* Marian: Śląsk. Okres 1200–1350 roku [Schlesien. Die Zeit von 1200 bis 1350]. In: *Mroczko,* Teresa/*Arszyński,* Marian (Hg.): Architektura gotycka w Polsce. cz. 1: Dzieje Sztuki Polskiej, t. II. [Gotische Architektur in Polen. Bd. 1: Geschichte der polnischen Kunst, Teil 2]. Warszawa 1995, 125–131; *Zlat,* Mieczysław: Śląsk. Okres 1350–1550 roku [Schlesien. Die Zeit von 1350 bis 1550]. In: *Mroczko/Arszyński* (Hg.): Architektura gotycka w Polsce. Bd. 1, 131–152. Zur Entwicklung der schlesischen Kunst zuletzt: *Kaczmarek,* Romuald: Slezsko – lucemburský zisk [Schlesien – ein luxemburgischer Gewinn]. In: *Fajt,* Jiří (Hg.): Karel IV. císař z boží milosti. Kultura a umění za vlády Lucemburků 1310–1437 [Karl IV. Kaiser von Gottes Gnaden. Kultur und Kunst zur Regierungszeit der Luxemburger 1310–1437]. Praha 2006, 308–318; *ders.*: Umění ve Slezsku, umění v českých zemích a lucemburský mecenát. Mezi svízelným sousedstvím a bezvýhradným přijetím? [Die Kunst in Schlesien, die Kunst in den böhmischen Ländern und die luxemburgische Kunstförderung. Zwischen schwieriger Nachbarschaft und bedingungsloser Annahme]. In: *Kapustka/Klípa/Kozieł/Oszczanowski/Vlnas* (Hg.): Slezsko – Perla v české koruně, 115–147.

[7] *Kaczmarek,* Romuald: Znaki czeskiego panowania w średniowiecznym Wrocławiu [Wappen der böhmischen Regierung im mittelalterlichen Breslau]. In: *Tarajło-Lipowska,* Zofia/*Malicki,* Jarosław (Hg.): Wrocław w Czechach, Czesi we Wrocławiu. Literatura – język – kultura. [Breslau in Böhmen, Böhmen in Breslau. Literatur – Sprache – Kultur]. Wrocław 2003, 207–220.

vom 14. bis 16. Jahrhundert[8] als auch mit der Frage der Repräsentation der königlichen Majestät in den Kronländern zur Regierungszeit Johanns und Karls[9] befasst. Doch lohnt es sich trotzdem, diese Themen noch einmal kritisch in den Blick zu nehmen.

Im Rahmen der städtebaulichen Entwicklung Breslaus können grundsätzlich zwei Komplexe mit einer sogenannten luxemburgischen Orientierung hervorgehoben werden: Einerseits handelt es sich um die Stiftskirche zum Heiligen Kreuz auf der Dominsel, andererseits um die Stadtmitte am linken Ufer der Oder, konkret also das Rathaus, das Alte Rathaus (das sogenannte Haus der böhmischen Könige) und die Burg am linken Ufer.[10] Besonders im ersten Fall ist allerdings eine gewisse Vorsicht angebracht.

Die jeweiligen Zeugnisse herrschaftlicher Repräsentation der ersten beiden luxemburgischen Könige können in drei Kategorien eingeteilt werden:[11] (1) immaterielle Äußerungen der herrschaftlichen Macht, (2) materielle Denk-

---

8   *Czechowicz*, Bogusław: Czeskie wątki polityczne w sztuce Wrocławia na tle stosunków czesko-śląskich w XIV.–XVI. wieku [Böhmische politische Themen in der Breslauer Kunst vor dem Hintergrund der böhmisch-schlesischen Beziehungen vom 14. bis 16. Jahrhundert]. In: Wędrowiec. Wrocławskie Zeszyty Krajoznawcze 3–4 (1998), 35–58; *ders.*: Między katedrą a ratuszem. Polityczne uwarunkowania sztuki Wrocławia u schyłku szredniowicza. [Zwischen Kathedrale und Rathaus. Politische Bedeutungen der Breslauer Kunst am Ende des Mittelalters]. Warszawa 2008 sowie vor kurzem *ders.*: Dvě centra v Koruně. Čechy a Slezsko na cestách integrace a rozkolu v kontextu ideologie, politiky a umění (1348–1458) [Zwei Zentren in der Krone. Böhmen und Schlesien auf den Wegen der Integration und Spaltung im Kontext der Ideologie, Politik und Kunst (1348–1458)]. Hradec Králové 2011.

9   *Bobková*, Lenka: Prezentace královského majestátu v korunních zemích za vlády králů Jana a Karla [Die Präsentation der königlichen Majestät in den Kronländern während der Regierungen der Könige Johann und Karl]. In: *Bobková*, Lenka/*Holá*, Mlada (Hg.): Lesk královského majestátu ve středověku [Der Glanz der königlichen Majestät im Mittelalter]. Praha, Litomyšl 2005, 61–79; *dies.*: Corona Regni Bohemiae, 120–135.

10 Diese zwei Bereiche definiert Romuald Kaczmarek, siehe *Kaczmarek*: Slezsko – Lucemburský zisk, 310. Zum Haus der böhmischen Könige siehe *ders.*: Prawdopodobna siedzidba królów czeskich na rynku we Wrocławiu [Der vermutliche Sitz der böhmischen Könige am Breslauer Ring]. In: Quart. Kwartalnik historii sztuki 4/10 (2008), 27–43; *ders.*: Prawdopodobny dom krolów czeskich na rynku we Wrocławiu [Das vermutliche Haus der böhmischen Könige am Breslauer Ring]. In: *Bobková*, Lenka/*Konvičná*, Jana (Hg.): Korunní země v dějinách českého státu. Bd. 3: Rezidence a správní sídla v zemích České koruny ve 14.–17. století [Kronländer in der Geschichte des böhmischen Staates. Bd. 3: Residenzen und Verwaltungssitze in den Ländern der Böhmischen Krone im 14.–17. Jahrhundert]. Praha 2007, 255–272.

11 Die erste und zweite Kategorie basieren auf den Arbeiten von Lenka Bobková: *Bobková*: Prezentace královského majestátu, 61 f., 65 f., 69 und *dies.*: Corona Regni Bohemiae, 121 f. Dabei wurde die zweite Kategorie leicht umgedeutet. Eine selbständige Rolle kommt der dritten Kategorie zu, die wegen ihres Charakters über den Rahmen der Systematisierungsversuche hinausgeht.

mäler, die auf eine aktuelle politische Zugehörigkeit hinweisen sowie (3) Förderungen kirchlicher Einrichtungen in den neu erworbenen Gebieten.[12]

Zu den immateriellen Äußerungen der herrschaftlichen Macht gehören
Besuche des Landesherrn in der Stadt, vornehmlich solche, bei denen es zu
Huldigungen, zur Ablegung des Lehnseides, zu diplomatischen Begegnungen,
zur Teilnahme an Kirchenzeremonien und ähnlichem kam. Für diese Beispiele herrscherlicher Präsenz sind wir auf schriftliche Quellen angewiesen.[13]

Das Ritual des herrscherlichen Einzugs in Breslau lässt sich für diese Zeit
nicht wirklich detailliert beschreiben. Eine gewisse Vorstellung bietet uns eine
Aufzeichnung aus dem Jahr 1535, die die Ankunft Karls in Breslau im Jahre
1348 schildert: Einer schlesischen Chronik zufolge traf der böhmische König
am 7. November ein und wurde von einer feierlich geschmückten Stadt will-
kommen geheißen.[14] Vor der Kathedrale St. Johannes des Täufers begrüßte
Bischof Preczlaw von Pogarell den Herrscher, und anschließend wurde in der
Kathedrale die Messe *Te Deum Laudamus* gefeiert.[15] Die große Bedeutung
des ersten Einzugs eines neuen Königs in eine der vier damals wichtigsten
Städte der Böhmischen Krone (Prag, Breslau, Bautzen und Kuttenberg) verdeutlicht ferner der abgelehnte Entwurf des Gesetzbuches Maiestas Carolina.[16] Einen obligatorischen Bestandteil dieses Besuches sollte demnach die

---

12 Dieser Kategorie ordne ich auch die Verbreitung von Heiligenverehrung zu.
13 Die konkrete Zusammenstellung der immateriellen Äußerungen hängt von der Bedeutung der jeweiligen Länder und dem Maß ihrer politischen Abhängigkeit ab. Man unterscheidet zwischen unmittelbaren Besitzungen, Lehensgütern und Verpfändungen.
   Vgl. *Bobková:* Prezentace královského majestátu, 61–64.
14 *Hoffman,* Hermann: Die Chronika des Breslauer Domherrn Stanislaus Sauer (1535). In:
   Münchener Theologische Zeitschrift 4 (1953), 109. „Anno 1348 venit Carolus Wrati-
   slauiam septima die Nouembris, cui Preceslaus non longius obuiam cum clero quam ad
   Limitem Cimiterii Ecclesia S. Joannis."; RI VIII, 64, Nr. 775a., 7.11., Breslau: „Ankunft
   am freitag vor Martini in dieser stadt, deren bischof und bürger ihn feierlich empfangen."
15 *Hoffman:* Die Chronika des Breslauer Domherrn Stanislaus Sauer (1535), 109; *Holá,*
   Mlada: „Fuit honorifice susceptus". Holdovací cesty českých panovníků do Vratislavi
   v pozdním středověku [„Fuit honorifice susceptus". Huldigungsreisen der böhmischen
   Herrscher nach Breslau im Spätmittelalter]. In: *Bobková/Konvičná* (Hg.): Korunní země
   v dějinách českého státu. Bd. 3, 273–300, hier 276 f.
16 *Palacký* (Hg.): Maiestas Carolina, 89 f. – Einen Bestandteil Maiestas Carolina bildete
   auch die Beschreibung des ersten Einzugs des neu gekrönten Königs in die vier bedeutendsten Städte der Böhmischen Krone: Prag, Breslau, Bautzen und Kuttenberg. Bei
   dieser Gelegenheit sollte abermals die Unveräußerlichkeit des königlichen Besitzes ga-
   rantiert werden. Die Bürger waren verpflichtet, dem Herrscher mit den Stadtschlüsseln
   entgegenzukommen. Dieser sollte hingegen vor dem Betreten der Stadt vom Pferd her-
   absteigen und einen Eid auf die Bibel leisten, dass er die Rechte und Anordnungen
   Karls IV. bezüglich der Einheit der Länder der Böhmischen Krone wahren werde. Erst
   danach oblag es den Bürgern, den neuen Landesherren „cum jubilo exultacionis cari-
   tatis et tripudiis mente devota et obediencia subiectiva" aufzunehmen und in die Stadt
   zu geleiten.

Garantie der Unveräußerlichkeit des königlichen Besitzes sowie der auf die Bibel abgelegte Eid des Königs bilden, diese Anordnungen Karls IV. zu wahren. Leider erlaubt uns keine dieser Quellen, die konkrete Form oder den Ablauf des feierlichen Einzugs des Herrschers in Breslau zu rekonstruieren.[17]

Materielle Denkmäler sind in Breslau meist in Form von Wappen und ihren Kompositionen anzutreffen, die auf diversen städtischen Gebäuden angebracht wurden. Für die Zeit zwischen 1335 und 1378 begegnen wir in der Stadt einer relativ großen Zahl an Wappen mit dem böhmischen Löwen, später auch mit dem Adler des Heiligen Römischen Reiches. Es wird angenommen, dass diese Wappengruppen nicht schon 1335, sondern erst seit 1348 angebracht wurden, also seit der Konstituierung der Länder der Böhmischen Krone und der Inkorporation des Herzogtums Breslau.[18] Man darf nicht vergessen, dass heraldische Kompositionen nicht nur bei profanen Bauten (Rathaus, ggf. das vermutliche Haus der böhmischen Könige, also das Alte Rathaus), sondern in hoher Zahl auch an sakralen Bauten vorkommen – insbesondere in der dem heiligen Bartholomäus geweihten Unterkirche der Stiftskirche zum Heiligen Kreuz (fünf Wappen im Querhaus), im Chorschluss der Dorotheenkirche der Augustiner-Eremiten (drei Wappen und 15 leere Wappenschilde) sowie in der Pfarrkirche zu St. Elisabeth (drei Schlusssteine mit Wappen im Presbyterium des südlichen Seitenschiffes).

Die herrscherliche Förderung kirchlicher Einrichtungen konnte in der Gründung von Sakralbauten, der Einführung neuer Orden sowie in der Popularisierung der Verehrung bestimmter Heiliger in den neu erworbenen Gebieten bestehen. In Breslau können wir in der zweiten Hälfte des 14. Jahrhunderts eine deutliche Ausbreitung des Kults des heiligen Wenzels und des heiligen Sigismund beobachten. Der heilige Wenzel wird zum ersten Mal in der Gründungsurkunde der von Karl IV. gestifteten Klosterkirche der Augustiner-Eremiten erwähnt.[19] Seiner Statue begegnen wir ferner auf dem Porti-

---

[17] Eine ganze Reihe weiterer Studien zum Thema des herrscherlichen Einzugs in die Stadt nennt *Holá:* „Fuit honorifice susceptus", 273 f., Anm. 2–4. Für Parallelbeispiele siehe *Weifenbach,* Beate: Freiheit durch Privilegien und Schutz durch Reliquien. Überlegungen zur spätmittelalterlichen Inszenierung reichstädtischer Freiheit anlässlich des Besuchs Kaiser Karls IV. in Dortmund. In: Blätter für deutsche Landesgeschichte 137 (2001), 223–256, zum Einzug besonders 223 f., zum Aufenthalt detailliert 228–231; *Borovský,* Tomáš: Adventus regis in unruhigen Zeiten. Sigismund und die Städte in Böhmen und Mähren. In: *Hruza,* Karel/*Kaar,* Alexandra (Hg.): Kaiser Sigismund (1368–1437). Zur Herrschaftspraxis eines europäischen Monarchen. Wien u. a. 2012, 367–384, zum Einzug in Prag 379 f.; *Johanek,* Peter/*Lampen,* Angelika (Hg.): Adventus. Studien zum herrscherlichen Einzug in die Stadt. Köln u. a. 2009.

[18] *Kaczmarek:* Znaki czeskiego panowania, 209.

[19] Regesta Imperii. Bd. VIII, 114 (Nr. 1434). Die Gründungsurkunde publizierte Reisch, siehe *Reisch,* Chrysogonus: Geschichte und Beschreibung des Klosters und der Kirche St. Dorothea zu Breslau. Breslau 1908, 379; *Burgemeister:* Die Kunstdenkmäler der Stadt Breslau. Bd. 3, 107.

kus der Kathedrale St. Johannes des Täufers,[20] wo als sein Pendant die Gestalt der heiligen Hedwig dient. Wenzel kommt mit der heraldisch rechten Seite allerdings der bedeutendere Platz zu. Überdies wurde die Ikonographie des Heiligen an die aktuelle Situation angepasst: Anstelle des přemyslidischen Adlers ziert der böhmische Löwe sein Schild.[21] Der Verehrung des heiligen Sigismund begegnen wir zum Beispiel in der Pfarrkirche zu St. Elisabeth, wo ihm ein im südlichen Seitenschiff gelegener Altar geweiht wurde. Allerdings stiftete Karl IV. zwischen 1335 und 1378 in Breslau nur einen einzigen Kirchenbau, und zwar die Augustinerklosterkirche zum hl. Wenzel, Stanislaus und Dorothea.

Breslauer Sakralbauten mit Wappengruppen

Den eindeutigsten Ausdruck herrschaftlicher Repräsentation stellen heraldische Zeichen auf verschiedenen Bauten dar. Dabei sollen hier nicht die Wap-

---

20 *Mudra*, Aleš: Královské atributy ve středověké ikonografii svatého Václava [Die königlichen Attribute in der mittelalterlichen Ikonographie des heiligen Wenzel]. In: *Kubín*, Petr (Hg.): Svatý Václav. Na památku 1100. výročí narození knížete Václava Svatého [Der heilige Wenzel. Zum Andenken an das 1100. Jubiläum der Geburt des Fürsten Heiliger Wenzel]. Praha 2010, 329–342, hier 330 und 335.

21 Der Heilige befindet sich auf der rechten heraldischen Seite, wobei die königlichen Attribute betont werden. Da wir einer solchen Akzentuierung außerhalb der böhmischen Grenze begegnen, kann man diese Darstellung als Bestandteil herrschaftlicher Repräsentation auf einem neu erworbenen Gebiet interpretieren. Im Fall der Skulptur im Dom scheint die Datierung kompliziert zu sein. Kaczmarek datiert ihre Entstehung in die Zeit zwischen 1350 und 1360, siehe *Kaczmarek*, Romuald: Rzeźba architektoniczna XIV. wieku we Wrocławiu [Breslauer Bauplastik des 14. Jahrhunderts]. Wrocław 1999, 70. Gleichzeitig erwähnt er aber die älteren Meinungen Burgemeisters (*Burgemeister*: Die Kunstdenkmäler der Stadt Breslau. Bd. 1, 122), laut denen man die Skulptur frühestens im 17. Jahrhundert anfertigte und das Gesicht im 19. Jahrhundert ummeißelte; das gegenwärtige Erscheinungsbild der Skulptur gehe allerdings von einer nicht erhaltenen mittelalterlichen Statue aus. Im Fall der Übernahme von Kaczmareks Datierung müssen deutliche restauratorische und konservatorische Eingriffe konstatiert werden. Dieselbe Datierung wie Kaczmarek gibt Mudra an, siehe *Mudra*: Královské atributy ve středověké ikonografii sv. Václava, 332. Royt datiert die Skulptur auf die Zeit um 1360, siehe *Royt*, Jan: Ikonografie sv. Václava ve středověku [Die Ikonographie des heiligen Wenzels im Mittelalter]. In: *Kubín*, Petr (Hg.): Svatý Václav, 301–328, hier 312 f. Ikonographische Parallelen finden wir unter anderem in der Burg Lauf an der Pegnitz, wo auf einem Relief der heilige Wenzel außer einem Wappenschild mit dem doppelschwänzigen Löwen eine sehr lange Lanze trägt und auf einer weiteren Skulptur mit demselben Wappenschild ausgestattet ist. Ein weiteres Beispiel bildet ein in das letzte Viertel des 14. Jahrhunderts datiertes Relief aus Litzendorf, wo abermals die Lanze stark akzentuiert wird, das Wappenschild zwar ohne Relief ist, der doppelschwänzige Löwe allerdings auf einem unter die Füße des heiligen Wenzels situierten Schild erscheint. (Darstellungen aus den Bereichen der Malerei und des Kunstgewerbes wurden außer Acht gelassen.)

pen auf städtischen Verwaltungsgebäuden, sondern an Sakralarchitektur im Mittelpunkt des Interesses stehen.

In der Stiftskirche zum Heiligen Kreuz begegnen wir einer prägnanten Wappengruppe im Querhaus der unteren St. Bartholomäus-Kirche. Die Kreuzkirche ist ein zweigeschossiger Sakralbau mit einem kreuzähnlichen Grundriss. Es handelt sich um eine Hallenkirche mit einem relativ kurzen dreischiffigen Langhaus, einem markanten Querhaus und einem Chor von ungefähr gleicher Höhe. Die untere und die obere Kirche haben unterschiedliche Grundrisse. Das dreischiffige Langhaus der unteren Kirche besteht aus fünf Jochen mit Kreuzrippengewölbe. Das dreischiffige Langhaus der oberen Kirche bilden zwei Joche, die im Hauptschiff ein Sterngewölbe und in den Seitenschiffen ein Springgewölbe erhielten, sowie ein westlich liegendes Joch von halber Länge mit einem Kreuzrippengewölbe. Das Hauptschiff wie auch das Querhaus schließen mit einem Fünf-Achtel-Polygon. Das Gewölbe der unteren Kirche ist lediglich 7,45 Meter hoch.

Die Stiftskirche zum Heiligen Kreuz wurde am 11. Januar 1288 durch Herzog Heinrich IV. gegründet. Für eine Interpretation der Wappengruppe in der Unterkirche spielt der Inhalt der Gründungsurkunde eine wesentliche Rolle. Hier werden außer dem Patrozinium auch die Personen erwähnt, zu deren Gedenken man die Kirche gegründet habe:

> [...] ad honorem omnipotentis dei ac vivifice crucis Christi, pro remedio peccatorum nostrorum nostraque ac parentum nostrorum eterna salute, specialiter etiam in sublevamen anime patrui nostri, karissimi domini Wladizlai pie recordacionis quondam Salzburgensis archiepiscopi, necnon illustrium principum domini Ottokari, quondam regis Bohemie, ac Boleslaii ducis Cracovie avunculorum nostrorum, quorum memoria sit beata, ecclesiam collegiatam infra muros castri nostri Wratizlauiensis fundare decrevimus [...].[22]

Fast alle Forscher sind sich darin einig, dass die Stiftkirche in zwei Etappen gebaut wurde. Unterschiedliche Meinungen werden allerdings bezüglich der Datierung der jeweiligen Bauphasen und des architektonischen Baukonzepts vertreten.[23] Die erste Bauphase wird für den Zeitraum von 1288 bis 1295 (max. 1300) angenommen, als der Chor errichtet wurde.[24] Den Beginn der

---

[22] *Irgang*, Winfried (Hg.): Schlesisches Urkundenbuch. Bd. 5: 1282–1290. Köln u. a. 1993, 286, Nr. 367.

[23] Angesichts der Lückenhaftigkeit der erhaltenen Urkunden ist es fast unmöglich, die Chronologie des Bauprozesses genau zu bestimmen. Zwei Bauphasen gab es aber sicher. Sowohl die Unterschiedlichkeit des Mauerwerks als auch die Differenzen in den jeweiligen architektonischen Details des Chors und des restlichen Baus sprechen dafür. Im Exterieur der oberen Kirche können wir ebenfalls eine Abweichung zwischen der Gestaltung der Nordseite und der Südseite beobachten.

[24] *Burgemeister*: Die Kunstdenkmäler der Stadt Breslau. Bd. 1, 175; *Kutzner*, Marian: Gotycka architektura kościoła sw. Krzyża we Wrocławiu [Gotische Architektur der Kreuzkirche in Breslau] (nichtpublizierte Doktorarbeit, Katedra Historii sztuki, Uniwersytet Adama Mickiewicza w Poznaniu). Poznań 1965, 65; *Małachowicz*, Edmund: Wrocławski zamek książęcy i kolegiata św. Krzyża na Ostrowie [Die herzogliche Burg in Breslau

zweiten Bauphase vermutet man zwischen 1320 bis 1330,[25] ihr Ende dann in der Mitte des 14. Jahrhunderts.[26] Als möglicher Bauabschluss wurden vor kurzem die Jahre 1362 oder 1371 genannt.[27]

Im Zusammenhang mit der Untersuchung von Gestalt und Bedeutung der Stiftskirche wird in letzter Zeit die Rolle Karls IV. betont. Auf seine Person weisen angeblich sowohl die Wappengruppe im Querhaus der unteren Kirche als auch die anthropomorphen Details der bildhauerischen Verzierung des Langhauses der oberen Kirche hin. Im Querhaus der unteren Kirche befinden sich von Norden nach Süden genannt: (1) ein Adler ohne Krone mit einem nach rechts gerichteten Kopf, (2) ein Adler mit Krone und einem nach rechts gerichteten Kopf, (3) ein heute glatter Schlussstein, bis zum Zweiten Weltkrieg mit einem Adler ohne Krone verziert, (4) ein böhmischer Löwe mit Krone, teilweise beschädigt, (5) ein Adler ohne Krone mit Brustspange und einem zur rechten Seite geneigten Kopf. Die Schlusssteine im Gewölbe des Langhauses der oberen Kirche haben ebenfalls die Form von kleineren Wappenschildern.

Die Wappen in der unteren Kirche werden entweder als heraldische Zeichen der in der Gründungsurkunde genannten Personen interpretiert oder

und die Stiftskirche zum Heiligen Kreuz auf der Dominsel]. Wrocław 1994, 155; *Kaczmarek: Rzeźba architektoniczna*, 90. Eine abweichende Datierung nennt Stanisław Stulin, der die erste Bauphase in die Zeit zwischen 1320 und 1330 legt und die Verwendung von Resten eines älteren Baus aus den Jahren 1288–1295 vermutet, siehe *Stulin*, Stanisław: Kolegiata p. w. Świętego Krzyża i św. Bartłomieja [Die Stiftskirche zum Heiligen Kreuz und des hl. Bartholomäus]. In: *Mroczko/Arsyński* (Hg.): Architektura gotycka w Polsce. Bd. 2, 265.

25 Offensichtlich wurden in den 1330er Jahren die westlich liegenden Teile der Krypta abgerissen und an ihrer Stelle zwei Gewölbejoche des Chorbereichs der unteren Kirche errichtet, siehe *Kutzner*: Gotycka architektura kościoła św. Krzyża, 44, 86–88 und *Grzybkowski*, Andrzej: Fundacja i funkcja kościoła sw. Krzyża we Wrocławiu [Stiftung und Funktion der Kreuzkirche in Breslau]. In: *ders.*: Między formą a znaczeniem. Studia z ikonografii architektury i rzeźby gotyckiej [Zwischen Form und Bedeutung. Studien zur Ikonographie der gotischen Architektur und Bildhauerei]. Warszawa 1997, 39–70, hier 57.

26 Nach 1351 wurde die Kirche in eine obere und eine untere geteilt, gleichzeitig taucht für die untere Kirche die Bezeichnung *criptae*, also Krypta, auf. Die mit dem Kirchenbau verbundenen Quellenabschnitte zitiert *Kutzner*: Gotycka architektura kościoła sw. Krzyża, hier besonders 44.

27 Für das Jahr 1362 wird die Aufstellung eines Altars im Querhaus der oberen Kirche erwähnt, für das Jahr 1371 die Anfertigung des Maßwerks in der Pfarrkirche zu St. Nikolaus in Brieg nach dem Vorbild des Maßwerks der Stiftskirche zum Heiligen Kreuz in Breslau. Die Baurechnungen der Pfarrkirche in Brieg publizierte Schultz. Siehe *Schultz*, Alwin: Dokumente zur Baugeschichte der Nikolai-Kirche zur Brieg. In: Zeitschrift des Vereins für Geschichte und Altertum Schlesiens 8 (1867), 167–179, hier 169. Das Jahr 1371 wird allgemein als frühestes Datum für die Fertigstellung des Langhauses der oberen Kirche angenommen. Vgl. *Stulin*: Kolegiata P. W. Świętego Krzyża i św. Bartłomieja, 265.

aber mit der Person Karls IV. in Verbindung gebracht.[28] Als erster datierte die Wappen M. Kutzner auf die 1340er Jahre. Gleichzeitig interpretierte er sie folgendermaßen: (1) Herzogtum Sandomierz, (2) Herzogtum Krakau, (3) Mark Brandenburg, (4) Königreich Böhmen und (5) Herzogtum Breslau. Andrzej Grzybkowski deutet die Wappen als Hinweise auf folgende Personen: (1) die Fürstin Jutta von Masowien (Mutter Heinrichs IV.), (2) den Herzog von Krakau, (3) hypothetisch den Kaiser, (4) den König von Böhmen und (5) den Breslauer Herzog und Salzburger Erzbischof.[29]

Eine abweichende Interpretation formulieren R. Kaczmarek und B. Czechowicz. Kaczmarek identifiziert die Zeichen auf den Schlusssteinen mit (1) dem mährischen Adler, (2) dem přemyslidischen Adler, (3) dem kaiserlichen Adler, (4) dem böhmischen Löwen und (5) dem Breslauer oder dem schlesischen Adler und datiert sie erst auf die 1360er Jahre. Im Falle dieser zeitlichen Zuordnung wäre die Platzierung des kaiserlichen Adlers unverständlich.[30] Czechowicz erklärt die Wappen folgendermaßen: (1) Herzogtum Oppeln (später Oberschlesien), (2) Königreich Polen (oder das Krakauer Land), (3) Karl IV. als römischer König oder Kaiser, (4) Königreich Böhmen und (5) Herzogtum Breslau (später Niederschlesien). Er charakterisiert diese Zusammenstellung als eine Demonstration der politischen Macht und der territorialen Ambitionen Karls IV.[31]

Die Frage nach der Interpretation kann wohl nicht ganz eindeutig beantwortet werden. Es fehlt eine allgemein akzeptierte Datierung sowohl der jeweiligen Bauphasen der Kirche als auch der Schlusssteine. Die Wappendeutung erschwert zudem die fehlende Polychromie. Trotzdem kann man eher der Theorie einer Verbindung zwischen den Wappen und den in der Gründungsurkunde der Stiftskirche genannten Personen als der eines mit Karl IV. in Zusammenhang stehenden Wappenprogramms zustimmen. Die Stiftskirche war die letzte Ruhestätte Herzog Heinrichs IV., der hier zugleich die Errichtung eines Kollegiums von Mansionären anordnete. Das Kollegium

---

[28] Mit den in der Gründungsurkunde genannten Personen identifiziert die Wappen L. Burgemeister (*Burgemeister*: Die Kunstdenkmäler der Stadt Breslau. Bd. 1, 183), der gleichzeitig die bis dahin zitierten Behauptungen von Luchs und Schulte anführt. Hermann Luchs deutete die Wappengruppe folgendermaßen: (1) brandenburgischer Adler, (2) kaiserlicher Adler mit Krone, (3) mährischer Adler (4) böhmischer Löwe, (5) breslauer Adler. Verblüffend ist die Platzierung des mährischen Adlers, dazu noch an der heraldisch bedeutendsten Stelle. Schulte brachte folgende Erklärung: (1) Wappen des Herzogtums Sandomierz, (2) Wappen des Herzogtums Krakau, (3) Wappen der Mathilde von Brandenburg, (4) der böhmische Löwe Přemysl Ottokars II., (5) Breslauer Adler Heinrichs IV. Diese Deutung überzeugte auch Burgemeister.

[29] *Grzybkowski*, Andrzej: Die Kreuzkirche in Breslau – Stiftung und Funktion. In: Zeitschrift für Kunstgeschichte LI/4 (1988), 461–478, hier 487; *ders.*: Fundacja i funkcja kościoła sw. Krzyża we Wrocławiu, 59.

[30] *Kaczmarek*: Gotycka rzeźba architektoniczna, 104; *ders.*: Znaki czeskiego panowania, 213.

[31] *Czechowicz*: Dvě centra v Koruně, 47. Die Schlusssteine werden nicht datiert.

hatte die Aufgabe, Totenmessen für die in der Gründungsurkunde genannten Personen zu halten.[32]

Ebenso scheint die frühere Datierung vertretbarer zu sein, die eine Anfertigung der Wappen – in Anknüpfung an den vorausgesetzten Verlauf der zweiten Bauphase in diesem Bereich der Kirche – bereits für die 1340er Jahre vermutet. Gegen die Behauptung, die Wappengruppe stehe in einer Verbindung mit der Person des Stifters, spräche einerseits die Platzierung des hypothetischen mährischen Adlers direkt neben dem přemyslidischen Adler, doch sind für eine solche Möglichkeit keine Analogien bekannt. Andererseits erscheint die Identifizierung eines Adlers mit dem heraldischen Zeichen von Krakau (oder dem polnischen Königreich) in Verbindung mit dem Programm Karls IV. als unwahrscheinlich.[33]

Ein weiteres interessantes Element bilden die bildhauerischen Details im Innenraum der oberen Kirche. Es handelt sich vor allem um Gesichter von zwölf Repräsentanten unterschiedlicher gesellschaftlicher Gruppen.[34] Jüngst wurde die Theorie geäußert, wonach es sich bei vier dieser Gesichter um Karl IV., Wenzel IV. und ihre Gattinnen handeln könnte.[35] Diese These macht

---

[32] Solche Gottesdienste belegen zahlreiche Dokumente aus der zweiten Hälfte des 14. Jahrhunderts. Vgl. *Kutzner*: Gotycka architektura kościoła św. Krzyża, 44 f.

[33] Johann von Luxemburg gab seine Ansprüche auf den polnischen Thron definitiv auf. Beiseite lassen wir die Theorie von J. Wrzesińska, die die Wappen in einen Zusammenhang mit der Erinnerung an politische Verdienste des Herzogs bringt und gleichzeitig ein umfassenderes heraldisches Programm vermutet, das sich auf den Schlusssteinen des Langhauses der oberen Kirche weiter entwickeln würde. Diese Schlusssteine sind glatt und die Frage nach einer eventuellen Polychromie bleibt unbeantwortet. Eine auf nicht vorhandene Wappenausführungen basierende Theorie kann aber nicht akzeptiert werden. Siehe *Wrzesińska*, Janina: Problematyka heraldyczna w gotyckiej sztuce Wrocławia [Heraldische Probleme in der gotischen Kunst von Breslau]. In: *Świechowski*, Zygmunt (Hg.): Z dziejów sztuki śląskiej [Aus der Geschichte der schlesischen Kunst]. Warszawa 1978, 203–243, hier 223.

[34] Die menschlichen Gesichter sind auf Pfeilergesimsen postiert; man begegnet ihnen an genau fünf Stellen in der oberen Kirche. Im sechsten Fall handelt es sich um eine kleine Figur und einen Affenkopf. An den genannten fünf Stellen befindet sich eine ungleiche Anzahl männlicher und weiblicher Gesichter unterschiedlicher Physiognomie. Auf den östlichen Pfeilern der Kreuzung handelt es sich um folgende: auf dem nördlichen Hauptpfeiler zwei weibliche Köpfe, auf dem südlichen Hauptpfeiler ein Kopf mit welligem Haar und ein Frauenkopf mit Krone. Auf dem südlichen Pfeiler sind im nördlichen Bereich ein langhaariger Frauenkopf mit Krone und ein Männerkopf mit Kapuze zu sehen, im südwestlichen Bereich desselben Pfeilers dann ein bärtiger Männerkopf mit Mütze sowie ein Kopf mit Krone. Die letzte Gruppe befindet sich auf dem nördlichen Halbpfeiler des westlichen Abschlusses des Hauptschiffes. Hier sind insgesamt vier Köpfe zu sehen, und zwar von Süden aus der Kopf eines Jünglings mit kurz geschnittenen Haaren, der Kopf einer jungen Frau mit langen Haaren, ein Frauenkopf mit Haube und ein Männerkopf mit zugeschnittenem Bart – gerade diese letzten vier werden als Darstellung der herrschaftlichen Familie interpretiert.

[35] *Kaczmarek*: Znaki czeskiego panowania, 213; *ders.*: Kolegiata Krzyża Świętego we Wrocławiu jako fundacja Henryka IV. Probusa. Impuls i następstwa – świadectwa iko-

es erneut notwendig, nach dem Stifter der zweiten Bauphase der Kirche zu suchen. Dazu gibt es zwei sich widersprechende Meinungen, die von der Datierung des Baus und dem eventuellen historischen Kontext ausgehen. Die erste Theorie verbindet den Umbau mit Bischof Nanker (1326–1341), die zweite mit Johann von Luxemburg bzw. vor allem mit seinem Nachfolger Karl IV. Im ersten Fall basiert die Verbindung auf einem Baubeginn bereits in den 1320er Jahren.[36] Das Gebäude war nun nicht mehr nur ein Ort der Liturgie, sondern gewann im Zusammenhang mit der Funktion einer letzten Ruhestätte des Herzogs eine neue Bedeutung. Die Argumentation, dass Bischof Nanker den Bau der Kirche deswegen förderte, um die Lösung des traditionellen Streits zwischen der kirchlichen und der weltlichen Macht zugunsten der kirchlichen zu betonen, lässt sich nur mühsam verteidigen.[37] Schwerwiegender scheint die Tatsache zu sein, dass der Herzog 1315 sowie 1326 als Patronatsherr genannt wird, während diese Verpflichtung in den 1340er und 1350er Jahren auf den Bischof übergeht.[38]

Als weniger akzeptabel erweist sich die zweite Annahme, die den Bau mit Johann von Luxemburg und Karl IV. in Verbindung bringt.[39] Die Argumente, die diese Theorie untermauern, können infrage gestellt werden. So wird zum Beispiel die Verbindung der Stiftsherren mit König Karl IV. betont. Bei vielen Mitgliedern des Kapitels handelte es sich um bedeutende Persönlichkeiten aus dem Kreis um Karl IV. – der wichtigste unter ihnen war zweifellos Johannes von Neumarkt.[40] Aus der personellen Zusammensetzung des Kapitels und den Funktionen seiner Mitglieder zwischen Jahren 1288 und 1456 ergibt sich allerdings, dass diese nicht nur am Hofe Karls IV., sondern (obwohl in geringerer Zahl) auch am Hofe des Landgrafen von Thüringen sowie an den Höfen der schlesischen Herzöge und sogar am Hofe Kasimirs des Großen tätig waren.[41]

---

nograficzne [Die Stiftskirche zum Heiligen Kreuz in Breslau als Stiftung Heinrichs IV. Impuls und Konsequenzen – ikonographische Zeugnisse]. In: *Wachowski*, Krysztof (Hg.): Śląsk w czasach Henryka IV. Prawego [Schlesien zur Zeit Heinrichs IV.]. Wrocław 2005, 85–100, hier 89. Kaczmarek spricht von einem Kryptoportrait.

[36] *Kutzner:* Gotycka architektura, 183.

[37] So argumentiert *Kutzner:* Gotycka architektura, 188.

[38] *Ebenda,* 189. Wir bewegen uns hier aber wieder auf ziemlich unsicherem Eis. Bischof Nanker starb nämlich 1341, weshalb man diese Funktion erst mit dem Bischof Preczlaw in Verbindung bringen kann.

[39] *Kaczmarek:* Znaki czeskiego panowania, 211; *ders.:* Kolegiata Krzyża Świętego we Wrocławiu, 85–101. In dieser Abhandlung wird die Problematik des Grabsteins Heinrichs IV. absichtlich außer Acht gelassen, da dessen Behandlung eine selbständige Studie verlangen würde. Man muss aber darauf hinweisen, dass Kaczmarek die Stiftung dieses Grabsteins mit Johann von Luxemburg in Zusammenhang bringt.

[40] *Ebenda,* 89. Ein weiterer war zum Beispiel Johann von Reste.

[41] *Kuchendorf,* Cäcilie: Das Breslauer Kreuzstift in seiner persönlichen Zusammensetzung von der Gründung (1288) bis 1456. Breslau 1937, 40 f.

Ferner wird ein persönliches Interesse Karls IV. an der Kirche hervorgehoben, worauf die Erwähnung Přemysl Ottokars II. in der Gründungsurkunde hinweise.⁴² Einen direkten Beleg für eine Beziehung des Herrschers
zu der Kirche gibt es aber nicht. Karl IV. wird nicht einmal im Kalendarium
des Stifts genannt, wo Einträge über Totenmessen mit den Namen der Gründer, der Stiftsherren und der Förderer des Kapitels enthalten sind. In diesem
Kalendarium sind Přemysl Ottokar II., Heinrich IV. und viele andere Gönner
der Kirche erwähnt – es fehlt allerdings sowohl der Name Johanns von Luxemburg als auch der Karls IV.⁴³ Es lassen sich also nur schwer Argumente
für die Annahme finden, dass die zwei männlichen Köpfe auf dem westlichen
Halbpfeiler des Hauptschiffes mit Karl IV. und Wenzel IV. zu identifizieren
sind. Im Gegensatz zu den anderen kleinen Köpfen befinden sich diese vier
auf der Westseite der Kirche, also an keinem hervorgehobenen Ort, und sie
sind zudem nicht einmal mit Zeichen der königlichen Macht versehen, was
bei den anderen, im Bereich der Vierung angebrachten, durchaus der Fall ist.
Auch die Behauptung, dass die Gesichtszüge denen Karls IV. und seinen Verwandten ähnlich seien, ist ganz entschieden abzulehnen.

Am akzeptabelsten erscheint die These Grzybkowskis, dass die zweite
Bauphase der Kreuzkirche mit Bischof Nanker und anschließend mit Bischof
Preczlaw in Verbindung steht.⁴⁴ Diese Theorie schließt eine Verbindung
Karls IV. mit der Kirche selbst nicht aus, verneint aber sein Engagement und
sein Einwirken auf die Fertigstellung des Baus.

Die Gründung der Dorotheenkirche

Die Kirche zu St. Dorothea wurde am 24. November 1351 von Karl IV. gegründet. Es handelt sich um eine dreischiffige Hallenkirche mit schmalen
Seitenschiffen und einem langen einschiffigen Chor, dessen Abschluss ein
Fünf-Zehntel-Polygon bildet. Das Langhaus besteht aus vier Jochen, die im
Hauptschiff ein Sterngewölbe und in den Seitenschiffen ein Springgewölbe
enthalten. Im Westen schließt ein um die Hälfte verkürztes Joch mit Kreuzrippengewölbe an. Der Chor besteht aus fünf Gewölbejochen, und das Langhaus erreicht die Höhe von 25 Metern. Karl IV. gründete die Kirche und das
Kloster der Augustiner-Eremiten am 24. November 1351 während seines Auf-

---

42 *Kaczmarek:* Kolegiata Krzyża Świętego we Wrocławiu, 89. Laut Kaczmarek konnte diese
    Tatsache der Aufmerksamkeit des Herrschers nicht entgangen sein. Darauf weist auch
    seine Deutung der Wappengruppe im unteren Querhaus hin.
43 *König,* Artur: Das Kalendarium des Breslauer Kreuzstiftes verbunden mit einem Cisio-
    ianus. In: Zeitschrift des Vereins für Geschichte und Altertum Schlesiens 7 (1866), 305,
    323. Das Kalendarium stammt aus dem Jahre 1468. Die Anmerkung zum Jahrestag Pře-
    mysl Ottokars II. lautet: „ad cuius memoriam fundata est hec ecclesia Sancte Crucis".
44 *Grzybkowski:* Fundacja i funkcja kosciola sw. Krzyża we Wrocławiu, 60.

enthalts in Breslau.[45] Der Chor wurde bis 1381 fertiggestellt, das Langhaus vermutlich bis zum Anfang des 15. Jahrhunderts. In der Mitte des 15. Jahrhunderts stürzte ein Teil des Langhauses ein, anschließend wurde die Kirche fertig gebaut.[46] Für unser Thema sind an diesem Sakralbau die Person des Gründers, die Wappengruppe sowie die ursprünglichen Patrozinien interessant.

Die Gründung der Dorotheenkirche wird als Andenken an die Verhandlungen zwischen Karl IV., dem polnischen König Kasimir dem Großen und dem Gnesener Erzbischof Jaroslaw interpretiert.[47] Diese Deutung ist allerdings untragbar. Die Verhandlungen über die Eingliederung des Breslauer Bistums in die Prager Diözese verliefen erfolglos, und die Kirche wurde erst nach der Abreise der polnischen Delegation gestiftet.[48] Überdies wird Kasimir in der Gründungsurkunde weder erwähnt noch als Zeuge aufgeführt.[49] Dass der polnische König als Zeuge einer von Karl IV. ausgestellten Urkunde auftreten konnte, belegt die am 19. Januar 1359 in Breslau ausgefertigte Urkunde für die St. Bartholomäuskirche in Frankfurt am Main.[50]

Die Umstände der Stiftung der Dorotheenkirche sind also eindeutig pragmatischer Natur, weshalb sie im breiteren Rahmen der herrschaftlichen Stiftungsaktivitäten zu verorten sind.[51] Karl IV. entschied sich sehr bewusst für die Einführung des Ordens der Augustiner-Eremiten aus dem Kloster St. Thomas auf der Prager Kleinseite.[52] Dieser nach den Regeln des heiligen Augustinus lebende Bettelorden wirkte durch seine Seelsorge in besonderer Weise auf die Bewohner der Städte ein und drang gerade in jener Zeit aus seinem Prager Zentrum nach Polen und in die baltischen Länder vor. Man kann also annehmen, dass das Breslauer Kloster die Funktion eines Bindeglieds für wei-

---

[45] Zur Gründung des Klosters siehe Regesta Imperii. Bd. VIII, 114 (Nr. 1434). Abschriften der Urkunden veröffentlichten *Reisch,* Chrysogonus: Geschichte und Beschreibung des Klosters und der Kirche St. Dorothea zu Breslau. Breslau 1908, 379–383 und *Burgemeister:* Die Kunstdenkmäler der Stadt Breslau. Bd. 3, 107.

[46] Eine Übersicht über die bisherigen Ansichten bieten *Stulin,* Stanisław/*Włodarek,* Andrzej: Kościół P.W. ss. Doroty i Stanisława, augustinianów eremitów [Kirche St. Dorothea und Stanislaus der Augustiner-Eremiten]. In: *Mroczko/Arsyński* (Hg.): Gotycka w Polsce. Bd. 2, 267 f.

[47] Zuletzt *Czechowicz:* Dvě centra v Koruně, 42.

[48] Man muss zugeben, dass es sich um ein etwas psychologisierendes Argument handelt.

[49] Am 24.11.1351, dem Vorabend des Festes der hl. Katharina von Alexandrien. Siehe Regesta Imperii. Bd. VIII, 114 (Nr. 1434).

[50] Regesta Imperii. Bd. VIII, 274 (Nr. 2888). Es handelt sich zwar um eine feierliche Urkunde von besonderer Bedeutung, man kann aber trotzdem von der Anwesenheit des polnischen Königs als Zeuge ausgehen und diese als ein Argument gegen die Theorie der Stiftung des Klosters als Andenken an die Begegnung der Herrscher vorbringen.

[51] Für diese Ansicht ist von wesentlicher Bedeutung der Beitrag von *Hledíková,* Zdeňka: Fundace českých králů ve 14. století [Stiftungen der böhmischen Könige im 14. Jahrhundert]. In: Sborník historický 38 (1982), 5–55.

[52] *Ebenda,* 21.

tere Ordenshäuser übernehmen sollte, die in dieser Zeit mit offensichtlicher Unterstützung des Herrschers auf seinem Weg nach Polen entstanden. Eine gezielte und systematische Förderung der Augustiner-Eremiten lässt sich daran ablesen, dass auf Karls Initiative 1357 sogar eine böhmisch-polnische Ordensprovinz der Augustiner-Eremiten gegründet wurde, die allerdings nicht Bestand hatte.[53] Es handelte sich bei der Dorotheenkirche also nicht um das Andenken an eine für Karl erfolglose Verhandlung, sondern um eine programmatische Initiative Karls IV., der die Kirchenorganisation des Bistums Breslau mit der Diözese Prag verbinden wollte. Interessant ist auch die Wahl des Gründungsdatums 24. November – der Vorabend des Festes der heiligen Katharina von Alexandrien, einer wichtigen Schutzpatronin Karls IV.[54]

Im unteren Bereich der Chorschlussfenster befinden sich an der äußeren Chorwand insgesamt 18 Wappen, von denen lediglich drei am Ostfenster plastisch ausgeführt sind. Diese Wappen sind einwandfrei zu deuten: Es handelt sich um den römischen Adler, den böhmischen Löwen und den schlesischen Adler.[55] Die restlichen Wappenschilder sind leer und neigen sich jeweils in Richtung der heraldischen Gruppe.[56] Die Wappengruppe ist so platziert, dass man sie von der Schweidnitzer Straße aus sehen konnte, die von dem im Süden liegenden Schweidnitzer Tor zum Großen Ring führte. In diesen mündete sie neben der östlichen Rathausfassade, die mit einem mit dem böhmischen Löwen versehenen Tympanon verziert war.

Die Gesamtzahl der Wappenschilder liegt bei 18, davon sind 15 glatt geblieben. Wir können also davon ausgehen, dass erstens diese 15 Wappenschilder polychromiert waren, oder zweitens, falls keine Polychromie vorgenommen wurde, zumindest die Idee zur Anbringung einer größeren Wappengruppe bestand oder man drittens die Ausführung der weiteren Wappen gar nicht plante. Die neuesten Theorien gehen von einem durchdachten Programm aus.[57] Gleichzeitig ziehen sie die Möglichkeit in Erwägung, dass hier Platz für die Wappen der in der Gründungsurkunde genannten Zeugen geschaffen wurde. Dies kann man allerdings ausschließen, da keine Analogien dafür bekannt sind und darüber hinaus die Gesamtzahl der Zeugen elf betrug. Auch bei Berücksichtigung der drei ausgeführten Wappen wird nicht erkennbar, wessen Wappen sich an den restlichen vier Stellen befinden sollten.[58] Daher wird eine Ähnlichkeit mit der Wappengruppe im Querhaus der

53 *Ebenda.*
54 Regesta Imperii. Bd. VIII, 114 (Nr. 1434).
55 Lediglich Wrzesińska deutet den zentralen Adler als den Adler des polnischen Königreichs und belegt damit die Theorie der Kirchengründung durch Karl IV. zum Gedenken seiner Begegnung mit dem polnischen König Kasimir dem Großen. Siehe *Wrzesińska*: Problematyka heraldyczna w gotyckiej architekturze Wrocławia, 215.
56 Also heraldisch links.
57 *Kaczmarek*: Rzeźba architektoniczna, 156.
58 Regesta Imperii. Bd. VIII, 114 (Nr. 1434). Als Zeugen figurieren in der Urkunde folgende Herzöge: Bolesław von Brieg, Konrad von Oels, Kasimir von Teschen, Bolko von

unteren Kirche des Kreuzstifts sowie mit anderen auf Profanbauten platzierten Wappenensembles aus der Zeit Karls IV. gesucht.[59] Angesichts fehlender Quellenbelege für eine solche Absicht kann man jedoch annehmen, dass gar keine Polychromie vorgesehen war und man von Anfang an nur ein Programm mit dem römischen Adler, dem böhmischen Löwen und dem schlesischen Adler plante. Die anderen Wappenschilder dürften einfach nur aufgrund einer künstlerischen Einheitlichkeit in der Fensterausschmückung platziert sein. Dieselbe heraldische Gruppe finden wir auf Schlusssteinen im Presbyterium des südlichen Seitenschiffes der Pfarrkirche zu St. Elisabeth in Breslau. Lediglich aufgrund von Zeichnungen ist heute eine identische Wappengruppe bekannt, die sich an dem heute nicht mehr existierenden sogenannten ‚Alten Rathaus' befand, das im südöstlichen Bereich des Breslauer Rings gegenüber dem Rathaus stand. Als etwas problematisch erweist sich bei der Suche nach möglichen Analogien dieses Wappenprogramms der Vergleich mit den fünf Schlusssteinen des Querhauses der unteren Kirche des Kreuzstifts sowie mit der spezifischen Ikonographie des Rathausportals.[60] Da uns keine Quellen zur Verfügung stehen, die über den

Oppeln, Bolko von Schweidnitz und Wenzel von Liegnitz. Ferner werden die Adeligen Walther von Meisenburg und Bernhard von Limburg sowie folgende am Hof Karls IV. wirkende Personen genannt: Buško von Welhartitz, Haško von Zwieretitz und Buško von Kunstadt.

[59] *Kaczmarek: Rzeźba architektoniczna*, 156. Am schwierigsten erweist sich in diesem Sinne die Suche nach einer Analogie zu dem heraldischen Programm des Wappensaals in der Burg Lauf. Seine Bedeutung erklärt *Růžek*, Vladimír: Česká znaková galerie na hradě Laufu u Norimberku z roku 1361. Příspěvek ke skladbě královského dvora Karla IV. [Die böhmische Wappengalerie in der Burg Lauf bei Nürnberg von 1361]. In: Sborník archivních prací 1, XXXVIII 1988, 37–312) und betont, dass diese Wappengalerie formal sowie programmatisch von der Verzierung der Audienzsäle in Karlstein oder Vyschehrad abweicht. In Lauf waren nämlich alle Wappen der bedeutendsten Machthaber und Amtsträger der böhmischen Krone symbolisch vorhanden – es handelte sich um Wappen der wichtigsten Kircheneinrichtungen und Städte sowie böhmischer oder in Böhmen ansässiger Adelsgeschlechter. *Růžek: Česká znaková galerie*, 64 f.

[60] Im Bereich des Rathauses begegnet man zwei Portalen mit ein und demselben ikonographischen Programm. An der Ostseite des Rathauses befindet sich über dem Eingang zum ehemaligen Gerichtssaal der böhmische Löwe, der auf seinem Kopf einen Helm mit Helmzier trägt und in der Pfote eine Fahne mit der Abbildung eines zweiten böhmischen Löwen hält. Von der heraldisch rechten Seite neigt sich zu dem sitzenden Löwen ein Wappenschild mit dem schlesischen Adler, über dem ein Helm und ein zweiter beinahe vollkommen plastischer Adler mit Brustspange liegen. Von der anderen Seite wendet sich dem Wappen ein Relief des heiligen Johannes des Evangelisten (ihm wurde die Ratskapelle geweiht) zu. Das zweite Wappen mit einer ähnlichen Ikonographie wurde im Innenraum des Rathauses, im ersten Stockwerk über dem Durchgang von der Kapelle zum großen Saal, aufgestellt. Bei einem Vergleich mit dem zuerst erwähnten Wappen können wir eine abweichende Ausführung der Helme, des Löwen sowie des Adlers (ohne Brustspange) konstatieren; zudem wurde der Helm des Löwen um eine Krone ergänzt. Siehe *Jurkowlaniec*, Tadeusz: Wystrój rzeźbiarski pretorium we Wrocławiu. Ze studiów nad rzeźbą architektoniczną 2. tercji XIV. wieku na Śląsku [Die

Verlauf der Bauarbeiten zwischen 1351 und 1381 berichten, ist die Datierung der Wappen des Chorschlusses der Dorotheenkirche eine komplizierte Aufgabe.[61] Dennoch kann man bei Berücksichtigung ihres Inhalts eine Entstehung für die Zeit nach 1355 annehmen.

Einen interessanten Aspekt bildet auch die Wahl des Kirchenpatroziniums, weil es hier schon relativ bald nach der Gründung der Kirche zu einer unterschiedlichen Gewichtung der heiligen Patrone kam. In der 1354 vom Landesherren an Papst Innozenz VI. (1352–1362) gerichteten Urkunde sind als Schutzheilige der Kirche die Heiligen Wenzel, Stanislaus und Dorothea genannt. In einer Urkunde aus dem Jahr 1361, mit der der Kaiser die Gründungsurkunde von 1351 bestätigte, ist die Rede davon, dass er die Kirche im Namen des heiligen Wenzel, des Schutzheiligen Böhmens, stiftete. Im Jahre 1387 wird dann allerdings die heilige Dorothea als die alleinige Patronin der Kirche genannt.[62] Gegenwärtig benutzen die meisten Autoren zur Bezeichnung der Kirche lediglich das Patrozinium der heiligen Dorothea.[63] Einige Forscher betonen die Existenz eines Patroziniums des heiligen Stanislaus, eines Schutzheiligen Polens.[64] Mit einer gewissen Vorsicht könnte man vielleicht formulieren, dass die Erwähnung des heiligen Stanislaus in Zusammenhang mit Karls Bemühungen um eine Anbindung des Breslauer Bistums an die Prager Diözese stand, dass es sich also um eine Art integrativer Geste handelte. Die heilige Dorothea wird hingegen von einigen Forschern als eine Schutzheilige Breslaus genannt. Die Einführung des Kults des heiligen Wenzel hängt, genauso wie im Fall anderer von Karl IV. erworbener Gebiete, ganz eindeutig mit der Inkorporation der schlesischen Herzogtümer in den Ver-

---

bildhauerische Verzierung des Breslauer Rathauses. Aus Studien zur Bauplastik des 2. Drittels des 14. Jahrhunderts in Schlesien]. In: Roczniki Historii Sztuki 21 (1995), 182–187; *Kaczmarek*, Romuald: Portal z tympanonem w fasadzie wschodniej ratusza we Wrocławiu. Przyczynek do ikonografii lwa w hełmie [Tympanonportal in der östlichen Fassade des Breslauer Rathauses. Beitrag zur Ikonographie des Löwen mit einem Helm]. In: *Kalinowski*, Lech (Hg.): Nobile claret opus. Wrocław 1998, 95–105; *ders.*: Rzeźba architektoniczna, 196–199, 202 f., hier auch unter Übersicht über die bisherige Forschung. *Ders.*: Znaki czeskiego panowania, 207–220. Eine Übersicht über die Forschung zur Rathausarchitektur bieten *Stulin*, Stanisław/*Włodarek*, Andrzej: Ratusz [Rathaus]. In: *Mroczko/Arsyński*: Architektura gotycka w Polsce Bd. 2, 261 f.

[61]   Unter der Voraussetzung, dass es zum Bau der Kirche unmittelbar nach ihrer Gründung im November 1351 gekommen ist.

[62]   *Burgemeister*: Die Kunstdenkmäler der Stadt Breslau. Bd. 3, 107.

[63]   Mit der Ausnahme von Łużyniecka, die alle drei Heiligen in der Reihenfolge von 1354 nennt. Siehe *Łużyniecka*, Ewa: Gotyckie świątynie Wrocławia. Kościół Bożego Ciała. Kościół Świętych Wacława, Stanisława i Doroty [Gotische Kirchen Breslaus. Corpus-Christi-Kirche. Kirche St. Wenzel, Stanislaus und Dorothea]. Wrocław 1999.

[64]   *Ebenda*, 10. Die Autorin interpretiert die Heiligen als Schutzheilige von drei Nationen: Wenzel als Patron der Tschechen, Stanislaus als Patron der Polen und Dorothea als Patronin der Deutschen. Es sollte sich um einen sichtbaren Ausdruck der Zusammensetzung der damaligen Stadtbevölkerung handeln.

band der Länder der böhmischen Krone zusammen.[65] Ein zweites Beispiel für das Patrozinium des heiligen Wenzel und des heiligen Stanislaus bildet in Schlesien die Pfarrkirche in Schweidnitz, einem Herzogtum, dessen Inkorporation in die Länder der Böhmischen Krone am kompliziertesten war und am längsten dauerte. Im Fall der Augustiner-Eremiten-Kirche in Breslau stellt also das Patrozinium des heiligen Wenzel ein eindeutiges und typisches Beispiel der Verbreitung seines Kultus dar. Man muss daher betonen, dass die Verehrung dieses Heiligen ein Symbol der expansiven Politik Karls IV. war.[66] In unserem Fall ist sie von ganz besonderer Bedeutung, da sie sich direkt auf einen vom Herrscher gegründeten Bau bezog.

Die Pfarrkirche St. Elisabeth

Die letzte Wappengruppe im Rahmen der Sakralarchitektur finden wir in der Pfarrkirche zu St. Elisabeth. Es handelt sich um drei heraldische Schlusssteine der östlichen Gewölbejoche im Presbyterium des südlichen Querhauses. Die Elisabethkirche ist eine dreischiffige Basilika von neun Jochen mit Kreuzrippengewölbe. Lediglich das ganz im Westen des Hauptschiffes liegende Joch besitzt ein Sterngewölbe. Das Hauptschiff wie auch die beiden Seitenschiffe schließen mit einem Fünf-Achtel-Polygon. Der Bau entstand in mehreren Phasen: Zwischen 1309 und 1318 errichtete man das westliche Gewölbejoch des Langhauses. In den Jahren 1319 bis 1340 wurden das Langhaus gebaut und die Seitenschiffe gewölbt. Zwischen 1340 und 1387 wurde das Presbyterium vollendet, das Hauptschiff gewölbt, Kapellen gebaut und der Turmbau begonnen.[67]

65 Für den Bereich der Oberpfalz: *Bobková,* Lenka: Obraz státní ideologie v lucemburské územní politice [Das Bild der Staatsideologie in der luxemburgischen Territorialpolitik]. In: Folia Historica Bohemica 12 (1988), 258 f. Vgl. auch *Kuthan,* Jiří: K šíření kultu svatého Václava za hranice Čech a Moravy v době Přemyslovců a Lucemburků [Zur Verbreitung der Verehrung des heiligen Wenzel hinter der böhmischen und mährischen Grenze zur Zeit der Přemysliden und der Luxermburger]. In: *Kubín* (Hg.): Svatý Václav, 221–230, hier 223.

66 *Kuthan:* K šíření kultu svatého Václava, 230. Dies gilt nicht nur für die Regierungszeit Karls IV., sondern auch für die Herrschaft der Přemysliden, besonders Wenzels II. Zu der Verbreitung des Heiligenkults kam es parallel mit dem wachsenden machtpolitischen Einfluss der böhmischen Herrscher. Zur Bedeutung des heiligen Wenzel siehe *Hledíková,* Zdeňka: Postava sv. Václava ve 14. a 15. století [Die Gestalt des hl. Wenzel im 14. und 15. Jahrhundert]. In: *Kubín* (Hg.): Svatý Václav, 239–252, hier 240–243, 248.

67 *Burgemeister:* Die Kunstdenkmäler der Stadt Breslau. Bd. 2, 74 f. Eine Übersicht über die Forschung mit Hinweisen auf ältere Literatur bieten *Stulin,* Stanisław/*Włodarek,* Andrzej: Kościół par. p.w. Św. Elźbiety [Die Pfarrkirche zu St. Elisabeth]. In: *Mroczko*/*Arsyński* (Hg.): Architektura gotycka w Polsce. Bd. 2, 266. Zur Architektur der Kirche siehe *Kutzner,* Marian: Kościół św. Elźbiety we Wrocławiu na tle śląskiej szkoły architektonicznej XIV wieku [Die Elisabethkirche zu Breslau im Rahmen der schlesischen Architekturschule des 14. Jahrhunderts]. In: *Zlat,* Mieczysław (Hg.): Z dziejów wielko-

Die Wappengruppe befindet sich im Presbyterium des südlichen Seitenschiffes. Die Schlusssteine des Gewölbes zeigen den schlesischen Adler, den böhmischen Löwen und den römischen Adler.[68] Dem Schild mit dem schlesischen Adler sind ein Helm und eine Helmzier aufgesetzt. Diese Elemente werden ebenfalls von einem Adler mit Brustspange gehalten. Das Schild mit dem böhmischen Löwen verfügt lediglich über einen Helm und eine Helmzier. Der römische Adler wird von zwei weiteren Adlern begleitet. Bei diesem Schlussstein fällt die starke Ähnlichkeit mit Karls Kaisersiegel auf.[69] Die Helmziere unterscheiden diese Wappengruppe von den zwei anderen bereits beschriebenen heraldischen Ensembles (am ähnlichsten ist sie der nicht erhaltenen Gruppe vom sogenannten ‚Alten Rathaus‘, die uns lediglich aus späteren Zeichnungen bekannt ist). Die Analogie mit Karls Kaisersiegel ermöglicht es uns, das Jahr 1355 als Datum *post quem* anzunehmen. Als ein Datum *ante quem* wird das Jahr 1369 genannt, als im Presbyterium der Altar geweiht wurde. Da die Schlusssteine allerdings keine Funktion innerhalb der Konstruktion erfüllen, sondern lediglich aufgehängt sind, können sie theoretisch auch jünger sein.[70]

Die Existenz der Schlusssteine stellt allerdings nicht die einzige Beziehung Karls IV. zu dieser Kirche dar. In Bezug auf Breslau wird meist die Verbreitung des Kults des heiligen Sigismunds ignoriert, obwohl gerade die Verbreitung des Sigismund-Kultus direkt mit der Person Karls IV. verbunden werden kann.[71] In der Konsekrationsurkunde des Altars im Presbyterium der Kirche wird der heilige Sigismund an dritter Stelle genannt. Es ist somit an-

---

miejskiej fary. Wrocławski kościół w świetle historii i zabytków sztuki [Zur Geschichte einer großstädtischen Pfarrgemeinde. Die Breslauer Elisabethkirche im Lichte der Geschichte und Kunstdenkmäler]. Wrocław 1993, 19–52, hier 41 f. Zur Fertigstellung der Schlusssteine kam es angeblich kurz nach 1357. Das Presbyterium wird in die 1350er Jahre datiert.

68 So interpretiert die Schlusssteine bereits *Luchs,* Hermann: Ueber die Elisabethkirche zu Breslau und ihre Denkmäler. In: Vierzigster Jahres-Bericht der Schlesischen Gesellschaft für vaterländische Cultur 1862, Breslau 1863, II B Heft I, 13–68, hier 20. Diese Deutung entwickelt Czechowicz weiter, der die Wappen immer mit der die jeweilige Funktion ausübenden Person in Verbindung bringt. So spricht er zum Beispiel nicht von einem Wappen des böhmischen Königreichs, sondern des böhmischen Königs. Ferner betont er stark die Rolle der Pfarrkirche zu St. Elisabeth als Gegensatz zur Pfarrkirche St. Maria Magdalena. Siehe *Czechowicz:* Między katedrą a ratuszem, 81 und *ders.:* Dvě centra v koruně, 81.

69 Auf diese Ähnlichkeit verwies bereits *Luchs:* Über die Elisabethkirche zu Breslau, 21.

70 *Kaczmarek:* Rzeźba architektoniczna, 184, 187 f.; *ders.:* Znaki czeskiego panowania, 211 f.

71 Den Einfluss der persönlichen Frömmigkeit Karls IV. auf die Weihe des Altars des heiligen Sigismund im Presbyterium des südlichen Seitenschiffs betont Kaczmarek, siehe *Kaczmarek,* Romuald: Gotycka rzeźba architektoniczna prezbiterium kościoła św. Elżbiety we Wrocławiu [Gotische Bauplastik im Presbyterium der Elisabethkirche zu Breslau]. In: *Zlat,* Mieczysław (Hg.): Z dziejów wielkomiejskiej fary, 53–73, hier 71 und *ders.:* Rzeźba architektoniczna, 187.

zunehmen, dass die Elisabethkirche auch Sigismund-Reliquien besaß. Möglicherweise können sie mit dem Fund eines Kastens mit einer nicht identifizierbaren Reliquie und eines mit eingravierten Löwen verzierten böhmischen Kristalls im Altar in Verbindung gebracht werden.[72] Die Schenkung einer Reliquie an diese Kirche seitens Karls IV. kann man nicht ausschließen.[73] Diese Theorie könnten zahlreiche Analogien direkt aus Breslau (Dom, Pfarrkirche St. Maria Magdalena) belegen.[74] Trotzdem fehlt uns dafür die Gewissheit. Deswegen ist es auch sehr schwierig, die Stiftung der Wappen eindeutig als Äußerung des Dankes vonseiten des Stadtrates gegenüber Karl für das Geschenk einer kostbaren Reliquie zu interpretieren.

In Zusammenhang mit der Existenz eines heraldischen Programms und der Theorie einer Schenkung der Sigismund-Reliquie wird in Erwägung gezogen, dass es sich beim Presbyterium des südlichen Seitenschiffes um eine kaiserliche Kapelle handeln könnte.[75] Diese Behauptung zu bestätigen oder zu widerlegen, ist kompliziert. Die Möglichkeit einer herrscherlichen Kapelle in einer städtischen Kirche ist durchaus denkbar. Offen bleibt auch die mögliche Existenz einer solchen Kapelle in der Piastenburg am linken Ufer der Oder.

Die Wappen können als Ausdruck der Dankbarkeit des Stadtrats für das Reliquiengeschenk gedeutet werden. Auch wenn man nicht weiß, ob der erwähnte Reliquienkasten die Überreste des heiligen Sigismund enthielt, ist die Entstehung der Wappengruppe auf Veranlassung des Stadtrats recht wahrscheinlich, da es eine personelle Verbindung zwischen der Pfarrkirche und dem Stadtrat gab. Erstens stand die Rathauskapelle unter dem Patronat des Kirchenpropstes, und zweitens deckt sich die Entstehungsperiode der Schlusssteine mit der größten Blütezeit des Stadtrats: Zwischen 1357 und 1369 be-

---

[72] Den Fund dieses Kastens erwähnt und beschreibt Schmeidler. Gleichzeitig publiziert er den Text der Konsekrationsurkunde, in der das vollständige Patrozinium des hl. Johannes des Täufers, des hl. Andreas, des hl. Sigismund, der hl. Anna und der hl. Jungfrau Sophia und Cesarea steht. Siehe *Schmeidler, J. C. H.*: Die evangelische Haupt- und Pfarrkirche zu St. Elisabeth. Breslau 1857, 47, 79, zum Altar besonders 80. Gleichzeitig deutet aber dieser Autor den Schlussstein mit dem römischen Adler als einen von zwei Adlern flankierten schlesischen Adler und somit einen Hinweis auf Anna von Böhmen und ihre beiden Söhne. Auf dieser Grundlage datiert er dann die Schlusssteine in die Jahre 1253 bis 1257. Die Idee einer Verehrung des hl. Sigismund entwickelt ferner *Kaczmarek*: Gotycka rzeźba architektoniczna prezbiterium, 71. Der Kasten wurde 1857 gefunden. Burgemeister erwähnt aber einen bereits 1369 dem hl. Johannes dem Täufer, der hl. Anna und der hl. Sophia geweihten Altar im südlichen Seitenschiff. Siehe *Burgemeister*: Die Kunstdenkmäler der Stadt Breslau. Bd. 2, 89.

[73] Zum Thema der Reliquienschenkungen Karls IV. siehe in diesem Sammelband den Beitrag *Bauch*, Martin: Einbinden – belohnen – stärken. Über echte und vermeintliche Reliquienschenkungen Karls IV.

[74] *Kaczmarek*: Gotycka rzeźba architektoniczna prezbiterium, 71.

[75] *Ebenda*, 72.

fand sich – zum großen Unwillen des Domkapitels – die Hauptmannschaft des Herzogtums in dessen Hand.[76]

Fazit

Breslau kam im Verbund der Länder der Böhmischen Krone eindeutig ein hoher Rang zu, weshalb eine durchdachte herrschaftliche Repräsentation in allen möglichen Bereichen zu erwarten ist. Auch wenn wir nicht imstande sind, ihr Erscheinungsbild mit absoluter Sicherheit zu rekonstruieren, steht die Existenz immaterieller Äußerungen herrschaftlicher Repräsentation zur Regierungszeit Johanns von Luxemburg und Karls außer Zweifel. Die in Verbindung mit der herrschaftlichen Repräsentation stehenden Denkmäler sollten weniger als Hinweise auf die Person des Landesherrn, sondern vielmehr als eine Manifestation einer neu entstandenen rechtlichen Ordnung interpretiert werden. Im kirchlichen Bereich können wir ein klar durchdachtes Konzept der Verbreitung des kulturellen bzw. religiösen Einflusses beobachten, der sich vor allem in der Verehrung von für diese Region untypischen Heiligen sowie in der Einführung eines neuen Ordens in der Stadt ausdrückte.

Bezüglich der Wappengruppen auf sakralen Denkmälern lässt sich folgendes konstatieren:

Stiftskirche zum Heiligen Kreuz: Die Wappengruppe selbst lässt sich mit den Luxemburgern bzw. den Ländern der Böhmischen Krone nur schwer in Verbindung bringen. Vielmehr ist es hier möglich, einen Zusammenhang mit dem Stifter Heinrich IV. sowie den in der Gründungsurkunde genannten Personen herzustellen. Im Fall der in der oberen Kirche situierten Gesichter lässt sich eine persönliche Präsentation Karls IV. klar ausschließen. Neben der ziemlich spezifischen Physiognomie des konkreten Kopfes spricht vor allem die problematische Positionierung im Raum dagegen, weit entfernt vom Altar gelegen und ohne jegliche Symbole der weltlichen Macht – im Gegensatz zu den an der Kreuzung angebrachten Köpfen, die Kronen tragen. Bei der Stiftskirche kann man also nicht sagen, dass es sich um einen Ort mit „luxemburgischer Orientierung" handelt.

Dorotheenkirche: Als Stiftung Karls IV. ist sie das deutlichste Beispiel für seine Gründungstätigkeit. Die Gründung dieser Kirche ist im größeren Rahmen der von Karl verfolgten Kirchenpolitik zu verorten. Die Wappengruppe im Chor mit drei plastisch erfassten Wappen, die in ihrer Bedeutung mit den an der Elisabethkirche sowie an dem nicht erhaltenen Alten Rathaus angebrachten heraldischen Zeichen identisch sind, muss separat betrachtet wer-

---

76 *Holá*: Vratislavská hejtmanská kancelář, 63, 20. Dem Stadtrat wurde (gemeinsam mit dem Kanzler der Hauptmannschaft) definitiv die Verwaltung der königlichen Einkünfte aus dem Herzogtum anvertraut. Er hatte kurzfristig auch das Amt des Breslauer Hauptmanns inne.

den. Eine Interpretation der nicht ausgeführten Wappen macht (genau wie im Fall der kleinen wappenförmigen Schlusssteine in der oberen Kirche des Kreuzstifts) keinen Sinn. Das Patrozinium stellt ebenfalls einen eindeutigen Ausdruck der Verbreitung des Kults des heiligen Wenzel seitens des Herrschers dar. Sehr interessant ist dabei, dass das dreifache Patrozinium nur einige Jahrzehnte überdauerte.

Im Fall der Elisabethkirche möchte ich die Existenz der Wappengruppe in einer Pfarrkirche betonen, weil ich die Entstehung dieses Ensembles auf eine Initiative des Stadtrats zurückführe. Da es nicht möglich ist, die komplexe Frage nach der herrschaftlichen Repräsentation der ersten zwei in Breslau herrschenden Luxemburger wirklich umfassend zu beantworten, und viele Aspekte und Nuancen zu berücksichtigen sind, wurden als zentrales Thema die Wappengruppen in Sakralbauten und die Problematik ihrer möglichen Interpretation sowie die Suche nach direkten Verbindungen der konkreten Bauten mit der herrschaftlichen Dynastie gewählt. Zum Schluss muss betont werden, dass wegen des Fehlens schriftlicher Quellen bei einer solchen Interpretation größte Vorsicht angebracht ist.

Aus dem Tschechischen von Helena und Volker Zimmermann

Helge Kuppe

KIRCHENUMBAU UND KÖNIGSERHEBUNG
Die Bautätigkeit des Mainzer Erzbischofs Johann II. von Nassau (1397–1419)
im Zusammenhang mit seiner Machtpolitik[1]

Die Krönung Sigismunds in Abwesenheit des Mainzer Erzbischofs:
ein politisches Zeichen

Im Oktober des Jahres 1414 fuhr der Mainzer Erzbischof Johann II. von Nassau mit dem Schiff den Rhein abwärts, um am 29. Oktober mit dem erwähl-
ten römischen König Sigismund von Luxemburg zusammenzutreffen. Der
Erzbischof und der Thronelekt schlossen in Koblenz ein Bündnis auf Lebens-
zeit,[2] dann reisten sie gemeinsam weiter nach Bonn. Sigismund befand sich
auf dem Weg nach Aachen, wo seine Krönung nun endlich stattfinden sollte.
Vier Jahre waren nach seiner ersten Wahl hinter der Frankfurter St. Bartholomäuskirche inzwischen vergangen. Doch erst jetzt schienen alle Schwierigkeiten aus dem Weg geräumt zu sein.

Der Trierer Erzbischof Werner III. von Falkenstein (um 1355–1418) und
die Stadt Straßburg hatten, abweichend vom eigentlich dafür zuständigen
Absender, die Einladungsschreiben für den 8. November versandt.[3] Das stell-
te eine Einschränkung der Rechte des Kölner Erzbischofs Dietrich II. von
Moers (1385–1463) dar, ohne dass es aber aus diesem Grund zu weiteren
Konflikten kam. Endlich konnte das Erhebungsverfahren zum römisch-deut-
schen König abgeschlossen werden, wenn auch nicht an dem bevorzugten
Datum: Am 6. Januar, dem Tag der Heiligen Drei Könige. Die Bedeutung
dieser Heiligen für die Krönungszeremonie kann man an der Änderung der
Festordnung ablesen. Das Regelwerk zur Durchführung der Krönung, der um

---

1 Diese Ausführungen sind Teil meiner Doktorarbeit, die von Herrn Prof. Jiří Fajt betreut
   wird. Ihm verdanke ich vielfältige Anregungen. Frau Prof. Schlotheuber gab mir wichtige Hinweise, vor allem zur Königswahl, und machte mich auf weiterführende Literatur
   aufmerksam. Ich danke ihr für das Lektorieren des Textes.
2 Siehe *Menzel*, Karl: Geschichte von Nassau von der Mitte des 14. Jahrhunderts bis zur
   Gegenwart. In: *Schliephake*, F.W. Theodor/*ders.*: Geschichte von Nassau von den ältesten Zeiten bis auf die Gegenwart auf der Grundlage urkundlicher Quellenforschung.
   Bd. 5. Wiesbaden 1879, hier 207.
3 Schreiben Werners von Trier vom 2.9.1414. Siehe *Menzel:* Geschichte von Nassau, 206.

960[4] im Mainzer Kloster St. Alban verfasste Ordo, war 1309 um Teile aus der Dreikönigsliturgie ergänzt worden.[5] 1309 und 1401 fand die Krönungsfeier dann auch wirklich am Dreikönigstag statt.[6]

Bei der vorangegangenen Krönung des Pfälzischen Kurfürsten Ruprecht III. von Wittelsbach (1352–1410) am 6. Januar 1401 konnte die vorgesehene Ordnung nicht gewahrt werden. Der Pfalzgraf wurde nicht im Aachener Münster, sondern im Kölner Dom gekrönt,[7] da sich die Stadt Aachen geweigert hatte, ihm die Tore zu öffnen. Dem Kölner Erzbischof bestätigte Ruprecht III. später das Recht, die Krönung auch außerhalb Aachens durchzuführen. In einem in Braubach 1407 ausgestellten Privileg heißt es:

[...] ob sich die von Aiche vermessen gnade friheit oder privilegien bekomen zu haben das ein Romischer kunig sine erste cronunge zu Aiche in der stat und nit anderswo emphaen sollte, das bekennen wir yn nit, suender wir bekennen das der vorgeschrieben erczbischoff Friedrich und sin stiffte zu Collen gnade privilegien und friheit hant, die wir auch gesehen han, das ein iglich erczbischoff zu Collen zu ziten eyme iglichen Romischen kunige zue ziten die erste cronunge tuen und yme die krone uffseczen mag in syme bisthume oder provincien zu Collen an welicher stad er will.[8]

Somit blieb auch unter Ruprecht von der Pfalz das Kölner Krönungsrecht, anders als das Mainzer Recht, auf seine Diözese beschränkt. Das oben zitierte Schreiben entstand aus Anlass der Thronsetzung Ruprechts in Aachen, auf die in diesem Schreiben auch Bezug genommen wird: „wann wir zu Aiche innrijten, das wir dann uff den kunigstule daselbs siczen sollen etc., das doch keine cronunge ist."[9] In Aachen fand also keine Krönung Ruprechts, sondern nur eine Thronsetzung statt. In Zukunft sollte es dem Kölner Erzbischof zustehen zu entscheiden, wo die Feier innerhalb seiner Diözese durchgeführt werden sollte. Keinesfalls musste die Krönungsfeier in Aachen stattfinden. Die 1400 der alten Krönungsstadt angedrohten Folgen wurden 1407 wahr gemacht.[10]

---

4 *Schramm*, Percy Ernst: Der Ablauf der deutschen Königsweihe nach dem „Mainzer Ordo" (um 960). In: *ders.* (Hg.): Kaiser, Könige und Päpste. Gesammelte Aufsätze zur Geschichte des Mittelalters. Stuttgart 1969, 59–107, hier 62.

5 *Müller*, Silvinus: Die Königskrönungen in Aachen (936–1531). Ein Überblick. In: *Kramp*, Mario (Hg.): Krönungen. Könige in Aachen – Geschichte und Mythos. Mainz 2000, 49–58, hier 53.

6 *Ebenda.*

7 *Rogge*, Jörg: Die deutschen Könige im Mittelalter. Wahl und Krönung. Darmstadt 2006, 75.

8 Privileg vom 13.10.1407 in Braubach. Zitiert nach: *Wallner*, Günter: Der Krönungsstreit zwischen Kurköln und Kurmainz (1653–1657). Mainz 1968, 95.

9 Siehe *Büttner*, Andreas: Der Weg zur Krone. Rituale der Herrschererhebung im spätmittelalterlichen Reich. Ostfildern 2012, 469.

10 In einem Brief vom 5.12.1400 an die Stadt Aachen hatte Ruprecht III. bereits angekündigt, auf Grund eines Beschlusses mit den Kurfürsten der Stadt das Krönungsrecht gänzlich abzusprechen. Siehe *Dürschner*, Kerstin: Der wacklige Thron. Politische Opposition im Reich von 1378 bis 1438. Frankfurt am Main 2003, 117.

Üblicherweise begleiteten die Wähler den römischen König nach der Wahl zum Krönungsort.[11] Da sich die Krönungsfeier im Falle Sigismunds nicht an die Wahlen anschloss, reisten die anderen Kurfürsten nicht mit dem König von Frankfurt nach Aachen, sondern von ihren jeweiligen Aufenthaltsorten aus. Vor allem die geistlichen Kurfürsten waren unverzichtbar für die Durchführung der Zeremonie. Auch wenn man durchaus nicht sicher ist, ob die Krönungsordines wirklich in jedem Schritt umgesetzt werden mussten oder ob es Beschreibungen waren, die lediglich einen gewünschten Ablauf schilderten,[12] kann man aus ihnen die Bedeutung der Kurfürsten von Mainz, Köln und Trier für die Krönung ablesen. Die Aufgaben der höchsten Kirchenmänner des Reiches wechseln zwar in den verschiedenen Krönungsordines: 1309 sind sie es, die den König an der Tür des Münsters empfangen sollen.[13] 1414 übernehmen diese Aufgabe Geistliche des Aachener Marienstiftes.[14] Für die Krönung allerdings, das Aufsetzen der Krone im Ablauf der Zeremonie, sind immer die drei Erzbischöfe von Mainz, Köln und Trier zuständig.[15] Am Marienaltar im Aachener Münster vollzogen alle drei diese Handlung gemeinsam. Der Mainzer Erzbischof war wichtiger Teilnehmer der Zeremonie[16] und seine Anwesenheit, sofern der Erzbistumsstuhl nicht unbesetzt war, gefordert.

Für die Mitwirkenden an Wahl und Krönung des Königs bot die Veranstaltung die Gelegenheit, die eigene Bedeutung zu demonstrieren.[17] Die Nähe zum König in den feierlichen Tagen führte den Zuschauern auch ihre Macht vor Augen.[18] Im Mittelalter eröffnete so ein Fest Möglichkeiten, die neue Ordnung im öffentlichen Raum sichtbar zu machen. An den Feierlichkeiten

---

11 *Heinig*, Paul-Joachim: Krönung und Fest. In: *Heidenreich*, Bernd/*Kroll*, Frank-Lothar (Hg.): Wahl und Krönung. Frankfurt am Main 2006, 99–122, hier 103.

12 *Erkens*, Franz-Reiner: Königskrönung und Krönungsordnung im späten Mittelalter. In: Zeitschrift des Aachener Geschichtsvereins 110 (2008), 27–64, hier 28.

13 *Goldinger*, Walter: Das Zeremoniell der deutschen Königskrönung seit dem späten Mittelalter. In: Mitteilungen des oberösterreichischen Landesarchivs 5 (1957), 91–111, hier 100.

14 *Stephany*, Erich: Über den Empfang des römischen Königs vor seiner Krönung in der Kirche der hl. Maria zu Aachen. Nach der Handschrift Add. 6335 im Britischen Museum, London. In: Miscellanea pro arte. Hermann Schnitzler zur Vollendung des 60. Lebensjahres am 13. Januar 1965. Düsseldorf 1965, 272–278, 276.

15 *Boeselager*, Dela von: Zur Salbung und Krönung in der Liturgie des Ordo. In: *Brockhoff*, Evelyn/*Matthäus*, Michael (Hg.): Die Kaisermacher. Frankfurt am Main und die Goldene Bulle (1356–1806). Frankfurt am Main 2006, 338–345, hier 338.

16 *Erkens*: Königskrönung und Krönungsordnung, 42.

17 Siehe *Linnemann*, Dorothee: Rituale der Einsetzung. Äußere Formen, Funktionen und Bedeutung. In: *Althoff*, Gerd u. a. (Hg.): Spektakel der Macht. Rituale im alten Europa (800–1800). Darmstadt 2008, 68–73, hier 71.

18 *Stollberg-Rilinger*, Barbara: Einleitung. In: *dies.*/*Weißbrich*, Thomas (Hg.): Die Bildlichkeit symbolischer Akte. Symbolische Kommunikation und gesellschaftliche Wertesysteme. Schriftenreihe des Sonderforschungsbereichs 496. Münster 2010, 9–21, hier 12.

waren neben den in den Ordines erwähnten Personen Menschen beteiligt, die sich in der Kirche versammelten oder die verschiedenen Zeremonien auf freien Plätzen verfolgten.[19] Nicht zuletzt durch die anwachsende Zahl der Teilnehmer wurden Umbauten bei den am Erhebungsverfahren beteiligten Kirchen notwendig.[20] In Aachen wurde der alte karolingische Chor umgelegt und durch einen Neubau ersetzt. Die Erinnerung an den alten Chor wurde ab Mitte des 15. Jahrhunderts durch einen Baldachinaltar wachgehalten, der den alten Grundriss leicht verändert nachvollzog. Anstelle eines geraden Abschlusses wählte man eine mehreckige Form, die den achteckigen Grundriss des Oktogons widerspiegelt. In Frankfurt am Main erfuhr die St. Bartholomäuskirche eine erhebliche Erweiterung. Der seit der Goldenen Bulle verbindlich festgeschriebene Ort der Wahlversammlung, der Chor der Bartholomäuskirche, wurde jetzt erheblich erweitert.[21] Für die Durchführung der Altarsetzung wurde vermutlich 1349 ein eigener Ordo für die St. Bartholomäuskirche erstellt.[22] Aber auch im Mainzer Dom fanden Umbauten statt, die wahrscheinlich mit dem Erhebungsverfahren zum römischen König in Verbindung stehen.

Bereits nach der Wahlzeremonie in Frankfurt war der Erwählte, nach den Bestimmungen der Goldenen Bulle, König. König Ruprecht nannte sich am Tag nach seiner Wahl: „Ruprecht von gotes gnaden Romischer konig zu allen zijten merer des richs".[23] Das Krönungszeremoniell war aber für das Ansehen als König von Bedeutung.[24] Es war nicht zuletzt die Vorbedingung für eine Krönung zum Kaiser in Rom. Zum Zeremoniell gehörte die Bestätigung der Rechte und Privilegien der Kurfürsten. Nach einem gemeinsamen Gebet am Marienaltar des Aachener Münsters vollzog Sigismund diesen Akt in einer der Seitenkapellen, der Mathiaskapelle.[25] Im Anschluss an die Krönung erfolgte die Belehnung der Fürsten, wobei Sigismund mit dem Trierer Erzbischof Werner III. von Falkenstein begann.[26]

---

[19] *Erkens:* Königskrönung und Krönungsordnung im späten Mittelalter, 32.

[20] *Freigang,* Christian: Bauen im Schatten des Prager Doms. Die Frankfurter Stiftskirche St. Bartholomäus zwischen Reichspolitik und städtischen Interessen. In: *Fajt,* Jiří/*Legner,* Andrea (Hg.): Kunst als Herrschaftsinstrument. Böhmen und das Heilige Römische Reich unter den Luxemburgern im europäischen Kontext. München 2008, 101–115, hier 105.

[21] *Ebenda.*

[22] *Schneider,* Reinhard: Bischöfliche Thron- und Altarsetzungen. In: *Dahlhaus,* Joachim u. a. (Hg.): Papstgeschichte und Landesgeschichte. Festschrift für Hermann Jakobs zum 65. Geburtstag. Köln 1995, 1–15, hier 11.

[23] Zitiert nach *Dürschner:* Der wacklige Thron, 112.

[24] Für Erkens wird die „Sakralität des Herrschers" durch die Krönungszeremonie vermittelt. *Erkens:* Königskrönung und Krönungsordnung im späten Mittelalter, 37.

[25] *Winands,* Klaus: Zur Geschichte und Architektur des Chores und der Kapellenbauten des Aachener Münsters. Recklinghausen 1989, 29.

[26] *Schulte,* Aloys: Die Kaiser- und Königskrönungen zu Aachen (813–1531). In: Rheinische Neujahrsblätter 3 (1924), 4–56, hier 56.

Nach diesen Überlegungen kann man erwarten, dass Sigismund von Luxemburg und Erzbischof Johann II. von Nassau von Bonn aus ihre Reise gemeinsam fortsetzten, um feierlich in Aachen ihren Einzug zu halten. Aber es kam anders: Sigismund bestätigte dem Mainzer Erzbischof bereits in Bonn seine Rechte und Privilegien, darunter die für seine Einkünfte so wichtigen Rheinzölle. Er wartete damit nicht, wie am 21. Juli 1411 bei der zweiten Wahl Sigismunds vereinbart, bis nach der Krönung.[27] Darüber hinaus wurde Johann II. von Nassau am ersten November zum Landvogt in der Wetterau ernannt.[28] Warum dieser ungewöhnliche Zeitpunkt der Bestätigung gewählt wurde, erschließt sich aus dem folgenden Verlauf der Ereignisse: Johann II. von Nassau reiste nicht nach Aachen weiter, sondern fuhr nach Mainz zurück. Er nahm, darin seinem Onkel und Vorgänger als Erzbischof, Gerlach von Nassau, folgend, nicht an den Krönungsfeierlichkeiten für den römisch-deutschen König teil.[29] Seine Rechte und Privilegien konnten ihm somit natürlich nicht, wie eigentlich üblich, im Zuge der Krönungsfeierlichkeiten bestätigt werden. Welchen Grund gab es für den Mainzer Erzbischof, nicht an der Krönung teilzunehmen? Seit dem Tod Josts von Mähren stand Johann II. von Nassau auf Seiten Sigismunds, den er bei seiner zweiten Wahl unterstützte. Die Verhandlungen zwischen den beiden in Koblenz deuten auf keine Verstimmung hin, und die Gewährung seiner Rechte in Bonn zeigt deutlich das gute Einvernehmen zwischen Erzbischof und römischem König. Durch sein Fernbleiben schwächte er aber die Bedeutung der Zeremonie. Seine Abwesenheit drückte die Missbilligung der Krönungsfeier in Aachen aus. Welche Absichten der Mainzer Erzbischof verfolgte, lässt sich anhand seiner Bauplanungen erschließen. Er ließ im Mainzer Dom und an der St. Bartholomäuskirche Baumaßnahmen durchführen, die im Zusammenhang mit dem Erhebungsverfahren zum römischen König stehen und die Ansprüche des Mainzer Erzbischofs auf die führende Rolle bei Wahl und Krönung aufzeigen.

Die baulichen Veränderungen unter Johann II. von Nassau und ihre Funktion

Doch bevor man sich mit der Funktion der baulichen Veränderungen im Mainzer Dom um 1414 beschäftigen kann, muss man sich der Frage zuwenden, ob diese Maßnahmen – bestehend aus dem Einbau der Nassauer Unterkapelle, eines heute nicht mehr vorhandenen Baldachinaltars und der Inszenierung zweier Grabsteine – überhaupt einer gemeinsamen Planung ent-

---

27 *Menzel:* Geschichte von Nassau von der Mitte des 14. Jahrhunderts bis zur Gegenwart, 197.

28 *Ebenda,* 207.

29 Über die Bedeutung von Teilnahme/Nichtteilnahme an Ritualen siehe *Bourree,* Katrin: Rituale und Konflikte in der Vormoderne. Instrumente des „sozialen Friedens" und die Bedrohungen der gesellschaftlichen Ordnung. In: *Althoff* (Hg.): Spektakel der Macht, 57–61, hier 58.

stammen. In einem 2011 erschienenen Ausstellungskatalog, der sich mit dem
Mainzer Dom beschäftigt, vermuten die Autoren Diana Ecker und Hans-
Dieter Kotzur, dass zwei verschiedene Auftraggeber für die Baumaßnahmen
verantwortlich seien: das Mainzer Domkapitel für die Doppelkapelle und der
Erzbischof Johann II. von Nassau für seinen Grabstein. Als Leiter der Baumaßnahmen schlagen die Autoren Madern Gerthener (um 1360–1430/31)
vor, der ab 1415 den Ausbau der Bartholomäuskirche in Frankfurt plante und
leitete.[30] Ein deutliches Indiz für die Auftraggeberschaft durch das Domkapitel ist nach Ansicht der Autoren die Anbringung eines Wappenschildes an
dem über der Unterkapelle errichteten Baldachinaltar, dem sogenannten
Martinschörlein durch ein Kapitelmitglied im Jahre 1414. Dem Mainzer Erzbischof Johann II. von Nassau, so die Argumentation, sei es unmöglich gewesen, im Dom zu bauen, da er angeblich im Streit mit dem Domkapitel lag.
Eine gemeinsame Planung durch Erzbischof und Domkapitel sei infolgedessen undenkbar. Die Autoren verweisen auf den Aufsatz von Wilhelm
Maier. Der angebliche Zwist zwischen Domkapitel und Erzbischof Johann II.
von Nassau wird dort aber nur behauptet und nicht belegt.[31] Zusätzlich berufen sich die Autoren auf ein um 1415 verfasstes Spottlied, das sich bei Maier
abgedruckt findet.[32] Am Ende ihres Aufsatzes gestehen sie dem Mainzer Erzbischof in seiner Kathedrale höchstens eine Beteiligung am Bau des Martinschörleins zu.

Uneinigkeit zwischen Johann II. von Nassau und dem Domkapitel lässt
sich jedoch nur bis 1398 belegen. Das Domkapitel hatte sich nach dem Tod
Konrads von Weinsberg (1390–1396) auf keinen Kandidaten[33] einigen können und aus diesem Grund die Entscheidung einem Gremium, bestehend aus
fünf Mitgliedern des Kapitels, übertragen. Dieser Ausschuss entschied am
7. November 1396, nach Zusage üppiger Bestechungszahlungen, zugunsten
Jofrieds von Leiningen.[34] Johann II. von Nassau reiste nach Rom, um diese
Wahl anzufechten. Dabei wurde er, neben dem Pfalzgrafen Ruprecht II. von
der Pfalz (1325–1398) und der Stadt Mainz, von zwölf Mitgliedern des Dom-

30 *Ecker,* Diana/*Kotzur,* Hans-Jürgen: Das verschwundene Martins-Chörlein. Auf den Spu-
    ren eines architektonischen Kleinods. In: *Kotzur,* Hans-Jürgen: Der verschwundene
    Dom. Wahrnehmung und Wandel der Mainzer Kathedrale im Lauf der Jahrhunderte.
    Mainz 2011, 239–261, hier 253.
31 *Maier,* Wilhelm: Grab beim Grabe Christi. Die Memoria des Mainzer Erzbischofs Jo-
    hann von Nassau. In: *ders.* u. a. (Hg.): Grabmäler. Tendenzen der Forschung an Beispie-
    len aus Mittelalter und früher Neuzeit. Berlin 2000, 231–258, hier 239.
32 *Ebenda,* 240; *Ecker/Kotzur:* Das verschwundene Martins-Chörlein, 244.
33 Ursprünglich bewarben sich drei Kandidaten um das Amt. Ein dritter Kandidat war
    Friedrich von Blankenheim. Ohne Unterstützung durch das Domkapitel, dem er als
    einziger Kandidat nicht angehörte, waren seine Aussichten auf das Amt aussichtslos.
    Sthamer, Eduard: Erzbischof Johann II. von Mainz und die Absetzung König Wenzels.
    Jena 1907, 17.
34 *Jürgensmeier,* Friedhelm: Das Bistum Mainz von der Römerzeit bis zum II. Vatikani-
    schen Konzil. Mainz 1988, 148.

kapitels unterstützt.[35] Die Romtreue der Partei Johanns II. von Nassau stand gegen die eher der avignonesischen Seite zuneigenden Haltung Jofrieds von Leiningen und war ein wichtiger Grund für die zügige Ernennung Johanns II. von Nassau zum Erzbischof von Mainz durch Papst Bonifaz IX. am 24. Januar 1397.[36]

Diese breite Unterstützung Johanns II. von Nassau durch eine große Gruppe im Domkapitel, den Pfalzgrafen und den Papst, half mit bei der schnellen Anerkennung Johanns II. von Nassau in Mainz im Jahre 1397. Jofried von Leiningen, sein Gegenkandidat um das Amt des Mainzer Erzbischofs, und während des Romaufenthalts Johanns II. von Nassau auf dem Mainzer Erzstuhl sitzend, verließ diesen umgehend nach der Ankunft Johanns II. von Nassau am 6. November 1397.[37] Es dauerte noch bis Ende Juli 1398, bevor Johann II. von Nassau die Unterstützung des gesamten Domkapitels erlangen konnte.[38]

1409 wechselte Johann II. von Nassau zum Pisaner Papst Alexander V. (1340–1410). Der Pisaner Papst ernannte aus Anlass des Wechsels den Mainzer Erzbischof und seine Nachfolger zu Legaten des Apostolischen Stuhles in der gesamten Mainzer Kirchenprovinz.[39] Das Domkapitel folgte der Entscheidung des Erzbischofs. Dieses gute Einvernehmen zwischen Erzbischof und Kapitel, stellt Gerlich fest, besteht auch im Jahre 1414.[40] Ein weiterer Beleg hierfür ist die Provision Konrads III. von Daun (um 1380–1434) durch den Pisaner Papst Johann XXIII. (um 1370–1419) auf die Propstei des Bartholomäusstiftes in Frankfurt.[41] Von Daun war anfangs ein Gegner Johanns II. von Nassau im Domkapitel. Durch die Unterstützung Johanns II. von Nassau erlangte Konrad III. von Daun die Ernennung zum Dompropst in Frankfurt. Nach dem Ableben Johanns II. von Nassau wird Konrad III. von Daun neuer Erzbischof von Mainz. Erst ab 1415, im Streit um die Absetzung des inzwischen zum Gegenpapst erklärten Johann XXIII., behält sich

---

35 *Ebenda.*

36 *Hollmann,* Michael: Das Mainzer Domkapitel im späten Mittelalter. Mainz 1990, 294.

37 *Jürgensmeier:* Das Bistum Mainz von der Römerzeit bis zum II. Vatikanischen Konzil, 148.

38 *Menzel:* Geschichte von Nassau, 127.

39 *May,* Georg: Geistliche Ämter und kirchliche Strukturen. In: *Jürgensmeier,* Friedhelm (Hg.): Handbuch der Mainzer Kirchengeschichte 2: Erzstift und Erzbistum Mainz. Territoriale und kirchliche Strukturen. Würzburg 1997, 447–589, hier 477.

40 Gerlich bemerkt hierzu 1957: „Die engen Beziehungen zwischen Johann XXIII. und den Geistlichen am Mainzer Dom werden auch durch die Urkunden des Pisaner Papstes aus dem Jahre 1414 bestätigt." Siehe *Gerlich,* Alois: Zur Kirchenpolitik des Erzbischofs Johann II. und des Domkapitels von Mainz 1409–1417. In: Zeitschrift für die Geschichte des Oberrheins NF 66 (1957), 334–344, hier 339.

41 Die Ernennung erfolgte zusätzlich zu seiner vorab erfolgten Wahl durch den Konvent des Bartholomäusstifts. Siehe *Rauch,* Günter: Pröpste, Propstei und Stift von Sankt Bartholomäus in Frankfurt (9. Jahrhundert bis 1802). Frankfurt am Main 1975, 76.

das Domkapitel eine „neutrale" Haltung zu den Vorgängen vor.[42] Beide Parteien, Erzbischof und Domkapitel, erkennen 1417 den neuen Papst Martin V. (1368–1431) an.

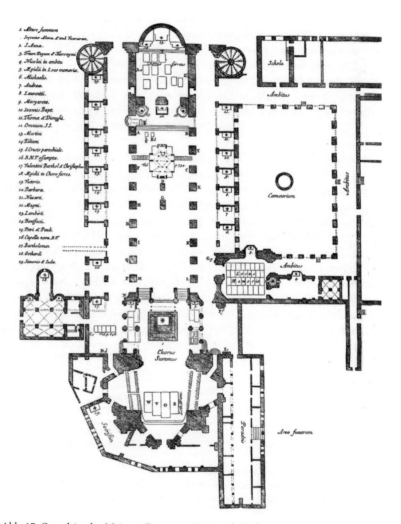

Abb. 17: Grundriss des Mainzer Doms um 1740 nach Gudenus.

[42] *Gerlich:* Zur Kirchenpolitik des Erzbischofs Johann II., hier 342.

Wenn das Kapitel dem Mainzer Erzbischof in einer so entscheidenden Frage wie der Obödienz 1409 zustimmte, besteht wenig Anlass zu vermuten, dass es Johann von Nassau die Einbauten nicht erlaubt haben sollte. Für die Zeit der vermutlichen Bauplanungen ab 1409 bis zu ersten Abschluss 1415 herrschte zwischen Erzbischof und Domkapitel kein Streit. Genauere Aufschlüsse über die Frage des Auftraggebers geben die Kunstwerke selber.

Die Doppelkapelle Johanns von Nassau bestand aus einer noch heute vorhandenen Unterkapelle, nach dem Auftraggeber als Nassauer Unterkapelle bezeichnet, und dem heute nicht mehr vorhandenen Martinschörlein, einem Baldachinaltar, auf dessen Dach sich die Figur eines heiligen Martin befunden hatte. (Siehe Abb. 17) Die Gewölbe dieses unteren Raumes waren offen, sodass man aus dem Kirchenschiff nach unten blicken konnte. Die Kapellenanlage ist eng mit dem Grabmal Johanns II. verbunden. (Siehe Abb. 18) Dessen Grabstein steht noch immer an seinem ursprünglichen Aufstellungsort: am dritten nördlichen Mittelschiffspfeiler von Osten. Durch die Anbringung an einem Wandpfeiler konnte die Blickrichtung der Figur anders gestaltet werden. Erzbischof Johann II. von Nassau schaut nicht mehr starr geradeaus, wie es bei den älteren Grabsteinen (Siehe Abb. 19), die ursprünglich auf einer

Abb. 18: Grabstein Johanns II. von Nassau, Mainzer Dom.

Grabtumba lagen, zu sehen ist, sondern er wendet seinen Kopf leicht nach links. Dies trägt zur Verstärkung des Bewegungseindrucks der gesamten Figur bei.[43] Die im Hochrelief gegebene Gestalt des Erzbischofs scheint sich aus

---

43 Dies wurde bereits von Gisela Kniffler beobachtet und beschrieben: „So zeigte bereits die Erzbischofsfigur die wie von einer plötzlichen Körperdrehung bewegten Gewänder, wobei die den Leib umkreisenden und an den Armen niederströmenden Gewandmas-

dem Stein heraus zu bewegen. Die Falten seines Gewandes am rechten Arm wirken wie im Schwung, als ob er den Arm gerade eben erst erhoben und die Krümme in seiner rechten Hand nach vorne gesetzt hätte. Sein Blick geht in Richtung des 1683 abgebauten Martinschörleins, und seine Körperbewegung folgt diesem Blick. Es scheint fast so, als ob sich der Mainzer Erzbischof auf den Weg zum Martinschörlein machen wolle.[44] Das ist einer der Hinweise darauf, dass die Einbauten vor dem Ostchor im Mainzer Dom zusammen geplant und ausgeführt wurden.

Abb. 19: Grabstein Siegfrieds III. von Eppstein, Mainzer Dom.

Abb. 20: Grabstein Adolfs von Nassau, Mainzer Dom.

sen eine aus der Bewegung kommende Verräumlichung brachten, [...]." Siehe *Kniffler*, Gisela: Die Grabdenkmäler der Mainzer Erzbischöfe vom 13. bis zum frühen 16. Jahrhundert. Köln 1978, 79.

44 Auf die Bewegtheit der Figur des Erzbischofs hat Horst Reber in seinem Aufsatz hingewiesen und diese mit dem „Wesen" Johanns II. von Nassau erklärt. Siehe *Reber*, Horst: Madern Gerthener und das Grabmal des Erzbischofs Konrad von Dhaun im Mainzer Dom. In: *Christmann*, Daniela (Hg.): RückSicht. Festschrift für Hans-Jürgen Imiela. Mainz 1997, 59–62, hier 60.

Johann II. von Mainz ließ sich direkt vor dem Martinschörlein begraben. Das an dieser Stelle bereits bestehende Grab Adolfs I. von Nassau (1353–1390), seines Bruders und Vorvorgängers, gekennzeichnet durch eine Tumba mit einem aufliegenden Grabstein (Siehe Abb. 20), wurde für Johann II. von Nassau erweitert und verändert: Man entfernte die Tumba, auf der Adolfs Grabstein gelegen hatte, und brachte den Grabstein an dem gegenüberliegenden Wandpfeiler an. Ohne die Verlegung der Tumba wäre der Zugang zum Chörlein versperrt gewesen. Diese Neuerung im Mittelschiff, das Aufstellen eines Grabsteins an einem Wandpfeiler, geht auf Johann II. von Nassau zurück, dessen Grabstein der erste ist, der für eine Aufstellung an einem Mittelpfeiler der Kirche gearbeitet wurde. Gisela Kniffler schreibt diesen Stein auf Grund der auffälligen Stilverwandtschaft zu weiteren Werken des Künstlers Madern Gerthener zu.[45] Diese Zuschreibung wurde von Ute Germund präzisiert. Madern Gerthener hatte die Form der Kiehlbogendurchdringung weiterentwickelt. Sie fand Verwendung bei den Baldachinen am Grabstein Johanns II. von Nassau, am Memorienportal des Mainzer Doms und dem Turmnordportal der St. Bartholomäuskirche in Frankfurt.[46] Letzteres ist durch eine Schriftquelle sicher als Werk Gertheners belegt und der Baubeginn auf 1415 datiert.[47] Eine Risszeichnung im Kupferstichkabinett der Akademie der bildenden Künste Wien zeigt Architekturdetails beider Bauten. (Siehe Abb. 21) Ursprünglich war sie Teil einer Sammlung mittelrheinischer Kunst. Auf dem Kopf stehend findet man am unteren Blattrand einen mit Maßwerk gefüllten Rundbogen gezeichnet. Dieser Rundbogen ist mit dem Maßwerkvorhang des Mainzer Memorienportals weitgehend identisch. (Siehe Abb. 22) Die geringfügigen Abweichungen in der Gestaltung der Details, und die nicht endgültig ausgearbeiteten rotierenden Fischblasen, machen das Blatt zu einer Entwurfszeichnung.[48] Auf dem Blatt sind darüber hinaus zehn weitere Entwürfe für Maßwerk zu sehen. Neu zusammengesetzt finden einige dieser Formen Verwendung bei der Gestaltung zu beiden Seiten des Turmnordportals der St. Bartholomäuskirche in Frankfurt.[49] (Siehe Abb. 23)

---

45 *Kniffler:* Die Grabdenkmäler der Mainzer Erzbischöfe, 312. Der Zuschreibung folgend *Reber:* Madern Gerthener und das Grabmal des Erzbischofs Konrad, 60.

46 *Germund,* Ute: Konstruktion und Dekoration als Gestaltungsprinzipien im spätgotischen Kirchenbau. Untersuchungen zur mittelrheinischen Sakralbaukunst. Worms 1997, 154. Ebenso bei *Rösch,* Bernhard: Spätmittelalterliche Bauplastik in Franken und am Mittelrhein (1280–1450). Entwicklung, Stil und Werkstätten. Hamburg 2004, 169.

47 Gerhard Ringshausen zitiert aus dem Protokoll der Grundsteinlegung des Turms, die am 6.6.1415 stattfand. Dort wird Madern Gerthener als „steinhauwer und wergman" genannt und mit zwei Gulden entlohnt. *Ringshausen,* Gerhard Johannes: Madern Gerthener. Leben und Werk nach den Urkunden. Göttingen 1968, 84.

48 Zuerst im Zusammenhang mit den Bauten am Mittelrhein erwähnt und Gerthener zugeschrieben: *Fischer:* Die spätgotische Kirchenbaukunst, 19.

49 Eduard Sebald schlägt für die zehn Entwürfe, auf Grund der Übereinstimmungen mit Details am Turmnordportal von St. Bartholomäus, eine Verwendung als Vorlage für den Kreuzgang der Frankfurter Kirche vor. Die schmalen Proportionen sprechen eher gegen

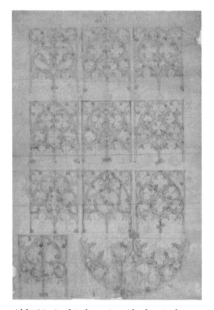

Abb. 22: Maßwerk des Memorienportals, Mainzer Dom.

Abb. 21: Architekturriss, Akademie der Künste, Wien.

Abb. 23: Maßwerk der St. Bartholomäus-kirche, Turmnordportal.

Der Stein Johanns II. von Nassau nimmt mit seinem großen Baldachin über dem Haupt des Erzbischofs bewusst ein Merkmal des Grabsteins Adolfs I. von Nassau auf. Die Gestaltung der Steine wurde aufeinander abgestimmt, um eine einheitliche Wirkung zu erzeugen. Die Errichtung des einen Steins ist nicht ohne die Errichtung des Pendants zu denken. Auch die Einbauten vor dem Ostchor, namentlich die Nassauer Unterkapelle und das Martins-chörlein, waren somit eng mit der Aufstellung der Grabsteine Johanns von Nassau und seines Bruders verbunden.

Diese Beobachtung wird unterstützt durch eine Vikarienstiftung Johanns II. von Nassau: „Johannes, durch Gottes Gnaden Erzbischof von Mainz, Erz-kanzler des Heiligen Reichs für Deutschland, Legat des Apostolischen Stuhls

---

die von Eduard Sebald geäußerte Vermutung, und deuten vielmehr auf eine Verwen-dung als Kirchenfenster. Unter Umständen plante man in Mainz die zehn zum Kreuz-gang gelegenen Fenster des Doms im Zuge der Umbaumaßnahmen am Kreuzgang mit zu erneuern. Für Sebald ist das Blatt eine Kopie aus der Werkstatt Gertheners. *Sebald, Eduard:* Riss mit Maßwerkentwürfen Werkstatt Madern Gertheners um 1415–1420. In: Gutenberg. Aventur und Kunst. Vom Geheimunternehmen zur ersten Medienrevolu-tion. Hg. v. d. *Stadt Mainz.* Mainz 2000, 513.

erlässt das folgende zum ewigen Angedenken",[50] so beginnt die Stiftungsurkunde für zwei Vikarien, ausgestellt am 19. März 1418 in Mainz. Gestiftet wurden die Vikarien zum Gedenken an seinen Vorvorgänger auf dem Mainzer Erzstuhl Adolf I. von Nassau und für ihn selber. An beiden Altären, sowohl an dem Altar unter dem Baldachinaltar im Mittelschiff der Kirche als auch an dem in der Unterkirche gelegenen, sollte der Erzbischöfe aus dem Hause Nassau gedacht werden. Man kann die Veränderungen vor dem Ostchor also nicht in zwei Phasen aufteilen. Der Bau des Martinschörleins war nur möglich, wenn das Grabmal Adolfs I. von Nassau verlegt wurde. Dass dies ohne Zustimmung Johanns II. von Nassau geschehen sein soll, ist schwer vorstellbar. Mit der Verlegung des Grabes hängt die Aufstellung der Grabsteine an den Wandpfeilern zusammen. Trennt man die Vorgänge in zwei Phasen, dann müsste man eine Einlagerung des Grabsteins Adolfs I. von Nassau für wahrscheinlich halten, steht seine Aufstellung doch im Zusammenhang mit der Errichtung des Grabsteins Johann II. von Nassau. Die Veränderungen vor dem Ostchor, so ist aus dem Beschriebenen zu schließen, gehen auf einen Gesamtentwurf von Madern Gerthener zurück, ausgeführt auf Veranlassung Johanns II. von Nassau.

Ein besonderer Ort in der Kirche

Für diese These spricht auch der Umstand, dass sich Johann II. von Nassau selber vor dem Baldachinaltar beerdigen ließ. Im Mittelschiff des Mainzer Doms wurde durch die Einbauten die Stelle besonders hervorgehoben, an der Erzbischof Bardo (980/81–1051) begraben wurde.[51] Bardo ist der erste Mainzer Erzbischof, bei dem sich sicher ein Begräbnis in der Mainzer Kathedrale nachweisen lässt.[52] Sein Grab vor dem Kreuzaltar,[53] also an dem Platz, an dem später die Nassauer Unterkapelle und das Martinschörlein gebaut wurden, schuf keine Tradition. Erst mit Konrad I. (1120/25–1200) beginnt die Reihe der Grablegen in der Mainzer Kathedrale.[54] Die Beerdigung Bardos im

---

[50] Erzbischof Johann II. von Nassau stiftet zwei ewige Vikarien an die Altäre des Martinschörleins. Zitiert nach *Kotzur*: Der verschwundene Dom, 565.

[51] *Arens*, Fritz: Die Raumaufteilung des Mainzer Domes und seiner Stiftsgebäude bis zum 13. Jahrhundert. In: *Brück*, Anton Philipp (Hg.): Willigis und sein Dom. Festschrift zur Jahrtausendfeier des Mainzer Domes (975–1975). Mainz 1975, 185–249, hier 220.

[52] *Heyen*, Franz-Josef: Die Grabkirchen der Bischöfe von Trier. In: Festschrift für Hermann Heimpel. Göttingen 1972, 594–605, hier 594.

[53] Über die Bedeutung einer Grabstätte beim Kreuzaltar siehe *Kroos*, Renate: Grabbräuche – Grabbilder. In: *Schmid*, Karl/*Wollasch*, Joachim (Hg.): Memoria. Der geschichtliche Zeugniswert des liturgischen Gedenkens im Mittelalter. München 1984, 285–353, hier 349.

[54] *Heyen*: Die Grabkirchen der Bischöfe von Trier, 594.

Dom an dieser herausgehobenen Stelle vor dem Kreuzaltar⁵⁵ war eine besondere Ehrbezeugung für einen Erzbischof, der schon zu seinen Lebzeiten verehrt wurde und in dessen Regierungszeit der Dom vollendet wurde.⁵⁶ An diesem Ort beobachtete später Anno II. von Köln (1010–1075) das Wunder, das
zu der Heiligsprechung des Mainzer Erzbischofs Bardo führte.⁵⁷ Nachdem
der Kölner Erzbischof Anno einen Gottesdienst im Mainzer Dom gehalten
hatte, beobachtete er die Heilung eines körperlich versehrten Bettlers, der
sich auf das Grab des heiligen Bardo gelegt hatte.⁵⁸ Die durch den Baldachinaltar des Martinschörleins ehemals hervorgehobene Stelle im Mainzer Dom
war somit die Grabstätte eines heiligen Erzbischofs⁵⁹ und der Ort einer Wun-
derheilung. Durch besondere bauliche Elemente wurde diese Bedeutung
sichtbar gemacht: die vergitterte Öffnung zwischen Kirchenschiff und Unterkapelle, die Existenz unterirdischer Zugänge und die Hervorhebung der ehemaligen Grabstätte im Mittelschiff durch einen Baldachinaltar.⁶⁰ Diese Bau-
elemente leiten sich vom Grab des Heiligen Petrus in Alt St. Peter in Rom
her, das bereits in karolingischer Zeit Nachahmung fand.⁶¹ Für dessen Gestaltung hatte Gregor der Große gesorgt.

Wie in Mainz wird auch in Rom bei der Entscheidung für den Begräbnisort eines Erzbischofs die Nähe eines Heiligen gesucht. Der Brauch, sich in der
Nähe des Petrusgrabes beerdigen zu lassen, lässt sich bereits 461 bei Papst Leo
dem Großen nachweisen.⁶² Das Petrusgrab erfuhr aber auch eine besondere
Ausgestaltung, weil es autoritätsstiftend und ein wichtiger Ort für zeremonielle Feiern war. Hier fanden seit Karl dem Großen die Kaiserkrönungen statt,⁶³
wobei die Salbung unten am Petrusgrab und die Krönung am Petrusaltar vor-

55 Fritz Arens schreibt: „Der Leichnam des Erzbischofs Bardo wurde in der Mitte der Kirche vor dem hl. Kreuz niedergestellt und dann vor dem Kreuz beigesetzt." Siehe *Arens:*
Die Raumaufteilung des Mainzer Domes, 220 f.
56 *Gierlich*, Ernst: Die Grabstätten der rheinischen Bischöfe vor 1200. Mainz 1990, 172.
57 *Arens:* Die Raumaufteilung des Mainzer Domes, 221.
58 *Ebenda.*
59 Bardo war wieder Träger des Palliums, das weder seinem Vorgänger noch seinem Nachfolger verliehen wurde. Siehe *Zotz*, Thomas: Pallium et alia quaedam archiepiscopatus
insignia. In: *Maurer*, Helmut/*Patze*, Hans (Hg.): Festschrift für Berent Schwineköper zu
seinem siebzigsten Geburtstag. Sigmaringen 1982, 155–175, hier 172.
60 *Roser*, Hannes: St. Peter in Rom im 15. Jahrhundert. Studien zu Architektur und skulp-
turaler Ausstattung. München 2005, 50.
61 Arnold Angenendt verweist auf die Vorbildfunktion u. a. für Fulda. Siehe *Angenendt*,
Arnold: Das Frühmittelalter. Die abendländische Christenheit von 400 bis 900. Stuttgart
1990, 340.
62 *Borgolte*, Michael: Petrusnachfolge und Kaiserimitation. Die Grablege der Päpste, ihre
Genese und Traditionsbildung. Göttingen 1989, 16.
63 *Angenendt:* Das Frühmittelalter, 353.

genommen wurden.[64] In der Kapelle des heiligen Gregor legte man dem Kaiser die feierlichen Gewänder an.[65] Kann man, wenn der Umbau im Mainzer Dom so deutlich Bezug auf das Vorbild in Rom nimmt, auch für Mainz vermuten, dass an dieser Stelle ein Ort geschaffen werden sollte, der für künftige Krönungen geeignet erschien? Und lassen sich noch weitere Indizien für diese Vermutung finden?

Die Krönungstradition der Mainzer Kirche

Die Mainzer Kirche besitzt als Krönungsort der römischen Könige eine weit zurückreichende Tradition. Der Mainzer Erzbischof Willigis (940–1011) erhielt als Erster im Reich 975 das Krönungsrecht durch den Papst, verbunden mit dem Pallium. Durch eine Liturgieänderung in Aachen wurde es dem Mainzer Erzbischof dort unmöglich gemacht, die Messfeier zu leiten. Er hätte danach einen wichtigen Teil der Krönungszeremonie nicht mehr ausführen dürfen.[66] Um das Krönungsrecht weiter ausüben und einen angemessen feierlichen Raum für die Zeremonie bieten zu können, hatte Erzbischof Willigis von Mainz mit dem Neubau des Domes begonnen.[67] Im Osten ist der Grundriss des um 978[68] errichteten Willigis-Bardo Domes durch Grabungen weitestgehend erschlossen. Die Kathedrale von Mainz verfügt über zwei Choranlagen und ist, wie Alt-St. Peter in Rom, nicht nach Osten ausgerichtet: ihr Hauptchor lag im Westen. Dem Ostchor war eine Kirche vorgelagert, die durch ein Atrium mit dem Dom verbunden war. Bei dieser Disposition hatte man sich offenbar an den Verhältnissen von Alt-St. Peter orientiert, wie man sie auch in Rom vorfand, und vermutlich wurden sie von dort übernom-

64 *Eichmann*, Eduard: Die Kaiserkrönung im Abendland. Ein Beitrag zur Geistesgeschichte des Mittelalters mit besonderer Berücksichtigung des kirchlichen Rechts, der Liturgie und der Kirchenpolitik. Gesamtbild. Würzburg 1942, 134.
65 *Carlen*, Louis: Krönungskirchen. In: *Iosephus*, Rosalius/*Lara*, Castillo (Hg.): Studia in honorem Eminentissimi Cardinalis Alphonsi M. Stickler. Roma 1992, 51–78, hier 56.
66 *Hehl*, Ernst-Dieter: Die Erzbischöfe von Mainz bei Erhebung, Salbung und Krönung des Königs (10. bis 14. Jahrhundert). In: *Kramp*, Mario (Hg.): Krönungen. Könige in Aachen – Geschichte und Mythos. Bd. 1. Mainz 2000, 97–104, hier 99. Josef Heinzelmann will 2004, im Gegensatz zu Hehl, das Privileg für die Marienkirche weniger stark gewichtet sehen. Für ihn ist die Krönungsmesse nicht identisch mit der Krönung. Von daher sei aus dem Privileg nicht die Verhinderung des Mainzer Erzbischofs abzulesen. Siehe *Heinzelmann*, Josef: Mainz zwischen Rom und Aachen. Erzbischof Willigis und der Bau des Mainzer Domes. In: Jahrbuch für westdeutsche Landesgeschichte 30 (2004), 7–32, hier 11.
67 *Weinfurter*, Stefan: Heinrich II. Herrscher am Ende der Zeiten. Regensburg 1999, 48.
68 Ernst-Dieter Hehl nennt 997 oder 998 als Datum des Baubeginns. *Hehl*, Ernst-Dieter: Goldenes Mainz und Heiliger Stuhl. In: *Dumont*, Franz/*Scherf*, Ferdinand/*Schütz*, Friedrich (Hg.): Mainz. Die Geschichte der Stadt. Mainz 1998, 839–858, hier 847.

men.[69] Der Vorkirche kam beim Krönungsritus in Rom eine wichtige Rolle beim feierlichen Einzug zu, und diese Rolle sollte möglicherweise die Vorkirche auch in Mainz bei der Königskrönung übernehmen.[70] Um seinen Anspruch auf das Krönungsrecht weiterhin aufrechterhalten zu können, schuf Erzbischof Willigis von Mainz einen Bau, der auf die wichtigste Kirche der westlichen Christenheit Bezug nahm: die römische Peterskirche.[71] Willigis gelang es, die Zeremonie nach Mainz zu verlegen. Die Krönung Heinrichs II. 1002 und die Krönung Konrads II. 1024 fanden in Mainz statt.

Abb. 24: Grundriss der Nassauer Unterkapelle.

Während der Regierungszeit Johanns II. von Nassau wurde im Mittelschiff des Mainzer Doms vor dem Ostchor eine Doppelkapelle errichtet. Die Einbauten unter Johann II. von Nassau erfolgten in dem Kirchenteil, der mit seinen Anbauten auf Rom verwies und in dem vermutlich bei den Krönungen in Mainz die entsprechenden Krönungszeremonien stattfanden, jedenfalls bis zum 12. Jahrhundert.[72] Neben der Disposition in einem für Krönungen vorgesehenen Gebäudeteil geben die Einbauten selbst Hinweise auf ihre geplante Funktion. Die noch heute erhaltene Nassauer Unterkapelle verfügt über einen Grundriss (Siehe Abb. 24), der durch zehn achteckig gestaltete Pfeiler in Form eines gestreckten Achtecks gegliedert ist. Dieses wird von einem Umgang in Form eines Kreuzes umschlossen. Ursprünglich befand sich zu beiden Seiten ein Zugang zur Unterkapelle. Heute wird sie durch einen senkrecht verlaufenden Tunnel erschlossen. Bis auf die auffal-

69 *Winterfeld,* Dethard von: Zur Baugeschichte des Mainzer Domes. In: *Kotzur,* Hans-Jürgen: Der verschwundene Dom. Wahrnehmung und Wandel der Mainzer Kathedrale im Lauf der Jahrhunderte. Mainz 2011, 44–97, hier 51.
70 *Esser,* Karl-Heinz: Der Mainzer Dom des Erzbischofs Willigis. In: *Brück* (Hg.): Willigis und sein Dom, 135–184, hier 176.
71 *Ebenda,* 175; *Weinfurter:* Heinrich II., 48 f.
72 Für Horst Reber sind die Umbauten im Ostchor der Mainzer Kirche mit Änderungen im Krönungszeremoniell begründet und durch Heinrich IV. veranlasst worden. Siehe *Reber,* Horst: Kirchenbau und Kirchenausstattung. In: *Jürgensmeier* (Hg.): Handbuch der Mainzer Kirchengeschichte, 970–994, hier 978.

lend groß gestalteten Schlusssteine in Rosenform findet sich kein Bau-
schmuck. Es ist die Anordnung der zehn Pfeiler in einem gestreckten Acht-
eck, die über die Interpretation der Unterkapelle als Heiliges Grab hinauswei-
sen.[73] Diese symbolträchtige Form nimmt Bezug auf die wichtigste Kirche
mit achteckigem Grundriss nördlich der Alpen: das Marienmünster in Aachen. Eine sichere Rekonstruktion des Martinschörleins ist leider unmöglich.
Man geht aber sicher nicht zu weit, wenn man, wie Diana Ecker und Hans-
Jürgen Kotzur, von den starken Fundamenten, die die Pfeiler der Unterkapelle bieten, auf die Pfeilerstellung des Martinschörleins schließt.[74] Der Grundriss des Martinschörleins war demnach ein gestrecktes Sechseck, sofern man
eine Öffnung zum Kirchenschiff mit bedenkt.

Die politische Bedeutung des Mainzer Erzbischofs, dessen Erzkanzleramt
sich aus seiner Rolle als Erzkapellan entwickelt hatte, würde einen Verweis
auf die Kirche Karls des Großen nicht hinreichend erklären. Aus welchem
Grund die Aachener Kirche zitiert wurde, erschließt sich über die um 1450
im Marienmünster vorgenommenen Veränderungen. Dort wurde im neuen
Chor eine Doppelkapelle über dem Marienaltar, an dem die Krönung vollzogen wurde, gebaut.[75] Der Grundriss dieser Doppelkapelle ist ein lang gestrecktes Rechteck, das in einem mehreckigen Abschluss mündet. Mit ihrem
Baldachin überfängt sie den Ort der Königskrönung in Aachen und zeichnet
ihn somit aus. Der Grundriss der Doppelkapelle zeichnet den Verlauf des
alten karolingischen Chores nach. Damit wird an die wichtige historische
Bausubstanz erinnert, die, bedingt durch die Erweiterung des Chores, abgerissen werden musste.[76] Ergänzt man den Grundriss dieser Kapelle gedank-
lich auf der zum Münster hin offenen Seite, bildet sich ein gestrecktes Acht-

---

[73] Für Wilhelm Maier ist die Doppelkapelle nicht mehr als eine Nachahmung des Heiligen
Grabes in Jerusalem. Die Besonderheit des Grundrisses entgeht ihm nicht. Leider über-
sieht er den Bedeutungsgehalt der achteckigen Form. Er schreibt: „Dem Pfeilerkranz,
der angesichts der geringen Größe dieses Raumes keine statischen Funktionen zu erfüllen hat, sollte man schon deshalb eine verweisende Zitatfunktion zubilligen. Zeichen-
haft aufgefasst ist offenkundig die Grundrissgestalt des Mittelraums der Unterkapelle,
denn er weist nicht die gängige kreisförmige, sondern eine gestreckte oktogonale Form
auf. Dies wirkt überaus sprechend und drängt dem Betrachter geradezu die Schlussfol-
gerung auf, dass der Mittelraum für die Aufnahme eines Grabes bestimmt war." *Maier,*
Wilhelm: Grab beim Grabe Christi. Die Memoria des Mainzer Erzbischofs Johann von
Nassau. In: *ders./Schmid,* Wolfgang/*Schwarz,* Michael Viktor (Hg.): Grabmäler. Tendenzen der Forschung an Beispielen aus Mittelalter und früher Neuzeit. Berlin 2000, 231–
258, hier 245.
[74] *Ecker/Kotzur:* Das verschwundene Martins-Chörlein, 249.
[75] *Winands:* Zur Geschichte und Architektur des Chores und der Kapellenbauten des
Aachener Münsters, 88.
[76] *Knopp,* Gisbert: Das Glashaus von Aachen. Krönungsort – Karlsmausoleum – Pilger-
zentrum. In: *Heckner,* Ulrike/*Knopp,* Gisbert (Hg.): Die gotische Chorhalle des Aachener Doms und ihre Ausstattung. Baugeschichte – Bauforschung – Sanierung. Petersberg
2002, 9–36, hier 15.

eck. Die Marienkapelle verbindet mit ihrem Grundriss den verschwundenen karolingischen Chor mit dem Oktogon der Pfalzkapelle. Vom neuen Chor aus gesehen, ergibt sich so ein Blick auf einen Baldachinbau mit mehreckigem Abschluss, wie man ihn für Mainz annehmen muss, und vom Kirchenschiff ein offener Zugang, wie man ihn in Mainz vorfand.

Der programmatische Grabstein Johanns II. von Nassau

Wenn die Einbauten im Mainzer Ostchor von Johann II. von Nassau geplant wurden, müssten sich die beobachteten Anspielungen auf Aachen und Rom auch an seinem Grabstein wiederfinden. Das könnte zusätzlichen Aufschluss über die Funktion der Einbauten geben. Durch Motivübernahmen von Grabsteinen seiner Vorgänger stellte Johann II. von Nassau seinen eigenen Gedenkstein (Siehe Abb. 18) in eine Mainzer Tradition und formulierte dabei seine Ansprüche. Anschaulich wird dies bereits bei der Architektur des Steins. Auf den vom Grabstein seines Bruders stammenden Baldachin wurde bereits hingewiesen. (Siehe Abb. 20) Die Gestaltung der Seiten des Grabsteins sind vom Grabstein Matthias' von Bucheck (1321–1328) inspiriert (Siehe Abb. 25), wo zum ersten Mal in Mainz die unter Baldachine gestellten Statuetten auf Konsolen zu sehen sind. Von hier lässt sich auch der feine Dienst zu Seiten der Erzbischofsfigur herleiten, der in einem floralen Kapitell endet und der beim Grabstein Peters von Aspelt (1306–1320) ebenfalls zu beobachten ist (Siehe Abb. 26). Eine ähnliche Form zeigt schon der sogenannte „Priesterstein" (nach 850) des Mainzer Doms, den Mechthild Schulze-Dörrlamm als den ersten Grabstein des Bonifatius identifiziert hat.[77] Zu beiden Seiten der Bischofsgestalt befinden sich Halbsäulen, denen florale Kapitelle aufliegen. Ein mit Blattformen verzierter Halbbogen überfängt den Heiligen.

Die mächtige Gestalt des Johann von Nassau, der über die zu seinen Füßen liegenden Löwen hinweg zu steigen scheint, hält in der linken Hand ein Buch und in der rechten den Bischofsstab. Sein Blick und sein angedeutetes Schreiten verbinden den Grabstein mit dem Martinschörlein. Erklärt man sich seine Bewegung ohne Bezugnahme auf die umgebende Architektur, dann wiederholt Johann II. gerade in diesem Augenblick die schützende Geste des Mainzer Bischofs und Heiligen Bonifatius (746–754). Eine Vita des Bonifatius aus dem 9. Jahrhundert berichtet, dass sich der Heilige, um den Schwertschlag abzuwehren, ein Evangeliar auf sein Haupt legte.[78] Dieses, den Anschlag auf Bonifatius Abwehrende, bis auf Brusthöhe Anheben eines großen Buches zeigt bereits eine Miniatur im Fuldaer Sakramentar in Göttin-

---

[77] *Schulze-Dörrlamm*, Mechthild: Der Mainzer „Priesterstein". Das Bonifatius-Grabmal des Hrabanus Maurus in der Marienkirche. In: *Nichtweiß*, Barbara (Hg.): Bonifatius in Mainz. Mainz 2005, 318–341, hier 333.

[78] Siehe Hinweis bei *Rau*, Reinhold (Hg.): Briefe des Bonifatius. Willibalds Leben des Bonifatius nebst einigen zeitgenössischen Dokumenten. 3. Aufl. Darmstadt 2011, 515.

gen.[79] Die gedrehte Bewegtheit der Erzbischofsfigur wird somit durch das Hochziehen seines linken Armes ausgelöst. Eine Geste, die an den heiligen Bonifatius erinnert. Eine attributiv zu verstehende Bewegung stellt in der Reihe der Mainzer Erzbischofsgrabmäler keine Neuerung dar. Siegfried III. von Eppstein (1230–1249) setzt auf seinem Grabstein zwei kleiner als die Bischofsfigur gestalteten Königen, jeweils einer an seiner rechten und linken Seite, die Krone auf. (Siehe Abb. 19) Hervorgehoben wird die Handlung: die Krönung durch den Mainzer Erzbischof, die zum hier kennzeichnenden Attribut wird.

Abb. 25: Grabstein Matthias' von Bucheck, Mainzer Dom.

Abb. 26: Grabstein Peters von Aspelt, Mainzer Dom.

---

[79] Fol. 87r. Fuldaer Sakramentar in Göttingen. Siehe *Winterer,* Christoph: Das Fuldaer Sakramentar in Göttingen. Benediktinische Observanz und römische Liturgie. Petersberg 2009, 540.

Die Hand Johanns II. von Nassau fasst das Buch von unten und stützt es gegen den Oberkörper. Diese Art, ein Buch zu halten, ist eine Übernahme vom Denkmal Konrads von Weinsberg und Gerlachs von Nassau und leitet sich vom Bonifatiusgrabmal her. Dessen Grabplatte befindet sich heute, nach ihrer Überführung 1823, im Mainzer Dom. Sie war ursprünglich für die Johanneskirche gearbeitet worden. Dort befand sich ein Grab für die Reliquien des Bonifatius. Die Platte hatte Gerlach von Nassau (1322–1371), Verwandter und Vorgänger Johanns II. auf dem Erzbistumsstuhl, in Auftrag gegeben.[80] Wie wichtig dieses Zitat ist, verdeutlicht auch die gespiegelte Übernahme dieser Geste bei der kleinen Seitenfigur des Grabsteins. Es verdeutlicht die für das Selbstverständnis der Mainzer Erzbischöfe wichtige Bonifatiustradition. Von dessen herausgehobenen Stellung leiteten die Mainzer Erzbischöfe ihr Recht ab, den römischen König zu krönen. Petra Kehl weist auf die Schrift des Mainzer Domscholastors Gozwin „Passio sancti Albani martyris" aus dem 11. Jahrhundert hin, die wohl zur Verteidigung des Krönungsanspruchs von Erzbischof Siegfried I. († 1084) in Auftrag gegeben wurde. Darin wird Bonifatius der Primat zugesprochen, der nach Auffassung Gozwins auch das Krönungsrecht umfasst.[81] Die Autorin macht auf eine weitere Quelle aus dem 11. Jahrhundert aufmerksam: das „Chronicon" von Marianus Scottus. Es wurde ebenfalls in der Amtszeit Siegfried I. von Mainz verfasst, und auch hier wird das Krönungsrecht des Mainzer Erzbischofs auf Bonifatius zurückgeführt, und zwar mit der Begründung, dass die Salbung Pippins durch Bonifatius erfolgt sei.[82]

Aber nicht nur die Geste Johanns II. stammt von diesem Stein; auch das Buch wurde vom Grabstein Bonifatius' übernommen. Allerdings bekommen wir bei Johann II. die Rückseite zu sehen. Hier sind die auf der Vorderseite mit vierblättrigen Formen verzierten Ornamente, die wahrscheinlich Edelsteine darstellen, nur mit runden Scheiben hinterlegte Quadrate, wie bei Bonifatius fünf Stück. Beide Schließen finden sich wieder, aber in reduzierter Form. Die aufwändig verzierte Seite zeigen dann die Beifiguren an der Seite des Erzbischofs. Hier findet sich die blütenartige Gestaltung wieder, die man vom Bonifatiusgrabstein aus der Johanniskirche kennt. Und das bei allen drei kleinen Bischöfen. Dadurch, dass man ihnen das Evangeliar des Bonifatius' in die Hand gab, wurde eine starke Rückbindung der kleinen Beifiguren an die Mainzer Kirche erreicht. Die besondere Betonung des Evangeliars lässt an einen Prachtband denken, der sich noch heute im Besitz der Mainzer Kirche

80   *Brück,* Anton Philipp: Zur Bonifatiusverehrung in Mainz. In: Sankt Bonifatius. Gedenkgabe zum zwölfhundertsten Todestag. Hg. v. d. *Stadt Fulda.* Fulda 1954, 506–513, hier 508.

81   *Kehl,* Petra: Entstehung und Verbreitung des Bonifatiuskultes. In: *Imhof,* Michael/*Stasch,* Gregor K. (Hg.): Bonifatius. Vom angelsächsischen Missionar zum Apostel der Deutschen. Petersberg 2004, 127–150, hier 141.

82   *Kehl:* Entstehung und Verbreitung des Bonifatiuskultes, 141.

befindet: das sogenannte „Goldene Mainzer Evangeliar" aus der ersten Hälfte des 13. Jahrhunderts.[83] Dessen Einband hat sich leider nicht erhalten, doch wird es nach Ansicht Harald Wolters-von dem Knesebeck sicher angemessen verziert gewesen sein.[84] Aber nicht nur die äußere Gestaltung ist wichtig, sondern auch die Funktion, die das Buch in Mainz erfüllte. Neben dem Gebrauch im liturgischen Dienst vermutet Wolter-von dem Knesebeck eine weitere Aufgabe. Er ist der Ansicht, dass es als „Mainzer Krönungsevangeliar" gefertigt wurde.[85]

Das rechte Bein Johanns II. von Nassau, nur durch das Gewand zu sehen, steht als Standbein auf dem Rücken eines Löwen, der scheinbar aus Schmerz darüber seinen Kopf mit offenem Maul nach oben wendet. Der linke Fuß des Bischofs ist noch nicht aufgesetzt. Der zweite Löwe, der auf dem Grabstein zu sehen ist, lagert entspannt unter dem Fuß und blickt nach vorne. Das Motiv der Löwen zu Füßen einer Erzbischofsfigur wird hier nicht neu eingeführt. Schon Siegfried III. von Eppstein steht auf dem Rücken eines löwenartigen Wesens. (Siehe Abb. 19) Durch dessen Gestaltung mit großen Ohren, breiter Schnauze und dem etwas schwermütigen Blick, der durch die zusammengezogenen Augenbrauen hervorgerufen wird, kommen die Löwenköpfe dem auf dem Grabstein Peters von Aspelt ausgeführten Köpfen nahe. Das Motiv des dem Betrachter den Rücken zuwendenden und dabei aufsehenden Löwenkopfes ist hier ebenso vorgebildet wie die andere an Johanns II. von Nassau Grabstein beobachtete Variante des den Betrachter eher anstarrenden als anblickenden Tieres. Die wellenartige Gestaltung der Mähne ist an beiden Steinen gut zu sehen. Bei Johann II. von Nassau enden die Locken in kleinen Schnecken, wie man es auch auf dem Grabstein seines Bruders gut sehen kann. Damit sind die Löwenköpfe auf dem späteren Grabstein näher an der ursprünglichen Vorlage des Kopfes, den man an der sogenannten Willigistür des Mainzer Domes findet. Die große Schnauze, die in Schneckenform endenden Strähnen der Mähne und vor allem der Eindruck des traurigen Blicks, hervorgerufen durch die zusammengezogenen Augenbrauen, findet man hier vorgebildet. Diese bewusste Übernahme der Köpfe stellt den Aachenbezug des Grabsteins her. Die Entstehung des bedeutenden Bronzegusses der Mainzer Domtüren sieht Ernst-Dieter Hehl im Zusammenhang mit den Türen der Aachener Marienkirche.[86] Nicht zuletzt die Inschrift verweist auf das Vorbild

---

83 Zur Diskussion der Datierung siehe *Wolter-von dem Knesebeck*, Harald: Das Mainzer Evangeliar. Strahlende Bilder – Worte in Gold. 2. Aufl. Luzern 2007, 46 f.

84 *Ebenda*, 49.

85 *Ebenda*.

86 *Hehl*: Goldenes Mainz und Heiliger Stuhl, 846; *Weinfurter*: Heinrich II. Herrscher am Ende der Zeiten, 49. Ursula Mende sieht Aachen und Rom als Vorbilder an: „Charakteristisch für die ottonische Renaissance ist, dass sie zum einen auf karolingische Werke zurückgriff und so antike Formen quasi aus zweiter Hand aufnahm, dass sie andererseits aber auch Zugang zu antiken Werken selbst suchte. Ein großartiges Zeugnis dafür ist die Bronzetür des Mainzer Domes." Siehe *Mende*, Ursula: Das Bronzeportal am Dom

im Norden: „Nachdem der große Kaiser Karl sein Leben dem Recht der Natur gegeben hatte [= gestorben war], hat der Erzbischof Willigis als erster aus Metall Türflügel anfertigen lassen. Berenger, der Meister dieses Werkes, bittet, Leser, inständig, du mögest zu Gott für ihn beten."[87]

Neu ist bei dem Stein Johanns II. von Nassau die Anzahl der Statuetten, die sich hier auf sechs Figuren erhöht. Bei den Statuetten werden auf der heraldisch wichtigeren rechten Seite drei Bischöfe gezeigt, von denen die zwei unteren von Diana Ecker und Hans-Jürgen Kotzur als heiliger Liborius und heiliger Valentin gedeutet werden. Die Autoren verweisen auf das Patrozinium des Altars des Martinschörleins und übertragen es auf den Grabstein.[88] Liborius und Valentin sind in Mainz ohne Darstellungstradition. Für ihre Neueinführung wäre gerade bei ihnen ein Attribut unerlässlich gewesen. Die zwei Statuetten sind scheinbar nur mit einem bedeutenden Buch ausgestattet worden, das zum einen auf die Mainzer Kirche zum anderen auf Bonifatius verweist. In diesem Fall liegt es nahe, dass es sich um in Mainz bekannte Bischöfe handelt.

Eine der drei Bischofsfiguren ist durch sein Attribut – ein kleiner gearbeiteter Bettler schaut unter seinem Mantel hervor – als heiliger Martin zu identifizieren. (Siehe Abb. 18) Die Betonung der Figur als Bischof durch Mitra, Bischofsstab und Evangelium kennzeichnet ihn als einen Bischofskollegen Johanns II. von Nassau. Bei den beiden anderen Statuetten handelt es sich ebenfalls um Bischöfe, denen – wie erwähnt – als Attribut ein Buch mitgegeben wurde. Jedoch unterscheiden sie sich in der Art, das Evangelium zu halten. Die mittlere Statuette gibt die Haltung Johanns II. von Nassau spiegelbildlich wieder: Das Buch liegt nun in der rechten Hand, sie hält das Evangeliar aber genauso von unten, den Buchrücken fassend, wie man es bei Johann II. sieht. (Siehe Abb. 18) Sogar die Kasel mit dem auffallend hohen Kragen und den drei großen Schüsselfalten der großen Gestalt wurden auf die kleine Figur übertragen, genauso wie der Kopf Johanns II. von Nassau. Die Statuette ahmt die Frisur nach und hat die weich modellierten Züge Johanns II. von Nassau. Und auch der Blick der kleinen Bischofsfigur geht, wie der Blick Johanns II., in Richtung der Martinskapelle. Nur das Halten des Erzbischofsstabs, mit festem Griff weit oben am Stab gefasst, wurde für den Heiligen Martin reserviert. Während der Schwung, den man bei Johann II. von Nassau sehen kann, unten für die letzte Figur der Reihe aufgehoben wurde. Wie die Figur des Johann II. von Nassau, der vor der Doppelkapelle, dem Bardograb, seine letzte Ruhestätte fand, hat auch der heilige Bischof sein Grab im Blick: Bei der mittleren der drei Statuetten zu Seiten des Erzbischofs

---

zu Mainz. In: *Janson*, Felicitas/*Nichtweiß*, Barbara (Hg.): Basilica Nova Moguntina. 1000 Jahre Willigis-Dom St. Martin in Mainz. Mainz 2010, 79–104, hier 102.

[87] Zitiert nach *Hehl*: Goldenes Mainz und Heiliger Stuhl, 846.

[88] *Ecker/Kotzur*: Das verschwundene Martins-Chörlein, 243.

wird es sich um den heiligen Bardo handeln.[89] Die unterste Statuette zeigt das Hochziehen des Buches wie man es schon bei Johann II. von Nassau beobachten kann. (Siehe Abb. 18) Auch das Unterfassen, das von dem Grabstein des Bonifatius stammt, wiederholt sich hier.[90] Es ist der heilige Bonifatius, der hier gezeigt wird.[91]

In der Krümme des Bischofsstabs Johanns II. von Nassau ist eine Gregorsmesse zu sehen. (Siehe Abb. 18) Der römische Papst dreht dem Betrachter seinen Rücken zu. Die Figur des Papstes steht fast auf der Mittelachse des kleinen Reliefs. Er blickt auf einen Altar mit einem Christus am Kreuz. Deutlich wird die Figur des Papstes betont, der stärker plastisch hervortritt als der Altar mit dem Kreuz. Mit dieser Lösung kehrt das Mainzer Relief die ansonsten bei Gregorsmessen zu beobachtende Gewichtung um.[92] In Mainz liegt der Schwerpunkt der Darstellung auf dem römischen Bischof, nicht wie bei anderen Gregorsmessen der Zeit auf der Erscheinung am Altar. In Mainz wurde auch auf die Darstellung eines Schmerzensmannes verzichtet und nur ein Kreuz mit einem Christus ausgeführt.[93]

Das Motiv der Gregorsmesse verbreitete sich, wie Heike Schlie nachwies, vor 1400 von Rom aus auch nach Norden. Die Autorin beschreibt eines der frühesten Beispiele der Gregorsmesse nördlich der Alpen als „das Ergebnis eines konkreten römischen Kulturtransfers."[94] Berthold Stromair reiste 1386 in seiner Funktion als Abt des Klosters von Heilsbronn nach Rom und ließ im Anschluss an diese Reise ein Relief mit einer Gregorsmesse fertigen. In Heilsbronn wird eine Gregorsmesse gezeigt, bei der der Schmerzensmann das

---

89   Fritz Arens benennt eine der Bischofsfiguren einer Reihe, ehemals an der Nordseite der Vierung vor dem St. Annenaltar angebracht, als mögliche Darstellung des hl. Bardo. Siehe *Arens*, Fritz: Bonifatiusdarstellungen am Mittelrhein. In: Sankt Bonifatius. Gedenkgabe zum zwölfhundertsten Todestag. Hg. v. d. *Stadt Fulda*. Fulda 1954, 586–612, hier 590.

90   Friedhelm Jürgensmeier schreibt: „Dem bald als Heiligen verehrten Märtyrer wurde in der späteren Ikonographie als Attribut bzw. als besonderes Zeichen die Heilige Schrift in die Hand gegeben, mit der er den tödlichen Schwertstreich abzuwehren suchte." Siehe *Jürgensmeier*: Das Bistum Mainz, 33.

91   Schon Fritz Arens ging davon aus, dass es sich bei einer der beiden unteren Figuren um den heiligen Bonifatius handeln müsse. Siehe *Arens*: Bonifatiusdarstellungen am Mittelrhein, 595.

92   Karsten Kelberg schreibt: „Die zweite Hauptperson der Szene, der hl. Papst Gregor der Große, tritt anfänglich in der Größe hinter Christus zurück." Siehe *Kelberg*, Karsten: Die Darstellung der Gregorsmesse in Deutschland. Münster 1983, 49.

93   Karsten Kelberg stellt in seinem Buch fest: „Der auf dem Altar erscheinende Schmerzensmann ist die zentrale Figur in den Darstellungen der Gregorsmesse." Siehe *Kelberg*: Die Darstellung der Gregorsmesse, 22.

94   *Schlie*, Heike: Erscheinung und Bildvorstellung im spätmittelalterlichen Kulturtransfer. Die Rezeption der Imago Pietatis als Selbstoffenbarung Christi in Rom. In: *Gormans*, Andreas/*Lentes*, Thomas (Hg.): Das Bild der Erscheinung. Die Gregorsmesse im Mittelalter. Berlin 2007, 59–121, hier 99.

Zentrum bildet. Davor sieht man den Papst und drei weitere Kirchenmänner knien.[95] Die Autorin stellt zwei verschiedene Verbreitungsmöglichkeiten für das Motiv fest: einmal über die Pilgerströme des Mittelalters und zum anderen über den dienstlichen Weg des Klerus, der aus kirchenpolitischen Gründen nach Rom reisen musste. Der Heilsbronner Abt hielt weiter engen Kontakt zur römischen Kurie und reiste noch mehrmals in die heilige Stadt. Das Motiv der Gregorsmesse kann möglicherweise als Motiv der Nähe zu Rom gedeutet werden. Ganz ähnlich könnte es sich bei Johann II. von Nassau zugetragen haben, der 1396 nach Rom gereist war, um gegen die Wahl Jofrids von Leiningen zu protestieren.

Johann II. von Nassau stellt über die Darstellung in der Krümme einen Bezug zu Gregor dem Großen her. Mit seinem Einsatz für die Armen im Mittelalter galt der Papst als vorbildlicher Bischof.[96] Der heilige Bonifatius bemühte sich um seine Briefe und berief sich bei seinen Missionierungen auf Gregor den Großen.[97] Der Papst ist aber noch in einem weiteren Sinne Vorbild für Johann II.: Gregor der Große hatte die Umgestaltung des Petrusgrabes veranlasst. Offenbar seinem Beispiel folgte der Mainzer Erzbischof mit den baulichen Veränderungen vor dem Ostchor. Es ist, wie in Alt-St. Peter beim Petrusgrab, die Überformung eines Heiligengrabes: dem Bardograb in der Mainzer Kathedrale.

Die Bedeutung der St. Bartholomäuskirche bei der Königserhebung: Der Einfluss des Mainzer Erzbischofs auf das Reichsstift St. Bartholomäus

Über das Reichsstift St. Bartholomäus übte der Mainzer Erzbischof Einfluss auf das Geschehen an der St. Bartholomäuskirche in Frankfurt aus. Die Einwirkung der Stadt Frankfurt auf das Stift blieb gering.[98] Franz Staab sieht das ehemalige freie Reichsstift, damals noch St. Salvator genannt, seit Erzbischof Willigis als Mainz untergeordnet an.[99] Anna Egler macht auf die Bestätigungsurkunde Ottos II. (955–983) vom 25. Januar 975[100] aufmerksam, in der Willigis unter anderem der Besitz aller Kollegiats- und Klosterkirchen bestätigt wird. Zu den aufgezählten Kirchen gehört auch die St. Bartholomäus-

[95] Heilsbronn, ehemalige Zisterzienserkirche, Tympanon, Südquerhaus, um 1400.

[96] *Laudage*, Marie-Luise: Caritas und Memoria mittelalterlicher Bischöfe. Köln u. a. 1993, 313.

[97] *Brechter*, Suso: Das Apostolat des Heiligen Bonifatius und Gregors des Großen Missionsstrukturen für England. In: Sankt Bonifatius. Gedenkgabe zum zwölfhundertsten Todestag, 22–33, hier 33.

[98] *Rauch*: Pröpste, Propstei und Stift von Sankt Bartholomäus, 248.

[99] *Staab*, Franz: Reich und Mittelrhein um 1000. In: *Hinkel*, Helmut (Hg.): 1000 Jahre St. Stephan in Mainz. Mainz 1990, 59–100, hier 96.

[100] *Egler*, Anna: Willigis und die Stifte in Stadt und Erzbistum Mainz. In: *Hinkel* (Hg.): 1000 Jahre St. Stephan in Mainz, 283–308, hier 288.

kirche in Frankfurt.[101] Wahrscheinlich beginnt damit bereits eine Entwicklung, die das Reichsstift St. Bartholomäus unter den Einfluss des Mainzer Erzbischofs bringt. Zwei Fabrikherren beim Bauhof der Kirche wurden durch das Stift gestellt, die anderen zwei durch die Stadt Frankfurt.[102] Somit verwundert es nicht, dass man in Frankfurt beim Bau des Turmes den gleichen eleganten Baustil entdeckt, der zuvor bereits in Mainz zu finden ist. Dies liegt nicht allein an der monetären Unterstützung, die der Mainzer Erzbischof dem Bau zuteil werden ließ,[103] sondern wahrscheinlich auch an der Einflussnahme Johanns II. von Nassau auf die Planungen.

Die Stadt Frankfurt war für den Mainzer Erzbischof politisch ein wichtiger Ort: Der Mainzer Erzbischof übte über seine besondere Stellung im Wahlgremium bedeutsamen Einfluss auf das Wahlgeschehen aus, und Frankfurt, Teil der Erzdiözese Mainz, hatte sich als Ort des Geschehens etabliert. Schon vor der Goldenen Bulle fanden Königswahlen in der Stadt statt. Jedoch konnte man nicht sicher davon ausgehen, dass alle künftigen Wahlzeremonien in der Reichsstadt stattfinden würden. So erwuchs Frankfurt im 14. Jahrhundert in Rhens eine Konkurrenz. Noch unter Karl IV. spielte Rhens, „seit 1314 der traditionelle Versammlungsort der rheinischen Kurfürsten",[104] als Wahlort eine Rolle. In Rhens wurde das nach diesem Ort benannte Rhenser Weistum am 16. Juli 1338 bei einem Treffen der Kurfürsten beschlossen. In diesem wird die Approbation durch den Papst zurückgewiesen und die Bedeutung der Wahl gestärkt.[105] Karl IV. selbst wurde am 11. Juli 1346 in Rhens gewählt[106] und konnte erst 1349 in der St. Bartholomäuskirche in Frankfurt auf den Altar gesetzt werden.[107] Möglicherweise aus diesem Anlass wird an der St. Bartholomäuskirche ein Ordo für diese Feier geschrieben.[108] Man bestimmte somit Regeln, um bei weiteren Wahlveranstaltungen darauf zurückgreifen zu können.[109] Dies kann man als Hinweis auf die Festlegung der

[101] *Ebenda.*

[102] *Rauch:* Pröpste, Propstei und Stift von Sankt Bartholomäus, 248.

[103] *Bartetzko,* Dieter: Ein Geniestreich im internationalen Stil. In: Frankfurter Allgemeine Zeitung vom 5.12.2009, 39.

[104] *Rogge:* Die deutschen Könige im Mittelalter, 72.

[105] *Huber,* Alexander: Das Verhältnis Ludwigs des Bayern zu den Erzkanzlern von Mainz, Köln und Trier (1314–1347). Kallmünz 1983, 74.

[106] Martin Lenz schreibt, dass Benesch von Weitmühl mit der Einschätzung Rhens' als „gewöhnlichen Versammlungsort der Kurfürsten" den Makel der Wahl Karls IV. überdecken wollte. Siehe *Lenz,* Martin: Konsens und Dissens. Deutsche Königswahl (1273–1349) und zeitgenössische Geschichtsschreibung. Göttingen 2002, 241.

[107] *Schubert,* Ernst: Königswahl und Königtum im spätmittelalterlichen Reich. In: Zeitschrift für historische Forschung 4 (1977), 257–338, 280.

[108] Gerrit Jasper Schenk datiert ihn auf 1349. *Schenk,* Gerrit Jasper: Zeremoniell und Politik. Herrschereinzüge im spätmittelalterlichen Reich. Köln u. a. 2003, 112.

[109] Matthias Kloft führt die Gestaltung der Kirche auf das Zeremoniell der Altarsetzung zurück. *Kloft,* Matthias Th.: „Weil dessen Oberhaupt [...] Gesalbter des Herrn und auf keine Weise zu verletzen und anzutasten ist." Die Rolle der Liturgie bei der Königswahl

St. Bartholomäuskirche als Ort des Wahlzeremoniells deuten.[110] Vielleicht
verdankt der Ordo seine Entstehung dem Bestreben, die Wahl zum römisch-
deutschen König fester an Frankfurt zu binden.

Um das Recht für Frankfurt und damit innerhalb seines direkten Ein-
flussbereiches zu sichern, musste der Erzbischof von Mainz kämpfen. Dass
dieser Kampf zum Erfolg führte, lässt sich nach Ansicht Adam Michael Reit-
zels an mehreren Stellen in der Goldenen Bulle belegen. Einen Hauptbeleg für
den Einfluss des Mainzer Erzbischofs Gerlach von Nassau auf die Verhandlungen um die Goldene Bulle sieht Reitzel an den Stellen, die das Einladungs-
verfahren behandeln.[111] Einen Monat nach dem Ableben eines Kaisers musste die Wahl ausgeschrieben werden. Gerechnet wurde von dem Zeitpunkt, ab
dem in der Mainzer Diözese der Tod des Kaisers bekannt war. Reitzel sieht in
dieser – ganz auf Mainz zugeschnittenen – Anordnung einen Verhandlungs-
erfolg des Mainzer Erzbischofs Gerlach von Nassau.[112] Außerdem wurden
dem Mainzer Erzbischof das Recht, die Wahl zu leiten, und die entscheidende
letzte Stimme zuerkannt.[113] Zusammenfassend kann man sagen, dass dem
Mainzer Erzbischof in der Goldenen Bulle die größte Anzahl an verbrieften
Rechten zugestanden wird.[114] Die gezielte Institutionalisierung Frankfurts als
Wahlort muss als mainzische Machtpolitik gedeutet werden, die mit der Abfassung der Goldenen Bulle aber nicht abgeschlossen war.

Michael Lindner machte 2009 darauf aufmerksam, dass der Trierer Erzbischof Kuno II. von Falkenstein 1374 auf Rhens als Wahlort bestand, und verweist auf die Zusagen Karls IV.:

> Als Karl IV. am 11. November 1374 dem Trierer Erzbischof und Kurfürsten Kuno gegen-
> über zahlreiche Versprechungen machen musste, um dessen Stimme für Wenzel IV. (1361–
> 1419) zu gewinnen, war er gezwungen, gleich zweimal urkundlich zu widerrufen, dass die
> Wahl eines römischen Königs in Frankfurt am Main stattzufinden habe.[115]

und Kaiserkrönung in Frankfurt. In: *Brockhoff/Matthäus* (Hg.): Die Kaisermacher, 326–
337, hier 329.

[110] Über die unterschiedliche Bedeutung der Altarsetzung siehe *Bojcov*, Michail A.: Warum
pflegten deutsche Könige auf Altären zu sitzen? In: *Oexle*, Otto Gerhard/*Bojcov*, Michail
A. (Hg.): Bilder der Macht in Mittelalter und Neuzeit. Byzanz-Okzident-Russland. Göttingen 2007, 243–314, hier 294.

[111] Cap. 1 §15 und 16. Siehe *Reitzel*, Adam Michael: Das Mainzer Krönungsrecht und die
politische Problematik. Ein Beitrag zur deutschen Verfassungs- und Kirchengeschichte.
Mainz 1963, 18.

[112] *Ebenda.*

[113] *Hergemöller*, Bernd Ulrich: Die Entstehung der „Goldenen Bulle" zu Nürnberg und
Metz 1355 bis 1357. In: *Brockhoff/Matthäus* (Hg.): Die Kaisermacher, 26–39, hier 30.

[114] *Lenz:* Konsens und Dissens, 42.

[115] *Lindner*, Michael: Es war an der Zeit. Die Goldene Bulle in der politischen Praxis Kaiser
Karls IV. In: *Hohensee*, Ulrike/*Lawo*, Mathias (Hg.): Die Goldene Bulle. Politik – Wahrnehmung – Rezeption. Berlin 2009, 93–140, hier 111. Über den Aufsatz hinaus verdanke ich Herrn Dr. Lindner wichtige Literaturhinweise und Erklärungen zur Goldenen

Wenzel IV. wurde trotzdem 1376 in Frankfurt gewählt, den Wünschen Karls IV. entsprechend. Jedoch zeigt der Vorgang, dass Frankfurt in der zweiten Hälfte des 14. Jahrhunderts als Wahlort keinesfalls schon sicher war. Die Erhebung Wenzels IV. verweist darauf, dass „die Goldene Bulle kein prinzipiell unabänderliches Gesetz war".[116] Selbst Karl IV. war durchaus bereit, gegen die Anordnungen der Goldenen Bulle zu handeln. Und auch später wurde nicht immer wortgetreu nach den Anweisungen der Goldenen Bulle verfahren. Ruprecht III. von der Pfalz wurde am 26. Mai 1400 in Frankfurt nominiert[117] und in Rhens am 21. August 1400 von den vier rheinischen Kurfürsten gewählt.[118] Rogge befindet denn auch zu Recht: „Die Erhebung des Pfalzgrafen zum König entsprach in keiner Weise den Vorschriften der Goldenen Bulle."[119]

Das Erhebungsverfahren Sigismunds begann hinter der St. Bartholomäuskirche. Er wurde gleich zweimal in Frankfurt gewählt. Schon dieser Umstand war nicht in der Goldenen Bulle vorgesehen. Beide Wahlen wichen zudem stark von den Vorgaben der Goldenen Bulle ab. Um den Einfluss des Mainzer Erzbischofs auf das Wahlgeschehen zu verdeutlichen, lohnt es sich, die erste der beiden Abstimmungen genauer zu betrachten.

Durch den Tod Ruprechts von der Pfalz 1410 war der Thron des römisch-deutschen Königs aus kurfürstlicher Sicht wieder frei. Der abgesetzte Wenzel IV. von Luxemburg hatte sich nicht zur Verteidigung seiner Würde ins Reich begeben. Die Kurfürsten erkannten ihn zwar als böhmischen König an, aber seine Absetzung als römisch-deutscher König galt ihnen als rechtskräftig. Der Mainzer Erzbischof nahm sein Recht wahr und lud vor dem 1. Juni 1410 zur Wahl nach Frankfurt. Damit handelte er den Bestimmungen der Goldenen Bulle gemäß. Allerdings gab es 1410 Umstände, die in dem Gesetzeswerk Karls IV. nicht vorgesehen waren: den Verkauf eines Kurlandes, ohne die Kurstimme abzugeben. Sigismund von Luxemburg sicherte sich seine Stimme mit dem Argument, dass er eben nur das Land Brandenburg, aber nicht die Kurstimme Brandenburgs an Jost von Mähren veräußert habe. Dieser Sachverhalt stellte sich aus der Sicht des neuen Kurfürsten von Brandenburg natürlich anders dar. Für ihn war der Anspruch auf das Wahlrecht selbstverständlich mit der Landesherrschaft verbunden. Anders als in der Goldenen Bulle vorgesehen, in der die Unteilbarkeit der Kurstimme gefordert wurde, gab es 1410 somit zwei Brandenburger Kurstimmen.[120] Dieser An-

---

Bulle sowie der Situation am Mittelrhein. Seiner geduldigen großzügigen Hilfsbereitschaft sei an dieser Stelle herzlich gedankt.

[116] *Dürschner:* Der wacklige Thron, 96.

[117] *Rogge:* Die deutschen Könige im Mittelalter, 73 f.

[118] *Holtz,* Eberhard: Reichsstädte und Zentralgewalt unter König Wenzel. Warendorf 1993, 189.

[119] *Rogge:* Die deutschen Könige im Mittelalter, 75.

[120] *Leuschner,* Joachim: Zur Wahlpolitik im Jahre 1410. In: Deutsches Archiv für Erforschung des Mittelalters 11 (1955), 506–553, hier 511.

spruch Sigismunds auf die „verkaufte" Kurstimme war entscheidend, denn ohne diese Stimme hatte er nicht die geringsten Aussichten auf den Thron. Die geheimen Vorverhandlungen mit dem Mainzer Erzbischof, der mit seinem Kölner Kollegen Friedrich von Saarwerden nach Ungarn gereist war, waren zu keinem guten Abschluss gekommen. Ein Hauptgrund für das Scheitern stellte wahrscheinlich die unterschiedliche Obödienz dar.[121] Damit standen die beiden Stimmen von Mainz und Köln gegen Sigismund, denn sein Halbbruder Wenzel IV. unterstützte mit der Stimme Böhmens Jost von Mähren (1351–1411), der sich mit seiner eigenen Brandenburger Stimme selbst wählen würde.

Sigismund fand Unterstützung bei dem Pfälzer Kurfürsten Ludwig III. (1378–1436) und dem Trierer Erzbischof Werner III. von Falkenstein. Mit seiner eigenen weiterhin beanspruchten Stimme, der Stimme Brandenburgs, kam er auf drei Stimmen. Damit konnte sein Vetter, Jost von Mähren, die Mehrheit der Stimmen erhalten, zumindest für den Fall, dass alle Vertreter anwesend waren. Die Stimmen konnten nur gerechnet werden, wenn der Kurfürst selbst oder ein durch ihn eingesetzter Gesandter an der Wahl teilnahm und auch in die Stadt gelassen wurde. Die Erzbischöfe von Mainz und Köln hatten dem Nürnberger Gesandten als Vertreter Sigismunds erlaubt, in die Stadt Einzug zu halten. Leuschner weist darauf hin, dass durch den Einlass des Vertreters Sigismunds auch dessen Stimme, die umstrittene Kurstimme Brandenburgs, von dem Mainzer und Kölner Erzbischof anerkannt wurde. Er deutet dies als Zeichen dafür, dass die Verhandlungen zwischen Sigismund und den beiden Erzbischöfen nicht gänzlich gescheitert waren, eine Unterstützung Sigismunds durch die beiden Erzbischöfe somit immer noch möglich erschien.[122] Der Zeitfaktor spielte bei der Wahl von 1410 eine erhebliche Rolle. Während der Mainzer, der Kölner, der Trierer Erzbischof und der Pfalzgraf sowie der Gesandte Nürnbergs als Vertreter der Stimme Sigismunds sich rechtzeitig Anfang September 1410 in Frankfurt einfanden, verzögerte sich die Ankunft der Vertreter Böhmens und Brandenburgs.

Nach der Ankunft der Kurfürsten, so forderte es die Goldene Bulle, sollte die Messe zum Heiligen Geist gelesen werden und im Anschluss daran die Vereidigung der Wähler stattfinden. Am 1. September 1410 kam es jedoch nicht zu der das Erhebungsverfahren eröffnenden Messfeier.[123] Jost von Vener, der sich in Diensten des Trierer Erzbischofs befand, weiß zu berichten, wer an dieser Verzögerung des Wahlablaufs schuld war:

Und es lag nicht an unserem Herren [Trier und Pfalz], dass nicht am Anfang des Geschäftes eine Messe vom Heiligen Geiste in der Kirche des heiligen Bartholomäus gefeiert und der

---

121 *Rogge:* Die deutschen Könige im Mittelalter, 76.
122 *Leuschner:* Zur Wahlpolitik im Jahre 1410, 510.
123 *Schubert:* Königswahl und Königtum im spätmittelalterlichen Reich, 286.

übliche Eid geleistet wurde, sondern der Herr Mainzer, der für den Ort [Frankfurt] zuständige Ordinarius hatte, wie sich später herausstellte, angeordnet, dass es unterblieb.[124]

Ohne die böhmischen und brandenburgischen Gesandten konnte der vom Mainzer Erzbischof gewünschte Kandidat Jost von Mähren nicht durchgesetzt werden. Die anwesenden fünf Wähler hätten mehrheitlich zugunsten Sigismunds entschieden. Dem Mainzer Erzbischof war sehr daran gelegen, die Wahl bis zur Ankunft der Gesandten Brandenburgs und Böhmens hinauszuzögern, und er nutzte dafür seine Einwirkungsmöglichkeiten auf das Zeremoniell. Durch sein Handeln war der Ablauf der Wahlzeremonie gestört bzw. hatte er noch gar nicht begonnen. Als der pfälzische Kurfürst, der Trierer Erzbischof und als Vertreter Brandenburgs Friedrich von Nürnberg am 20. September 1410 auch ohne die Eröffnungszeremonie zur Wahl schreiten wollten, um Sigismund von Luxemburg zu wählen, standen sie vor verschlossenen Türen. Anschaulich wird diese Szene in einem Briefentwurf der pfälzischen Kanzlei beschrieben:

[…] und also in der nachte hieß der bischof von Mentze alle kirchen zusließen. Und an dem andern tage zu sieben horen gingen min herre von Triere und min herre herzog Ludwig und mit in min herre burggraf Friderich von des kunigs von Ungarn als eins markgraven zu Brandembург wegen zu sant Bartholomeus und weren gerne in die kirchen gewest. Und schickten zu dem dechan, zu dem küster und zu dem pferrer. Da hatte der bischof von Mentze verboten, das man sie nit uf sollte sließen.[125]

Die versammelten Unterstützer Sigismunds ließen sich dadurch aber nicht von der Wahl abhalten. Sie versammelten sich hinter der Bartholomäuskirche, auf dem Kirchhof. Da ein Teil der regulären Wahl wirklich auf dem Kirchhof stattzufinden hatte, befanden sie sich nicht ganz am falschen Ort.[126] Jedoch wurde sicherlich keine Messe gefeiert. Auf jeden Fall musste die Altarsetzung unterbleiben. Dieser Brauch geht wahrscheinlich auf Heinrich VII. zurück, für den er zum ersten Mal 1308 bezeugt ist.[127] Schneider deutet diesen Teil der Zeremonie als unumstößliche Bestätigung der Wahl: „Wenn der electus nicht vom Altar fiel, floh oder sonst wie geschädigt wurde, galt der Rechtsakt der vorangehenden Wahl als definitiv."[128] Der Wahl Sigismunds fehlte somit ein wichtiger zeremonieller Abschluss.

Der Mainzer Erzbischof lud nicht nur zur Wahl ein, er fungierte auch als Leiter der Wahl. Seine Teilnahme an der Zeremonie ist bedeutsam. Er fragte der Reihe nach die Stimmen ab und gab als Letzter sein Votum. Bei einer Uneinigkeit der Kurfürsten, deren Gremium nach den Statuten der Goldenen Bulle auf sieben Wähler festgelegt war, wurde die Mainzer Stimme die ent-

---

124 Siehe *Heimpel,* Hermann: Die Vener von Gmünd und Straßburg (1162–1447). Göttingen 1982, 671.
125 *Leuschner:* Zur Wahlpolitik im Jahre 1410, 550.
126 *Schubert:* Königswahl und Königtum im spätmittelalterlichen Reich, 266.
127 *Schneider:* Bischöfliche Thron- und Altarsetzungen, 10.
128 *Ebenda,* 15.

scheidende. Johann II. von Nassau konnte die Versammlung der Anhänger Sigismunds nicht verhindern, aber er sorgte dafür, dass sich deren Treffen stark von einer regulären Wahlzeremonie unterschied und untergrub damit die Legitimität der Wahlentscheidung. Nach dem Eintreffen der Gesandten Böhmens und Brandenburgs ließ Johann von Mainz eine Wahlfeier in der St. Bartholomäuskirche stattfinden. Um deren Beteiligung willen hatte Johann II. die Heilig-Geist-Messe am 1. September 1410 nicht lesen lassen. Am 1. Oktober 1410 wurde der Verzicht Wenzels IV. auf das Reich von der Kanzel der Bartholomäuskirche verkündet und im Anschluss daran Jost von Mähren zum römischen König gewählt. Er vereinigte die Stimmen von Köln, Mainz und Böhmen sowie die umstrittene Stimme Brandenburgs auf sich. Um sechs Uhr nachmittags gab man bekannt, dass die Vollmacht für den Gesandten Sachsens eingetroffen sei. Seine Stimme wurde, entgegen den Anordnungen der Goldenen Bulle, nachträglich den anderen zugezählt.[129] Wahrscheinlich geschah dies, um für den Fall der Aberkennung der Brandenburger Stimme immer noch über eine Stimmenmehrheit zu verfügen. Der Ablauf der Wahlzeremonie konnte ungehindert stattfinden. Die Strategie des Mainzer Erzbischofs war aufgegangen: Sigismunds erste Wahl blieb folgenlos.[130] Nach dem baldigen Tod Josts von Mähren waren der Trierer und der pfälzische Kurfürst davon überzeugt, dass keine Neuwahl nötig sei, da ihre Wahl Sigismunds gültig bleibe. Der Mainzer Erzbischof setzte eine Neuwahl in Frankfurt durch, bei der allerdings die Gesandten des Trierer und des pfälzischen Kurfürsten nicht an der ganzen Zeremonie teilnahmen.[131]

Weder für die Krönungen noch für die Wahlzeremonie gab es in der Zeit nach dem Erlass der Goldenen Bulle gänzlich verbindliche Orte. Karl IV. zeigte sich bereit, dem Trierer Erzbischof Rhens als Wahlort zu garantieren. König Ruprecht bestätigte dem Kölner Erzbischof das Recht, innerhalb seiner Diözese zu krönen und zwar, ohne dabei auf Aachen Rücksicht zu nehmen. Wie die Goldene Bulle lässt auch die spätmittelalterliche Krönungsordnung eine Verlegung des Ortes ausdrücklich zu.[132] Der Mainzer Erzbischof sah offenbar bei diesen noch ungefestigten Zuständigkeiten die Möglichkeit, die Feier der Krönung wieder nach Mainz zu bringen. Die politische Situation erschien für diesen Plan außergewöhnlich günstig. Wenzel IV. von Luxemburg wurde von seiner eigenen Familie nicht unterstützt. Bis zur Abdankung nach der Wahl Josts von Mähren war die Autorität des römisch-deutschen Königs durch die Doppelwahl geschwächt, und auch nach der Wahl und dem Verzicht Wenzels IV. beanspruchte Sigismund gegen Jost den Thron. Auf der anderen Seite bot das Papstschisma einem machtbewussten Politiker die

---

129 *Begert*, Alexander: Die Entstehung und Entwicklung des Kurkollegs. Von den Anfängen bis zum frühen 15. Jahrhundert. Berlin 2010, 192.

130 *Wefers*, Sabine: Das politische System Kaiser Sigmunds. Stuttgart 1989, 25.

131 *Rogge*: Die deutschen Könige im Mittelalter, 78.

132 *Büttner*: Der Weg zur Krone, 390.

Chance, die eigenen Entscheidungen durch eine päpstliche Bestätigung zu legitimieren.

Eine Grundvoraussetzung, um die Krönung in Mainz durchführen zu können, war die Einrichtung eines würdigen Platzes für die Zeremonie, der gleichzeitig auch den Anspruch des Erzbischofs verdeutlichte. Das Grab eines Heiligen in der Kirche, über dem sich ein den Heiligen Drei Königen geweihter Altar befand, bot einen würdigen Ort für künftige Krönungsfeiern in der Mainzer Kathedrale. Die Mainzer Kirche konnte für sich in Anspruch nehmen, nach Aachen, der zweitwichtigste Krönungsort im Heiligen Römischen Reich zu sein. Das alte Mainzer Krönungsrecht leitete sich ab von der möglichen Beteiligung von Bonifatius bei der Salbung Pippins.[133] Es war über die Jahrhunderte nie vergessen worden, und der Streit um die Krönungen zog sich bis in die frühe Neuzeit hinein. Auf ihren Grabsteinen hatten Siegfried III. von Eppstein und Peter von Aspelt diesem Anspruch auf das Krönungsrecht deutlichen Ausdruck verliehen.

Wegen der Begrenzung des Kölner Krönungsrechts auf die Diözese war schon für Willigis die Etablierung eines Ortes außerhalb der Kölner Provinz wichtig. Wie für Willigis von Mainz spielte auch für Johann II. von Nassau Rom als Vorbild eine Rolle. Die Darstellung der Gregorsmesse in der Krümme seines Stabes stellte in dieser frühen Phase möglicherweise einen Bezug zu Rom her. Dem Papst stand es zu, den Kaiser zu krönen. Der Rombezug erscheint seit den Tagen des Bonifatius als fest verbunden mit der Mainzer Tradition. Wenn die oben gemachten Beobachtungen erhärtet werden können, wird der Titularheilige der Mainzer Kirche, der heilige Martin, möglicherweise mit Verweischarakter am Grabstein Johanns II. aufgenommen, gefolgt von dem heiligen Erzbischof Bardo, der das Gewand und das Gesicht des Johann von Nassau bekommen hat. Dem schließt sich der Heilige Bonifatius an. Doch die Verbindung zu ihm ist darüber hinaus auch durch die Geste Johanns II. von Nassau gegeben. Die schützende Abwehrhaltung ist ein wichtiger Teil der Bonifatiuserzählung und wird bereits im 9. Jahrhundert bildlich umgesetzt. Die Handhaltung, mit der er das Evangeliar hält, entspricht der Mainzer Denkmalstradition. Die Bezugnahme auf Bonifatius ist das stärkste Moment am Grabstein des Mainzer Erzbischofs. In dessen Nachfolge stehend, setzt er den Bischofsstab nach vorne, vielleicht das Goldene Mainzer Evangeliar in seinen Arm nehmend, um festlich gekleidet die Krönungszeremonie am Altar des Martinschörleins zu leiten.

---

133 Bonifatius wird zuerst in den Reichsannalen als salbender Bischof bei der Krönung Pippins erwähnt: „Pippinus secundum morem Francorum electus est ad regem et unctus per manum sanctae memoriae Bonefacii archiepiscopi et elevatus a Francis in regno in Suessionis civitate." *Rau*, Reinhold (Hg.): Quellen zur karolingischen Reichsgeschichte. Bd. 1: Die Reichsannalen. Unveränderter Nachdruck Darmstadt 1987, 14 und 11. Ob Bonifatius Pippin wirklich gesalbt habe, hält Matthias Becher, aufgrund der Quellenlage, für eine unentscheidbare Frage. *Becher*, Matthias: Merowinger und Karolinger. Darmstadt 2009, 67.

Uwe Tresp

ZUSAMMENFASSUNG

Soziale Bindungen und gesellschaftliche Strukturen im späten Mittelalter sind ein sehr breites, aber ebenso ein sehr lohnendes Feld für international vergleichende, interdisziplinäre Forschungen. Im Rahmen der Düsseldorfer Nachwuchstagung im September 2011, aus deren Beiträgen dieser Band hervorgegangen ist, konnte diese Thematik selbstverständlich nicht in ihrer gesamten Breite und Vielfalt in Angriff genommen werden. Daher konzentrierten sich alle Beiträge, der Programmatik folgend, auf den mitteleuropäischen Raum der böhmischen, österreichischen und deutschen Länder einerseits und andererseits auf die sozialen Bindungen zwischen Herrscher, Hof und Adel in ausgewählten Aspekten. Ziel war der wissenschaftliche Austausch und die Diskussion unterschiedlicher methodischer Zugriffe auf ein gemeinsames Forschungsgebiet.

Den thematischen Aufsätzen dieses Bandes ist ein kleiner wissenschaftsgeschichtlicher Block zur „Standortbestimmung" vorangestellt, der deutlich macht, dass die Erforschung der mittelalterlichen Geschichte und Kunstgeschichte Böhmens in den vergangenen 200 Jahren stets auch vor dem Hintergrund unterschiedlicher nationaler Geschichtsdeutungen erfolgte. Ohne genaue Kenntnis darüber, wo sich einzelne Historiker und Kunsthistoriker im politischen und methodischen Diskurs einordneten und worauf sie rekurrierten, ist ihr jeweiliges Werk und dessen Wirkung nicht in Gänze zu verstehen. Dieser Blick auf die bisweilen schwierige Vergangenheit der historischen Wissenschaften in und über Böhmen macht heute gerade dort, wo nationale Deutungshoheit über Generationen hinweg forschungsleitend und zugleich ergebnisprägend war, besonders deutlich, wie notwendig der internationale wissenschaftliche Austausch für eine adäquate Behandlung der europäischen Geschichte des Mittelalters ist. Dem möchte auch die Reihe der deutsch-tschechischen Austauschtagungen mit ihren bisherigen Veranstaltungen in München (2007), Prag (2009) und Düsseldorf (2011) sowie den daraus hervorgegangenen Tagungsbänden, einschließlich des hier vorliegenden Bandes, Rechnung tragen.

Kenntnisreich öffnet *František Šmahel* einen wertvollen Blick in die jüngeren tschechischen Forschungen und Diskussionen über die deutsche Geschichtswissenschaft in Böhmen vor 1918, speziell die für die Identitätsbildung von Tschechen und Deutschböhmen als besonders wichtig erachtete Mediävistik, die bisher außerhalb des Landes aus sprachlichen Gründen nur eingeschränkt wahrgenommen werden konnte. Deutlich wird dabei, dass 1918 bzw. 1945 mit der deutschsprachigen Forschung in der Tschechoslowakei auch eine lange Forschungstradition endete. Die deutsche böhmische Mediävistik hat im 19. und frühen 20 Jahrhundert eine Reihe bemerkenswerter Köpfe hervorgebracht, die ihr wissenschaftliches und politisches Profil mal mehr, mal weniger in der Auseinandersetzung mit den führenden Vertretern der tschechischen Mediävistik um die Deutung der böhmischen Geschichte schärften. Fatal wirkte in diesem Zusammenhang auch die Teilung der Prager Universität 1881/82, weil sie die Spaltung der Geschichtswissenschaft de facto institutionalisierte und dazu führte, dass ein fruchtbarer wissenschaftlicher Dialog zunehmend durch Konkurrenzdenken behindert wurde. An den prominenten Beispielen der Kontroversen um die gefälschten „Grünberger Handschriften", um die historische Bedeutung von Jan Hus oder die „Nationalität" Karls IV. zwischen tschechischen und deutschen Historikern werden die politisch verfestigten nationalen Standpunkte besonderes gut sichtbar. In gleicher Weise macht auch der Beitrag von *Jiří Kuthan* über die kunstgeschichtliche Forschung zu Böhmen im 19. und 20. Jahrhundert einmal mehr deutlich, welches Potential in einer Internationalisierung gerade der böhmischen (Kunst-)Geschichtsforschung liegt und wie entscheidend unterschiedliche methodische Ansätze lange Zeit die Sicht der tschechischen und deutschen Forscher auf die gemeinsame Geschichte bestimmten. Eine Positionsbestimmung und Einordnung des eigenen methodischen Zugriffs ist mit Blick auf die bewegten Auseinandersetzungen der Vergangenheit nicht nur erhellend, sondern eigentlich unverzichtbar.

Im Hauptteil des Bandes werden dann die sozialen Beziehungen, hauptsächlich zwischen Herrscher, Hof und Adel, aus verschiedenen Perspektiven betrachtet, wobei die Beiträge den thematischen Schwerpunkten Religion, Dienstbeziehungen und Herrschaftsrepräsentation zugeordnet sind. Die ersten beiden Aufsätze behandeln die herrschaftliche Heilsökonomie und ihre Auswirkungen auf die angestrebte Bindung möglichst weiter und einflussreicher Personenkreise an den Fürsten. Am Beispiel der spätmittelalterlichen Herzöge von Österreich zeigt *Lukas Wolfinger*, in welchem Maße diese kirchliche Ablässe zugunsten ihrer Herrschaft einsetzen konnten und welche Gestaltungs- und Bindungsmöglichkeiten sich daraus für die Herzöge sowie die Dynastie der Habsburger insgesamt ergaben. Herrschaftsrepräsentation und dynastische Memoria wurden dadurch ebenso unterstützt, wie ganz konkrete Beziehungen zwischen dem Fürsten und ihm nahe stehenden Getreuen gefestigt und mit Heilsversprechen belohnt werden konnten.

Martin Bauch untersucht die Praxis der Reliquienschenkungen Kaiser Karls IV. an seine Getreuen im Reich und in Böhmen. Diese Schenkungen sind im Vergleich zur bekannten Reliquiensammlung des Kaisers weitaus weniger bekannt und quellenmäßig auch nur selten greifbar. Der Kaiser hielt seine Schätze offenbar zusammen. Dennoch lassen schon die wenigen belegten Fälle erkennen, dass Karl IV. die Reliquienschenkungen gezielt für die

Verbesserung und Stabilisierung seiner Beziehungen einsetzte. Allerdings lässt die Formelhaftigkeit der begleitenden Urkunden nur selten den eigentlichen Zweck der Schenkungen erkennen. Gelegentlich präzisierte Karl IV. die mit der Schenkung gestifteten sozialen Bindungen, indem er ausdrückliche Vorsorge für die spätere Verwendung und Präsentation der Reliquien durch die Empfänger traf. Für die Beschenkten wiederum bedeuteten die Reliquien aus der Hand des Kaisers einen erheblichen Prestigegewinn. Der Fall der Rosenberger, die sich um 1400 offenbar eine Reliquienschenkung des Kaisers ‚fälschten', um den seit den späten 1350er Jahren in Krumau existierenden Kult um den gewandelten Leib Christi zu autorisieren, ist dafür ein eindrucksvolles Beispiel.

Die Rolle machtpolitischer und sozialer Bindungen im Verhältnis von König und Klerus in Böhmen zur Zeit der luxemburgischen Herrschaft behandelt *Eva Doležalová* ausgehend von den Verhältnissen zunächst um 1200, als der Prager Bischof zugleich auch Kaplan des Herzogs, dann Königs von Böhmen war. Im weiteren Verlauf des 13. Jahrhunderts gelang dem Bischof jedoch die allmähliche Emanzipation vom Königshof, trotz räumlicher Nähe der Herrschaftssitze auf der Prager Burg. Ein wichtiger Weg der Einflussnahme war die Vergabe der Pfründen durch den Herrscher, wobei insbesondere Karl IV. seine Personalvorschläge durch seine guten Beziehungen zum Avignonesischen Papsttum durchsetzen konnte. Auf diesem Wege vermochte er eine treue Anhängerschaft innerhalb des Klerus zu etablieren. Karls Sohn und Nachfolger Wenzel IV. versuchte zwar, die Kirchenpolitik des Vaters fortzusetzen, doch erschwerte vor allem das Große Abendländische Schisma seine Bemühungen. Aber auch das gewachsene Selbstbewusstsein des gut ausgebildeten einheimischen Klerus bereitete Wenzel zunehmend Probleme, die zum Beispiel im Streit mit dem Prager Erzbischof Johannes von Jenstein gipfelten.

Mit dem Beitrag von *Patrick Fiska* geraten erneut die Habsburger in den Fokus, und zwar im Hinblick auf das Verhältnis von Landesfürst, Klöstern und Adel in der Herrschaftszeit Herzog Rudolfs IV. von Österreich (1358–1365). Ein entscheidendes Kriterium für geistliche Stiftungen war selbstverständlich die ökonomische Situation der Stifter, wobei der Landesherr erhebliche Vorteile gegenüber den einzelnen adeligen Familien besaß und daher wesentlich häufiger mit Klostergründungen oder großen Stiftungen hervortreten konnte. Auffallend ist dabei aber auch das Bemühen des Herzogs, sich als Fundator und/oder erster Stifter einzelner Klöster zu präsentieren – selbst dann, wenn dies nachweislich den historischen Tatsachen widersprach. Demgegenüber konnten sich nur wenige Adelsfamilien ähnlich prägend engagieren, etwa die Herren von Wallsee mit ihren Klosterstiftungen in Säusenstein und Schlierbach. Die Haltung der Klöster gegenüber den Stiftern wird nicht zuletzt aus den Nekrologien erkennbar, die eine auffällige Tendenz zur Egalisierung aufweisen. Die Autorität des Landesherrn, Stifters und frommen

Fürsten konnte Rudolf IV. insbesondere bei den Besuchen seiner Klöster inszenieren.

Der folgende Themenblock nimmt die Dienstbeziehungen zwischen den Fürsten und – hauptsächlich – dem Adel durch Hof-, Amts- oder Lehnsbindung in den Blick, die für die mittelalterliche Gesellschaft von fundamentaler Bedeutung waren. *Dana Dvořáčková* behandelt die sozialen Strukturen des böhmischen Königshofes an der Wende vom 13. zum 14. Jahrhundert, insbesondere anhand der an den Hof gebundenen Amtsträger, Kleriker und Juristen sowie der spezifischen Ausprägungen der höfischen Kultur in Böhmen. Obwohl wir über den Hof der Přemysliden durch vereinzelte Nachrichten aus Urkunden oder Chroniken nur unzureichend informiert sind, kann die Ausdifferenzierung der Hofämter im 13. und die Trennung in Hof- und Landesämter am Beginn des 14. Jahrhunderts deutlich nachvollzogen werden, wobei der Herrschaftsantritt der Luxemburger in Böhmen einen wichtigen Einschnitt markierte. Zugleich nahm in der zweiten Hälfte des 13. Jahrhunderts die Zahl der Geistlichen und Juristen am Hof kontinuierlich zu, insbesondere in der königlichen Kanzlei, aber auch in beratender Funktion mit unmittelbarem Herrscherzugang. Einen Aufschwung der böhmischen Hofkultur mit deutlichen westlichen Einflüssen brachte die Herrschaftszeit König Wenzels II. (1283–1305). Einer Blüte der deutschsprachigen Literatur folgten im weiteren Verlauf des 14. Jahrhunderts vor allem tschechische Werke höfischer Literatur in Böhmen.

Das Lehnswesen, das sich während des Mittelalters im westlichen Europa zum dominierenden Instrument der Beziehungen zwischen Herrscher und Adel entwickelt hatte, trat in den Ländern der Böhmischen Krone erst mit erheblicher Verspätung und funktionaler Differenzierung auf. Eine wichtige Rolle spielte auch hierbei der Herrschaftsantritt der Luxemburger. *Zdeněk Žalud* untersucht in seinem Beitrag über die königlichen Lehnsträger am böhmischen Hof Johanns des Blinden und Karls IV. die Einführung des Lehnswesens in Böhmen und dessen Hintergründe, die vor allem im schwachen Rückhalt des „fremden Königs" Johann im böhmischen Adel zu suchen sind. Als Reaktion auf die machtvolle Adelsopposition begann Johann der Blinde ab ca. 1319 mit der Errichtung königlicher Lehnsburgen, um deren Besitzer umso enger an das Königtum zu binden. Der weitere Ausbau königlicher Lehen in Böhmen entwickelte sich dann sowohl aus der – teils erzwungenen – Auftragung von Allodialgütern, die den Adeligen vom König als Lehen zurückgegeben wurden, als auch durch die Lehnsvergabe königlicher Besitzungen an königsnahe Getreue, die oft aus den Nachbarländern Böhmens stammten. Diese Vergabe königlicher Güter an landfremde Adelige zu Lehen wurde durch die böhmischen Chronisten später scharf gerügt, während die Auftragung von Allod an den König vermutlich oftmals das Ergebnis von Konflikten und gewaltsamen Auseinandersetzungen war. Aus diesen Gründen empfand der böhmische Adel das Lehnswesen trotz dessen allmählicher Ausweitung auch weiterhin als „fremd". Andererseits lassen sich erste

Ansätze dazu bereits vor der Luxemburgerherrschaft in Böhmen verfolgen. Schon die Přemyslidenkönige erkannten die Möglichkeiten der Lehnsbindung und bedienten sich ihrer seit der Mitte des 13. Jahrhunderts als wichtiges Instrument ihres Herrschaftsausbaus, vor allem in den Nachbarländern Böhmens.

Erzwungene Lehnsauftragung als Möglichkeit der verstärkten Einbindung des Adels in die fürstliche Herrschaft wurde jedoch nicht nur von den böhmischen Königen praktiziert. Dies verdeutlicht *Julia Eulenstein* mit ihrer Studie zur Bedeutung von Fehden für die Intensivierung der Landesherrschaft der Erzbischöfe von Trier. Und auch in diesem Fall ist es mit Balduin von Trier ein bedeutender Repräsentant des Hauses Luxemburg, der durch sein Handeln markant hervortritt und möglicherweise modellhaft wirkte. Mehr als die Fehdeführung selbst bewährte sich die Fehdesühne als wirksames Instrument des erzbischöflichen Herrschaftsausbaus, da sie in der Regel eine engere Einbindung von Adeligen und Städten in die erzbischöfliche Herrschaft zur Folge hatte. Auf vergleichbare Weise intensivierten gleichzeitig in Böhmen König Johann der Blinde und – noch deutlicher dann – Karl IV. ihre sozialen Beziehungen zum Adel.

Ihren zum Teil bis heute sichtbaren Ausdruck fanden soziale Bindungen vor allem im weiten Rahmen dessen, was sich dem Bereich der Herrschaftsrepräsentation zuordnen lässt. Am deutlichsten wurden Abhängigkeiten und Loyalitäten dort, wo von konkreter Nachahmung der herrscherlichen Vorbilder die Rede sein kann. Dies zeigt der Beitrag von *Robert Šimůnek* am Beispiel adeliger Repräsentation in Böhmen, die den königlich-böhmischen Hof als Vorbild zu kopieren suchte, etwa in der Nachahmung der höfischen Ämterstruktur, der Herrschersiegel oder der repräsentativen Architektur. Während die Vorbildhaftigkeit des Hofes Karls IV. für die ihm nahestehenden Fürsten (Wettiner, Askanier, schlesische Piasten) gut nachvollziehbar ist, lassen sich von Seiten des böhmischen Adels nur wenige Fälle eindeutiger Bezugnahme belegen. Bekannt sind in dieser Hinsicht die Ausgestaltung der Burgkapelle der Herren von Riesenburg in Petschau durch Prager Hofkünstler und die Ausstattung der Residenzstadt Krumau durch die Herren von Rosenberg als symbolische Parallele zur Prager Residenz der Luxemburger. Die daran anknüpfende Frage nach einem Modell einer königlichen Burg, das zum Vorbild adeliger Bauten werden konnte, kann anhand verschiedener Beispiele der Rezeption königlicher Architektur durch zumeist hofnahe Adelige (in Říčan, Rothschloß, Hrádek/Kuttenberg, Jenstein) immerhin akzentuiert werden.

Wie unterschiedlich das Urteil über einen königlichen Hof in der zeitgenössischen Chronistik und höfischen Literatur ausfallen konnte, zeigt der Beitrag von *Johannes Abdullahi* am Beispiel des Hofes König Johanns des Blinden von Böhmen (1310–1346). Sein Ausgangspunkt ist das bekannte negative Bild König Johanns als „Verschwender“, das die böhmische Chronistik, vor allem Geistliche wie Peter von Zittau, aber auch der unbekannte Fort-

setzer der „Vita Caroli", historisch nachhaltig etabliert haben. Die Kritik richtete sich in erster Linie gegen die Freigebigkeit des Königs gegenüber seinen
fremden Räten und Günstlingen. Im Gegensatz dazu hoben gerade solche
„Fremden", wie die französischen Hofdichter Guillaume de Machaut und
sein Schüler Jean Froissart, die Freigebigkeit und Großzügigkeit Johanns hervor. Aus der Perspektive des höfischen Rittertums war die Johann nachge-
sagte Großzügigkeit eine Tugend, für die ihm Preis und Dank gebührte. Der
Interpretation der Hofdichter nach handelte der König also richtig und vor-
bildlich, weil er sich auf diese Weise der Treue und Hilfe seiner Gefolgsleute
versichern konnte. Somit werden zwei gegensätzliche Deutungsmuster erkennbar: einer geistlich fundierten Kritik, die die hohen Kosten der königlichen Hofführung für Repräsentation, Höflinge, Kriegszüge oder Turniere als
Verschwendung geißelt, steht das Lob tugendhafter Freigebigkeit und ange-
messener Prachtentfaltung Johanns des Blinden gegenüber, der allein nach
Ehre, nicht aber nach persönlichem Reichtum strebte. Allerdings hatten gerade die Hofdichter in ihrem Lob für den freigebigen König ganz sicher nicht
nur das höfische Ideal, sondern – ganz konkret – auch ihren eigenen Nutzen
im Sinn.

Das böhmische Königtum präsentierte sich in den Kronländern hauptsächlich durch heraldische Zeichensetzung an Herrschaftsbauten und in sakralen Räumen, aber gelegentlich auch durch die zielgerichtete Förderung
böhmischer Heiligenkulte, mit denen der soziale Bezug zur Krone untermau-
ert werden sollte. Dazu untersucht *Romana Petráková* in ihrem Beitrag über
die Verbindung von Herrscherrepräsentation und Sakralarchitektur in Breslau in der Zeit der luxemburgischen böhmischen Könige Johann und Karl IV.
deren Einflüsse auf Kult und heraldische Zeichensetzung im sakralen Raum.
Insbesondere Karl IV. förderte den Export der Verehrung der böhmischen
Landespatrone Wenzel und Sigismund in den Kronländern, was sich in den
Kirchen der schlesischen Metropole etwa durch die Einführung entsprechender Patrozinien äußerte, die heute zum Teil noch durch erhaltene Bildwerke
dieser Heiligen belegt sind. Noch deutlicher spürbar aber wurde der Einfluss
der böhmischen Könige durch die Anbringung ihrer Herrschaftswappen,
eventuell auch von Herrscherbildnissen, an besonders markanten Stellen
von Kirchenbauten wie der Hl.-Kreuz-Kirche, womit sie den sakralen Raum
symbolisch dominierten. Die deutlichsten Bezüge zur Herrschaftssymbolik
Karls IV. weist die 1353 von ihm gegründete Augustiner-Eremiten-Kirche zu
St. Dorothea auf, die ein reiches heraldisches Programm zeigt. Sie war laut
Gründungsurkunde neben der heiligen Dorothea auch dem heiligen Wenzel
geweiht. Später kam die besondere Förderung des St.-Sigismund-Kultes
durch eine königliche Altarstiftung, eventuell mit einer Reliquienschenkung
verbunden, hinzu.

Der Frage, inwieweit sich politische Ambitionen in der Bautätigkeit des
Mainzer Erzbischofs Johann II. von Nassau widerspiegelten, geht *Helge Kuppe* abschließend nach. Insbesondere die aufwendigen Um- und Ausbauten an

der Kathedrale in Mainz und der Stiftskirche St. Bartholomäus in Frankfurt am Main könnten demnach als Ausdruck der erzbischöflich-mainzischen Ansprüche auf eine Wiedererlangung des Rechtes zur Krönung der deutschen Könige gewertet werden. Historisch berief sich Johann II. dabei auf den heiligen Bonifatius als ersten Mainzer Bischof. Politisch versuchte er zugleich, die Schwäche von Königtum und Kirche durch Thronwirren und Schisma auszunutzen. Dies zeigte sich unter anderem im politisch-symbolischen Handeln Johanns II., etwa bei der Wahl und Krönung König Sigismunds 1414, als der Mainzer Erzbischof seine gewachsene Macht demonstrieren konnte.

ORTSREGISTER (MIT KONKORDANZ)

Aachen 69, 86 f., 95, 97-101, 303-307, 317, 319 f., 323, 332 f.

Aarau 49, 75

Aggsbach 138, 145, 156, 158, 162

Alexandria 121

Altbunzlau → Stará Boleslav 103

Alt-Duba → Stará Dubá 242

Altenburg → Staré Hrady 161, 244

Altkirch 58, 61, 69

Altseeberg 204

Ansbach 92

Aquileia 49, 53, 94, 104, 106

Asperhofen siehe Espeshofen

Augsburg 34

Aunětitz → Unětice 171

Auscha → Úštěk 189, 205

Aussig → Ústí nad Labem 204 f.,

Avignon 49 f., 87, 89, 94, 102, 116-118, 120, 187, 200, 267, 337

Baindt 141

Bamberg 10, 119, 172

Basel 49, 55, 73 f.

Baumgartenberg 143, 145, 148, 163

Bautzen 285

Bechin → Bechyně 248

Beerenberg 132, 134

Berlin 15, 17 f., 28 f., 33 f., 262

Bilin → Bílina 204, 240

Blatna → Blatná 246

Bösig → Bezděz 179

Bonn 31, 303, 307

Boppard 208, 214, 224-227

Boschiletz → Bošilec 105, 107

Bozen 150, 156

Brandenburg 79 f., 192, 201, 262, 329-331

Braubach 304

Breslau → Wrocław 29, 36, 109, 201, 281-287, 294-302

Brixen 48 f., 152

Brügge 275 f.

Brünn → Brno 16, 102

Brüx → Most 16

Bubna → Bubny 171

Čáslau → Čáslav 171

Chržin → Chržín 171

Chur 73 f.

Cilli 136

Cornstein 204

Czernowitz 17

Danzig 103

Darmstadt 34

Dehnicz → Dehnice (heute Dejvice) 171

Deutschbrod → Německý Brod 198

Dohna → Donín 204 f.

Dortmund 80

Düsseldorf 2, 335

Dux → Duchcov 204

Eger → Cheb 34, 178, 204

Egerberg → Egenberk 244

Eichstätt 85, 87 f., 92, 109-110

Eilenburg 202

Elbogen → Loket 179, 201, 204

Engelberg 49, 73, 74, 152, 157

Engelhartszell 133, 148, 152, 157

Enger 99

Erlangen 16
Espeshofen 139
Esslingen 73

Falkenau → Sokolov 204
Formbach 148, 152
Frankfurt am Main 294, 306, 328, 341
Frauenberg → Hluboká 179, 195
Freiberg → Příbor 18
Freising 136
Freudenberg 189, 205
Friedland → Frýdlant 189, 205
Frisches Haff, Brandenburg (heute Uschakowo) 79
Fünfhunden → Pětipsy 204
Fürstenbruck → Kněžmost 171
Fürstenfeld 134, 152
Fürstenzell 148
Fulda 87
Fulnek 21

Glatz 179, 282
Görlitz 239
Görz 136
Göttingen 13, 16, 28, 321
Göttweig 152, 155, 157, 161
Goldenkron 254
Goltschjenikau → Golčův Jeníkov 232
Graupen → Krupka 200, 202, 204
Gratzen → Nové Hrady 189, 193 f., 196
Graz 18, 54, 135-139, 142, 153, 158, 159, 162
Großskal → Hrubá Skála 32
Grünberg → Zelená Hora 19 f.
Gumpendorf 143-145, 163
Gurk 48 f., 73, 75, 135 f.

Halle 34, 56
Hamerstein 205
Hassenstein → Hasištejn 187, 205
Hauenstein → Hauenštejn 190, 204 f.
Heidelberg 17

Heilsbronn 325 f.
Herrieden 85, 92, 108, 110
Hertenberg → Hertemberk 87, 201, 205
Hochchlumetz → Vysoký Chlumec 244
Hohenstein 187, 205
Hostau → Hostouň 171
Hoyerswerda 202

Iglau → Jihlava 15

Janowitz → Janovice 184, 186, 189, 199, 205
Jenstein → Jenštejn 339
Jerusalem 239, 319
Judenburg 134, 152
Jung-Bunzlau → Mladá Boleslav 171

Kaaden → Kadaň 239
Kamaik → Kamýk 179, 204
Karlstein → Karlštejn 81, 100, 109 f., 251, 296
Katharein → Kateřinky 250
Kbelnitz → Kbelnice 169
Kladrau → Kladruby 120, 168
Kleinmariazell 132, 152, 157
Klingenberg → Zvíkov 170, 186
Klosterneuburg 49 f., 52, 58 f., 71 f., 131, 153
Koblenz 225 f., 303, 307
Köln 38, 69, 91, 98 f., 256, 303-305, 316, 330, 332 f.
Königinhof → Dvůr Králové 19
Königsaal → Zbraslav 172
Königsberg 29, 80
Königsfelden 58, 60-62, 74, 154
Königstein 202
Königswart → Kynžvart 187, 205, 244
Kolditz 177, 182, 185, 189, 194, 199-203
Komotau → Chomutov 248 f.
Konstantinopel 109
Konstanz 50, 73 f., 152
Kost 244

Kosteletz an der Sazawa → Kostelec nad
  Sázavou 191
Kozarowitz → Kozárovice 171
Krakau → Kraków 290 f.
Krakow → Krakov 244
Kranichberg 136
Krems 50
Krumau → Český Krumlov 107, 253-
  255, 337, 339
Kunstadt → Kunštát 243
Kuromrtvice 171
Kuttenberg → Kutná Hora 245, 277,
  285, 339

Lambach 132 f., 138, 140, 155 f.,
Lana → Lány 35
Landskrone 205
Landstein → Landštejn 194, 196, 198,
  204
Lavant 129, 133, 136
Leipa 170, 179, 185, 191, 193
Leipzig 31, 199
Leitmeritz → Litoměřice 85, 103, 108,
  109, 166, 204
Lellowa → Lelov 169
Letin → Letiny 169
Lichtenburg → Lichnice 179, 236 f., 242
Lilienfeld 133, 155
Limburg 208, 223, 227
Lipnitz → Lipnice 198
Lomnitz an der Lainsitz → Lomnice nad
  Lužnicí 194, 204
London 18
Losenstein 136
Lucca 81, 88
Luckau 81, 101, 109
Luditz → Žlutice 204
Lure 159, 160, 161

Magdeburg 94, 118 f.,190
Mainz 90 f., 115, 172, 213, 221, 303-333,
  340 f.
Maleschau → Malešov 258

Marburg 34
Mayen 227
Meißen 51, 59, 119, 200
Melk 50, 131, 133, 152, 155, 157-159,
  161
Melnik → Mělník 103, 198
Meran 195
Metz 88-90, 92, 200, 213, 272
Michaelbeuern 148, 156
Mies → Stříbro 13
Mistelbach 146
Montabaur 227
München 2, 15, 34, 196, 335

Neideck → Nejdek 204
Nepomuk (früher Pomuk) 19, 168
Neubistritz → Nová Bystřice 194, 196,
  204
Neuburg 204
Neuhaus → Jindřichův Hradec 175, 242
Neurathen → Rateň 189, 205
Neuseeberg 204
Niederhaslach 160
Nürnberg 54 f., 120, 189, 330

Olmütz → Olomouc 9, 29, 102 f., 111,
  115 f., 167, 171, 178, 243
Opatowitz → Opatovice 169
Osterhofen 148
Owenec → Ovenec (heute Bubeneč) 171
Oxford 18

Padua 82-84
Paris 80, 87, 94, 98, 175
Passau 50, 59, 129, 132, 136, 141, 144,
  149, 151
Perchtoldsdorf 141
Peschow 204
Petschau → Bečov 251 f., 339
Pettau 136
Pirna 200, 202, 204
Plaß → Plasy 168

Plauen   188 f., 191

Płock   86

Podiebrad → Poděbrady   204 f.

Pomuk siehe Nepomuk

Posen → Poznań   36

Postřižin → Postřižín   171

Prag → Praha   2, 8 f., 11, 13, 15-18, 20,
   23, 25, 27-31, 33-38, 72, 79-81, 83, 86-
   90, 92 f., 95-98, 100-103, 105-110,
   114-120, 122, 166-168, 170-175, 181,
   189, 191, 196, 199, 201, 234, 239,
   245 f., 246, 248-251, 253 f., 272-274,
   276, 282, 285, 294 f., 335-337, 339

Pribenitz → Příběnice   242

Pürglitz → Křivoklát   179, 247

Pürstein → Perštejn   187, 205

Pulgarn   143

Raitenhaslach   148

Ranshofen   148

Regensburg   119, 252

Reichenau   50, 160

Reichersberg   149 f.

Reims   272

Rein   129, 152, 157

Rhens   327-329, 332

Řičan → Říčany   242 f., 339

Riesenburg → Rýzmburk   174, 179, 204,
   246, 251 f., 339

Roimund   187, 205

Rom   14, 41, 45, 54 f., 87, 89, 104 f., ,116,
   120 f., 213, 239, 249, 306, 308 f., 316-
   318, 320, 323, 325 f., 333

Rothenberge   2, 125

Rothschloß → Krakovec   244 f., 339

Ruppau → Roupov   244

Saar → Žďár nad Sázavou   237

Saaz → Žatec   166

Säckingen   50 f., 160

Säusenstein   138-141, 153, 158, 162, 137

Saint-Maurice   97

Salzburg   52, 72, 104, 136, 151, 174, 290

Sandau → Žandov   187, 205

Sandbach → Žampach   204

Sankt Jakob → Svatý Jakub   241

St. Florian   127-129, 131, 133, 138, 148,
   152 f. 155

St. Lambrecht   152, 157

St. Pölten   127, 129, 131, 139, 152 f., 156

St. Veit an der Rott   148

Saxenegg   129

Schlierbach   138, 141 f., 153, 162, 337

Schreckenstein → Střekov   181, 204

Schwaden → Svádov   204

Schweidnitz → Trhové Sviny   186, 202,
   295, 298

Schwetz   80

Schwihau → Švihov   246

Seckau   136

Sedletz → Sedlec   172

Seestadtl → Mare   205

Seitz → Žiče   156

Sichrow → Sychrov   31

Sigmaringen   16

Sobenitz → Soběnice   171

Stams   85, 92, 109 f.

Steier   125 f.

Stendal   262

Sternberg → Šternberk   205

Strahov   240

Straßburg   31, 33, 303

Střelitz → Střelice   169

Suben   148-150

Sulzbach   85, 99, 108-110

Schwarzkosteletz → Kostelec nad
   Černými lesy   189, 192, 205

Schwetz → Świecie   80

Tangermünde   80, 109

Taus → Domažlice   187

Theresienstadt   14

Tirol   149 f., 156, 163 ,200, 262 f., 267

Tobitschau → Tovačov   248

Trautenau → Trutnov   179

Trier 90-92, 172, 186, 192, 207-217,
220 f., 226-228, 263, 267, 303, 305 f.,
328, 330-332, 339
Troppau 250
Trosky 244
Tuchoraz 205, 247

Valdek 204
Vöttau → Bítov 204

Waldhausen 129 f., 132 f., 135, 152, 154
Waldsassen 172
Warschau → Warszawa 86
Weitra 146, 178, 194
Welleschin → Velešín 189, 205
Wettingen 157
Wien 13 f., 16-18, 20, 28-35, 37, 39, 41,
50, 53 f., 56-61, 64 f., 69 f., 76, 103,
126, 130-134, 143, 149, 152 f., 157,
159, 313 f.

Wiesenberg → Vízmburk 242 f.
Wilhering 146 f. 149, 153, 163
Winterberg → Vimperk 204
Wittenberg 56, 93-97, 101
Wittingau → Třeboň 107, 194, 196, 198,
204
Worlik → Orlík 31, 190, 205
Wyschehrad → Vyšehrad 21, 166, 172,
191, 197 f., 240

Zalaschan → Zalažany 169
Zderaz 245
Zetschowitz → Čečovice 247, 252 f.
Zittau 93, 179
Žleb → Žleby 189
Znaim → Znojmo 17
Zofingen 73
Zwettl 129, 141, 152, 159, 194

PERSONENREGISTER

Adalbert, hl. 114, 167

Adele von Meißen 168

Adolf I. (Erzbischof von Mainz) 312-315

Aerenthal, Adelsfamilie 32

Agnes von Habsburg (Herzogin) 202

Agnes von Ungarn (Königin) 60, 62, 73 f.

Albert II. (Bischof v. Passau) 132

Albert von Sternberg 205

Albrecht I. (Herzog von Österreich) 52, 58

Albrecht II. (Herzog von Österreich) 68 f., 76, 126, 131-134, 139-141, 143, 154, 157, 162

Albrecht III. (Herzog von Österreich) 48, 66 f., 75, 130, 145, 154, 162

Albrecht (Erzbischof von Magdeburg) 119

Albrecht von Neuburg 204

Albrecht von Puchheim 197

Alexander V. (Papst) 309

Alexander VI. (Papst) 71

Altmann, hl. (Bischof von Passau) 161

Andreas v. Všechromy 242 f.

Anna von Brandis 50

Anna von Maissau 145

Anno II. (Erzbischof von Köln) 316

Arnold (Bischof von Bamberg) 172

Askanier, Adelsfamilie 93 f., 101, 339

Augustinus, hl. 294

Babenberger, Adelsfamilie 155, 237

Bachmann, Adolf (Historiker) 11, 13, 27

Bachmann, Erich (Kunsthistoriker) 36 f.

Balduin (Erzbischof von Trier) 94, 186, 207-229, 263, 269, 339

Bandmann, Günther (Kunsthistoriker) 238

Bardo, hl. (Erzbischof von Mainz) 315 f., 325, 333

Baworen von Strakonitz (Bavorové ze Strakonic), Adelsfamilie 179, 236-238

Benedikt XI. (Papst) 67

Benesch von Weitmühl (Chronist) 187, 267, 272, 327

Beneschau (Benešovici), Herren von, Adelsfamilie 169, 242

Bergau (z Bergova), Herren von, Adelsfamilie 184 f.

Bernard von Sumburg 205

Bernhard (Bischof von Passau) 59

Bernhard von Kamenz 172

Berthold Stromair (Abt) 325

Berthold v. Zollern (Bischof von Eichstätt) 87

Biberstein, Herren von, Adelsfamilie 202

Blanca (Herzogin von Österreich) 67

Boček von Kunštát 205

Boček von Podiebrad 198

Böhmer, Johann Friedrich (Historiker) 264, 281

Bohusch von Leitmeritz 85, 103, 108 f.

Boleslaw (Herzog von Brieg und Liegnitz) 199, 295

Bonifatius, hl. 320-322, 324-326, 333, 341

Bonifatius IX. (Papst) 250, 254

Bořivoj von Dohna 180

Borsso von Riesenburg 204 f.

Borsso II. von Riesenburg 174

Borsso V. von Riesenburg 252

Botho von Eilenburg 201

Botho von Schwihau 246

Brandis, Adelsfamilie 51

Bretholz, Salomon Berthold
(Historiker) 15, 18

Bruno von Schauenburg (Bischof von
Olmütz) 171, 178

Büdinger, Max (Historiker) 20

Burkhard der Chneuzzer (Ritter) 128 f.,
137, 162

Burkhard von Janowitz 199

Buško von Kunstadt 296

Buško von Welhartitz 296

Christan Gold (Chronist) 151, 154 f.,
162

Cibulka, Josef (Historiker) 36

Clemens VI. (Papst) 94, 117, 187, 267

Cosmas von Prag (Chronist) 18, 166 f.,
172, 240

Czenko von Leipa 191

Dalimil (Chronist) 234

Daniel I. (Bischof von Prag) 167

Dietmut von Landenberg 50

Dietrich (Abt von Waldsassen) 172

Dietrich Beyer v. Boppard (Bischof von
Metz) 88 f.

Dietrich II. von Moers (Erzbischof von
Köln) 304

Dietrich von Portitz (Erzbischof von
Magdeburg) 190 f.

Dietrich von Portitz der Jüngere 190 f.,
202, 205

Dobřeta (Gaukler) 169

Dobrovský, Josef (Theologe) 8, 19

Dohna (z Donína), Herren von,
Adelsfamilie 187, 189

Dorothea, hl. 287, 293 f., 297

Eberhard (Abt) 50

Eberhard von Kapellen
(Hauptmann) 130, 143

Eberhard III./V. von Wallsee
(Hauptmann) 138-142, 197

Egilbert (Erzbischof von Trier) 172

Eilenburg, Adelsfamilie 201

Eitelberger, Rudolf von 29 f.

Elisabeth (Hebamme) 171

Elisabeth von Österreich (Herzogin) 59

Emler, Josef (Historiker) 264

Engelbert (Ritter) 205

Ernst von Pardubitz (Erzbischof von
Prag) 117-119

Federico da Montefeltro
(Baumeister) 239

Feifalik, Julius 17, 20

Felix zu Schwarzenberg (Fürst) 10

Ferber, Eberhard (Bürgermeister) 103

Florencius, hl. 160

Frankl, Paul (Kunsthistoriker) 34

Franz Joseph I. (Kaiser) 13

Franz von Prag (Chronist) 272-274,
276

Friederik (Dichter) 175

Friedrich von Biberstein 205

Friedrich von Sumburg 205

Friedrich II. (Kaiser) 173

Friedrich III. (Kaiser) 50, 54 f., 71 f.

Friedrich II. (Markgraf) 200

Friedrich der Schöne (König) 60, 136

Friedrich der Weise (Herzog von
Sachsen) 72

Friedrich von Biberstein 205

Friedrich von Fünfhunden 204

Friedrich von Greifenstein 75

Friedrich von Hannau 125

Friedrich von Lothringen 213

Friedrich von Nürnberg 331

Friedrich III. von Saarwerden (Erzbischof
von Köln) 91, 330

Friedrich von Sonnenburg
(Dichter) 174

Friedrich von Teck (Herzog) 73 f.

Friedrich von Walchen (Erzbischof von
Salzburg) 174

Friedrich von Wallsee
(Kammermeister) 50 f.

Frind, Anton Ludwig (Historiker) 16

Georg von Podiebrad (böhmischer
König) 23, 247

Gerlach von Nassau (Erzbischof von
Mainz) 91, 307, 322, 328

Gerlich, Alois (Historiker) 309

Görres, Joseph von 10

Goswin von Marienberg (Chronist) 161

Gottfried von Weißeneck (Bischof von
Passau) 50, 129

Gottschalk (Notar) 171

Gozwin (Domscholaster) 322

Gozzo von Orvieto 172

Gregor I. der Große, hl. 316 f., 325 f.

Gregor XI. (Papst) 58

Grueber, Bernhard
(Kunsthistoriker) 31-33

Günther von Hohenstein
(Deutschordenskomtur) 79 f.

Guillaume de Machaut (Dichter) 272-
278, 340

Guta (Ehefrau König Wenzels II.) 174

Habsburger, Adels- und
Königsdynastie 41-78, 147, 152, 158,
163, 249 f., 270, 336 f.

Hadmar von Kuenring 178

Haidenreich von Maissau
(Landmarschall) 145 f.

Håkon (König) 68

Hamann, Richard (Kunsthistoriker) 34

Hanka, Václav 19 f.

Hardegg, Grafen von, Adelsfamilie 190

Hartmann, Moritz (Historiker) 22

Hedwig, hl. 287

Heidenreich (Abt von Sedletz) 172

Heider, Gustav 30

Heinrich II. (Kaiser) 318

Heinrich VII. (Kaiser) 207, 213, 224 f.,
331

Heinrich III. (Bischof von Konstanz) 50

Heinrich (Herzog von Jauer) 199

Heinrich IV. (Herzog von Polen) 288,
290, 292 f., 301

Heinrich VI. (Herzog von Polen) 281

Heinrich (Inhaber der Pfarrei Gars) 171

Heinrich (Hynco) Berka von Dubá 187,
199, 205

Heinrich von Leipa 184, 204

Heinrich d. A. Bayer von Boppard 218

Heinrich der Klausner (Dichter) 174 f.

Heinrich der Lange (Vogt) 189

Heinrich von Freiberg (Dichter) 175

Heinrich von Kamaik 181, 204

Heinrich von Meißen, gen. Frauenlob
(Minnesänger) 174

Heinrich von Neuhaus 187, 189, 197

Heinrich Raspe 50

Heinrich Škopek von Dubá
(Baumeister) 198, 244

Heinrich Zdik (Bischof von
Olmütz) 167

Heinrich III. Reuß von Plauen 191

Heinrich III. Sorbom (Bischof von
Ermland) 79

Helena, hl. 90, 92

Helfert, Joseph Alexander
(Historiker) 16, 23

Hereš von Rožďalovice 205

Hermann (Kaplan) 168

Hermann (Beichtvater) 172

Hermann Weinsberg (Chronist) 256

Herzogenberg, Johanna von 37 f.

Hirsch, Hans (Historiker) 14

Hirzo (Koch) 170

Höfler, Karl Adolf Constantin
(Historiker) 9-13, 23 f., 26 f.

Hoger von Friedberg 234

Hrabischitzen (Hrabišici) siehe Riesenburg
Hus, Jan (Kirchenreformer) 21, 23-25

Innozenz IV. (Papst) 63
Innozenz VI. (Papst) 52 f., 143, 297
Isabella (Königin) 63

Jakob von Gratzen 106
Janns von Kapellen 143 f.
Janowitz (z Janovic), Adelsfamilie 184, 186, 204
Jaromír-Gebhard (Bischof von Prag) 167
Jaroslaw (Erzbischof von Gnesen) 294
Jean Froissart (Chronist) 272 f., 275-277, 340
Jeschek von Wartenberg und Weseli 191
Jíra von Roztoky 244
Jo(b)st von Mähren 307, 329-332
Jofrid von Leiningen (Dompropst) 308 f., 326
Johann (Bischof von Basel) 73
Johann (Propst) 172
Johann Heinrich (Markgraf) 186 f., 261-263
Johann von Atzenbach 73
Johann von Boppard 223
Johann von Gurk 48 f., 55
Johann von Hardegg (Graf) 191
Johann von Luxemburg (böhmischer König) 161-170 f., 177-203, 261-279, 281, 292 f., 301, 338-340
Johann von Michalowitz 175, 199
Johann II. von Nassau (Erzbischof von Mainz) 303-333, 340 f.
Johann Ribi von Lenzburg (Kanzler) 48-51, 75, 132
Johann von Rosenberg 103
Johann von Sadska 172
Johann von Schlackenwerth 172
Johanna von Pfirt (Herzogin von Österreich) 61, 69, 134, 157

Johannes XXII. (Papst) 117
Johannes XXIII. (Papst) 309
Johannes der Täufer, hl. 102, 285, 287, 300
Johannes Očko von Vlašim (Erzbischof von Prag) 102 f., 114, 119
Johannes von Jenstein (Erzbischof von Prag) 114, 119-121, 244, 246, 337
Johannes von Nepomuk, hl. 85, 121
Johannes von Neumarkt (Kanzler) 292
Johannes III. von Draschitz (Bischof von Prag) 114
Johannes IV. von Draschitz (Bischof von Prag) 114
Johannes Žižka (Ziska) 21 f.
Johannes (Propst) 129
Jost von Rosenberg 105
Jost von Vener 330
Jungmann, Josef (Historiker) 20
Jutta von Masowien 290

Kalousek, Josef (Historiker) 26 f.
Kamentz, Adelsfamilie 199
Kapellen, Adelsfamilie 137, 143-144, 158
Karl der Große (Kaiser) 99, 101
Karl IV. (Kaiser und böhmischer König) 4, 8, 14, 25-27, 38, 41 f., 67, 73, 79-111, 118 f., 122, 132, 146, 159, 177-203, 209, 215, 232, 249-252, 254, 256, 261-263, 267, 270 f., 281-302, 327-329, 332, 336-340
Karl V. (König von Frankreich) 86 f.
Kasimir I. der Große (König von Polen) 86, 292, 294 f.
Katharina von Alexandrien, hl. 79, 98, 294 f.
Katharina (Tochter Karls IV.) 41, 49-51, 69 f.
Katharina von Rosenberg 104, 106
Klemens VI. (Papst) 63, 67
Klingenberg, Adelsfamilie 186
Knoll, Joseph Leonhard (Historiker) 9
Kokoschka, Oskar (Maler) 34

Kolditz, Adelsfamilie 182, 185, 189, 194, 199-203

Kolumban, hl. 159

Konrad II. (Kaiser) 318

Konrad (Abt von Königsaal) 172

Konrad (Bruder Herzog Spytihněvs II.) 166

Konrad III. von Daun 309, 312

Konrad Kraiger von Kraig 198

Konrad Ribi 50

Konrad von Maissau 145

Konrad von Oels (Herzog) 102, 295

Konrad Plick 204

Konrad von Trimberg 223

Konrad von Turdeling 235

Konrad von Wechta (Bischof) 123

Konrad II. von Weinsberg (Erzbischof von Mainz) 308, 322

Krautheimer, Richard (Kunsthistoriker) 238

Kuenring, Adelsfamilie 197

Kugler, Franz (Kunsthistoriker) 32

Kunigunde (böhmische Königin) 170

Kunigunde von Brandenburg 173

Kuno II. von Falkenstein (Erzbischof von Trier) 90 f., 328

Ladislaus von Sternberg 248

Landstein (z Landštejna), Adelsfamilie 184-186, 193 f., 196-199, 202 f.

Lanzo (Kaplan) 168

Leipa (z Lipé), Adelsfamilie 170, 179, 185

Lenau, Nicolaus (Dichter) 21

Leo I. (Papst) 316

Leo X. (Papst) 47

Leopold I. (Bischof von Seckau) 59

Leopold III. (Herzog von Österreich) 66, 75, 130, 154

Leopold III. (Markgraf von Österreich), hl. 71 f.

Leopold von Hannau 125 f.

Leopold von Thun und Hohenstein 10, 29

Leuchtenberg, Landgrafen von, Adelsfamilie 190

Leutold von Maissau 145

Liborius, hl. 324

Libussa (Fürstin) 19-21

Lichtenburg, v. (z Lichtenburka), Adelsfamilie 175, 179, 204, 236 f.

Lichtenstein, Adelsfamilie 186

Linda, Josef (Dichter) 19

Lippert, Julius (Historiker) 12, 24

Litold von Landstein 198

Lobdeburg-Elsterberg, Adelsfamilie 188

Lorenz, Ottokar (Historiker) 17

Loserth, Johann (Historiker) 17 f., 24, 27

Ludwig, hl. 60, 94

Ludwig IV. der Bayer (Kaiser) 88, 94, 146, 219, 225, 261-263, 266 f.

Ludwig (König von Ungarn) 104

Ludwig III. (Pfalzgraf bei Rhein) 330

Ludwig von Kleeberg 223

Ludwig von Kirkel 223

Lübke, Wilhelm (Kunsthistoriker) 32

Lukas, hl. 82 f., 85, 103, 108

Luxemburger, Adels- und Königsdynastie 3, 5, 26, 38, 40-43, 81, 87, 91, 93 f., 101 f., 109, 116, 120, 207, 237, 239, 251, 261, 263, 266, 268, 270, 281, 283, 284, 301 f., 337-340

Madern Gerthener (Baumeister) 308, 313, 315

Maissau, Herren von, Adelsfamilie 137 f., 145 f., 158

Mann, Thomas (Schriftsteller) 34

Marchart IV. von Mistelbach 146

Margarete (Ehefrau König Ottokars II.) 170

Margarete von Tirol-Görz 262

Margarete von Welleschin 192

Masaryk, Tomáš Garrigue (Politiker) 35

Meißen, Markgrafen von,
Adelsfamilie 199, 250

Markwartinger (Markvartici),
Adelsfamilie 169

Martin, hl. 311, 324, 333

Martin V. (Papst) 310

Matthias von Bucheck (Erzbischof von
Mainz) 320 f.

Maximilian I. (Kaiser) 47, 71, 103, 111

Meinhard III. von Tirol (Herzog von
Oberbayern) 135, 149

Meissner, Alfred 22

Michalowitz (z Michalovic),
Adelsfamilie 189, 197, 202

Mstiš (Kastellan) 240

Myslbek, Václav (Künstler) 21

Naegle, August (Theologe) 15

Nanker (Bischof von Breslau) 292 f.

Nepr von Ruppau (Hofmeister) 244

Nětka (Amme) 171

Neuhaus (z Hradce), Adelsfamilie 175,
197, 203

Neuwirth, Josef (Kunsthistoriker) 14,
33 f., 107

Nicolas Winkler (Burggraf) 204

Nikolaus V. (Papst) 54 f.

Nikolaus (Patriarch von Aquileia) 106

Nikolaus von Landstein 247

Nikolaus Muffel 54

Nikolaus Würmla (Chronist) 151, 154,
162

Ogerius von Landstein 193, 197

Otto II. (Kaiser) 326

Otto IV. (Herzog von Österreich) 139,
276

Otto (Bruder Herzog Spytihněvs
II.) 166

Otto d. Ä. von Lodaburg-Bergow 204

Otto d. J. von Lodaburg-Bergow 204

Otto von Bergau 199 f.

Otto von Maissau 50 f.

Palacký, František (Historiker) 8-10, 16,
20, 22 f., 25, 28

Parler (Künstlerfamilie) 33, 38

Paulinus von Lucca, hl. 81

Paulus, Nikolaus (Historiker) 43

Pelcl (Pelzel), František Martin
(Historiker) 8

Pernsteiner (z Pernštejna),
Adelsfamilie 248

Pesko von Schreckenstein 181

Peter (Bischof von Chur) 73

Peter Angeli 172

Peter von Aspelt (Erzbischof von
Mainz) 172, 320 f., 323, 333

Peter von Michalowitz 192, 202, 205

Peter I. von Rosenberg 106, 195, 253

Peter II. von Rosenberg 105, 132

Peter von Zittau (Chronist) 272 f., 276-
278, 339

Peterka, Otto (Historiker) 15

Philipp der Gute (Herzog von
Burgund) 69

Pippin III. (fränkischer König) 322, 333

Preczlaus von Pogarell (Bischof von
Breslau) 94, 102

Přemek von Troppau 250

Přemysl Ottokar I. (böhmischer
König) 168 f., 171, 173

Přemysl Ottokar II. (böhmischer
König) 33, 169 f., 171, 173 f., 178 f.,
202, 239, 242 f., 290, 293

Přemysliden, Adels- und
Königsdynastie 2, 15, 165, 167, 174,
178, 184, 199, 234 f., 237, 298, 338 f.

Přísnobor (Notar) 171

Puchheim, Adelsfamilie 197

Racek von Janowitz 205

Raimund von Lichtenburg 175

Reimar von Zweter (Dichter) 173

Retz, Grafen von, Adelsfamilie 190 f.

Richard von England, hl. 85

Ried, Benedikt (Baumeister) 37, 239,
246, 248 f.

Riesenburg (z Rýzmburka),
Adelsfamilie 179, 251 f., 339

Robert (Bischof von Olmütz) 168

Rössler, Emil Franz (Historiker) 16

Rohan (Fürst) 31

Ronow (z Ronova), Adelsfamilie 169

Rosenberg (z Rožmberka), Herren von,
Adelsfamilie 103-108, 110, 179, 189,
193, 197-199, 202 f., 205, 236-238,
253 f., 337, 339

Roskopf, Wendel (Baumeister) 248

Rudolf III. (Herzog von Österreich) 67

Rudolf IV. (Herzog von Österreich) 41,
48-58, 61-64, 66, 69-77, 125-163, 337

Rudolf I. (Herzog von Sachsen) 93, 96,
191

Rudolf (Rulko) von Bieberstein 179

Ruprecht II. (Pfalzgraf bei Rhein) 308

Ruprecht III.(König) 304, 306, 329, 332

Šafařík, Pavel Jozef (Historiker) 20

Schaunberg, Grafen von,
Adelsfamilie 137 f., 146-151, 156,
158, 163

Schlesinger, Ludwig (Historiker) 12, 24,
26 f.

Schönburg, Adelsfamilie 180, 189, 199

Schürer, Oskar (Historiker) 34

Schwarzburg, Adelsfamilie 201

Schwarzenberg, Adelsfamilie 32

Sedlmayr, Hans (Kunsthistoriker) 238

Sickel, Theodor (Historiker) 13 f.

Siegfried I. (Erzbischof von Mainz) 322

Siegfried III. von Eppstein (Erzbischof
von Mainz) 312, 321, 323 f.

Siegfried zum Paradies 93

Sigeher (Dichter) 174

Sigismund, hl. 86, 95-97, 101 f., 286 f.,
299 f.

Sigismund (Kaiser) 98, 122 f., 202, 303-
307, 329-332, 340 f.

Smil von Lichtenburg 235-237

Soběslav I. (Herzog von Böhmen) 168

Soběslav II. (Herzog von Böhmen) 168

Springer, Anton (Kunsthistoriker) 31

Spytihněv II. (Herzog von
Böhmen) 166 f.

Stanislaus, hl. 287, 297 f.

Steinherz, Samuel 14

Stephan (Abt) 155

Stephan von Maissau 156

Stephanus, hl. 88-92

Sternberg (ze Šternberka),
Adelsfamilie 197

Sumburg (ze Šumburka),
Adelsfamilie 205

Sušil, František 17

Svatava (böhmische Königin) 172

Swoboda, Karl Maria
(Kunsthistoriker) 35-37

Tasso von Wiesenberg 243

Thimo V. von Kolditz 199 f.

Thimo VIII. von Kolditz
(Hofmarschall) 200-202

Thomas von Aquin, hl. 104

Thomas Ebendorfer (Chronist) 41, 69

Thun und Hohenstein, Leopold, Graf
von 10

Tilemann Ehlen von Wolfhagen
(Chronist) 207

Tluksa, Bušek 204

Tomáš Jan Pešina (Chronist) 84

Tomek, Wáclaw Wladiwoj
(Historiker) 9 f.

Tovačovský von Cimburg (Tovačovský z
Cimburka), Adelsfamilie 248

Ulrich von Etzenbach 174 f.

Ulrich I. von Neuhaus 193

Ulrich von Pabenitz 172

Ulrich Pflug von Rabstein 185

Ulrich I. von Rosenberg 103

Ulrich II. von Rosenberg 106

Ulrich von Schaunberg (Graf) 147, 149,
151, 156

Ulrich von dem Türlin (Dichter) 174

Ulrich von Valdek 204
Ulrich I. von Wallsee 136
Ulrich II. von Wallsee
    (Hauptmann) 135
Urban V. (Papst) 41, 67 f., 86, 88 f., 109,
    134
Urban VI. (Papst) 120, 122

Valentin, hl., 324
Veit, hl. 92
Vest, Adelsfamilie 199
Vietz, Karl Johann (Historiker) 9 f.
Vinzenz, hl. 90
Vinzenz (Czenko) von Leipa 193
Vladislav I. (böhmischer König) 167-
    169
Vladislav II. Jagiello (böhmischer
    König) 240
Vlček, Emanuel (Anthropologe) 83
Vratislav I. (böhmischer König) 167, 172
Vratislav II. (Herzog von Böhmen) 240

Waagen, Gustav Friedrich
    (Kunsthistoriker) 33
Waitz, Georg (Historiker) 13
Waldemar (König von Dänemark) 68
Wallsee, Herren von, Adelsfamilie 136-
    143, 158
Walther von Châtillon (Dichter) 174
Wartenberg (z Vartenberka),
    Adelsfamilie 170 f.
Wenzel, hl. 15, 73, 94, 166, 240, 286 f.,
    297 f., 302, 340
Wenzel I. (böhmischer König) 169, 171,
    173 f., 234
Wenzel II. (böhmischer König) 133,
    170 f., 173-175, 180, 184, 298, 338
Wenzel III. (böhmischer König) 184
Wenzel IV. (böhmischer König) 38,
    108, 120-122, 180, 182, 198 f., 201-
    203, 243-245, 291, 293, 328-332, 337
Wenzel von Dohna 245
Wenzel von Liegnitz (Herzog) 296
Wenzel von Luxemburg (Herzog) 91

Wenzel von Sachsen (Erzbischof von
    Salzburg) 135
Wenzel von Wartenberg 171
Werner III. von Falkenstein (Erzbischof
    von Trier) 215, 221, 303, 306, 330
Wernhard von Maissau 145 f.
Werunsky, Emil (Historiker) 13 f.
Wettiner, Adels- und
    Königsdynastie 182, 188, 199-201,
    203, 249, 339
Wezel (Kaplan) 168
Widukind (Herzog der Sachsen) 99
Wigand von Marburg (Chronist) 79-81
Wilhelm (Herzog von Österreich) 53 f.,
    57 f., 64
Wilhelm (Notar) 171
Wilhelm III. (Propst) 198 f.
Wilhelm I. der Einäugige (Markgraf von
    Meißen) 51, 250
Wilhelm I. von Landstein
    (Landeshauptmann) 194, 197, 204
Willigis (Erzbischof von Mainz) 317 f.
    324, 326, 333
Witek II. (Bischof) 198, 200
Witek von Landstein 198, 203
Wittelsbacher, Adels- und
    Königsdynastie 94, 149, 163, 188, 270
Wittigo von Neuhaus (Burggraf) 235 f.
Wittigo, Ritter 205
Wittigonen (Vítkovci),
    Adelsfamilie 235, 242
Wocel, Jan Erazim (Historiker) 9 f., 29
Wok I. von Rosenberg
    (Marschall) 235 f.
Woltmann, Alfred (Historiker) 33
Wyclif, John (Kirchenreformer) 24

Zacharias, hl. 85
Zbynko von Bettlern 204
Zbynko von Hasenburg 187, 191, 205
Zdeněk Lev von Rožmital 246
Zdenko von Sternberg 205
Zweig, Stefan (Schriftsteller) 30 f., 39
Zycha, Adolf (Historiker) 15

BILDNACHWEIS

Abb. 1: Aufnahme der Schädelreliquie des Apostels Lukas, ursprünglich aus Padua, seit 1355 im Besitz des Veitsdoms. Foto: Emanuel Vlček, Praha.

Abb. 2: Frühneuzeitliche Beschriftung des Lukasschädels. Foto: Emanuel Vlček, Praha.

Abb. 3: Profilbild des Lukasschädels. Foto: Emanuel Vlček, Praha.

Abb. 4: Federzeichnung der Reliquienbüste des hl. Sigismund aus dem Wittenberger Heiltumsschatz. Foto: Thüringisches Hauptstaatsarchiv Weimar, Ernestinisches Gesamtarchiv, Reg. O 213, Bl. 2.

Abb. 5: Reliquienbüste des hl. Sigismund im Wittenberger Heiltumbuch, Lucas Cranach d. Ä. Aus: Dye Zaigung des hochlobwirdigen Hailigthumbs der Stifft-Kirchen aller Hailigen zu Wittenburg, Wittenberg 1509.

Abb. 6 : Reliquienbüste Karls des Großen aus der Domschatzkammer Aachen, Prag vor 1374 © Domkapitel Aachen. Foto: Pit Siebigs.

Abb. 7: Die „mittelalterliche Feste" in Goltschjenikau – ein Lusthaus aus der Mitte des 17. Jahrhunderts. Foto: Robert Šimůnek, Praha.

Abb. 8: St. Jakobs-Kirche in der Gemeinde Sankt Jakob – ein einmalig erhaltenes Beispiel der frühen adeligen Repräsentation durch sakrale Architektur. Aus: Zeitschrift Method 19 (1893).

Abb. 9: Říčan, ein Torso des zur Regierungszeit Přemysl Ottokars II. von Oberstkämmerer Andreas von Všechromy gegründeten stattlichen Burgpalas. Foto: Robert Šimůnek, Praha.

Abb. 10: Auf der von 1788 stammenden und in den 1840er Jahren publizierten Abbildung von Rothschloß ist noch das später eingestürzte Presbyterium der Burgkapelle sichtbar. Aus: Heber, Franz Alexander: Böhmens Burgen, Vesten und Bergschlösser. Bd. VII. Prag 1849.

Abb. 11: Der Burgturm von Jenstein (Gesamtansicht und Detail des Mauerwerks mit Buckelquadern). Foto: Robert Šimůnek, Praha.

Abb. 12: Gesamtansicht des Panoramas von Blatna über dem Teichspiegel; der Ried-Palas befindet sich links. Foto: Robert Šimůnek, Praha.

Abb. 13: Komotau, die Gedenktafel mit dem Wappen der Herren von Weitmühle und der Jahreszahl 1520 (an der Schlossecke). Foto: Robert Šimůnek, Praha.

Abb. 14: Die St.-Nikolaus-Kirche in Zetschowitz. Foto: Robert Šimůnek, Praha.

Abb. 15: Gesamtansicht von Krumau auf einer Postkarte von 1890. Aus: Gaži, Martin (Hg.): Český Krumlov. Od rezidenčního města k památce světového kulturního dědictví [Krumau. Von der Residenzstadt zum Weltkulturerbe]. České Budějovice 2010.

Abb. 16 : Feste von Maleschau. Foto: Robert Šimůnek, Praha.

Abb. 17: Grundriss des Mainzer Doms um 1740. Aus: Gudenus, Valentin Ferdinand von: Codex Diplomaticus. Bd. 2, Goettingae 1747.

Abb. 18: Grabstein Erzbischof Johanns II. von Nassau, Mainzer Dom. Foto: Stiftung Hoher Dom zu Mainz. Fotografen Martin Blume und Bernd Radtke.

Abb. 19: Grabstein Erzbischof Siegfrieds III. von Eppstein, Mainzer Dom. Foto: Deutsches Dokumentationszentrum für Kunstgeschichte – Bildarchiv Foto Marburg.

Abb. 20: Grabstein Erzbischof Adolfs von Nassau, Mainzer Dom. Foto: Helge Kuppe, Berlin.

Abb. 21: Risszeichnung. Aufnahme: Kupferstichkabinett der Akademie der Künste, Wien.

Abb. 22: Maßwerkvorhang des Mainzer Memorienportals, Mainzer Dom. Foto: Helge Kuppe, Berlin.

Abb. 23: Maßwerk der St. Bartholomäuskirche in Frankfurt, Turmnordportal. Foto: Helge Kuppe, Berlin.

Abb. 24: Grundriss der Nassauer Unterkapelle. Aus: Kotzur, Hans-Jürgen (Hg.): Der verschwundene Dom. Wahrnehmung und Wandel der Mainzer Kathedrale im Lauf der Jahrhunderte. Mainz 2011.

Abb. 25: Grabstein Erzbischof Matthias' von Bucheck, Mainzer Dom. Foto: Helge Kuppe, Berlin.

Abb. 26 : Grabstein Erzbischof Peters von Aspelt, Mainzer Dom. Foto: Deutsches Dokumentationszentrum für Kunstgeschichte – Bildarchiv Foto Marburg.

MITARBEITERINNEN UND MITARBEITER DES BANDES

Mag. Johannes Abdullahi, Mittelalterhistoriker, Historisches Seminar – Mittelalterliche Geschichte, Ludwig-Maximilians-Universität München

Dr. phil. Martin Bauch, Mittelalterhistoriker, Institut für Geschichte, Technische Universität Darmstadt

PhDr. Eva Doležalová, Ph.D., Mittelalterhistorikerin, Historisches Institut der Akademie der Wissenschaften, Prag, Tschechische Republik

PhDr. Dana Dvořáčková-Malá, Ph.D., Mittelalterhistorikerin, Historisches Institut der Akademie der Wissenschaften, Prag, Tschechische Republik

Dr. phil. Julia Eulenstein, Mittelalterhistorikerin, Historisches Institut, Justus-Liebig-Universität Gießen

MMag. Patrick Fiska, Mittelalterhistoriker, Institut für österreichische Geschichtsforschung Universität Wien, Österreich

Mag. Helge Kuppe, Kunsthistoriker, Fakultät I, Technische Universität Berlin

Prof. PhDr. Jiří Kuthan, Kunsthistoriker, Institut für Geschichte der christlichen Kunst, Katholisch-Theologische Fakultät der Karls-Universität Prag, Tschechische Republik

Mgr. Romana Petráková, Doktorandin, Institut für Kunstgeschichte, Philosophische Fakultät der Karls-Universität Prag, Tschechische Republik

Prof. Dr. Eva Schlotheuber, Mittelalterhistorikerin, Institut für Geschichtswissenschaft, Heinrich-Heine-Universität Düsseldorf

Dr. phil. Hubertus Seibert, Mittelalterhistoriker, Historisches Seminar – Mittelalterliche Geschichte, Ludwig-Maximilians-Universität München

PhDr. Robert Šimůnek, Ph.D., Mittelalterhistoriker, Historisches Institut der Akademie der Wissenschaften, Prag, Tschechische Republik

Prof. PhDr. František Šmahel, DrSc., Mittelalterhistoriker, Zentrum für mediävistische Studien, Philosophisches Institut der Akademie der Wissenschaften, Prag, Tschechische Republik

Dr. phil. Uwe Tresp, Historiker, Historisches Institut, Universität Potsdam

Dr. phil. Lukas Wolfinger, Mittelalterhistoriker, Zentrum für Mittelalter- und Frühneuzeitforschung/Abteilung für Lateinische Philologie des Mittelalters und der Neuzeit, Georg-August-Universität Göttingen

Mgr. Zdeněk Žalud, Ph.D., Historiker, Medizinisch-Soziale Fakultät der Süd-böhmischen Universität České Budějovice, Tschechische Republik